깨어있는 시민을 위한
정치학특강

깨어 있는
시민을 위한
정치학 특강

박동천 지음

모티브북

한국 정치의 문화적 진보를 위해 이 책을 바친다

'생각하는 백성'에서 '깨어있는 시민'으로

강정인

이 책에서 저자는 한국정치의 '마녀사냥', '권력숭배', '선견지명', '집단생존'이라는 네 가지 프레임에 대해 통렬하게 고발하면서 한국 민주주의의 성숙을 위해서는 이 프레임에서 벗어나야 한다고 역설하고 있다.

정치평론가는 무엇보다도 정치적 이상과 현실 사이에서 균형을 유지할 미덕이 요구된다. 저자는 일상정치에서 추출한 네 가지 프레임을 예리하게 분석하면서 이러한 균형을 탁월하게 유지하고 있다. 과거 함석헌은 날카로운 정치평론을 통해 투옥과 죽음의 위협을 무릅쓰고 독재정치에 항거하였다. 오늘날 보기에 함석헌은 '생각하는 백성', '꿈틀거리는 백성'이라는 다소 수동적이고 집합적인 표현을 사용했다. 영국의 조지 오웰이나 미국의 월터 리프만과 같은 서구의 정치평론가들은 함석헌과 달리 이미 성립된 민주사회를 유지하고 발전시키기 위해 집필활동에 종사했다.

민주사회에서 정치평론가는 '잠자는 대중'을 자극하여 '깨어있는 시민'으로 각성시키는 일을 임무로 삼는다. 최근 많은 이들이 그동안 쌓아 올린 민주주의가 위기에 처해 있다고 우려하고 있다. 『깨어있는 시민을 위한 정치학 특강』이라는 역작을 통해 그 위기의 원인이 단순히 이명박 정권에게만 있다는 마녀사냥에 안주하지 않고 보수와 진보 모두가 공유하는 네 가지 프레임에 있다고 주장하는 저자의 섬뜩한 통찰은 민주사회를 위한 진정한 정치평론서의 탄생을 알리는 것임이 분명하다.

| 머리말 |

　사람에 따라 다르겠지만, 한국에서 정치학자로 산다는 것이 썩 편한 일만은 아니다. 정치현실에 대해서 방관자로만 남아있지 않고, 뭔가 고치기를 원하는 사람이라면 더욱 그렇다. 김대중-노무현 집권은 많은 사람들의 높은 기대를 안고 출발했지만, 이명박의 압승으로 연결되었다. 노무현에 대한 실망을 기화로 집권한 이명박은 노무현 말뚝 뽑기를 첫 번째 목표로 삼고서 대북정책, 부동산정책, 행정복합도시, 지역균형발전, 언론정책, 교육정책, 인권과 민주주의 등등 사실상 모든 정책에서 뒤집기를 시도하고 있다.

　흥미로운 점은 노무현이 받았던 비판 대부분이 이명박에게도 반복되고 있다는 사실이다. "독단", "독선", "이념지향", "소통부재", "코드인사" 등등 노무현에게 빗발쳤던 비난들이 그대로 이명박에게 들이치고 있다. 물론 노무현의 "코드인사"를 비난했던 사람과 이명박의 "독재"를 비판하는 사람은 대개 다를 것이다. 김대중과 노무현이 당선된 결과에 불복했던 이문열이 미국산 쇠고기 수입에 반대하는 사람들을 "대선불복세력"이라고 부르듯이, 한국의 정치담론은 지금 조선시대 당파싸움 못지않은 진영 논법으로 갈라져 있다.

진영 논법 자체는 정치사회에서 당연한 일로서, 획일성을 그리워하는 독재적 심성의 소유자에게나 문제로 비칠 것이다. 그러나 진영 논법이 평면적인 차원에만 머무른다면 그만큼 정치 진보의 가망은 낮아진다. 이명박이 집권 이후 보여준 무도하고 잔인한 전횡을 성토하는 목소리는 도처에서 봇물처럼 드높았는데도 야당에 대한 지지로는 이어지지 않았다. 노무현을 애도하며 분향한 500만 명이 한마음으로 불매운동을 벌인다면 〈조선일보〉는 물론이고 삼성의 이건희조차 버릇을 고칠 수 있을 텐데, 현실에서는 오히려 미디어법의 날치기 통과가 묵인되고 넘어간다. 차기 주자에 대한 호들갑 여론조사에서 박근혜는 여전히 넘볼 수 없는 차이로 부동의 1위 자리를 지키고, 정운찬을 국무총리로 지명한 "화해" 제스처로써 이명박의 지지율은 30%를 넘어 50%를 넘본다.

진보와 보수의 다툼이 평면적일 뿐이라면, 다시 말해 단순히 어느 패거리가 권력을 잡느냐는 차원에만 머무른다면, 진보에는 미래가 별로 없다. 진보세력이 현실 정치에서 영향력을 행사하려면 어떻게든 이념적으로 중도에 해당하는 유권자들에게 뭔가 새로운 정치에 대한 희망을 심어주지 않으면 안 된다. 정권을 이편이 잡으나 저편이 잡으나 "그게 그거"라는 정치적 무력감이 시민들 사이에 팽배하다면, "변화"니 "개혁"이니 해봤자 공연한 헛수고로 간주되기 십상이기 때문이다. 새로운 정치란 현실에서는 여태까지 나타나지 않았던 정치, 그러므로 현 상태에서는 오로지 말로만 그려지는 정치다. 따라서 말로 표현되는 새로운 정치의 모습에 시민들이 적극적으로 관심을 기울이면서 스스로 한번 시도해볼 만한 일인지를 검토해 보도록 담론의 지형이 변화하지 않으면 진보는 침체에서 벗어나기 어렵다.

지금까지 한국정치에서 진보진영이 동맹을 유지하고 표를 모을 수 있도록 담론적으로 기여한 주요 무기는 "민주화", "민주주의", "평화적 정권교체" 등과 같은 구호였다. 하지만 이런 구호는 구체적이고 적극적인 대안이었다기보다는 군사정권의 독재에 반대한다는 소극적·부정적인 의미에 그쳤기 때문에, 1987년의 개헌 그리고 그 후 김대중·노무현이 집권함으로써 효력이 정지되는 결과를 낳았다.

현재 이명박의 강권과 전횡 때문에 다시 민주주의를 중심으로 동맹이 형성되는 조짐을 보이지만, 여전히 공통의 적이 있다는 사실에 의존해서 형성되는 저항적 연대에 지나지 않는다. 민주화 이후 과거의 친독재세력은 조중동을 중심으로 표현의 자유를 한껏 누리면서 오히려 결속력과 전술적 세련도를 강화했지만, 과거의 민주화세력은 "진정한 진보"와 "실질적 민주주의"가 무엇이어야 하는지를 둘러싸고 중구난방 다투는 사이에 1987년 체제마저 위협받는 아이러니를 낳은 것이다.

진보진영이 새롭고 적실성 있는 어젠다를 생성해야 할 필요는 광범위하게 인식되고 있다. 혹자는 "민주화" 대신 "신자유주의 반대"나 "올바른 정당제도"를 주장하기도 한다. 그러나 하나의 구호를 다른 구호로 대체하는 식으로는 언제나 "경제 살리기" 한 방에 나가떨어질 수밖에 없다고 나는 생각한다. 당면한 과제의 초점은 "민생", "상생의 정치", "경제 살리기" 따위 모호하기 짝이 없는 구호가 마냥 통하는 풍토를 바꾸는 데에 맞춰져야 한다.

그러기 위해서는 스스로 진보를 자임하는 사람일수록 정치의식의 기본 프레임을 재검토할 필요가 있다. 나는 이 책에서 한국사회에서 진보와 보수의 정치의식이 공유하는 네 개의 프레임을 찾아내 비판하고자 한다. 이 프레임들은 내가 보기에 본질적으로 보수 정치의식을 구성하는 요소들이다. 그러므로 진보를 자처하는 사람들이 이런 프레임에 갇혀 있는 한, "진보"란 단지 특정 부류의 직업정치인들을 가리키는 또 하나의 명칭에 불과하게 될 위험이 높다.

첫째는 마녀사냥 프레임으로 가짜문제를 하나 찾아내어 순전히 언어적인 분풀이를 영속시키는 경향을 말한다. 둘째는 권력숭배 프레임으로서 과도한 합리성에 대한 기대가 사실은 권력에 의지하고자 하는 나약한 심성의 발로임을 고발한다. 셋째는 선견지명 프레임으로서, 어떤 초인적인 예지력을 동경하는 마음은 곧 자기가 추종하는 대상을 절대시하는 교조주의로 이어지고, 숱한 이익집단들이 한 가지 목적을 위해 양보를 모르고 결사적으로 달려드는 경향을 잉태한다고 비판한다. 넷째는 집단생존 프레임으로서, 유년기부터 민족주의가 무비판적으로 주입되다보니 "우리"와 "저들"을 무작정 가르는 가장 원시적인 형태의 이분법이 한국인의 심성을 가둬버리는 기본적인 족쇄로 자리잡고, 그 때문에 패거리 사이의 무한투쟁과 패거리 내부의 억압구조가 기생하게 된다고 주장할 것이다.

이런 내용들을 제2부에서 제5부까지 논의한 다음, 이들 낡은 프레임에서 벗어난 새로운 방식의 사고와 제도적 지향을 나름대로 제시하고자 한다. 물론 내가 다루며 비판하는 주제들은 공공담론의 차원에 국한되기 때문에, 사적 공간에서 각 개인이 어떻게 생각하고 무엇을 추구하는지에 관해 간섭하려는 것은 전혀 아니다. 사적 공간에서 발생할 수 있는 다양한 생각들이 개명된 방식으로, 즉 평화적으로 공존하면서 경쟁하거나 협동할 수 있으려면 사회체제가 어떤 식으로 짜여져야 할 것인지가 내 관심이다.

이 책의 논의는 노무현의 시책에 대한 하나의 비판이라고 볼 수 있다. 나는 노무현 정부가 일반적인 방향은 잘 잡았다고 본다. 다만 이론적인 목표를 현실정치라고 하는 맥락에 접목시키는 데 실패했을 뿐만 아니라, 그러한 접목의 수완이 올바른 목표설정보다 사실은 더욱 중요하다는 점을 거의 일부러 도외시하는 추상성에 사로잡혔다고 진단한다. 물론 대한민국에서 진보를 자처하는 세력들이라도 좀더 전략적으로 사고할 줄 알았다면, 그래서 "왼쪽 깜빡이 켜고 우회전한다"고 노무현을 공격하기에 앞서서 조금만 더 참아주고, 보수언론과의 싸움에 조금만 더 지원해줬더라면 지금과 같은 진보의 지리멸렬은 피할 수도 있었으리라고 본다.

그러나 지난 일에 대한 한탄은 아무짝에도 도움이 안 된다. 비록 지금으로서는 노무현이 현실정치에서 실패했다고밖에 말할 수 없겠지만, 적어도 그 실패에서 배울 수만 있다면 새옹지마의 반전이 얼마든지 가능하다. 내가 이 책에서 고발하는 네 가지 낡은 프레임을 벗어던지고 보다 넓고 높은 지평에서 정치세계를 바라보면서 전략을 궁리할 수 있는 안목이 우리 사회의 진보적 지식인들에게 널리 퍼진다면, 노무현 시대와 같은 지리멸렬은 다시 반복되지 않을 것이다.

이 책의 내용은 〈프레시안〉에 2009년 2월부터 8월 초까지 72회에 걸쳐 연재한 바 있다. 당시 나는 전북대학교에서 해외연구를 위한 말미를 얻어서 뉴질랜드 해밀턴에 있는 와이카토 대학교에 방문교수로 있었다. 고 노무현 대통령이 퇴임 후에 여러 가지 고민을 하고 있다는 사실을 전해 듣고, 그분이 내 글에 관심을 가진다면 본격적으로 토론을 이어가볼 생각도 했었다. 책으로 출판할 때에는 그에게 헌정할 작정이었는데, 이미 이승과 저승이 다르니 안타깝기 그지없다. 그의 "영전에 바친다"는 따위 중세적이지만 전략적일 수 있는 헌사를 붙일까도 생각했지만, 차라리 무뚝뚝한 헌사를 달기로 했다.

여기서 말하려는 내용들 각각은 별로 새로운 것이 없다. 대부분 이미 공론장에서 자주 거론되어 상식에 가까운 것들이다. 그만큼 이 책에서는 내가 직접적으로 도움을 받은 경우나, 또는 추가적인 확인이나 논의를 위해 독자들에게 필요할 것으로 보이는 경우가 아니면 인용이나 전거를 달지 않았다. 불필요한 가지들을 줄이고 논의의 초점을 유지하기 위함이다.

그러나 그런 내용들을 서로 연결하는 방식은 아마도 많은 독자들에게 상당히 생소할 것으로 예상된다. 따라서 생소한 길을 가기 전에 약간의 사전준비가 필요하지 않을 수 없다. 그러므로 제1부는 그러한 예비작업에 할애할 수밖에 없다.

전북대학교 정치외교학과 연구실에서

박동천 씀

| 차례 |

제1부

진보정치와 담론정치

제1장

노무현에서 이명박으로

현대 민주주의에서는 어느 나라나 사람들에게 정치를 어떻게 생각하느냐고 물어보면 불만과 불평이 만족스럽다는 의견보다 훨씬 많을 것이다. 인민이 아예 불만을 표현하지 못할 정도로 겁을 집어먹었거나 세뇌당한 사회를 제외하면, 거의 모든 나라에서 인민 사이에는 정치현실에 대해 많은 불만이 있고 정치인에 대해 많은 불신이 있다.

얼핏 생각하면, 즉 정치를 간단한 산수처럼 생각하면, 이러한 불만은 진보세력에 대한 지지로 이어져야 할 것처럼 보인다. 진보세력을 어떻게 정의하든지 일단 사회구조를 좀더 나은 방향으로 바꾸겠다는 의지를 표방하는 것은 사실이므로, 현실에 불만을 가지는 유권자라면 변화를 표방하는 세력에게 표를 주는 것이 당연해 보인다. 그러나 실제 현실에서는 그렇지가 않다. 정치현실에 대해 불만을 가진 사람 중에, 그럼에도 불구하고 보수파를 지지하는 사람들이 적지 않기 때문이다. 때로는 보수파가 "변화"를 기치로 내걸어 성공하기도 한다.

예컨대 노무현이 대통령이던 2007년 한국 대통령 선거에서는 보수 후보 이명박이 "변화"를 구호로 외치면서 당선되었다. 조지 W. 부시의 공화당 정권이 인기가 떨어진 상태에서 치러진 2008년 미국 선거에서는, 공화당 후보 매케인조차 "변화"를 기치로 내걸었다. 공화당이 비록 일반적으로는 보수지만, 기존 부시의 노선으로부터는 변화를 추구하겠다는 비장한 각오를 표명한 것이었다. 하지만 유권자들은 다른 의미의 "변화"를 내건 민주당 오바마를 선택했다. 미국보다 며칠 뒤에 있었던 뉴질랜드 선거에서는 보수 국민당이 "변화"를 표방함으로써, 9년 동안 집권해오던 노동당에게서 권력을 탈취하는 데 성공했다.

이명박이나 뉴질랜드 국민당이 "변화"라는 기치를 내걸고, 나아가 선거에서 승리할 수 있었다는 사실은 정치에서 구호와 수사가 얼마나 중요한지를 보여주는 선명한 사례이다. "변화"라는 기치는 진보세력이 전가의 보도처럼 사용하는 구호로서, 그 의미는 뭔가 사회질서 중에 보다 깊은 곳에 위치하는 병소를 고치겠다는 뜻이 보통이다. 그래서 진보세력이 추구하는 변화는 "질적", "근본적", 또는 "발본적", "구조적" 변화라고 하는 한정사들이 덧붙거나, 생략될지라도 의미상으로는 함축된다. 반면에 보수세력이 "변화"를 들고 나올 때에는 보통 진보세력이 집권하고 있을 때로서, 정권을 바꿔야 한다는 뜻일 때가 많다. 어떤 경우에 "변화"라는 구호는 유권자들에게 대단한 매력을 가지지만, 어떤 경우에는 식상하고 피곤한 소리로 배척당한다. 그러므로 정치에서는 정책의 실질과 관련된 논쟁만큼, 누가 매력적인 수사와 구호를 선점하고, 나아가 상대방에게는 식상하고 피곤하다는 낙인을 고착시킬 수 있는지도 중요하다. 이와 같은 매력적인 수사와 피곤한 낙인을 둘러싼 경쟁을 담론의 정치라고 부를 수 있다.

한국정치에서 "변화"란 1997년 김대중의 당선 때까지 줄곧 진보세력이 표방하는 가치였다. 정치사회의 질적 변화라는 가치는 "민주화"라는 표어로 대변되었고, 보다 구체적으로는 "민주적 정권교체"가 민주화운동가들 사이에 하나의 이상으로까지 격상되어 숭상되는 경우도 있었다. 노무현도 더 많은 민주화와 더 많은 변화를 바라는 인민의 열망에 힘입어 당선되었다. 하지만 김대중과 노무현을 당선시켰던 40%대의 지지율은 2007년 선거에서는 나타나지 않고 까마득한 흔적만이 남았다. 잠시 구체적인 수치들을 한번 살펴보자.

이명박은 2002년 노무현이 얻었던 1,201만 표보다 52만여 표가 적은 1,149만 표만을 얻었는데, 이는 2002년에 이회창의 득표보다 불과 4만 9천 표가 많을 뿐이다. 득표율에서도 노무현의 48.9%에 못미치는 48.7%일 뿐만 아니라, 2007년 선거 투표율이 2002년보다 8%p 가까이 낮았기 때문에, 전체 유권자로 나눈 득표율로 계산하면 30.5%로서 역대 당선자 중에서 최저치일 뿐 아니라 2002년에 낙선한 이회창의 32.7%에도 미달한다. 그럼에도 불구하고 정동영이 워낙 표를 적게 얻은 탓에 사상 최다표차의 압승을 거둘 수 있었다.

많은 사람들이 이를 두고 노무현 때문이라고 했다. 노무현 때문에 진보세력이 지리멸렬 와해되었고, 노무현이 워낙 인기가 없어서 전체 유권자 대비 최저 득표율을 올린 보수 후보가 사상 최다표차로 승리할 수 있었다고 했다. 노무현이 인기가 없었고, 그 때문에 진보세력 전체가 정치적으로 궁지에 몰렸다는 말은 노무현의 열성 지지자라도 적어도 부분적으로는 맞다고 인정할 수밖에 없을 것이다. 그런데 노무현은 왜 그렇게 인기가 없었을까? 역대 대통령 선거에서 가장 많은 표를 얻었고, 1987년 이전 독재시대를 제외하면 유효투표 대비 득표율도 최고를 기록하며 당선된 노무현이 왜 그렇게 인기를 잃었을까? 그를 탄핵소추한 한나라당과 새천년민주당에 분노하여 불과 47석짜리 군소정당에 불과하던 열린우리당을 152석의 과반수 정당으로 만들어줬던 국민은 왜 겨우 3년 남짓 만에 그를 그토록 저버리게 되었을까?

표 1 역대 대통령 선거 득표 현황

연도	당선자	득표(득표율a)	득표율b	차점자	득표(득표율a)	선거인 수
1952	이승만	5,238,769(74.6%)	63.4%	조봉암	797,504(11.4%)	8,259,428
1956	이승만	5,046,437(70.0)	52.5	조봉암	2,163,803(30.0)	9,606,870
1960	이승만	9,633,376(88.7)	86.0			11,196,490
1963	박정희	4,702,640(46.6)	36.2	윤보선	4,546,614(45.1)	12,985,015
1967	박정희	5,688,666(51.4)	40.8	윤보선	4,526,541(41.0)	13,935,093
1971	박정희	6,342,828(53.2)	40.9	김대중	5,395,900(45.3)	15,510,316
1987	노태우	8,282,738(36.6)	33.0	김영삼	6,337,581(28.0)	25,127,158
1992	김영삼	9,977,332(42.0)	34.8	김대중	8,041,284(33.8)	28,676,547
1997	김대중	10,326,275(40.3)	32.0	이회창	9,935,718(38.7)	32,290,416
2002	노무현	12,014,277(48.9)	34.3	이회창	11,443,297(46.6)	34,991,529
2007	이명박	11,492,389(48.7)	30.5	정동영	6,174,681(26.1)	37,653,518

* 1948년(이승만), 1960년 8월(윤보선)은 국회에서 간접선거, 1972년(박정희), 1978년(박정희), 1980년(최규하), 1981년(전두환)은 통일주체국민회의에서 간접선거.
** 득표율a는 유효 투표수를 분모로 한 득표율, 득표율b는 선거인 수를 분모로 한 득표율. (이후 이처럼 특기하지 않고 거론하는 득표율은 모두 유효 투표수 분모로 한 수치를 말한다.)

    노무현이 이라크 파병, 한미 FTA, 금융개방과 자유화 등 신자유주의 정책을 펼침으로써 지지자들을 실망시켰기 때문이라는 주장이 있을 수 있다. 그러나 이는 민주노동당 후보 권영길의 득표가 2002년의 957,148(3.9%)표에 비해 2007년에는 712,121(3.0%)표로 감소한 사실을 설명하지 못한다. 문국현이 얻은 1,375,498표는 어쩌면 노무현에게 실망한 자유주의 좌파의 표라고 볼 수도 있을 것이다. 그러나 정동영, 이인제, 문국현의 표를 다 합해도 2002년에 노무현이 얻은 표에 430만 표나 모자라며, 득표율로도 32.7%로서 노무현의 48.9%에 비할 수 없다. 그러나 이명박이 얻은 1,149만 표에 이회창이 얻은 356만 표 (15.1%)를 합해서 생각하면 표의 이동상황이 쉽게 드러난다. 두 차례의 선거에서 투표율이 꽤 차이가 있기 때문에, 득표수보다는 득표율로

표 2 16대와 17대 대통령 선거의 득표율 분포

2002년		2007년	
보수주의	이회창 46.6%	이회창 15.1%	보수주의 63.8%
		이명박 48.7%	
자유주의	노무현 48.9%	이인제 0.7%	자유주의 32.6%
		정동영 26.1%	
		문국현 5.8%	
사회주의	권영길 3.9%	권영길 3.1%	사회주의 3.1%
계	99.4%	계	99.5%

살펴보는 편이 더 나을 것이다.

2002년 선거에서 이회창 지지표를 보수주의로, 노무현 지지표를 자유주의로, 그리고 권영길 지지표를 사회주의로 대략 명명해보자. 그리고 2007년 선거에서는 이회창과 이명박을 보수주의로, 이인제, 정동영, 문국현을 자유주의로, 권영길을 사회주의로 묶을 수 있다. 그렇게 묶어보면 사회주의 지지표는 3.9%에서 3.1%로 약간 감소한 반면에, 보수주의는 46.6%에서 63.8%로 증가했고 자유주의는 48.9%에서 32.6%로 축소되었음을 볼 수 있다. 보수주의의 증가분 17.2%p는 대략 자유주의의 감소분 16.3%p와 맞먹는다. 노무현을 지지했던 표 가운데 대략 16%p 정도가 자유주의에서 보수주의로 이동한 셈이다. 이들 가운데 노무현이 기대만큼 진보적이 아니라서 실망한 결과 아예 노무현보다 더 오른쪽으로 이동해버린 사람들도 있을 것이다. 그러나 대부분은 노무현이 생각보다 급진적이라는 이유에서 그보다 보수적인 이명박 또는 이회창 쪽으로 이동했다고 보는 것이 온당하다. 즉, 노무현 임기 동안 도처에서 불거진 논쟁과 갈등이 평범한 일상인들에게 부담스러웠고, 우익 신문들의 색깔공세가 부분적으로 먹혀든데다가, 정

권 핵심부 인사들의 과격하면서 불안정한 언사들이 겹쳐서 급격히 대중적인 신뢰를 상실한 것이다.

한국에서 진보세력을 자임하는 사람 중에는 물론 노무현을 진보에 포함시키지 않는 사람들이 많다. 그러나 노무현을 "빨갱이"라고 공격한 보수세력이 한국에는 엄연히 있다는 사실 또한 분명하다. 따라서 착각 때문이든 무지 때문이든 노무현을 "너무 진보적"이라고 자리매김하는 시각에서 정치세계를 이해하고 적응하는 사람들이 한국사회에 있다는 사실 역시 분명하다. 진보가 무엇인지, 사회주의가 무엇인지, 이 글에서 그런 단어들을 어떤 뜻으로 사용할지 등에 관해서는 뒤에서 좀더 자세하게 따져서 정리할 필요가 있지만, 현 단계에서 간략하게 말하더라도 노무현이 드러내는 성향 중에서 사회주의와 연결지을 만한 요소란 사실 박정희나 이명박의 가치관과 발상 가운데 사회주의로 연결시킬 수 있는 요소보다도 특별히 많지는 않다. 즉, 사회주의 또는 "빨갱이"와 관련해서 노무현을 너무 진보적이라고 판정하는 것은 어떻게 보더라도 착각이거나, 아니면 실상과는 무관한 전술적 수사 내지 색칠에 불과하다.

노무현에게 "친북좌파"라는 낙인을 찍음으로써 담론투쟁에서 유리한 고지를 선점하려는 의도를 가지고 행동한 사람들은 한국의 전형적인 기득권층이고 보수 또는 극우정치세력에 해당한다. 이 글은 그런 사람들을 주제로 삼지도 않을 것이고, 그런 사람들이 읽기를 예상하거나 기대하지도 않는다. 내가 논의하고 싶은 주제는 그와 같은 담론투쟁에서 보수세력의 의도가 왜 어떻게 통할 수 있었느냐는 점이다. 그리고 내가 기대하는 독자는 이 땅의 골수우익이나 골수좌익을 제외하고, 나름대로 이치와 양식에 입각해서 선택하고 판단할 능력을 가진 시민 개개인이다. 노무현에게서 2002년에 희망을 봤던 사람들이 그의 집권기 동안 설사 실망을 했더라도, 왜 그 대신에 더욱 진보적이라는 평을 받았던 권영길이나 문국현을 지지하지 않고, 이명박 또는 이회창을 지지하는 쪽으로 대거 이동했을까? 다시 말해 노무현을 "너무 진보적"이라고 몰아붙이는 관점이 어떻게 적어도 300만 내지 400만 명의 유권자에게 호소력을 가질 수 있었을까? 한국사회 부동층의 우경화가 왜 이렇게 급속하게 일어났을까? 이 질문에 응답하기 위해서는 먼저 한국의 "진보"에 관하여 몇 가지 사항들을 살펴볼 필요가 있다.

제2장

어젠다를 상실한 한국 진보

미국의 이라크 침공은 조지 부시라는 개인의 성향 때문인가 아니면 미국의 자본주의 때문인가? 이 질문에 전자로 대답하는 사람은 후자로 대답하는 사람보다 보수적일 확률이 높다. "미네르바"로 알려진 네티즌을 구속한 것은 해당 검사 나름의 법률적 판단이었다고 보는가 아니면 정권 차원의 지시 또는 이심전심이 있었으리라고 보는가? 이에 대해 후자로 답한다면 전자로 답하는 사람보다 진보적인 성향을 가질 확률이 높다. 보수적인 성향의 사람들은 어떤 사회적 사태의 원인을 개인 차원에서 설명하는 경향이 높고, 진보적인 성향의 사람들은 구조적인 원인이 있다고 생각하는 경향이 높다. 범죄를 범죄자의 개인적 특질에서 비롯된다고 보는 경향이 보수적인 사람들에게 높은 반면에, 진보적인 사람들 사이에서는 사회경제적 환경이 범죄자를 만든다고 생각하는 경향이 높다. 미네르바의 글이 전체적으로 보수파 이명박 정권에게 비판적이었고 아울러 그 정권이 미네르바를 구속했다는 사실을 접어두고, 단지 한국 외환시장이 일개 네티즌의 글 때문에 크게 영향을 받을 수 있느냐고만 묻더라도, 진보적인 성향을 가진 사람보다는 보수적인 성향의 사람에게서 그럴 수 있다고 대답할 확률이 높다. 한국의 경제성장에서 박정희가 수행한 역할을 평가할 때에도 그렇듯이, 진보적인 사고에서는 역사진행에 미친 개인의 영향력을 낮춰 잡는 경향이 있고 보수적인 사고에서는 높게 잡는 경향이 있다.

이처럼 보수와 진보를 구분할 수 있는 한 가지 그럴듯한 척도는 주어진 문제의 원인을 개인에서 찾느냐 아니면 사회에서 찾느냐이다. 진보는 보수보다 대체로 사회문제를 근본적으로 개선할 수 있다고 보며, 따라서 케이스 바이 케이스로 접근하는 태도를 미봉책일 뿐이라고 불만스럽게 여긴다. 진보적 성향은 이처럼 사회를 질적으로 변화시킬 수 있다는 신조를 함축하는데, 말하자면 비합리적인 요소들을 척결해서 합리적이고 체계적인 방식으로 사회질서를 개편함으로써 "더 나은 사회"를 건설할 수 있다는 생각이다.

이는 첫눈에 상당히 매력적인 생각으로 보인다. 합리성, 즉 이치라는 것이 하나 있어서 만사에 똑같이 보편적으로 적용될 수 있고, 따라서 모든 사회문제를 이치가 알려주는 정답으로써 해결하면 전쟁, 권력투쟁, 음모, 범죄, 불평등, 폭동, 빈곤, 등등 사회악이 전부까지는 아닐지 몰라도 대부분 사라질 수 있을 듯하다. 서양근대의 초기, 수학적 원리를 통해 자연계의 비밀을 풀어나가는 자연과학의 일대 혁명을 보면서 찬탄을 금치 못한 지식인들은 사회세계에서도 이와 비슷한 방식의 접근이 가능하고 바람직하다고 여겼다. 그리하여 사회의 문제 대부분이 기본적으로 무지나 착각, 아집이나 집착 등 비합리적인 감정 때문에 발생하므로, 사람들이 그와 같은 미망에서 벗어나 계몽의 밝은 빛으로 들어오면 정치나 경제와 같은 사회적 현상들도 획기적으로 향상될 수 있다고 믿었다. 이러한 계몽주의는 자유주의를 낳았고, 이어서 사회주의도 같은 바탕에서 잉태되었다.

하지만 이처럼 합리성으로써 사회문제를 해결할 수 있다는 발상은 정치현실에 적용되기 시작하면서, 첫인상과는 달리 많은 난제를 내포하고 있음을 드러내지 않을 수 없었다. 좀더 자세하고 본격적인 논의는 제3부에서 다시 시도하도록 하고, 여기서는 요점만을 간략하게 제시한다. 첫째는 합리성과 비합리성을 구분하는 기준이 무엇이냐는 점이다. 한편에서 보면 이치에 어긋나 보이는 것이 사실은 불합리가 아니라 단지 다른 종류의 이치인 경우가 대단히 많다. 말다툼만 보면 바로 전쟁을 연상하는 시각에서는 당쟁이 극도로 불합리하게 비치겠지만, 사람들 사이에 차이는 당연하다고 보면서 폭력투쟁과 논쟁을 분별하는 시각에서 보면 정당의 분화는 지극히 합리적인 일이 된다. 새만금 간척사업, 이라크 파병, 한미 자유무역협정(FTA)을 비롯한 자유무역 논쟁, 언론관계법 개정과 재개정을 둘러싸고 국회의원들로 하여금 몸싸움을 불사하게 만드는 쟁점 등등은 서로 다른 정치적 가치관 사이의 경합인 만큼이나 합리성이 무엇인지에 관해 서로 다른 입장들이 부딪친 결과인 것이다.

둘째, 통상적인 언어의 용례에서 이치 또는 합리성이란 감정이나 의지 또는 사회의 전통이나 관습과는 구분되는 의미로 사용되지만, 그 연원을 깊게 파고들어가다 보면 경계가 불분명해진다. 자연과학의 경우에도 천동설을 믿던 시대의 합리성과 지동설이 득세한 이후의 합리성은 똑같지 않다. 뉴턴 물리학에서 신봉되던 합리성은 아인슈타인이나 하이젠베르크의 물리학에 의해서 일부가 무너지고 새로운 합리성이 그 자리를 메웠다. 나노 세계는 인간의 감각능력을 바탕으로 구성된 세계에 관한 인식틀에서 벗어나는 세계로, 완전히 다른 종류의 합리성이 적용되어야 한다.

하물며 정치나 도덕, 경제나 문화의 세계에서 합리성이 전통 및 관습과 모종의 연관을 맺고 있다는 사실을 보기 위해서는 그다지 깊게 파고들 필요조차 없다. 조선시대에 여성참정권이란, 불합리는 고사하고 상상조차 할 수 없었던 일이지만 지금 여성에게 참정권을 주지 말자고 한다면 얼빠진 소리가 된다. 임진왜란, 병자호란, 항일투쟁과 같은 전시에는 폭력의 사용이 오히려 합리적이지만, 평상시에는 폭력이야말로 합리성의 부족을 보여주는 결정적인 징표에 가깝다. 미국 보수파의 "법과 질서"를 흉내 내어 이명박 정권이 도처에서 발동하는 강제력을 한쪽에서는 합리적이라고 보는 반면에, 다른 한쪽에서는 합리의 정반대라고 본다. 이처럼 정치적·도덕적 합리성이란 각 개인이 어떤 문화, 사회, 시대, 진영에 속해 있는지에 따라서 달라지는 면이 다분히 많다. 물론 그렇다고 해서 이 주변에 아무런 질서도 있을 수 없다는 말은 아니다. 합리성과 집단적 의지 및 전통 사이의 연관을 부각함으로써 내가 말하려는 뜻은 이치라는 것이 문화적 배경을 초월할 수 없다는 데에 그치지, 무분별한 상대주의 또는 가치 허무주의를 옹호하는 데에 있지 않다. 상대적인 것을 상대적이라고 분별해서 말하는 것은 "모든 것이 상대적"이라는 말이 아니다.

어떤 사회를 막론하고 사회생활이란 무수하게 다양한 국면과 양상과 맥락들로 구성된다. 그 가운데 일부에서는 합리성의 기준이 비교적 명확하게 정형화되어 정착되어 있겠지만, 그렇지 않은 국면과 맥락도 많이 있을 것이다. 합리성의 기준이 정착되지 못한 곳이라면 그만큼 그 기준을 둘러싸고 정치적 경쟁이 발생할 소지가 높은 것이고, 합리성의 기준이 정착되어 있는 곳이라면 하나의 관습에 대해 의문이 제기되지 않고 있는 상태임을 말한다. 하지만 전자의 국면이 후자의 국면보다 반드시 더 잘못되었다고는 말할 수 없다. 합리성에 관해 서로 다른 관념들이 명확하게 정리되지 않은 채 교차하면서 병존함으로써, 혼란이나 붕괴를 초래하기보다는 오히려 문화적 풍요를 창출할 수도 있다. 특히 19세기 이후 음악이나 미술, 영화 분야의 역사전개가 그러하고, 20세기 후반 이래의 정치이념이 또한 그러하다. 히틀러나 스탈린, 김일성 체제 등에서 권력에 의해서 재단된 합리성이 사회구성원들의 사유와 상상력을 얼마나 획일화했는지를 고려해보면, 합리성의 기준이 사회적으로 통일되어 정형화된 상태가 반드시 건강한 것만도 아니다. 어쨌든 이 주변에는 수많은 갈래의 쟁점과 혼동들이 얽혀있는바, 그에 대한 자세한 해명은 제3부에서 내 능력이 닿는 데까지 시도해볼 것이다.

일단 여기서는 합리성이 정치를 초월하는 개념이 아니라는 점만을 지적하고자 한다. 다시 말해 합리성이라는 개념의 내용 및 명찰과 관련해서 논쟁이 발생하면, 그런 논쟁은 모두 정치의 문제 그 자체로 비화할 잠재력을 항상 가지고 있다. 한국사회에서는 이 점이 충분히 인식되어 있지 못한데, 그 때문에 획일주의적인 권력숭배가 애국심이나 국가주의 또는 민족주의의 형태로 발호할 수 있는 여지가 대단히 많다.

예컨대 세종대왕은 군주정 시대의 한 명의 영웅 정도가 아니라 민족사의 영웅으로 여겨져서, 노무현도 이명박도 공히 찬양한다. 세종이 한 사람의 정치인으로서 전략적 사고를 할 줄 알았고, 한 사람의 권력자로서 공동체를 위해 헌신적이었으며, 다방면에 높은 소양을 가진 지성인으로서 대단히 많은 성취를 이뤘다는 사실은 아무도 부인할 수 없다. 한국의 어린이를 위한 위인전을 기획한다고 할 때 정치인 가운데 빠져서는 안 될 인물이 틀림없다. 그러나 세종을 현대 정치인의 모범으로 상정해서는 안 된다는 것이 내 생각이다. 그는 군주이고 현대는 군주정이 아니기 때문이다. 정당 사이의 경쟁 자체를 죄악시하던 시대, 정부에 대한 비판이 국가에 대한 반역으로 간주되던 시대, 인민을 주권자가 아니라 단지 "어린 백성"으로 치부하던 시대의 정치인이기 때문이다.

세종 임금을 숭상하는 마음 안에는 계몽적 전제를 그리워하는 정치의식이 자연스럽게 틈입해서 똬리를 틀 수밖에 없고, 그러한 심성은 박정희식 개발독재를 거부해야 할 이유를 식별할 수 있는 시야를 가로막고 만다. 재벌기업 경영자 출신 이명박이 서민들에게 인기를 끌고, 경기고와 서울 법대를 나와 고등고시 사법과에 합격한 이회창을 대졸 이상 계층보다 중졸 이하 계층에서 더 많이 지지했던 현상도 같은 각도에서 해석할 수 있다. 이런 요소들이 "잘나고 똑똑한" 사람의 획일적인 기준으로 작용했음을 보여주는 것이다.

합리성의 기준이 한 가지라고 생각한다는 것은 언어의 덮개 밑으로 뚫고 들어가지 못하고 생각이 막연한 상태에 머무른다는 지표에 해당한다. 동시에 합리성의 내용에 관한 숱한 논쟁의 여지들을 감당하기에는 사유능력의 힘이 부친다는 지표에 해당한다. 나아가 이러한 사고방식에서는 정치사회란 무엇보다 획일적인 질서를 가져야 이상적인 것처럼 보이기 쉽다. 따라서 모든 종류의 논쟁과 갈등을 그 자체로 위험하다고 보아 백안시함으로써, 건강한 공론을 통해서 새로운 가능성을 발굴할 기회가 싹도 트지 못하고 봉쇄되기 쉽다. 따라서 합리성의 본질에 관해 조금이나마 성찰을 해보지 않고, 단지 주변에 퍼져 있는 생각을 합리적이거니 받아들이는 태도는 가장 우려할 만한 형태의 권력 숭배에 지나지 않는 것이다.

한국 정치발전의 현 단계에서 이와 같은 상황은 진보파에게 특별히 불리하다. 민주화라는 구호는 1960년 4월혁명부터 1987년까지 나름대로 의미도 있었고 효과도 있었지만, 직선제 개헌이 이루어지고 과거에 탄압을 받던 소수파 김대중과 노무현이 1997년과 2002년에 집권함으로써 정치적인 현안의 지위를 상실했다. 평화적 정권교체라는 염원이 일단 선거의 형식적 제도화가 이루어짐으로써 소임을 다하고 염원의 자리에서 물러난 것이다. 물론 사회생활의 도처에서 은밀하게 저질러지는 불의, 배임, 폭력, 전횡 등은 아직도 두껍게 남아 있지만, 이런 것들은 얼핏 국지적으로 해결되어야 할 문제로 보이기 때문에, 중앙정부를 어느 편에서 장악할 것이냐를 결정하는 논쟁에서 일반 유권자들에게 직접적인 호소력을 가지기는 쉽지 않다. 이 때문에 많은 사람들이 한국 진보세력이 어젠다를 상실했다고 진단하면서 진보의 위기를 말한다.

한국 진보세력이 어젠다를 상실하게 된 데에는 이유가 있다. 그 이유들은 또한 노무현 정권이 담론투쟁에서 패배한 이유와 상당부분 겹친다. 진보진영의 어젠다가 정교하지도 치밀하지도 못하다는 비판은 일반적으로 타당하다. 나는 이 글에서 한 걸음 더 나아가 진보진영이 가짜문제와 진짜문제를 분별하지 못하는 경우가 종종 있다고 주장할 것이다. 아울러 가짜문제와 진짜문제를 분별하지 못하는 데에는 정치와 사회와 도덕과 가치에 관한 사유의 근본적인 프레임이 어떤 고정관념들에 사로잡혀 있기 때문이라고 주장할 것이다. 그 고정관념들은 우리 사회에서 진보와 보수를 막론하고 공유되는 것들이지만, 그 성격 자체가 본질적으로 보수적이며, 실제로도 진보진영의 정치의식이 새롭고 즐거운 상상력으로 충전되는 길을 철저히 가로막고 있다. 이 책에서 내가 특정해서 비판하려는 고정관념은 합리주의, 선험주의, 민족주의로, 각각 제3, 4, 5부에서 다룰 것이다. 그리고 가짜문제의 대표적인 사례로는 지역주의를 들어서 제2부에서 논의할 것이다.

그러나 그러한 논의를 위해서는 우리 사회에 널리 퍼져있는 정치혐오증 때문에 진보진영이 담론투쟁에서 일방적으로 불리한 싸움을 할 수밖에 없다는 사실을 가장 먼저 지적해야 한다. 한국사회의 정치혐오증은 곧 논쟁을 싫어하고 두려워하는 습성과 긴밀하게 연결되어 있다. 어떤 각도에서 보면 논쟁은 제법 무성한 것 같지만, 거의 모든 경우에 논쟁이 조금만 길어지면 원래 쟁점의 중요성을 "그만 두자"는 목소리가 덮어버리는 관습이 견고하게 똬리를 틀고 앉아있다. 제1부에서는 이 점을 부각하고자 하는데, 우선 다음 장에서 진보와 보수에 관해서부터 찬찬히 따져보기로 한다.

제3장

진보와 보수

진보는 무엇이고 보수는 무엇인지, 진정한 진보와 보수는 또 무엇이어야 하는지, 진보와 보수를 나누는 경계선은 무엇인지 등의 문제를 포괄적으로 논의하려면 따로 책을 한두 권 써야 한다. 여기서 나는 진보와 보수를 어떤 고유한 내용이나 원칙을 가진 이념으로 보기보다는 정치적 공방에서 상대적인 입지 선정의 문제로 이해하는 시각을 취할 것이다. 물론 실질적인 원칙에서 진보와 보수 사이에 아무런 차이가 없는 것은 아니다. 기득권과 사유재산권을 얼마나 인정하고 어떻게 인식하느냐는 등의 차원에서는 상당히 실질적인 내용상의 차이가 있다. 또한 앞에서 언급했듯이, 사회현상의 원인을 주로 개인의 특성과 행동에서 찾느냐 아니면 구조나 제도에서 찾느냐는 차이 역시 보수와 진보를 나누는 중요한 갈림길에 해당한다. 그렇지만 어떤 원칙이나 이념의 차이란 절대적이지도 않고 보편적이지도 않다. 정치적 성향을 구분하는 용어는 예외 없이 현실정치의 진행 안에서 아주 다양한 목적을 가진 사람들에 의해서 사용된다. 그리하여 모든 정치적 용어들은—정치뿐만 아니라 모든 영역의 모든 단어들은—처음 사용하기 시작한 사람들이 무슨 뜻을 붙였든지, 시간이 지나면 잡다하고 복잡한 용례들을 가지게 된다.

제1절 진보나 보수의 "진정한" 의미는 괘념치 않는다

한국사회에서 지식인을 자처하는 사람들에게서 드물지 않게 발견되는 고집 중에는 용어나 개념의 정확한 사용을 위해서는 그 용어나 개념의 정의를 알아야 한다는 발상이 있다. 얼핏 생각할 때 매우 당연한 고집으로 보인다. 단어의 뜻을 모르고서야 단어를 정확하게 사용할 수 없을 것이다.

그런데 예컨대 대통령이라는 단어의 정의는 어떻게 알 수 있을까? 한국어사전 또는 백과사전 또는 정치학용어사전 등 각종 사전류를 떠올릴 수 있다. 그러나 사실은 한국인으로서 대통령이라는 단어의 정의를 알기 위해 사전을 한 번이라도 찾아본 경험이 있는 사람은 별로 없을 것 같다. 혹시 초등학교 저학년 때는 그럴 일이 있었을지 모르지만, 설령 그런 적이 있는 사람이라고 할지라도 그때 본 사전의 뜻풀이 덕택으로 대통령이 무슨 뜻인지를 알게 되지는 않았을 것이다. 노란색이 무슨 뜻인지, 산이 무슨 뜻인지, 사랑이 무슨 뜻인지를 알기 위해 사전을 찾지는 않는다. 외국인으로서 한국어 "노란색", "산", "사랑"이 자기네 나라 말로 무엇에 해당하는지를 알기 위해서는 한영사전이나 한국어사전이 큰 도움이 될 것이다. 한국인으로서 생소한 영어단어를 만났을 때 영한사전이나 영영사전을 참고하는 것과 같은 이치다. 그러나 영어가 모국어인 사회에서 "yellow", "mountain", "love" 등의 단어가 무슨 뜻인지를 사전을 보고 익히는 사람은 거의 없다.

하지만 여전히 정의定義에 관해 막연한 두려움과 동경을 가지고 있는 사람이라면 내가 일상의 사소한 예만 들면서 정의의 중요성을 의도적으로 훼손하고 있지나 않은지 의심이 들 것이다. 그렇다면 전문적이고 중차대한 예를 들어보자. 노무현에 대한 탄핵소추의 불씨가 되었던 발언 "대통령이 뭘 잘해서 열린우리당이 표를 얻을 수만 있다면 합법적인 모든 것을 다 하고 싶다"(2004. 2. 24. 방송기자클럽과의 회견)를 보자. 대통령이 이런 말을 해서 공무원의 중립의무를 어겨 국법질서를 문란케 했다는 것이 국회의원 159명이 서명하고 발의해서 193명이 찬성한 탄핵소추안의 첫 번째 이유였다. 그러나 유권자들은 자기들이 뽑은 대통령을 일 년 만에 탄핵한 국회에 분노하여, 그해 4월 15일에 치러진 국회의원 선거에서 한나라당에게서 24석과 민주당에게서 53석을 빼앗은 반면 열린우리당에게는 105석을 보태줬다. 대통령 발언의 한계에 관해서 선거로 나타난 민의가 헌법재판소의 의견과 같다고 봐야 하나 다르다고 봐야 하나?

이런 경우, 대통령으로서 할 수 있는 발언의 한계를 결정하는 데에 대통령에 관한 정의가 도움이 되지는 못한다. 대통령이 무엇인지에 관해서는 사전에 나오는 정의보다도 훨씬 상세하고 치밀하게 규정된 수많은 법조문들과 판례들이 있지만 여전히 이런 사안은 본질적으로 논쟁적일 수밖에 없다. 즉, 대통령의 직무나 권한의 한계에 관해서 모종의 "진정한" 답을 책이나 선례와 같은 전거를 연구해서 찾을 수 있다는 발상은 시작부터 방향이 잘못된 것이다. "대통령이 무엇이냐"는 것과 같은 질문은 실제 정치현실에서 끊임없이 제기되고 응답되는 종류의 질문이다. 주어진 시점에서 대통령직을 맡은 인물의 언행, 그가 추진하는 정책, 그리고 그의 언행과 품성과 정책과 성과 등에 관한 사회구성원들의 다양한 평가와 의견들이 모두 대통령이 무엇이냐는 질문에 대한 나름의 답변을 구성하는 것이다. 그러한 무수한 요소들 가운데 일치의 정도가 높은 것들만이 사전이나 교과서에는 실린다. 반면에 실제 현실에서 대통령이 내려야 하는 결정이란 중요성이 높을수록 사회적으로 논쟁이 불붙기 쉬운 것들이다. 그만큼 사전이나 교과서에 나오는 정의란 중요한 문제에 관해서일수록 적실성을 가지기 어렵게 된다.

진보가 무엇이며 보수가 무엇인지의 경우도 이러한 사정은 비슷하다. 질문을 진정한 진보 또는 보수라는 방향으로 묻게 되면, 답하는 사람들은 진보가 무엇이어야 하는지, 보수가 무엇이어야 하는지에 관해 결국 자신의 희망을 피력하는 데 그칠 것이다. 당연히 희망이란 사람마다 다를 수밖에 없다. 더군다나 진보나 보수나 모두 한국어에 옛날부터 있던 용어가 아니라 서양 정치의 근대사에서 태어나 사용되다가 동양으로 건너와 번역된 말들이다. 따라서 이미 서양의 역사 내부에서부터 진보, 개혁, 좌익, 보수, 왕당, 극우 등의 용어들은 당시의 쟁점에 따라서 그리고 말하는 사람의 목적에 따라서 잡다하고 헝클어진 의미로 사용되었다. 이처럼 착종된 의미들이 주로 일본을 거쳐 한국에 들어온 뒤에도 다시 어떤 논리학적 원칙으로도 해명할 수 없도록 다양한 방식으로 의미와 용례들이 전화되고 번졌다. 나중에 다시 논의하겠지만, 일례로 민족적 동질성의 강조만 해도 서양의 경우 전형적인 우익의 가치에 해당하지만 한국에서는 보수보다는 진보 쪽에서 자주 부각하는 안건이다.

제2절 명목척도와 순서척도

이 책에서 나는 "진정한" 보수나 진보가 무엇이어야 하는지에는 신경을 쓰지 않을 것이다. 다만 진보나 보수라는 단어를 현실정치 속의 상대적인 위상을 가리키는 용어로 사용할 것이다. 따라서 개념의 정합성이 매우 느슨하고, 보기에 따라서는 모순이 개재한다고 비판할 사람도 있겠고, 진보와 보수를 가르는 경계도 불명확하고 엉성해서 서로 겹쳐지는 부분이 많을 것이다. 그러나 나는 바로 그것이 현실정치의 모습이라고 생각한다.

진보나 보수라는 단어를 내가 사용하는 방식은 이미 앞에서 실마리가 제시되었다. 예컨대 2002년 대통령 선거로 친다면 이회창을 지지한 세력을 보수로 분류하고 노무현과 권영길을 지지한 세력을 진보로 분류하는 것이다. 이렇게 말하면 "자유주의가 진보냐"는 의문을 가질 독자들이 꽤 있을 것이다. 그 문제는 다음 장에서 상세하게 논할 테니까 잠시만 미루고, 먼저 개념적 구분에 관한 일반적인 논점 하나를 분명하게 짚고 넘어갈 필요가 있다. 사회과학 방법론에서 사용되는 용어를 빌려 쓰자면, 명목척도와 순서척도에 관한 이야기다.

순서척도란 차다/뜨겁다, 또는 희다/검다 등과 같은 개념들이 해당한다. 진보/보수의 구분을 이런 방식으로 이해한다면 진보 그 자체 또는 보수 그 자체는 있을 수 없음이 쉽게 드러난다. 어떤 두 개의 노선이나 성향이 주어진다면 그중 하나를 다른 것보다 더 진보적이거나 더 보수적이라고 말할 수는 있을 것이다(물론 노선 차이 가운데에는 진보/보수의 구분과 상관없는 것도 있을 수 있다). 그러나 뜨거움 자체 또는 차가움 자체가 있을 수 없듯이, 진보 그 자체라든지 보수 그 자체라는 것은 있을 수 없다. 반면에 명목척도란 남자와 여자의 구분과 같은 경우를 가리킨다. 한 남자는 곧 여자가 아닐 뿐, 다른 남자보다 더 남자일 수는 없다. 남자라면 남자라는 점에서는 모두 똑같지 남자인 정도에 무슨 차이가 있을 수는 없다. 물론 남성다움/여성다움과 같은 사회적으로 첨가되는 의미를 말하게 된다면 순서척도의 의미가 크게 가미된다. 이두박근 같은 지표를 보면 일부 남자보다 더욱 남성다운 여자도 있을 수가 있고, 목소리의 높이 같은 지표를 보면 일부 여자보다 더욱 여성다운 남자도 있을 수가 있다. 그러나 "남성다운 여자", "여성다운 남자"라는 표현이 극명하게 보여 주듯이, 남성다움/여성다움은 순서척도의 의미로 사용되는 구분이지만 남성/여성의 구분은 명목척도의 의미로 사용된다.

진보/보수의 구분은 순서척도에 가깝지 명목척도에 가까운 것이 아니라는 점은 부인할 길이 거의 없을 것이다. 그럼에도 실제 현실의 정치적 수사학에서 "진보"나 "보수"라는 단어들은 마치 명목척도 개념인 것처럼 사용되는 경우가 대단히 많다. 상대방의 진보적 성향을 악용해서 "빨갱이"라는 낙인을 찍으려는 언사들이 전형적으로 그러한 사례들이다. 김대중이나 노무현을 "빨갱이"라고 부르는 행태가 인민 중 무지한 일부에게 겁을 줘서 자신의 이익을 챙기려는 유치한 수사학임을 모르는 사람보다는 아는 사람이 우리 사회에는 더 많다. 하지만 그 점을 잘 아는 사람들 중에서도 때때로 "진보", "사회주의", "무정부주의", "반정부" 등의 단어 자체를 위험하게 여기는 경우가 적지 않다.

2003년 10월 30일 김진표 당시 경제부총리가 전날 발표한 부동산 대책을 이야기하면서, "정부 입장에서 더 강력한 것은 사회주의밖에 되지 않는다"고 발언한 경우가 그렇다. 일례로 〈프레시안〉의 박태견 기자는 이를 "투기꾼을 제외한 국민 대다수를 빨갱이로" 본 "망언"이라고 비난했다.[1] 김진표의 발상이 사회주의와 자본주의 사이에 겹치는 공간을 허용하지 않고 이분법적 명목척도에 입각한다는 점은 명백하다. 그러나 박태견의 응수 역시 명목척도의 문제를 적확하게 짚어내지 못한 채, 부지불식간에 이분법 안에 속하는 어휘를 통해 자신의 생각을 표현하고 말았다. 명목척도에 입각한 김진표의 언표를 순서척도에 입각해서 비판하고자 했다면, "이미 국가가 부동산에 개입하는 것이 사회주의적 발상인데, 그 이상의 사회주의는 왜 안 된다는 것인가?"와 같은 형태로 질문이 제기되었어야 했다. 명목척도에서 탈피하지 못한 김진표의 이분법적 어법에 반영된 레드 콤플렉스red complex를 씻어내기 위해서는 레드 콤플렉스라는 것이 철저하게 무의미하다는 전제 위에서 대응해야 하는 것이다.

이와 같은 이유에서 나는 진보나 보수라는 단어를 철저하게 현상학적인 의미로 사용할 것이다. 현상학적 의미란 현실정치의 공방에서 통상적으로 사용되는 의미를 가리킨다. 즉, 2009년 초의 상황을 예로 들면 용산참사에 관해 검찰의 수사에 의혹이 많다고 여길수록, 김석기 서울경찰청장과 같은 경찰 지휘부 및 나아가 대통령에게 책임을 물을 여지가 많다고 여길수록, 농성자들이 화염병까지 던지게 된 데에는 나름대로 이유가 있다고 생각할수록 진보가 되고, 거기서 멀어질수록 보수가 된다. 이러한 지표는 우리 사회에서 대부분이 동의할 것이고 이의를 제기할 여지도 별로 없을 것이다.

하지만 현상학적 의미는 일종의 주먹구구에 가까운 것으로서, 세밀한 사항에서는 대단히 엉성한 부분들이 드러난다. 예컨대 용산참사를 초래한 용역의 폭력, 그리고 용역과 경찰의 결탁 의혹에 관한 수사요구를 끝내 당국이 받아들이지 않을 때, 어떻게 대응할 것이냐를 생각

---

1) 박태견, 「김진표 '사회주의 망언' 일파만파」(《프레시안》, 2003. 10. 30., http : //www. pressian.com/article/article.asp?article_num=30031030145910)

해보자. 특검이나 국정조사를 요구하다가 받아들여지지 않으면 일단 접고 후일을 기약하는 길이 가능하다. 또는 평화적인 거리 시위로써 끈질기게 요구를 계속하는 방법도 있다. 또는 가장 극단적으로는 무력을 불사하는 투쟁을 생각할 사람도 있을 수 있다. 이 중에서 어떤 길이 "진보"가 선택해야 할 길인지는 스스로 진보를 자임하는 사람들 안에서도 이견이 분분할 것이다. 따라서 이런 쟁점들에 관해서는 진보/보수의 분류를 적용하지 않는 편이 낫다.

제3절 **좌익과 우익**

나는 이 책에서 좌익 또는 좌파를 진보와 거의 같은 의미로, 우익 또는 우파를 보수와 거의 같은 의미로 사용할 것이다. 정치적 노선과 성향을 진보/보수 또는 좌/우라는 두 진영으로만 분류할 때도 있겠지만, 중간에 중도라는 세 번째 진영을 넣을 때도 있을 것이다. 어쨌든 순서척도라는 관념이 바탕에 깔려 있다는 사실은 변함이 없다.

그런데 좌익이라는 말은 대한민국의 역사를 통해서 불행한 의미가 섞여들어 있다. 해방공간과 한국전쟁을 거치면서 발생한 증오의 의미가 그것이다. 공산주의를 표방한 좌익들이 저지른 폭력 가운데에는 분명히 인간적으로 용납할 수 있는 한도를 넘는 것들이 있었다. 예컨대 고 문익환 목사 같은 분도 어린 시절 용정 일대에서 겪은 행패 때문에 일생 동안 공산당을 신뢰하지 않았다. 하지만 1930~40년대의 만주나 해방 이후 한국전쟁기까지의 남한에서 우익에 의한 행패나 폭력이라고 해서 본질적으로 정도가 덜했던 것은 아니다. 제주도의 4·3학살이나 거창의 학살을 비롯해서 국가권력 또는 권력의 비호를 받는 우익

집단의 폭력 역시 인간적인 한도를 넘었다.

내가 이런 일들을 새삼 되새기는 까닭은 좌익 폭력을 두둔하기 위함이 아니라, 폭력은 좌익에 의해서든 우익에 의해서든 사라져야 할 죄악임을 강조하기 위해서이다. 그럼에도 남한, 즉 대한민국에서는 우익 이데올로기가 지배했던 까닭에 좌익 폭력에 대한 비난은 목청껏 내지를 수가 있었지만, 우익 폭력에 대한 비난은 자칫 "빨갱이"로 낙인찍힐까봐 숨을 죽이고 살아야만 하는 시절이 오래 지속되었다. 그사이에 폭력이나 잔혹한 행위는 으레 좌익의 한 특성인 것처럼 오해되는 풍조까지 생겨났다.

개인적으로 좌익 폭력에 피해를 입은 사람들이 좌익을 혐오하는 것은 인지상정이라고 나는 믿는다. 똑같은 이유로 우익 폭력에 피해를 입은 사람들이 우익을 경원하는 것도 인지상정이라고 믿는다. 하지만 정치현실을 올바르게 이해하려면 이런 개인적인 감정들을 상대화할 수 있어야 한다. 그러므로 이 책에서 좌파/우파를 말할 때에는 어느 쪽이 특별히 악한 쪽이라는 의미는 배제하고, 단순히 현실의 정치지형에서 각자가 차지하는 상대적인 위상을 가리키는 의미에 국한한다.

이러한 내용들이 많은 독자들에게 아무리 뻔하고 기초적인 이야기일지라도, 아직 한국사회에는 이 정도의 내용도 받아들이지 못하는 사람들이 엄연히 존재한다. 따라서 한국전쟁기 이전에 좌익과 우익이라는 단어들이 어떤 의미로 사용되었었는지를 서양의 역사를 통해 간략하게 살펴보기로 한다.

특정한 정치적 성향을 왼쪽과 오른쪽으로 나누어 부르게 된 기원은 프랑스 혁명기에서 찾는 것이 통설이다. 혁명을 주도하고 혁명 이후에 정부 역할을 수행한 국민의회(Assemblée nationale constituante, 1789~1791)에서 발본적인 변화를 추구하는 세력이 왼쪽에 앉고 앙시앵 레짐을 지지하는 세력이 오른쪽에 앉았다. 이후 좌와 우라는 명칭으로써 정치적 노선을 구분하는 편리한 관행은 이내 유럽 전역으로 퍼졌다. 그런데 18세기 및 19세기 중후반까지도 현실체제는 왕정과 봉건제가 주류였다. 그래서 자유무역이나 표현의 자유, 법 앞에 평등 정도를 주장하는 것만도 당시에는 충분히 "좌파"였다. 노동당이 출현하기 전까지 영국에서는 대체로 자유당이 좌파에 해당했고, 심지어는 보수당 수상으로 자유무역에 찬동해서 곡물법 폐지에 앞장섰던 로버트 필Robert Peel도 좌익이라고 불릴 때가 있었다.

좌익/우익과 관련된 혼동의 계기는 사회주의 또는 공산주의 이념이 고개를 들면서 찾아왔다. 자유주의는 자유경쟁을 주장하여 자본주의 시장경제를 일어나게 했다면, 사회주의는 자본주의 안에 얼마나 많은 부자유가 함축되어 있는지를 고발했기 때문이다. 자유주의가 주로 정치적·법적 자유를 주장한 데 비해 사회주의는 경제적·문화적 자유까지 주장한 것이다. 자유주의와 왕당파로 구성된 스펙트럼에서는 자유주의가 좌파였지만, 더 왼쪽에 사회주의가 등장한 셈이다.

이러한 변화는 덴마크 자유당의 명칭과 이념적 위상 안에 그대로 보존되어 있다. 덴마크 자유당은 2009년 2월 현재 덴마크 의회에서 47석을 보유한 제1당으로서 보수인민당과 연립하여 집권하고 있다. 이당은 전형적으로 고전적 자유주의, 즉 시장자유주의를 추구하여 현재 덴마크의 정당체제에서는 중도 내지 중도우파에 해당한다. 연립에 참여한 보수인민당은 이보다 오른쪽이고, 중도에서부터 좌익으로는 자유동맹, 사회자유당, 사회주의인민당, 사회민주당 등이 분포한다.

그런데 덴마크 자유당의 공식명칭은 "좌파, 덴마크 자유당Venstre, Danmarks Liberale Parti"이다. 이 당은 1870년에 당시의 스펙트럼에서 좌파에 속했던 세 정당이 "통합좌파"라는 이름으로 합해져서 출발했다가

"좌파개혁당"을 거쳐, 1910년부터 단순히 "좌파"라는 명칭을 쓴다. 앞에 언급한 "사회자유당"도 덴마크어 명칭을 직역하면 "발본좌파Det Radikale Venstre"가 되는데, 실제노선은 자유주의에 사회주의적 정책을 가미한 중도정당이다. 1905년 "좌파개혁당"으로부터 떨어져 나오면서 명칭을 그렇게 붙인 것이다. 이 때문에 덴마크 정치지형에서는 좌파venstre는 자유주의를 가리키고, 좌익venstrefløj이라고 해야 사회주의를 가리키게 된다.[2]

이처럼 좌와 우는 기본적으로 상대적이고 순서를 가리키는 척도이다. 한국사회에서 "좌파" 내지 "좌익"이라는 말이 "공산주의 이념에 눈이 멀어 온갖 악행을 서슴지 않는 패거리" 또는 "북한과 내통하는 간첩"이라는 의미를 일부에게나마 풍긴다면, 그것은 단지 한국 현대 정치사의 굴곡 때문이다. 현재 정치를 이야기하면서 과거 역사를 잊어서는 안 되겠지만, 그렇다고 모든 이야기에서 과거의 원한을 되새긴다면 발전은 기약할 수 없다.

그럼에도 우리 사회에서는 공공연히 이런 어리석고 유치하며 소모적이기만 한 화법이 횡행한다. 조갑제 따위 군국주의 파시스트가 보기에는 자기를 빼면 모두가 빨갱이로 보일 것이다. 좌우의 스펙트럼에서 모두가 그보다는 왼쪽에 위치하는데, 그에게는 정도의 차이를 식별할 지각능력 자체가 없기 때문이다. 그런데 이명박이 집권한 이후로는 우파 대다수가 점점 파시스트를 닮아가는 경향이 보인다. 홍준표는 용산

---

2) 덴마크에 관한 이상의 내용은 Wikipedia에서 "left-wing politics", "folketing", "venstre", "radikale venstre" 등을 보면 찾아볼 수 있다. 추가적인 조사를 위한 실마리도 거기서 찾을 수 있다. 아울러 나는 영어 radical에 해당하는 한국어로 "급진"보다는 "발본(拔本)"을 쓸 것이다. "급진"이란 오직 무리를 감수하면서까지 성급하게 변화를 추구하는 성향을 가리킬 때에만 사용한다. 이에 관해서는 한국어 『위키백과』, "철학적 발본주의" 항목을 보라.

에서 저지른 경찰의 만행에 항의하는 사람들을 "반정부 좌파연대"라고 불렀다. 그런 홍준표까지 싸잡아서 공성진은 김석기 경질론이 곧 "체제전복 시도"라고 하며, 정두언은 아마도 원희룡과 남경필 또는 홍정욱을 가리켜 한나라당 내의 "좌파친북"이라고 시비를 걸었다.[3]

이런 표찰들이 서술적인 의미에 국한해서 보면 반드시 틀린 것만은 아니다. 노랑보다는 노랑주황yellow orange이 붉고, 노랑주황보다는 주황이 붉고, 심지어 노랑도 하양보다는 붉듯이, 조갑제에 비하면 남경필뿐 아니라 정두언이나 홍준표, 공성진, 그리고 이명박도 좌파친북이 되기 때문이다. 문제는 이처럼 순서척도라는 차원에서 옳다는 사실을 명목척도의 차원으로 슬그머니 비화시키는 데에 있다. 즉, 상대적으로 더 왼쪽에 있다는 사실을 가지고 "용납해서는 안 된다"는 빌미를 삼는 것이다. 전자의 상대적인 의미는 맞다. 그러나 노랑이 하양에 비해 빨강에 가깝다고 해서 노랑이 곧 빨강이 되지는 않으며, 노랑주황이 노랑에 비해 붉은 기를 띤다는 이유로 노랑주황이 곧 빨강이 되지도 않는다. 더군다나 빨강이라고 해서 곧 악을 의미해야 할 이유도 전혀 없다.

그러므로 이와 같은 색깔론을 종식시키기 위해서는 보다 적극적인 대응이 필요하다고 나는 생각한다. 정두언이든 조갑제든 아니면 어느 누구든, 자기 필요에 따라서 예컨대 나에게 "빨갱이"라고 낙인을 찍고자 한다면, "나는 빨갱이가 아니"라는 식으로 방어하는 것이 아니라 "내가 너보다 붉은 것은 맞는데 그래서 뭐가 잘못이냐?"고 응수하는

---

3) 홍준표, 「민주, 반정부 세력과 좌파연대로 정국혼란 획책」(〈프레시안〉, 2009. 2. 2., http : //www.pressian.com/article/article.asp?article_num=20090203100725) ; 공성진, 「김석기 사퇴요구는 체제전복 시도」(〈한겨레〉, 2009. 2. 2., http : //www.hani. co.kr arti/politics/politics_general/336429.html) ; 「한나라당에도 좌파 · 친북인사 있다」(〈한겨레〉, 2009. 2. 2., http : //hani.co.kr/arti/politics/assembly/336441.html).

것이다. 조소앙과 조봉암에서부터 김대중과 노무현, 그리고 현재 한나라당이 "좌파"라고 부르는 이 나라의 모든 국민들이 단지 "나는 좌파가 아니"라고 대답하는 것은 지나치게 소극적이다. 파시스트를 빼고 모두를 "좌파"라고 부르는 어법이 정치적으로 효과를 가지지 못하게 하려면 "좌파"라는 낙인 자체를 두려워하지 말아야 한다. 우리 모두더러 좌파라고 하면, "그래, 우리가 너희보다는 왼쪽인 것이 맞는데 뭐가 잘못이냐?"고 대답해주면 된다. "너희는 왜 그렇게 오른쪽에 있니?"라고 덧붙여줘도 괜찮을 것이다.

제 4 장

자유주의와 사회주의

제1절 자유와 평등은 상호모순이 아니다

대한민국의 현대정치사에 굴곡이 많았던 탓에 용어의 의미까지 굴절된 경우로는 자유주의와 사회주의 역시 빠질 수 없다. 따라서 상당수의 독자들에게는 이미 기초적이고 당연한 사항이 될 수 있겠지만, 차후에 펼칠 논의에서 불필요한 오해의 여지를 최소화하기 위해서라도 내가 생각하는 자유주의와 사회주의를 미리 제시할 필요가 있다.

우선 대단히 통속적인 대조에서부터 시작해보자. 흔히 자유주의는 자유를 중시하고 사회주의는 평등을 중시한다고 생각한다. 그러나 이런 종류의 이분법은 객관식 시험문제를 내기 편하게 만드는 용도 말고는 다른 어떤 곳에서도 도움이 될 수가 없다. 무엇보다도 평등한 자유가 아니라면 자유일 수가 없고, 자유롭지 않은 상태라면 평등도 있을 수가 없기 때문이다.

"유전무죄, 무전유죄"라는 개탄이 딱 들어맞는 사회가 하나 있다고 상상해보자. 이런 사회는 물론 불평등한 사회다. 그러면 자유로운 사회이기는 한가? 부자만이 자유롭고 나머지는 자유롭지 못한 사회일 것이다. 이런 사회가 자유주의 사회인가? 자유주의자들이 이런 사회를 당연하다고 생각하는가? 자칭 타칭 자유주의라는 이름으로 불릴 수 있는 이념은 대단히 다양하지만, 그중에서 법 앞에 평등이 노골적으로 이뤄지지 않는 사회를 자유주의에 포함시키는 경우는 드물다.

평등하지만 자유가 없는 상태도 마찬가지다. 예컨대 토머스 모어의 『유토피아』를 보면, 모든 사람이 같은 시간에 일어나 같은 시간에 자며, 똑같은 음식을 함께 먹어야 하고, 똑같이 생긴 집에서 똑같은 의복을 입고 살면서 똑같은 설교를 식사 때마다 들어야 한다. 대단히 평등하지만 자유는 별로 없는 사회다. 병영이나 수도원 중에서도 아주 엄격한 규율이 강요되는 곳과 비슷하다. 보통사람은 접어두고, 사회주의자 중에 이런 체제를 바람직하다고 생각하는 사람이 얼마나 있을지 궁금하다. 사회주의자라도 대다수는 사생활에서 이보다는 더 많은 자유를 원할 것이다.

자유주의가 평등을 배척하고 자유만을 원한다든지, 사회주의가 자유를 배척하고 평등만을 원한다는 것은 전혀 사실이 아니다. 애당초 자유라는 개념 자체가 가치를 가지려면 평등한 자유가 아니면 안 된다. 단적으로 "법 앞에 평등"이란 자유주의의 가장 중요한 핵심이념 중 하나다. 따라서 자유와 평등 사이의 선택은 원칙의 차원에서 일어나는 문제가 아니고 시의의 차원에서 일어나는 문제인 것이다. 예컨대 종부세 기준을 9억 원 아니면 6억 원 중에서 선택하는 문제도 그런 유형이다. 6억 원에서 9억 원까지의 부동산을 보유한 사람들은 기준이 6억 원이라면 낼 세금을 9억 원이라면 안 내게 된다. 세금으로 낸다는 것은 그 재원으로 마련될 복지나 공공서비스만큼을 전체 국민이 평등하게 누린다는 것이고, 안 낸다는 것은 세금만큼을 그들이 자유롭게 처분할 수 있다는 말이기 때문이다.

　이런 상황을 간략하게 그리고 좀 현학적인 표현을 써서 정리하고자할 때 "평등과 자유 사이의 선택"이라고 부를 수 있다. 그러나 여전히이런 쟁점의 본질은 종부세 기준을 9억 원으로 하느냐 6억 원으로 하느냐에 있지, 평등과 자유 중에서 어떤 것이 우선하는지에 관한 보편적인 답을 구하는 데에 있지 않다. 한국사회에서 벌어지고 있는 수많은 정책 논쟁이 한 단면만을 굳이 부각해서 본다면 평등과 자유 사이의 문제인 것처럼 보일 수 있지만, 그 모든 쟁점에 관해서 평등편만 선택하든지 자유편으로만 선택을 하게 되면 사회적으로 엄청난 재앙이발생하고 말 것이다.

　오해를 피하기 위해 덧붙이거니와, 자유와 평등의 중용을 말하는 것이 아니다. 나는 중용 따위 발상은 흐리멍텅한 두루뭉수리 얼버무림이나 무의미한 방관자의 둔사로 빠질 위험이 높다고 본다. 따라서 그런단어는 순응주의자들에게나 던져주고, 주권의식을 가진 사람들 사이의 담론에서는 가능하면 쓰지 않기를 바란다. 내 주장의 요체는 정치적 쟁점을 원칙의 문제로 접근하지 말고 시의의 문제로 접근해야 한다는 데에 있다. 이에 관해서 불안감을 느낄 사람들이 한국사회에 적지않을 텐데, 본격적인 논의는 제4부로 미룬다.

제2절 리버럴과 진보

　군대를 등에 업고 헌법을 졸지에 정지시킨 쿠데타를 통해 이른바 유신헌법을 만든 박정희는 자유민주주의는 한국에 잘 맞지 않는다는 핑계를 걸었다. 적어도 당시 한국사회가 자유민주주의가 아니라는 사실은 인정한 셈이다. 박정희의 "한국적 민주주의"를 비판한 사람들은 기본적으로 자유민주주의를 위해서 투쟁했다. 그런데 1987년 이후 지금까지는 용어가 아주 다른 의미로 사용된다. 김종필이 자유민주연합을 한때 이끌었고, 그 후로는 뉴라이트라는 사람들이 시장의 자유를 자유주의와 동일시하며, 이런 용어의 선점에 대해 진보 쪽에 있는 사람들이 특별히 시비를 걸지도 않는다. 자유민주주 또는 자유주의란 이제 한국에서 보수주의와 대동소이한 뜻으로 사용되고 이해된다.

굳이 설명하자면 세 가지 정도의 이유를 댈 수 있겠다. 첫째, 사회주의에 대척되는 것으로 이해하면 자유주의는 보수처럼 비칠 수 있다. 둘째, 자유주의든 사회주의든 용어의 의미를 넓게 이해하는 태도보다는 좁게 규정하려는 태도가 한국사회에 팽배하다. 셋째, 추상적인 용어의 일관적인 사용이나 실천적 함축에 대해 한국사회가 별로 집요한 관심을 기울이지 않기 때문에 물타기나 되치기가 쉽게 일어난다. 이 중 둘째, 느슨한 이해의 한 사례를 간단하게 엿보기로 한다.

영어에서 리버럴liberal이라는 단어는 일반적인 형용사로서 변화에 대해 개방적이고 차이에 대해 관용적이며 약자에 대해 너그러운 태도를 뜻하는 의미를 담고 있다. 따라서 자유주의 역시 기본적으로 무언가에 대해 개방적이며 관용적이며 너그러운 태도를 함축한다. 개방과 관용의 영역 및 방향에 따라서 경제적 · 정치적 · 사회적 · 문화적 자유주의로 구분해서 생각할 수 있다.

경제적 자유주의란 전형적인 시장주의경제이론을 말한다. 시장의 자유경쟁이 단기적으로는 시행착오라는 낭비를 낳지만, 장기적으로 가장 효율적인 자원배분으로 이어진다는 믿음 아래 정부나 사회 권력에 의한 개입을 최소화해야 한다는 입장이다. 이 입장은 자유주의와 사회주의를 엄격하게 구분하고, 복지국가의 이념까지도 사회주의라고 생각하는 경향이 있다. 미제스나 하이에크 등 오스트리아학파 경제학자, 로버트 노직과 같은 자유지상주의자, 그리고 정책적으로는 영국 보수당이나 미국 공화당의 입장에 가깝다.

정치적 자유주의란 개인의 권리를 중요시하고, 표현과 반대의 자유를 신봉하는 태도를 말한다. 사유재산제도와 기득권을 인정하지만, 정치적 경쟁을 통해서 합법적인 수단으로 헌정질서를 바꿀 수 있는 가능성을 수용한다. 따라서 사회주의 정당의 활동도 자유롭게 허용되어야 한다고 보고, 사회주의 정당의 집권도 개인의 권리와 표현의 자유를 억압하지 않는다면 자유주의의 틀 안에 속한다고 본다. 존 스튜어트 밀, 존 롤스 등이 대표적이다.

사회적 자유주의란 사회적 약자에 대한 정치적·사법적·경제적·사회적 평등을 향해 개방적인 태도를 말한다. 빈곤으로 말미암아 생활환경에 제약이 가해짐으로써 기회 자체가 불평등해질 수 있는 여지를 인정하는 것이다. 토머스 힐 그린, 레너드 홉하우스 등 자유당 좌파들이 원조에 해당하고, 존 메이너드 케인스나 윌리엄 베버리지 등 20세기 초 영국 노동당 정부의 복지국가 모형을 마련한 사람들도 여기에 해당한다. 미국 민주당은 영국 노동당만큼은 아니지만 대체로 사회적 자유주의의 입장에 가깝다고 볼 수 있다.

문화적 자유주의란 1960년대의 히피와 같은 반문화, 동성애자나 소수 종족집단과 같은 문화적 소수자 등도 주류사회와 마찬가지로 동등한 존중을 받아야 한다는 입장이다. 사형제에 반대하고, 온갖 형태의 생태주의 공동체를 실천하며, 전통적인 가족형태나 성역할이 표준이어야 할 필요가 없다고 주장하고, 모든 종류의 개인적 신조를 양심과 종교의 이름으로 보호해줘야 한다는 입장 등이 여기에 속한다. 일례로 2003년 4월 29일 국회의원 선서를 캐주얼 차림으로 하려다 좌절당한 유시민의 시도가 문화적 자유주의의 실천에 속한다.[4] 유시민이나 노무현의 솔직한 언행을 대부분의 한국인이 예의가 아니라고 받아들이는 것이 문화적 자유주의와 관련된 한국사회의 현주소를 보여주는 좋은 예라고 할 수 있다.

한국사회는 1987년 이전까지는 자유민주주의와는 정반대인 전체주의 사회였다. 많은 사람들이 1987년을 민주화라고 부르지만 이는 지극히 통속적인 언표의 습관일 뿐이고, 내가 보기에는 위에 열거한 네 차원의 자유주의 가운데 어떤 것도 한국사회에는 정착된 것이 없다. 정부에 대한 개인의 권리, 법 앞에 평등, 표현의 자유와 같은 항목들은 불과 일이십 년 사이에 정착될 수 있는 일이 아닌 것이다.

이명박 정부가 말하는 "시장경제"란 관치경제의 다른 이름으로서, 전체주의를 "한국적 민주주의"라고 부른 박정희식 지록위마의 재판이다. 뉴라이트에서 부르짖는 자유란 부자의 자유를 뜻할 뿐으로, 경제적 자유주의의 한 형태로 잡아주기에도 곤란할 정도로 자기중심적이며 협량하다. "곤들매기의 자유란 붕어에게는 죽음"이라는 사실은 경제적 자유주의자들도 대체로 인정하는 원리인 것이다. 다시 말해 자유주의의 변역이 아무리 넓더라도, 사회구성원 중 일부에게 죽음을 강요하는 노선을 자유의 이름으로 강행하는 행태까지 포함하기는 어렵다.

한국사회에서 뉴라이트나 한나라당이 자유주의라는 간판을 내걸고 행세할 수 있다는 것은 역설적으로 한국사회의 진보진영이 얼마나 종파적으로 사고하는지, 그리고 정치적 어휘에 관한 이해가 얼마나 얕은

---

4) 유시민은 이튿날 싱글 양복에 넥타이를 매고 선서했다. 영국 노동당의 선구자 중 한 사람인 키어 하디(James Keir Hardie, 1856~1915)는 1892년 무소속으로 당선된 후 프록코트에 실크 모자를 쓰는 의회의 전통 복장을 "의회 제복"이라고 부르며 거부하고 캐주얼 양복에 빨간 넥타이를 매고 사냥 모자를 쓰고 등원했다. 1987년 독일 연방의회에서는 녹색당의 에베르만(Thomas Ebermann, 1951년생) 의원이 복장 반란을 시도했다.

지를 보여주는 지표라고 나는 생각한다. 자유와 평등을 이분법적으로 대립시킨 후에, 자기는 평등편이라는 생각에만 사로잡혀 자유라는 귀중한 가치의 정합성을 쉽게 포기해버린 셈이기 때문이다.

자유란 언제나 개인의 자유고, 개인의 자유란 모든 개인이 동등하게 누릴 권리이다. 이것이 권리라는 말은 정부의 권력이나 사회적 주류의 권력이 침범해서는 안 된다는 말과 같다. 권리right란 옳음이고 권력power이란 힘이기 때문에, 힘이 옳음을 누를 수는 없다는 것이 자유주의의 가장 기본적인 원리다. 소수의 권리가 무시될 수 있는 것은 오직 전시 또는 천재지변과 같은 비상시뿐이다. 전투가 벌어지고 있지 않은데, 미리 비유적으로 전쟁을 연상하면서 소수의 권리를 억압하는 짓을 바로 전체주의라고 한다. 공포심을 유포시켜 정권의 목적을 도모하는 것이다.

나는 이런 생각들을 생소하거나 위험하게 여기는 사람들이 한국사회에는 아직도 압도적인 다수라고 생각한다. 따라서 한국사회에서는 자유주의가, 문화적 · 사회적 자유주의뿐 아니라 경제적 자유주의에 들어 있는 일부 관념조차도 여전히 진보의 어젠다가 되어야 하며, 이명박 체제의 한나라당이나 뉴라이트는 자유주의라기보다는 독점과 특권에 대한 미련을 버리지 못하는 파시스트 또는 전체주의에 가깝다고 본다.

제3절 사회주의의 다양한 모습

변종과 의미가 다양한 것은 사회주의도 마찬가지다. 일례로 위키피디아만 봐도, 아프리카 사회주의, 아랍 사회주의 등 민족적 변형을 포함해서, 민주사회주의, 녹색사회주의, 길드사회주의, 자유지상주의적 사회주의, 시장사회주의, 혁명적 사회주의, 유토피아적 사회주의, 공산주의, 사회적 무정부주의, 사회민주주의, 사회주의 시장경제 등의 갈래들을 열거해놓았다.

여기서 이런 갈래들을 일일이 설명하고, 또 갈래들 사이의 관계를 해명할 수는 없다. 단, 이와 같은 다양성을 직시함으로써 사회주의라는 것이 어떤 하나의 단일한 교조로 이루어진 것이 아니라, 지리적 · 시간적 · 정치적 환경의 다양한 맥락에 따라서 무한한 변형이 발생할 수밖에 없는 정치적 용어라는 사실을 우리 사회에서 더 많은 사람들이 깨닫기를 바란다. 그럼으로써 사회주의와 자유주의를 각각 단일목표를 지향하면서 서로 대립할 수밖에 없는 이념으로 이해하기보다는, 언제든 시의에 따라서 접합과 동맹이 가능한 지향성으로 이해하는 인식의 지평이 넓어지기를 바란다.

사회주의 가운데 자유주의와 양립하기 어려운 경우는 자본주의를 타도 대상으로 보는 형태와 국가가 시민들의 일상생활에 직접 개입하려는 형태뿐이다. 자유주의는 개인의 권리를 중요시하기 때문에, 예컨대 살인마라고 할지라도 체포나 사법처리 과정에서 인권을 누려야 한다고 본다. 따라서 일반적으로 개인들의 이기적인 행태를 단지 이기적이라는 이유만으로 처벌할 수는 없다고 보는 것이다. 반면에 이기심이든 이타심이든 동기는 여하간에, 행동의 결과가 형법에 어긋난다면 처벌 대상이다. 그러므로 자유주의 체제는 자본가들의 탐욕 자체를 문제시하기보다는, 탐욕을 추구하는 행동방식에 일정한 한도를 설정해둔 다음 한도를 넘는 경우만을 규제한다.

반면에 혁명적 사회주의는 자본주의 자체를 무너뜨리고 완전히 새로운 체제를 건설할 수 있다고 본다. 그러므로 이 시각에서는 자유주의가 자본주의나 마찬가지로 근본적인 타도의 대상이 되는 것이다. 물론 자유주의 체제는 혁명적 사회주의자들에게도 표현의 자유를 용인하고, 그들이 혁명이론을 선전한다는 이유만으로 박해를 가하지는 않는다. 다만 예컨대 어떤 무력이나 암살 등 폭력적인 방법으로 정부전복을 기도한다면 당연히 처벌 대상이 된다. 단적인 예로 마르크스는 자본주의의 온상인 영국의 런던에서 살면서 『자본』을 저술할 수 있었다. 영국 사회가 그를 특별히 도와주지도 않았지만 특별히 박해하지도 않았다.

　개인생활의 어떤 부문이라도 국가가 필요하다면 간섭하고 통제할 수 있다는 발상, 즉 줄여서 국가사회주의라고 종종 불리는 발상 역시 자유주의와는 근본적으로 충돌한다. 자유주의는 어떤 공공목적이나 국가의 필요를 명분으로 삼더라도 결코 침범해서는 안 될 개인 사생활의 영역이 확보되어야 한다고 믿는다. 단, 위와 마찬가지로 자유주의 체제는 국가사회주의에도 표현의 기회는 부여한다. 반면에 국가사회주의 체제에서라면 자유주의에 입각한 주장마저 봉쇄되기가 쉽다. 영어에서는 이런 형태를 보통 State Socialism이라고 부르는데, 히틀러의 것만은 National Socialism이라고 부른다. 히틀러가 **Na**tionalsozial-ismus를 자칭했기 때문이다. 한국어로는 히틀러 체제를 통상 국가사회주의로 번역하는데, 민족이라는 말에 대해 무작정 호감을 느끼는 풍조만 벗어날 수 있다면 나치즘은 민족사회주의로 번역하는 편이 낫다고 나는 생각한다.

　제3장에서부터 지금까지의 논의는 기본적으로 정치적 이념과 지향성의 차이를 이분법적으로 보는 태도보다는 하나의 스펙트럼으로 이해하는 태도가 인식론적으로 개방적이라는 취지를 부각하기 위한 것이다. 즉, "진정한" 진보를 제외한 나머지는 모두 보수로 몰아붙이려는 태도, 또는 자유주의를 보수이념으로 당연시하는 태도는 얼핏 정책

적 성향에서 진보인 것처럼 보이지만, 인식론적인 자세로서는 극우파의 색깔론만큼이나 대단히 교조적이며 배타적인 태도로서, 대개는 보수적인 성향에 해당한다. 이런 태도는 당연히 범진보에 속하는 다양한 세력의 연합을 불가능하게 만들 뿐만 아니라, 부동층에 속하는 유권자들로 하여금 진보라는 것을 어떤 밀교 비슷한 불가해한 운동으로 경원하게 만든다.

제5장

담론정치와 진보

　현재 상태보다 미래에 특별히 나아질 것도 없다는 입장은 보수적인 성향에 가깝고, 미래의 개선 가능성을 추구하는 입장은 진보적인 성향에 가깝다. 세상이 기본적으로 무력으로 지배되고 인간사회라고 해봤자 약육강식이라는 동물계의 질서에서 거리가 그다지 멀지 않다는 생각은 보수적인 성향에 가깝다. 반면에 어떤 보편적인 정의의 원리에 따르는 평화로운 질서의 확립, 약육강식보다는 상호협동을 통한 공생공영과 같은 이상을 포기하지 않는다면 진보적인 성향에 가깝다. 따라서 보수세력은 현실을 강조하는 경향이 있고 진보세력은 이상을 강조하는 경향이 있다.

　그런데 현실은 무엇이고 이상은 무엇일까? "먹지 않으면 죽는다"는 현실이고 "먹지 않고도 산다"는 이상일까? 사람은 누구나 몇 시간, 며칠씩 먹지 않지만 죽지 않는다. 또 사람은 누구나 주기적으로 뭔가를 먹지만 결국은 죽는다. 즉, 사람은 누구나 먹을 때 먹고 안 먹을 때 안 먹지만, 죽을 때 죽고 살 때 산다는 말이 정확한 말이다. 내가 지금 말장난을 하고 있다고 여길 독자들이 많을 것이다. 예를 바꿔본다.

흑인이 백인과 동등한 인격체라고 말하면 현실인가 이상인가? 지금 우리나라에서는 현실이라고 대답할 사람들이 아마 꽤 많겠지만 1860년 미국에서는 이상이라고 대답하는 사람이 매우 많았다. 2002년 8월에 노무현 지지율이 19%까지 떨어졌을 때, "대통령 노무현"이라는 관념은 비현실적인 이상이었지만, 불과 넉 달 후에는 실현된 현실이 되었다. 이처럼 흔히 말하는 현실이란 사실 꿈을 포기한 사람들이 애써 "현실"이라고 믿는 바인 것이고, 흔히 말하는 이상이란 꿈을 버리지 않은 사람들이 "현실이어야 한다"고 믿는 바인 것이다.

지금보다 나은 사회를 표방하는 진보세력의 슬로건은 꿈을 포기한 사람에게는 결코 호소력을 가질 수 없다. 그런데 성인이란 대개 꿈을 포기한 사람들이기가 쉽다. 젊은 시절의 꿈을 이뤄서 만족했기 때문이든 아니면 반복된 좌절 때문이든 기성 세대는 꿈을 더는 간직하고 있지 않기가 쉽다. 한국사회의 경우 전쟁과 빈곤을 겪었던 세대가 현재의 풍요에 너무나 감지덕지해서 더는 권리나 존엄성을 바라지 않는다면 충분히 이해할 수 있는 일이다. 젊은 세대라도 정치인들의 거짓말이나 허풍에 반복적으로 배신을 당했다면, 그저 돈벌이에만 열중한다고 탓할 수만은 없다.

이를 간단한 기호를 써서 한번 표현해보자. 사회구조의 변화(c)는 의도된 대로 성공을 거둘 수도 있고 예기치 못한 실패를 만날 수도 있다. 물론 성공에도 정도가 있고 실패에도 정도가 있겠지만 다 생략하고, 성공했을 때 선택의 주체인 개인에게 돌아가는 이익을 cB라고 하고 실패했을 때의 손해를 cL이라고 해보자. 그리고 성공할 확률을 p라고 하면 실패할 확률은 $1-p$가 된다. 그러면 한 개인이 사회의 구조변화로부터 얻으리라고 예상할 수 있는 기대치(cE)는 $cB \times p - cL \times (1-p)$라고 표시할 수 있다. 그리고 현 상태를 그냥 지속할 때에 그의 몫으로 돌아오리라고 예상되는 기대치를 sE라고 해보자. 이 사람이 순전히 합리적인 타산에 따라 행동한다고 가정하면, 그가 변화를 선택할 가능성은 오직 cE가 sE보다 상당히 커야 비로소 열리기 시작한다. "상당히"란 변화를 추구하는 일 자체에 수반되는 번거로움(cC)을 감수할 만큼을 뜻한다. 다시 말해서 한 합리적인 개인이 사회변화를 선호하는 성향은 cE − (sE+cC)에 비례한다고 할 수 있다.

물론 지금 내가 마치 수학적인 변수인 것처럼 기호로 표현한 항목들은 모두 주관적인 가치관과 세계관에 의존하는 것들이고, 아울러 상호 연계되어 있다. 예컨대 대운하 사업에서 기대되는 성과가 별로 없다고 생각하는 사람은 계획대로 추진될 확률도 높지 않다고 보며, 따라서 사업추진 자체에 소요되는 경제적·물리적·정치적·사회적·심리적 비용을 높게 계상할 것이다. 마찬가지로 국가보안법을 폐지했을 때 뒤따를 위험이 크다고 보는 사람은, 실제로 그런 위험이 발생할 확률도 높다고 보는 동시에 폐지를 관철할 때까지 지불되어야 할 정치적 비용도 많다고 생각할 것이다.

현재 상태, 즉 현상現狀이 도저히 참을 수 없는 상황이라면 어떤 변화라도 환영받을 수 있지만, 그런 극단적인 경우는 여간해서 찾아오지 않는다. 대부분의 일상에서 현실이란 불만스러운 점이 많지만, 그래도 꾸역꾸역 버틸 만하다. 대부분의 시민들은 그처럼 불만스러운 점들이 없지 않은 현실에 적응하느라 많은 시간과 정서를 지불했다. 이런 사람들로 하여금 애써 적응해놓은 현실에서 벗어나고 싶은 마음이 들 정도로 변화의 희망을 심어주려면 상당한 매력을 던져주지 않으면 안 된다.

그런데 "희망"이나 "매력"이라고 모두 똑같은 종류인 것은 아니다. 대운하라든지 뉴타운 건설, 새만금 간척과 같은 개발사업은 대규모 토목공사를 포함하는 사업이다. 다른 것은 몰라도 일단 수십조 원이라는 돈이 풀리는 것이다. 게다가 십중팔구 땅값도 오르고 사람들이 북적거리다 보면 각종 파생산업들도 생긴다. 땅값 상승분이 누구의 몫이 되느냐, 원래의 지주나 주민들이 변화한 환경에 얼마나 적응하느냐, 그리고 물론 생태학의 경제라는 관점에서 볼 때 장기적으로 공동체에 이익인가 등의 문제는 있지만, 목전의 이익을 중시하는 사람들에게 그런 문제들은 사치일 뿐이다.

그런데 진보진영이라면 대체로 개발에 대해서 반대하거나 신중한 입장을 취한다. 다시 말해 개발을 추구하는 보수진영에 비해서 장기적인 고려, 바람몰이식 흥행과정에서 자칫 소외되기 쉬운 사람들의 처지에 관심을 기울인다. 국가보안법 폐지, 신문방송겸영금지, 신문시장독과점제한, 지역균형발전 등등의 정책과제들은 장기적인 관점에서 사회적 약자의 권리와 자유를 확보한다는 목표를 지향한다. 여기에는 기득권 계층이 누리던 특권을 줄인다는 의미가 포함되지만, 사회적 약자들의 일상에 직접 가시적인 이익을 갖다 주려면 시간이 오래 걸린다.

국가보안법 폐지는 공권력이 자의적으로 평범한 시민의 삶을 파괴할 수 있는 여지를 그만큼 줄이는 일로, 우리 사회의 법의식에 커다란 영향을 미칠 것이 틀림없다. 하지만 그러한 영향이 개인들의 일상생활에서 뚜렷한 차이로 표현되기에는 적어도 한 세대 정도의 시간이 필요하다. 따라서 국가보안법 폐지와 같은 변화의 의의에 동감하는 사람일지라도, 그 때문에 정치판에서 충돌이 발생한다면 쉽게 "시기상조"라는 생각에 휩쓸리게 된다.

단기적이고 직접적인 이익은 소수에게 돌아가지만 강력한 동기를 제공한다. 반면에 장기적이거나 세심한 이익은 다수에게 해당하는 문제지만 쉽게 인지되지도 않고, 인지까지는 되더라도 항상 논쟁적이다. 대규모 토목공사를 벌이면 건설회사, 지주, 부동산업자는 현금을 쥐게 된다. 이는 이익이 분명한 만큼 강력한 동기가 된다. 반면에 그 와중에 밀려나는 사람들에게도 이익인지, 소외계층이 받을 손해를 감안해도 개발이 공익인지 등은 문제제기는 가능하지만 반드시 그 답이 부정적인지에 관해서는 언제나 논쟁이 뒤따른다. 하물며 신문방송겸영금지, 금산분리법, 교육부의 이른바 "3불정책", 한미 자유무역협정 등등이 장기적으로 어떤 효과를 낳을지는 본질적으로 논쟁을 수반하는 주제일 수밖에 없다. 그런데 소수의 직접적인 이익을 추구하는 의제를 진보진영은 대개 배척하는 반면에 보수진영은 자주 매우 효과적으로 동원한다. 그 대신 진보진영이 중점을 두는 의제들은 성공한다면 다수에게 이익이 될 수 있지만 장기적인 과제가 대부분이라 앞날이 불투명하다.

이와 같은 장기적 쟁점에 관한 사회적 결정은 전형적으로 담론의 정치에 따라서 크게 좌우된다. 장기적으로 이익이 되는지 여부, 이익이라면 얼마나 이익인지, 이익이 되더라도 누구에게 이익인지 여부, 사회적 갈등을 감수하면서 추구해야 할 만큼 이익인지 여부 등이 과학적이거나 객관적인 방식만으로는 해소될 수가 없기 때문이다. 이러한 쟁점들은 일면 주어진 정책이 공익에 기여하는지를 묻고 있는 것 같지만, 관점의 차원을 한 단계 올려서 바라보면 공익이라는 것이 무엇이냐고 하는 훨씬 근본적인 질문을 담고 있다. 다시 말하면, 우리 사회가 추구하는 가치의 종류가 무엇인지, 운좋게 힘이 생긴 사람이 그 힘으로 전횡을 부려도 괜찮은 것인지 아니면 그보다 힘이 약한 사람들이라도 마땅히 보호되어야 할 권리가 있는 것인지, 정치적 경쟁을 마냥 "아니면 말고"식 재치문답이나 겉만 번지레한 구호 사이의 투쟁으로 방치할 것인지 아니면 보다 개명되고 더욱 공평한 형태의 경기규칙을 마련할 것인지 등을 묻고 있는 것이다.

이러한 질문들은 본질적으로 정치적인 질문, 즉 정치공동체의 도덕적 정체성에 관한 질문이다. 정치공동체의 도덕적 정체성이란 이를테면 재개발 지역의 철거과정에서 용역직원들의 폭력에 대해 공권력이 어떤 대응을 하느냐에 따라 크게 좌우되는 문제이다. 용산 희생자 유가족에 따르면 고 윤용현(49) 씨는 아들에게 "용역이 쳐들어왔는데 네 또래 애한테 얼굴을 얻어맞았어⋯⋯."라면서 울먹이고, 고 이상림(72) 씨는 현수막을 걸기 위해 사다리에 올라갔다가 급소를 잡히고 내동댕이쳐졌다고 한다.[5] 이런 부당한 폭력에 노출된다면, 누구나 "이 사회가 이러면 안 된다"는 공분을 느낄 것이다. 그러나 이런 일을 직접 당하지 않은 사람이 느낄 감정은 천차만별이다.

예컨대 이웃동네에서 자기도 쫓겨날 처지에서 농성 중이라면 공감대가 상당히 두터울 것이다. 현재 철거당할 처지는 아니지만, 이런 일이 자신에게도 닥칠 수 있다고 생각한다면 약간의 공감대가 있을 것이다. 비교적 넉넉한 처지고 안정된 직장도 있어서 이런 일이 자기에게는 닥칠 가능성이 없는 사람이라도, 용역의 폭력을 방치하면서 농성자의 폭력만을 문제삼는 것은 불공평하다는 생각에 공분을 느끼는 사람도 있을 수 있다. 그러나 이 중 어떤 경우라도, 똑같은 상황에서 이처럼 공감을 느끼지 않는 사람도 있을 수 있다.

그러므로 이와 같은 공감대는 필연적인 것이 아니라 선택적인 것이다. 따라서 진보적인 의제가 대중에게 호소력을 가지기 위해서는 먼저

---

5) 주진우, 「용산 철거 용역 목포 조폭과 관련」, 〈시사IN〉 74호. 2009. 2. 7., http : //www. sisain.co.kr/news/articleView.html?idxno=3755. 검색일 2009. 2. 10.

이와 같은 선택적 공감대를 형성하기 위한 매개의 단계가 반드시 필요하다. 정의나 권리를 침해당한 피해자의 처지가 되어본 다음에 느끼는 공감이나, 처지가 비슷해서 느끼는 공감은 다분히 정서적이다. 이런 정서적 공감이 모여서 사회변화를 추동할 수 있을 지경에 이른다는 것은 곧 폭동이나 민중혁명을 의미한다.

이렇게까지 되기 전에 정치권력의 기본성격을 개선하는 데에 진보의 목표 가운데 하나가 있어야 한다. 직접 당해보기 전에 이론적인 매개를 통해서 공감을 느끼는 사람들이 늘어나야 평화적인 방법으로 정치권력의 기본성격을 바꿀 길이 열린다. 오직 보통 사람들이 자신의 처지와 상관없이 불의에 대한 공분을 공유할 수 있어야 하고, 다른 사람이 겪는 불의가 곧 자신에 대한 불의임을 깨달을 수 있어야 한다. "어디에든 작은 불의가 있다면 모든 곳에 정의는 없다"는 마틴 루터 킹 목사의 말처럼 생각하는 사람이 늘어나야 한다.

이러한 매개의 이론을 형성하는 데에 담론의 정치는 치명적인 영향을 미친다. 예컨대 "경제살리기", "민생", "상생과 화합"과 같은 구호들을 생각해보자. "경제가 어렵다"는 노무현 정부 내내 우익 신문들이 집중적으로 부르짖어서 결국 이명박의 압승을 실현하는 데에 크게 기여한 구호였다. 노무현 정부 때에 "경제가 좋았다"고 말할 생각이 나에게는 없고 근거로 제시할 자료를 찾아다닐 생각도 없다. 다만 내가 보기에 노무현 정부의 단기적·장기적 경제정책은 전문가들 사이에 논쟁을 하더라도 쌍방이 팽팽하게 맞설 수 있는 주제이지 한마디로 "형편없었다"고 일축할 수 있는 문제는 결코 아니다. 그런데 일반 시민들 사이에는 확실히 노무현 정부가 경제에 관해 "무능했다"는 인상이 널리 퍼져 있다. "경제가 어렵다"는 구호는 곧 "이념밖에 모르는 386이 경제를 망친다"는 이미지를 전파시켰던 것이다.

한국정치에서 진보세력이 자리를 확고히 잡기 위해서는 이와 같은 이미지에 휘둘리지 않을 시민의식이 형성되도록 힘써야 한다. 그런 점에서 2004년 선거에서 과반수를 확보하자마자 열린우리당 의장 정동영이 "상생과 화합"을 들고 나온 것은 자신의 입지를 스스로 부정한 행위였다고 봐야 한다. 물론 그 배경은 충분히 이해할 수 있다. 한국의 유권자들에게서 나타난다고 흔히 운위되는 "그네 투표swing voting" 현상을 감안한 것이다. 탄핵 역풍으로 일방적으로 몰리던 한나라당에 대해 동정여론이 이는 기미는 이미 4·15 총선 막바지부터 감지됐었고 결국 120석 확보라는 박근혜의 성공으로 이어졌다. 이를 본 정동영은 승자의 처지에서 표정관리가 필요했다고 본 것이고, 거기까지는 정치인으로서 결코 나무랄 데 없는 판단이다.

문제는 "상생과 화합"이라는 문구가 담론정치의 차원에서 함축하는 의미를 간과했다는 데에 있다. 다시 말해 "상생과 화합"을 내건 순간 국가보안법 폐지는 불가능해진 것이고, 이는 곧 정동영 자신이 국가보안법 폐지가 가지는 상징적 중요성을 전혀 깨닫지 못했다는 말이 된다. 국가보안법을 폐지하려고 하면 공안주의자들이 결코 순순히 물러날 리 없다. 따라서 그런 의제를 앞에 두고 상생을 말한다는 것은 곧 의제 자체를 포기한다는 뜻이다. 그런데 의제를 포기한다는 것은 국가보안법 때문에 지금까지 발생한 모든 불의와 잘못을 두루뭉수리 넘긴다는 말이 되고 만다. 국가보안법 때문에 목숨을 잃거나 인생이 망가져야 했던 사람들에게 이것을 상생이라고 말할 수는 없는 노릇이다.

국가보안법은 어찌 보면 사실상 사문화되었다고 볼 수 있다는 이유로 폐지를 서두르지 않아도 된다는 의견들이 있었다. 그러나 여전히 한국사회에서 "빨갱이" 담론이 상당수의 국민에게 호소력을 가지는 데에는 그 법의 존재가 크게 기여한다. 그 법이 공식적으로 폐기된 다음이라면, "빨갱이" 담론에 영향을 받을 국민의 수는 현저하게 줄어들 것이다. 그 법이 명목으로나마 살아 있는 한, 한국의 우익은 경찰국가로 가고 싶은 유혹을 떨치지 못할 것이다. 바로 지금 그런 유혹들이 다시 가지를 뻗고 있다. 따라서 사회의 구조적인 개선을 조금이라도 원하는 사람이라면 국가보안법 및 그것을 프레임으로 삼는 사고방식을 고치는 데 열심을 보여야 한다. "상생과 화합"이라는 구호는 그러한 의제 자체를 부인하는 효과를 자아낸 것이다.

우리가 속해서 살고 있는 정치공동체가 어떤 가치를 추구하는가, 일부의 희생을 토대로 나머지가 잘살자는 가치인가 아니면 가능하면 소수집단에게 동등한 기회를 부여하고 약자라고 할지라도 삶의 의욕을 버리지 않도록 보살피는 사회인가? 이런 종류의 질문은 정치사회의 도덕적 정체성에 관한 질문이면서 동시에 전형적으로 정치라는 것이 무엇인지를 묻는 질문이다. 그런데 "경제살리기", "상생과 화합" 등의 구호는 바로 그러한 물음 자체를 "정치공방" 또는 "이념공방"이라는 이유로 거부하는 무기가 된다.

정치사회는 어떻게 조직하더라도 내부에 갈등요인이 항상 내재할 수밖에 없다. 갈등요인 자체를 해소하지 않는 한, 갈등이 불거지지 않기를 바란다고 해서 갈등이 없어지지는 않는다. 불거지지 않은 채 안에서 곪는 갈등요인은 결국 나중에 공동체에 더욱 심한 상처를 줄 수 있다. 갈등요인이 이견과 제안의 형태로 자연스럽게 표출되는 것은 따라서 환영해야 할 의미마저 있고, 그런 것들을 모아서 조정하는 것이 정치가 맡아야 할 본연의 임무다. 그런데 이견이나 항의의 표출 자체를 "정치적"이라고 부르면서 억압하는 태도는 자기들의 뜻대로 모든 것을 밀고 나가겠다는 전제적인 발상과 다르지 않다. 그럼에도 한국사회에서는 "정치"를 그런 식으로 매도하는 어법이 정치에 대한 일반적 불신과 교묘하게 결합되어 효과적으로 진보적 관심 자체를 봉쇄하는 경우가 드물지 않다.

조중동으로 대변되는 우익언론이 영향력을 행사할 수 있는 배경에는 자본의 힘도 물론 작용하지만, 이와 같은 담론의 정치라고 하는 차원에 관해 진보진영에 속하는 사람들이 충분한 주의를 기울이지 못하는 까닭도 크게 작용한다고 나는 생각한다. 제2부에서부터 제5부까지 내가 여러 가지 사유의 프레임을 고발하고 비판하는 목적이 여기에 있다. 요컨대 정치에 대한 일반적인 혐오, 민주정치에서 나올 수밖에 없는 다양한 이견의 존재를 혼란과 동일시하는 성급함 등이 담론정치의 차원을 일방적으로 보수화하고 마는 요소들이다. 그런데 정치혐오증을 낳는 성급함의 원인으로는 다시 가짜문제를 진짜문제로 착각하는 마녀사냥, 매개되지 못한 합리주의와 선험주의에서 비롯되는 권력숭배와 도덕주의, 그리고 민족주의라는 미명 아래 우리와 저들을 나누는 유치한 이분법이 있다.

제 6 장

첫째 매듭

진보적 지향은 사회를 질적으로 개선시키기를 원한다. 여태까지 존재하지 않았던 형태, 사람들이 경험해보지 못한 형태의 사회를 구성해보려는 것이다. 따라서 진보적 지향은 본질적으로 말이 앞설 수밖에 없다. 사회구조를 뿌리 깊은 곳에서부터 변경하는 일은 모델하우스를 지어놓고 사람들에게 보여줄 수 있는 일이 아니라, 사람들을 말로써 먼저 설득하고 그들의 협조를 토대로 다 함께 새로운 세상을 만들어나가는 협동적 창조의 과정이기 때문이다.

하지만 정치란 정파적인 의미에서나 공동체적인 의미에서나 다분히 신중이 미덕으로 통하는 사업이다. 마이클 오크쇼트Michael Oakeshott의 말대로 "젊은이들의 결함 때문이 아니라 그들의 장점 때문에 젊은이들에게는 알맞지 못한 사업"이 곧 정치다. 오크쇼트가 "젊은이들의 장점"이라고 부르는 것은 바로 도전적인 실험정신이다. 그런데 정치라는 사업에서는 왕성한 실험정신이 미덕이 아니라는 얘기다. 각 개인들이 각자의 삶에서 최대한 창의력을 발휘하고 자유분방함을 누릴 수 있도록 하기 위해서라도, 공공생활의 질서는 차분하게 안정될 필요가 있기 때문이다. 너무 잦거나 너무 속절없는 변화는 아무리 선의에서 나오고 아무리 결과가 바람직하더라도, 그 자체로 하나의 폐단이다.

그러므로 진보정치가 성공을 거두려면 변화 후의 결과가 바람직하리라는 청사진에 더해서, 변화의 과정 역시 너무 부담스럽지는 않다는 설득까지를 이뤄낼 수 있어야 한다. 이때 사람들이 어느 정도의 부담까지를 "너무" 부담스럽지는 않다고 여길지는, 변화와 불확실성을 수용할 수 있는 문화적·사회적 배경에 따라서 크게 좌우된다. 이런 점에서 한국사회의 배경은 진보정치에 결코 유리하지 않다.

한국사회에서 변화를 두렵고 성가신 것으로 여기는 풍토가 자라난데에는 물론 여러 가지 이유가 있다. 유교의 복고주의 역사관이나 불교 및 도교의 초월주의 성향도 영향을 미쳤을 것이고, 전통사회의 억압적 정치체제도 원인 중 하나일 것이다. 군부독재는 의도적으로 공포와 위기감을 주입해서 시민사회의 자발적 연대를 방해했다. 또는 최근 150년 사이의 급격한 변화가 자발적인 선택의 결과라기보다는 다분히 외부적으로 강요된 탓에 무의식 안에 생성된 거부감도 상당히 작용했을 것이다. 서양문명을 "선진"이라고 동경하고 수용하는 한편으로, 서양근대를 추동한 기반이라고 할 수 있는 욕구의 해방에 대해서는 여전히 마뜩찮은 태도를 지키는 것이다.

나는 제1장에서 2002년에 노무현을 지지했던 400만 가량의 유권자가 2007년에 왜 이명박 또는 이회창으로 이동했는지를 화두로 삼았다. 변화와 불확실성 자체에 대한 불신 또는 불안이 한국사회에 두텁게 분포한다는 점만으로 노무현의 인기하락을 설명할 수는 당연히 없다. 노무현에 대한 기대가 실망으로 바뀐 극적인 반전의 이유는 적어도 세 가지 차원에서 바라볼 수 있다.

첫째는 대부분 노무현 개인에게 책임이 돌아가야 할 부분이다. 여기에는 ① 문화적으로 지나치게 급진적이라서 본의에 상관없이 현실정치에서 대통령으로서 품위를 깎아먹은 언사, ② 연고와 사교를 곧 부패와 동일시해서 동맹의 외연확대를 스스로 차단해버린 무모함, ③ 탄핵역풍으로 급조된 과반수 열린우리당의 구심점 노릇을 하기는커녕 방치해버린 당청분리라는 교과서 정치, ④ 아무런 전략도 없이 기분 내키는 대로 시작했다가 부메랑을 맞은 우익 신문들과의 말다툼 등을 열거할 수 있다. 모두 전략적 사고를 혐오한 증거라고 볼 수 있고, 정치인이면서도 정치를 혐오하는 자기모순을 엿볼 수 있다. 정치에 대해 비현실적으로 왜곡된 환상을 가진 탓이라고 나는 생각하거니와, 그러한 환상의 표현이 지역주의 타파라는 잘못된 문제의식으로 나타났음을 바로 다음 제2부에서 논의할 것이다.

둘째는 노무현이 처했던 환경 때문에 다소 불가피했던 요인이다. 이름이라도 아는 유권자가 불과 2%에 불과했던 시골 애틀랜타 주지사에서 청렴의 이미지 하나로 일약 미국 대통령에 당선되었지만, 결국 워싱턴 정치무대에 적응하지 못해 1980년 레이건에게 선거인단 투표 489대 49라는 압승을 선사한 지미 카터와 비슷한 부분이다. 대통령 본인을 비롯해서 386 참모들이나 대학교수 출신 이상주의자들이나, 구상은 있었지만 현실에 직접 적용해서 성과를 낼 만큼 숙성되지도 못했고, 해나가면서 수정할 수 있는 기회를 가지기 위해 정치적 동맹을 확보할 만한 연고의 끈도 부족했다. 물론 이는 미리 숙지하고 대비했더라면 어느 정도는 피할 수도 있었던 문제였는데, 줄곧 열세로 가다가 막판에 역전한 선거전의 진행 그리고 앞에서 지적한 비현실적 정치관 때문에 거기까지 시선을 돌리지는 못했으리라고 생각된다.

이 두 요인을 감안한 위에 세 번째로 추가될 요인이 변화를 성가시게 생각하고, 그리고 모든 변화에 수반될 수밖에 없는 불확실성을 두려워하는 한국 정치의식의 폐쇄성이다. 첫 번째와 두 번째 요인이 노무현 개인 및 주변 참모들의 결함이었다고 할지라도, 만약 그가 대통령으로서 시도했던 여러 가지 스타일의 변화를 우리 사회가 하나의 실험으로서 흥미롭게 지켜보며 기다려주기만 했더라도 결과는 크게 달랐을 것이라고 나는 생각한다. 그러나 실제로는 반대파로부터 공격을 받은 것이야 불가피했더라도, 선거 때 지지했던 사람들조차 그의 실험을 불안하게 여기면서 리더십의 부족을 성토했던 것이다.

한국사회를 주도하면서 변화를 거부하는 정치의식 가운데에는 정치지도자가 엄숙한 존재이기를 바라는 마음이 있다. 모세나 간디, 또는 적어도 김구처럼 뭔가 숭고한 가치를 위해 신변의 즐거움을 모두 포기하고 헌신하기를 기대하는 경향이 있다. 이러한 엄숙주의가 자리를 잡는 데에는 진보진영이 크게 기여했다. 이승만과 박정희를 반민족세력으로 공격하면서 김구의 빈궁을 상징화하고, 자본주의의 천박함을 공격하기 위해서 모든 기회주의를 곧 배신행위와 동일시했기 때문이다. 거들먹거리지 않는 노무현의 직설화법을 생소한 데서 지나 불안하게 여긴 데에는 분명히 권위는 마땅히 엄숙해야 한다고 보는 고정관념이 작용했다.

엄숙주의는 우국지사의 전통과 위기담론과도 맞닿는다. 오랜 옛날은 접어두고, 지난 150년 동안 우리 사회의 역사에서 정치와 사회에 관심을 가진다는 것은 곧 불안한 앞날을 걱정한다는 의미로 통하는 경우가 대부분이었다. 정치의식이란 나라에 대한 걱정과 거의 동일시되었고, 한국사에서는 위기가 일상이 되었다. 이와 같은 바탕 위에서는 재미있거나, 편안하거나, 손쉽거나, 편리하거나, 즐거운 일을 그 자체로 뭔가 안일하거나 이기적이거나 나태한 것으로 간주하기가 쉽다.

하지만 이제는 재미**도** 있는 일과 재미**만** 있는 일을 구분할 필요가 있다. 재미있다는 것은 자체로 덕이지 결코 악일 수는 없다. 목전의 재미에만 빠져서 의무를 소홀히 하는 탐닉은 물론 악이지만, 그 때문에 모든 재미를 끊고 금욕주의를 실천해야 할 필요는 전혀 없다. 재미에만 빠지게 될까봐 두려워 모든 재미를 억압한다는 것은, 천문학적인 액수의 재산을 가지고도 "먹고살 고민"에서 벗어나지 못한 이건희의 사고방식을 답습하는 짓이다. 물론 재산이 얼마이든 미래의 생계를 걱정할 자유는 누구에게나 있다. 특정인더러 그렇게 살지 말라는 얘기가 아니고, 진보진영의 정치의식이 엄숙주의에 빠져야 할 필연성이 없다는 말이다. 진보는 재미와 편리와 편안과 양립할 수 있을 뿐만 아니라, 그것들**만은** 아니겠지만 그것들**도** 목표의 일부로 지향해야 한다.

엄숙주의는 이뿐 아니라 교조적인 성향을 부추기는 데 크게 기여한다. 이 역시 지난 150년의 격심한 역사적 굴곡에서 부분적으로 비롯된 일이겠지만, 우리 사회에서는 변절이나 배신에 대해 히스테리에 가까운 반응이 나타나는 경우가 많다. 그래서 다수의 의견과 다른 입장의 변화나 차이를 바로 변절이나 배신으로 확대시키는 경향이 있다. 가수 유승준이 미국 시민권을 내세워 군대 안 간 데서 배신감을 느낀다든지, "냉정하게 대처하는 일본이 한 수 위"라는 정도의 발언 때문에 조영남을 비난한 경우가 그렇다. 이런 히스테리의 반대쪽에는 어떤 원칙이나 구호에 대한 맹목적인 추종을 곧 미덕으로 찬양하는 풍조가 있다.

이 때문에 해당 구호나 원칙이 구체적으로 어떤 결과를 낳게 될지, 시의에 따른 변용이나 수정의 여지는 없는지, 상반되어 보이는 가치지향들을 지양해서 한층 높은 차원에서 통합할 길은 없는지 등등 사유의 발전이나 심화를 추구하는 노력 자체가 불순한 의도로 의심받는 경우가 대단히 많다. 원칙이 곧 선이고 흥정이나 타협이나 조정은 곧 악이라는 무지막지한 이분법이 자주 횡행하는 것이다.

　그런데 원칙이란 대개 짧은 문장, 즉 구호의 형태로 표현될 뿐이다. 일례로 대한민국헌법 제1조 "민주공화국"이라는 원칙을 살펴보자. 이 원칙이 도대체 시민들의 일상생활에 무슨 도움을 줄까? 예컨대 6·15선언은 국회비준을 받지 않았으므로 반드시 지키지 않아도 된다는 현인택의 입장은 민주공화국 통일부장관으로서 할 말인가 아닌가? 국회비준이 없었던 것은 마찬가지인 남북기본합의서는 지킨다고 하면서, 6·15선언을 경시할 핑계를 저렇게 대는 행위가 민주공화국의 의미에 어긋나는가 부합하는가?

　앞에서(제3장 제1절) "대통령"이라는 개념의 예를 가지고 지적했듯이, 이런 경우에도 "민주공화국"의 독립적인 의미가 있어서 이런 질문에 대해 판가름을 해줄 수는 없다. 오히려 순서는 정반대이다. 현재의 정치상황에서 우리 사회가 저런 질문에 어떻게 답하느냐에 따라서 "민주공화국"의 의미가 정해지는 것이다. 이렇게 보면 대한민국헌법이란 1987년에 고정된 형태로 만들어진 것이 아니고, 끊임없이 해석과 적용을 통해서 그리고 정치적 실천을 통해서 구성되고 형성되는 것이다. 이런 질문을 원칙에 입각해서 해결한다는 것은 곧 "원칙"을 둘러싼 담론의 정치가 시작된다는 뜻일 뿐이지, 정치의 문제를 탈정치화된 원칙으로 해결한다는 말이 될 수 없다.

　정치의 문제를 원칙으로 풀 수 있는 경우는 오로지 원칙의 구체적 적용에 대해 합의가 있을 때뿐이다. 그런 합의가 없다면 오히려 원칙을 둘러싼 갈등을 정치로 해결해야 하는 것이다. 그리고 원칙을 둘러싼 갈등은 원칙 차원에서 접근하기보다는 구체적인 적용 차원, 즉 시의의 차원에서 접근해야 그나마 공통분모를 찾아낼 수 있는 가능성이라도 열릴 수가 있다.

엄숙주의는 이와 같은 유연한 사고 자체를 불신하고 경원하는 경향이 있다. 그리하여 때로는 유치하고 때로는 허망하며, 대개는 모호하기 짝이 없는 구호들을 원칙이라고 생각하면서 붙들고 매달린다. 이는 말하자면 위패숭배라고 할 수 있다. 숭배하고자 하는 대상도 불분명하고, 숭배해서 얻어질 이익이 무엇인지도 불투명하지만, 그저 뭔가를 숭배하지 않으면 불안하기 때문에 위패를 하나 그려놓고 붙드는 셈이다.

이런 습성이 비판을 받지 않고 마냥 자라난 후에는 숭배대상뿐 아니라 분풀이대상을 만드는 데까지 이어진다. 지난 20여 년 동안 우리 사회에서는 "지역감정", "지역구도", "지역주의" 등의 구호들이 대표적인 분풀이의 과녁 역할을 했다. 이 외에 "신자유주의", "공교육 붕괴", "유전무죄, 무전유죄" 등등 수많은 구호들이 문제의식의 심화를 통해 문제의 해결을 지향하기보다는 지극히 피상적이고 단편적이며 임시적인 감정의 분출구 노릇에 그쳤다.

"빨갱이", "퍼주기", "사회혼란", "안보위기", "경제가 어렵다", "3·1절 골프" 등등 우익의 담론정치가 진보진영의 어젠다를 가로막는 효과를 가진다는 사실에만 반응하느라, 진보진영에서 내거는 구호들 역시 피상적이기 때문에 모호할 수밖에 없는 수준이라는 사실에 주의를 기울이지 못한 것이다. 언어적으로 분풀이는 하지만 과녁의 실체가 지극히 모호하다는 점에 주의를 기울이는 사람이 거의 없었기 때문에, 지역감정을 비난하는 목소리가 높아질수록 지역감정의 징후로 간주되는 현상들은 오히려 고착되고 강화되는 결과를 빚었다. "공교육 붕괴"라는 구호는 초등학생들도 되뇔 정도로 유행어가 되었지만, 그 사이에 학원시장은 날로 번창하기만 했다.

보수와 진보를 망라해서 지식인들이 20년 동안 한국의 지역감정을 열심히 비난해온 결과, 이제는 거의 모든 국민이 지역감정을 말하지 않고는 한국정치를 이해할 수 없다고 생각하기에 이르렀다. 한국사회의 부패가 문제라고 모두들 목청을 높여 성토하는 사이에 뇌물 없이는 되는 일이 없다는 현실인식이 자리를 잡고, 일상인들은 그렇게 인식된 현실에 적응할 준비를 서서히 갖춘다. "대학서열화"를 모두들 비난하지만, 자기 자식이 대학을 선택할 때는 바로 그 서열기준을 가장 중요하게 고려한다.

이는 범사회적 정신분열증에 가깝다. 나는 지역균열이나 부패나 대학서열화 자체보다도 이와 같은 정신분열증이 훨씬 위험하다고 생각한다. 그 뿌리에는 문제를 정면으로 직시하지 못하는 정서적 비겁, 세밀한 차이와 이치를 귀찮게 생각하는 지적 나태, 쫀쫀함을 경멸하는 귀족적 특권에 대한 권위주의적 동경, 후닥닥 해치우는 것을 멋지게 생각하는 폭력숭배 등이 있다. 공공담론과 실제 행위 사이에서 일종의 스톡홀름 신드롬이 나타나고 있는 것이다.

이런 경향들은 가짜문제를 언표적으로 하나 만들어둔 다음에 공론장에서는 지속적으로 그것을 두들겨 패는 한편으로, 사적 공간에서는 거기에 적응하는 현상에서 종합적으로 나타난다. 따라서 나는 이런 가짜문제에 사로잡혀 정신과 감성을 낭비한 원인으로 마녀사냥 프레임을 지적하고자 한다. 이것이 제2부의 주제이다.

제2부

가짜문제
마녀사냥 프레임

제1장

거대담론과 가짜문제

　진보운동이 거대담론만으로는 지탱될 수 없다는 자각이 나온 지가 상당히 오래되었다. 이런 자각은 이념보다는 삶의 문제에서 진보의 어젠다를 찾아야 한다는 목소리로 통한다. 그런데 내가 지금부터 논의하려고 하는 가짜문제 현상은 얼핏 거대담론에 대한 비판과 혼동될 여지가 많다. 그래서 거대담론에 관한 내 입장과 가짜문제에 관한 내 입장을 좀 세밀하게 분별해둘 필요가 있다.

　거대담론이란 예컨대 자본주의 비판이라든지 역사의 보편적 진행, 또는 민주주의의 발전법칙, 금융자유화의 귀결, 근대문명의 궁극적 결과, 이 외에도 무수한 주제들에 관한 무수한 이론들을 열거할 수 있을 것이다. 거대담론만으로는 진보정치가 지탱될 수 없는 것은 분명하다. 그러나 거대담론이 없다면 진보정치가 지탱될 수 없는 것도 분명하다.

　한 가지 예로서, 정치라는 것을 무엇으로 볼지를 생각해보자. 인간 사회를 기본적으로 약육강식의 체계로 이해하고 그 이상 아무것도 있을 수 없다고 본다면, 정치란 그저 자기가 살기 위해 상대를 쓰러뜨리거나 죽이는 사업일 뿐이다. 이런 관점에서는 사회의 진보란 애당초 개념적으로 성립하지 않는다. 각자 재주껏 살아남는 경쟁이 있을 뿐이고, 경쟁에서 패배한 자는 사라지거나 죽을 뿐이다.

진보적인 관심은 이와 같은 세계관을 극복할 수 있는 이론적 가능성 위에서만 피어날 수 있다. 즉, 동물과 같은 약육강식의 비유가 적용될 수 있는 여지가 일면에 있다면, 그런 비유가 통할 수 없는 여지도 일면 있는 삶의 형태를 확보하지 않으면 안 되는 것이다. 이를테면 "공동체", "공익", "정의", "평화", "공동번영", "상호이익", "복지" 등등의 개념들이 약육강식의 비유를 극복하려는 시도 가운데서 태어난 것들이다. 이런 관점에서 보면 정치란 단순한 권력투쟁이 아니라, 정파의 구분을 초월하는 차원의 어떤 가치를 추구하는 사업이 되어야 한다. 물론 여기서 "정파의 구분을 초월하는 차원의 가치"라는 것이 애당초 가능하기나 한지, 설사 가능하다고 하더라도 구체적으로 그것이 무엇인지 등은 전형적으로 거대담론에 속하는 문제다.

다른 예로서, 안정효의 소설을 원작으로 장길수 감독이 1991년에 만든 영화 〈은마는 오지 않는다〉의 모티브를 가지고 논의해보자. 미군 병사에게 겁탈당한 과부가 결국 기지촌으로 흘러들어가 몸을 팔게 되었을 때 두 가지 서술이 가능하다. 원래 행실이 그 모양이라서 팔자대로 양공주가 되었다고 할 사람도 있을 것이고, 공동체의 주류가 부당하게 침해당한 피해자를 돕기는커녕 혹시 자신들에게까지 불똥이 튈까봐 도리어 내쫓은 것이라고 말할 사람도 있을 것이다. 소설과 영화는 명백히 후자의 입장에서 전자의 시각을 비판하고 있다. 불행을 당한 과부를 내쫓은 행위는 이미 전쟁으로 인해 마을 공동체가 파괴된 상태임을 보여준다는 관점이다.

겁탈당한 과부를 오히려 손가락질하는 마을 사람들의 마음속에는 미군에 대한 막연한 공포와 강자에 대한 순응주의가 있다. 마을에서 소외 계급에 속했던 과부 언례를 희생시킴으로써 "정상적"인 나머지 여성들이 겁탈당하지 않겠다는 계산이 있는 것이다. 캐서린 문Katherine H. S. Moon은 『동맹 속의 섹스』(이정주 역, 2002, 삼인)에서 한국 정부와 기지촌 여성의 관계를 같은 각도에서 조명하는 데 성공했다. 고려나 조선에서 대륙의 침략자들에게 일부 여성을 공물로 바침으로써 나머지 여성의 "순결"을 보호하려 했던 전통이 이어졌다는 고발이다.

앞에서 여러 번 거론했듯이, 어떤 문제를 직접 당사자에게만 국한시켜서 바라보고 사회 구조적 원인의 가능성 자체를 부인한다는 것은 곧 진보를 향한 관심이 없다는 징표가 된다. 김주열의 죽음을 단순히 자업자득일 뿐이라고 생각한 사람들은 4월혁명에 반대했거나 동참하지 않았기가 쉽다. 정몽구 현대자동차 회장이 연봉이 2,000만 원 남짓인 비정규직 인원을 130명 해고하면서 동시에 900억 원짜리 자가용 비행기를 구입한다는 대조적인 소식에 대해서, "그렇게 있을 때 잘하지 그랬냐"고 노동조합을 비아냥거리는 사람도 있다. 용산참사의 희생자들이 터무니없는 보상금을 처음부터 노리고 들어갔기 때문에 죽어도 할 말이 없다고 보는 시각과 모두 동류항이다.

반면에 언례의 처지를 대한민국 국가의 성격으로 연결하는 시각, 김주열의 죽음에서 정권의 무도함을 읽는 시각, 정몽구 회장의 처사에서 노동자 연대의 필요를 절감하는 시각, 용산참사를 보면서 한국사회의 도덕적 현주소를 목격하는 시각은 모두 뭔가 사회구조에서 원인의 뿌리를 찾는다. 일상의 문제를 일상적 시각에서만 보려 하지 않고, 일상을 초월한 한층 넓고 높은 안목에서 바라보려고 하는 것이다. 이것이 거대담론의 본질이다.

그러므로 거대담론은 그 자체로 잘못이 아니고, 단지 사회적 관심, 구조적 관심, 이론적 관심이 표현되기 위해서는 반드시 필요한 필수조건에 해당한다. 편협한 일상성을 뚫고 나가 거대담론의 지평으로 시선이 이동하지 않는다면 진보를 향한 관심 자체가 싹틀 수 없기 때문이다. 물론 거대담론은 모두 옳다거나, 모두 현실에서 적실성을 가진다고는 말할 수 없는 것이 당연하다. 이 방향의 분별력을 위해서는 우선 "모두"와 "어떤"이 긍정문에 사용될 때와 부정문에 사용될 때 달라지는 양상의 차이에 관한 기초적인 논리학을 상기할 필요가 있다.

거대담론은 진보적 관심을 위한 필수조건이라고 나는 말했다. 이 말은 모든 거대담론에 대한 무조건적인 옹호론이 아니라, 모든 거대담론에 대한 무조건적인 거부감에 대한 비판일 뿐이다. "모든 거대담론이 틀렸다고는 말할 수 없다"는 지적은 "어떤 거대담론은 옳다"는 말로서, 여기에는 당연히 "거대담론 중에는 틀린 것도 있다"는 의미가 함축된다. 거대담론 자체를 경원하면서 의제에서 배척해서는 진보를 원천적으로 포기하는 꼴이 된다. 하지만 거대담론을 일단 의제로 받아들이는 것 역시 끝이 아니라 새로운 시작일 뿐이다.

새로운 차원의 논의에서는 거대담론을 일반적으로 다룰 것이 아니라, 구체적이고 개별적으로 다뤄야 한다. 거대담론 가운데 아예 말도 안 되므로 더 논의하는 것이 곧 시간낭비에 불과한 것도 있을 것이고, 논의를 하다가 옳고 그름을 분별할 수 있는 것도 있을 것이며, 아무리 논쟁을 해도 결론이 잘 안 나오는 것도 있을 것이다. 어떤 거대담론이 이들 각각에 해당하는지는 일반적인 문제가 아니고, 오직 개별적인 이론이나 구상이나 노선을 앞에 내놓고서야 비로소 논의를 시작할 수 있는 문제다. 개별적인 이론이나 구상을 가지고 논의해야 현실에 적용할 수 있는지, 현실에 적용하려면 어떤 비용이나 과정이 필요할지를 대충 짐작이라도 할 수가 있게 된다.

이와 달리 가짜문제는 병폐가 아닌 것을 병폐로 잘못 인식하거나,

병폐 자체는 대략 어렴풋이 인식했더라도 원인을 잘못 진단할 때 발생한다. 따라서 가짜문제는 거대담론과 필연적인 관계는 없다. 단, 거대담론 중에서도 가짜문제를 추구하느라 방향을 잘못 잡는 경우는 있을 수 있다. 하지만 거대담론에서만 가짜문제가 발생하는 것은 아니고, 개인적이고 일상적인 상황에서도 가짜문제는 발생할 수 있다.

예를 들어보자. 중세 서양의 스콜라철학에서는 신의 존재를 증명하는 과제를 두고 여러 세대에 걸쳐 많은 학자들이 논쟁을 벌였다. 오늘날 신의 존재증명을 심각한 화두로 삼는 철학자나 신학자는 별로 없다. 그사이에 신의 존재가 증명되었기 때문은 아니고, 오히려 "신"이라는 개념과 "존재증명"이라는 개념이 서로 만나야 할 이유가 별로 없다고 생각하는 사람의 수가 과거에 비해 늘어났다. 하지만 이런 입장을 깊게 이해하고 수긍하는 사람들이 일반적으로 많지는 않다. 신의 존재증명이라는 화두는 해결된 것도 아니고 폐기된 것도 아닌 채, 다만 신을 믿지 않는 것을 반드시 병폐라고는 여기지 않는 방향으로 세상이 바뀌면서 유행하는 문제의 목록에서 탈락한 것이다. 신의 존재란 본질적으로 신앙의 문제인 반면에 증명이란 의심 때문에 필요하다. 그러므로 신의 존재증명이라고 하는 주제는 두 가지 상반되는 영역을 마구잡이로 뒤섞은 결과로 발생한 착시효과이며, 곧 가짜문제이다.

정치를 주제로 삼아서 발생한 가짜문제의 예로는 조선시대 군자당/소인당의 논쟁을 들 수 있다. 주자 성리학은 대체로 하나의 진리, 즉 천리를 추구하며, 나아가 깨달은 이치에 따라 행동하는 지행합일을 이상으로 여긴다. 따라서 같은 공부를 통해 하나의 이치를 깨달은 사람들이라면 가치관과 목표도 같아져야 일관적일 듯하다. 따라서 특정인들이 자기들끼리만 패거리, 즉 붕당을 짓는다면 그 자체가 곧 스스로 소인배임을 드러내는 증좌로 여겼다. 군자라면 모두가 같은 가치를 말과 행동으로 동시에 추구하지 않을 리 없다고 봤기 때문이다.

그런데 현실의 잡다한 사안들을 처리할 때 같은 경전을 외우고 익힌 사람들 사이에서 의견이 갈리지 않을 수도 없었다. 따라서 나와 의견이 다른 너를 두고, 나는 말하길 네가 공부가 부족하거나 아니면 소인배라고 하고, 너는 말하길 내가 공부가 부족하거나 소인배라고 손가락질을 하게 되었다. 서로 자기편이 천리를 대변하는 군자편이라고 믿으면서, 차이가 발생하는 탓을 상대방에게 돌린 것이다. 군자가 소인의 의견에 맞춘다면 진리가 오류에 영합하는 셈이니, 마땅히 오류가 진리를 따라야 한다는 말이다.

하지만 이것은 단지 악순환일 뿐이다. 군자/소인의 구분에서 누가 군자냐는 질문이 철저하게 파당적인 경계 안에서 폐쇄적이기 때문에, 군자와 소인을 분별한다는 개념적인 장치는 당파의 문제를 해결하기는커녕 도리어 강화하고, 나아가 정권이 바뀔 때마다 서로를 죽이는 일까지도 발생하고 말았다. 이는 전형적인 가짜문제에 해당한다. 당파성 자체를 병폐로 파악한 데서 비롯된 가짜문제다. 단, 이것이 가짜문제임을 깨달을 수만 있다면 소는 잃었더라도 외양간은 고치는 셈이 된다.

영국과 미국의 경험이 이를 극명하게 보여준다. 서양에서도 당파, 붕당, 패거리, 파당, 도당 등은 고대부터 18세기 말까지 정치에서 반드시 뿌리 뽑아야 할 폐단으로 간주되었다. 단적으로 17세기 영국에서 정당이 발생할 때, 이름이 각각 토리와 휘그로 붙은 것만 봐도 이런 사정이 나타난다. 토리Tory란 아일랜드에서 범죄자를 가리키던 토리예toraidhe에서 나온 말로서, 혁명기 왕당파가 가톨릭 편이라서 아일랜드의 지지를 받았기 때문에 개신교(영국교회) 측 의회파에서 이를 빈정거리는 뜻으로 붙인 명칭이다. 휘그Whig란 마부 또는 시골뜨기를 가리키던 스코틀랜드어 휘거모어whiggamore에서 나온 말로, 후일 제임스 2세로 왕위에 올랐다가 명예혁명으로 쫓겨나게 되는 요크 공작의 왕위 계승권을 배제하려는 세력을 가리켜 요크 공작 지지파들이 비아냥거리면서 붙인 명칭이다.

영국 초기 정당의 명칭은 19세기 중엽까지 이처럼 반대파에 의해서 부정적인 의미로 붙여진 것밖에 없었다. 처음에는 상대를 비하하기 위한 명칭이었는데, 세월이 100년 이상 지나면서는 익숙해져서 스스로 토리나 휘그로 부르는 용례들도 생겼다. 그렇지만 토리나 휘그라는 명칭의 저변에는 당파정치에 대한 부정적인 관점만이 깔려 있고, 긍정적인 인식은 전혀 포함되어 있지 않다. 조선의 군자당/소인당처럼, "나는 당파가 아닌데 저들이 당파를 만들었으니 나쁜 놈들"이라는 심사가 바탕에 있었던 것이다. 이 정당들이 자당의 당파성을 적극적으로 인정하면서 공표한 것은 1830년대에 각각 보수당과 자유당이라는 보다 세련된 명패를 달기 시작하면서이다.

당파, 즉 정당을 병폐로만 볼 것이 아니라는 관점은 사실 고대 로마의 공화정 질서 안에 함축되어 있었다고 볼 수 있다. 아울러 밀턴의 『아레오파기티카』라든지 로크의 『관용론』처럼 표현의 자유를 개명된 정치를 위한 최우선적 사회조직원리로 보는 입장에도 함축된다고 볼 수 있다. 그러나 이 주제에 관한 발상의 전환을 가장 명시적인 형태로 표명한 사람은 나중에 미국 4대 대통령을 지내게 되는 제임스 매디슨이다.

아메리카합중국의 건국이 준비되던 시기에 매디슨은 당파성이 문제라고는 봤지만 당파성을 없앨 수는 없다고 봤다. 그래서 당파 자체를 문제삼기보다는 특정 당파가 전횡을 일삼을 수 있는 환경이 문제라고 시선을 돌렸다. 그리하여 특정 당파의 전횡을 예방할 수 있는 최선의 방법은 당파의 수가 무수하게 늘어나도록 여건을 조성하는 데 있다는 결론에 도달한 것이다. 이런 생각들을 그는 1780년대 후반 신문에 기고한 일련의 논설문 『연방주의 논설문』(Federalist Papers, 예컨대 제10호)에 담아 표명했다. 상대세력의 당파성을 우려하면서 서로 공격하느라 세월을 보내는 사이에 당파정치가 도리어 강화되는 경향을 직시하고, 당파 자체보다는 전횡을 예방하는 쪽으로 발상을 바꾼 것이다.

물론 그가 생각한 패거리faction에는 정당의 형태를 갖춘 세력들만이 해당하는 것은 아니다. 행정부, 입법부, 사법부라는 정부의 기능, 각 기능 내부에 존재하는 다양한 부서와 권한들, 각 주정부와 시정부 및 그 내부의 다양한 세력, 정부 이외 사회에 존재하는 무수한 언론기관이나 기업체, 온갖 종류의 단체와 조직들이 다 포함된다. 정부 부서끼리도 상호 견제할 수 있어야 전횡이 방지되고, 나아가 시민사회의 다양한 목소리가 표현의 자유를 누려야 한다는 생각이었던 것이다. 이런 생각은 사실상 온전히 미국 헌법에 반영되었다. 이에 관해서는 뒤에서 더욱 자세하게 다룰 기회가 있을 것이다.

내가 보기에 한국사회에는 당파성이라는 주제와 관련해서 18세기에 매디슨이 도달한 방식으로 사고하는 사람이 아직도 소수에 불과하다. "단결"을 미덕으로 보는 프레임에 따라 "분열"을 개탄하는 원시적이고 순진한 반응은 어디서나 눈에 띄지만, 기존의 프레임이 상황 타개에 도움이 되지 못할 때 우회하거나 극복할 수 있는 길을 찾는 데에 대단히 소극적이다. 단결을 미덕으로 보는 기존의 발상에 문제가 있을지도 모른다는 생각을 좀더 끌어가보기 전에 고개를 흔들고 일축해버리는 것이다. 단결이 아니면 분열이라는 이분법을 고수하려는 무의식적 고정관념이 인식의 틀을 지배하기 때문이다. 고정관념에서 벗어날 생각을 못한다는 (또는 안 한다는) 것은 그만큼 사고가 개방적이거나 진취적이지 못하고 닫혀 있다, 즉 보수적이라는 뜻이다. 이 차원의 보수성은 현실정치 차원의 보수/진보 스펙트럼과 상관없이 우리 사회에서 광범위하고도 두텁게 분포하는 것으로 보인다.

대표적으로 지역주의에 대해 한국사회 정치의식을 풍미하고 있는 개탄은 내용과 형식에서 공히 당파성에 관한 원시적 반응을 닮았다. 이제 이어지는 네 개의 장에서 지역주의에 대한 개탄이 왜 가짜문제인지, 그 결과로 어떤 병폐들이 도리어 강화되고 있는지, 이와 관련해서 진짜문제는 무엇이라고 봐야 하는지 등을 상세하게 따져보기로 한다.

제2장

"지역주의"란 용어는
초점이 없는 허사일 뿐이다

제1절 전라도와 경상도의 투표편차

한국의 성인 가운데 "지역주의", "지역감정", "지역균열", "지역구도" 등등의 문구를 한 번도 안 써본 사람이 있다면, 정치에 관해서는 아예 말을 안 하는 사람일 것이다. 한국에서 정치에 관심이 조금이라도 있는 사람이라면 으레 "지역OO"가 큰 문제라고 걱정을 한다. "망국병"이라는 소리가 지금은 비록 전처럼 많이 사용되지는 않지만, 여전히 이 지역문제라는 것이 한국정치의 고질병이라는 데에 반대할 사람은 별로 없을 것이다.

그런데 정확히 무엇이 문제일까? 이런 질문을 할 필요도 없다고 보는 것이 지역주의를 병폐로 보는 유행담론에 나타나는 기이한 특징이다. 무엇이 문제일까? 이를 성토하는 사람들이 문제가 무엇인지를 밝히지 않은 채, 다만 "문제가 있다"는 데서부터 항상 이야기를 시작하기 때문에, 논의를 위해 문제라고 할 만한 것을 한번 재구성해보자. 대략 세 가지 정도가 떠오를 수 있을 것 같다. 선거에서 나타나는 지역간 편차, 주요 정당들이 특정 지역에 기반을 두고 있어서 집권하면 관직이나 이권을 독점하는 현상, 그리고 공동체 전체와 관련되는 무수한 의제들을 보지 못하고 단지 지리적 경계만으로 선호를 결정하는 향리주의 등이 그것이다.

얼핏 생각하면 이 세 가지가 모두 같은 문제로 비칠 수도 있을 것이다. 하지만 내가 보기에는 이들은 모두 크게 다른 문제들이다. 서로 다른 문제들을 혼동하면서 "지역주의" 또는 "지역감정" 등등 모호한 문구에 뭉뚱그려버리니 문제의식이 개탄 이상으로는 도무지 한 걸음도 나아가지를 못하는 것이다.

우선 선거 때 지지율의 편차부터 살펴보자. 〈표 3〉은 1971년부터 2007년까지 대통령 선거에서 전라도와 경상도의 각 행정구역에서 1위를 차지한 후보의 득표율을 모아놓은 결과다. 몇 가지 눈에 띄는 점들을 열거해본다. ① 전라도에서 1987년부터 2002년까지 90%를 넘는 표결집이 일반적으로 발생했다. ② 경상도의 표결집은 전라도에 비해 20%포인트 이상 정도가 덜하고, 선거의 구체적인 사정과 지역에 따라 차이가 상당히 있다. ③ 특정 후보를 압도적으로 지지했지만 낙선한 경우, 다시 나올 때에는 지지율이 더욱 높아지는 경향이 있다. 김영삼, 김대중, 이회창의 경우에 모두 공통된다.

두 지역 사이에 투표 성향의 편차가 이토록 상반된다는 것은 확실히 괄목할 만한 현상이다. 그러나 두드러지게 눈에 띄는 일이 곧 병폐인 것은 아니다. 튀어나 보이면 곧 잘못이라고 생각하는 것은 마르쿠제Herbert Marcuse의 용어를 빌리면 "억압적 평등주의"의 일종으로서, 익숙하지 않은 현상이나 대상에 대해서 이해해서 적응하려는 시도 자체를 포기하고 공포 속으로 침잠해버리는 비겁한 폐쇄성에 불과하다. 현상으로 나타나는 편차의 정도가 아무리 심하더라도, 그것만으로 병폐라

표 3 대통령 선거에서 전라도와 경상도의 표결집 현상(각 지역 1위 후보 득표율, %)

	1971년	1987년	1992년	1997년	2002년	2007년
전북	61.5(김대중)	83.4(김대중)	89.1(김대중)	92.3(김대중)	91.6(노무현)	81.6(정동영)
전남	62.8(김대중)	90.3(김대중)	92.2(김대중)	94.6(김대중)	93.4(노무현)	78.7(정동영)
광주		94.4(김대중)	95.8(김대중)	97.3(김대중)	95.2(노무현)	79.8(정동영)
경북	75.6(박정희)	66.4(노태우)	64.7(김영삼)	61.9(이회창)	73.5(이회창)	72.6(이명박)
경남	73.3(박정희)	51.3(김영삼)	72.3(김영삼)	55.1(이회창)	67.5(이회창)	55.0(이명박)
부산	55.7(박정희)	56.0(김영삼)	73.3(김영삼)	53.3(이회창)	66.8(이회창)	57.9(이명박)
대구		70.7(노태우)	59.6(김영삼)	72.7(이회창)	77.8(이회창)	69.4(이명박)
울산				51.4(이회창)	52.9(이회창)	54.0(이명박)

고 간주하기 전에 먼저 그 일이 어떤 일인지를 파악하려는 노력이 선행되어야 한다. 그래야 그 일에 관해서 어떤 행동을 취할 수 있을지, 취해야 할지 분간이 가능하다.

　일반적으로 사람들을 결집시키는 데에는 공통의 가치보다는 공통의 적이 효과적이다. 천재지변과 같은 불가항력의 위기 또는 전쟁이나 경기침체와 같은 인위적인 위기에서 사람들은 평소의 차이들을 잊어버리고 공동 생존을 위해 협동할 자세를 더 많이 가진다. 선거에서 70% 이상의 몰표가 나온다면 먼저 찾아봐야 할 것이 지지보다는 반감이다. 부정적인 차원의 반감이라는 요소를 식별한 다음에야 비로소 긍정적인 차원의 지지라는 요소를 포착할 수 있다. 〈표 3〉을 보면 최근 20년 또는 40년 동안 한국의 대통령 선거에서 반감과 지지가 어떤 식으로 작용했는지에 관해 대략적인 윤곽이 보인다.

　전라도 유권자들의 경우 1971년 선거에서 박정희에 대한 적대감을 표출하지는 않았다. 사실 그보다 8년 전 1963년 선거에서, 관권개입이니 부정선거니 하는 논란은 모두 무시하고 공식 집계만 볼 때, 박정희는 전라도에서만 33만 표를 앞서서 윤보선에게 승리할 수 있었다. 그해 전국 집계에서 차이는 불과 15만 6천 표였기 때문에, 박정희가 군복을 벗고 대통령이 될 수 있었던 것은 사실 전라도의 지지 덕택이라고 해도 과언이 아니다. 그 후 4년 뒤, 1967년 선거에서는 윤보선이 전라도에서 앞섰지만 차이는 47.4% 대 43.7%에 불과했다. 즉, 1971년에 전라도에서 김대중이 받은 60%대의 지지는 박정희에 대한 실망이 섞이기는 했겠지만 적대감까지는 아니었고, 그보다는 김대중에 대한 기대가 표현된 결과로 봐야 한다는 말이다.

하지만 1987년 이후는 90%를 넘는 지지가 일반적이고 심한 경우는 97%를 넘기도 했다. 이것은 적대감이 아니면 설명이 안 된다. 무엇에 대한 적대감일까? 당연히 1980년 5월 광주학살에 대한 적대감이다. 학살도 학살이지만, 그 후에 이어진 은폐와 왜곡과 억압과 물타기가 직접 피해를 당하지 않은 보통 사람들에게까지 정권에 대한 혐오를 심어서 90%를 넘는 표결집이 나타난 것이다.

이는 정권교체를 향한 강력한 열망으로 이어져서, 현실적으로 당선 가능성이 가장 높았던 김대중에게 몰표를 줬다. 1987년부터 1997년까지 지지율 추이를 보면, 90%를 줘도 안 되니까 97%까지 표를 몰아준 셈이 된다. 노무현과 정동영에 대한 몰표는 광주의 진상과 책임이 확실히 규명되지 못하고 넘어간 데에 따른 불안감과 한국정치의 기본구조에 대한 변화욕구가 계속 특정 정파에 대한 반감의 형태로 남아 있다는 의미와 함께, 지난 20년 동안 습성화된 투표 성향이 상당 기간 지속되리라는 의미를 가진다.

경상도의 경우에도 60%대의 지지까지는 정책이나 노선 및 연고에 따른 기대와 지지가 반영된 결과로 해석할 수 있지만, 표결집이 70%를 상회하게 되면 어떤 특정 현상이나 대상에 대한 적대감을 찾아봐야 한다. 그런데 이는 〈표 3〉만으로는 잘 나타나지 않는다. 최근 20년의

표 4 경상도의 투표 성향에서 나타난 적대감(%)

	경북	경남	부산	대구	울산	비고
1987년	94.6	92.4	88.1	95.0		노태우+김영삼
1992년	80.4	83.8	79.7	79.0		김영삼+정주영
1997년	83.7	86.5	83.1	85.7		이회창+이인제
2002년	73.5	67.5	66.8	77.8	52.9	이회창
2007년	86.3	76.5	79.2	87.4	71.5	이명박+이회창

대통령 선거에서 경상도의 표는 보수진영의 후보 분열로 자주 분산되었기 때문이다.

〈표 4〉는 경상도의 유권자들이 무엇을 경계하고 어떤 세력을 배제했는지 엿볼 수 있는 실마리를 제공한다. 〈표 3〉에서 보이듯이, 1971년 선거에서 경상도에서는 70%를 넘는 표결집이 나타났다. 당시 그 지역에서 박정희의 인기가 매우 높았으리라는 점은 당연하지만, 70%를 넘는 표결집은 그것만으로는 설명하기 어렵다. 1963년 선거(경북 55.6%, 경남 61.7%), 1967년 선거(경북 64.0%, 경남 68.6%)에 비교해도 현저히 높은 결집도이기 때문이다.

시선을 군단위로 좁히면 이 현상은 더욱 뚜렷해진다. 1971년 선거에서 선산군은 90.8%, 청도군은 88.3%, 고령군은 84.4%의 몰표를 박정희에게 줬다. 선산군은 박정희의 출생지라서 으레 전국 최고 득표율을 기록했지만, 그 점을 감안해도 90.8%란 1963년 77.8%나 1967년 82.1%에 비해 두드러진 결집이다. 청도군과 고령군은 각각 1963년 63.0%, 64.3%, 1967년에는 71.3%, 67.9%로 1971년의 표결집이 얼마나 현저한지를 잘 보여준다. 그만큼 김대중의 당선을 경계하는 정서가 일어났다는 얘기가 된다. "김대중이 집권하면 경상도는 망한다"는 두려움이 이례적인 표결집으로 나타난 것이다.

이런 경계심이 1980년 이후 지속되었거나 강화된 것이 틀림없다. 단, 1987년에 노태우와 김영삼이 합해서 얻은 90% 이상의 득표가 모두 그런 경계심의 반영이라고 보기는 어렵다. 특히 당시 김영삼 지지자 중에는 전통적인 의미의 민주화 세력이 섞여 있었기 때문이다. 〈표 5〉를 보면, 김영삼의 정치노선이 확실히 보수 쪽으로 이동한 1992년에 김대중에 대한 지지가 경상도에서 조금씩 회복되는 현상이 나타난다. 노무현이 2002년에 경상도에서 얻은 득표는 김대중이 1971년에 얻은 득표율에 육박한다. 물론 30년이 넘는 시차가 있기 때문에 직선적인 연결은 불가능하다. 그러나 정치구도의 근본적인 변혁에 대한 막연한 두려움이 없다고 가정했을 때, 영남의 유권자들이 잠재적으로 보유하고 있는 정치적 지향성을 엿보는 실마리는 된다.

지금까지 논의를 통해서 부각된 요점들을 정리해보자.

첫째, 60%대 정도의 표결집은 상대후보나 정당에 대한 다양한 이유의 실망 또는 지지후보나 정당에 대한 다양한 유형의 기대 또는 호감의 결과로서 선거판에서 대단히 자연스럽게 발생할 수 있는 결과다. 다양한 이유와 다양한 유형이란 어떤 이념이나 장단기 이익에 대한 합리적 고려도 포함되지만, 말초적인 정서나 각종 연고, 기타 무수한 종류의 비합리적이거나 심지어 모순적이기까지 한 형태들을 가리킨다. 반면에 70%를 넘는 지지율이 상당한 기간 동안 지속된다면 지지후보에 대한 기대에 덧붙여 모종의 적대감이나 경계심에서 비롯되는 배타적 동류의식이 바탕에 깔려 있기 쉽다.

둘째, 전라도의 경우 1980년 5월 광주학살과 그 사실을 은폐하고 도리어 폭동이었다고 몰아붙인 민정당 정권에 대한 반감이 1985년 국회의원 선거와 1987년 대통령 선거에서 뚜렷하게 표출되었다. 1988년의 청문회와 1995년의 특별법, 그리고 1997년의 보상법 등이 있었고, 김

표 5 자유주의 후보의 경상도 득표

	경북	경남	부산	대구	울산	비고
1971년	23.3	25.6	43.6			김대중
1987년	2.4	4.5	9.1	2.6		김대중
1992년	9.6	9.2	12.5	7.8		김대중
1997년	13.7	11.1	15.3	12.5		김대중
2002년	21.7	27.1	29.9	18.7	35.3	노무현
2007년	6.8(10.1)	12.4(17.2)	13.5(18.8)	6.0(10.0)	13.6(19.2)	정동영 (+ 문국현)

대중과 노무현에 의한 정권교체가 이루어졌지만, 전라도 유권자의 정서에서 정치권력의 근본체질에 관한 불신은 여전히 강하게 남아 있다. 이 때문에 2002년과 2007년에도 한나라당을 경계하는 투표가 계속되고 있다.

셋째, 경상도의 경우에도 박정희 - 전두환 시대의 패권에 저항했던 세력이 집권하면 위험할지 모른다는 경계심이 70%를 넘는 표결집으로 나타난다. 단, 1997년과 2002년에 행정부를 내주기는 했지만 단지 2%포인트 이내의 미세한 차이였고, 2004년 탄핵의 역풍을 맞아 일시적으로 국회 과반수를 허용했지만 금세 비토권을 회복했으며, 그 외에는 거의 모든 선거에서 보수세력이 유리한 정치환경이기 때문에 선거를 앞두고 분열이 자주 발생하여 외견적인 득표율로는 이러한 경계심이 잘 드러나지 않는다. 아울러 실제로 전라도에 비해서 경계심의 이유나 과녁이 불분명하기 때문에, 표결집의 정도도 조금은 덜하고 선거의 구체적 사정에 따라 변이하는 폭도 조금은 더 크다.

넷째, 전라도의 표결집은 기본적으로 광주학살의 기억에서 비롯하기 때문에 시간이 흐르면서 기억의 퇴색에 따라 완화될 수밖에 없다. 단, 미국 남부의 경우 남북전쟁 때문에 발생한 반공화당 정서가 흩어지는 데에는 대략 100년이 걸렸다. 미국인들이 한국인들에 비해 대체로 과거에 대한 집착이 덜하고, 남북전쟁은 어쨌거나 오늘날 남부주민 대다수조차 반대하는 노예제를 지탱하기 위한 남부의 도발로 시작된 일이지만 광주학살의 경우 누가 도발했는지가 공식적으로 명확하게 가려지지 못한 상태고, 그 후 100년간 미국 남부의 투표 성향이 전라도에서처럼 철저하게 일관적이지는 않았다는 등 차이가 있기 때문에 평면적인 비교는 불가능하다. 그러나 남북전쟁 이후 공화당이 주도한 미국 연방정부에서 대대적인 재건의 노력을 기울이며 남부의 원한을 풀려고 애를 썼음에도, 반감이 표결집으로 표출되는 현상이 사라지는 데에는 100여 년이 걸렸다는 사실은 충분히 적실성을 가지는 대목이다.

다섯째, 전라도의 경우 김대중 - 노무현 정부를 지나면서 정치권력 자체에 대한 피해의식이 다소 치유되었고, 아울러 자기편이라고 생각했던 정치인들에 대한 환멸도 발생했다. 그리고 1980년으로부터 30년 가까운 세월이 지났다. 그리하여 2007년 선거에서는 전략적 표결집의 정도가 2002년에 비해 15%포인트 가까이 낮아졌고, 보수후보의 득표율도 이명박만 보면 8~9%, 이회창을 합하면 12%를 넘었다. 방어적 표결집의 정도가 일단 한 번은 완화된 셈인데, 이것이 추세를 이루어 지속될지 여부는 불투명하다. 만약 현재 이명박 정권이 나타내는 것처럼 인권과 민주주의의 후퇴가 계속된다면, 가장 먼저 전라도 유권자들의 경각심을 자극하게 될 것이다.

여섯째, 경상도의 표결집 현상이 전라도 표결집의 종속변수인지 여부는 분명하지 않다. 지금까지는 90% 대의 결집과 70~80% 대의 결집이라는 수치 차이 때문에 그런 인상을 받기가 쉽지만, 1971년의 70% 대 표결집을 가능하게 만든 공격적 배타성이 흐트러졌다는 증거는 없다. 만약 호남의 표결집이 먼저 완화된다면, 영남의 배타성이 종속변수였는지 독립변수였는지를 확인할 수 있는 실마리가 생길 수 있을 것이다. 그러나 한나라당 집권세력이 강권에 의존하는 정치행태를 보인다면 그런 기회는 없어질 것이다. 따라서 이른바 "산토끼를 포기하여 집토끼를 확보하는" 전략의 일환으로서 "90% 몰표"를 비난하기 위한 빌미를 구한다는 관점에서는, 현 정권의 공안통치 배후에는 이와 같은 정치공학적 계산이 깔려 있을지도 모른다는 의혹이 가능하다.

제2절 번지수가 틀린 문제의식

투표편차가 왜 나타나는지를 알아봤다. 하지만 여전히 그래서 무엇이 문제일까? 물론 무엇이 문제냐는 질문은 보는 사람에 따라서 답변의 방향이 크게 달라지는 종류의 전형적인 질문이다. 각자 취향이나 기분에 따라서 경상도와 전라도에서 나타나는 투표 성향의 차이를 문제라고 볼 수도 있고 아니라고 볼 수도 있겠지만, 초점을 한국의 정치사회에 두면 입맛에 따라 달라지는 질문만은 아니다. 한국 정치공동체의 건강한 유지와 발전을 위해 지역편차가 어떤 문제를 일으키는가?

내 생각에는 지역별로 나타나는 투표 성향의 차이 자체는 별로 문제가 될 것이 없다. 무엇보다도 지난 20여 년 동안 "지역감정이 문제"라고 개탄하는 사람들의 눈가나 입가에 주름살이 혹시 늘어난 것 말고는 그 차이 때문에 특별히 잘못된 어떤 결과가 나타나지도 않았다. 법에 정한 대로 선거가 치러졌고, 사람들은 각자 취향대로 투표해서, 그 결과에 따라 직책들이 맡겨졌고, 때로는 근거를 가지고 때로는 근거는 박약하지만 정파적인 동기에서 공직자들을 과거에 비하면 엄청 자유롭게 공격하면서 우리는 지난 20년을 살았다. 그 사이에 외환위기가 있었지만 그런대로 이겨냈고, 지금 금융위기를 겪고 있지만 이 때문에 우리가 1960년대 이전처럼 절대빈곤을 겪게 될 것 같지는 않다. 그나저나 외환위기나 금융위기가 경상도와 전라도의 투표편차 때문에 발생한 것으로는 전혀 보이지 않는다.

그런데 왜 지난 20년 동안 우리 사회에서는 지식인이라는 사람들이 앞장서서 "지역감정" 또는 "지역주의"를 문제라고 떠들어댔고, 그런 소리가 거의 전 국민에게 호소력을 가졌을까? "뭉치면 살고 흩어지면 죽는다"는 이데올로기가 무의식적으로 사회 전체에 퍼져 있기 때문이다. 현대사 150년의 굴곡을 겪어오면서 위기의식이 체질화되어 있어서, 모든 종류의 정치사회적 과제가 발생할 때마다 전쟁의 비유를 모델로 삼아서 해법을 찾으려고 하기 때문이다. "우리의 소원은 통일"을 부르면서 흘리는 눈물 뒤에는 모든 분열과 차이는 악이라는 무자비한 명제가 슬그머니 자리를 잡는다.

여기서 다시 "모든"과 "어떤"을 구분해야 할 필요가 있다. 모든 분열이 악일 수는 없다. 인류가 얼마나 많은 나라들로 분열되어 있는가? 모든 차이가 악이라는 것은 애당초 어불성설이다. 차이나 분열 중에서 나쁜 결과를 낳는 것만이 병폐로서 고려될 가치가 있다. 실제 인간생활에서 나타나는 대부분의 분열과 차이는 개인들에게 삶의 의지를 부여하거나 삶을 다채롭게 만들거나 아니면 적어도 무해한 것들이다. 분열과 차이 중에 해롭다고 할 만한 것은 증오나 폭력으로 이어지는 것뿐이다.

단적으로, 지금 남한과 북한이 나뉘어 서로 상대를 위협이라고 여기기 때문에 문제인 것이지, 만약 철조망과 지뢰를 모두 제거하고, 마치 미국과 캐나다처럼 자유롭게 통행하면서 가깝게 지내는 이웃으로 산다면 군이 통일을 해야 할 필요는 별로 없으리라고 나는 생각한다. 물론 현실적으로 말한다면, 두 개의 정부를 가진 상태에서 그렇게 자유롭고 평화롭게 공존하기가 통일보다 더 어려울 것이다. 하지만 내가 말하려는 초점은 그것이 아니라, 남북한 통일조차도 그 자체로 절대선은 아니고, 가정하기에 따라서는 분열된 상태에서 모두에게 훨씬 나은 결과를 그려볼 수 있다는 뜻이다. "지역감정"에 대한 개탄은 선거가 끝나고 동과 서를 빨강과 파랑으로 갈라놓은 텔레비전의 개표방송을 보면서, 단순히 "분열"이라는 지극히 피상적인 이미지에 반응하는 의미가 많다.

물론 "지역감정" 또는 "지역주의"를 염려하는 관심이 모두 이처럼 피상적이지만은 않을 것이다. 나름대로 일리가 있는 우려도 분명히 있다. 그러나 나름대로 진지한 문제의식을 가진 사람이 "지역감정" 또는 "지역주의"라는 문구를 통해서 표현하려는 염려가 무엇이든, 그런 문구로는 표현하려는 문제의 과녁을 결코 적중시킬 수가 없을 것이다. 문구 자체가 너무나 엉성하고 말초적인 감정을 담고 있기 때문에, 정치사회의 생존과 발전을 중요시하는 진지한 관심을 담아내기에는 쪼개진 바가지만도 못하기 때문이다.

제1절의 서두에서 진지한 문제일지도 모른다고 언급한 세 가지를 차례로 살펴보자.

우선 제1절에서 논의했던 대로, 90% 또는 70%를 상회하는 표결집은 긍정적인 지지의사의 표명만은 아니고, 상대지역 또는 상대정파에 대한 불신과 두려움 및 적대감의 반영일 확률이 대단히 높다. 같은 하늘 아래 같은 정치권위를 공유하는 두 지역의 주민들이 서로 반목하고 내심으로 적대한다면 썩 건강한 일은 아닌 것이 분명하다. 그러나 이는 마치 현재의 내 신체가 이상형이지 못하다는 차원의 이야기이지, 내 몸에 고쳐야 할 병이 있다는 차원의 이야기는 아니다. 이 글을 쓰고 있는 지금도 내 등과 목은 뻐근하고 내 눈은 침침하다. 썩 건강하지는 않다. 그러나 이 때문에 병원에 갈 일은 전혀 아니다. 뻐근한 목과 등, 그리고 침침한 눈을 가지고 나날의 생활을 어떻게 살아갈지 익히 잘 알고 있고, 더구나 병원에 가도 별 뾰족한 수가 없기 때문이다.

한국사회는 지난 20여 년 동안 전라도와 경상도의 판이한 정치성향에도 불구하고 그럭저럭 잘 지내왔다. 투표에서 나타나는 상대에 대한 경계심과 반감이 절제되지 않고 폭발하면 무슨 내전이라도 벌어지지 않을까 겁을 내야 할 필요는 내가 생각할 때 전혀 없다. 평소에 특별한 행동으로 나타나지 않다가 선거 때 표로만 나타난다는 것이 바로 반감이 없지는 않지만 잘 조절되고 있다는 뜻이기 때문이다. 사실, 투표를 통해 반감이 표현될 수 있기 때문에 그 이상의 폭발이 예방된다고도 볼 수 있다.

더군다나 지금 내가 말하는 반감은 90% 또는 80%의 집결된 의사 전부에 해당하는 사항이 아니다. 나는 앞에서 60%대의 표결집에서는 굳이 반감의 집결을 읽을 필요가 없고, 지지후보에 대한 긍정적 기대의 반영으로 봐도 되리라고 말했다. 따라서 설사 80~90%의 표결집이 적대감의 표현이라고 할지라도, 거기서 적대감이 차지하는 분량은 20~30%포인트 정도에 그친다고 봐야 하는 것이다.

게다가 이 적대감이 상대지역을 겨냥하는 것만도 아니다. 앞에서 논했듯이 호남의 경계심은 시민들의 평화적인 의사표현에 대해 현대 장비로 무장한 군대가 공격을 가할 수 있는 정권의 체질을 겨냥하는 것이다. 경상도 사람에 대한 무조건적 반감이 아니라는 사실은 노무현에 대한 압도적인 지지 및 이명박에 대한 10%에 가까운 지지가 보여준다. 영남의 경계심 역시 김대중이라는 상징에 대한 막연한 염려 또는 두려움이었기 때문에, 김대중이 현역에서 물러난 지금 전라도 사람에 대해 적대감을 가지고 있으면서 투표 이외에 어떤 적극적인 행동으로 표현할 사람은 별로 많지 않을 것이다.

무엇보다도 민주주의, 특히 보통선거제도란 인민의 정치적 의사에 관해서 일단 질적인 서열을 매길 수도 없고 매겨서도 안 된다는 대전제를 바탕으로 한다. 최무룡, 이주일, 최불암, 이대엽, 신성일, 정한용 등등 연예인 출신을 당선시킨 유권자들이 그들의 정책적 경륜보다 단순히 지명도에 반응했다고 해서, 유권자의 선택을 잘못이라고 말할 수 없다는 것이 보통선거와 인민주권의 원리다. 젊은 시절 은막의 청춘 스타로 처녀 가슴을 설레게 만들었던 최무룡이 30년 후에 국회의원에 출마하자, 옛날 마음속의 연인의 품에 안기는 마음으로 표를 던지는 60대 아낙의 한 표가, 최무룡과 소속당의 정책과 언행들을 꼼꼼하게 읽고 나서 던지는 정치학 박사의 한 표에 비해 더욱 주권적일 필요도 없지만 덜 주권적일 필요도 없는 것이다.

정책이나 후보 및 정당에 대한 적극적인 기대와 지지를 표명하기 위한 표도 주권적 의사의 표현이고, 상대후보나 정당에 대한 반감이나 적대감에서 나오는 전략적 선택도 주권적 의사의 표현이다. 현대 한국 사회의 5천만 인구 중에서 내심 어떤 대상에 관해서든지 모종의 반감이나 적대감, 또는 심지어 증오심이나 원한을 품고 사는 사람이 한둘이겠는가? 그들 개인의 정신적인 평화를 위해 그런 부정적인 심사에 설랑 하루빨리 벗어나는 것이 좋으리라고는 말할 수 있다. 그러나 그런 심사 자체가 당장 어떤 조치를 취하지 않으면 안 되는 병폐인 것은 아니다. 오직 그런 반감이 이웃에 대해 용납할 수 있는 한도를 넘는 공격으로 표현될 때에만 적극적인 치료가 필요하다. 선거에서 투표를 통해 어떤 경계심이나 반감을 표현하는 것은 정상적인 행위의 범주에 속한다.

둘째, 투표 성향의 편차와는 별도로 주요 정당이 지역에 기반을 두다 보니 집권만 하면 주요 공직을 한쪽에서 독식하는 현상이 벌어진다는 문제의식이 있을 수 있다. 김대중 – 노무현 정부 때는 "전라도가 다 해먹는다", "경기고와 서울대 출신이 박해받는다"는 소리들이 떠돌았고, 이명박 정부에 대해서는 "강남 부동산 부자 정권", "고려대, 소망교회, 영남 인맥"이라는 비판이 있다. 다시 말해 관직을 마치 정치적 경쟁에서 전리품으로 챙기는 엽관제는 일단 무언가 건강하지만은 않은 것처럼 보일 수 있다.

이러한 비판의 바탕에는 근본적으로 사익과 공익의 관계를 대립으로만 바라보는 한정된 정치관이 있다. 절차적 민주주의가 기본적으로 이익정치라는 발상, 즉 이기심을 억누르는 것이 아니라 이기심을 표출시킨 다음 조정이 이루어지도록 한다는 발상에서 비롯될 수밖에 없음을 이해하지 못한 원인이 크다. 이익정치란 다양한 이익들 사이의 상호견제를 통해 조정을 추구하기 때문에, 의학의 비유로 말하면 어떤 병소가 있을 때 직접적이고 즉각적인 외과수술로 제거하는 방식이 아니라 사회 전체의 체질개선을 통해 저절로 치유되는 방향을 우선시한다. 따라서 설령 한국사회에서 흔히 거론되는 것처럼 지역과 관련된 문제가 있다고 할지라도, 지역이 원인이라고 봐서는 오히려 문제해결에 도움이 되지 않는 것이다. 그러나 이는 엽관제에 관한 염려만이 아니고 지금 논의하고 있는 세 가지 우려 모두에 공통되는 것으로서, 다음 장에서 다시 상세하게 논의할 것이다.

여기서는 일단 관직독식에 관한 염려 자체가 관직을 무슨 논공행상의 대상으로 삼는 관념을 명확하게 배제하지 못한다는 사실을 지적하고자 한다. 관직을 정부의 총체적인 기능을 올바르게 작동시키기 위한 분업체계 내부의 한 마디라고 본다면, 그 자리를 차지한 개인의 출신 성분이 무엇인지는 관심거리가 되지 않아야 하거나, 설령 관심거리가 되더라도 부차적인 수준에 머물러야 한다. 반면에 기능이라는 염불에는 관심이 없고 잿밥에만 관심이 있다면, 누가 어떻게 그 자리를 차지했는지가 가장 중요하게 떠오를 수밖에 없다.

물론 관직독식에 대한 비판론에는 항상 적임자가 아니라는 우려가 깔리는 것이 보통이다. 예컨대 〈인터넷 한겨레〉의 2009년 2월 18일자 사설 「영남 편중 인사 이렇게 심해서야」(http : //www.hani. co.kr/ arti/opinion/editorial/339631.html)는 원세훈 국정원장이 적임자가 아니라는 2월 12일자 사설 「'하자투성이 장관' 임명할 거면 청문회 왜 하나」(http : //www.hani.co.kr/arti/opinion/editorial/ 338491.html)의 연장선인 것이 분명하다. 사실은 원세훈이 적임자가 아니라는 주장을 더욱 효과적으로 펼치기 위해 영남 편중 인사의 통계를 제시했다는 의미도 있을 것이다. 그러나 원세훈 또는 어떤 다른 영남 출신 공직자가 적임자가 아니라는 주장을 지역 편중 인사가 문제라는 주장과 뒤섞는 것은 대단히 심각한 얼버무리기로서, 진보적 관심을 정교하게 가다듬기보다는 오히려 초점을 흐리는 데에 기여할 뿐이다.

적임자가 아니라는 주장은 마땅히 해당 공직자의 노선이나 태도 및 가치관과 관리능력 등에 초점을 맞춰서 따질 문제인 반면에, 출신 성분을 문제삼는 것은 단지 일종의 인신공격으로서 따져야 할 문제를 묻어버리는 논점변경이 되기 때문이다. 인신공격이란 흔히 모욕적인 언사를 가리키는 뜻으로 사용되지만, 실은 인신에 의거한 논증argumentum ad hominem을 좀더 자극적으로 줄인 문구로 쟁점의 초점을 회피하고 상대의 개인적인 속성을 들먹임으로써 언쟁에서 이기려는 수사학적 전략을 가리키는 말이다.

나아가 관직독점을 우려하는 우리 사회 지식인들의 고정관념에는 영조와 정조 연간의 탕평책을 연상하는 정치의식이 들어 있다. 영조와 정조의 탕평책이 성공했다고 본다는 것은 지극히 피상적인 관찰이라고 나는 생각하며, 순전히 논의를 위해 백번 양보해서 그것을 성공이라고 여긴다손 치더라도, 탕평책의 발상을 현대에 적용한다는 것은 어불성설이다. 선거를 통한 정권임기제 안에 이미 엽관제의 폐해에 대한 대비책이 탕평책에 의해서 기대할 수 있는 정도보다 훨씬 높고 체계적인 방식으로 포함되어 있기 때문이다.

한쪽 지방 출신으로 요직을 채우든, 특정 학교 출신으로 채우든 원칙적으로 임용과정이 합법적이고 임용 후에 기능을 제대로 수행한다면 문제될 것은 없다. 선거에 의해 정권을 바꾸도록 한 것은 여러 가지 정책이나 이념에 시행의 기회를 주기 위함이다. 대통령이 믿을 만한 사람에게 기능을 맡기는 것은 선거정치의 핵심요소에 속한다. 기능을 염려하는 마음에 정부를 압박하기 위해 "지역안배"라는 말초적 정서에 의존하게 되면, 제대로 수행되는 기능에 대해서까지 "지역안배"를 트집 잡아 공격할 여지만을 열어줄 뿐이다. 감상적 담론은 선동에 쉽게 놀아날 수 있는 만큼 내용은 빈약하지만, 그런 저급한 담론에 익숙해지다 보면 정부기능에 관한 실질적인 담론에 반드시 필요한 섬세한 분별과 집요한 탐구 자체를 경원하는 천박한 성급함이 자라나기 때문이다.

셋째, 한국정치의 지역구도를 개탄하는 마음속에는 향리주의를 겨냥하는 의미도 자주 섞인다. 향리주의鄕里主義, parochialism란 민족공동체 또는 인류공동체처럼 더욱 큰 전체를 보지 못하고 좁은 지역적 범위에만 국한된 정치의식을 꾸짖는 의미로 사용하는 용어다. 일반적으로 한국정치에서 향리주의의 성격이 많이 나타나고 있다는 점은 사실이라고 봐야 할 것이다. 그만큼 개선의 여지가 많은 것도 사실이다.

하지만 향리주의라는 것이 행위자 개인들을 꾸짖거나 성토해서 개선될 수 있는 일은 결코 아니다. 사람은 누구나 가까이 있는 이익에 대해 먼저 반응하게 되어 있다. 멀리 있는 이익에 대해서 반응하려면 상당한 수준의 지적 개명이 필요하다. 향리주의에 대한 비난은 일정한 수준 이상의 개명도를 기본으로 설정한 다음, 그 기본을 충족하지 못했다고 유권자와 정치인을 싸잡아서 힐난하는 꼴이다. 이러다 보면 이기심 자체를 비난하는 것인지 이기심이 장기적이고 넓은 차원으로 개명되지 못했음을 비난하는 것인지 구분은 없어지고 성토만 남게 된다.

이기심 자체는 이익정치의 기본 전제에 해당하므로, 비난할 대상이 아니라 관리할 대상이다. 이기심이 개명되지 못한 것이 문제라면 개명할 방법을 찾아야지 개명되지 못한 사람들만을 비난해서는 아무 진전이 있을 수 없다. 가령 낫 놓고 기역자를 모르는 사람에게 매질만 하면 알게 되리라고 생각한다는 것은, 그 자체가 개명되지 못한 사고방식의 전형이 아니겠는가?

지금까지 살펴본 개요처럼, 반감이나 엽관제 또는 향리주의에 대한 우려들은 일차적으로는 일리가 있는 문제의식이지만, 현실에 대한 처방으로 연결되기 위해서는 대단히 많은 심화가 필요하다. 그리고 심화를 위해 첫 번째로 끼워야 할 단추는 바로 이런 것들을 "지역○○"의 문제로 보지 않는 데에 있다. 이 주변에 존재하는 문제는 지역감정이나 지역주의 따위 문구의 포괄성에 비해 훨씬 세밀한 문제이기 때문에, 설령 치유를 시도해야 한다고 하더라도 그만큼 정교한 처방이 필요하다. 장작 패는 도끼로는 맹장수술을 할 수 없고, 너무 커서 구멍에 들어가지도 않는 쇠뭉치로는 어떤 자물쇠도 열리지 않는 것이다.

제3장

이익정치와 공익

제1절 **이익과 의로움**

제2장에서 나는 "지역주의"를 탓하는 문제의식 주변에 약간의 일리
가 없지는 않다고 보았다. 막연하거나 구체적이거나 반감에 기초하는
정치적 선호보다는 적극적인 비전에 기초하는 정치적 선호가 바람직
하고, 엽관제나 향리주의 자체가 바람직하다고 말하기는 어렵다는 점
을 나는 일단 인정했다. 그러면서도 이를 문제의 직접 원인으로 보는
것은 절차적 민주주의의 본질적 성격에 관한 오해라고 말했다. 이제
절차적 민주주의와 이익정치가 인간의 본성을 어떻게 이해하는 전제
위에서 건설되며, 그렇게 이해된 본성을 가진 인간들을 어떻게 대접하
자는 원리인지를 살펴보고, 아울러 그렇게 했을 때 공익을 기대할 수
있는 여지는 어디에 있는지를 따져본다.

공자가 자로에게 말했다. "이익이 생길 기회를 맞아서는 의로울지
를 생각하고, 나라의 위태로움을 보면 목숨을 내놓고, 오래된 약속에
관해 지난날에 했던 말을 잊지 않는다면 또한 이루어진 사람으로 볼

수 있다"(『論語』, 「憲問」, 13). 안중근의 유묵 중 하나인 "見利思義 見危授命"의 출전이다. 공자는 또 "군자는 의로움에서 깨닫고 소인은 이익에서 깨닫는다"고도 했다(『論語』, 「里仁」, 16).

의로움을 저버리고 이익을 좇는 행태를 공격하고, 안중근을 영웅으로 추앙하기는 대단히 쉬운 일인데, 사실 목전의 이익을 버리고 의로움을 선택하기는 쉬운 일이 아니다. 도덕주의자들은 그렇게 못하는 사람을 사악하거나 나약해서 그렇다고 말할 것이다. 수많은 사람 중에는 사악하거나 나약해서 명백히 의로운 길을 버리고 악한 이익을 좇는 경우도 적지 않을 것이다. 그러나 제3자의 눈에 의로움을 버리고 이익을 좇는 것처럼 비치는 행동 대부분에서 행위자 눈앞에 보이는 이익은 분명한 데 비해서, 의로움이란 분명한 경우가 드물다는 점을 주목할 필요가 있다. 다시 말해, 다른 사람의 행동에 대해 "이익에 팔렸다"고 비난하기는 쉽지만, 그런 비난을 당사자가 수긍하기는 어렵다는 얘기다. 지난 논란 하나를 사례로 들어보자.

가수 신해철이 학원광고에 나온 것을 두고 실망하는 사람들이 많다. 한국의 교육제도에 대해 그동안 비판을 서슴지 않던 사람이 특목고 입시준비로 영업하는 학원의 자본에 팔려갔다는 비난이다. 신해철은 "돈에 팔렸다는 능멸을 참을 수 없다"고 하면서, 자신은 지난날 했던 말을 잊은 것이 아니라 "'자신에게 맞는 학습목표와 방법추구'라는 광고카피에 끌렸다"고 해명했다.

신해철이 출연료를 얼마나 받았는지는 모르지만, 아마도 출연료를 받지 않았더라면 학원광고에 나가지 않았을 것이다. 따라서 이는 일단 이익을 추구한 행위가 된다. 그러나 이익을 추구하면 곧 의로움을 저버리게 되는 것은 아니다. 때로 이익 중에는 의로움의 의미가 거의 섞여 있기 어려운 경우가 있다. 잡히지 않기를 바라는 살인범의 이익, 가

표 6 두 항목 사이의 일반적 관계

	도랑을 안 친다	도랑을 친다
가재를 잡는다	도랑 안 치고 가재 잡는다(A)	도랑 치고 가재 잡는다(B)
가재를 못 잡는다	도랑 안 치고 가재 못 잡는다(C)	도랑 치고 가재 못 잡는다(D)

벼운 접촉사고에서 다친 곳도 없이 무작정 병원에 누워서 보험금을 뜯어먹는 파렴치한의 이익, 그런 파렴치한을 거들어 진단서를 떼어주는 양심불량 의사의 이익 등등 이런 유형에 속하는 사례의 목록은 무한정 이어나갈 수 있다.

그러나 이익 중에는 의로움과 상통하는 유형도 있다. 한 사람의 의로운 행동은 대개 당사자에게 영광과 명예와 보람이라는 이익을 준다. 그의 의로움 덕택으로 직접 도움을 받은 사람은 안전과 신뢰라는 이익을 누리고, 나아가 그렇게 개인적으로 체험된 안전과 신뢰는 사회 전체로 은은하지만 매우 강력하게 퍼져나간다. 모함에 굴하지 않고 노력해서 마침내 왜적을 물리친 이순신의 의로움, 제국주의의 부당함을 알리고 응징하기 위해 목숨을 바친 안중근의 의로움, 자기 몸을 불살라 노동현장의 모순을 세상에 알린 전태일의 의로움, 이국땅 도쿄의 지하철역에서 취객을 구하고 숨진 유학생 이수현의 의로움 등등 모든 의로운 행위는, 그것이 의로운 만큼 본인에게 그리고 직접 수혜자는 물론이고 간접 수혜자인 사회 전체에 일정한 차원의 이익을 남긴다.

일반적으로 두 개의 항목 사이의 관계는 네 개의 갈래로 나눠진다. 〈표 6〉이 그것을 보여준다. 하지만 "도랑 치고 가재 잡기"와 같은 속담의 그림자 안에서 사람들은 흔히 B와 C만을 생각하고 A와 D는 아예 고려에서 빼버리기가 쉽다. 하지만 명백히 도랑을 치지 않고도 가재를 잡을 수 있고, 도랑을 치고 가재를 못 잡을 수도 있다. 또는 공자처럼 이익과 의로움을 대조하는 말에만 자주 노출되다 보면, A와 D만 있고 B와 C는 없는 것처럼 생각하기가 쉽다. 이익이면 의롭지 않고 의로우면 이익이 아니라고만 생각할 뿐, 이익이면서 의로운 경우나 이익도 아니고 의롭지도 않은 경우들은 아예 시선 자체를 주지 않는 것이다.

하지만 이는 명백히 잘못된 생각이다. 두 항목이 완전히 정비례의 관계, 즉 B와 C만 가능하고 A와 D는 불가능하다면, 이미 그것들은 두 항목이 아니라 같은 항목을 다른 이름으로 부르는 경우임을 말해줄 뿐이다. 마찬가지로 두 항목이 완전히 반비례의 관계, 즉 A와 D만 가능하고 B와 C는 불가능하다면, 두 항목처럼 생각했던 것이 사실은 두 개가 아니라 하나의 연속선 위에 놓이는 양쪽 끝이었다는 말일 뿐이다. 하지만 정치사회적으로 의미가 있는 어떤 두 개의 항목 사이에도 이와 같은 단선적 관계는 찾아보기 어렵다. 정치사회와 관련되는 명제에서 변수가 둘이라면 결과는 사실상 언제나 네 개의 갈래로 나뉜다. 이 점은 유치한 흑백논리를 벗어나고, 정치사회가 폭력대결로 타락하지 않기를 바라는 사람이라면 누구나 명심해야 한다.

두 항목 사이의 관계는 항상 2×2 행렬을 만들기 때문에 네 갈래가 되고, 그 네 갈래가 각각 어떻게 분포하는지는 논리적인 문제가 아니라 경험적인 문제이다. 즉, 추론이나 상상을 기초로 논쟁할 일이 아니라 현실의 실제 모습을 들여다볼 일이다. 그런데 이익과 이로움의 관계는 약간 독특해서 세 갈래가 되며, 한 갈래가 있을 수 없다는 점은 경험적 확인이 필요 없이 추론만으로 확정할 수 있다.

〈표 7〉을 보자. 앞에서 말했듯이, 의로운 행동 가운데에는 본인에게도 이익을 주고 직접 수혜자 또는 사회 전체에 이익을 주는 경우가 대부분이다. 만약 의로운 행동의 현장에서 행위자가 목숨을 잃어버리는

표 7 이익과 의로움의 관계

	의롭지 못한 행동	의로운 행동
이익이 있는 행동	행위자에게만 이익(A)	남들에게도 이익(B)
이익이 없는 행동	행위자에게도 무익(C)	해당사항 없음(D)

경우, 본인에게 무슨 이익이냐고 당연히 반문이 나올 수 있다. 이런 경우에 그가 사후에 받게 되는 영광이나 명예 또는 보상을 "이익"이라고 부르면 일상적인 한국어 용례에서는 그에 대한 모욕으로 여겨지기가 쉬울 것이다. 또는 살신성인으로써 그의 인격이 완성되는 "이익"이 있었다고 하면 내가 말을 배배 꼰다고 여길 사람도 많을 것이다. 따라서 불쾌할 수 있는 논란의 여지를 줄이기 위해 본인에게는 아무런 이익이 없다고 하더라도, 적어도 의로운 행동의 직접 수혜자 또는 사회 전체에는 이익이 되는 것이 분명하다.

이 때문에 의로우면서 아무런 이익이 되지 않는 행동은 생각하기가 불가능하다. 의로움이란 그 자체로 개인의 미덕이자 사회적 자산이 되기 때문이다. 의로움이 사회에 이익이 되느냐 마느냐는 경험적으로 확인이 필요한 문제가 아니고, 개념 안에 자체로 내포되는 이치에 해당한다. 반면에 이익이 되는 행동 중에는 의롭지 않은 것도 있을 수가 있다. 행위자의 이익만을 위해 다른 누구를 해치는 경우이다. 그리고 의롭지 못한 것은 물론이고, 행위자 자신에게도 이익이 없는 행위도 있을 수 있다. 이른바 남을 해치고 자기도 해치는 행위에 속하는 형태이다. 물론 구체적인 사정에서 이익이 전혀 없다고 말하기 위해서는 상당히 복잡한 유보조건들이 필요하지만, 현재의 논의와는 별 상관이 없기 때문에 파고들어가지는 않는다.

여기서 한 가지 따져야 할 형태가 있다. 개인적인 동기에서 비롯된

행위지만, 남에게 특별히 해를 끼치는 것도 아니고 남을 특별히 돕는 것도 아닌 경우이다. 이것은 이익이 있는 부류에 속하는 것은 분명하지만, 의롭다고 봐야 할지 아니면 의롭지 않다고 봐야 할지가 아리송하다. 신해철의 사례와 같은 경우이다. 의롭다고 말하면 공자님이 무덤에서 실망하실 것 같아서 저어되지만, 그렇다고 딱히 불의는 아닌 것 같다. 이 지점의 불확실성이야말로 우리 사회의 정치의식에서 세속화가 필요한 대목이라고 나는 강조하고 싶다.

종파를 막론하고 수도승들이 뭘 추구하는지는 잘 모르지만, 만약 어떤 수도승이 자신의 행위와 관련해서 의로움의 기준을 높게 설정하고, 자신의 행동이 거기에 미치지 못할 때마다 자성하고 스스로 경책하는 것은 나름대로 고귀한 의미가 있다고 말할 수 있다. 하지만 모든 사람들에게 그렇게 하라고 강요할 수 있는가? 강요해야 하는가? 절대로 그래서는 안 된다고 나는 생각한다.

개인에 따라 스스로 추구할 의로움의 기준은 한없이 높아질 수 있다. 나라가 어지러운데 자결로써 강직을 과시하지 못한 것을 수치로 여길 사람도 있고, 아프리카에서 굶주리는 아이들을 살려내지 못한 것을 자신의 죄로 여길 사람도 있다. 그러나 이것은 개인적 도덕의 차원으로서, 사회구성원 전체에게 적용할 수 있는 표준이 아니다. 개인적 도덕을 아무 여과 없이 바로 사회적 강행규범으로 연결하려고 하면 오히려 도덕은 없어지고 전쟁만이 남는다. 그리고 전쟁 중에는 도덕이나 종교 때문에 벌어지는 것들이 가장 지독하고 결과적으로도 가장 어이없이 허망하다. 영토나 자원이나 패권을 둘러싼 전쟁은 반드시 바람직한 수단만은 아니지만, 어쨌든 해결해야 할 갈등을 해결하는 의미는 있다. 도덕이나 종교를 명분으로 한 전쟁은 결과와 명분 사이에 아무런 연관고리가 없기 때문에 철저하게 어처구니가 없는 짓이 되는 것이다.

그러므로 사회질서를 논하는 차원에서는 개인적 수양의 차원과는 다른 기준을 정해야 한다. 흔히 말하는 "법은 도덕의 최소한"이라는 따위의 교과서식 문구를 되뇌려는 것이 아니다. 법과 도덕이 서로 다른 영역이라는 점을 강조하고 있는 것이다. 법은 사회질서의 유지를 통한 개인적 자유의 극대화에 목적이 있는 반면에, 도덕은 그 목적 자체가 사람마다 다른 일이라는 말이다. 다시 말해 법은 결과의 효용을 중시하는 것이지만, 도덕은 결과를 중시할지 동기를 중시할지 효용을 중시할지 계시를 중시할지, 또는 다른 어떤 것을 중시할지가 모두 사람마다 제각각이라는 말이다. 또 한번 다른 말로 표현하면, 법은 어느 정도 통일될 필요가 있지만 도덕은 통일되지 않아도 괜찮고 통일시킬 수도 없다는 말이다.

　따라서 정치사회의 질서를 논할 때에는 신해철의 행위가 의롭든지 말든지 애당초 별로 중요하지 않다. 그에게 높은 기대를 걸었다가 실망한 사람에게는 그의 행동이 의롭지 않게 비칠 것이고, 그런 사람은 자신의 실망을 표현하면 된다. 하지만 그가 무슨 범죄를 저지른 것은 아니다. 덧붙이자면, 진보진영일수록 이런 대목에서 논리적 일관성을 요구하면서 일종의 결벽증을 드러내는 경향이 있는데, 내가 지금까지 개인의 자유를 역설해온 만큼 신해철에 대한 비난도 개인의 자유라면 할 말이 없지만, 그런 태도가 진보정치의 효율성에 도움이 되는 것 같지 않다.

　높고 고상한 도덕적 표준에 미달하는 행동을 모두 정죄 대상으로 삼을 것인가, 아니면 도저히 견딜 수 없는 선을 넘지 않는 한 참아줄 것인가의 차이는 사회의 개명도를 가름하는 중요한 척도 가운데 하나다. 개인들의 취향이 아주 좁은 범위에 국한된 것만 허락되는 사회는 곧 극소수 지배층이 권력을 독점하고 있는 폐쇄사회라는 말이 된다. 나머지 인구가 압도적인 수효에도 불구하고 소수의 압제에 굴종한다는 것은 그만큼 그들이 개명되지 못했다는 뜻과 같다. 정치적 가치에 관해 광범위한 연대가 일어나려면 어느 정도의 추상적인 사유능력이 반드시 필요하기 때문이다.

다음 절에서 자세히 설명하겠지만, 관용寬容과 관인寬忍을 구분할 필요가 있다. 우리 사회에서는 이미 관용이라는 말이 널리 퍼져 있지만, 나는 그것을 관인으로 바꿔야 맞다고 본다. 자기와 반대되는 의견을 용납하는 데에 취지가 있는 것이 아니라 참아주는 데에 취지가 있기 때문이다. 볼테르의 말로 잘못 전해졌지만[6] 어쨌든 지금은 유명해진 구절을 보자 : "나는 그대의 생각에 반대한다. 그러나 그대가 그 생각 때문에 탄압을 받는다면 나는 그대를 위해 죽을 때까지 싸울 것이다." 이 말의 화자는 논적의 입장을 관용하지는 않지만 관인은 하고 있다. 신해철의 언행을 관인한다는 것은 그를 교육정책에 관한 지도자로 인정한다는 뜻도 아니고, 그가 잘했다고 찬양한다는 뜻도 아니다. 단지 용납할 수 없는 범죄를 특별히 저지르지는 않았으니 참고 견딘다는 뜻이다. 말이나 글로 비난하는 것은 물론 참고 견디는 범주 안에 속한다.

신해철 개인에 대한 평가는 연예인에 대한 일시적인 관심에서 별로 멀리 나아갈 일이 못 되는 주제다. 하지만 이익이더라도 곧 의로움과 반대되지는 않는다는 인식은 우리 사회 민주주의의 발전을 위해 반드시 필요하다. 개인적 이익뿐 아니라 공공의 이익도 이익이고, 단기적·말초적 이익뿐 아니라 장기적·심층적 이익도 있다. 배타적 제로섬 이익도 있지만 상호적 논제로섬 이익도 있다. 애당초 의로움이나

---

6) 무엇이 잘못인지는 한국어 위키백과 "관용"을 보라(http : //ko.wikipedia.org/wiki/%EA%B4%80%EC%9A%A9).

선, 진리나 아름다움, 사랑, 용기, 친절, 헌신, 기타 등등 모든 전통적 덕목들이 어디에든 이롭지 못하고 순전히 해롭기만 하다면 결코 덕목일 수도 없는 것이다. 현대의 민주주의는 바로 이와 같은 발상을 대전제로 삼아서 태어날 수 있었다.

제2절 이기심은 민주주의의 바탕이다

다시 군자/소인 구분부터 이야기를 시작해보자. 군자가 되지 않고 소인이 되겠다고 공언할 사람은 거의 없을 것이다. 군자보다 소인이 더 낫다고 공언할 사람도 별로 없을 것이다. 그런데 한국 성인 인구 약 3,500만 명 중에 군자가 몇이나 될지를 물어보면, 여론조사에서 어떤 답이 나올까? 절반을 넘거나 절반에 가깝다고 대답할 사람은 별로 없을 것 같다. 절반은커녕 10%, 350만 명의 군자가 한국에 산다고 볼 사람도 별로 없을 것이다.

군자는 공자의 시대에도 무척 드물었나 보다. "군자는 화합하지만 패를 짓지 않고, 소인들은 떼로 몰려다니며 서로 싸운다"(『論語』, 「子路」, 23)고 했는데, 공자가 살던 춘추시대는 싸움판으로 접어들던 길목이었기 때문이다. 군자들이 많이 살았다면 그럴 리가 있었겠는가? 요즘 세상도 도처에 화합보다는 갈등 또는 경쟁이 두드러지게 눈에 띈다. 소인배들이 많이 사는 세상이라고 봐도 될 것 같다.

그런데 민주주의란 바로 그 소인배들을 배제하지 않는 정치질서를 말한다. 인류의 역사를 대략 오천 년이라고 할 때, 지성과 덕성이 뛰어나다고 자처하신 분들이 정치를 독점한 시대가 아무리 짧게 잡아도 4,700년은 된다. 그리고 그분들이 정치를 전담하던 시절에 지금보다 갈등이나 경쟁이 적었다고는 결코 말할 수 없다. 지금 세상이 시끄럽다고 민주주의를 탓하는 사람은 신분사회에서 인구의 90% 이상이 입을 다물고 허리를 굽히고 고분고분 노동이나 해야 맞아죽지 않고 굶어죽지 않을 지경이었던 것을 조용했다고 착각하는 것이다. 지금 한국사회에서 민주주의의 과잉을 우려하는 척하면서 은근히 1987년 이전을 동경하는 사람들도 마찬가지다.

신분사회나 전체주의로 돌아갔을 때 자기가 지배계급에 속하리라는 믿음을 가지고 민주주의를 배격하는 것은 근거 없는 한탕주의적 심성이지만, 나름대로 합리적인 정치적 선택이다. 그러나 자신의 처지가 어딘지를 되새겨보지도 않고, 단지 세상이 좀 소란스럽다는 점이 불안해서 반동의 조류에 몸을 내던진다는 것은 무지로 말미암은 무책임일 뿐이다. 소란은 자체로 악이 아니다. 단지 활력이 넘치는 신호일 수도 있기 때문이다. 소란을 곧 악으로 여기는 것은 앞에서 말했듯이 두 항목 사이에 네 갈래 관계가 있음을 보지 못한 단견 때문이다. 군자/소인의 구분을 엄격하게 적용한다면 소인에 속할 수밖에 없는 사람들이, 근거 없는 복고주의적 허영심에 빠져서 마치 군자인 척하려는 심성에 큰 원인이 있다.

민주주의는 인민 다수가 반드시 군자이기를 기대하고 출발하는 정치가 아니라 다수가 소인밖에 못 되더라도 큰 문제가 일어나지 않게 예방한다는 믿음을 가지고 시작하는 정치다. 물려받은 문벌과 재산을 곧 개인적 덕목의 증거라고 여기는 귀족들의 정치가 아니라, 비록 자랑할 것은 별로 없지만 가진 것은 모두 자기 손으로 일군 평민들의 정치인 것이다. 서양근대를 논할 때 자주 운위되는 이른바 이기심의 해방 또는 욕구의 해방이라는 것이 그런 뜻이다.

인류의 역사에서 물욕, 정욕, 지배욕과 같은 세속적인 욕구가 전면적으로 봉쇄된 시대나 사회는 별로 없다. 근대 이전과 근대사회의 차이는 지배계급의 위선이 허용되었느냐 아니면 폭로되었느냐에 있을 뿐이다. 즉, 근대 이전에는 지배계급만이 물욕과 정욕과 지배욕을 채우고, 동시에 나머지 민중에게는 도덕적·종교적 설교를 통해 그런 나쁜 짓을 하면 지옥에 간다고 가르쳤던 반면에, 근대사회에서는 그런 위선이 폭로된 것이다. 그 결과 모두가 금욕을 강화하게 된 것이 아니라, 욕구를 어차피 막을 수 없음을 깨달은 것이 중요하다.

신분사회는 피지배계층의 기를 죽여야 유지된다. 소수가 다수를 지배하는 모순이 지탱되려면 다수에 속하는 개개인에게 기백 비슷한 것이 있으면 안 되기 때문이다. 기백이란 다시 말하면 욕구고 야심이다. 남보다 돋보이고 싶은 욕구, 지금보다 잘살고 싶은 욕구, 쌓인 원한을 풀고 싶은 욕구 등이 곧 야심과 기백으로 나타난다. 그런데 이런 성정이 자라다 보면 당연히 현실체제의 부당한 측면에 의문을 품고 권력에 대해 도전하려는 데까지 이어질 수가 있다. 신분사회에서 특권계급은 이런 불온한 야심의 싹을 뿌리 뽑기 위해서 모든 욕구는 죄악이라고 민중에게 주입했던 것이다.

그러나 정치적으로 무기력한 인민이 경제적으로나 사회적으로 활발하기는 어렵다. 힘들여 농사를 지어도 소출 대부분을 지주가 가져간다면, 피땀 흘려 자동차 공장에서 일을 해도 이윤은 대부분 자본가 차지가 된다면 일하고 싶은 마음이 날 리 없는 것이다. 생산물을 어떻게 분배할 것이냐는 문제는 자연의 질서가 아니고 사회적 질서로서, 정치를 통해서 정할 문제다. 지주에게는 지대, 자본가에게는 이윤, 노동자에게는 임금이 각각 정당한 몫으로서 인정된다는 자체로 이미 기득권에 대한 고려가 충분히 이루어진 셈이다. 따라서 지대와 이윤과 임금 사이의 분배비율을 정치적 합의를 통해서 정하는 일은 특별히 사회주의가 아니라 자본주의의 핵심 논거에 포함되는 것이다.

이와 같은 생각을 세상에 크게 퍼뜨린 역할은 물론 애덤 스미스 및 그를 계승한 영국의 자유경제이론가들이 수행했다. 리카도, 맬서스, 벤담, 제임스 밀, 리처드 코브덴, 존 브라이트, 존 스튜어트 밀 등이 그렇고, 20세기에는 이 생각이 미국과 유럽과 일본으로 전파되어 현대 정치학과 경제학의 기본 전제가 되었다. 그러나 이런 생각이 스미스에게서 처음 나온 것은 아니다. 이미 18세기 프랑스에서 이른바 중농주의학파라 불린 사람들이 욕구의 해방을 역설했었다. 그때 사용한 그들의 구호가 "내버려둬라laissez-faire" 또는 "너무 많이 다스리지 마라pas trop gouverner"이다.

중농주의자 구르네(Gournay, 1712~1759)는 "저절로 지나가게 내버려둬라. 세상은 저절로 굴러간다"고 주장했다. 다르장송 후작(Marquis d'Argenson, 1694~1757)은 이렇게 외쳤다 : "내버려둬라, 이것이 모든 공공권위의 좌우명이 되어야 한다. ……우리 이웃을 깎아내리는 것 말고는 우리에게 성장할 길이 없기를 바라는 가증스러운 원칙! 그런 원칙에 만족하는 자들의 가슴에는 심술과 악의밖에는 없고, 이익은 없다. 내버려둬라, 빌어먹을! 내버려두란 말이다!!"

남이 불행해지는 만큼 내가 행복해지는 면이 없는 것은 아니다. 하지만 그런 행복감은 가장 저질이고 가장 불쌍한 행복일 것이다. 너도 잘살고 나도 잘사는 것이 좀더 고상하고 좀더 건강한 행복이다. 그러려면 모두가 상대방을 공격해서 뺏어먹을 생각을 하기보다는 나름대로 보람 있는 일거리를 찾아서 몸을 움직여야 한다. 지대를 뜯어먹는 부자는 어차피 놀고먹으니 논외다. 이윤을 가져가는 자본가는 돈 버는 일이 취미이므로 방해만 안 하면 머리를 굴리고 몸을 움직인다. 따라서 노동자들에게 일할 의욕을 심어주는 데에 자본주의 경제학의 열쇠가 있다. 이 이치를 마키아벨리는 이미 16세기에 포착하고 주장했다.

결혼이 자유롭고 선망의 대상이 되기 때문에, 저축한 부를 빼앗길지 모른다는 걱정 없이 부부마다 부양할 수 있는 만큼 아이를 낳기 때문에, 아이들이 자유롭게 자라고 노예로 전락하지 않으며 각자 능력만 있다면 고위직에도 오를 수 있음을 확실히 알기 때문에 인구가 늘어난다. 자유로운 나라에서는 모든 시민이 자발적으로 부를 늘리고, 스스로 향유할 수 있다고 믿는 재물을 획득하려 노력하기 때문에 부가 증가한다. 그리하여 사람들이 사적인 이익을 위해서나 공적인 이익을 위해서나 서로 경쟁하면서 일하기 때문에 사익과 공익이 모두 경이적으로 성장하는 일이 발생하게 된다. 『로마사 논고』(제2권, 제2장)

사익은 그렇다 치고 공익이 어떻게 경이적으로 성장하는지는 다음 절에서 다룰 테니 잠시만 참아주기 바란다. 내버려둔다는 것은 결국 외래종 배스더러 토종 붕어를 잡아먹고 여우더러 토끼를 잡아먹으라는 소리 아니냐는 의문도 다음 절까지만 기다려주기 바란다. 그보다 먼저 지금 하는 논의를 마무리해야 하기 때문이다.

이기심의 해방, 욕구의 해방이란 다른 말로 하면 관용 또는 관인의 정신과 연관된다. 홍세화 씨를 비롯한 여러 저자들의 노력으로 이제 한국사회에도 똘레랑스의 중요성을 인식하는 사람들이 늘어나고 있다. 하지만 똘레랑스라는 말이 유포되는 데까지는 성공했다고 할 수 있지만, 그것이 일상생활의 기본 원리로 자리 잡기까지는 아직 머나먼 여정이 남아 있다. 한국사회에서 보수진영은 물론이고 진보진영에서도 똘레랑스가 핵심적인 가치로 정립되었다고 보기는 어렵다. 단적으로 유권자들의 투표 성향이 다르게 나타나는 현상을 개탄하는 것 자체가 똘레랑스의 부족을 보여주고 있는 것이다.

똘레랑스가 생활의 원리로 자리 잡기 위해서는 먼저 한 가지 염려를 해소해야 한다. 관용에는 한계가 있을 수밖에 없다는 문제제기이다. 보수파 중에서 좀 영리한 사람들은 이를 "불관용을 관용할 수는 없지 않느냐"는 반문을 통해서 표현한다. 관용을 아무리 떠들어도 결국 관용할 수 없는 대목을 만날 수밖에 없기 때문에, 어느 정도의 불관용은 불가피하며, 따라서 관용의 원리란 자가당착이라는 말이다. 상당히 일리가 있는 주장이다. 그리고 많은 사람들이 이에 동조해서 관용의 원리를 쉽게 포기하면서 자기가 행하는 불관용을 정당화한다.

이 대목에서 관용과 관인을 구분하고, 관용보다는 관인을 강조할 필요가 있다. 이 생각을 나는 영국의 보수파 작가 새뮤얼 콜리지(Samuel Coleridge, 1772~1834)에게서 얻었지만, 영어단어로는 혼동만을 일으킬 테니 그냥 한국어로 요지만을 말한다.[7] 관인이란 참고 넘어가주는 경계를 가리킨다. 관인의 경계 바깥은 따라서 범죄로 처벌해야 하는 영역을 가리킨다. 관인의 경계 안에 있는 일이라고 해서 받아들이고 수용해야 할 필요는 없다. 법에 어긋나지는 않으니까 마지못해 참고 지켜보면서 넘어는 가지만, 역겹다면 역겨운 감정을 억누를 필요도 없고, 보기 싫은 상대를 억지로 만나야 할 필요도 없다. 관인하지만 관용하지 않는 영역이 가능한 것이다. 물론 여기서 불관용이란 무력에 의한 억압이나 박멸이 아니라 말과 글을 통한 적극적인 비판과 성토다. 언어로 표현되는 반대나 논박은 관인의 원리에 어긋나지 않는다. 그

---

7) 콜리지는 관인(toleration)은 법의 원리로 필요하지만, 관용(tolerance)에는 반대했다. 그가 의미하는 관용은 자신의 신조에 반하는 주의나 주장을 용납하는 태도를 가리킨다. Samuel Taylor Coleridge, "The Friend, vol. I", *Collected Works of Coleridge*(Princeton University Press, 1969), pp.91~99.

점을 분명히 한 다음에 콜리지는 틀렸거나 해롭다고 생각되는 의견에는 오히려 적극적으로 반대를 표명해야 한다고 주장했다.

자기가 보기에 잘못된 생각을 관용이라는 명분 때문에 비판하지 않고 넘어간다면 오히려 그것이 잘못이지만, 그렇다고 무력을 써서 탄압하거나 은밀한 방법을 써서 입을 다물게 만들면 기본적인 법의 원리에 위배된다는 얘기다. 다시 말해, 평화적인 방법이나 절차를 통해서 거부감이나 반감을 표현하는 것은 관용을 하지 않는 것이지 관인을 하지 않는 것이 아니다. 사적 폭력을 동원하거나, 또는 권력에 기대어 반대 의견을 말살하려 들지만 않으면 관인의 원리가 지켜지는 셈이다. 물론 특권계급이 정치권력을 사유화하여 반대세력을 제거하기 위해 법률을 악용한다면 관인의 원리가 설 자리는 애당초 없다. 그러므로 관인의 원리는 곧 법치주의와 통하고, 모든 종류의 전횡에 대한 저항을 함축한다. 이미 관용이라는 단어가 상당히 정착된 상태에서 용어를 바꿔야 한다고까지 주장할 생각은 없다. 단, 용어는 어떻게 쓰든지 내면의 의미는 참을 인자 "관인"에 초점이 있다는 인식이 널리 퍼지기 바란다.

이렇게 놓고 보면 전라도 주민들은 어떤 정치세력을 관용하지는 못하지만 관인은 하는 것이다. 경상도 주민들도 어떤 대상을 관용하지는 못하지만 관인은 하고 있는 셈이다. 물론 전라도와 경상도 주민들이 보이는 불관용의 태도, 즉 반감이나 적대감 역시 관용해야 할 필요는 없다. 그들의 투표행태를 관용하지 않고 비판할 자유는 누구에게나 있다. 단, 그들의 투표행태를 관인은 해야 한다.

지난 20여 년간 수많은 글과 말을 통해 이루어진 지역주의 성토도 폭력을 사용한 것은 아니니 불관용일 뿐 관인은 한 것이 아니냐고 말할 수 있다. 그렇다면 나 역시 지금 지역주의 성토를 관용하지 않을 뿐 관인은 하고 있는 것이다. 어떤 신조에 반대하는 의견이 존중받을 만한 가치를 가지려면 초점이 분명해야 한다. 경상도와 전라도의 주민들이 상당히 다른 대상을 겨냥해서 반감을 표명하는데, 그 차이를 뭉뚱그려서 그냥 반감을 표명하지 말라고 말하는 것은 차라리 아무 말도 하지 않는 것만 못하기 때문이다. 아무 말도 하지 않고 내버려두면 시간이 지나면서 반감은 사그라질 수밖에 없다. 해결책도 제시하지 못하고, 두 종류의 반감에 대해 나름대로 일관된 입장도 밝히지 못하면서, 그냥 "지역감정"이라는 뭉뚱그림으로 얼버무린다는 것은 두 지역 주민 모두에게 불쾌한 기억을 연장시킬 뿐이다.

　근대 민주주의 원리는 이기심을 배척하는 발상이 아니라 이기심을 소재로 삼는 발상에서 비롯한다. 각 개인이 자기에게 가장 유리하다고 생각하는 후보나 정책을 지지하도록 한 다음에, 표를 집계해서 다수결로 정권 담당자를 정하는 것이 민주주의다. 개인 중에는 눈앞의 이익만을 고려할 사람도 있고, 백년대계를 생각할 사람도 있을 것이며, 단기적이든 장기적이든 이익을 올바르게 산출해낼 사람도 있겠지만, 착각이나 무지 때문에 계산을 잘못하는 사람도 있을 수가 있다. 이 모든 변수들을 일일이 가려서 잘못된 표는 빼고 제대로 찍은 표만 집계하는 것이 아니라는 점을 유념해야 한다. 바른 표와 틀린 표를 가릴 방법도 없거니와, 애당초 정치적 의견에 관해 옳고 그름을 구분하는 것 자체가 특정한 정치적 입장의 반영임을 깨달아야 한다.

　귀족들은 무지몽매한 무지렁이들이 참정권을 행사하면 사회가 혼란에 빠지리라고 염려했다. 종전의 압제에 비해 민주주의가 일시적으로 뒤뚱거리는 것처럼 보일 때도 많다. 그러나 장기적으로 민주주의가 엘리트주의에 비해서 효율성이나 안정성이 떨어진다고 말할 증거는 전혀 없다. 현재 OECD국가들은 모두 자유민주주의를 채택하고 있다. 인민의 자유로운 정치참여를 어떤 식으로든 탐탁잖게 여기는 나라는 경제적으로도 뒤처진다는 증거다. 인민의 자유로운 정치참여란 각 개인이 자기가 좋아하는 후보나 정당에 자기 맘대로 투표한다는 뜻이다.

제3절 공익이란 무엇인가

그렇다면 공익은 무엇인가? 각 개인이 모두 이기적으로 행동한다면 공익을 어디서 기대할 수 있는가? 이 주제는 얼핏 보기보다는 대단히 복잡한 논제들을 내포하는 문제로서, 좀더 상세한 논의는 제3부 합리주의와 제4부 선험주의를 다루는 대목으로 미루고, 여기서는 간략한 요지만을 제시한다.

우선 공익이라는 것이 어떤 종류의 사항인지를 몇 가지 예를 통해 엿보기로 하자. 현재 시점에서 논쟁의 여지가 거의 없는 공익적인 정책의 예로는 세종의 한글창제 같은 것을 들 수 있을 것이다. 하지만 이 경우에도 당대에는 지독한 논쟁을 뚫고 세종의 의지로 강행되어야만 했고, 훈민정음은 반포된 후에도 400여 년 동안 공익성을 크게 인정받지는 못했다. 19세기 말 이후 사회가 평등해지고 민중의 이익이 중요하게 고려되면서 한글의 가치가 부각되고 세종의 정책으로써 실현된 공익이 밝은 빛을 받게 되었다.

현재의 시점에서 과거 560년 세월을 평면화해서 바라보면, 세종의 선견지명에 누구나 감탄하게 된다. 하지만 역으로 현재 벌어지고 있는 정책논쟁 어떤 것에 대해서 세종이라면 어떻게 결정했을지를 한번 대입해서 자문해보자. 예컨대 대운하라든지 출자총액제 제한 철폐, 또는 대학입시 고교등급제와 같은 쟁점에서 장차 400년 동안 별 가치를 인정받지 못하다가 그 후부터 공익으로 판정받을 길을 찾아서 정책으로 채택해야 한다면, 과연 어떤 길이 그런 길일까?

대운하, 출총제, 대학입시 등등 어떤 공공정책에 관해서든지 가장 첨예한 이해관계를 가지고 가장 큰 목소리로 요구사항을 외치는 사람들 중에는 모르긴 몰라도 장차 10년이나 20년 사이에 자기에게 직결되는 이익을 고려하는 경우가 대부분일 것이다. 혹시 50년이나 100년 앞까지 생각할 사람이 없지는 않겠지만, 400년 앞을 내다본다는 것은 내가 생각하기에 매우 비현실적이다.

과거에 이루어진 일에 대해서 우리는 때때로 상당히 명확하게 공익을 판정할 수 있다. 하지만 과거에 이루어진 일들도 대부분은 공익인지 아닌지에 관한 논란이 지금도 이어진다. 당장 노무현 정부의 경제정책에 관해서도 여론조사를 하면 크게 엇갈리는 결과가 나올 것이고, 박정희의 경제개발이라든지 이승만의 치적 등을 묻더라도 논란은 마찬가지일 것이다. 때때로 상당히 공익 여부를 판정할 수 있는 경우에도, 시간의 차이를 주요 변수로 포함시켜서 고려하면, 훈민정음의 예처럼 현재 우리가 그처럼 긴 미래를 투명하게 내다보면서 내릴 수 있는 결정이 과연 하나라도 있을지 의문이다.

물론 내가 이런 의문을 가진다는 것은 곧 내가 미래에 관해 불가지론적인 입장을 취하고 있음을 반영한다. 10년 후, 20년 후, 100년 후, 또는 심지어 400년 후의 결과를 확신할 수 있는 사람이라면 자신이 선견지명을 가지고 있음을 결코 의심하지 않을 것이다. 그런데 이때 문제는 바로 그처럼 확신하는 사람들의 의견이 수렴되지 않고 발산한다는 데에 있다. 다시 말해, 나처럼 불가지론을 취하는 사람을 빼고 확신을 가진 사람들만 따로 떼어 물었을 때, 경부대운하가 국운상승의 절대 계기라고 확신하는 사람만 있는 것이 아니라 그러면 나라를 망친다고 확신하는 사람들도 적어도 비슷한 숫자가 있다는 뜻이다.

두 갈래 상반되는 확신이 부딪칠 때 어느 편이 선견지명일까? 이와 같은 문제를 선견지명에 입각해서 풀고자 한다는 것은 곧 무력으로 결정한다는 말과 같아져버린다. 두 갈래의 선견지명이 부딪칠 때, 그 둘을 지양하는 제3의 선견지명이 따로 있을 수 없기 때문이다. 그런데 정책을 무력에 따라서 선택하게 되면 그 정책이 공익을 달성할지 여부는 철저하게 결과에 의존할 수밖에 없다는 말이 되고 만다. 다시 말해 결정된 정책과 기대되는 공익적 결과 사이에 아무런 필연적 관계가 없이 "될 대로 돼라Que sera sera"에 의존하는 셈이다. 이에 관해서는 나중에 더욱 자세하게 탐구하기로 하고, 일단 이와 같은 딜레마가 있다는 데까지는 논증이 된 것으로 치자.

이와 같은 딜레마는 공익을 자체로 사익과 동일한 평면에 두면서 종류만 다른 것으로 바라볼 때에 맞이하게 되는 문제다. 반면에 공익이라는 것이 사익과 본질적으로 다른 종류의 이익은 아니고, 단지 차원만이 다르다고 생각하면 그런 딜레마는 상당히 많이 해소된다. 이 방향의 관점에서 시나리오를 하나 써보자.

대운하로 자기가 이익을 본다고 생각하는 사람들은 대운하를 공공이익이라고 내세우고, 대운하로 자기가 이익을 보지 못한다고 생각하는 사람들은 대운하를 공공손해라고 주장한다고 치자. 여기서 이익이란 반드시 개인적인 차원의 금전이나 편의 또는 지위나 위신상의 이익만이 아니라, 자기가 원하는 방향으로 역사가 전개된다거나 자기가 바람직하다고 동경하는 형태의 사회질서가 이루어지는 이익까지 포함한다. 제1절에서 밝혔듯이, 이미 이익에는 개인적인 이익만이 아니라 공공이익, 장기적·심층적 이익, 상호이익 등이 포함될 뿐 아니라, 모든 종류의 덕목들 역시 행위자 본인 또는 사회에 어떤 식으로든 이익이기 때문에 덕목이 될 수 있음을 상기해주기 바란다.

이처럼 정치사회의 진로를 둘러싸고 두 갈래의 이익이 경합할 때에는 대치를 종결할 수 있는 길을 찾아서 결정을 내리지 않으면 안 된다. 물론 그냥 내버려둬도 어떻게든 결정이 나기는 할 것이다. 우연히 한쪽이 그냥 양보할지도 모르고, 아니면 서로 힘으로 싸워서 결판이 날 것이다. 하지만 이런 식의 방치는 문명사회가 할 일은 아니다. 문명사회라면 힘으로 싸울 일을 가능하면 힘으로 싸우지 않고 해결할 길을 찾아야 한다. 다수결이라는 절차는 대표적으로 그런 취지에 부합한다.

현대 민주주의는 인민주권의 원리를 바탕으로 삼는다. 그런데 인민이란 보통 수백만에서 수억에 이르는 개인들로 구성되어 있기 때문에 실제로 하나의 단일한 의사를 가진 주체일 수가 없다. 따라서 통상 인민의 의사라고 말할 때에는 인민 가운데 논의를 주도하는 다수 또는 주류의 의사를 의미할 수밖에 없다. 그런데 이 다수의 의사도 대단히 변덕스럽다. 노무현에 대한 높은 지지가 불과 3년여 만에 바닥으로 가라앉아 철저한 노무현 지우기를 시도하는 이명박이 압도적 표차로 당선된 것만 봐도 인민 다수라는 항목이 얼마나 가변적인지 알 수 있다.

이 때문에 제도나 정책의 안정을 위해서는 인민주권이라는 항목을 상징적인 전제로 삼고, 그 아래 위임된 권력을 제도화하게 된다. 대통령, 의회, 사법부를 비롯해서 기타 모든 형태의 공공기관들은 인민주권으로부터 위임받은 권력들이다. 위임받은 권력의 경우에는 다수결을 원칙으로 삼지 않는 것도 있을 수 있다. 예컨대 대통령은 국무회의의 다수결에 구속되는 것이 아니고, 도리어 국무위원들에게 지시나 명령을 내릴 수가 있다. 대통령이 장관을 임명할 때 국회의 인사청문회를 거치도록 했지만, 청문회의 결과에 따라 임용 여부가 좌우되지는 않는다. 주권적 인민이 헌법을 통해 대통령에게 권력을 위임할 때, 국무회의나 국회의 다수결을 필수요건으로 정하지 않았기 때문이다.

현대사회에서 공공정책이란 거의 모두 위임된 제도와 기관에 의해서 입안되고 결정된다. 그러나 배후에는 언제나 주권적 인민의 재가가 암시적인 형태로 깔려 있다. 이미 결정된 어떤 정책에 대해서도 시민들은 주권적 의사의 표현으로서 반대할 수 있고, 아직 채택되지 않은 어떤 정책이라도 입안하여 시행하도록 요구할 수 있다. 물론 이러한 시민 개인 또는 집단의 요구가 주권의 표현과 같은 것은 아니다. 몇 명의 개인 또는 일부 집단의 입장이 곧 인민의 의사가 되려면 충분한 다수의 동조라는 고비를 넘어야 한다. 하지만 위임된 권력의 결정을 무효화하는 데에는 때로 80% 이상의 다수도 충분하지 않을 수도 있다.

미국산 쇠고기 수입을 둘러싼 2008년의 공방이 그와 같은 예이다. 한때 쇠고기 수입에 반대하는 비율이 80%를 넘기도 했고, 이명박 대통령에 대한 지지율이 10% 아래로 떨어진 여론조사도 있었다. 그러나 막상 정부가 그래도 쇠고기 수입개방을 철회하지 않았을 때, 정권을 퇴진시켜야 한다는 의견이 다수를 차지하지는 못했다. 특정 쟁점에 관한 즉각적인 의견의 분포가 곧 정부기관으로부터 "위임받은 권력"을 박탈해야 한다는 의견을 반영하지는 않기 때문이다.

지금까지 논의를 정리해본다. 정치사회에서 표명되는 이익이란 일차적으로 각 개인들이 생각하는 이익이다. 따라서 일차적인 차원에서는 이익들이 수렴하지 않고 다양한 진영이 주장하는 여러 갈래의 이익 사이에 경합이 발생한다. 경합은 주권적 인민의 다수결로 해소하는 것이 문명사회다운 방식인데, 인민의 다수가 대단히 변덕스럽기 때문에 정책의 안정성을 위해서는 일정한 틀을 갖춘 제도에 결정권을 위임할 필요가 있다. 위임된 제도가 채택한 정책을 때로 인민 과반수가 반대할 수도 있지만, 그 제도에 위임했던 권력을 회수하기로 결단하는 인민이 다수가 되지 않는 한, 단지 인민 다수의 평면적 반대만으로 제도에 의한 결정이 무효화되지는 않는다.

개인의사의 차원과 공공의사의 차원이 서로 다르다고 한 말의 뜻이 여기에 있다. 각 개인은 이기적인 동기에서든지 아니면 좀더 고상하고 장기적인 동기에서든지 나름대로 유익하다고 생각하는 제안을 낼 수 있다. 그리고 최종적으로 공공차원에서 채택되는 정책이란 결국 어떤 개인에 의해서 제안되거나 수정된 의견일 것이다. 그렇지만 개인의 차원에서는 자신의 제안이 곧 공공정책으로 채택되어 시행되리라는 보장이 전혀 없다. 다양한 방면에서 다양한 이유로 제기되는 다양한 의견들 사이의 경합에서 자신의 의견이 정상에 오르리라는 보장은 없기 때문이다. 개인의 의사가 마침내 공공정책으로 채택되기까지는 사회적 경합이라는 오리무중의 과정을 뚫고 지나가야 한다.

나는 정책의 공공성이란 그 내용보다는 이 경합과정의 공정성에 있다고 주장하고 싶다. 그리고 정책을 둘러싼 경합과정에서 공정성의 관건은 표현의 자유다. 일반 시민들을 향해 적어도 자신이 옳다고 믿는 바를 주장하고 알릴 수 있는 자유가 주어져야 최종적으로 어떤 정책이 채택되더라도 패자 쪽에서 불공정한 게임이었다고 말하기가 어려워지기 때문이다. 절차의 공정성이 정책의 공공성으로 이어질 수 있다고 보는 까닭은 공정한 절차에 의한 경합이라면 누구에게나 결과가 불확실하기 때문에, 자신의 관점에서만 사태를 바라보지 않고 상대의 입장 또는 제3자의 입장에서까지 상황을 이해하고 평가하려는 노력이 전략적인 이유로 인해 촉진되기 때문이다.

무엇이 더 나은 정책인지에 관해 행위자들이 통제력을 가지지 못하는 불확실한 상황이라면, 결과를 통제해볼 욕심을 버리고 정책을 실제로 좀더 낫게 만드는 데에 몰두하도록 유도할 것이라는 얘기다. 다름 아니라 견제와 균형checks and balances이라는 게임의 절차가 결과의 질을 향상시킬 수 있다는 말이다. 이것이 바로 고대 로마의 공화정을 지탱한 혼합정의 이념이고, 미국에서는 권력분립의 이론으로 발전한 이념이다. 여기서 균형이란 저울의 바늘이 가리키는 지점이 안정되어 무게를 읽어낼 수 있는 상태를 가리킨다. 즉, 불확실성의 단계를 지나 민의의 무게중심이 어디에 있는지가 드러난 상태를 말한다.

설령 이와 같은 절차주의에 내포된 불확실성이 행위자들로 하여금 역지사지하도록 유도하는 효과가 있다고 할지라도, 결과의 성공이 보장되지는 않는다. 하지만 이는 특별히 절차의 결함이라기보다는 세상에 보장된 것은 없다는 일반적인 사실의 반영일 뿐이다. 만약 절차의 공정성이 시민들 사이에서 진정으로 신뢰를 받고, 또 시민들의 안목이 자기가 바라는 결과에만 협소하게 고착되지 않을 정도로 개명되어 있다면, 사회세력 간의 균형점에서 발견된 정책은 시민들의 협조를 얻기가 쉬운 만큼 성공을 기약할 확률도 높아질 수가 있다.

제4장

"지역주의" 성토에는 출구가 없다

제1절 지향성은 없고 불평에는 안성맞춤

제3장이 삽입된 까닭은 이기심 중에서 명백하고 현존하는 위험으로 직결되지 않는 부류들은 내버려두는 데에 민주주의의 요체가 있으며, 그런 이기심들을 소재로 공익을 찾고 구성해나가는 과정에서 가장 예술적인 정치가 구현될 수 있음을 보이기 위함이었다. 이제 다시 논의의 본래 줄기로 돌아가, "지역주의"나 "지역감정"에서 한국정치의 고질적 병폐를 찾는 문제의식이 가짜문제를 진짜문제로 착각한 결과라는 논점을 계속 추구해본다.

앞에서는 "지역주의" 운운하는 문제의식이 진짜문제가 될 수 있는 어떤 사항들을 어렴풋하게나마 건드리는 것까지는 사실이지만, 그것을 "지역주의"라는 모호한 용어로 표현하는 것은 마치 장작 패는 도끼로 맹장수술을 하려는 격이라고 비판했다. 이번에는 반대방향에서 접근하여 일종의 귀류법reductio ad absurdum을 통한 논증을 시도해본다.

백번 양보해서 가령 지역주의가 문제인 것은 맞다고 가정해보자. 그러고 나서 지역주의가 치유된 상태가 무엇일지 한번 생각해보자. 지역주의를 성토하는 담론의 특징은 무엇이 문제인지를 구체적으로 적시하지 않을 뿐 아니라, 지역주의가 없는 상태라면 어떤 상태인지 역시 불투명한 채로 남겨둔다는 점이다. "지역주의"를 병폐라고 보는 사람들이 치유된 상태에 관해 어떤 비전도 제시하지 않기 때문에, 논의를 진행해보기 위해서는 내가 다시 그들을 대신할 수밖에 없다. 지역주의를 성토하는 입장에 서서 어떤 상태를 문제없는 것으로 여길지 추정해보자.

우선 투표 성향의 편차부터 보자. 전라도와 경상도의 몰표가 문제라면, 표가 얼마나 분산되면 문제가 아닐까? 후보들이 똑같이 나눠 받는 경우를 생각한다면 바보에 가깝다. 전라도에서도 경상도에서도 민주당과 한나라당이 사이좋게 50%씩 나눠 가지는 선거결과가 나오고, 그에 대해 우리 유권자들이 과녁의 정중앙을 꿰뚫었다고 전국적 축제가 벌어진다면 외신이 재밌는 소식으로 전하기는 하겠지만, 아무리 생각해도 지금보다 바람직하다고 봐야 할 이유는 전혀 없다. 더구나 민주노동당, 진보신당, 자유선진당, 창조한국당은 왜 뺀단 말인가? 그뿐이 아니다! 2007년 대통령 선거에 후보를 낸 정당은 이들 외에 참주인연합, 경제공화당, 새시대참사랑연합, 한국사회당 등이 있었다. 이 당들이 다 똑같이 10%씩을 득표하는 선거결과가 나온다면 바람직하기는커녕 뭔가 크게 잘못된 징표일 것이다.

나는 앞에서 60%대의 표결집이라면 자기 후보에 대한 지지의 의미가 강하고 상대 후보에 대한 반감이라고 볼 필요는 없다고 말했다. 이와 같은 관찰에 동조하면서 지역주의를 문제로 보는 사람이라면, 몰표가 70%를 넘지 않는다면 문제가 아니라고 볼지도 모르겠다. 만약 선거시 지역간 편차가 한국정치에서 정말로 떼어버려야 할 악성종양이라면, 깨끗하게 없애버릴 방법이 전혀 없는 것도 아니다. 간단히 생각할 수 있는 것으로 둘만 들어보자.

a. **가장 극단적이지만 가장 확실한 처방** 전라도와 경상도 주민에게는 투표권을 주지 않으면 절대로 몰표는 안 나온다. 투표하고 싶은 사람은 충청도 이북이나 제주도로 주민등록을 옮겨서 투표하게 되면, 지금 서울이나 경기도에서 나타나는 것처럼 표가 분산돼서 나타나고 몰표현상은 보이지 않을 것이다.

b. **조금 덜 극단적이면서 확실하기는 비슷한 처방** 대통령 선거에서 70% 이상의 몰표가 발생하면 70%를 초과하는 표를 그대로 2등에게 넘겨준다. 괜히 넘겨주는 표가 되고 싶지 않은 유권자들은 고정지지 정당 말고 두 번째 또는 세 번째로 선호하는 정당이나 후보에게 투표하게 될 것이다. 물론 유권자들이 종전처럼 투표해도 문제는 없다. 70% 초과분은 2등에게 주면 된다.

너무 심한 편차가 진실로 문제라면, 또는 유권자들의 정서 중에 포함되어 있는 반감이 한국정치에 악영향을 미치는 것이 진실로 문제라면, 그 병소 부분만 잘라낼 수 있는 처방은 이 밖에도 사실 무수히 고안해낼 수 있다. 그러나 위에 열거한 방안들은 첫눈에도 말이 안 된다. 만약 순전히 몰표를 방지하는 것만이 목표라면 이런 방안이 충분히 고려대상이 되어야 할 것이다. 이런 방안들이 일고의 가치도 없어 보인다면, 바로 그 점으로써 몰표 자체가 나라를 망치는 치명적인 병폐는 아니라는 증거가 되는 것이다. 귀류법에 의한 증명 끝(Q.E.D.)이다.

둘째, 그렇다면 엽관제는 어떠한가? 이 역시 반대쪽에서 물어보자—어떤 상태여야 엽관제의 우려가 없어질까? 대통령이 고려대학교 출신이면 고려대학교 출신을 서울대학교나 전북대학교 출신, 또는 대학교를 나오지 않은 집합에 비해 어떤 비율로 고위직에 임용해야 엽관제가 아닐까? 진짜 엽관제와 단지 시비를 걸기 위해 언론이 엽관제라고 꼬투리를 건 경우는 어떻게 구분할까? 엽관제라는 꼬투리에 하나도 걸리지 않기 위해 고려해야 할 변수는 도대체 몇 가지나 될까—지연, 학연, 교회나 시민단체나 직장이나 군대 등 다양한 조직에서 함께 일했거나 자주 만났다는 인연, 이념이나 기질이 비슷하다는 공통점 등등 "코드 인사"의 혐의를 걸 수 있는 변수의 목록은 거의 무한정 이어갈 수 있다.

장관을 비롯한 고위직 공무원의 출신지역 비율이나 출신학교 비율 등은 지역별 안배나 출신학교별 안배를 인사의 유일한 기준으로 삼지 않는 한, 인구 구성비와 일치할 가능성이 거의 없는 사안이다. 그런데 예컨대 영남 40%, 호남 20%라는 따위의 비교는 자연스럽게 듣는 사람의 마음속에 단순한 평등에 관한 막연한 기준을 바람직한 것처럼 여기도록 오도하는 경향이 있다. 인사의 기준으로 지역이나 출신학교 등 사실 업무와는 상관없는 요소들을 고려하지 않으면 안 되도록 만드는 것이다.

그런데 이런 종류의 트집은 잡기로 마음만 먹으면 언제든지 잡을 수 있다. 안배를 최고의 기준으로 삼지 않는 한, 거의 모든 인사에서 일정한 수준의 편차를 찾을 수 있고, 그러한 편차를 곧 편파성으로 몰아가기는 쉽기가 여반장이기 때문이다. 이에 대해 그런 편차가 장기간에 걸쳐서 체계적으로 일어나면 문제가 아니냐고 반문이 있을 수 있다. "체계적인 편차"가 있다면 어쩌면 체계적인 차별이 있다는 증거가 될지도 모르기 때문에 얼핏 상당히 중요한 문제제기처럼 보인다. 그렇지만 어떤 상태가 "체계적인 편차가 없는 상태"인지에 관해 조금이라도 명확한 기준을 전제하지 않는다면 이런 종류의 담론은 모두 가짜문제에 불과하게 된다.

이런 차원의 관직 나눠먹기에 관한 관심은 어떤 사회에서도 일정 정도는 존재한다. 문제는 그 관심을 정치사회적 차원에서 얼마나 진지하게 고려해야 하느냐는 데 있다. 내 생각을 말하자면, 그런 관심은 통속적인 호사가들의 수준에나 맡기고 건강한 공론에서는 가벼운 농담이나 분위기 조성용 화제 정도로 다루어지는 것이 알맞다고 본다. "얼마나 평등해야 문제가 아닌지"는 애당초 도무지 종잡을 수 없는 주제이기 때문에, 언제나 어떤 경우에나 분석단위는 적절히 조절하기만 하면 모종의 통계적 편향성을 쉽게 찾아서 고발할 수 있기 때문이다. 다시 말해, 어떤 경우에도 문제를 찾아서 고발할 수 있는 의제라면 그것은 애당초 단순히 소모적인 트집거리에 불과한 것이지 건설적인 의제가 될 수 없다는 말이다.

셋째, 향리주의 역시 그것이 만약 문제라고 한다면 문제가 아닌 상태는 어떤 상태일지가 지극히 불투명한 채로 표명되는 문제의식이기는 마찬가지이다. 왜냐하면 자기가 속한 일차적 지역공동체의 범위를 얼마나 멀리까지 잡아야 향리주의가 아닌지는 그야말로 어떤 가치를 기준으로 삼느냐에 따라서 천차만별일 수밖에 없는 문제이기 때문이다. 대구의 한 유권자가 경부운하가 대구지역 경제에 도움이 되리라고 여겨서 이명박을 찍었다면 향리주의가 되고, 경부운하가 대한민국에 도움이 된다고 생각해서 찍었다면 향리주의가 아닌가? 이런 유치한 구분은 오직 대구지역 경제와 대한민국 경제가 서로 제로섬의 관계에 있다는 전제 위에서만 의미를 가진다.

만약 대구의 한 유권자가 경부운하를 높이 사서 이명박을 찍었다면,

아마도 그는 그것이 대구에만 도움이 되는 것이 아니라 대한민국, 나아가 어쩌면 인류에게도 도움이 되리라고 믿었을 것이다. 경부운하를 높이 사서 이명박을 찍었다면 그 사람이 전라도 유권자라도 전라도에만 이익이라고 보는 것이 아니라 대한민국이나 인류에게 이익이 되리라고 보는 것은 별 차이가 있을 수 없다. 이명박의 공약 자체가 경부운하를 통해 대한민국이 이익을 본다는 것이지 광주에는 손해고 대구에만 도움이 된다는 것이 아니기 때문에, 경부운하를 지지하는 유권자라면 그와 같은 공약을 포장하고 있는 프레임 전체를 지지하게 되는 것이다.

향리주의를 비난하는 관점은 유권자의 입장에서 바라보는 시각이 아니라 유권자를 관찰하는 외부적 시각이다. 다시 말해 이미 출발점에서부터 계몽에 대한 이상적인 기준을 설정하고서, 유권자들이 그 기준에 부합하지 못하다고 꾸짖는 셈이 되는 것이다. 한국의 지식인들이 서양의 민주주의를 교과서적으로 이해하고 나서, 그렇게 자기들 마음속에 투영된 민주시민의 상을 한국사회의 유권자들에게 힐난을 섞어서 강요하는 꼴이다. 소외된 지식의 전형적인 모습에 해당하는 것이다.

왜냐하면 향리주의라는 관점에서 유권자들의 편협성을 공격하기로 한다면 영미 또는 유럽의 경우에도 결코 소재가 부족할 리 없기 때문이다. 일반 유권자는 물론이고 정치학이나 행정학, 경제학이나 법학 등 이른바 사회과학에 속하는 분야를 전공한 사람들도 국가정책의 문제를 종합적으로 파악하기는 어렵다. 인간의 인지능력에는 한계가 있는 것이라서 누구나 자신의 즉각적인 현안에서부터 출발해서 관심의 분야를 넓혀나간다. 이 경우 뭘 얼마나 넓고 깊게 알아야 향리주의에서 벗어나는 것인지도 불투명하기 짝이 없거니와, 애당초 넓다든지 깊다든지 하는 개념이 구체적으로 뭘 가리키는지도 분명하지 않다.

더군다나 제3장에서 윤곽을 제시했고, 바로 이 절의 앞부분에서도 예시했던 바와 똑같은 내면적 부정합성이 향리주의를 개탄하는 문제의식에도 들어 있다. 향리주의 개탄은 대개 정치학을 조금 공부했다는 지식인층에서 유행하는 담론이다. 대놓고 말하는 사람은 별로 없지만, 그런 개탄은 곧 유권자의 "민도"를 탓하면서 자기는 적어도 그만큼은 향리적이 아니라는 함축을 가진다. 바로 이 지점에서 위에서 했던 것과 같은 질문을 해보자.

투표권을 예컨대 정치학 박사나 석사 소유자에게만 제한한다고 하면 아마도 그들의 "민도"를 문제삼기는 어려울 것이고, 따라서 "향리주의"를 탓하기도 많이 어려워질 것이다? 그런데 그렇게 한다고 전체적인 선거의 결과가 지금보다 나아진다는 보장이 있을까? 나더러 답하라고 하면, 그런 보장 따위는 전혀 없을 뿐만 아니라, 오히려 결과가 더 나빠질 가능성이 높다고 생각한다. 2007년 12월 선거에서 정치학 석사나 박사학위 소지자만을 대상으로 여론조사를 했더라도 전라도와 경상도에서 이명박과 정동영의 득표율은 크게 다르지 않았을 것이다. 결과가 실질적으로 나으리라는 보장은 전혀 없이 참정권을 제한하면 정치사회에는 무익무해가 아니라 실제로 피해가 간다.

제3부와 제4부에서 다시 다루겠지만, 민주주의의 가치는 정치사회가 내리는 매번의 선택이 실질적으로 더 나아진다는 데에 있는 것이 아니라, 시민 개개인에게 자신의 일과 공공선택 사이에 연관이 있음을 실감케 해서 책임감을 고양하는 데에 있다. 어떤 관념적인 도식을 상정한 다음 유권자들의 특정 행태를 거기에 비춰봤더니 미흡한 것처럼 나타날 때, 그 행태를 직접 꾸짖고 고치라고 성토하는 것은 애당초 민주주의의 근본 취지와 핵심 가치에 정면으로 반하는 짓이다. 민주주의에 여러 가지 가치가 있지만, 그중에서 절대로 놓치지 않아야 할 가치

는 제3장에서 언급했듯이 불확실성에 대한 대처능력을 기른다는 점이다. 이에 관해서는 제3부에서 다시 자세히 다루겠지만, 유권자의 향리주의를 마치 직접 공략해서 해결할 수 있는 문제인 양 치부하는 것은 민주주의라는 제도의 취지 자체를 이해하지 못한 것과 같은 말이다. 다시 말해 군주정이나 계몽적 전제에서 통용될 수 있는 발상의 조각을 민주정에다 적용하려는 범주혼동에 해당하는 것이다.

제2절 반대를 위한 반대, 분석을 위한 분석

한나라당(대구 달성군)의 박근혜 의원은 2009년 3월 2일 미디어법에 대한 야당의 반대를 두고 "반대를 위한 반대"라고 불렀다. 이명박 대통령은 2009년 3월 9일 라디오 연설에서 "소수이기는 하지만 정부가 하는 일을 무조건 반대하는 사람들"도 있다고 안타까움을 토로했다. 그런데 "일부 몰지각한 사람들이 반대를 위한 반대를 일삼는다"는 불평은 박정희 시대부터 김대중, 노무현 시대에도 정부 측에서 늘 나왔던 소리다. 그리고 그 자체로만 보면 지당하신 말씀이기도 하다. 정부가 하는 일에 무조건 반대만 일삼는 사람들의 의견을 무시하지 않는다면 아무 일도 할 수 없을 것이다.

박원순 희망제작소 상임이사가 민주당에 가서 "야당이 반대만 하면 국민은 피곤하다"고 말한 것(〈동아닷컴〉, 2009. 2. 5., 박원순, 「반대만 하는 야당, 국민은 피곤하다」, http://www.donga.com/fbin/output?n= 200902050309), 또는 강준만 교수가 미디어법에 반대하는 MBC의 파업에 대해 "긴박한 상황에서도 투철한 자기성찰과 그에 따른 새로운 대안제시는 꼭 필요하다"면서 날린 점잖은 일침(「1억 1,400만 원의 정치학」, 〈한겨레〉, 2009. 3. 8., http : //www.hani.co.kr/arti/SERIES/189/342963.html) 등은 다 "무조건 반대"로는 될 일이 없다는 일반적인 진리를 담고 있다.

그런데 정치에 관해서 보편타당한 일반적인 진리 가운데에는 "일반적인 진리만으로는 아무 일도 안 된다"는 명제도 포함되어야 한다. 다시 말해 "무조건 반대만으로는 안 된다"는 분명히 지당한 말씀이지만, 그것을 깨닫는다고 해서 지금 한나라당이 추진하는 미디어법이 경제 살리기에 무슨 도움이 되는지, 한미 FTA를 해야 할지 말아야 할지, 또는 미국이 재협상을 요구할 것이 뻔한 차에 지금 한국 국회에서 비준을 서둘러야 할지 말아야 할지 등등 온갖 정치적 현안을 풀어나가는 데 단 한 발자국도 도움이 되지 못한다.

어떤 반대가 생산적이고 어떤 반대가 소모적인지를 분별하는 대목으로 들어가지 않은 채, 무조건 반대는 안 된다는 식의 일반론에 머물면 말장난만 남는다. 박근혜의 경우 야당의 미디어법 반대를 "무조건 반대"라고 본다면, 야당이 제기하는 명분의 조목을 들어 반박해야 논의가 진전된다. 그러지 않는다면 박근혜는 야당더러 "무조건 반대"라고 부르고, 야당은 박근혜더러 "무조건 비난"이라고 부르는 소모적인 언쟁밖에 남을 게 없다. 이명박 역시 "정부가 하는 일에 무조건 반대만 하는 사람들"이라고 싸잡을 일이 아니고, 누구의 어떤 반대가 무조건인지를 밝혀서 말해야 토론이 된다. 그렇지 않았기 때문에 바로 "대통령이야말로 남 탓만 하고 있다"는 같은 수준의 역공을 초래하는 것이다.

물론 정치인들의 언어가 수사적이지 않기를 바란다는 것은 순진한 일이다. 내가 지금 정치인들의 말투를 거론한 까닭은 그들에게 실제로 말버릇을 고치라고 말하기 위해서라기보다는, 그런 형태의 말투가 순전히 소모적인 수사임을 주권자이면서 비정치인인 시민 개개인이 분명하게 분별하기를 바라는 마음에서다. 그리하여 정치적·사회적 문제에 관한 공론장에서 그런 식의 공허한 일반명제들이 자연도태될 수 있도록 말하기의 건강한 방식에 관해 명확한 기준이 정립되기를 바라기 때문이다.

그런데 현실은 일반시민들 사이의 토론에서든, 정치인들 사이의 토론에서든, 심지어 학자임을 자처하는 지식인 사회의 구성원들 사이에서든, 건강한 토론과 소모적인 언쟁이 그다지 분명하게 분간되는 것 같지가 않다. 박원순이나 강준만이 말하는 방식이 그 점을 부지불식간에 잘 보여준다. 박원순은 아마 모르긴 몰라도 야당의 어떤 부분이 "반대만 하는" 셈에 해당하는지 생각이 있을 것이다. 하지만 그 공식적인 자리에서 구체적으로 어떤 내용을 지적했는지 알려지지 않았다. 강준만의 칼럼은 단지 "MBC 직원 1인당 평균 연봉 1억 1,400만 원"이라는 한나라당(서울 중랑을) 진성호 의원의 선전이 사람들에게 먹히는 데는 이유가 있음을 자기성찰하라고 하면서, 노무현 정권의 잘못을 지적하는 데 그쳤다.

이러한 예시의 목적이 박원순이나 강준만을 공격하려는 것이 아님을 이해해주기 바란다. 박원순이나 강준만은 무수한 페이지의 저술을 통해서 구체적인 비판을 많이 내놓고 있는 저자들이라고 할 수 있다. 하지만 그들이 내놓는 구체적이고 세부적인 비판들이 대한민국 유권자 몇 명에게 영향을 미칠까? 박원순이나 강준만이라는 이름은 물론 상당한 또는 대단한 영향력이 아마 있을 것이다. 그러나 그들에게 영향을 받는 사람들 가운데 그들이 내놓는 세부적이고 구체적인 논지보다는 지금 내가 거론한 것과 같은 지극히 단편적인 칼럼이나 보도에 영향을 받는 사람이 압도적일 것이다. 이 수준의 공론에서는 "반대만

하면 안 된다", "자기성찰", "대안제시" 등의 구호만이 표면으로 떠오르지, 그 구호들이 가리키는 구체적인 대상이 무엇이고, 그 구호에 해당하지 않는 사례는 또 무엇인지는 거의 수면 아래로 가라앉아버린다는 점이 내가 지금 부각하려는 대목이다.

담론의 정치는 다분히 구호의 정치이고, 구호의 정치는 다분히 소모적이며 공허한 수사이기가 쉽다. 그러나 구호의 정치가 순전히 소모적이고 담론의 정치가 순전히 공허한 수사로만 이루어진다면, 진보의 희망은 없다고 단언해도 된다. 앞에서 말했듯이, 진보정치는 시작부터 말로 표현되는 희망을 먹고 사는 것인데, 말이 공허하다는 것은 곧 희망이 깃들 여지가 없다는 뜻과 똑같기 때문이다. 현재 한국이 반드시 그처럼 절망상태는 당연히 아니다. 하지만 자칫 그렇게 될 위험이 없지 않다. 무엇보다 지식인들의 말에서 김이 빠져버리고, 그야말로 분석을 위한 분석을 즐기고 있는 듯한 기미가 보이기 때문이다. 지역주의에 관한 담론이 바로 그렇다.

나는 앞에서, 즉 제2부 제2장 제1절에서 지난 20여 년 동안 나타난 전라도와 경상도의 몰표현상에 대해 간략한 해석을 제시했다. 전라도 몰표는 명백히 특정 정치세력에 대한 적대감과 경계심의 표현이며, 그 원인은 1980년의 광주학살과 뒤이은 은폐 및 억압에 있다고 말했다. 경상도 몰표는 1971년에 나타난 김대중에 대한 경계심이 뿌리인데, 그 원인도 확실하지 않고 세월도 많이 지나서, 현재의 몰표는 어쩌면 전라도 몰표에 대한 반사작용일 수도 있다고 말했다. 그리고 나서 나는, 전라도 몰표의 경우 우선 시간이 상당히 오래 지나야 해소될 일이고, 나아가 그와 같은 국가폭력이 잘못이라는 사회적 합의가 분명해지기 전에는 경계심이 계속 되살아나리라고 말했다. 반면에 경상도 몰표는 독립변수인지 종속변수인지에 따라 전망이 달라질 텐데, 독립변수인지 종속변수인지를 확인하려면 전라도의 몰표현상이 완화될 때까지 기다릴 수밖에 없다고 말했다. 물론 그 전에 경상도의 표결집이 해소된다면, 그것이 적어도 종속변수만은 아니었다는 말이 될 것이다.

나는 복잡하고 추상적이며 모호하고 논쟁적이며 자극적일 수 있는 어떤 이론적 도식과 상관없이, 아주 일상적인 수준에서 간단한 표 몇 개를 토대로 위의 주장을 건축했다. 내 주장에 모든 사람이 동의할 리는 당연히 없다. 하지만 지금까지 나온 어떤 설명보다 내 주장이 일상적인 의미에서 가장 말이 된다고 나는 확신한다. 물론 이는 지금까지 나온 것 가운데 내가 보기에 더 나아보이는 것을 못 봤다는 뜻이지, 앞으로도 나올 수 없다는 뜻은 아니다.

내 설명과 여타 유수한 학자들의 설명을 대조해보자. 전라도와 경상도의 정치지향성 차이에 관해서는 지금까지 최장집, 손호철, 황태연, 김만흠, 강명세, 문용직, 송복, 이갑윤, 이남영, 조기숙, 최영진, 강원택, 문우진, 박상훈, 이 외에도 많은 학자들이 나름의 분석을 내놓았다.[8] 그러나 그 결과를 보면 우리 사회에서 학술이라는 것이 현실과 동떨어질 수밖에 없는 까닭을 통감하게 된다. 전라도에서 90% 이상의

---

8) 최장집, 「지역감정의 지배이데올로기적 기원」, 김종철 · 최장집 외 『지역감정연구』(학민사, 1991) ; 손호철, 『현대한국정치 : 이론과 역사』(사회평론, 1997) ; 황태연, 『지역패권의 나라 : 5대 소외 지역민과 영남 서민의 연대를 위하여』(무당미디어, 1997) ; 김만흠, 「정치균열 정당정치 그리고 지역주의」, 『한국정치학회보』 28 : 2, 1994 ; 강명세, 「지역주의는 언제 시작되었는가?」, 『한국과 국제정치』 17 : 2, 2001 ; 문용직, 「한국의 정당과 지역주의」, 『한국과 국제정치』 9 : 1, 1991 ; 송복, 「지역갈등의 역사적 설명」, 『한국의 지역주의와 지역갈등』(한국사회학회, 1990) ; 이갑윤, 『한국의 선거와 지역주의』(오름, 1998) ; 이남영, 「유권자의 지역주의 성향과 투표」, 『한국의 선거 II : 제15대 대통령 선거를 중심으로』(푸른길, 1998) ; 조기숙, 『합리적 선택 : 한국의 선거와 유권자』(오름, 1996) ; 최영진, 「한국 지역주의 논의의 재검토」, 『한국정치학회보』 33 : 2, 1999 ; 강원택, 『한국의 선거 정치 : 이념, 지역, 세대와 미디어』(푸른길, 2003) ; 문우진, 「지역본위투표와 합리적 선택이론」, 『한국과 국제정치』 21 : 3, 2005 ; 박상훈, 「한국의 유권자는 지역주의에 의해 투표하나? : 제16대 총선의 사례」, 『한국정치학회보』 35 : 2, 2001.

몰표가 "1980년 광주" 때문이라는 지극히 상식적이며 이론의 여지가 있을 수 없는 사실을 부각하기보다, 자꾸만 심오하고 추상적인 "구조적" 원인을 찾으려고 현학을 부리기 때문이다.

지역주의가 하나의 문제로 인식되어 공론의 주목을 받은 계기는 1985년 평민당의 "황색돌풍"과 1987년의 90% 호남 몰표 때문이다. 1985년의 국회의원 선거와 1987년의 대통령 선거는 1980년 이후 정파 간에 경쟁이라는 것이 약간이나마 가능한 상태에서 치러진 최초의 선거다. 맥락이 이와 같은데, 그때 표현된 전라도 민심을 설명하겠다고 하면서 "1980년 광주"를 옆으로 젖혀버리고 박정희의 차별에서 원인을 찾는다든지, 또는 단순히 "합리적 선택"이라는 정치학의 일반이론으로 설명하는 것은 한국 현대정치라는 이름만 걸어놓고 음풍농월을 하는 셈과 같다.

역사적이거나 구조적인 원인도 물론 적실한 만큼은 발굴되어야 하고, 때로는 눈앞에 보이는 원인보다 깊은 원인이 더욱 적실할 때도 있다. 그렇지만 전라도의 90% 몰표를 설명하면서, 광주학살보다 더욱 적실한 어떤 구조적인 원인이 있는지 나는 상상이 되지 않는다. 미국 남부에서 1970년까지 지속된 몰표를 설명한다면서 남북전쟁을 부차적으로 여기고 다른 어떤 구조적인 원인을 더욱 적실하다고 주장할 수 없는 것과 마찬가지다. 20세기의 일제강점기가 없었다면 임진왜란을 기억하면서 반일감정을 가질 한국인이 몇 명이나 되겠는가? 일제강점기가 있었기 때문에 임진왜란의 불쾌한 기억이 되살아나는 것이고, 이순신의 영웅담이 적실성을 가지는 것이다.

왕건의 훈요십조로 말미암아 그 후 천 년 동안 전라도가 무슨 차별을 받았는지, 박정희 시대에 전라도가 지역적인 차원에서 얼마나 체계적인 차별을 받았는지를 명확하게 밝히기 위해서 어떤 연구자가 지금까지 알려진 것 이상의 획기적인 증거를 찾아나설 수는 있다. 그러나 그런 어떤 획기적인 증거가 나타나기 전에 그런 식으로 차별이 있었다고 말하는 것은 술자리에서 신소리로 아는 척하기 위한 얄팍한 화제에 지나지 않는다. 더구나 "지역주의를 어떻게 해결하는가"라는 차원의 실제적인 의제와는 접촉하는 지점이 거의 없는 한가한 말장난 수준에 지나지 않는다.

다시금 말하지만, 반대를 위한 반대나 분석을 위한 분석도 학계에서는 필요하다고 말할 수 있는 의미가 분명히 있다. 머리카락 세로로 쪼개기 수준의 논의를 실천한 스콜라철학이 서양 근대 논리학의 기초가 되었다는 사실이 좋은 예화다. 하지만 그런 논의들이 실천적인 문제에 대한 적실성을 자동적으로 가지는 것은 아니다. 실천의 문제는 주어진 과제가 얼마나 심각한지에도 신경을 써야겠지만, 그보다는 그 일에 관해 지금 무엇을 할 수 있느냐는 차원에서 고찰되지 않으면 안 된다.

우리 사회의 정치담론에서 현저하게 부족한 대목이 이것이다. 문제를 고발하는 관심들은 무성한 데 비해서, 그렇게 고발된 문제들이 시의성이라는 관점에서 볼 때 어떤 종류의 문제인지를 분별하는 관심은 너무나 부족하다. 세상에서 문제라고 인식되는 것들 가운데에는 두고두고 저작하면서 음미할 수밖에 없는 부류, 두고두고 저작하면서 음미해도 당장 무슨 고장이 나지는 않는 부류들이 있다(A). 정반대쪽에는 지금 당장 고치지 않으면 어딘가 고장이 크게 나거나 가까운 장래에 큰 피해가 예상되는 부류가 있다(B). 이런 양극단 사이에 무수히 서로 다른 형태와 정도의 문제들이 있다. 지금 당장 고치지 않아도 큰 고장은 안 나지만, 지금부터 서서히 준비하다 보면 나중에 큰 이익으로 돌아올 부류도 그 중간에 위치한다(C).

진보담론은 B 또는 C를 지향해야 한다. A는 일단은 세상의 풍파와

거리를 둬도 괜찮은 분야를 전공하는 학자들의 연구 영역으로서, 그런 부류의 주제에 대한 관심은 사회에 대해 진보적인 함의만이 아니라 대단히 보수적인 함의도 함께 섞일 수 있다. 그런데 우리네 지식인 사회에서 통용되는 말버릇은 직설어법 자체를 무례로 간주하고, 뼈를 그대로 드러내는 발언을 원천적으로 경원하는 풍토에 젖어 있다. 그 때문에 90% 이상의 몰표가 광주학살 때문이라는 지극히 간단한 사실을 그냥 드러내서 말하지 못하고 뭔가 더 멋있어 보이는 원인을 굳이 찾아야 학문적이라는 포장에 알맞다는 무의식이 작용한 것이다.

"1980년 광주"가 90% 몰표의 원인이라는 내 주장을 새롭게 느끼는 사람이 누가 있을까? 이 나라의 지난 30년 역사를 대략 알고 있는 사람치고 이걸 모르는 사람이 누가 있을까? 그런데도 그토록 무성한 지역주의 논란은 초점이 거기로 모이지 않고 기껏 지역차별론 아니면 합리적 선택이론 정도 수준에만 머물렀다. 단적으로, "광주"를 말하기가 거북스러웠다는 얘기다. 전두환 시절이라면 그랬을 수 있겠지만, 왜 그 후에도 "광주"를 말하기가 거북했을까? 현실정치에서 뜨거운 쟁점이 될 수밖에 없기 때문이다.

이처럼 현실 쟁점을 정면에서 다루기를 회피해온 버릇은 한편에서는 "가치중립"이라는 소외된 환상을 추구하고 다른 한편에서는 마르크스주의의 가짜비급을 수련하다가 마침내 주화입마 상태에 빠져버린 한국 사회과학계의 풍토와 밀접한 관련이 있다. 중립성의 환상이나 마르크스주의의 주화입마에 관해서는 제3부에서 상세하게 비판을 시도할 것이다. 여기서는 절을 바꿔서 눈앞에 있는 문제를 그냥 까놓고 말하면 뭔가 잘못된 것으로 여기는 무별주의를 공박하고자 한다.

제3절 무별주의의 문제

영어단어 obscurantism을 번역할 때 나는 때로는 얼버무리기라고도 하고, 때로는 무별주의라고도 한다. 좀더 일상적인 어감이 필요할 때는 얼버무리기라고 하고, 좀더 음미해볼 필요가 있을 때에는 무별주의라고 부른다. 무별주의라는 단어 자체는 한국어사전에 없는데, 내가 만든 말은 아니고 이어령 교수의 저서에 관한 신문기사에서 본 기억을 되살려 차용한 것이다. 내 기억이 맞다면 여러 해 전에 이어령 교수의 어떤 저서(아마 『축소지향의 일본인』이었지 싶다)에 관한 신문기사였다.

이어령 교수가 무별주의라는 말을 obscurantism과 연관을 짓고 사용했는지 여부는 모른다. 별것을 별것 아니라고 넘기는 태도를 그는 무별주의라고 불렀던 것 같다. 따라서 뜻으로는 obscurantism과 상통하는 면이 있었다고 기억한다. 어쨌든 나는 『이사야 벌린의 자유론』을 번역하면서 obscurantism을 이렇게 무별주의라 옮기고 다음과 같은 각주를 달았다.

> 무별주의(無別主義, obscuratism) : 세세히 밝히어 가려내야 할 사안에 관하여 두루뭉수리 얼버무림으로써 쟁점 자체의 표출을 봉쇄하는 태도. 이는 철학적으로 진리에 대한 가장 큰 장애물이며, 사회학적으로는 현상의 유지에 공헌한다는 점에서 일부 영한사전에서는 '반계몽주의' 등으로 풀어놓고 있다. 『이사야 벌린의 자유론』(아카넷, 2006), 91쪽.

한국사회에는 어떤 사회적 쟁점에 관해 진상이 제대로 밝혀지기도 전에 이쪽 또는 저쪽으로 결론이 나버리는 고질적인 풍토가 있다. 예컨대 2009년 3월 한국사회에는 정치사회적으로 수많은 쟁점들이 있었다—용산참사, 집시법 위헌 여부, 신영철 대법관의 권력남용과 위증 문제, 인권위 축소, 현인택 통일부장관을 비롯한 공직자들의 비리 문제, 기타 등등. 나는 〈프레시안〉에 기고한 칼럼 「거짓말 공화국」 (http : //pressian.com/article/article.asp?article_num=60090301231 443&Section=01)을 통해 이런 쟁점들이 진상과 상관없이 바람몰이로 결판나는 풍토를 고발한 바 있다.

시선을 한국 현대정치사로 확장하면 은폐의 냄새가 풍기는 사례의 수는 단위가 달라진다. 우리는 아직 김구 암살의 배후가 어디까지 올라가는지도 모르고 있다. 장준하를 비롯한 수많은 의문사가 있고, 간첩조작사건은 인혁당재건위 사건만이 아니었다. 공화당 창당 과정의 4대 의혹에서부터 삼성의 검찰에 대한 떡값 의혹까지 정경유착의 의혹이 불거질 때마다 "무전유죄, 유전무죄"라는 불신풍조와 위화감만을 증폭시킬 뿐, 단 하나 시원하게 진상이 밝혀진 것이 없다. 심지어 1997년에는 경제부총리가 대통령에게 외환위기 상황을 보고했는지 안 했는지에 관해서조차 관련자들의 증언이 엇갈렸지만 법원은 진상을 명쾌하게 가려내지 못한 채, "정책실패는 처벌할 수 없다"는 얼버무리기로 넘어갔다. 광주에서 발포가 "우발적 사고"였다는 식과 같이 불행한 일들을 그냥 불가항력의 사고였다고 치부하고, 시간으로 때워서 망각의 늪에 묻는 것이다.

이런 문제들에 관한 진상발굴의 요구는 당연히 진보적 관심에서 중시하게 되는 어젠다에 해당한다. 따라서 그와 같은 진보의 관점에서 바라보면, 이런 문제들을 덮고자 하는 무별주의는 반계몽주의가 되고, 반이성주의가 되며, 정파의 상대적인 스펙트럼에서 보수라는 의미를 지나 사회의 발전 자체에 걸림돌로 작용하는 반동과 퇴행의 세력이 된다. 그런데 우리 사회의 진보진영 역시 나름대로 사소하다고 생각하는 주제에 관해서는 진상발굴의 노력을 너무나 쉽게 일축해버리는 경향이 있다.

지금 논의하고 있는 지역주의에 관한 무분별한 성토가 바로 그렇다. 뒤에서 비판하게 될 "신자유주의"에 대한 반대나 "공교육 붕괴"에 대한 우려, 또는 "실질적 민주주의"에 대한 환상 따위의 문제의식도 마찬가지다. 일정한 방향의 불만을 공유하는 사람들끼리 울분을 터뜨려서 일시적으로 분풀이를 할 수 있는 배설구 역할은 약간이나마 하고 있는지 모르겠지만, 사회를 바로 그 문제영역과 관련해서 조금이라도 개선시킬 수 있는 방향으로는 그런 구호들이 어떤 도움이 되는지 나는 알 수가 없다. 그런데 이런 종류의 자의식적 되새김질이 진보진영에서 특별히 활발하게 일어나는 것 같지도 않다. 자파에서 쉽게 써먹을 수 있는 유행성 구호가 공허하지 않은지 보수진영이 자의식을 발휘하지 않는 것은 보수의 한 특성이라고 볼 수 있겠지만, 진보진영에서도 자체 반성이 문제의식의 심화로 이어지는 정도가 특별히 높아 보이지 않는다는 말이다.

진보나 보수나 진실에 대해서, 특히 미처 생각해보지 못한 차원의 진실에 대해서 대단히 소극적인 자세를 취하는 현상은 무엇보다도 사법의 현황과 가장 큰 인과관계가 있다고 나는 생각한다. 조경란의 장편 『혀』가 자신의 신춘문예 응모작 『혀』를 표절한 결과라는 주이란의 제소에 대해, 실체적 진실을 위한 노력을 사실상 전혀 기울이지 않고 조경란의 출석거부를 핑계로 조정결렬 결정을 내린 저작권위원회의 처사를 생각해보라.

두 작품 사이에 명확히 중복된 문장이 없어서, 단지 아이디어만이 유사할 뿐 표절의 물증이랄 게 별로 없으니 본인이 입을 다물면 위원회인들 뭘 밝힐 수 있겠느냐는 의문이 가능하다. 하지만 당사자들의 증언만 청취하더라도, 상당한 정도까지 실체적 진실의 알맹이에 가까이 다가설 수가 있다. 이와 같은 경우에는 조경란이 "표절이 아니라"고 주장하는 만큼, 어떻게 해서 자신의 장편 『혀』의 모티브가 구상되었고 집필되었는지를 기억나는 대로 답변하라고 요구할 수 있다. 수백 페이지짜리 장편을 쓰고서 구상과 집필과정에 관해 아무 기억도 안 난다면 이상한 일이고, 답변을 거부한다면 곧 자기변호를 포기한 것으로 간주하면 되는 것이다.

나는 이 글의 제6부에서 우리 사회가 진실발굴을 통해서 갈등을 해소하고 연대의 끈을 강화할 방안을 제안할 것이다. 거기서 나는 영미사회에서 의회제도와 사법제도가 서로 어떻게 연관되어 있는지 살핌으로써, 법치와 대의제 그리고 인민주권 사이의 관계를 해명할 것이다. 조경란과 주이란 사이의 분쟁이 아무리 미묘하더라도 조정기능을 위임받은 공공기관이 할 수 있는 일이 전혀 없지만은 않다는 사실을 거기서 상세하게 다룰 것이다. 하지만 사법기능이 진상을 명확하게 가려내지 못하는 데에는 사회 전반적인 무별주의의 풍토가 크게 책임을 져야 한다. 무엇보다도 지식인들이 쟁점을 좁혀서 말하지 않고 자꾸만 얼버무리려는 경향이 무별주의 사회풍토를 조장하고 영속화한다.

전라도와 경상도에서 1985년 이후 나타나고 있는 투표편차가 "1980년 광주" 때문이라고 직설적으로 말하지 않고 자꾸만 더욱 깊은 원인을 거론하려는 경향 역시 전형적인 무별주의에 해당한다. 일례로 패권적 지역주의와 저항적 지역주의를 구분하자는 입장이 있다. 그러니까 경상도의 지역주의는 패권적이고 전라도의 지역주의는 저항적이라는 말이다. 그런데 한국사회에 만약 패권이 있다면 그것이 경상도라는 지정학적 속성과 도대체 어떻게 연결되며, 한국사회에 저항하는 사람들이 있다면 그것은 또 전라도라는 지정학적 속성과 도대체 어떻게 연결되는가?

전라도의 90% 몰표를 광주학살 때문이라고 보는 관점과 "저항적 지역주의"라고 보는 관점이 비슷하다고 생각하면 큰 착각이다. 비무장 시민의 시위에 대해 공수부대를 투입해서 잔혹행위를 저지르고 그것도 모자라서 결국 발포까지 한 데 대한 분개는 정당한 한계를 넘는 국가폭력에 대한 분개로서, 전라도라는 지역과는 아무런 상관이 없다. 이는 김주열, 이한열, 박종철, 강경대 등의 사망에 대해 느끼는 분개와 같은 종류이고, 제주도 4·3이나 노근리 등 좌우대립과 전쟁기의 학살에 대해 느끼는 분개와도 같은 종류로 지리적인 경계와는 하등 상관이 없다.

이라크를 침공한 조지 W. 부시의 행위, 용산에서 여섯 목숨을 희생시키면서까지 쳐들어간 경찰의 행위, 팔레스타인을 무차별 폭격한 이스라엘의 행위, 보스니아에서 인종청소를 시도한 크로아티아와 세르비아 군대의 행위, 9백만에서 1천1백만 명으로 어림되는 히틀러의 홀로코스트, 최소 3백만에서 최대 6천만 명까지로 추정되는 스탈린의 학살, 이 외에도 계속 이어갈 수 있는 국가폭력에 분개하는 것은 지정학과 아무런 상관이 없다. 희생자가 많을수록 더 널리 알려지는 뉴스가 되겠지만, 희생자가 적다고 해서 그 부당함이나 역겨움이 줄어들지는 않는다.

전라도의 90% 몰표를 지역주의로 본다는 것은 곧 광주학살을 지역문제로 간주하는 셈이다. 다시 말해, 국가권력의 정당한 한계가 어디인가, 법치국가에서 시민들이 반대의견을 표현할 자유가 얼마나 존중되어야 하는가, 대한민국 정치사회가 어떤 가치를 지향해야 하는가에 관한 질문들을 초점으로 파악하는 것이 아니라, 경상도 정권이 전라도를 공격했다고 보는 셈이다. 이런 수준의 인식틀에서는 전라도 정권이 경상도를 공격하는 그림이 배제될 수 없고, 따라서 경상도 주민 가운데 개명되지 못한 사람들에게 어처구니없도록 막연한 경계심을 잉태할 수밖에 없다.

따라서 "패권적 지역주의"와 "저항적 지역주의"라든지, "내부식민지" 따위의 용어는 어떤 의도에서 만들어지고 사용되든지, 결국 쟁점 자체를 지역 차원의 문제로 사소하게 만들고 지역을 뛰어넘는 차원의 모든 가치에 대한 감수성을 자라나지 못하게 가로막는 결과를 낳는 것이다. 전라도 주민들 가운데 광주학살을 지역 차원에서 바라보고, 심지어 지역적 반감이나 복수심을 마음속에 품고 있는 사람이 아마 없지는 않을 것이다. 그런 사람의 수가 몇이나 되든, 그런 감정은 분명히 대한민국이라는 공동체를 위해서 건강하다고 말할 수 없다. 경상도 주민 가운데 막연히 전라도 정권을 두려워하는 정서가 대한민국이라는 공동체를 위해 건강하지 않은 것과 마찬가지다.

그런데 지역주의를 저항형과 패권형으로 나눠서 바라본다는 말은 이처럼 건강하지 않은 형태의 정서를 정상적인 것으로 볼 뿐만 아니라, 지리적 경계에 구애받지 않는 안목과 정서는 마치 아예 존재하지도 않는 것처럼 치부해버리는 효과를 낳는다. 전라도와 경상도 사이에 삼국시대 또는 후삼국시대에서 유래하는 갈등이 있다는 소리는 지역 간의 반목을 운명으로 받아들이고, 가능한 한 싸움에서 이기기 위해 반칙도 서슴지 말라는 선동을 담고 있다. 하지만 "내부식민지" 담론 역시 이런 선동에 비해서 설명 자체의 진실성에서나 정치적 효과에서나 조금도 나은 대목이 없다. 왜냐하면 결국 모든 문제를 전라도/경상도의 대립으로 바라보는 기본 프레임을 공유하고 있기 때문이다. 나만 이렇게 생각하지 않는 증거로 다른 사람의 말을 하나 인용한다.

지역주의를 지역간 갈등 구조에 기초를 두는 것으로 이해하고 이를 패권적 지역주의와 저항적 지역주의 간의 대립의 문제로 접근한다면, 비판의 조직화는 패권의 지역주의에 대한 것이 된다. 아니면 패권적 지역주의에 대항하는 지역들 간의 연합이 현실적 대안이 된다거나, 저항적 지역연합의 진보성을 확대하기 위한 지역 – 계층연합이 초점이 된다. 어떤 경우이든 현재 한국의 정치적 대표체제가 안고 있는 문제의 원인과 대안은 지역주의 차원의 문제로 용해되고 치환되어 나타나는 것이다. (박상훈, 「한국의 유권자는 지역주의에 의해 투표하나? : 제16대 총선의 사례」, 『한국정치학회보』 35 : 2, 2001, 117)[9]

장관 인사의 지역편중을 염려하는 시각이 지역안배라는 전근대적 탕평책의 사고에 갇혀 있는 것과 똑같은 일이 벌어지는 것이다. 지역 갈등의 원인을 왕건의 훈요십조에서 찾든 박정희의 차별에서 찾든, 지역적 경계라는 개념적 구도에 따라 문제를 인식한다는 프레임은 마찬가지다. 이런 프레임이 바탕에 깔려 있기 때문에, 지역주의를 성토하고 개탄하는 목소리가 높아질수록 지역적 경계에 따라서 사고하는 프레임이 점점 널리 퍼져서 확고하게 자리를 잡고 말았다.

이런 어처구니없는 결과가 발생한 데에는 무엇보다도 우리 사회 지식인들이 독자적인 사고를 추구하기보다는 언어적 유행에 쉽게 동조해버리는 탓이 가장 크다고 나는 주장한다. 다시 말하면 세목에 관해

---

9) 박상훈 박사만이 아니고 그의 스승인 최장집 교수도 "지역주의가 근본적인 악의 축"이 아니라는 입장을 오래전부터 표명해왔다. 하지만 최 교수는 지역주의 담론이 호남 때리기라는 자신의 입장이 지역주의 담론의 프레임 안에 속한다는 사실을 보지 못하고 있다. 현재 한국의 정당체계를 지역당 체계로 폄하하는 대목에 이르면 다른 지역주의 비판자들과 아무 차이가 없어지고 마는 것이다. 박상훈은 이와 같은 최 교수의 한계를 어렴풋이나마 감지하고 있다고 보이지만, 그러한 감지를 화두로 삼아 적극적으로 파고든 결과를 명시하지는 못하고 있다.

날카롭게 벼려진 각자의 입장을 발언하는 것이 아니라, 적당한 수준에서 두루뭉수리로 얼버무려진 내용을 난삽한 현학에 실어서 발표하는 무별주의 탓이라는 뜻이다. 무별주의 또는 얼버무리기, 또는 덩달이 담론, 또는 언어의 표피에만 반응하는 부화뇌동, 또는 교조적 표어에 매달리는 것을 신념이라고 착각하는 현상 등은 물론 지역주의 담론에서만 나타나는 현상이 아니다. 그런 현상에 대한 고발은 이 글에서 계속될 것이다. 지역주의 담론은 그중 첫 번째일 뿐이다.

지역주의 담론은 문제가 아닌 것을 문제라고 착각한 경우로, 착각의 핵심에 무별주의가 있다. 세밀한 실상의 차이를 식별한 기초 위에 나름대로 이치에 따른 판단에 도달하지 못하고, 언표적인 유행에 휩쓸리는 덩달이 담론들이 바로 그러한 무별주의의 소산이다. 그러니 황우석을 따라 우르르 몰려갔던 여론이 하루아침에 그를 내동댕이치는 결과로 이어지는 것이고, 노무현에게 걸었던 기대가 식자마자 급속한 보수화 쪽으로 무려 400만 명 정도의 유권자가 이동한 것이다. 지식인들이 이치에 입각한 사회적 소통에 기여하기보다는 몰려다니기 현상에 오히려 앞장을 선 셈이다.

제5장

마녀사냥의 결과

제1절 마녀사냥식 담론의 본질

내 머리가 아플 때 다른 사람도 머리가 아프다는 사실을 알면 통증이 좀 줄어들까? 한국사회에서 진보라는 말이 현실정치에서 무의미한 개인적 취미생활에 그치지 않으려면, 이 질문에 아니라고 대답하는 사람들을 수렴할 수 있어야 할 것이다. 나아가 그렇다고 대답하는 사람들을 아니라고 대답하도록 전향시켜야 할 것이다. 사람의 심리라는 게 묘한 것이라서, 다른 사람이 나보다 못산다면 조금 위안이 될 때가 많고, 다른 사람이 나보다 더 아프다면 통증이 덜해질 때도 많다. 하지만 한 꺼풀만 벗기고 들어가면 이런 심사란 곧 시기심 또는 심술에 지나지 않는다.

근대 초입의 유럽에서는 마을에 전염병이 창궐하거나, 흉작이 들거나, 범죄가 꼬리를 물거나, 기타 등등 뭔가 문제가 생기고 원인을 잘 모를 때 마녀사냥이 행해졌다. 명분은 사교邪教의 주술행위를 막는다고 했지만, 떠돌이라든지, 소외받은 과부라든지, 평범한 다수와는 왠지 잘 어울리지 않고 약간 삐딱한 사람을 골라서, 이상한 습성이나 태도를 곧 신성모독이라고 몰아붙임으로써 모든 문제의 책임을 전가하는 사회적 불안심리의 배설장치로 작동했다. 자기들이 받는 고통의 "원인"을 찾았다고 위안을 삼고, 자기들이 선한 편이라는 착각을 다짐하면서, 속죄양을 죽임으로써 마음속의 증오를 키워나간 것이다.

이런 관습적인 악행은 유럽에서 20세기 초반까지 자행되었다. 영국은 중세부터 유지해오던 주술처벌법Witchcraft Act을 1951년에야 폐지했다. 현대 세계에서 문자 그대로의 마녀사냥은 대체로 사라졌다고 볼 수 있지만, 비유적인 의미의 마녀사냥은 여전히 계속되고 있다. 『옥스퍼드 영어사전OED online』에 따르면, "마녀사냥witch-hunt"이라는 단어를 비유적인 의미로 사용한 최초의 용례는 조지 오웰의 『카탈루냐 찬가』(1938)라고 한다.

오웰은 영국 독립노동당 지원부대의 일원으로 당시 에스파냐 내전에 참가하여 마르크스주의 통합노동자당POUM과 함께 싸웠다. 통합노동자당은 스탈린에게 반대하고 트로츠키의 영구혁명론을 따른 세력으로서, 카탈루냐 지방에서는 에스파냐 공산당PCE보다 더 컸다. 어쨌든 오웰은 그와 같은 상황에서 공산당이 통합노동자당을 공격하기 위해 "트로츠키–파시스트" 따위 문구로 어떻게 마녀사냥을 했는지 한탄을 섞어서 고발한다. 내부의 정치적 반대파를 숙청하기 위해서 날조된 혐의를 뒤집어씌운다는 것이다.

이런 짓들이 파벌주의적인 관점에서 보더라도 무슨 이익이 되는지 나는 모르겠다. 그 와중에 '트로츠키–파시스트'라는 낙인이 증오와 분열을 조장한다는 데에는 의문이 있을 수 없다. 공산당 평당원들은 어디서나 '트로츠키주의자'들을 쫓는 무의미한 마녀사냥으로 이끌려다니고, 통합

노동자당과 같은 형태의 정당은 단지 공산당에 반대한다는 끔찍스럽게 비생산적인 입장밖에는 취하지 않을 도리가 없는 형편으로 내몰린다. 세계 노동계급 운동에서 위험한 분열이 이미 시작된 상태다. (*Homage to Catalonia*, ch. 11. http://www.george-orwell.org/Homage_to_Catalonia/10.html)

에스파냐 공산당이 트로츠키주의자를 상대로 마녀사냥에 나선 것은 적어도 스탈린의 지령에 따른 것이다. 반면에 우리 사회 지식인들이 지역주의를 상대로 마녀사냥을 벌이는 것은 순전히 자기가 사용하는 언어의 의미를 상대화해서 생각할 줄 모르는 폐쇄성 때문이다. 옆에서 떠들어대는 소리에 덩달아 반응하는 무별주의도 크게 한몫 거든 것이 틀림없다. 지령을 받아서 벌였든 무별주의 때문에 자생적으로 발생했든, 결과는 마찬가지 증오와 분열의 조장이다. 스탈린주의 마녀사냥이 세계 노동자계급의 분열을 낳았다면, 지역주의 마녀사냥은 바로 대한민국 인민, 특히 노동자계급의 분열을 낳는다. 노조에 가입한 노동자만이 아니라 자기 몸뚱이로 일해서 먹고사는 모든 계급 말이다.

마녀사냥의 이 두 사례를 잠시 비교해보자. 트로츠키(1879~1940)가 레닌 사후 스탈린과 경쟁관계였고, 소련에서 숙청당한 후에도 스탈린주의에 반대하여 국제적인 명망이 있었다는 것은 사실이다. 스탈린의 입장에서 트로츠키 및 트로츠키주의자들의 활동이 썩 예쁘지는 않았을 것이다. 그러나 이견을 곧 적대시한다는 것은 모든 진보이념에 대한 전면적인 배신행위일 뿐이다. 트로츠키와 결탁해서 스탈린을 암살하려 했다는 혐의를 뒤집어씌워서 소련정권이 볼셰비키 노장들을 숙청한 1936년과 1937년 두 차례의 공개재판을 국제여론 대부분이 조작극이라고 보는 이유가 거기에 있다.

이에 비해 지역주의라는 마녀사냥은 훨씬 복합적인 다층구조로 짜여 있다. 가장 밑바닥에는 지역을 경계로 한 적대감이 있다. 경상도의 몰표에 김대중에 대한 반감이 어느 정도 포함되는지는 구체적으로 가려내기 어렵다. 하지만 그런 반감이 있었고, 지금도 있다는 데에는 의문의 여지가 있을 수 없다. 1930년대 말 소련 공산당 평당원 가운데 트로츠키와 스탈린의 노선 차이를 깊게 이해한 사람이 얼마나 있었을지 의문이다. 하물며 에스파냐 공산당의 평당원 가운데 트로츠키와 스탈린의 노선 차이를 깊게 이해하고 나서 트로츠키주의자 사냥에 나선 비율이 얼마였을까? 아무튼 경상도 사람 가운데 김대중이 추구하는 가치가 무엇인지를 이해하고 나서 그에게 반감을 가지는 사람의 비율도 그보다 높지는 않을 것이다. "마녀"로 지목된 대상이 진짜로 마녀인지, 또는 얼마나 마녀인지를 전혀 따져 묻지 않는 태도, 이것이 마녀사냥의 첫 번째 특징이다.

경상도 사람 중 일부가 김대중을 악마라고 두려워하고, 또 노무현을 볼 때마다 김대중의 형상을 불러낼 수밖에 없는 것이나, 전라도 사람 중 일부가 전두환을 악마라고 두려워하고, 또 한나라당이 내놓는 대통령 후보를 볼 때마다 전두환의 형상을 연상하지 않을 수 없는 것은 일단 형태적으로 동일하다. 하지만 내용상으로는 다르다는 주장이 있을 수 있다. 패권적 지역주의와 저항적 지역주의를 구분하자는 소리가 바로 내용상의 차이에 주목하자는 말과 같다. 이런 시각에는 김대중에 대한 경상도의 반감은 무별주의고 마녀사냥이지만, 전두환에 대한 전라도의 반감은 명분이 한층 뚜렷하므로 마녀사냥이 아니라는 의미도 함축된다.

나는 이 주장에 일리가 있다고 생각한다. 정치학, 사회학, 역사학, 심리학에서 장차 두고두고 다룰 주제로 훌륭하다. 그러나 "지역주의"

라는 것을 현실정치의 문제로 파악하는 관점에서는 본연의 목적에 전혀 기여하지 못하고 도리어 방해만 할 뿐이다. 앞에서 지적했듯이, 지역구분을 가장 우선시하는 프레임에 따라서 사유의 근본적 흐름이 진행되기 때문이다. 바로 그 차원, 다시 말해 "지역주의"를 문제시하는 듯하면서도 정작 자기가 말하는 내용이 바로 그 주제에 대해 어떤 함의를 가지는지 되물어보지 않는 태도라는 차원에서 이 역시 전형적인 마녀사냥이 되고 마는 것이다. 이 차원에서 벌어지는 마녀사냥이 내가 비판하는 초점이다.

어떤 사람들은 "지역주의"라는 문구를 통해서 유권자들보다는 정치인들을 겨냥하여 공격하기도 한다. 즉, 1987년에 세 김씨가 출마해서 각각 경남, 전라, 충청을 석권했고, 그 후 그런 풍토가 계속되었다는 관점이다. 정치인들이 표를 계산할 때 자기 고향을 고려하지 않거나, 유권자들의 출신지역을 고려하지 않는다면 거짓말일 것이다. 정치인으로 입신하고자 하는 사람이 설령 그런 고려를 하지 않는다고 해도, 주변의 여론조사와 정치광고 업체에서 그런 어리석은 짓을 가만 놔둘 리도 없다.

정치인들이 목전의 선거 승리에만 "집착"하는 경향은 아무리 비판해도 지나칠 리가 없다. 그런데 바로 이 때문에 마녀사냥이 발생하는 것이다. 한국의 정치인 가운데 선거 승리에만 "집착"하는 사람과 선거 승리에도 신경을 쓰는 사람을 분별하지 않고 싸잡아서 공격하기 때문이다. 그런데 선거에 장난삼아 출마한 사람이 아니라면 당연히 선거 승리에도 신경을 쓸 것이다. 그러면 그중에 선거 승리에만 집착하는 사람은 어떻게 추려낼까? 이런 경우 "집착"이란 절대로 객관적인 지표에 따라서 경계를 나눌 수 있는 개념이 아니고, 말하는 사람의 감정과 성향이 크게 작용할 수밖에 없는 용어다. 그러니까 누구든지 어떤 상대에 대해서든 기분만 내키면 "지역주의 정치"라는 불평을 내뱉을 수 있는 구조가 화용론적으로 아주 잘 짜여져 있다는 말이다.

유한계급의 인사들이 음풍농월을 주고받고, 술자리에서 신소리를 유머랍시고 떠들어대며, 이런저런 헛소리들을 연결해가면서 어디서 주워들은 문구들을 자랑하고, 그러는 와중에 마음속에 쌓여 있는 심술과 악의를 배출하는 것을 나는 탓할 생각이 전혀 없다. 즉, 한가한 여유를 과시하기 위해서든지, 아니면 도저히 이해할 수 없는 세상에 대고 마냥 욕이나 퍼붓기 위해서든지, 특별한 목적이 없는 상태에서 정치인들의 "지역주의"를 탓하는 것은 적어도 순간적인 여흥이나 분풀이는 된다는 점에서 순기능도 없지는 않다. 그런데 사회의 진보를 말한다고 하면서 정치인들을 도매금으로 공격하게 되면 얘기가 달라진다. 말이 되는 소리를 해야 할 책임이 따르기 때문이다.

선거에 출마하면서 당선을 목표로 삼지 않는다면 성인인가 바보인가? 나는 바보라고 말할 것이다. 자신이 내거는 정책은 모르지만 그냥 마음에 들어서 표를 주겠다는 유권자에게 "당신은 멍청하니까 투표하지 말라"고 충고하는 후보가 있다면, 정직한 사람인가 바보인가? 나는 바보라고 말할 것이다. 노무현은 나름대로 정직을 과시해야 한다는 강박관념에서, 대통령에 당선되자마자 광주에 가서 자기가 받은 몰표가 지지표라기보다는 지역감정 때문이라고 가르쳤다. 그런데 지지표와 지역감정을 도대체 어떻게 구분하는가?

지역주의, 지역감정이라는 단어들은 본질적으로 변별력이 없는 껍데기뿐인 수사다. 여기에 변별력이 있다고 주장하고 싶은 사람은 달성에서 받은 박근혜의 득표, 동작에서 받은 정몽준의 표 가운데서 어디까지를 정책이나 정당이나 인품을 지지한 표로 보고 어디부터를 지역감정이라고 할지를 구분할 수 있는 기준을 제시해야 한다. 물론 2007

년 선거에서 이회창이 충청도에서 받은 표와 이인제가 충청도에서 받은 표 중에서 어떤 것이 소위 "선진국"형 정책투표고 어떤 것이 지역감정 때문인지도 구분할 수 있는 기준이어야 할 것이다. 나는 그런 기준은 꿈에도 상상할 수가 없다. 내가 머리가 나쁜지, 아니면 상상력이 부족한지를 누가 좀 가르쳐주면 정말로 고맙겠다.

에스파냐 공산당이 "트로츠키주의자"를 색출하는 마녀사냥에 나선 결과, 에스파냐 통합노동자당은 공산당에 반대하지 않을 수가 없게 되었다. 안정효는 『은마는 오지 않는다』에서 미군과 전쟁에 대한 막연한 공포를 언례에게 뒤집어씌운 결과 공동체가 파괴된 모습을 드러냈다. "지역주의"를 성토하는 담론은 한국 정치현실에 대한 막연한 불만을 정제해서 적극적인 대책으로 이어가려는 어떤 노력도 없이, 그저 무책임한 유행어에 휩쓸리다 보니 시민들의 마음속에 지역변수를 가장 중요하게 여기는 프레임을 고착시키고 말았다. 지역의 경계를 무엇보다 중요한 것으로 끌어올려버린 셈이다. 마녀사냥은 연대해야 할 사람들을 이런 식으로 이간질한다.

제2절 마녀사냥과 책임전가

지금까지 여러 각도에서 살펴봤듯이, "지역주의", "지역구도", "지역균열", "지역감정" 등은 전혀 변별력도 없고 구체적인 과녁도 없는 전형적인 무별주의 모호 화법의 소산이다. 보수파가 이런 화법을 사용하는 것은 놀랄 일이 아니라 당연한 의미마저 있다. 조직의 생존을 위해 나머지 어떤 가치도 포기할 태세를 갖춘 것이 보수 성향의 한 특징이기 때문이다. 내가 지금까지 논의한 내용들은 따라서 이 나라의 보수파를 겨냥한 것이 아니고, 그렇다고 "진보"라는 상표에 무슨 특허권이라도 소유한 양 행세하려는 사람들을 겨냥한 것도 아니며, 나름대로 사회의 개선과 향상을 바라는 보통 시민들을 상대로 한 말이다.

나는 앞에서 경상도와 전라도의 80~90% 대 표결집은 "1980년 광주" 때문임을 명시하면서, 이 사실을 모르는 사람은 별로 없을 텐데 다만 뻔한 일일수록 드러내어 말하지 않는 우리 사회 지식인들의 무별주의 습성을 지적했다. 엽관제나 향리주의에 대한 우려가 "지역주의"라는 말에 은근슬쩍 묻어서 표현되기도 하지만, 그 역시 문제를 꼬집어 말하지 않는 얼버무리기 어법 때문에 도끼로 맹장수술을 시도하는 꼴에 그친다고 비판했다. 나아가 "지역주의" 담론에 한몫 거드는 사람들 중 어느 누구도 구체적으로 어떤 상태라면 지역주의가 아니겠느냐는 질문에 신경조차 쓰지 않고 있다는 사실을 들어, 이것이 가짜문제임을 보여주는 증거라고 주장했다. 그리고 바로 앞 절에서는 이것이 또한 마녀사냥에 해당하며, 그러므로 대한민국의 인민 사이에 공동체를 유지하고 발전시킬 연대의 끈을 와해시킨다고 말했다.

이 절에서는 특히 시민사회에 책임전가의 풍조를 퍼뜨리고, 사회문제에 관한 진지한 관심이 자라날 수 있는 토양을 메마르게 한다는 차원에서 지역주의 담론이 우리 사회에서 공론의 건전한 진행을 시샘하고 훼방한다는 점을 지적하고자 한다.

먼저 책임전가부터 살펴보자. 한국인 중에 우리 사회의 정치에 문제가 없다고 생각할 사람은 별로 없을 것이다. 비교의 준거를 무슨 낙원이나 이상적인 상태에다 잡는 사람은 당연히 현재에 대해 불만이 많을 것이고, 그런 준거가 없더라도 당장의 삶에서 정치가 도움이 되기보다는 방해가 된다고 느낄 사람도 많을 것이다. 그런데 구체적으로 무엇이 문제이고, 나아가 구체적으로 어떻게 해야 그런 불만들을 해소할 수 있을까?

제3부와 제4부에서 본격적으로 따지고 탐구하겠지만, 정치사회가 당면한 문제란 어렵고 중요할수록 모두가 정답을 찾는 문제라기보다는 조정하는 문제다. 다양한 이익, 다양한 세력, 다양한 가치, 다양한 기질들 사이에서 균형점을 찾아서, 충돌이나 갈등을 가능한 한 평화적인 방법으로 해결하는 것이 정치가 맡아야 할 임무다. 그렇다고 보면 충돌이나 갈등을 미연에 방지할 수 있다면 더욱 좋을 것이다.

이익과 세력과 가치 사이에 충돌이나 갈등은 왜 일어날까? 각자 자신의 고유한 영역을 지키고 다른 사람의 영역을 침범하지 않는다면 갈등은 없을 것이다. 그런데 "자신의 고유한 영역"과 "다른 사람의 영역" 사이의 구분이 당사자들의 이익, 세력, 가치, 기질 등과 상관이 없지 않다는 데에 문제의 핵심이 있다. 이스라엘과 팔레스타인 사이의 영토분쟁이 이를 아주 분명하게 보여주는 사례다. 도대체 어디까지가 이스라엘 "고유의 영토"고 어디부터가 팔레스타인 "고유의 영토"일까? 이때 "고유固有"를 "원래"라고 본다면 역사를 얼마나 거슬러가야 하는가? "고유"를 "마땅히"라고 보면 또 그 경계는 어디일 것인가?

앞에서도 지적했듯이 정치적 쟁점, 즉 서로 다른 개인들이나 집단들 사이에 이해관계나 가치나 세력을 둘러싸고 벌어지는 갈등을 탈정치적인 방법으로 풀 수 있는 길은 없다. 두 나라 사이의 영토분쟁에 관해 제3의 중재기구가 나름대로 "중립적"이라고 여겨지는 조정안을 마련해볼 수는 있다. 그러나 그것을 당사자 각각이 받아들일지 말지는 그것과는 완전히 별도의 사항이다. 중세 가톨릭의 역사에서 이를 잘 보여주는 사건이 있다. 14세기 말부터 로마와 아비뇽에 두 명의 교황이 나타나자, 그것을 해소하기 위해 1409년에 열린 피사의 공의회에서 통합 교황을 선출했지만, 결과는 교황이 한 명 더 늘어나 세 명으로 되었을 뿐이다. 대한민국 임시정부의 분열사, 그리고 해방 후에는 각종 노동조합들의 분열과 통합의 역사에서도 이를 쉽게 확인할 수 있다.

이 때문에 정치사회에서 분쟁을 해결하거나 예방하는 데에는 구성원들의 절제가 필수적이다. 그런데 군자나 성인이라면 절제의 지극한 경지에 개인의 수양만으로 도달하겠지만, 모르긴 몰라도 99%의 인간에게 절제란 항상 상대적이며 사회적이다. 다시 말해, 내가 남을 괴롭히지 않는 한 남들도 나를 괴롭히지 않으리라는 믿음이 있어야 "챙길 수 있는 한까지 챙겨둬야 한다"는 악착을 부릴 필요가 줄어드는 것이 인지상정이다. 내 몫을 나름대로 확보해두더라도, 언제든지 남들이 와서 뺏어갈 수 있다고 불안해한다면 아무리 챙겨도 항상 불안할 수밖에 없기 때문이다.

따라서 내가 내 몫이라고 여기고 확보해뒀던 것을 유사시 누가 쳐들어와서 빼앗아가려 한다면 이웃 또는 사회제도의 도움을 받으리라는 믿음이 있어야 평범한 사람의 마음속에 절제가 생길 수 있다. 그런데 사회제도라는 것이 바로 구성원들의 참여 없이는 생겨날 수가 없는 것이다. 2009년 1월 20일의 용산참사가 바로 그 점을 말해준다.

농성자들은 용역의 폭력에 밀려서 망루에 올라갈 수밖에 없었다고 했다. 구청이고 경찰이고 세입자들이 권리를 침해당했다고 호소할 때 들은 척도 하지 않았고, 그 와중에 용역의 행패가 계속돼서 망루에 오를 수밖에 없었다는 얘기다. 그야말로 애꿎은 경찰관 한 명을 포함해 여섯 목숨이 희생된 뒤에도 검찰은 그 방면으로는 적극적인 수사를 시도하지도 않았고, 다만 화염병 소지와 투척만을 문제삼았다.

실제로 세입자들이 무슨 권리를 침해당했는지, 용역들이 무슨 행패를 부렸는지에 관해 내 눈으로 확인하지 못했다. 실제로 이 일에 관심이 있는 대부분의 시민들이 더욱 적극적으로 나서지 못하는 가장 큰 이유가 바로 거기에 있을 것이다. 하지만 간접적으로는 이상한 냄새를 충분히 맡을 수 있다. 아무 잘못이 없다면 김석기 서울경찰청장이 도대체 왜 사퇴했는가? 그들이 "도시게릴라"였다면, 다시 말해 그들의 화염병이 천만 명이 사는 서울시의 안전을 위협하는 명백하고 현존하는 위험이었다면, 그래서 무슨 수를 써서라도 진압해야 할 사정이 그토록 절박했다면, 성공적으로 진압했으니 상을 줘야지 "도의적" 책임이라는 게 도대체 무슨 뜻인가?

이 근처에 뭔가 이상하고 구린 대목이 있다고 느끼지 않는 사람은 거의 없을 것이다. 세입자들이 처음부터 부당이득을 노리고 들어간 악질들이었고, 구청과 경찰이 그들의 권리를 충분히 인정했음에도 불구하고 마냥 생떼만 쓰다가 진압당한 것이라면, 제도를 개선한다는 소리는 도대체 왜 나오는가? 오세훈 서울시장과 한나라당 의원들, 그리고 심지어 농성자들을 도심테러범으로 몰아붙이는 데 앞장섰던 〈조선일보〉도 제도개선의 필요가 있다는 데는 이의가 없다. 지금은 그 소리마저도 쏙 들어갔지만, 적어도 1월 말에서부터 2월까지 여차하면 대통령까지 책임론이 올라갈지도 몰랐던 시점에서는 누구랄 것 없이 "제도개선"을 외쳤었다. 분명히 그들을 망루에 오르게 만든 억울한 사정이 있었다는 확고한 반증이다. 역으로 말하면 세입자로서 마땅히 누려야 할 그들의 권리가 침해된 점이 있고, 그만큼 망루투쟁을 도발한 가해자가 있었다는 말이다.

한 개인이 살아가면서 부대껴야 하는 침해는 딱히 종류가 정해진 것이 아니다. 길거리를 걷다가 깡패에게 폭행을 당할 수도 있고, 기말보고서를 표절해서 낸 학생에게 교수가 낙제점수를 줬다가 학부모에게 보복을 당할 수도 있으며, 직장 상사의 맞춤법 잘못을 지적했다가 인사고과에서 불이익을 당할 수도 있다. 최근에 자살한 젊은 여배우가 남긴 문건에 따르면, 연예계에는 아직도 은밀한 곳에 가장 야만적이고 더러운 형태의 폭력과 전횡이 적지 않은 것 같다. 야간집회를 금지한 집시법 조문에 관해 위헌심판을 제청한 박재영 판사는 신영철 당시 서울중앙지법원장을 비롯한 "조직"의 명시적·묵시적 압박에 못 이겨 결국 사표를 냈다. 현기영, 장하준, 촘스키, 주강현 등 이미 국내외 학계와 문화계에서 나름대로 권위를 인정받는 저자들의 책을 불온서적으로 지정해서 금지한 국방부의 처사에 헌법소원을 제기한 법무관 중 2명은 압박과 회유에 못 이겨 소원을 취하했고, 2명은 파면됐다. 이런 전횡과 침해의 사례들은 무한정 이어갈 수 있다.

깡패의 폭행, 성상납, 법무관 파면 등이 용산 세입자와 무슨 상관일까? 개인의 권리가 직접적인 폭력이나 특정 조직의 위계적 권력으로 말미암아 침해당한 사례라는 점에서 아주 긴밀하게 상관이 있다. 사회의 각 부면별로 개인들이 고립되어 있다면 은밀한 곳에서 벌어지는 폭력과 전횡에 개인들은 속수무책으로 당할 수밖에 없다. 깡패조직이란 악질일수록 권력에 빌붙는 것이 얼마나 유리한지를 잘 알기 때문에, 시민들이 그냥 수동적인 상태에 머무른다면 국가권력은 쉽사리 깡패조직과 결탁하게 된다. 이것은 왕조시대나 전체주의에서만 그런 것이 아니고, 민주주의를 표방하는 체제에서도 마찬가지다. 민주주의란 시민들이 깨어 있지 않으면 절대로 유지될 수 없는 제도인 것이다.

아무리 작은 곳에서라도 정부, 공권력, 사법기능이 개인의 권리침해에 눈을 감고 얼버무린다면 그 일과 직접 상관이 있든 없든 모든 시민이 불같이 일어나 분개를 표시해야 한다. 용산의 문제를 지역화해서는 그런 분개가 생길 수 없고, 연예계의 문제를 지역화해서는 그런 분개가 생길 수 없고, 사법부의 문제를 지역화해서는 그런 분개가 생길 수 없다. 똑같은 이치로 광주의 문제를 지역화해서는 그런 분개가 생길 수 없고, 그 밖에 어떤 문제도 지역화해서는 그런 분개의 연대가 원천적으로 불가능해지는 것이다.

공분, 또는 공적인 명분에서 나오는 분개는 미숙한 감정에 불과한 원한과 다르다. 원한은 어찌 되었든 단순히 좌절된 욕구의 원인을 외부에 돌려서 폭발시키는 형태지만, 공분은 사회질서가 어떠해야 하는가에 대한 도덕적 결단을 내포하기 때문이다. 그렇기 때문에 오불관언이라는 태도로 한 발을 뒤로 빼고 있는 구경꾼에게는 공분의 정서가 생겨날 수 없다. 전횡으로 말미암은 권리의 침해를 직접 겪고 있는 당사자에 대해 어떤 식으로든 감정이입이 일어나야 공분을 느낄 정서적 역량이 형성될 수 있다. 그리고 도덕적 역량이란 이와 같은 실존적 결단에 바탕을 둔 정서적 역량이 사회구성원들의 내면에 갖춰지지 않은 상태에서는 전혀 기대할 수 없다.

다른 사람이 당하는 피해를 보고 그의 권리가 침해당하고 있음을 지각하고, 감정이입을 통해 내 권리가 침해당하는 것과 마찬가지로 느끼며, 따라서 나를 돕듯이 그를 도와야 할 책임감을 느끼는 것이 바로 인간의 무리가 하나의 공동체로 유지되기 위해 반드시 필요한 도덕적 연대의 핵심이다. 그런데 지역주의 성토와 같은 마녀사냥식 담론은 도덕적 연대를 위한 이러한 필수요소를 모두 와해시키는 데에 대단히 효과적으로 기여한다.

문제를 지역화한다는 것은 당사자에게 국한된 문제로 바라본다는 뜻이고, 반면에 권리 즉 옳음에 관한 문제로 본다는 것은 공동체의 일반적인 문제로 본다는 뜻이다. 그러므로 문제를 지역화하면 서로 다른 지역에 사는 사람들 사이에 감정이입의 여지가 원천적으로 차단된다. 따라서 당연히 도와야 할 책임감도 없고, 도움을 받으리라는 기대도 없다. 광주에서 무슨 일이 있었는지를 따져 묻는다는 것은 어차피 충분히 부담스러우니, 그저 정부가 발표하는 대로 "북한의 사주를 받은 폭도의 소행"이라고 믿어도 민주시민으로서 의무를 다한 것이 된다. 용산에서 벌어진 진상을 캔다는 것은 어차피 쉽지 않으니, 죽은 사람이야 억울하든 말든 내가 별로 알 바 아니고, 이쯤에서 덮고 넘어가는 것이 편하다. 부산에서 또는 칠곡에서 무슨 전횡이나 불의나 침해가 발생하든, 전라도나 서울이나 제주도 사람들이 신경 쓸 일이 아니다. 아프가니스탄에서 가자지구에서 이라크에서 콩고에서 소말리아에서 누가 총에 맞아 죽든 말든 어린애들이 굶어죽든 말든 해당 지역의 문제일 뿐이다. 이와 같은 문제의 지역화를 통해서 공동체가 사라지고 정치가 사라지면서 결국 사회생활이라고 해봤자 철저히 고립된 개인들 사이의 팔자소관으로 축소되는 것이다.

지역주의를 성토하는 담론은 그 자체가 문제의식의 심화를 지향하는 것이 아니라 지극히 피상적인 수준에서 말장난을 이어갈 핑곗거리를 찾는 데 불과하다. 표결집의 경우 "1980년 광주" 때문임이 의문의 여지가 없이 명백함에도 불구하고, 다른 어떤 원인보다도 뚜렷하게 직접적인 원인을 지목하지 않고 엉뚱한 곳을 역사적이니 구조적이니 멋을 부리면서 찾아다니는 셈이기 때문이다. "1980년 광주"로 말미암아 발생한 표결집의 분량을 제외하고도 물론 60~70% 정도의 표결집은 일어날 수 있다. 그러나 그 정도의 표결집이라면 한 사회의 지식인들이 거의 30년에 가까운 세월 동안 "망국병"이라고 되뇔 주제는 결코 될 수 없다.

핑곗거리를 찾는다는 것은 그 자체가 이미 책임전가의 한 형태이다. 그리하여 일부 지식인들이 기회 있을 때마다 문장 가운데 살짝 끼워넣어서 써먹어온 "지역주의가 문제"라는 책임전가의 바이러스는 일반 유권자들 사이에 대단히 효과적으로 전염되었다. 그 결과 한국정치에서 실제로 개선할 수 있는 어떤 가능성에 대해서도 "지역주의 때문에 안 된다"는 냉소가 널리 퍼져 있다.

나는 민주주의에서 일정한 정도의 냉소주의와 회의주의는 반드시 필요하다고 본다. 단, 냉소할 만한 합당한 이유가 있어야 하고, 의심을 위한 의심에서 빠져나갈 통로가 개념적으로 예비되어 있어야 한다. 다시 말해 모든 곳에서 냉소만을 하는 것이 아니라, 냉소로만 끝나서는 안 되는 지점이 어디서 시작되어야 하는지를 암시하는 지향성을 갖춘 냉소만이 정당하다. "지역주의 때문에 안 된다"는 냉소는 지금까지 논의해온 것처럼 의미하는 내용 자체가 얼버무리기 수준이고, 출구 비슷한 것이 실천적으로는 고사하고 이론적으로도 전혀 준비되지 않았기 때문에 전형적으로 냉소를 위한 냉소에 불과하다. 남이 진지한 구상을 내놓을 때, 대개 시기심 때문에 일단 코웃음부터 침으로써 마치 자기가 지적으로 우월해진다는 듯 가식하는 일부 지식인들의 저급하고 못된 버릇이 사회의 일반적인 관행으로 번져간 셈이다.

제3절 집단지성의 마비

"지역주의"라는 정체불명의 마녀에게 불만의 원인을 뒤집어씌우더라도, 자기가 지금 마녀사냥을 벌이고 있다는 사실을 자각이라도 할 수 있다면 그나마 조금 나을지 모른다. 하지만 마녀사냥이란 그것이 마녀사냥이라는 자의식은 거의 나타나지 않고, 가짜문제를 진짜문제라고 착각하는 혼동이 자각되지 않은 채 지속된다는 데에 본질이 있다. 따라서 어떤 다른 의제, 건강하고 생산적인 의제가 종종 제기되더라도 도리어 "비현실적"이라는 이유로 간단히 일축당하고 만다.

예컨대 "1980년 광주"에 관한 미진한 진상을 영원한 미궁으로 남기지 않으려면 현재 50~60대에 있을 진압부대 장병 개개인을 찾아서 현장상황에 관한 증언들을 발굴해서 녹취해둘 필요가 대단히 크다고 생각한다. 개인의 힘으로는 할 수 없는 일이기 때문에, 정부의 협조와 지원이 반드시 필요한 일이다. 중앙정부의 성격도 중요하지만 지방정부가 협조하고 지원한다면 적은 비용으로도 큰 효과를 거둘 수 있을 것이다. 이는 30년 묵은 우리 사회의 상처를 들쑤시는 일이 아니고, 대충 덮어버린 바람에 속에서 곪아터지는 종기의 고름을 깨끗이 짜내는 일에 해당한다. 하지만 이런 의제를 적극적으로 추구하는 사람은 진보진영에서조차 거의 눈에 띄지 않는다.

지역주의 담론의 그늘 아래 쉽사리 잊혀버리는 의제들은 수없이 많다. 마녀사냥이란 본시 생산적일 수 있는 모든 의제를 덮어버리는 효과를 가지기 때문이다. 내가 특별히 다시 한번 강조하고 싶은 의제는 표현의 자유이다. 이는 물론 서양정치사에 비추면 대단히 고전적인 주제다. 그러나 이 의제가 수백 년의 역사를 가졌다는 이유로 유럽이나 미국 사회에서 구닥다리 취급을 받는 것은 아니다. 정치적으로 소외받은 집단일수록 평상적인 방법으로 의사를 표현할 길이 사실상 봉쇄되어 있기 때문에, 세상에 목소리를 내기 위해서는 전에 없던 방식, 때로는 충격적인 방식을 동원하지 않으면 안 되기 때문이다.

일례로 국기를 태우는 것도 자주 사용되는 방식이다. 제3세계 나라에서 미국의 패권에 반대하는 의사표시로 성조기를 불태우는 것은 종종 사용되는 항의의 방법이다. 때로는 자국 정부의 정책에 항의하는 표시로 자국기를 불태우는 경우도 있다. 대체로 프랑스나 독일에서는 국기 모독을 벌금이나 금고로 처벌하는 조항이 있다. 덴마크는 자국기를 불태우는 것은 상관없지만, 외국기를 불태우는 행위는 처벌 대상이다. 오스트레일리아에서는 2005년 건국기념일에 태즈메이니아 원주민 센터의 직원이 국기를 불태우고, 100여 명의 시민들에게 환호를 받았다. 원주민들에게는 이날이 "침략기념일"이기 때문이다. 뉴질랜드 웰링턴에서 교사로 일하던 폴 홉킨슨은 2003년 의회 앞마당에서 국기를 불태웠다. 미국의 이라크 침공을 지지한 오스트레일리아 수상이 뉴질랜드를 방문한 것을 항의한 것이다. 뉴질랜드에는 국기를 모독할 목적으로 훼손하는 행위를 처벌하는 법이 있다. 홉킨슨은 체포되어 그 법에 따라 유죄판결을 받았지만, 항소한 끝에 무죄판결을 얻어냈다. 뉴질랜드 권리장전에 따른 표현의 자유가 우선적으로 인정된 것이다.[10]

미국의 경우 남북전쟁기 남군에 속했던 뉴올리언스가 함락된 직후인 1862년 4월 25일, 윌리엄 멈퍼드는 북군의 깃발, 즉 성조기를 조폐국 게양대에서 끌어내렸다. 당시 아직 항복하지 않고 있던 남군 측 시장에게 갖다 줄 생각이었는데, 도중에 시민들이 달려들어 한 조각만 남기고 찢어발겨버렸다. 멈퍼드는 5월 30일 군사법정에 섰고, 반역죄 및 국기훼손죄로 유죄판결을 받아 6월 7일 교수형에 처해졌다. 이후 일반적으로 성조기 훼손은 범죄로 간주되었고, 1968년에는 베트남 전쟁에 반대해서 성조기를 불태우지 못하도록 국기보호법이 제정되었다. 그러나 1989년 텍사스 주의 최고법원은 레이건 정부 정책에 항의하는 표시로 1984년 댈러스에서 열린 공화당 전당대회장 앞에서 성조기를 불태운 그레고리 존슨을 무죄로 판시했다. "존중의 대상"을 훼손하면 처벌할 수 있도록 한 텍사스의 주법이 연방헌법 수정 제1조 표현의 자유보다 우선할 수 없다는 것이었다.

---

10) 이 사례들은 모두 Wikipedia, "flag desecration"(http : //en.wikipedia.org/wiki/ Flag_desecration)에서 찾아볼 수 있다.

텍사스 주정부는 연방대법원에 제소했지만, 연방대법원도 5 대 4로 텍사스 주 최고법원을 지지했다. 이로써 48개 주에서 시행 중이던 국기훼손죄, 그리고 1968년의 국기보호법이 위헌이 되자, 연방의회가 국기보호법을 개정했다. 다시 이 법에 항의해서 연방의사당과 시애틀 우체국 앞에서 국기를 불태우는 시위가 있었고, 연방대법원은 1990년에 개정된 국기보호법도 위헌이라고 판시했다. 국기훼손죄를 유지하려는 세력은 국기보호만은 수정헌법 제1조에서 예외로 한다는 개헌을 시도했다. 개헌안은 2005년 하원 3분의 2 찬성을 얻어서 상원으로 갔다. 하지만 2006년 상원 표결에서 찬성 66 대 반대 34로 부결되었다. 개헌안은 3분의 2 찬성, 즉 67표가 필요한데 한 표가 부족했던 것이다. 물론 상원을 통과했더라도 다시 50개 주 가운데 4분의 3, 즉 38개 주의 비준을 받는 절차는 남아 있었다.

다소 장황하게 국기 훼손 또는 보호에 관한 여러 나라의 실태를 서술한 까닭은 표현의 자유라는 것이 어느 정도까지 인정되더라도 별 탈이 없음을 드러내기 위함이다. 1989년 텍사스 주 최고법원에서는 "미국 – 빨강, 하양, 파랑, 우리는 네게 침을 뱉는다. 약탈의 편에 서는 한 너는 가라앉을 것"이라고 하면서 국기를 불태운 행위가 "평화의 저해 breach of the peace"에 해당하지 않는다고 판시했다.[11] 우리식 어법으로 말하면 그레고리 존슨의 의사표현이 "질서파괴행위"가 아니었다는 말이 되고, 존 스튜어트 밀식으로 말하면 아무에게도 해를 끼치지 않았다는 말이 되며, 올리버 웬들 홈스식으로 말하자면 "명백하고 현존하는 위험"에 해당하지 않는다는 뜻이다. 존슨의 무죄를 확인한 미국 연방대

---

11) Wikipedia, "Texas vs. Johnson", http://en.wikipedia.org/wiki/Texas_v._Johnson.

법원의 입장도 같다.

이런 행위를 보고 역겨움을 느끼거나 불안감을 느끼는 사람들에게 마음의 평화가 흔들리게 되는 것까지를 부인한 것은 아니다. 텍사스주 최고법원이나 미국 연방대법원이 중시한 평화는 마음의 평화가 아니라 사회의 평화, 즉 사회의 평화적 질서이다. 연방의회의 국기보호법에 항의해서 시애틀 우체국에 게양된 국기를 끌어내려 불태운 사람들은 국기훼손으로 처벌은 받지 않았지만, 공공기물파손죄로는 처벌을 받았다. 두 명은 구류 사흘에 벌금 200달러와 수수료 25달러, 다른 두 명은 벌금 75달러와 수수료 25달러였다. 구류를 받은 두 명은 전과가 있었기 때문이다.[12] 비례의 원리, 즉 잘못한 만큼 벌한다는 원리가 얼마나 세밀하게 적용되고 있는지에 주목하기 바란다.

미국의 경우 헌법이 개정되기 전에는 적어도 이 대목에서 법체계 내부에 괴리는 없다. 연방헌법 수정 제1조 표현의 자유를 이처럼 넓게 해석하는 연방대법원의 입장이 뚜렷하게 연방과 주의 여타 법원들에 전달되고 있기 때문이다. 하지만 한국에서는 "집회·결사에 대한 허가는 인정되지 않는다"고 한 헌법 제21조 2항과, 옥외집회를 경찰서장의 판단으로 금지할 수 있게 한 〈집회 및 시위에 관한 법률〉이 충돌한다. 특히 일몰 후부터 일출 전까지는 옥외집회나 시위를 금지한 제10조는 헌법을 정면으로 부정하고 있다. 박재영 판사는 이 조항의 위헌여부를 헌법재판소에 제청했다가 신영철 당시 서울중앙지법원장 등 조직 내부에서 여러 가지 압박을 느껴 사표를 냈다. 물론 판사의 위헌제청권 역시 헌법 제107조 1항에 명기되어 있는 권리임에도 발생한

---

12) "Flagburning Ban Struck Down"(*Seattle Post-Intelligencer*, 1990년 6월 12일자 기사). 2009. 3. 20. 검색 http://www.seattlepi.com/archives/1990/9006120031.asp(1990년 6월 12일자 기사), 2003.

일이다. 헌법재판소는 결국 집시법 제10조에 대해 헌법불합치 판결을 내렸는데, 검찰은 그럼에도 국회에서 법률이 개정되기 전까지는 야간 집회를 계속 금지하겠노라고 기염을 토했다.

미국에서도 1960년대에는 예컨대 대학 구내에서 정치집회를 하지 못하게 막는 등 표현의 자유에 제약이 많았다. 일례로 캘리포니아 대학교 버클리 분교에서 이 때문에 발생한 "표현의 자유 운동"은 당시 보수파들의 정서적 평화를 깨뜨렸다. 원래는 민주당 지지자였지만 50세가 넘어 1962년에 오른쪽으로 방향을 바꾼 로널드 레이건은 버클리 분교에서 벌어진 논쟁을 빌미로 보수파의 불안감을 자극함으로써 1967년에 주지사로 당선되고 1975년까지 두 번의 임기를 채웠다. 그 사이에 대통령 자리를 노리다가 1980년에 3수생으로 당선되었다. 주지사로 있던 1969년에는 고속도로순찰대를 버클리 분교로 보내 베트남 전쟁에 대한 학생들의 항의시위를 유혈 진압했다. 그리고 유혈 진압에 대한 항의가 더 크게 일어나자 연방보안군을 불러서 버클리 시 전체를 2주일 동안 점령시켰다.

겉으로만 보면 레이건의 강압이 시위를 누른 것처럼 비칠지 모른다. 그러나 그 후 역사진행은 사실은 학생들의 요구가 다 올바른 방향이었음을 증명한다. 미국의 베트남 개입은 다름 아닌 공화당의 닉슨에 의해서 종식되었고, 버클리 캠퍼스를 비롯해서 미국 전역의 대학에서 학생들의 정치활동, 즉 표현의 자유는 포괄적으로 인정되었다. 학생들이 대학구내에서 특정 정당이나 후보를 위해 선전하거나 모금하는 등 정치적이라는 이유로 집회를 금지하는 학교는 이제 없다. 금지하면 안된다는 무슨 특별한 법조문이나 교육부의 공문이 내려가기 때문이 아니라, 재판으로 가면 질 것이 너무나 뻔하기 때문이다. 보수파의 정서적 평화가 좀 흔들리더라도 사회적 평화가 흔들리지는 않고, 오히려 보수파의 정서적 평화를 위해 표현의 자유를 제약하는 것이 사회적 평화에 해롭다는 인식이 확립된 셈이다.

그런데 표현의 자유가 도대체 왜 그렇게 중요할까? 정부 정책이나 현행 정치체제에 대한 반대나 항의를 곧 반역으로 간주하는 시각에서는 표현의 자유라는 항목이 설 자리가 아예 없다. 물론 반대나 항의를 곧 반역으로 간주하는 시각이란 민주주의가 아니라 군주정이나 전체주의를 염두에 둘 때에만 가능하다. 민주주의란 사람들의 다양한 의견이 일단 표출되도록 하는 데에 본질적인 취지가 있기 때문이다. 민주주의란 시민 개개인의 의견을 공동체의 정책으로 수렴시키는 과정인데, 개인들이 의견을 가지려면 먼저 사회 안에 존재하는 여러 갈래의 의견과 그 근거를 들어보고 나서 나름대로 선택하고 판단할 수 있어야 하기 때문이다.

이 중에서도 정부에 대한 반대나 항의는 특별히 중요하다. 정부란 일단 다수 인민의 위임을 한번 받은 근거에서 성립한 것이므로, 정부의 정책에 대해 반대나 항의가 자유롭게 허용되지 않는다면 곧 전횡으로 흘러가기가 대단히 쉽기 때문이다. 정부 정책에 대한 다수의 지지가 유지되더라도 반대를 묵살만 한다면 다수의 횡포가 되는 것이며, 사실 대개 정부가 전횡을 한다면 지지해준 다수를 속이면서 하는 경우가 많기 때문에 실제로는 "다수의 이름을 판 소수의 횡포"가 된다. 존 스튜어트 밀이 『자유론』에서 "표현의 자유란 해롭거나 틀렸다고 여겨지는 의견의 표현이 자유로워야 한다는 뜻"이라고 역설한 까닭이 바로 여기에 있다.

나아가 밀은 표현의 자유를 통해서만 사회의 진보가 가능하다고도 주장했다. 어처구니없어 보일까봐, 남들에게 조롱이나 박해를 당할까봐 사람들이 의견을 개진하지 못하는 사회라면 정신적 에너지 및 도덕적 용기 등의 영역에서 자발성, 창의성, 천재적 영감 따위가 애초에 불가능하게 될 것이다 – 사회는 집단적 범용凡庸으로 가득 차고 결국에는 집단적 범용의 무게를 견디지 못해 붕괴하고 말 것이다 – 풍부함 및 다양성이 필요한 것들은 모두 관습에 짓눌려 싹조차 틔울 수 없을 것이다 – 인간 본성 가운데 순종적인 경향만이 살아남아서 "활력이라고는 시든 것밖에 남지 않고", "심술궂고 완고하며 뒤틀린" 인간만이 양성되리라고 갈파했다.[13] 얼핏 보기에 틀렸거나, 해롭거나, 우스꽝스럽거나, 위험해 보일지라도, 실제로 위험한 재앙으로 직결되지 않는 한, 의견의 표명이 자유로워야 집단지성이 발전할 수 있다는 말이다.

따라서 위험해 보이는 것과 실제 위험한 것 사이의 경계가 사법적 판단에서 관건이 된다. 광우병에 관한 염려에서 촉발된 2008년의 촛불시위가 위험했는가? 나는 전혀 아니라고 생각한다. 용산참사의 진상에 관해 극우 보수세력을 제외한 대다수 양식 있는 시민들로 하여금 의문을 품지 않을 수 없게 만든 검찰의 수사발표에 항의하는 집회가 원천봉쇄해야 할 정도로 "위험"한가? 나는 아니라고 생각한다. 야간 옥외집회가 위험할 수도 있고, 청계광장에서 추모대회를 하다 보면 폭력사태가 발생할 수도 있다는 개연성은 언제든지 있다. 이 세상에 위험하지 않으리라는 보장이 있는 일은 전혀 없는 것이다. "위험할지 모른다"는 이유로 헌법이 보장하는 시민들의 자유를 사전에 원천봉쇄한다는 것은, 화염병으로 사용될 수 있다는 이유로 시너나 휘발유를 살 때마다 신고해서 허가를 받아야 한다는 말과 같은 것이다.

법률이 어떻게 제정되고 해석되어 적용되어야 하는가에 관한 논의는 제6부에서 더욱 집중적으로 다룰 것이다. 따라서 여기서는 다시 지

---

13) *On Liberty*, chapter 3.

역주의 담론에 관한 원래의 논의와 지금까지 얘기한 표현의 자유가 무슨 상관인지를 밝힘으로써 이 절을 마무리하고자 한다. 두 가지 점에서 상관이 있다.

첫째, 지역주의를 문제삼는 담론은 불필요한 두려움에 기인한다는 점에서 표현의 자유를 인정하지 못하는 태도와 서로 통한다. 앞에서 여러 차례 강조했듯이 전라도와 경상도에서 나타나는 투표 성향의 편차를 보든, 그로써 읽어낼 수 있는 모종의 반감이나 경계심을 보든, 아니면 관직독점이나 향리주의적 성향을 보든, 문제가 전혀 없다고는 말할 수 없겠지만 그렇다고 당장 무슨 "명백하고 현존하는" 위험이 되지도 않는다. 편차가 반감이나 배타성이 계속 더 커지고 있다는 징조도 없다. 오히려 몰표의 정도가 80~90%에 도달했다는 사실은 더는 심해지기 어렵다는 반증으로 읽는 것이 훨씬 상식적이다. 그러므로 사람에 따라서는 썩 마음에 들어하지 않을 수는 있겠지만, 전체 사회의 차원에서 어떤 직접적인 대책을 세우지 않으면 안 될 실제적인 문제는 아니다.

그럼에도 "지역주의가 문제"라는 생각은 여전히 대단히 많은 사람의 의식 안에 내재해 있다가, 시도 때도 없이 튀어나와 동조를 얻는다. 두려움의 대상을 정확하게 식별하기 전에 두려움에 휩싸여버리는 전형적인 공황증상인 것이다. 이런 증상은 쉽게 다른 영역으로 번져나간다. 그리하여 정치사회적으로 대단히 중요한 갈림길에 관한 결정에서 해당 쟁점의 본질이나 판단에 필요한 최소한의 진상을 파고들어가기 전에, 그러한 탐구 자체를 두려워하고 중간에서 대충 덮어버리는 습관을 조장한다. 결국 국가권력이 불필요한 폭력을 행사하도록 방치하고, 서로 연고로 엮이지 않은 개인들 사이의 공론을 통한 연대를 가로막는 것이다.

둘째, 지역주의 담론은 가짜문제를 원인으로 지목함으로써 진짜문제를 찾아나갈 필요와 동기를 자동적으로 차단한다. 더구나 현대정치에서 공론의 주제가 될 만큼 중요한 의제라면, 상당한 수준의 지식과 분별력이 없다면 대책에 대한 판단은 고사하고 의제 자체의 성격을 이해하기도 버겁다. 정치사회의 개선을 위한 생산적 의제에 참여하기 위해서는 상당한 지적 노력이 필요한 것이다. 이런 상황에서 "지역주의"라는 이름의 마녀사냥은 지적 노력을 포기해도 괜찮을 성싶은 손쉬운 핑곗거리를 제공한다. 또한 모든 정책에 대한 일반적 불신을 정당화함으로써 사람들의 마음속에 시기와 질투와 불평이 잘 자라도록 자양분을 공급한다. 그리하여 시민의식에 좌절감과 자포자기를 확대재생산하면서, 그것이 좌절감과 자포자기라는 사실조차 깨닫지 못하게 만드는 마취제로 작용한다.

제6장

둘째 매듭

지금까지 제2부에서 나는 "지역주의"를 성토하는 담론이 기본적으로 마녀사냥 담론이라고 주장했다. 주장의 구조가 약간 복잡하고, 또 중간에 다른 가지들로 여러 번 뻗어나갔기 때문에 여기에 골자와 함의를 요약해본다.

두 사람이 있다고 치자. 굳이 따지자면 서로를 미워할 이유가 없지는 않다. 그래도 대충 참고 반감을 폭발시키지 않고 살아간다. 이때 주변 사람들이 그들의 행동거지 하나하나를 걸고넘어지면서 "숨은 의도"를 파고들어 반감을 발굴하고, "두 사람이 서로 미워하는 것이 문제"라고 30년 동안 떠들어댄다면 어떨까? 그렇게 하면 없던 반감도 생겨날 것이다. "지역주의가 문제"라고 떠들어대는 소리는 바로 이런 종류의 어리석음에 해당한다.

이를 밝히기 위해 우선 나는 흔히 사람들이 지역주의 또는 지역감정 등으로 부르는 것이 가짜문제일 뿐이라고 주장했다. 그 문구가 도대체 무엇을 겨냥하는지가 전혀 불분명하고 너무나 엉성해서 어떤 구체적인 해결을 모색하는 현실의 문제가 될 수 없기 때문이다. 역방향에서 출발해서 과연 어떤 상태라면 지역주의가 아니라고 말할 것인지를 따져봐도 아무런 출구를 찾을 수 없다는 사실 역시 이것이 가짜문제임을 보여주는 훌륭한 증거이다.

지역주의를 문제라고 인식하는 프레임은 경상도와 전라도에서 나타난 80% 내지 한때 97%까지 올라간 몰표현상 때문에 한국사회에 유행하게 되었다. 그런데 그러한 몰표현상은 1985년 국회의원 선거와 1987년 대통령 선거에서부터 시작된 일로, 1980년 5월 광주에서 벌어진 학살극 때문임이 누가 보더라도 분명하다. 그 때문에 전라도 유권자들은 군사정권 및 그 후예에 대해 아주 강한 경계심을 가지게 된 것이다. 경상도의 몰표는 1971년에도 어느 정도 나타난 적이 있기 때문에, 반드시 전라도의 몰표에 대한 반사작용이라고만 단정하기가 현 상태에서는 어렵다. 하지만 현재 특정 정당에 대한 거부감이 80% 이상의 유권자에게서 종종 나타나는 것을 보면, 전라도 몰표에 대한 반사작용이라는 의미가 상당히 섞여 있다는 결론이 가능하다.

몰표현상을 이렇게 상식적인 차원에서 바라보면, 특별히 탓할 문제도 아니고 이 때문에 무슨 피해가 발생할 까닭도 별로 없음을 알 수 있다. 무엇보다 유권자들의 선택이 저렇게 나타나고 있는 만큼 인위적인 조치로써 사람들의 선호를 바꿀 방법도 없고, 당장 바꾸지 않는다고 어떤 폐해가 발생할 여지도 없다. 지난 20여 년 동안 지독한 수준의 투표편차가 나타났지만, 그 때문에 무슨 탈이 났다고 할 일은 사실 전혀 없는 것이다. 이렇게 보면, 이 일은 단지 시간이 해결할 일이고, 왈가왈부 거론하는 것이 무의미하다는 점이 명백하게 드러난다. 두 지역 사이에 상호 반감 또는 경계심이 상당한 수준으로 분포하리라고 추정할 수 있지만, 직접 꾸짖어서 해소될 리는 전혀 없다.

지역간에 반감의 수준이 어느 정도 있다고 치더라도, 그것을 해소할 수 있는 가장 빠른 길은 중앙정부의 권력이 정의나 공평성 등 모든 분파적인 경계를 초월하는 일반적인 원칙에 따라 행사된다는 믿음이 생기도록 노력하는 데에 있다. 정책에 관한 담론이 지역과는 상관없는 정의와 공정을 프레임으로 삼아야 하는 것이다. 이것이 가장 빠른 길일 뿐 아니라, 사실 지역간 반감을 해소할 수 있는 유일한 길이다. 물론 중앙정부의 정의나 공정성이 아무리 확고하게 자리를 잡더라도, 지역간 반감은 있을 수 있다. 그러나 현재 나타나고 있는 투표 성향의 차이만을 가지고, 두 지역 주민들이 어떤 합리적인 이유도 없이 무작정 다른 지역 사람들에게 반감을 가진다고 추론한다는 것은 엄청난 비약이다.

우리 사회에서 "지역주의"를 성토하는 담론이 유행한 데에는 크게 두 가지 원인이 있다. 하나는 차이를 관인하지 못하는 단결 이데올로기, 그리고 다른 하나는 뻔한 일을 복잡한 도식으로 설명해야 좀더 학문적인 것처럼 여기는 지식인들의 현학 취미이다.

지식인이든 일반 유권자든, 다른 사람의 가치관이나 행동이 자기가 바람직하다고 여기는 표준과 다를 때 관인하기보다는 뭔가 잘못이라고 여기는 심성은 한국사회에서 대단히 자주 나타난다. "이런 언어 – 게임이 벌어지고 있다고 말해야 할 곳에서 설명을 찾는 것이 우리의 잘못이다",[14] 일상어로 풀면 설명하기 전에 이해하라는 비트겐슈타인의 충고가 딱 들어맞는 지점이다. 이해한 후에 추가로 설명이 필요하다고 확인된 다음에나 설명을 시도하라는 얘기다. 우리 사회 지식인 사이에는 정반대로 유권자들의 선호를 그대로 받아들여야 할 대목에서 오히려 "문제"를 발견하고, 상식적인 수준에서 쉽게 설명되는 대목에서 자꾸만 더

---

14) *Philosophical Investigations*, § 654.

깊은 (따라서 모호한) 이유를 찾아나서는 경향이 팽배하다.

차이를 관인하지 못하는 태도는 생소하거나 새로운 것을 만났을 때 호기심보다는 두려움을 느끼는 정서에서 비롯된다. 누구나 생소한 대상이나 관념을 만나면 익숙한 대상이나 관념을 만났을 때에 비해 좀더 긴장해야 하는 것은 당연하다. 그러나 나를 긴장하게 만드는 것을 모두 나쁘게만 여기고 피한다면 어떤 변화도 있을 수 없다. 바로 이것이 제노포비아다. 진보진영뿐만 아니라 보수진영에 속한 사람이라도, 오늘날 모든 변화를 거부하는 복고주의자는 별로 없다. 그런데도 우리 사회에서는 진보진영에서 오히려 더욱 심한 제노포비아 증상을 보이는 경우가 적지 않다.

제노포비아라고 하면 우선 외국, 외국인, 외국문화 등에 배타적인 태도를 가리킨다. 한국사회에 이런 차원의 제노포비아가 있다는 사실이 적어도 최근에는 여러 경로를 통해 상당히 자주 지적되어와서, 이제는 이를 자각하고 반성하려는 시민의 수도 과거보다는 확실히 늘어나는 추세이다. 물론 이 차원의 제노포비아 역시 내가 보기에 충분하다 싶을 정도로 해소되기에는 장차 시간이 많이 걸리겠지만, 이 글을 통해서 내가 지적하려는 제노포비아는 이와 다른 차원이다. 생소한 생각, 다시 말해 일반적으로 미지의 영역이나 불확실성 자체를 수용하지 못하고 한사코 거부하려는 태도를 나는 지적하고자 한다.

이 책의 초점은 앞에서 제시한 바와 같이 한국사회의 고정관념 네 가지를 고발하고 비판하는 데 있다. 고정관념에 사로잡혀서 빠져나갈 생각을 하지 않는다면 곧 미지의 영역을 두려워한다는 말과 같다. 지금까지 제2부에서 나는 "지역주의"나 "지역감정"이라고 사람들이 부르면서 개탄해 마지않는 현상이라는 것이, 사실은 보다 구체적이고 보다 생산적인 일반적인 주제에 초점을 모으다 보면 시간이 지나면서 사라질 일이라고 주장했다. "지역주의가 문제"라고만 하는 시각에서 바라보면 이와 같은 내 제안은 얼토당토않은 소리로 들릴 것이다. 기가 막혀서 말이 안 나올지도 모르겠다 – 어떻게 문제를 그냥 둔다는 말인가?

그러나 이처럼 기가 막혀서 말이 안 나오는 상태에서 빠져나와 지금까지 내가 주장한 이유들을 살펴보기 바란다. 특히 "지역주의"가 기승을 부렸다고 흔히 운위되는 지난 20년 동안 한국사회가 정치, 경제, 사회, 문화적으로 좋아졌는지 나빠졌는지를 냉정하게 살펴보기 바란다. 나는 전체적으로 좋아졌지 나빠졌다고 생각하지 않지만, 사람에 따라서는 나빠졌다고 볼 수도 있을 것이다. 또 전체적으로 좋아졌다고 보는 사람이라도, 지역주의가 아니었다면 더 좋아졌으리라고 생각할 수도 있다. 그러나 구체적으로 어떤 점들이 지역주의 때문에 잘못되었는지 꼬집어서 말하는 경우를 나는 보지 못했다.

광주에서 벌어진 국가폭력, 또는 여기저기서 실증적인 증거를 갖춰서 제기되는 차별적인 시책들이 구체적으로 말할 수 있는 문제의 최대치다. 하지만 폭력과 차별은 지역 때문에 문제가 아니라 그 자체로 보편적인 문제다. 호남이 폭행을 당하고 호남이 차별을 받아서 문제인 것이 아니라, 개인에 대한 폭행과 차별이 문제인 것이다. 부산이나 대구, 정선이나 백령도에서도 무고한 시민이 폭행을 당하거나 차별을 받으면 문제로 인식하고 정의를 요구해야 한다. 이러한 요구를 지역주의라고 보는 것은 지리적 경계를 벗어나는 어떤 범주도 지각하지 못하는 자폐증일 뿐이다.

"지역주의"란 한국정치에 대해 제기될 수 있는 여러 가지 불만을 뭉뚱그려서 언어의 표피에다가 버무려버린 마녀사냥이다. 있지도 않은 마녀에게 문제의 원인을 아무리 뒤집어씌워봤자 일시적인 분풀이는 될지 몰라도 문제는 계속 반복되기 마련이다. 우리 사회의 경우 많은 지식인들이 이와 같은 마녀사냥에 동참함으로써, 풀어야 할 진짜문제들이 체계적으로 은폐되는 결과를 낳았다. 특히 진보진영이 진짜문제를 발굴해내지 못하고, 오래되었거나 너무나 모호하고 추상적이라서 대중에게 호소력을 가질 수 없는 구호들에 매달리게 된 중요한 이유가 여기에 있다고 나는 생각한다.

입구와 출구가 모호한 용어는 가짜문제이기가 쉽다. "지역주의"라는 용어는 입구 즉 겨냥하는 과녁도 불투명하기 짝이 없고, 출구 즉 해소된 상태가 어떤 상태일지도 불투명하기 짝이 없다. 우리 사회에 횡행하는 문제의식 중에는 이것 말고도 가짜가 여럿 있다. 그 모두가 새로운 발상이나 시각 자체를 두려워하는 제노포비아와 긴밀한 관계가 있다. 제3부에서 다룰 합리주의와 제4부에서 다룰 선험주의도 한국사회에서 나타나는 형태는 미지의 세계, 불확실성의 영역을 마냥 두려워하기만 하는 불안감과 공포의 반영이다.

공포가 발생하는 경우는 두 가지, 상대 때문이거나 아니면 나 때문이다. 상대 때문에 공포가 발생한다는 말은, 첫째 상대의 힘이 나보다 워낙 세서 불가항력이고 둘째 상대가 나를 해칠 의사를 가진다는 것이다. 상대와 막상 붙었을 때 내 편에도 기회가 있다면 공포에 떨기보다는 싸움에 대비하는 편이 살아남을 확률을 높이는 데 훨씬 도움이 되고, 상대가 정말로 불가항력이더라도 나를 반드시 해칠 마음은 아니라면 또한 그 틈새를 찾아보는 것이 도움이 된다. 이런 모든 기회나 틈새가 완전히 봉쇄되어서, 그리고 도망칠 길도 없어서 죽기를 기다릴 수밖에 없다면 공포가 엄습하는 것이 인지상정일 것이다.

하지만 대개의 공포는 이와 같은 경우가 아니다. 상대가 불가항력인지 아닌지부터가 사실은 정말 사생결단으로 한판 붙어보기 전에는 잘 모르는 일이다. 즉, 붙어보기도 전에 불가항력이라고 느낀다는 것은 상대 때문이라기보다는 다분히 내 편에서 먼저 자포자기했다는 말이 되어버린다. 전반적으로 말해서, 우리 사회에는 붙어보기도 전에 어렵다고 지레 걱정부터 하면서 겁을 내는 경향이 크게 번져 있다고 나는 생각한다. 후견지명後見之明, hindsight의 평면적인 관점에서 한번 바라보자.

미국산 쇠고기의 위험성에 관해 2008년에 우리 사회에서 많은 구성원들이 공포에 가까운 반응을 보였다. 심지어 "미국 쇠고기가 수입되면 10년 안에 사람들이 죽어나갈 것"이라는 수준 이하의 괴담마저 번졌고, 그럴지도 모른다고 겁을 낸 사람들도 있었다. 한때 전국에서 수십만 명에 달하는 촛불이 켜졌지만, 결국은 몇 달 후 사그라졌다. 나는 촛불이 저절로 사그라졌다고 보며, 그러므로 촛불은 실질적 의제를 담고 있었다기보다는 만들어진 이미지에 대한 정서적인 반응이었다고 본다. 즉, 불명확한 대상에 대한 공포가 주된 동력이었는데, 정부에 대한 분풀이로써 대리 보상이 어느 정도 이루어지자 가라앉았다고 본다. 물론 불만과 불안과 좌절과 원한의 앙금은 잠복상태다. 이에 관해서는 물론 동의하지 않을 사람들도 많겠지만, 실질적인 내용에 관해서는 제3부에서 다시 논의할 것이다. 여기서 내가 이 말을 한 이유는 정부가 이 때문에 느낀 공포와 대조하기 위해서다.

촛불은 일단 꺼졌지만 집권세력, 특히 이명박 대통령은 놀란 가슴을 진정하지 못하고 있는 것으로 보인다. 그는 경찰력으로써 촛불을 진압했다고 보면서, 다시는 그런 일이 재발하지 않도록 집회와 시위에 대한 규제를 강화하여 공안통치를 시도하고 있다. 2008년 10월 신영철 서울중앙지법원장이 재판에 관여하게 된 것도 다시는 촛불이 다시 타오르지 않게 만들려는 목적에 부합하는 행동이었다.[15] 제2의 촛불사태를 미연에 방지하기 위해 용산참사에 대한 검찰의 수사도 짜맞추기에 가까웠고, 그 점을 항의하는 촛불시위도 원천봉쇄한 것이다. 하지만 이러다 보니 사법부의 독립성과 공정성에 관한 의제가 점점 초점으로 떠오르고 있다.

이러한 일련의 과정에 두 가지 공포가 작용했다. 미국산 쇠고기에 대한 공포와 시민의 저항에 대한 공포다. 두 가지 공포 모두 제노포비아, 즉 새로운 대상이나 사태에 대해 정확한 인식을 우선시하기보다 겁부터 집어먹고 그냥 거부함으로써 일축하려는 유치한 무별주의적 태도를 담고 있다. 엘리자베스 퀴블러 로스Elisabeth Kübler Ross가 말한 애통의 5단계, 즉 부인-분노-타협-우울-수용 가운데 부인否認에 해당하는 태도이다. 하지만 미국산 쇠고기에 대한 시민들의 공포는 정부에 분풀이를 어느 정도 한 다음에는 일단 겉으로나마 진정되었다. 촛불이 불붙었다가 가라앉기까지 전체 과정도 대체로 평화적이었다고 나는 평가한다. 이렇게 수그러든 정부에 대한 반감은 언제든 다시 고개를 들 수 있지만, 장차 실제로 인간광우병 환자가 발생하기 전까지 이 공포가 다시 사회적 의제로 떠오르는 일은 없을 것이다. 내면에서 발생한 공포가 진정되면서 내면의 일로 끝나고 외부로 전이되지 않은 경우다.

반면에 집권세력을 사로잡은 공포는 끊임없이 외생적 갈등요인을 새롭게 만들어가고 있다. 좌우지간 촛불이 꺼졌다는 사실, 한때 일부에서는 "명박타도"라는 구호까지 나왔지만 그 때문에 정권이 물러나는 일 없이 끝났다는 엄연한 사실에서 안정감을 느끼기보다는, "큰일

---

15) 「대법관 꿈＋보수 세력 압력이 '재판개입' 불댕겼나」, 〈인터넷 한겨레〉, 2009. 3. 18., http : //www.hani.co.kr/arti/society/society_general/344747.html

날 뻔했다"는 불안감에만 사로잡혀 있기 때문이다. 실제 일어난 일을 중시하는 것이 아니라 일어나지 않은 일, 즉 "정권이 위험할 수도 있었다"는 우려가 사고의 주축을 이루는 것이다.

미네르바의 발언 때문에 외환위기가 발생했다는 발상, 용산의 농성자들이 천만 서울시민의 안전에 대한 "명백하고 현존하는" 위협이었다는 발상, 미국의 관심을 끌기 위해 벌이는 북한정권의 여러 가지 줄다리기를 직접적으로 남한사회에 대한 공격이나 위협으로 받아들이는 발상, 일제고사를 시행하고 학교와 지역의 점수 등급을 공개해서 경쟁력을 강화한다는 발상 등등이 모두 이와 같은 공포에서 비롯되는 행태들이다. 두려움의 근원이 본질적으로 자신감 부족에 있음을 보지 못하고, 자꾸만 외부 원인에 책임을 전가하는 셈이다. 문제가 주어졌을 때 해결을 하는 것이 아니라, 악성종양으로 만들어서 전이시키는 꼴이다.

보수세력에게는 이럴 만한 정치적 이유가 항상 있다. 물론 보수세력에 속한 사람이라고 다 그러는 것은 아니지만, 일부 기득권 유지만을 최고의 목적으로 삼는 사람들이 그렇다. 이들이 보기에 세상은 결국 약육강식이고, 인간은 그저 생존본능만을 가진 동물일 뿐이다. 사회의 질적 개선이란 허망한 소리고, 유리한 입장에 있을 때 최대한 챙겨두지 않는다면 어리석은 짓이다. 따라서 정치사회의 의제를 빙빙 전이시킴으로써 체제의 변화를 늦출 수 있다면 이런 사람에게는 전혀 불만일 리 없다.

반면에 진보라는 말을 개인적인 사업수단으로 사용하려는 것이 아니라면, 진보세력은 공포와는 담을 쌓아야 한다. 생소한 대상이나 관념을 만났을 때, 두려워하기 전에 상황에 대한 정밀한 이해를 우선시해야 하고, 불확실한 대목에서는 위험보다 기회를 찾아야 한다. "지역주의"라는 이름으로 벌어진 마녀사냥은 정확히 정반대로, 정밀한 사태파악보다 두려움을 우선시하고, 불확실한 대목에서 기회보다 위험을 찾은 꼴이다.

한국사회의 여론이 문제가 아닌 것을 문제라고 착각하면서 언표 차원의 분풀이에 매달리는 행태는 이 밖에도 여러 곳에서 발견된다. 여기에는 지식인들이 합리성의 본질과 한계를 근본적으로 오해하고, 피상적으로 포착된 합리성의 이미지에 집착하는 경향이 큰 책임을 져야 한다. 이 주제를 나는 합리주의와 선험주의라는 두 양상으로 나눠서 제3부와 제4부에서 다룰 것이다.

제3부

합리주의
권력숭배 프레임

제1장

합리성의 종류와 층위

합리적이란 이치에 맞는다는 뜻의 서양말 형용사를 번역한 한자말이다. 이 명사형은 영어로 reason이고, 우리말로 말하자면 이치, 이성, 이법理法, 이유 등에 해당하는 개념이다. 합리적과 운을 맞춰서 명사형을 만들자면 합리성合理性이 되고, 굳이 한자어 뜻을 푼다면 이치理에 맞는合 성질性이라는 뜻이다. 두 음절이나 세 음절로 한 단어를 구성하는 관행이 서세동점기 이후에 생겼을 뿐이지, 이理라는 개념은 한국을 비롯한 동양의 전통사회에도 당연히 있었다. 그런데 이치가 무엇인지는 서양에서든 동양에서든, 옛날부터 지금까지 철학자들 사이에 수많은 갈래의 논쟁이 벌어지는 영역이지 합의가 이루어지는 영역이 아니다.

대북정책의 예를 가지고 합리성의 의미를 생각해보자. 북한은 현재 지구상에서 가장 빈곤한 나라 중 하나다. 미국 CIA의 2008년도 추계에 따르면, 구매력 기준 일인당 소득으로 전체 229개 나라 중 192위에 위치한다(남한은 52위).[16] 주민들이 이런 실정임에도 북한정권은 여전

---

16) The World Factbook, 2009. 3. 19. https://www.cia.gov/library/publications/the-world-factbook/rankorder/2004rank.html (2009. 3. 25. 검색). 이 목록에는 건지 섬이

히 "강성대국"을 꿈꾸면서 권력을 3대째 세습할 요량인 것으로 관측된다. 국가 차원에서 마약 밀매나 달러 위조를 시도했다는 혐의를 받은 적도 있고, 미국과 협상을 원한다는 신호로 핵폭탄이나 인공위성(기술적으로 미사일의 다른 이름일 뿐이다)을 발사하겠다는 정권이다.

이런 체제를 자체로 바람직하다고 보기는 어렵다. 하지만 남한의 입장에서 할 수 있는 일이 무엇인가? 어떻게 대응해야 합리적인가? 무력 침공과 같은 극단적인 길을 합리적이라고 볼 사람은 별로 없을 테니까, 결국 고려할 만한 길은 크게 두 갈래뿐이다. 압박과 봉쇄를 통해서 북한정권이 무너지게 만들 것인가, 아니면 정권이 중간에 아무리 가로채더라도 인민을 위한 지원을 계속할 것인가? 후자의 노선은 식량, 의약품, 비료 등 필수품은 직접 지원하는 동시에, 공단 설립이나 기술 이전을 통해서 북한의 산업생산력을 높이도록 지원함으로써, 인민에게 자유사회와 접촉할 통로를 서서히 열어준다는 것이다. 이렇게 하면 시간은 좀 걸리더라도 결국 현재와 같은 폐쇄체제는 유지될 수 없으리라는 얘기다.

반면에 전자는 모든 지원을 명확한 조건을 걸어서 이행여부를 확인하고 이행한 만큼 급부로 제공해야 한다는 발상이다. 물론 조건이란 핵시설 폐기, 북한사회 내부 사정에 대한 국제사회의 광범위한 사찰 허용 등을 의미한다. 예컨대 식량을 지원한다면, 그것이 군대로 가지 않고 일반 인민에게 돌아가는지를 확인하겠다는 것도 조건에 들어갈 수 있다. 가능한 한 국내 실태를 외부에 노출시키지 않고, 동시에 외부

나 포클랜드 제도, 푸에르토리코, 서사모아, 그린란드 등등 특정국가의 속령이지만 경제적으로 상당한 독립성을 가지는 지역이라든지, 유럽연합과 같은 지역공동체도 포함되어 있다. 이런 단위들을 빼고 전통적으로 나라라고 간주되는 단위들로만 계산하면 전체 194개국 가운데 남한은 40위, 북한은 155위가 된다.

세계의 사정을 인민에게 알려주지 않으려는 북한정권에게는 실질적으로 대단한 양보에 해당한다. 이런 부류의 권력일수록 위신을 중요시한다는 각도에서 바라보면, 이와 같은 조건부 지원이란 곧 무릎을 꿇으라는 요구와 같다.

실제 정책은 지원 일변도일 수도 없고 봉쇄 일변도일 수도 없기 때문에 양자를 적절하게 배합하게 되겠지만, 일단 논의의 편의를 위해 지원 아니면 봉쇄를 택해야 한다고 해보자. 그리고 어떤 길이 합리적일지, 이런 문제에 관해서 합리성이라는 개념이 하나의 통합된 형태로 적용될 수 있을지 따져보자.

이런 경우 어떤 길이 합리적인지는 전형적으로 각자가 원하는 것이 무엇인지에 따라서 달라진다. 한반도에서 전쟁이나 통일 또는 국지전 같은 급격한 정치변화를 바라지 않고, 지금과 같은 상태가 지속되는 현상유지를 원하는 사람이라면 마땅히 지원정책이 합리적이라고 볼 것이다. 한반도 정세가 안정되면 남한시장의 대외 신인도도 높아지므로 투자여건이 호전된다는 이익도 있다. 반면에 북한정권의 붕괴가 시간문제라고 보고 붕괴가 빠를수록 좋다고 보는 사람이라면 봉쇄정책을 합리적이라고 간주할 것이다. 예컨대 1946년 이전에 가지고 있던 토지소유권을 하루라도 빨리 되찾으려는 사람들, 또는 한국전쟁 등 숱한 좌우의 폭력대결에서 당한 만큼 복수해주려는 사람들은 봉쇄정책 말고 다른 대안의 존재 자체를 이해하기 어려울 것이다.

합리성이란 이처럼 목표가 무엇인지에 따라서 달라지는 경우가 대단히 많다. 합리성의 기준을 가장 명확하게 보여줄 것 같은 산수의 경우에도, 목표가 정해졌다는 전제를 제거하면 합리성이 통일되지 못한다. 합리성과 관련해서, 2 더하기 2는 얼마인지 물어본다면 당연히 4라는 대답이 나올 것이다. 그러나 실제 상황에서 길거리를 지나가는 사람에게 느닷없이 2 더하기 2를 묻는다면 4라고 대답할 사람도 있고, 대답하지 않고 그냥 갈 사람도 있으며, 화를 낼 사람도 있을 테고, 일부러 5나 3 같은 오답을 말할 사람도 있을 것이다. 충분히 많은 사람에게 물어본다면, 질문을 잘못 들어서 오답을 말할 사람도 있을 것이고, 정말 산수를 못해서 오답을 말할 사람도 나올지 모른다.

만약 목표가 2 더하기 2라는 산수문제의 정답을 구하는 데 있다면 4라고 답하는 것이 합리적이다. 그러나 바쁜 일로 서둘러야 하는 행인을 가로막고 그처럼 간단한 질문을 했을 때, "귀찮게 하지 말라"는 항의의 표시로 엉뚱한 답을 말하는 행동이 비합리적인 것만은 아니다. 그 개인의 입장에서는 그런 반응이 나름대로 합리적이기 때문이다. 물론 그의 행동을 합리적이라고 부를 수 없다고 볼 사람도 있을 것이다. 그러나 이런 경우 "합리성"의 서로 다른 용례가 부딪칠 때, 그 차이를 없애고 용례를 통일할 수 있는 합리적인 방법은 없다.

합리성에 의해 정치사회의 문제가 잘 풀리고, 정치사회의 갈등이나 분쟁이 좀더 쉽게 해소될 수 있다고 보는 관점은 산수문제의 정답을 찾는 맥락에서 나타나는 합리성을 준거로 삼고 있다. 이 관점에서는 합리성이라는 것이 행위자들의 기질, 가치, 목적, 성격, 심사心思, 관계 등과 상관이 없는 것으로 규정되고, 그만큼 주어진 문제에 대한 정답을 찾는 과정이 정치가 개입할 필요가 없는 중립적이고 객관적인 것으로 그려진다. 그러나 이런 유형의 합리성은 가장 기초적인 만큼 가장 단순한 종류일 뿐이지, 인간의 행동 전체는 고사하고 인간의 행동 중 합리적이라고 부를 수 있는 집합 전체조차도 대표하는 것이 아니다.

위에서 예시했듯이 행위자가 어떤 목적을 추구하느냐에 따라 달라질 수 있는 합리성은 산수문제의 정답 구하기에 적용되는 부류의 합리성과는 완연히 종류가 다르다. 산수문제의 경우 합리성이란 누가 답하느냐에 상관없이 확정되어 있다는 특징을 가지지만, 어떤 목적을 추구하느냐에 따라 달라지는 합리성은 행위자가 어떤 사람인지에 따라서 달라지는 성격을 가지기 때문이다. 대북정책을 지원으로 해야 할지 아니면 봉쇄로 해야 할지와 관련되는 합리성도 목적에 따라서 달라지는 종류의 합리성이다.

한국의 교과서에서 합리성을 말할 때 자주 인용되는 구분으로 막스 베버의 것이 유명하다. 베버는 합리성을 합목적이성Zweckrationalität과 합가치이성Wertrationalität으로 구분해서 생각했다. 합목적이성이란 목적이 주어졌다고 할 때, 그 목적을 가장 적은 비용으로 달성할 수단을 찾아내는 이성으로서 흔히 도구적 이성이라고 부른다. 합가치이성은 어떤 궁극적인 의미를 가지는 행동으로 표현되는 합리성인데, 칸트가 말한 "정언명령"과 같은 것을 합리성의 영역에 포섭해서 이해하려고 한 것이 거의 확실하다.[17]

하지만 베버의 구분은 두 가지 점에서 상당한 혼란을 불러일으킨다. 첫째, 궁극적인 의미, 다른 말로 하면 절대적 가치라는 것이 도대체 무엇이기에, 그것이 합리성의 영역에 속하느냐는 문제가 있다. 우리가 생각할 수 있는 한도 안에서 "절대적 가치"가 표현된 사례에 가장 가까운 후보로는 어떤 명분을 위해서 목숨을 버리는 행위가 있을 것이다. 예수, 소크라테스, 온갖 종파에서 기념하는 수많은 순교자들, 그리고 전쟁영웅들이 있다. 그런데 이렇게 목록을 이어나가다 보면 정치적인 이유로 목숨을 바쳐야 했던 혁명가들이 있는가 하면, 반드시 목숨까지 걸지는 않았지만 우연히 박해를 받아서 죽임을 당한 후 "열사"로 불리는 사람들도 있고, 개인적인 결단으로 분신자살한 사람이 있는가 하면, 가미카

---

17) Parsons, ed., *Theories of Society*, p. 970 ; *The Theory of Social and Economic Organization*, p. 115, translation of first part of Economy and Society.

제처럼 명령에 복종해서 목숨을 바친 사람들도 있고, 아돌프 아이히만처럼 죽을 때까지 세상과 자신을 기만한 불쌍한 영혼까지 만나게 된다.

이 사례들이 모두 궁극적인 의미와 절대적인 가치를 표상하는 것일까? 남들은 어떻게 생각하는지 몰라도 나는 가미카제 특공대와 같은 사례에서 뭔가 비상한 전율을 느끼기는 하지만 절대적인 가치의 사례라고는 생각할 수 없다. 제5부에서 다시 논의하겠지만, 안중근이나 윤봉길의 경우도 민족주의 중에서 정당화될 수 있는 범주로 편입할 수는 있겠지만 절대적인 가치라고는 생각하지 않는다. 그런데 이처럼 순교 또는 헌신이라고 할 수 있는 사례들 중에 절대적인 가치를 표상하지 않는 경우도 있다고 하면, 표상하는 경우와 그렇지 못하는 경우를 어떻게 구분할 것인지 아주 까다롭고 곤란한 문제가 남는다. 결국 "절대적인 가치"라는 것이 도대체 무엇인지를 정면에서 대답하지 않는 한, 목숨을 바쳤다는 사실에 기대어 슬그머니 넘어갈 수는 없는 것이다.

물론 베버도 칸트도, 사실 그밖에 어떤 철학자나 현자도 "절대적인 가치"가 무엇인지를 인간적으로 이해가능한 언어로 해명하는 데 성공한 사람은 없다. 나름대로 어떤 "절대적인 가치"를 위해서 일생 동안 경이로울 정도로 극기와 희생의 역량을 발휘한 사례들은 적지 않지만, 무엇보다 그 사람들이 똑같은 가치를 추구했는지, 아니면 그들이 서로 만났더라면 입장이 서로 부딪쳤을지조차도 불투명하기 짝이 없다. 내가 이 말을 하는 까닭은 "절대적인 가치"가 없다고 주장하려는 것이 아니라, 나는 모르겠으니까 혹시 아는 사람이 있거든 가르쳐달라는 뜻이다.

이와 관련해서 내가 말할 수 있는 최대한은, 한 개인이 자신의 인생과 관련해서 어떤 "절대적인 가치"를 설정하고 추구할 수는 있겠지만, 모든 사람과 사람 사이를 관통해서 "절대적"이라고 여겨져야 할 어떤 가치가 있는지 없는지는 당사자들에게 물어본 다음에나 가타부타 애기할 수 있으리라는 데까지다. 이는 곧 이 근처에 "절대적인 가치" 비슷한 것이 설사 있다고 하더라도 그 모습이 합리성에 의해서 계산된다고 말해야 할 이유가 별로 없다는 뜻과 같다. 왜냐하면 당사자에게 물어본 다음에나 가타부타 얘기가 가능하다는 것은 곧 각 개인의 기질이나 심사, 가치나 목적 등이 핵심적인 요소로 작용한다는 말이므로, 선택이나 결단과 같은 의지의 영역에 속한다는 의미가 동시에 함축되기 때문이다. 의지의 영역이라고 해서 계산이 반드시 배제되어야 할 필요는 물론 없다. 그러나 합리성이라는 말을 의지나 성정과 융합되는 권능을 가리키는 의미로 사용한다면, 반드시 합리성이라고 불러야 할 필요가 없다는 것과 같다. 그러므로 베버가 말하는 합가치이성이란 가치라는 말과 합리성이라는 말을 단순히 자구상으로만 합해놓은 데에 불과하다고 나는 생각한다.

합목적이성을 베버는 두 가지 의미로 사용한다. 어떤 때는 주어진 목적을 위해 최선의 수단을 구하는 권능을 가리키고, 어떤 때는 절대적이지 않은 상대적인 가치들 사이에서 더 우월한 가치를 찾아내는 권능을 가리키기도 한다. 얼핏 보면 서로 다른 의미인 것 같지만, 다음과 같은 예를 생각해보면 베버의 의미를 이해할 수 있을 것이다. 서울에서 부산을 가는 데 어떤 교통수단을 이용할 것인가? 시간이 가장 귀중한 사람이라면 비행기를 이용할 것이고, 시간이나 비용에 제약은 없고 가능한 한 많은 경험을 원하는 사람이라면 걸어가다가 자전거를 타다가 기차도 타고 버스도 타는 형태의 여행이 바람직할 것이다. 서울에서 부산에 간다는 목표 이외에, 시간을 중시할 것인가 경험을 중시할 것인가에 관한 답이 상황에 의해서 주어진 것이라고 보면, 이는 주어진 목적에 최선의 수단을 구하는 일이 된다. 하지만 시간을 중시할 것인가 경험을 중시할 것인가를 행위자가 자신이 처한 상황에서 스스로 찾아내야 한

그림 1 합리성의 종류와 층위

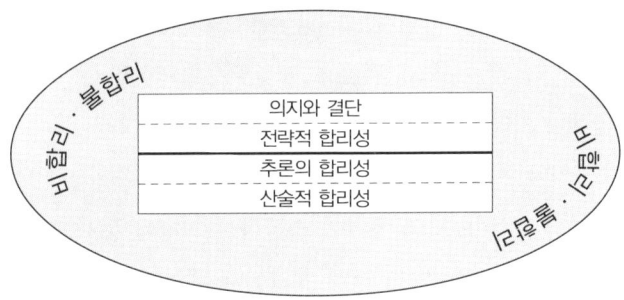

다고 보면 이는 상대적 가치 사이에서 우선순위를 구하는 일이 된다. 따라서 같은 상황을 다르게 서술하는 데에 불과하게 되는 것이다.

이상의 고려를 종합하면 합리성에 관해서 베버가 구분한 방식보다 약간이나마 선명한 형태의 개념적 지도를 하나 얻을 수 있다. 〈그림 1〉을 보자.

산술적 합리성이란 명확한 정답이 가능한 단순명쾌한 수학문제를 풀 수 있는 합리성을 뜻한다. 추론의 합리성은 목표가 주어지고, 목표를 달성하는 대안들이 비교적 상호 비교할 수 있도록 명확하게 보일 때, 그중에서 최소비용으로 최대효과를 얻는 수단을 찾는 합리성을 말한다. 전략적 합리성이란 국제금융위기에서 벗어나기 위해 취해야 할 정책 수단이라든지, 한반도를 비핵화하기 위해서 북한 및 미·중·일·소와 다양한 현안에서 무엇을 주고 무엇을 받을지를 선택하는 것처럼, 대단히 복잡하게 얽혀있는 다층구조의 장애물들을 뚫고 여러 가지 시행착오를 거쳐가면서 진로를 개척하는 합리성을 가리킨다. 마지막으로 의지와 결단은 합리적 계산을 다한 다음에도 남는 불확실한 대목에 관해서 "천 길 낭떠러지에서 손을 놓아버리는" 결단을 가리킨다.

우선 이 네 부류의 합리성 각각은 다분히 서로 겹쳐지면서 무게중심이 이동하는 점진적인 차이를 나타낸다. 그리고 인간의 행동 가운데에는 이 네 부류에 속하지 않는 영역, 즉 어떻게 보더라도 비합리적 또는 불합리적이라고밖에 볼 수 없는 것들이 대단히 많이 존재한다. 그런데 전략적 합리성 및 의지와 결단이 합리성의 영역에 속한다고 봐야 하는 까닭을 해명하기 위해서는 합리성의 두 층위에 주목할 필요가 있다.

제일층위의 합리성이란 전형적으로 산술적 합리성을 가리키는데, 산술적 합리성의 성격 중 일부가 확장되고 일부가 제거되더라도 어느 정도까지는 동일한 층위에 속한다고 볼 수 있을 것이다. 〈그림 1〉에서 보면, 아래에서 위로 추론의 합리성을 지나 전략적 합리성 쪽으로 이동할수록 중립적 객관적 보편성이라는 성격이 쇠퇴하고, 추구하는 목적에 따라서 합리성의 내용도 또한 상당히 달라진다. 산술적 합리성이라면 전형적으로 사과 두 개와 사과 세 개를 비교하는 차원이지만, 사과와 감귤을 비교한다든지, 사과와 위스키를 비교하는 식으로 비교 대상의 성격들이 다양해진다면 전략적 합리성 또는 의지나 결단의 요소가 점점 진해지는 것이다. 하지만 기본적으로 계산이라는 권능에 의해서 선택이 인도된다는 의미가 남아 있는 한, 제일층위의 합리성에 속한다. 이는 산술적, 평면적, 과학적 합리성이라고 부를 수 있다.

제이층위의 합리성은 의지와 결단에 따른 선택 중에도 합리적이라고 볼 만한 경우가 있음을 이해하기 위해 반드시 고려해야 할 사항이다. 이는 계산만으로 추론되는 것이 아니라, 어떤 독특한 체험을 통해 얻어지는 깨달음과 같은 것을 일종의 합리성으로 간주할 수 있다는 의미이다. 앞에서 논의했듯이 인간의 이기심을 무작정 탓해서는 결코 생산적인 결과를 얻을 수 없다는 깨달음, 불확실한 상황에서 공포에 사로잡히기보다는 어떻게든 먹구름을 헤치고 앞으로 나가보는 것이 최선이라는 깨달음, 남들의 행동이 내 마음에 안 들 때마다 흥분해서 설쳐대면서 비난하기보다는 도저히 참을 수 없는 경우를 제외하고는 참고 견디는 편이 성숙한 사람의 자세라는 깨달음 등이 여기에 속한다. 이는 성찰적·입체적·정치적 합리성이라고 부를 수 있다.

다시 말해, 내 의견에 반대하는 사람들에게 비판은 하되 그들의 권리를 관인하는 태도, 내 주장을 관철하는 것보다 반대 의견에 표현의 자유를 보장하는 것이 개명된 사회를 위해 더욱 중요하다는 태도도 제일층위에서 보면 합리성에 포함될 수 없지만 제이층위에서 바라보면 가장 필수적인 합리성의 요소가 된다. 합리성이라는 개념이 사람마다 다를 수 있다는 깨달음, 따라서 서로 다른 합리성끼리 경쟁이 벌어질 때에는 그런 경쟁에서 심판노릇을 맡을 만한 중립적이거나 초월적인 계산의 척도는 있을 수 없다는 깨달음, 그런 상황에서 결정을 내리기 위해서는 제일층위의 합리성에 집착할 일이 아니라 제이층위에서 타이브레이크의 규칙을 정하는 것이 상책이라는 깨달음이 바로 성찰적·입체적·정치적 합리성에 해당한다. 이 층위의 합리성이 정치가 과학으로 환원될 수 없는 까닭이다. 나아가 정치사회 안에 널리 분포하는 비합리적인 요소들을 합리적으로 관리하기 위해서도 제일층위의 합리성보다는 제이층위의 합리성이 도움이 되는 경우가 훨씬 많을 것이다.

이런 요소들은 결코 산술적·논리적 추론만으로 직접 도출되는 결론이 아니다. 단, 이런 결론에 도달하는 것을 일반적인 언어의 의미에 따라 개명이라고 부를 수는 있다. 따라서 무조건적인 복수심이나 허영심에서 나오는 의지나 결단은 비합리 또는 불합리라고 분류해야 하지만, 불확실성 안에서 결단해야만 할 시점임을 절제된 상태에서 확인하고 진인사대천명의 자세로 내리는 결단은 분명히 개명된 자세를 포함하는 만큼 합리성의 한 형태로 간주할 수 있다. 이를 나는 제이층위의 합리성이라고 부르는 것이다.

제2장

계몽주의와 권력숭배

코페르니쿠스(1473~1543)는 지동설이 옳다고 믿었지만 죽음에 임박해서야 저서의 출간을 허락했다. 갈릴레오(1564~1642)는 지동설을 주장한 탓에 교회 재판에 회부되어 유죄판결을 받고 죽을 때까지 연금軟禁에 처해졌다. 혈액의 소순환 경로를 밝힌 근대 해부학의 선조 세르베투스(1511~1553)는 교회에 의해 화형당해야 했다. 과학적 신념을 기반으로 삼위일체설을 부인했기 때문이다. 이에 비하면 뉴턴(1642~1727)은 생전에 천재과학자라는 영예를 듬뿍 누렸고, 죽어서는 국민장으로 추앙을 받았다. 이만큼만 봐도, 코페르니쿠스에서 뉴턴에 이르는 기간은 인류의 정신에서 암흑이 광명으로 바뀐 전환기가 분명해 보인다.

하지만 뉴턴 이후에도 정치, 경제, 사회, 도덕, 종교 등의 영역에서는 광명이 찾아오지 못한 것처럼 보였다. 그래서 과학이 찾아낸 진리 탐구방법을 정치에도 적용하면 광명한 사회를 조직할 수 있으리라고 기대한 지식인들이 나타났다. 이들을 계몽주의자라고 부르는데, 이들 중에서 특히 콩도르세(1743~1794)와 생시몽(1760~1825)이 합리주로써 정치를 개편하자는 발상을 명시적으로 표명했다.

콩도르세는 당대에 보기 드물게 남성과 여성을 가리지 않고 인민에게 참정권을 줘야 한다고 주장했다. 그러나 재산에 따른 참정권 제한은 필요하다고 봤는데, 그래야 책임감 있는 투표가 가능하다고 생각했기 때문이다. 재산이 있는 사람만이 나라의 정책이 만약 잘못되었을 때 손해를 보게 되기 때문에, 투표하기 전에 바른 선택을 하려고 탐구의 노력을 기울이리라고 봤다. 그가 꿈꾼 사회는 민주주의나 인민주권보다 공공이성이 지배하는 세상이었다. 인민 대다수가 충분히 개명되기 전에는 민주주의란 단지 중우정치에 불과하다고 생각했다.

콩도르세는 민주주의와 합리주의 사이에서 고민한 흔적이 뚜렷하지만, 생시몽에게서는 그런 흔적이 거의 나타나지 않는다. 생시몽은 개명된 세상에서는 관리하는 행정기능만이 남고 지배하는 정치기능은 사라질 것으로 전망했다. 놀고먹는 계급les oisifs이 주도하는 부당한 세상에서나 지배 따위가 필요하고, 일하는 계급les industriels이 주도하는 세상에서는 생산적인 기능들이 재능에 따라 합리적으로 배분될 테니까 서로 남의 것을 빼앗으려는 권력투쟁이 사라지리라고 기대했다. 과학자, 금융인, 실업가 등이 사회를 이끌어가면 된다고 본 것이다.

계급 없는 사회에서는 지배가 필요 없으니 국가가 없어지게 된다는 마르크스의 꿈은 이런 배경에 뿌리를 둔다. 이들은 모두 과거의 인류역사는 불합리한 정치사회로 점철된 데 비해, 미래의 발전된 사회는 합리적인 탈정치사회가 될 거라고 보면서도, 이 전환이 한순간에 이루어지리라는 추정에 대해서는 누구도 의문을 품지 않았다. 즉, 불합리하기만 했던 인류가 어떻게 느닷없이 합리적이 될 수 있는지에 관해 되새길 줄을 모른 것이다.

사실 이런 생각은 2,500년 전 플라톤에서부터 나타난다. 플라톤의

『국가』를 읽으면(나는 이것이 피상적인 독해라고 보지만 여기서 따질 문제는 아니다), 마치 지혜가 뛰어난 철인이 정치적 판단을 내리고, 용맹이 뛰어난 전사들이 방위와 치안을 담당하며, 나머지 목전의 이익을 추구하는 사람들은 각자 취향과 적성에 따라 원하는 물품을 생산하는 일에 종사한다면 사회가 잘 짜여질 것 같은 그림이 나타난다. 정치판에서 만날 벌어지는 말다툼, 뇌물이나 독직에 관한 추문들, 추문이 나와도 속 시원히 밝혀지는 일은 드물고 도마뱀 꼬리 자르기로 넘어가는 관행, 그러다 여차하면 사람들을 잡아가거나, 아니면 기어이 전쟁까지 일으키는 작태에 싫증이 난다면 정치 없는 세상을 꿈꾸는 것도 무리는 절대로 아니다.

그러나 이런 그림을 그려서 뭔가 마음의 도피처로 삼고 위안을 느끼는 것까지는 그렇다 치더라도, 현실을 어떻게 이런 그림에 맞출지, 그리고 과연 이런 그림대로 하면 불쾌한 정치는 사라지고 쾌적한 행정만이 남게 될지는 여전히 따져봐야 할 문제로 남는다. 그리고 이 두 질문은 사실 한 덩어리로 다뤄도 무방하다. 왜냐하면 이 그림을 구성하는 뼈대 부분이 부정합이기 때문에, 현실에 적용한다는 것은 고사하고 애당초 설계도 자체가 잘못되어 있기 때문이다.

이 그림에서 가장 핵심적인 결함은 정치적·사회적 안건이라는 것이 본질적으로 어떤 성격을 가지는지를 간과하는 데에서 비롯된다. 대북정책이라든지 한반도 대운하, 금융위기의 해결책, 기타 등등의 의제들은 앞 장에서 제시한 구도에 따라 말하면, 산술적 합리성만으로 풀수 있는 문제라기보다는 의지와 결단에 따라서 사람들 사이에 서로 다른 정답들이 교차하는 종류의 문제에 가깝다. 다시 말해서, 산수문제라면 정답과 오답의 구분이 정치와는 상관없는 차원에서 확정되어 있지만, 정책적 쟁점에 관해서는 정답과 오답의 구분 자체가 거의 의미가 없고 지지하는 사람들의 세력이 얼마나 되는지에 따라서 채택되거나 폐기될 수밖에 없다고 봐야 하는 것이다.

인민의 의사를 수렴해서 결정하는 민주적 리더십과 엘리트가 구상한 정책을 인민에게 설득해서 끌고 가는 불도저 리더십 가운데 어느 편이 더 도덕적이라거나 더 효과적이라는 일반적인 답은 있을 수 없다. 이런 질문은 정답이 있기는 있는데 인류의 지식이 아직 충분히 발달하지 못해서 지금은 대답하지 못하는 경우가 아니라, 양자택일형으로 제기된 문제 자체가 잘못된 경우에 해당한다. 따라서 "사정에 따라서 다르다"는 지극히 평범한 대답밖에는 할 수가 없다. 행정학이나 경영학에서 조직이론이나 리더십을 조금이라도 공부해본 사람이라면 이 사실을 익숙하게 알고 있을 것이다.

그럼에도 사회 전체의 정치적 구성에 관해서는 여전히 수많은 사람들이 플라톤이나 생시몽의 그림처럼 합리적으로 조직된 사회에서는 정치가 필요 없으리라는 환상을 아껴 간직한다. 이 환상 때문에 "이념 공방", "정치공방", "정쟁", "정치적 판단"과 같은 단어들이 자체로 뭔가 나쁜 일이라는 의미의 낙인으로 작용하게 된다.

국가보안법을 폐지해야 한다는 주장, 또는 경부대운하를 건설하면 안 된다는 주장은 정치적이고 이념적인가? 당연히 그렇다. 국가보안법을 존속시켜야 하고 경부대운하를 건설해야 한다는 주장도 따라서 당연히 그만큼 정치적이고 이념적이다. 일상적으로 필수적인 행정업무 또는 어떤 명백한 범죄처럼 사회적으로 쟁점이 될 수 없는 재판업무는 정치와 상관없이 이루어진다. 그러나 그런 경우 탈정치적인 결정이 가능한 것은 정치세력 사이의 이념적·도덕적 정향과 상관없이 확립된 사회적 규칙이 있기 때문이지, 행정이나 사법이 본래 정치와 상관이 없어야 하는 것이 아니다. 종전까지 일상적으로 필수적인 행정업

무라고 간주되었지만 일각에서 필요 없으니 폐지하자고 주장한다면 그것은 바로 정치적인 쟁점이 된다. 연쇄살인범에 대해서도 처벌하는 데는 아무 이의가 없지만, 사형해야 하는지는 정치적 쟁점이 되는 것도 바로 똑같은 이치다.

합리적 조직을 통해 사회를 탈정치화한다는 발상은 합리성을 제일 층위의 것으로만 이해하면서, 제이층위의 합리성에 관해서는 완전히 관심 자체를 기울이지 않은 결과다. 다시 말해 말하는 사람 각자의 의지나 기질에 따라서 제일층위의 합리성이 서로 다른 의미로 정형화되는 상황, 즉 합리성에 관한 복수의 관념들이 서로 경합하는 상황을 그냥 하나의 합리성으로 통일할 수 있다고 생각하는 셈이다. 여러 갈래의 합리성이 서로 경합할 때 어쩌면 통일이 가능할지도 모른다. 그런데 그 통일은 합리성에 관한 진정한 기준이 새삼 발견된 덕택이라기보다는 힘의 우열에 힘입은 결과이기가 쉬울 것이다. 힘이란 발가벗은 무력에서부터 여론의 지지까지를 망라한다.

제임스 번햄이 『관리혁명*Managerial Revolution*』(1941)에서 주장한 내용을 조지 오웰이 권력숭배일 뿐이라고 비판한 사실을 음미해볼 가치가 있다.[18] 번햄은 1930년대 말까지만 해도 트로츠키 계열을 추종한 마르크스주의자로 미국 사회당에서 활동했지만, 당내 권력투쟁에서 패배하고 히틀러와 스탈린의 득세를 보면서 사회주의 대신 전문가에 의한 지배 쪽으로 전향했다. 자본주의는 (자기가 보기에) 14세기경에 시작된 제도이기 때문에 시작이 있는 만큼 끝이 없을 수 없는데, 그다음은

---

18) George Orwell, "Second Thoughts on James Burnham", *Polemic*(London, Summer 1946). 이 글은 나중에 *The Collected Essays, Journalism and letters of George Orwell* (1968)에는 "James Burnham and Managerial Revolution"이라는 제목으로 실렸다 (http : //orwell.ru/library/reviews/burnham/english/e_burnh).

사회주의가 아니라 관리전문가들의 체제가 된다는 것이다.

이 주장은 전혀 독창적인 것이 못 된다. 그 전에 이미 콩도르세나 생시몽이 꿈꿨던 이상도 있었고, 파레토나 모스카 및 미헬스의 엘리트 이론도 있었다. 현대사회가 전문 관료에 의한 지배로 흘러가려는 경향은 막스 베버도 감지하고 우려를 표명했고, 헉슬리의 『멋진 신세계』(1932)를 통해서 경고가 발령되기도 했다. 실제로 번햄보다 불과 2년 전에 이탈리아의 브루노 리치가 『세계의 관료화』(1939)를 출판했기 때문에 표절의 의혹이 제기되기도 했다. 게다가 조지 오웰도 1930년대에 쓴 여러 저술을 통해 이런 관료화 경향을 고발하다가 『동물농장』(1944)과 『1984년』(1949)을 내놓게 된다. 차이는 번햄은 이를 반긴 데 비해 오웰은 혐오했다는 데에 있다. 그리고 오웰은 그런 번햄의 입장에서 권력숭배를 적확하게 읽어냈다.

권력숭배란 무슨 의미인가? 오웰은 번햄이 어떤 시기에 어떤 말을 했는지를 추적해서 다음과 같은 사실을 찾아냈다.

1. 1940년 후반에 집필된 『관리혁명』에서 번햄은 독일이 전쟁에서 승리하고, 영국이 패할 때까지 독일과 소련의 동맹이 유지될 것이며, 그다음에는 소련도 독일에 패배할 것으로 전망했다.

2. 독일군이 독소 불가침조약을 폐기하고 모스크바 교외까지 진격한 1941년 후반에 쓴 『관리혁명』의 영국판 보론에서 번햄은, 독일과 소련의 결별이 시작되어 소련이 이미 패배한 것처럼 썼다.

3. 일본이 소련과 불가침조약을 맺은 1944년 초에는 일본과 소련이 동맹을 맺어서 미국에 대항할 것이라고 썼다.

4. 연합군이 이탈리아와 프랑스에서 주춤거리고 소련군이 동유럽으로 진출하던 1944년 겨울에는 소련이 세계를 정복할 것으로 예언했다.

이런 관찰을 토대로 오웰은 "지금 일어나고 있는 일이 앞으로도 계속된다"고 예언하는 패턴을 번햄에게서 찾았다. 다시 말해서, 세상은 어떤 시대에나 똑같을 뿐 나아지지 않는다는 사고방식이다. "인간은 두 종류, 자기중심적이고 위선적인 부류와 두뇌가 없는 우중愚衆으로 나뉜다. 우중은 돼지처럼 이끌려서 우리 안에 갇힌다. 여물통을 딸각거리는 막대소리에 이끌릴지 아니면 배를 차여서 이끌릴지는 그때그때 필요에 따를 뿐이다."―오웰이 요약한 번햄의 사고방식이다.

번햄에 대한 오웰의 비판을 조금만 더 따라가본다. 마키아벨리(1469~1527) 시대라면 차라리 계급 구분이 불가피했을 뿐만 아니라 바람직했다고까지 말할 수 있었을 것이다. 왜냐하면 생산력이 충분하지 않은 상태에서 모든 사람이 육체노동에만 종사한다면 문명의 발전은 가망이 없었을 테니까 다수의 노동을 기반으로 소수의 유한계급이 창조적인 활동에 종사하는 체제가 불가피하다고 말할 수 있는 여지가 있다. 하지만 기계 덕택으로 필수품 생산의 문제가 해결된 마당에도 왜 계급 구분이 유지될까? 번햄이 이 질문을 하지 않는다는 사실이야말로 권력숭배가 그의 내면에서 나오는 목소리임을 보여주는 증거라고 오웰은 지적한다. 권력, 사기, 전횡을 그가 내심에서 승인하고 원하기 때문에 그 모든 얘기를 하고 있다는 것이다. 역사의 진행이니 추세니 전망이니 하는 소리는 자기가 권력을 원한다는 사실을 감추기 위한 핑계에 불과하다는 말이다.

오웰은 번햄을 비판한 지 4년 만인 1950년에 합리주의의 미명 아래 사실상 권력을 숭배하는 얼빠진 지식인들에 대한 비판정신을 그대로 유지한 채로 사망했다. 오웰보다 2년 늦게 태어난 번햄은 1987년까지 살았다. 독일의 승리를 점쳤다가 소련의 세계정복을 예언하는 등 우왕좌왕하던 번햄은 제2차 세계대전 이후 냉전기에 자신의 서식처를 찾았다. 트로츠키주의 급진파에서 시작했다가 스탈린 숭배를 거친 후 소련을 공격하는 미국 보수주의의 나팔수로 확실하게 전향한 것이다. 로널드 레이건 대통령은 1983년 번햄에게 자유훈장National Medal of Freedom을 수여했다. 물론 이와 같은 경우에 자유란 단지 반공주의에 대한 순응을 뜻할 뿐이다.

이재오, 김문수에서부터 신지호에 이르기까지 극좌로 시작했다가 극우 선봉장으로 변신한 사례들은 대한민국에도 넘쳐난다. 나는 이들의 변신을 특별히 탓할 생각은 전혀 없다. 내가 오웰을 인용하면서, 그리고 그에게 공감하면서 지적하고 싶은 사실은 이것이 권력욕일 뿐이지 살아남기 위한 불가피한 일이 아니라는 점이다. 어쩌면 그들의 입장에서는 "살아남기 위해서"라고 말할 수 있을지도 모르겠다. 하지만 그렇다고 하더라도 그것은 "권력의 세계에서 살아남기 위해서"이지, 배를 채우기 위해 빵을 훔친 장 발장의 "살아남기 위해서"와 같은 뜻일 수 없다. 영화 〈얼라이브〉에 나오듯, 안데스 꼭대기 눈밭에 고립되어 먼저 죽어간 동료들의 시신을 뜯어먹어야 했던 1972년 우루과이 럭비팀의 "살아남기 위해서"와도 같은 뜻일 수가 없다.

지금 한국사회의 자칭 좌파 중에 10년이나 20년 후에 극우의 나팔수 노릇을 하게 될 사람이 몇 명이나 될지는 자체로 파괴적이며 소모적인 질문이기 때문에 하지 않는다. 누가 그런 의문을 가지고 있다면 그때 가서 알아보라고, 그때까지는 그냥 잊으라고 권하고 싶다. 단, 권력숭배라는 유혹에 넘어가는 사람들이 극좌에서 시작했다가 극우로 전향하는 일에 충격받아 상심하지 않도록 대비는 되어 있는 편이 나을 것이다.

상심이야말로 유혹에 넘어가기 시작하는 첫 단추이기 때문이다. "권력숭배는 현재의 정치적 추세가 계속되리라는 믿음에 거의 어쩔 수 없이 빠지도록 만들기 때문에 정치적 판단력을 흩뜨려버린다"—
오웰의 관찰이다. 옳고 그름에 개의치 않는 권력숭배자들이라도, 제2
차 세계대전을 통해 자유사회가 전체주의보다 경제적으로나 군사적으
로나 우월할 수 있다는 사실은 볼 수가 있었다. 그렇다면 기술관료의
지배가 아무리 추세인 것처럼 보이더라도, 개인적 자유의 폭을 넓힐
만한 여지를 얼마든지 찾을 수 있다는 말이 된다. 태어날 때부터 권력
숭배를 체질로 타고난 사람이라면 어쩔 수 없겠지만, 자유를 한때나마
원했다가 그쪽으로 전향하는 사람이라면 다소간의 좌절에 절망해서
모든 희망을 포기했다는 얘기밖에 되지 않는다. 이런 자포자기는 어떤
지적인 결함, 혹시 부지중에 빠져있을지 모르는 오해나 착각이나 무지
나 강박관념이나 고정관념에서 벗어나려는 지적 용기의 결핍 때문에
생길 수도 있다. 장을 바꿔서 이 측면을 추적해보자.

제 3 장

어설픈 기대와 조급한 자포자기

콩도르세, 생시몽, 마르크스 등은 번햄처럼 권력숭배에 자신을 내던 져버리지는 않았다. 그들은 종전에 없었던 합리적 사회로 역사의 근본 적인 변혁이 가까워졌다고 믿었다. 그런 세상에서는 관리만 있고 지배 는 없으리라는 것이 그들의 희망이었다. 이를 따지는 데서부터 이 장 을 시작해보자.

합리적으로 조직된 사회라고 해도, 사실 합리적으로 조직된 사회일 수록 규칙이 틀림없이 있을 것이다. 그런 사회일수록 예컨대 수학에 재능이 없는 사람이 뇌물이나 배경으로 수학교사직을 차지하는 일은 없을 테니까 그만큼 자격이라는 규칙이 엄격하게 지켜질 것이다. 나아 가 사람들이 대개 충분히 개명되어 자기가 수학교사의 자격이 있을지 없을지를 가늠할 수 있고, 사회질서가 전반적으로 합리적으로 편성되 어 있다고 한다면, 수학교사의 자격이 부족한 사람이 수학교사가 되려 고 기를 쓸 리 없을 것이다. 그에게는 수학보다 뛰어난 다른 재능이 아 마도 있을 테니 그 방면에서 일자리를 찾으면 되고, 설사 아무 재능이 없다하더라도 단순노동이나 남의 심부름만 하더라도 합리적으로 설계된 사회에서는 먹고사는 데 지장은 받지 않을 것이기 때문이다.

생시몽의 시대 말고 21세기인 현재를 생각하면 이런 그림은 더욱 매력적이다. 현재 기아와 빈곤의 문제는 불충분한 식량생산이 아니라 유통과 분배임이 분명하기 때문이다. 세계식량농업기구FAO 통계에 따르면(http : //faostat.fao.org/site/339/default.aspx), 2004년 세계 곡물 생산은 22억 7,000만 톤, 육류 2억 6,000만 톤, 야채와 과일 13억 8,300만 톤, 우유 6억 1,900만 톤, 계란 6,300만 톤, 그리고 생선(2001년 추계)은 1억 3,000만 톤이었다. 이를 60억 명과 365일로 나누면, 하루에 일인당 곡물 1,036g, 육류 118g, 야채와 과일 631g, 우유 282g, 계란 28g(대략 중란 반 개), 생선 59g이 된다. 세계 평균 일인당 하루에 2,800 Kcal의 식품을 소비하고 있다.

이런 생산량은 공급초과가 발생하지 않도록 조절한 결과로서, 생산 능력은 현재 생산량보다 훨씬 높다. 따라서 분배의 불균형만 없다면, 충분한 수의 부유층이 사치스럽게 소비하는 분량을 허용하더라도 인류가 이제 기아에 시달릴 필요는 없어졌다고 말할 수 있다. 나아가 식량 이외의 여타 필수품들, 나아가 인간으로서 최소한의 도덕적 품위를 유지하는 데 필요한 수준을 전인류에게 공급할 수 있는 물적 기반도 현재 이미 갖춰졌거나 적어도 가까운 장래에 갖춰진다고 봐도 무방할 것이다. 따라서 합리적으로 물적·인적 자원을 할당하기만 한다면 생존은 물론이고, 우아한 삶으로 기준을 높이더라도 개인들이 서로 싸워야 할 필요는 없을 것처럼 보인다.

사회생활의 여러 국면에 현재 상태보다 합리화함으로써 효율성과 평화와 행복을 증진할 부분이 대단히 많다는 점을 부인할 사람은 없다. 그러나 사회의 모든 문제가 합리화를 통해서 해결될 수 있는 것은 아니다. 합리화가 필요한 부분이 있다는 데서 합리화로써 모든 문제를 풀 수 있다는 생각으로 연결하는 것은 사람들이 흔히 범하기 쉬운 비약인데, 그 때문에 생성된 성급한 기대는 마찬가지로 성급한 좌절로 이어지기 십상이다.

이는 능력 위주로 사회를 편성해야 한다는 계몽주의의 이상을 유기체의 모델에 접목시킨 결과다. 각 개인이 일정한 몫의 재능을 타고나고, 사람들의 재능을 다 모은 총량은 사회에 필요한 만큼과 같다는 발상으로서, 인체와 같은 생물학적 유기체에서도 그렇다는 점에 착안한 것이다. 생물학적 개체의 경우 각 부분들이 조화롭게 기능적으로 분화되어 있으면서도 전체의 생명유지와 활동에 기여한다는 사실은 경이로운 면이 있는 것이 사실이다. 일부 기독교도들은 거기서 신의 존재가 증명된다고까지 할 정도이다. 유기체가 조화롭다는 경탄은 자연이 조화롭다는 경탄으로도 쉽게 이어질 수 있다. 사시사철 계절의 조화, 가물었다가 태풍도 불고 지진과 폭우가 교차하지만 전체적으로 균형이 유지되는 조화, 수십억 년간 변함없이 정해진 시간에 떴다가 지는 태양의 정교한 질서 등등 자연의 조화를 말하자면 끝이 없다.

이처럼 인간사회도 각 개인은 기능과 소질에 따라 능력을 발휘하도록 최대한의 기회가 부여되고, 물품이든 문화콘텐츠든 서비스든 과학이나 철학의 발견이든 개인들의 능력에 따라 생산된 결과는 사회 전체가 고루 향유하도록 만들 수 있을 것이다. 나는 이런 생각에 반대하는 것이 전혀 아니고, 이것이야말로 진보이념의 기초가 되어야 한다고 믿는다. 내가 여기서 따지고자 하는 문제는 그와 같은 사회에서 권력이나 정치가 없어질 것인지, 없어야 하는지이다.

우선 따져봐야 할 질문 하나는 "자연이 조화롭다"는 인식이 외부적 사실에서 비롯되는가 아니면 내면의 태도에서 비롯되는가 하는 것이다. 우리가 흔히 자연이라고 부르는 영역에서는 갈등과 투쟁과 재앙과 참변들이 무수히 일상적으로 발생한다. 루소는 야생동물 중에는 기형이나 병신이 없다는 점을 들어 자연이 건강하다고 기염을 토했지만, 야생에서 기형이나 병신이 없는 것이 아니고 살아남지 못해서 눈에 띄지 않을 뿐인 것이다. 홉스는 그래서 자연상태를 "고독하고 궁핍하고 역겹고 잔혹하고 일찍 죽는" 상태라고 봤고, 사실이라는 관점에서 그의 관찰은 전혀 틀리지 않다. 자연을 "조화"로 바라본다는 것은 흔히 쓰는 비유로, 잔에 반쯤 남은 물을 두고 "반이나 남았다"고 말하는 경우와 정확하게 똑같이 사실의 진술이 아니라 태도의 표명인 것이다.

합리적으로 세상을 편성함으로써 관리만 남고 정치는 사라지리라는 기대가 실현되려면 관리자들의 결정에 대해서 이해 당사자들이 승복하리라는 전망이 설득력을 가져야 한다. 일단 관리자들이 합리적으로 결정을 내리면 너무나 말이 안 되는 처사는 없어질 것이라고 볼 수 있다. 그래도 경계의 문제, 다시 말해 말이 안 되는 처사와 말이 되는 처사 사이 중간부분에 위치하는 결정들은 남게 될 것이다. 예컨대 어떤 조직에서 승진 자리가 셋 나왔는데 스스로 합리적으로 적격자라고 생각하는 지원자는 열 명이라고 하면, 관리진이 선별하지 않을 수 없다. 두 명까지는 현실적으로 이의가 없이 선발할 수 있더라도 세 번째에서는 두세 명의 경쟁자 사이에서 어떤 성품을 중시하느냐에 따라 선택이 달라지는 것이 보통일 것이다. 이와 같은 경우 관리자 측에서 설령 지원자들보다 우월한 합리성에 따라 결정을 내리더라도, 지원자들이 아무런 불만을 가지지 않는다는 것은 현재와 같은 사회생활에서 기대할 수 없는 일이다.

합리적 사회조직을 통해 갈등을 해결하면 정치가 불필요해진다는 이상을 간직한 사람들은 대부분 이 때문에 인간 심성의 변화를 동시에 주장한다. 현재처럼 사람들이 탐욕적이고 경쟁적인 까닭은 자본주의라고 하는 사회구조 때문이고, 합리적으로 사회구조를 바꾸고 나면 절제와 양보, 협동과 온유가 사람들의 마음속에 스며들어 잔잔한 기본을 이루리라는 얘기다. 이제 바로 이 지점에서 결정적으로 나타나는 단견은 절제와 탐욕의 경계가 양수와 음수의 경계와 본질적으로 다르다는 사실을 간과하는 것이다.

콩도르세와 생시몽은 물론이고 벤담이나 존 스튜어트 밀과 같은 공리주의자들, 그리고 프루동이나 크로폿킨 같은 무정부주의자들이 모두 계몽에 의해 정치가 과학으로 대체되기를 희망했고, 그 와중에 우리가 일상적으로 긋는 경계선 가운데 완전히 서로 성격이 다른 두 가지 종류가 있음을 간과했다. 이 사실이 누구보다도 명확하게 드러나는 사람으로 엥겔스를 뺄 수 없다. 엥겔스는 『반反뒤링론』 제1부 제12장 「질과 양의 변증법」에서 돈이 많아지면 자본으로 바뀐다는 마르크스의 이야기를 뒷받침하는 근거로 물이 얼음으로 바뀌는 예, 그리고 이어서 $C_nH_{2n}O_2$ 형태의 카르복시산들이 n의 값이 1, 2, 3, ……처럼 변화함에 따라 포름산, 아세트산, 프로피온산 등으로 성질이 변화하는 예를 들었다.

이에 대해 피터 윈치는 양의 변화에 따라 질의 변화가 수반되는 경우 가운데 두 가지 종류가 있다는 사실을 엥겔스가 전혀 보지 못하고 있음을 지적했다(『사회과학이라는 발상』 http : //blog.daum.net/dongc-park/4430711, 제3장 제2절). 모래를 얼마나 쌓아야 한 무더기가 되는지, 또는 머리카락이 얼마나 없어져야 대머리가 되는지를 생각해보라는 것이다. 얼음이 물이 되고 다시 증기로 바뀌는 변화는 자연과학적 탐구에 의해서, 다시 말해 연구대상에 관한 탐구를 통해서 어느 정도까지 세밀한 규칙을 찾아낼 수 있는 주제이다. 반면에 머리카락이 얼마나 빠져야 대머리가 되느냐는 문제는 머리카락 수를 세어서 파악할 수 있는 문제가 아니라, "대머리"라는 말을 사용하는 사람들과 더불어 살면서 그들을 이해하는 (또는 오해하는) 차원의 문제이다.

탐욕과 절제의 경계, 우리 사회에서 자주 나타나는 용어를 들자면 투기와 투자의 경계란, 얼음과 물의 경계에 비슷한 것이 아니라 대머리의 경계와 비슷한 구분이다. 조지 소로스나 워런 버핏은 투기꾼인가 투자자인가? 한국에서 젊은 맞벌이 부부가 적금을 타고 은행 융자를 보태 마련한 자금으로 기왕이면 노른자위에 해당하는 곳에 30평 아파트를 하나 마련하려고 파주에서 대전까지, 인천에서 횡성까지 동분서주 돌아다닌다면 투자자인가 투기꾼인가? 자본주의의 탐욕이 아무리 줄어들어도, 대학졸업반 학생이 대학원에 갈까 공무원 시험을 볼까 적당한 기업체에 취직을 할까 사이에서 저울질하는 일이 사라질 수는 없을 것이다. 또는 배우자를 고르기 위해 여기저기 두리번거리는 저울질이 사라질 수도 없을 것이다.

합리적인 사회라면 정치가 필요 없으리라는 발상은 기본적으로 인간을 철저하게 대상으로만 바라보는 관점, 다시 말해서 인간을 관리대상으로 객체화하는 관점에서 나온다. "유아론과 순수 실재론이 겹쳐지는 것을 여기서 볼 수 있다"는 비트겐슈타인(*Tractatus*, 5.64)의 언표가 정확하게 해당하는 지점이다. 합리적인 사회를 투사하는 계몽주의자들의 설계도에는 설계자가 들어 있지 않다. 설계자는 세상 밖에서 세상을 조종하는 조화옹으로 설정되어 있다.

설계자가 세상 안에서 다른 사람들과 서로 경합하거나 협동하면서 때로는 이해하고 때로는 오해하는 위상을 가진다면, 자기가 생각하는 합리성의 표준이 곧 보편적인 표준이 되리라는 유아론에 빠질 수가 없다. 얼음과 물의 경계에 대해서는 적어도 정치적으로 중요한 논쟁이 발생할 가능성은 거의 없다는 점에서 합리적인 경계의 표준이 확정될 수 있다. 하지만 탐욕과 절제의 경계, 어떤 지위에 관해 적격자와 부적격자의 경계, 어떤 정책이나 노선에 관해 유익한지 해로운지의 경계는 사람에 따라서 합리적 표준의 의미가 본질적으로 달라질 수밖에 없는 주제들이다. 이런 차원, 다시 말해 소위 가치와 목적과 도덕의 차원에서 벌어지는 논란이 합리성의 부족 때문에 발생한다고 믿는 것은 그 자체가 미숙한 지성의 징표일 뿐이다. 자기가 믿는 도덕이 유일하게 합리적이라고 생각하는 윤리적 유아론, 즉 교조주의이기 때문이다.

앞 장에서 나는 의지와 결단의 영역에서 작용할 수 있는 합리성은 제일층위의 것이 아니라 제이층위의 것이어야 한다고 말했다. 윤리적 유아론은 물론 제이층위의 합리성에는 시선이 미치지 못한다는 표지에 해당한다. 양질 변환의 법칙에서 얼음과 물의 경우만을 표준으로 상정하고 대머리의 경우와 같은 유형은 완전히 놓쳐버리는 것과, 합리성을 제일층위의 형태로만 고집하고 제이층위의 유형은 철저하게 도외시해버리는 것이 긴밀하게 연관되어 있다. 이는 또한 유기체의 비유를 어디까지 끌어갈 수 있을지 적실성의 한계를 검토해볼 생각조차 전혀 하지 않고, 무작정 인간사회에 갖다 붙여버리는 무모함과도 연관이 있다.

아트 사커라는 칭송을 받았던 지단 전성기 때의 프랑스 축구팀, 또는 프로농구를 방불케한 패스 능력을 보였던 과거 소련의 아이스하키팀, 거의 한마음이었다고 할 정도로 체계적으로 움직였던 로멜의 전차군단 등이라면 여러 명의 개인으로 이루어진 인간집단이 유기체에 가까운 조직력을 보인 최고수준의 예라고 할 수 있을 것이다. 이런 예들을 바람직한 표준으로 상정하고 보면, 하나의 사회 전체라고 그런 정도의 유기적 통합을 이루기가 불가능할 것처럼 보이지 않을 수 있다. 어렵기는 하겠지만 질적으로 불가능한 것은 아니고 단지 정도의 차이라고 보고 싶어질 것이다.

　그렇지만 이 비유에는 결정적인 결함이 있다. 우선 생물학적 개체의 경우에도 인간집단의 경우나 마찬가지로 항상 제대로 작동하지만은 않는다는 점까지는 같다. 거기서부터 두 가지 결정적인 차이가 나타난다. 첫째, 유기체를 구성하는 부속품은 물리적인 인과성에 의해 작동하든지 않든지가 결정되어 있는 데 비해, 인간집단의 구성원들은 의지와 선택의 주체들이다. 둘째, 유기체는 부속품이 제대로 작동하지 않는다면 자체로 고장 또는 쇠퇴 또는 사망으로 접어들지만, 인간집단은 그렇지 않을 수도 있다. 축구를 하다가 느닷없이 공을 집어들고 뛰어가버린 소년 때문에 럭비라는 새로운 경기가 생겼음을 상기해보라. 예술과 과학에서, 기타 모든 사회생활의 영역에서 파격이나 혁신이 실패나 재앙으로 이어지는 경우도 물론 많지만, 종전에 상상도 하지 못했던 비약적 발전으로 이어지는 경우도 있음을 상기해보라.

　유기체의 모델에 따라 인간사회에 필요한 모든 기능을 개인 구성원들이 중복이나 경합이나 공백 없이 제대로 수행하는 상태가 바람직하다는 그림을 그리는 사람은 다른 사람들이 모두 자기 뜻대로 움직여주기를 바라는 사람이다. 반면에 정치란 본질적으로 다른 사람들이 내 맘대로 움직이지 않는 경우에 설득하든지 협박하든지 애원하든지 속여먹든지 교화하든지 감동을 주든지 아니면 죽이는 등 모종의 수완을 발휘해서 자신의 뜻을 관철하려는 지향성과 관계되는 사업이다. 물론 이런 과정에서 상대의 뜻을 더 잘 알게 됨으로써 원래 내가 가졌던 의지를 철회할 수도 있고 부분적으로 양보할 수도 있다. 합리적이라면 정치가 필요 없으리라는 기대는 단지 이런 과정이 귀찮다는 치기어린 불평에 불과한 것이다.

　이런 치기와 불평에는 지금까지 지적한 대로 합리성에 관한 불충분한 성찰, 그리고 인간사회의 본질에 관한 미숙한 이해가 끼어들어가 있다. 당연히 이처럼 치기와 미숙에서 비롯되는 기대는 어설픈 것일 수밖에 없고, 따라서 필연적으로 실천에서 좌절을 겪지 않을 수 없다. 번햄과 같은 경우는 대표적으로 성급한 기대가 조급한 좌절을 낳은 과정이 반복된 뒤에 노골적인 권력숭배로 귀결된 사례이다. 콩도르세, 생시몽, 벤담, 마르크스, 엥겔스 등의 경우에는 번햄에 비할 수 없이 의지력이 강해서 비상한 인내심을 보였다고는 할 수 있지만, 이들이 허공에다 투사해놓은 평면적 합리성에 토대를 둔 유기적 사회의 그림에서 피상적인 매력을 느낀 젊은이들은 지금도 어디선가 성급한 기대로 시작했다가 조급한 좌절을 겪은 다음 권력숭배로 매몰되는 악순환의 도중에서 헤매고 있을지 모른다.

제 4 장

합리성과 관습

계몽주의 시대에는 합리성과 관습이 서로 대립한다고 생각하는 경향이 있었다. 코페르니쿠스, 갈릴레오, 세르베투스 등의 "합리적"인 생각을 교회라고 하는 관습이 방해하고 억압했다고 보면 그것도 무리는 아니다. 링컨은 흑인도 사람으로 대접해야 한다는 "합리적인" 정책을 위해서 노예제라고 하는 "관습"과 전쟁을 치러야 했다. 여성운동, 노동운동, 식민지 해방운동, 기타 수없이 많은 사회적 쟁점들 가운데 합리성 대 관습의 대립이라는 구도로 포착될 수 있는 것들이 대부분이다.

그런데 잘 생각해보면 합리성 자체가 관습과 무관할 수가 없다. 사실은 합리성도 관습의 일부에 속한다. 『이상한 나라의 앨리스』를 지은 수학자 루이스 캐럴은 「거북이가 아킬레스에게 한 말」이라는 짧은 패러디를 통해 이 요지를 최고로 선명하게 드러냈다. [19]

아킬레스와 거북이가 A, B, Z, 세 개의 명제를 가지고 토론했다. 이

---

19) Lewis Carroll, "What the Tortoise Said to Achilles", *Complete Works*, Nonesuch Press.

셋은 서로 관련이 있어서, A와 B로부터 논리적으로 Z가 귀결된다. 거북이는 아킬레스에게 만약 자기가 A와 B를 참으로 받아들이기는 하면서 "A와 B가 참이면, Z도 틀림없이 참"이라는 명제(C)는 참으로 받아들이지 않는다면 어떻게 하겠느냐고 묻는다. 그리고 아킬레스에게 자기로 하여금 Z를 참으로 받아들이게끔 논리적으로 속박하여보라고 도전한다. 아킬레스는 우선 거북이더러 C가 참임을 인정하라고 한다. 그리고 거북이가 그것을 인정하자 자신의 공책에 다음과 같이 적는다.

> "A
>
> B
>
> C (A와 B가 참이면, Z도 틀림없이 참이다)
> _____
> ∴ Z"

아킬레스는 이제 거북이에게 "네가 A, B, 그리고 C를 받아들인다면, Z도 역시 받아들여야 한다"고 말한다. 왜 그러냐는 거북이의 반문에 아킬레스는 "왜냐하면 그 결론이 **논리적으로** 도출되기 때문"이라고 대답한다. "만약 A, B, C가 모두 참이라면 Z도 참일 수밖에 없다 (D). 내 생각에 너도 **그것**을 부인하지는 않을 것 같은데?" 거북이는 만약 아킬레스가 명제 D를 공책에 추가로 적어넣는다면 D를 받아들이겠다고 한다. 이후로 다음과 같은 대화가 계속된다.

아킬레스: 자 이제 너는 A, B, C, 그리고 D를 받아들였다. 따라서 당연히 Z도 받아들여야 한다.

거북이: (천연덕스럽게) 정말 그래? 그 점을 명확히 해보자. 나는 A, B, C, 그리고 D를 받아들였다. 그런데 **아직도** Z를 받아들일 수 없다고 한

다면 어떻게 할래?

아킬레스 : (의기양양해서) 그러면 논리가 네 목을 졸라서 **강제로** 그렇게 하게끔 만들고 말 거야! 논리는 '네게는 선택의 여지가 없어. A, B, C, D를 모두 받아들인 한, Z 역시 받아들이지 **않을 수 없다**'고 말할 거야. 따라서 너에게는 보다시피 선택의 여지가 없어.

거북이 : **논리**가 친절하게 알려주는 것이라면 무엇이든지 **적어둘 만한** 가치가 있을 거야. 그러니 그것도 네 공책에 적어넣어주면 좋겠다. 그리고 그것을 E라고 부르자(E). 만약 A, B, C, D가 참이면, Z 역시 틀림없이 참이다. 이제 내가 **이것**을 받아들이기 전에는 Z를 받아들여야 하지는 않음이 분명하지? 그러므로 이것이 **반드시 필요한** 단계인 것 같아. 네 생각은 그렇지 않니?

아킬레스 : (기운 없는 목소리로) 그런 것 같구나.

캐럴의 풍자는 여행객이 갈 길을 갔다가 고향으로 돌아가는 길에 이곳을 다시 지나는 대목에서 끝난다. 거북이와 아킬레스는 여전히 토론 중인데, 다만 아킬레스의 공책에는 빈자리가 별로 남지 않았다는 얘기다.

어떤 전제에서 어떤 결론을 추론하는 것이 타당하다는 증명은 추론 자체로 끝이지 그 이상의 추가적 정당화가 필요하지 않다는 것이 캐럴이 패러디를 통해서 전달하는 요지다. 실제로 행한 추론 바깥에 타당성이라는 것이 따로 있다는 듯이 생각하면서 타당성의 내용을 밝혀내려는 당대 논리학자들을 아킬레스로 설정하고, 캐럴 자신이 일종의 악마의 변호인devil's advocate으로 거북이 역을 맡은 것이다.

이 패러디의 교훈은 합리성과 관습의 관계, 따라서 합리성과 정치의 관계에 똑같이 적용된다. 합리성이 관습과 별개라는 발상, 그러므로 합리적인 사회에서는 정치가 필요 없으리라는 발상은 논리의 규칙이 추론이라는 실천의 외부에서 조달되어 도입될 수 있다고 보는 발상과 닮은꼴이기 때문이다. 이제 현실정치의 예로 대한민국 1954년, 악명 높은 사사오입 개헌의 경우를 보자.

이승만은 재선에 성공한 후 초대 대통령에 한해서 중임제한을 철폐한다는 황당한 개헌안을 국회에 제출했다. 당시 헌법은 국회 재적의원 3분의 2가 찬성하면 개헌이 되도록 정하고 있었다. 1954년 11월 27일 표결이 있었는데, 찬성이 135표 나왔다. 재적의원이 203명이라서, 3분의 2라고 하면 135.333……명이 된다. 사회를 맡은 국회부의장 최순주(자유당, 충북 영동)는 의결정족수에 미치지 못한다고 보고 부결을 선포했다. 그날 밤 경무대에 보고하는 자리에서 사사오입하면 135명이 의결정족수가 되는데 일처리를 잘못했다는 꾸지람을 들었다. 다음 날 정부는 담화문을 통해 부결선포는 계산착오였다고 선언했고, 그 이튿날 11월 29일 최순주는 국회에서 사사오입으로 가결되었다고 선포했다.

이 사건은 보통 위헌적 개헌이라고 부른다. 이름이야 어떻게 지어 불러도 별문제는 없는데, 이로써 개헌이 된 것인가를 묻게 되면 약간 까다로운 문제가 있다. 개헌 조항을 헌법에 명시하는 까닭은 그 조항을 따르지 않으면 개헌이 될 수 없도록 하기 위함이다. 재적의원 3분의 2라고 할 때 203명 중 136명이 정족수라고 보면 저 개헌안은 부결된 것이 맞다. 그런데 실제로는 가결된 셈이고, 1954년 이후 우리 헌정사는 바로 그렇게 생긴 헌법으로부터 일정한 연속성을 가진다. 최순주의 가결선포는 과연 위헌인가?

위헌이라고 하면 어떻게 위헌적인 방식으로 개헌이 될 수 있는지 이상하다. 더욱 발본적인 물음은 지켜지지 않는 헌법이 헌법인지, 다시 말해 헌법전이라는 인쇄물은 있지만 결정적인 순간일수록 지켜지지 않는 사회를 헌정체제라고 부를 수 있느냐는 것이다. 그렇다고 해서 헌법전이라는 문서가 있었고, 대통령이라는 사람들은 취임할 때 그것을 지키겠다고 선서도 했고, 무슨 "개헌"이니 뭐니 하면서 논쟁과 몸싸움과 날치기를 대단히 심각하게 벌이는 나라에 헌법이 없다고 말해야 맞는다고 우기기도 어려운 노릇이다.

우리말 문구에 거의 항상 첨가되는 포폄의 의미를 솎아내버리고 순전히 서술적인 차원으로만 "지킨다"는 말을 사용할 수 있다면, 이 경우에는 "3분의 2라는 의결정족수를 사사오입으로 해석해서 지켰다"는 서술이 가능하다고 나는 생각한다. 방금 포폄의 의미를 솎아낸다고 했기 때문에, "지켰다"는 말에 "잘했다"는 뜻이 전혀 섞이지 않음을 음미해주기 바란다. 실제로 당시에 야당의원을 비롯한 지식인층에서 반발이 없지 않았지만, 개헌 자체를 취소할 정도로 강력한 인민의 압박이 이뤄지지는 않았다. 그 헌법에 따라 치러진 1956년의 선거에서 이승만은, 신익희 후보의 급서, 그리고 진보당 조봉암 후보에 대한 민주당의 질투심 때문이기는 했지만, 어쨌든 504만 표 대 216만 표라는 압도적인 지지로 당선되어 임기를 무사히 마쳤다. 네 번째 임기 도중에 4·19혁명으로 물러났지만, 제2공화국도 1954년에 개헌된 헌법이 그때까지 헌법이었음을 부정하지 않았고, 거기 적힌 개헌절차를 근거로 새 헌법을 만들었다.

대한민국 정치사에는 말을 만들어서 부르자면 "위헌적 개헌"이라고 할 만한 사건들이 여러 번 있었다. 그런데 "위헌적 개헌"이란 "네모난 동그라미"와 똑같이 의미가 없는 말장난에 불과하다. 시에서 쓰일 상징 또는 두루뭉수리 정치적 수사로는 물론 가능하다. "평화를 위한 전쟁", "녹색 토건", "서민을 위한 강부자 정권", "민주적 집중", "기아에 허덕이는 강성대국", 실제 정치판에서 사용되는 수사 가운데에는 단어의 조합만으로는 무의미한 형용모순에 해당하는 경우가 많다. 그런 문구들도 분명하든 모호하든 모종의 이미지를 전달하면서 나름대로 목적에 봉사한다는 점에서 무의미한 것만은 아니다. 그러나 예컨대 "평화를 위한 전쟁"이라는 문구가 나름대로 수사학적 목적에 봉사할 수 있는 것이 사실이라면, 그런 목적은 대개 전쟁을 통해서 어떻게 평화가 이루어지느냐는 심각한 질문을 회피하고서야 달성될 수 있는 것도 사실일 것이다.

"위헌적 개헌"이라는 문구는 이처럼 진짜문제를 회피하려는 학자들의 의사를 반영하는 수사일 뿐이다. 진짜문제란 당시에 헌법이 있었다고 봐야 하느냐 아니면 없었다고 봐야 하느냐는 까다로운 질문이다. 나는 그 질문을 피하지 않고, 당시에 헌법이 있었으며 지켜졌다고까지 말할 수 있다고 주장해야 일관적이라고 믿는다. 단, 당시에 있었던 헌법을 나라면 승인하지 않았을 것이고, 최순주를 비롯한 이승만 정권의 실력자들이 개헌 절차를 "해석해서 지킨" 방식 역시 나는 승인하지 않는다. 그래도 다수 국민의 묵인이 있었기 때문에 그렇게 개정된 헌법은 1960년에 폐지될 때까지 명실상부하게 대한민국 헌법이었다. 이렇게 서술하는 것이 실제 벌어진 사실에도 부합하면서 내가 믿는 가치도 양보하지 않는 가장 균형 잡힌 방식이라고 나는 믿는다.

여전히 사사오입 개헌을 위헌이라고 부르고 싶은 사람이 많을 것이다. 그러나 위헌적인 방법으로 헌법이 개정되어 6년 동안 행세했다고 말하게 되면, 오히려 장차 "위헌적 개헌"이 또 일어날 수 있는 전례를 제공하게 된다. 죽은 지 오랜 이승만을 조금이라도 더 비난하기 위해서 "위헌적 개헌"이라는 헌법모독적인 문구를 사용함으로써 악질적인 선례가 후세로 전승되는 것이다. 반면에 관습적 현실과 유리된 합리성에만 집착하지 않고 실제 헌정사를 바라보면서, 당시 알고 그랬든지 몰라서 그랬든지 인민이 좌우지간 그 헌법을 묵인하고 수용했음을 생각하면, 절차적 하자가 설령 있었더라도 충분히 엄중하지는 않다고 인민에 의해 간주되었다는 뜻에 눈길이 간다.

당시 헌법에는 "재적 3분의 2"가 규정되어 있었고, 합리적으로 해석할 때 203명의 3분의 2는 136명 이상이어야 한다. 이 점을 부인하자는 것이 전혀 아니다. 당시 자유당 정권도 136명을 넘기려고 기를 썼다는 사실은 그들도 이것이 합리적인 해석임을 알았다는 말이다. 문제는 머릿속에 있는 "합리성"이 행동으로 연결되지 않았고, 그런 꼴을 본 인민 다수도 머릿속의 "합리성"을 추상같이 추궁하지 않았다는 사실을 어떻게 봐야 하느냐는 데에 있다. 캐럴의 패러디에서 악마의 변호인으로 등장하는 거북이가 1954년 대한민국에서는 현실 속의 다수 인민으로 나타난 셈이다.

이런 경우 인민에게 합리적으로 행동하라고 요구하는 것은 아킬레스가 거북이를 논리로 이기려고 고집하는 것과 같다. 실제 상황에서는 이런 일이 사실 대단히 자주 벌어진다. 머릿속의 합리성을 행동으로 옮기지 않을 때 누구나 편리하게 쓸 수 있도록 "이상은 좋지만 현실은 어렵다"는 정형화된 문장도 준비되어 있다. 이런 변명조차 없이 말과 행동에서 발생하는 명백한 괴리도 많다. 일례로 1918년 여름 영국 의회는 여성 참정권을 도입하면서 남성보다 열 살을 높여 30세 이상에게만 허용했다. 여성의 정신연령이 남성보다 열 살이 어리다는 소리냐고 원성이 자자해졌는데, 그 때문에 그해 겨울에 통과된 피선거권 조항에서는 남녀 공히 25세 이상으로 했다. 그 결과 25세 이상 30세 미만 여성은 투표할 수는 없지만 의원으로 당선될 수는 있는 일이 벌어졌다. 일반 선거에서 어리기 때문에 투표권이 없는 사람이 의원으로서 국가 정책을 결정하는 투표에는 참여할 수 있다는 아이러니가 발생한 것이다. 이런 명백한 괴리조차도 무려 10년을 지속하다가 1928년에야 시정되었다.

산술적 합리성이 현실에 당연히 실현되어야 한다는 시각은 결코 잘못이 아니고 무리도 아니다. 실제로 많은 경우 산술적 합리성이 실생활에 적용되고 실현된다. 문제는 그렇지 않은 경우도 많다는 것인데, 그럴 때 평면적 합리성이 지켜지지 않는다는 것만으로 정치적 판단의 전부를 구성하면 곤란하다. 다른 사람들이 그 평면적 합리성을 말로만 떠들다가 막상 행동에서는 엉뚱한 모습을 보일 때, 그 자체만으로 세상이 끝난 듯 좌절할 필요는 없다. 평면적 합리성이 지켜지지 않을 때 어떻게 행동해야 할지는 바로 그 지점에서부터 진지하게 고려해서 정치적 합리성에 의해 최선의 선택을 내려야 할 주제다. 가능하면 다양한 선택지를 앞에 두고 고려하는 것이 정치적으로 좀더 합리적인 결정을 내리는 데 도움이 될 것이다.

사사오입 개헌의 사례를 50여 년이 지난 지금의 시각에서 되돌아본다면, 의결정족수 계산에서 203의 3분의 2는 136이라는 합리성은 외부적 합리성에 해당한다. 외부적이란 한국사회 구성원들의 마음속에 확고한 절차적 원리로 자리 잡지 못했다는 말이다. 사실 당시에는 입헌주의나 법치주의, 의회주의의 원칙들도 명확하게 정립되지 못했다고 봐야 할 것이다. 그런 상황에서 이승만은 빈틈을 찾아 착취한 것이다. 다시 말해 외부적 합리성은 이승만의 개헌이 위헌이므로 무효라고 봤겠지만, 현실에서 작동한 관습적 합리성은 대충 넘어가는 편을 지지한 셈이다. 실제로 당시 유엔한국통일부흥위원단UNCIRK은 그해 말 보고서에서 의결정족수는 136이어야 맞다고 명시했지만, 개헌의 효과에 대해서는 조금이라도 영향을 미칠 수 있는 입장이 아니었다. 외부적 합리성의 속성을 정확하게 보여준 것이다.

우리 사회 진보진영뿐만 아니라 서양에서도 계몽주의 이래 많은 진보개혁 성향의 인물들이 이와 같은 외부적 합리성으로 이루어진 표준 쪽에 현실을 꿰맞추려는 시도를 보일 때가 많았다. 그런 시도는 스탈린, 마오쩌둥, 김일성처럼 인민 개개인의 멱살을 잡고 끌고 갈 권력이 없다면 전혀 성공할 수 없고, 그런 권력이 있어도 성공할 수 없는 것은 마찬가지다. 후자의 경우는 사회를 합리화하는 것이 전혀 아니고 인류의 역사 이래 식상할 정도로 자주 발생한 전형적인 권력정치 말고는 아무것도 아니기 때문이다.

사람들은 나름대로 이유가 있어서 행동한다. 관찰자의 시각, 즉 외부적인 시각에서 이유가 없어 보이는 행동에도 행위자의 시각에서는 이유가 있는 경우가 많다. 행위자의 시각에서 이유가 있다고 해서 다 합당한 것은 아니지만, 이때 합당함이라는 것 역시 누구의 시각에서 보느냐에 따라 달라지는 의미가 매우 본질적이다. 진보정치의 이상은 계몽주의 이래 몇 명의 설계자가 도화지 위에 사회의 조감도를 그리는 방향에서 설정된 경우가 많다. 이때 설계자들은 전형적으로 도화지 바깥에 위치한다. 그들이 지향하는 합리성이 사회 안으로 들어가려면 기존의 관습적 합리성과 어떤 방식으로든 접촉해서 매개가 이루어져야 한다.

매개는 토론일 수도 있지만, 더불어 함께하는 실천일 수도 있다. 외부적 합리성의 시각에서만 보면 정치가 없어질수록 편리하겠다고 보이겠지만, 더불어 부대끼면서 매개의 통로를 찾으려 한다면 정치는 필수적으로 거쳐야 하는 요건이 된다. 매개된 합리성을 공유하는 사람들끼리는 전제로부터 결론이 추론되는 모습만을 보여주면 그만이고, 추가적 정당화는 필요 없다. 합리성의 차원에서 소외되어 서로를 외부자로 인식하는 상대끼리도 추가적인 정당화는 어차피 도움이 되지 않는다. 외부자들끼리도 추론되는 모습만 보고 합리성의 매개가 발생하는 일이 반드시 불가능하다고만 할 일은 아니겠지만, 대개는 영화 〈ET〉에서 형상화되듯이 실천의 공유가 바탕으로 깔린 다음의 일이다. 즉, 실천을 공유한다면 이미 서로에 대해 외부자이기만 한 것은 아니다. 실천의 공유가 합리성의 매개에 충분하지 못한 상태라면, 언어를 통한 추가적 정당화는 아무리 길게 이어가도 도움이 될 수 없다. 논리logos가 매개되지 않은 상태라는 말 자체가 언어logos를 통한 소통의 통로가 막혀 있다는 뜻이기 때문이다.

제5장

교과서 정치와 소외
2008년 촛불의 반성

제1절 **미국산 쇠고기는 위험한가**

제3부로 접어든 이후 지금까지 나는 민주주의 정치사회에는 비합리적인 요소도 생존의 권리를 누려야 하고, 합리성이라고 하더라도 그 안에 여러 차원이 있기 때문에, 산수를 모델로 삼은 제일층위의 평면적 합리성만으로 이상적인 상태를 구성하면 어설픈 기대가 발생할 수밖에 없다고 주장했다. 어설픈 기대는 조급한 좌절을 낳기 때문에 권력숭배로 이끄는 유혹에 쉽게 빠지게 된다고도 덧붙였다. 지금까지 내 나름으로는 최대한 평이하게 일상적인 한국어로 말하려고 노력했지만, 거리감을 느낀 독자들이 적지 않으리라고 본다. 따라서 한국의 지식인 계층에서 팽배한 합리성의 환상에 관한 고발과 비판을 지금부터는 실제로 발생한 정치적 논쟁의 사례를 통해서 개진하고자 한다. 세 가지 사례를 거론할 것인데, 이 장에서는 2008년 미국 쇠고기 수입에 반대한 촛불시위와 그에 대한 반응들을 다룬다. 제6장에서는 합리적 정당의 꿈, 그리고 제7장에서는 민주주의에 대한 이상 또는 환상을 비

판적으로 검토한다.

　미국산 쇠고기 수입에 대한 거부감은 실로 복합적인 이유에서 촉발되었다. 우선 일반적인 배경으로는 신자유주의 세계화에 대한 염려, 미국이라는 자본주의적 "제국"에 대한 불신과 공포, "10년의 민주화"를 지키지 못하고 일방적으로 정권을 내준 선거패배에 관한 아쉬움 등을 들 수 있다. 이보다 좀더 직접적인 이유로는 충분한 줄다리기를 거쳐 시시콜콜 따지지 못하고 일방적으로 "양보한" 것처럼 보이는 협상과정, 이익으로 보나 위신으로 보나 일본에 비해서 "대등하지 못한" 대접을 받았다는 상실감, 부시 옆에서 품위 없이 촐랑거리는 모습으로 비친 이명박 대통령의 동영상, 그리하여 친일적이고 천민자본주의적인 대통령이 부시에게 개인적인 환심을 사려고 국민의 건강권을 갖다 바쳤다는 인상도 작용했다. 그러나 이 모든 인상과 염려와 불만은 미국산 쇠고기가 위험하다는 우려가 없었다면 수십만 명의 촛불시위로 이어질 사항이 아니었다. 따라서 아래 논의의 초점은 미국산 쇠고기가 위험한지에 맞춘다.

　미국산 쇠고기는 건강에 위험한가? 이 질문에 예 또는 아니오라는 양자택일의 명쾌한 답이 있다고 생각하는 사람은 정확히 내가 지금까지 비판해온 평면적 합리성의 덫에 갇혀 있는 사람이다. 제1부 제3장 제2절에서 제시했던 것처럼 이 대목이야말로 명목척도로 생각하지 말고 순서척도로 생각해야 하기 때문이다. 위험이란 어떻게 보더라도 있거나 없는 사항이 아니고 얼마나 많은가를 물어야 하는 문제인 것이다. 나아가 제3부 제3장에서 논했던 것처럼 양의 변화에 따라 질의 변화를 수반하는 경우 중에서도, 온도가 올라감에 따라 얼음이 물로 바뀌거나 탄소 원자 개수가 늘어남에 따라 메탄－에탄－프로판 등으로 바뀌는 변화가 아니라, 대머리 아닌 경우에서 대머리인 경우로 바뀌는 변화에 훨씬 가깝기 때문이다.

세상에는 위험한 일과 위험하지 않은 일이 있다는 말은 세상에 대머리가 있고 대머리 아닌 사람이 있다는 말처럼 맞는 말이다. 무슨 일을 위험하다고 볼 것인지가 개인에 따라 사안에 따라 다른 것처럼 누구를 대머리로 볼 것인가 역시 누가 누구를 상대로 말하느냐에 따라 달라진다. 물론 대머리인지 아닌지는 경계를 어떻게 긋더라도 위험한 일은 될 수 없지만, 미국산 쇠고기의 위험성에 대한 판단이 잘못되면 모든 한국인이 피해를 입는다는 점에서, 대머리의 경우와 쇠고기의 경우가 모든 면에서 똑같은 것은 아니다. 내가 하는 말은 경계를 긋는 방식이 비슷하다는 것뿐이니까, 얼렁뚱땅 쇠고기 문제가 대머리 구분하기처럼 사소하다는 인상을 자아내려는지 의심은 하지 말기 바란다.

몇 가지 사항에 관해 상식적인 수준에서 세부사항을 따져보자. 이 문제는 어차피 전문가들 사이에서도 군데군데 의견이 다를 수밖에 없는 판단과 정서의 영역이므로, 상식선에서 따졌다가 무지가 폭로될까봐 두려워할 까닭은 전혀 없다. 얼핏 보기와는 달리 이 문제는 과학의 문제이기에 앞서 공공정책의 문제이므로 상식선에서 따져서 민주적으로 결정할 수 있는 주제다. 내가 주로 웹서핑을 통해 얻은 정보를 요약해본다.

우선 크로이츠펠트-야코브 병CJD은 1920년 독일의 신경생리학자 크로이츠펠트와 야코브가 각각 독자적으로 발견한 데서 유래한다. 이는 신경기능이 퇴행하는 증상을 보이다가 대개 발병한 후 1년 안에 사망하는 치명적인 질병이다. 원인은 정확히 알 수 없고, 현재로서는 프리온prion이라고 불리는 단백질이 원인이라고 추정되는 정도이다. 이 병으로 사망한 사체를 해부해보면 뇌에 스펀지처럼 구멍이 나 있는데, 이런 증상을 보이는 병은 이 외에도 몇 가지가 더 있다. 양이나 염소의 경우 스크래피라는 병은 18세기부터 알려져왔고, 사슴이나 엘크 등 야생 초식동물의 만성소모성질환CWD이 1967년에 처음 알려졌으며, "광우병"이라는 속칭으로 알려진 소해면상뇌증BSE은 1984년에 처음 보고되었다. 이 밖에 밍크TME, 고양이FSE, 남아프리카의 사슴EUE에서도 해면뇌증이 나타난다. 사람의 경우 파푸아 뉴기니 원주민 포레 부족에서 쿠루라는 질병이 1950년대에 유행한 적이 있고, 게르스트만–슈트로이슬러–샤인커GSS와 가족성 치명적 불면증FFI도 해면뇌증이다. 크로이츠펠트–야코브 병은 대부분이 산발성 다시 말해서 감염경로를 알 수 없는데, 일부는 가족성 원인에 말미암는다고 추정되고, 변형 크로이츠펠트–야코브 병vCJD이라고 불리는 또 다른 일부가 1996년에 처음 보고되었다. 이런 병들을 합해서 전염성 해면뇌증TSE이라고 부른다.

광우병이 세계적인 이슈가 된 것은 영국에서 1988년부터 감염 사례가 급증했기 때문이다. 1984년에 처음 보고된 후 1987년까지 446마리가 감염되던 것이, 1988년 2,514마리, 1989년 7,228마리로 가파르게 상승해서 1992년에는 37,280마리에 이르렀다. 사태가 그 지경에 이르자 육골분 사료가 원인이라는 여론이 비등해서 유럽은 육골분 사료를 전면 금지하기에 이른다. 감염이 의심되는 소들을 440만 마리 살처분하고 육골분 사료를 금지한 결과 영국의 광우병은 통제국면으로 접어들었다. 〈그림 2〉에 나타나듯이 1993년부터 추세가 꺾였고, 2006년 114마리, 2007년 67마리, 2008년 37마리로 줄었다.

우리나라에서 "인간광우병"이라는 속칭으로 부르는 변형 크로이츠펠트–야코브 병은 1996년부터 보고되기 시작했는데, 연결고리가 정확하게 밝혀지지는 않았지만 여러 가지 정황상 영국에서 만연했던 광우병과 관계가 있을 수도 있다고 추정되고 있다. 〈표 8〉은 1996년 이후 vCJD로 보고된 환자의 누적통계다. 영국과 무관하다고 분류된 사

그림 2 영국의 광우병 발생건수

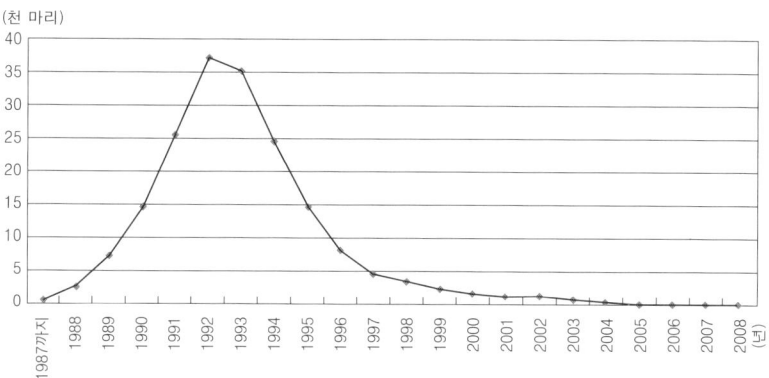

출처 : 국제수역사무국(OIE)의 통계(http : //www.oie.int/eng/info/en_esbru.htm)

례들은 1980년에서 1996년 사이에 영국 땅에 발을 디딘 기간이 총 6
개월 미만이라는 뜻이다. 일본인 사망자의 경우도 영국에 하루를 머문
적이 있다고 하니, 나머지 37건 중에 영국 땅에 발을 전혀 디디지 않
은 사람이 몇인지는 모르겠다. 설령 그런 사례가 있다고 하더라도 한
때 유럽 전역에서 육골분 사료가 반추동물들에게 제공되었기 때문에
육골분 사료가 중요한 원인이라는 추정은 흔들리지 않는다.

　수역獸疫, 즉 동물의 질병을 관리하는 국제수역사무국OIE에서는 광
우병이 통제되고 있다고 간주하는 듯이 보인다. 〈그림 3〉은 영국을 제
외한 세계 전체의 광우병 발생 추이를 나타내는데, 2002년 1,035건을
정점으로 감소추세를 보이고 있다. 누적건수로 보면 아일랜드(1,640),
포르투갈(1,061), 프랑스(1,001), 에스파냐(742), 스위스(464) 등의 순
서인데, 이 나라들은 물론이고 영국도 현재 광우병 통제국으로 분류되
고 있다. 영국을 포함해서 전세계 광우병 발생건수는 2006년 329건,
2007년 179건, 2008년 125건으로서, 이러한 감소추세를 OIE는 긍정
적인 신호로 받아들이는 것이다. 2009년에는 11월 28일 현재, 적극적

표 8 변형 크로이츠펠트-야코브 병 발생누계(2009년 2월 현재, 에든버러 대학 국립 크로이츠펠트-
야코브 병 조사단 http://www.cjd.ed.ac.uk/vcjdworld.htm)

나라	일차감염	이차감염*	1980~1996년 영국과 무관한 사례
영국	165	3	
프랑스	23		22
아일랜드	4		2
이탈리아	1		1
미국**	3		1
캐나다	1		
사우디아라비아	1		1
일본***	1		1
네덜란드	3		3
포르투갈	2		2
에스파냐	5		5
계****	209	3	38

* 이차감염은 수혈 때문임.
** 미국 감염자 중 한 명은 사우디아라비아에서 태어나 자란 후 2005년부터 미국에 영주했기 때문에 사
우디아라비아에서 감염되었으리라고 추정됨.
*** 일본 감염자는 1980년에서 1996년 사이에 영국에서 24시간 머문 적이 있음.
****감염자 가운데 영국의 세 명, 사우디아라비아의 한 명을 제외하고 모두 사망함.

인 색출 정책을 시행하는 아일랜드에서 일곱 마리가 발견되었고, 폴란
드에서 네 마리, 덴마크와 캐나다에서 각각 한 마리씩 보고되었다.

미국 소의 경우에는 2003년에 캐나다에서 건너온 소에서 광우병이
발견된 것을 제외하면, 2005년과 2006년에 한 건씩이 확인되었을 뿐
이다. 물론 확인되지 않은 소들 중에 광우병이 있는지 없는지는 알 수
없다. 그러나 미국 정부는 미국에 소가 1억 마리 가까이 되는데, 그중
에 지금까지 광우병이 2건밖에 확인되지 않았고, 변형 크로이츠펠
트-야코브 병도 총 3건인데다가 그중 두 명은 영국과 관련이 있다고
보면, 적극적으로 색출해야 할 필요는 없다는 입장을 고수하고 있다.

그림 3 영국을 제외한 전세계 광우병 발생 추이 – 출처 : 국제수역사무국
(OIE, http://www.oie.int/eng/info/en_esbmonde.htm, 2009년 3월 31일자, 검색일자 2009. 4. 1.)

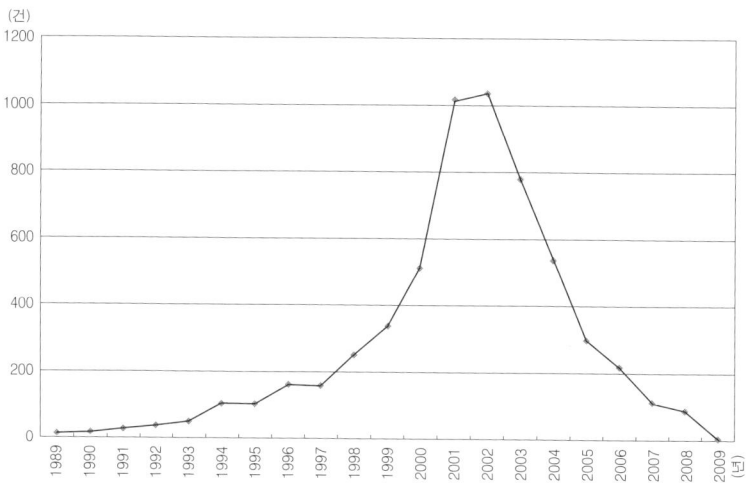

어차피 불확실한 상황에서, 아마도 없으리라는 쪽에 불확실성의 혜택benefit of the doubt을 부여하는 것이다. 단, 2009년 3월에 다우너downer, 즉 앉은뱅이소는 모두 도축장으로 들어갈 수 없도록 규제가 강화되었다.[20]

오바마 정부의 성향을 드러내는 변화지만, 미국 축산업계가 강하게 저항하지 못하는 것을 보면 한국 소비자들의 거센 항의와 미국을 포함한 전세계의 여론도 영향을 미친 것이 틀림없다. 하지만 오바마 정부가 미국 쇠고기의 광우병 위험성을 인정한 것이라고 해석하는 것은

---

20) 이 조치는 2008년 8월에 예고되었던 것이다. "'Downer' cows are banned from food supply," *Los Angeles Times*, 2009. 3. 15. http : //articles.latimes.com/2009/mar/15/nation/na-madcow15. 아울러 농산물 원산지 표시제도 시행된다(http : //latimes-blogs.latimes.com/dailydish/2009/03/consumers-get-i.html). 미국의 소비자를 위한 제도지만, 미국산 쇠고기의 유통 경로가 정부에 의해서 규제된다는 의미이기 때문에 한국 소비자에게도 의미가 작지 않다.

오산이다. 앉은뱅이소는 광우병이 아니라도 여러 가지 병리적인 우려를 불러일으켰고, 또 걷지 못하는 소를 억지로 움직이게 만들기 위해 전기충격을 가하는 모습 등이 동영상으로 전파되면서 동물애호단체의 비난을 받고 있었기 때문이다. 오바마 정부의 조치는 도리어 한국 소비자들이 미국 쇠고기를 거부할 명분 하나를 제거한 셈이 되는 것이다.

미국 정부나 국제수역사무국에서는 산발성 크로이츠펠트-야코브 병이 광우병과 상관없다는 입장이다. 반면에 미국산 쇠고기에 불안을 느끼는 사람들은 상관이 있을지도 모른다고 본다. 이 대목은 논란이 계속될 수밖에 없지만, 실제 위험도는 어떤지 보자. 크로이츠펠트-야코브 병은 대개 일 년에 백만 명당 한 명꼴로 나타나는데, 해에 따라서는 이백만 명당 한 명꼴도 되고 백만 명당 1.5명꼴도 된다. 지금까지 나타난 변형 크로이츠펠트-야코브 병은 해당 국가들의 인구 비율로 따지면 발생률이 0에 가까운 희귀병이므로, 위험도를 최대한으로 높여 잡기 위해 산발성 크로이츠펠트-야코브 병을 포함해도 확률은 대단히 낮다. 더구나 광우병BSE과 변형 크로이츠펠트-야코브 병 사이의 관계도 정황상 추정되는 정도이지, 어떤 부위를 섭취하면 걸리게 된다는 식으로 직접적인 경로는 전혀 알려진 바가 없다. 미국산 쇠고기에 대한 정부의 정책을 강하게 비난하는 서울대학교 수의학과 우희종 교수조차도 "안전하지도 않지만 또 그렇게 위험한 것도 아니"라는 입장을 밝힌 바 있다(http : //web.newscham.net/news/view.php?board=news).

제2절 불확실성에 대한 제노포비아

한신대학교의 윤평중 교수는 「사실과 합리성의 관점에서 본 '촛불'」(『철학과 현실』, 2008년 겨울호, http://hantoma.hani.co.kr/board/view.html?board_id=ht_society : 001016)에서 촛불시위는 주관적 진실성에 입각한 진정성眞情性은 인정되지만, 공공적 합리성을 갖춘 진정성眞正性은 없었다고 판정을 내렸다. 나는 촛불시위가 정서적인 동기에서 일차적으로 비롯되었다는 데까지는 동의할 수 있지만, 사실을 제대로 보지 못해서 합리적이지 못했다는 판정에는 동의할 수 없다. 오히려 나는 시민들이 생각한 사실과 윤평중이 생각하는 사실이 달랐다고 말해야 하며, 따라서 시민들의 합리성과 윤평중의 합리성이 달랐다고 말해야 한다고 본다. 다시 말해, 이런 논쟁 상황은 합리성과 비합리성의 대립이 아니라 두 갈래 평면적 합리성이 대립하는 상황으로서, 윤평중은 그 점을 충분히 보지 못하고 자기가 믿는 평면적 합리성의 관점에서 상대방의 실천을 인도한 평면적 합리성을 "비합리"라고 부르고 있다.

객관적 사실에 관한 한, 광우병 또는 인간광우병에 관해서는 과학적으로 확정된 것이 전혀 없다. 위험하다고만도 할 수 없지만 위험하지 않다고만도 할 수 없는 불확정의 상태인 것이다. 윤평중은 예컨대 "인간광우병인 변형 크로이츠펠트–야코브 병과, 치매인 알츠하이머 병이 전혀 다른 질환이라는 것은 이미 과학적으로 확고히 입증된 사실"이라고 자신 있게 선포하는데, 이 문장은 정치적 수사로는 가능할지 몰라도 사실을 진술하는 명제로서는 아무 의미도 가질 수가 없다. 과학은 본질적으로 어떤 사실도 입증할 수가 없기 때문이다. 더구나 그 명제로써 윤평중은 콤 켈러허의 『얼굴없는 공포, 광우병 그리고 숨겨진 치매』(고려원북스, 2007)를 비판하려는 것인데, 켈러허가 제기하는 문제는 알츠하이머 병과 변형 크로이츠펠트-야코브 병이 연관되었다는 것이 아니고, 현대의학이 정확한 변별력을 가지고 있지 못해서 프리온 질환인데 알츠하이머로 오진되는 경우가 있을지도 모른다는 의혹이다. 이런 의혹은 과학적으로든 논리적으로든 절대로 틀렸다는 확증을 획득할 수 없는 유형이다. 바로 그 때문에 켈러허의 주장이 의혹 수준에서만 머물 수밖에 없는 것이지만, 여전히 해당 분야 연구자 몇 사람이 파고들어볼 만한 주제로는 충분하다. 적극적인 정책의 근거가 될 만한 의혹으로서는 까마득히 미흡하지만, 개인 연구자들이 지적 호기심을 느낄 정도의 의혹으로서는 충분한 것이다.

천동설이나 지동설, 뉴턴 물리학과 하이젠베르크 물리학 사이의 경합은 세계관의 변화와 관련되는 것으로서 사실을 검증한 결과로 옳고 그름이 확정되는 문제가 아니다. 관점의 닻을 어디에 내리느냐에 따라 답도 달라지는 문제인데, 지동설과 불확정성 이론이 천동설과 뉴턴 물리학에 비해 응용력이 풍부하다는 시대적 판정을 받아 득세하게 된 것뿐이다. 이와 같은 세계관의 차원과는 별도로, 주어진 세계관 내부에서 구체적인 세부 가설들을 검증하는 과정들은 모두가 확정적인 증명을 구하는 것이 아니라 확률론적인 저울질에 따라 실천적 경계를 구하는 방향으로 이루어진다. 사실을 진술하기로 하면, 알츠하이머 병과 크로이츠펠트-야코브 병 사이에 관계가 있을지도 모른다는 의혹을 합당하다고 보는 사람이 의학과 생리학 분야에서 극소수라고 말해야지, 양자 사이에 관계가 없음이 최종적으로 증명된다는 것은 경험적 검증으로써 결코 도달할 수 없는 상태가 되는 것이다.

과학의 본질, 과학적 지식의 본질, 과학적 탐구의 본질 등이 무엇인지는 물론 과학철학과 인식론에서 논란이 계속되고 있는 이른바 "영원한 문제" 중 하나다. 여기서 그런 주제에 관한 최종적인 결론을 내가 가지고 있다는 것처럼 가식할 의도는 전혀 없고, 이 글은 그런 주제들에 관해 깊게 파고들 자리도 아니다. 하지만 전문가들 사이에 어떤 논란이 있든지 상관없이, 매우 상식적인 수준에서 내가 말하고 싶은 것은 과학은 경험주의 검증절차 위에서 진행되며, 따라서 최종적인 진리를 주장할 수 없게 되어 있다는 점이다. 지동설, 만유인력, 진화론, 상대성이론, 생명복제 등등 전에 모르던 분야들이 과학적 탐구에 의해서 개척되어 과거의 오류가 일부 대체되었다면, 지금 "확정적 진리"라고 윤평중 교수 같은 사람이 믿고 있는 그 어떤 과학적 지식도 장차 새로운 발견에 의해 대체될 가능성이 항상 열려 있다. 그러므로 지금 우리가 믿는 과학적 지식이란 입증되었기 때문에 믿는 것이라기보다는 믿기 때문에 의심하지 않는 편에 속하는 것이다.

　나는 미국산 쇠고기 수입 정책을 수용한다는 점에서 윤평중과 일치한다. 하지만 나는 실천적인 선택으로서 "미국산 쇠고기가 위험하지 않다"고 보는 반면에, 윤평중은 "미국산 쇠고기가 위험하지 않다"를 사실 명제로 보고 있는 데서 크게 달라진다. "미국산 쇠고기가 위험하다"고 본 촛불시위대의 입장도 내가 보기에는 실천적인 선택이며 반대로 보는 윤평중의 입장도 실천적인 선택이다. 실천적인 선택에는 "그 정도면 괜찮다" 또는 "그 정도도 싫다"는 정서적 반응이 큰 몫을 차지한다. 그런데 주관성 안에서는 이런 정서적 반응이 사실적인 근거로 뒷받침된다는 믿음이 수반되는 것이 보통이다. 다시 말해서, 그런 정서를 가진 사람들 본인은 거기에 정서만이 아니라 합리적인 이유가 있다고 믿게 되는 것이다. 이것은 착각이라기보다는 정서와 주관적 합리성 사이의 본질적인 관계에 해당한다. 이 때문에 나는 앞에서 평면적인 합리성은 목적의 차이가 두드러지는 영역으로 갈수록 수렴하기보다는 다양한 갈래로 발산한다고 말했다.

"초식동물"에게 동물성 사료를 먹이는 "자연에 위배되는 행위" 때문에 광우병이라는 "천형"이 내렸다는 인식은 자연의 질서에 관한 한 가지 입장에서 나름대로 사실에 근거를 두고 합리적으로 도출되는 결론이다. 물론 초식동물과 육식동물의 구분 사이에 까다로운 경계문제가 있다는 측면을 무시하는 정서, 초식/육식의 구분조차도 검토대상으로 삼겠다는 과학자들의 탐구정신에 기막혀하는 정서 등 이 합리성에는 여러 가지 정서가 구성요소로 혼입되어 있다. 이 점을 인정한다면, 동시에 "미국산 쇠고기가 걱정할 정도로 위험하지 않다"고 보는 윤평중의 입장에도 (물론 그렇게 생각하는 내 입장에도 마찬가지로) 합리적인 근거가 나름대로 있는 만큼 정서적 판단이 섞여 있음을 인정해야 일관적이다. 이 점을 전혀 보지 못하고 자신의 입장에서는 합리성만을 보고 시위대의 입장에서는 정서만을 본다는 점에서 윤평중의 판정은 전형적으로 평면적인 합리성에 빠져 있다. 따라서 시위대의 입장을 정서적이라고 본다면 윤평중의 입장도 정서적이라고 볼 수 있고, 윤평중의 입장을 합리적이라고 봐야 한다면 시위대의 입장도 합리적이라고 봐야 하는 것이다. 정서에 여러 가지 종류가 있듯이 합리성에도 여러 가지 종류가 있으며, 정서와 합리성은 다양한 의미와 각도로 서로 얽혀 있기 때문이다.

시위대의 정서에다 자신의 정서를 들이대면서 우월성을 주장하는 형국을 피하고자 했다면, 윤평중은 합리성 대 정서라는 평면적 이분법을 벗어나면서 쌍방의 처지를 공정하게 서술할 수 있는 문법을 찾았어야 했다. 그러한 문법의 실마리는 바로 자연/인위의 평면적 이분법과는 전혀 다른 사고방식을 만났기 때문에 한국인들이 느낀 충격에 주목해서 찾아야 한다. 자연/인위의 원초적 구분에 기초한 평면적 합리주의만으로는 이해되지 않는 상황에 대한 충격이 촛불시위로 표출된 경로에 주목하는 것이다. 미국인들이 대체로 미국 쇠고기를 먹고 살면서 광우병, 변형 크로이츠펠트-야코브 병, 산발성 크로이츠펠트-야코브 병 등등 어디서 끝날지 모를 이상한 병명의 목록에서 나오는 불안과 의혹의 연쇄고리를 대체로 무덤덤하게 견디고 산다는 사실이 촛불시위대에게 대단한 충격이었다고 나는 생각한다. 미국은 그렇다 치고, 소 사육두수가 훨씬 적은데도 광우병 발생건수는 대여섯 배 많은 캐나다, 그리고 심지어 이 모든 소동의 원산지라고 할 수 있는 영국에서까지 보수세력은 접어두더라도 진보세력마저도 자국산 쇠고기를 먹고 산다는 사실 말이다.

우선 내가 앞 절에서 꼬치꼬치 열거한 전염성 해면뇌증TSE은 내용은 다 접어두고 목록만 봐도 기분이 나쁘다는 사실을 음미할 필요가 있다. 쇠고기 한 점 먹기 위해서 무슨 파푸아 뉴기니 원주민들이 장례식 때 죽은 사람의 살을 뜯어먹는 풍습을 들여다봐야 한다면, 이야기 자체도 불쾌한데다가 애당초 목적과 투자의 비례가 맞지 않는다. 스크래피에 걸려 죽은 양이 18세기부터 보고된 바 있다든지, 켄터키에서 1997년 집단 발병한 크로이츠펠트-야코브 병 환자들은 다람쥐 뇌를 즐겨 먹은 공통점이 있었다는 등의 해괴망측한 이야기들이 "프리온의 정체를 아직 전혀 모른다"는 과학적 현실과 맞물리면 불쾌 정도에 그치지 않고 공포로 바뀌는 것이 당연하다.

하지만 이것은 어느 정도 감수성에 굳은살이 박이고 심리적 면역력이 생기면 견딜 수도 있는 일이 된다. 미국, 유럽, 일본 등등 약 10억의 인구가 이런저런 경로로 광우병에 걸린 쇠고기에 직접 노출은 안 되었더라도 가까이 접근은 되었는데, 13년이 지나는 동안 168명의 환자만이 발생했다면, 일년에 대략 8천만 명 중 한 명꼴로 발생하는 확률이다. 그런 정도의 확률을 무시하고 산다는 것은 실제로 그다지 겁나는 일은 아니기 때문이다. 촛불은 그래서 저절로 사그라졌다. 이제 미국이 앉은뱅이소의 도축을 금지한다니, 더더구나 광우병에 대한 두려움 때문에 촛불이 다시 불붙을 가능성은 별로 없다. 이렇게 보면, 윤평중의 사후적 성찰은 꺼진 불에 대고 물을 더 끼얹은 꼴밖에 안 된다. 촛불을 이해하기 전에 설명부터 시도한 결과인 것이다.

나는 위에서 여러 차례 밝힌 바와 같이, 미국산 쇠고기 수입에 반대하지 않았다. 그래서 촛불시위에도 적극적으로 찬성하지 않았다. 그러나 소비자들이 "불쾌하게 느낄" 권리는 절대적으로 인정되어야 하고, "불쾌한 느낌"을 표현할 권리도 무제한으로 보장되어야 한다. 더군다나 내가 보는 견지에서는, 촛불시위가 끝날 만한 시점에서 저절로 끝났다. 그 과정에서 분풀이가 어느 정도 되면서, 생소한 발상에 굳은살이 조금이나마 생겨서 미국산 쇠고기가 한국땅에 정식으로 들어오는 푸닥거리가 이루어진 셈이다. 이 전체 과정은 내가 보기에 민주사회가 쟁점을 처리해나가는 방식으로서 지극히 건강하고 자연스러웠다. 문제는 이 상황을 아전인수로 해석해서 이용하려는 정치세력에게 있다.

집권세력이 이를 "불복의 카르텔" 운운하면서 공안정국으로 끌고 가려는 시도는 이미 내가 〈프레시안〉의 '박동천 칼럼(일례로 「이문열식 언어퇴행」)'을 통해서 기고한 다른 글들을 통해서 충분히 비판했기 때문에 여기서 반복하지 않는다. 여기서 내가 겨냥하려는 과녁은 생소함에 불안해하는 시민들의 제노포비아를 밝은 빛으로 조명하여 소통의 계기로 삼지 않고, 도리어 더욱더 어두운 구석에다 숨겨놓고서 공포를 조장하려고 한 지식인들에게 집중된다. 〈피디수첩〉이 방영한 내용을 두고 하는 말이 아니다. 그 정도 "과장"은 사회적 의제에서 묻혀버릴 뻔한 주제를 효과적으로 고발한 정도에 지나지 않는다. "명박퇴진"이라는 구호도 과격하고 무책임하지만, 군중의 시위에서는 그보다 더한 선동적 수사가 출현하더라도 놀랍지 않다. 문제는 지식인에 속한다는 사람들이 그것을 수사가 아니라 실제 목표로 설정하는 듯한 태도를 보였다는 데에 있다. 촛불의 근본에 모든 불확실성에 대한 제노포비아라고 하는 지독하게 폐쇄적인 권력숭배가 있음을 보지 못하고, 단지 쇠고기 정책을 둘러싸고 정부와 대립했다는 한 가지만 보고 아무런 매개 없이 바로 자기편의 촛불이었다고 착각한 셈이다.

제3절 저항적 연대의 한계

앞 절의 말미에서 나는 미국산 쇠고기 반대 촛불시위에 제노포비아에서 비롯된 폐쇄적인 권력숭배의 경향이 있었다고 말했다. 내가 가리킨 제노포비아에는 분명 외세에 대한 무조건적 혐오라는 의미가 일부 섞였지만 그 부분은 제5부의 논제로 미루고, 여기서는 무엇보다도 불확실성에 대한 생래적 거부감을 뜻한다. 그런데 이것이 어떻게 권력숭배로 이어지는지는 해명이 필요할 것이다.

생소한 상대는 익숙한 상대보다 약간이나마 더 거북하고, 불확실한 대상은 확실한 대상보다 약간이나마 더 신경이 쓰이는 것은 폐쇄적인 성향이든 개방적인 성향이든 상관없이 인지상정일 것이다. 그러나 개방적인 성향의 사람이라면 약간 더 거북하고 약간 더 신경이 쓰이는 부담을 지불하더라도, 새로운 상대를 알고 사귀고 가능하면 서로 도움이 될 길을 찾으려고 노력할 것이다. 따라서 만약 새롭고 불확실하다는 이유만으로 모든 혁신과 변화를 거부해버린다면 곧 폐쇄적인 태도, 즉 극단적인 보수성에 해당하는 것이라는 것은 반론의 여지가 없다.

겉으로만 보면 미국산 쇠고기 수입에 반대한 것은 이런 형태의 폐쇄성과 다르다고 생각될 수 있다. 어쨌든 거기에 아무리 작더라도 위험요소가 있는 것은 사실이기 때문이다. 그러나 앞 절에서도 지적한 바와 같이, 2008년에 수십만 명의 시위대가 염려한 것은 사실 거기에 실제로 있다고 말할 수 있는 그 작은 위험요소가 전부는 아니었다. 변형 크로이츠펠트-야코브 병이 발견된 이래 전세계에 168건의 발병 사례가 확인되었다는 정도의 위험이라면 누가 봐도 촛불시위는 과잉반응이 된다. 윤평중의 논평이 그렇고, 정명훈이 보였다는[21] 신경질적인 반응도 위험도와 촛불시위 사이의 비례가 안 맞는다는 인식에서 나온 것이 틀림없다. 하지만 촛불을 밝히게 만든 염려와 공포의 본질은 그것이 아니다. 쇠고기를 먹는 데 머나먼 요인들까지 성가시게 신경을 써야 하는 상황, 변형 크로이츠펠트-야코브 병이니 전염성 해면뇌증이니 프리온 질병이니 생소하고 이해할 수 없는 병명들 자체가 불러일으키는 짜증과 두려움, 이 모든 이야기를 어디까지 믿고 어디서부터 믿지 말아야 할지 분간이 안 된다는 무력감 등이 공포를 구성한 주원인인 것이다. 불가해한 상황이 닥쳐왔을 때, 상황 자체의 존재를 부인함으로써 불쾌한 상태를 없애보려고 한 것이다.

이는 주관성 안에 국한되어 있는 합리성에 따라 주관성 밖에 있는 상황을 통제하고 재단하려는 시도에 해당한다. 자기가 이해할 수 있는 세계의 모습을 표준으로 삼고, 자기가 이해할 수 없는 요소들은 그 세계 안으로 들어오지 못하게 힘으로 막아보겠다는 전제자의 심성인 것이다. 여기서 다시 겉으로만 보면 기세와 힘의 대결이 유일하고 불가

---

21) 레디앙 블로그(http://blog.redian.org/entry/충격-지휘자-정명훈-미국에-구걸하더니-이제와-촛불 검색일 2009. 4. 2.).

피할 것처럼 보인다. 어쨌거나 미국산 쇠고기가 한국의 경내로 들어오느냐 마느냐를 둘러싼 줄다리기라고 보이기 때문이다. 이렇게 보면 이런 줄다리기를 힘으로 결정할 수밖에 다른 길이 없어 보이는 것이 당연하다.

미국산 쇠고기가 들어오느냐 마느냐는 물론 양자택일의 문제고, 다분히 기세와 힘이 작용해서 결정될 수밖에 없다는 데까지는 인정해야 할 것이다. 그러나 쇠고기 하나 먹는데 파푸아 뉴기니 원주민의 식인 풍습까지 결부될 수 있는 상황, 자연은 선이고 인공은 악이기 쉽다는 이분법의 경계가 자꾸만 복잡해지고 무너지는 것 같은 상황, 확실한 줄만 알았던 일들에 불가해하고 불확실한 요소들이 감당하기 어려울 정도로 많이 섞여 있음을 번번이 깨달아야 하는 상황은 그렇지가 않다. 이것은 그야말로 한 나라가 국경을 봉쇄한다고 해서 막아질 수 있는 일도 아니고, 받아들이거나 안 받아들이거나를 양자택일로 결정한다고 그대로 되는 일도 아니다. 이것은 권력의 문제가 아니라 의견과 공론과 사고방식의 문제인데다가, 사실 우리가 그동안 받아들인 서양 근대문명의 핵심에 도사리고 있는 요체에 해당하기 때문이다.

육골분이 아니더라도 이미 이 세상의 초식동물들이 옛날과 같은 초식만 할 수는 없게 되어 있다. 설사 방목을 하더라도 그들이 뜯어먹는 풀에는 제초제와 살충제가 묻어 있고, 겨울철이든 여름철이든 필요할 수 있는 보조사료는 전통사회의 건초가 아니라 현대 바이오테크놀로지에 의한 소산이다. 식물이든 가축이든 어패류 양식이든 성장촉진제가 안 쓰이는 곳이 없다. 문익점이 목화씨를 고려로 훔쳐와 재배한 것이나, 모래땅에 양골담초를 심어 밭으로 일군 플랑드르 지방의 농민들이나, 가축 사료에 성장촉진제를 섞는 일은 모두 자연을 인공적으로 개조한다는 점에서 똑같은 혁신이다. 접붙이기를 통한 품종개량이나 유전자조작을 통한 품종개량이 한쪽은 자연친화적이고 다른 쪽은 자연배반적이라고 구분될 수는 없는 것이다.

따라서 익숙함을 고수하기 위해 혁신 자체를 거부하는 태도를 버리고, 주어진 혁신의 결과 예상되는 부작용이 무엇인지에 초점을 맞추는 것이 진보와 개선을 추구하는 태도로서 일관적이다. 그런데 부작용 중에는 예상한 부작용보다는 예상하지 못한 부작용이 항상 더욱 심각하다. 평면적 합리성만을 고집한다면, 예상하지 못한 부작용을 모두 예상할 수 있는 범위 안으로 편입해서 완벽하게 문제가 해결되리라고 기대할지도 모른다. 그런데 예상하지 못한 부작용이란 항상, 준비를 철저히 하지 못해서 발생하기보다는 준비를 아무리 완벽하게 해도 예상하지 못한 대목들이 남기 때문에 발생하는 것이다. 미지未知의 영역을 다 기지旣知의 영역에 담겠다는 발상은 유한성과 무한성의 개념적 차이를 이해하지 못한 무지일 뿐이다. 모든 수의 집합이 유한집합일 수 있다고 우기거나, 가장 큰 자연수를 확정할 수 있다고 우기면 곤란하지 않겠는가? 종전까지 미지에 속하던 요소 일부를 기지라는 용기 안에 담을 수는 있다. 그러나 그 결과 미지의 분량이 줄어드는 것은 전혀 아니다. 기지의 용기 안에 담긴 지식의 양이 많아질수록 미지의 영역 또한 점점 광활해지고 풍성해지는 것이다.

기지와 미지의 사이에 유한과 무한의 사이와 같은 본질적 차이가 있음을 이해한다면, 예상하지 못한 부작용에 대처할 최선의 방책은 대상을 통제하기보다는 우리의 마음을 관리하는 데서 나올 수밖에 없음을 깨달을 수 있다. 불확실성 자체를 부인하고 배척한다는 것은 결국 모든 혁신 자체를 거부하는 폐쇄성이고, 불확실성을 관리한다는 것은 우리의 태도와 관계되는 일임을 깨달을 수 있다. 다시 말해 어느 정도의 불확실성을 언제 감수할 것인지를 우리가 결정해야 한다는 얘기다.

어떤 의미에서는 촛불시위대야말로 "우리가 결정한다"고 외친 셈이다. 틀림없이 맞는 소리고, 그래서 나는 시위의 취지에 동감하지 않지만 시위 자체는 무제한으로 허용해야 한다고 보았다. 이 글에서 표현의 자유에 대한 강조는 좀 지루할 정도로 자주 주창한 바 있다. 그런데 이런 경우 "우리"는 대단히 여러 가지 뜻을 가질 수 있고, 또 시간과 사정이 바뀜에 따라 변화가 무상하다.

개인의 경우 쇠고기를 사먹을 때 어느 정도의 위험부담을 감수할지 본인이 결정한다. 이명박이 당시에 "싫으면 안 먹으면 될 거 아니냐"고 해서 불길에 기름을 부었지만, 말 자체는 썩 틀린 말이 아니다. 이런 차원에서 촛불시위대는 "먹기 싫다"는 의사를 표현했고, 보나마나 원산지 표시가 제대로 안 될 게 뻔한 제도적 환경에서 일단 수입되고 나면 싫다고 안 먹게 되지 않기 때문에 대통령의 경박한 대꾸에 더욱 분통을 터뜨렸다.

그럼에도 미국산 쇠고기에 대한 거부감이 인민의 의사를 대변했다고 단언하기는 어렵다. 인민의 의사를 어떻게 측정할 것인지는 정치학과 역사학과 철학에서 골치 아픈 논란거리 중 하나이기 때문에 여기서 파고들어도 최종적인 정답에 별 도움은 안 된다. 단, "인민의 의사"라는 문구의 언저리에 어떤 문제가 있는지는 간략하게나마 보일 필요가 있다.

우선 2007년 12월에 이명박을 대통령으로 뽑은 민의가 있다. 유효투표 대비 48.7%, 전체 유권자 대비 30.5%였지만, 일등당선제라고 하는 제도적 절차에 따라 이것은 일단 다수 또는 주류의 의사라는 자격을 갖추기에 손색이 없다. 한편 촛불시위가 한창일 때, 미국산 쇠고기 수입에 관해 재협상이 필요하다는 여론은 78.2%(한겨레 – 리서치플러스, 2008. 5. 24.), 81.2%(조선일보 – 갤럽, 5. 31.), 80.5%(SBS-TNS, 6.

1.), 79.1%(MBC, 6. 1.)로 나타났다. 그렇지만 정부의 반응은 재협상 대신에 "추가협상"에서 그쳤다. 취임 100일을 맞아(2008. 5. 27.~28.) 사회여론연구소가 실시한 전문가 여론조사에서는 "이 대통령 국정운영 잘못하고 있다"가 96%, "한국정치가 잘못된 방향으로 가고 있다"가 86.6%로 나왔다.[22] CBS-리얼미터 조사에 따르면, 2008년 6월 3~4일 16.9%까지 내려갔던 국정수행 지지도는 그 후 서서히 상승해서 2008년 12월 17일에는 32.6%까지 회복되었다.[23]

　　우리 먹을거리는 "우리가 결정한다"고 할 때, 이 가운데 어떤 우리가 그 결정의 주체일까? 선거에서 이명박을 지지한 48.7%인가, 2008년 5월 말에 쇠고기 재협상을 주장한 80%인가? 이명박은 이런 반대에도 꿋꿋이 버티고 있는데, 야간옥외집회 금지조항에 대해 위헌심사를 제청한 판사는 사표를 냈다. 미네르바는 구속되고, 용산참사 이후로도 별다른 "제도개선" 없이 재개발은 강행되며, 브로커에게 알선료를 주고 사건수임을 받아 두 달 만에 13억 원을 벌었다가 변호사법 위반으로 구속된 전력이 있는 인하대 교수 이재교가 진실과 화해를 위한 과거사위원회 위원으로 위촉되었지만, 이런 와중에서도 정부에 대한 지지는 30% 이상을 유지한다. 정부의 구체적인 정책에 불만을 가지는 국민이 80%가 넘는데, 정부가 정책을 바꾸지 않더라도 선거로 뽑힌 정권인 만큼 정책에 반대한 80%가 그대로 정권타도에 나서지는 않는다. 불만은 어느 정도 분풀이를 하고 나면 진정이 되는데다가, 사실 정책이라는 것들을 어떻게 바꿔야 똑떨어진 묘안이 될지 확신하는 국민이 별로 없기 때문이다.

---

22) CBS-리얼미터, 〈주간동향〉 2008. 6. 3.~4.(http://www.realmeter.net/).
23) CBS-리얼미터, 〈주간동향〉 2008. 12. 17.(http://www.realmeter.net/).

이 점은 저항적 연대를 통해서 어떤 새로운 체제를 구성한다는 것이 얼마나 어려운지를 보여준다. 이는 특히 대한민국의 현대정치사에서 매우 심중한 의미를 가진다. 일제에 저항한 인민의 소원이 1945년에 이루어지자마자 바로 그 인민은 격심한 가치혼란을 겪어야 했고, 민족은 두 동강이 났으며, 양쪽에서 공히 "민주주의"라는 수사가 유행했지만 실상은 독재가 들어섰다. 1960년 4·19혁명은 이듬해 군사쿠데타를 위한 예고편 노릇으로 전락해버렸고, 1987년 6월항쟁의 직접적인 귀결은 노태우의 당선이었을 뿐이다. 그리고 1970년대 "민주투사" 중 한 명이었던 김영삼은 민정당과 손을 잡고 대통령이 된다. 대한민국은 1948년 정부수립 이래 한순간도 "민주공화국"이라는 간판을 내린 적이 없는데, 인민이 묵종할 때는 물론이고 인민이 떨치고 일어나 주권을 선언한 시기에도 경제적·문화적·군사적·제도적 권력을 사실상 독점한 집단의 지위가 흔들린 적이 없다.

일부 급진파를 자처하는 철부지들이 주장했듯이 실제로 촛불의 여세를 몰아 정권타도까지 성사되었다면 어땠을까? 해방정국, 1960년, 1987년 등 인민주권이 가장 선명하게 발휘된 결정적인 국면에서도 독재자를 내쫓았을 뿐, 민주사회의 삶의 구체적 질서가 무엇이어야 하는지에 관해 명확한 의지를 표명하지 못한 인민이 2008년의 촛불시위 때는 그 비슷한 것을 가지고 있었을까? 노무현 정부 때 마음껏 표현의 자유를 누리며 중구난방으로 서로 손가락질하기에 바빴던 진보진영이 촛불의 동력을 하나의 물꼬로 통합하는 정치적 지도력을 조성해낼 수 있었을까? 내 대답은 확고한 "아니오"다.

촛불시위에서 한국정치의 미래에 관한 장엄한 희망을 보는 것까지는 특별히 나무랄 일이 아니다. 희망은 언제나 선이고, 시민들이 자신의 의사를 표현한다는 것은 민주주의를 위한 기본 바탕이기 때문이다.

그러나 미국산 쇠고기 반대로 나타난 의사들이 대체로 진보적인 지향성을 가진다고 해석하려면 "진보"라는 말에 무수한 유보조건들을 달아야 한다. 지금까지 논의했듯이 불확실성에 대한 습성화된 제노포비아라는 차원에서는 촛불시위야말로 가장 보수적인 태도를 보여주기 때문이다.

서유석은 "촛불을 지핀 학생과 시민의 절대 다수가 여전히 박정희를 우리 민족 최대의 지도자로 꼽는 어지러운 현실"에 주의를 환기했다.[24] "제도정치, 대의정치, 계급정치, 아날로그 정치, 욕망정치"에서 "생활정치, 참여정치, 인정정치, 디지털 정치, 가치정치"로의[25] 전환을 촛불에서 읽는다고 하는 김호기의 수사가 풍부한 상상력이라기보다는 허황한 작문에 가까운 까닭이 그 때문이다. "아날로그에서 디지털로" 바뀐 변화는 분명히 문화적·도덕적·정치적 함의를 가진다. 광우병 논란 국면에서 인터넷이라는 디지털 인프라가 커다란 영향을 미친 것도 사실이다. 그러나 제도/대의정치에서 생활/참여정치로 바뀐다는 도식은 제도와 생활의 연관, 참여와 대의의 연관을 무시하는 무별주의적 구호일 뿐이다. 하지만 김호기의 가장 중요한 오류는 욕망과 가치의 이분법이다.

이런 이분법이 일반적으로 얼마나 유치한 발상인지는 이미 제2부 제3장에서 논의했다. 여기서는 미국산 쇠고기 반대가 어떤 욕망과 어

---

24) 서유석, 「촛불이 요구하는 '성찰'」, 『시대와 철학』, 19 : 2, 2008, 278쪽. 아울러 그는 국민의 67%가 우리나라의 바람직한 모습으로 "사회복지가 잘 갖추어진 나라"를 들고, 이명박에게 투표한 사람 중에도 64%가 "물질적 풍요"보다 "사회복지"를 선호한다고 대답하면서, "OECD 수준으로의 세금인상"에는 98.3%가 반대하는 상황을 지적했다. "대선 직후 문화일보 여론조사"를 인용한 수치인데, 내가 직접 확인하지는 못했다. 그러나 이는 우리 사회에서 충분히 나올 수 있는 결과다.

25) 김호기, 「촛불집회와 세계화의 정치」, 『촛불집회와 한국사회 : 과제와 전망』, 한국정치사회학회 특별 심포지움 발표논문집, 2008.

떤 가치를 표상하는지에 주목해서 따져보자. 촛불시위는 나름대로 합리적인 이유에서 나왔는데, 동시에 그 합리성은 미지의 영역을 우선 두려워하고 보는 정서로 구성되며, 불쾌한 상대를 힘으로 무질러보려는 권력숭배가 섞여 있다고 나는 말했다. 이런 내 말이 맞다면, 이런 정서 또는 주관적 합리성은 진보적인 지향성과 부합하기보다 어긋나는 방향의 욕망이라고 봐야 한다. 이런 면을 따지지 않고 "욕망의 정치에서 가치의 정치로" 따위 선동가들이 좋아할 만한 표어 짓기가 지식인 사이에 만연하는 것은, 바로 촛불시위처럼 예상치 못한 사태에서 나온 빛이 민족주의, 자본주의, 자유주의, 마르크스주의, 도덕주의, 낭만주의 등에 비쳐서 다양한 각도로 반사할 때, 거기서 나오는 무지개와 같은 찰나적인 매력을 상징의 문구로 담아보려는 시인 흉내 때문이다.

하지만 시적 감수성은 정치에 반드시 필요하지만 결코 충분조건은 못 된다. 첩첩산중에서 길을 잃었을 때 시인의 마음은 희망을 지키는 데 도움이 되지만, 어떤 등성이를 어떻게 넘고 어떤 골짜기를 어떻게 지나 어떤 지점에서 하룻밤을 묵을지는 지극히 냉혹한 관찰과 논리가 절대로 필요하다. 촛불시위가 생활과 참여를 표상한다면 바로 그만큼 그것은 욕망의 표출이다. 거기에 가치가 들어 있다면 그 가치는 마땅히 욕망을 근거로 삼아 발전하는 가치이지 욕망을 대체하는 가치일 수는 없다.

여고생이 정부에 강력하게 항의할 권리를 자각하고, 젊은 엄마들이 유모차를 끌고 시위에 합세할 정도로 평화의 관념이 확대된 것은 정치적 자유주의라는 관점에서 고무적이다. 그러나 정치적 자유주의란 곧 절차적 민주주의의 다른 말로서, 미국산 쇠고기에 찬성할 자유처럼 반대할 자유도 허용해야 한다는 것이지, 세계화를 어떻게 보고 어떻게 대처할 것인지에 관해 남달리 밝은 선견지명으로 인도할 비밀통로는 전혀 아니다.

촛불시위에 참여한 시민들이 가진 욕망은 결코 한 가지 목표를 지향한 것이 아님은, 거기에 참여하지 않은 시민들이 결코 한 가지 목표를 지향한 것이 아님과 같다. 촛불시위는 기본적으로 불만의 표출이었을 뿐, 그 불만의 과녁이 구체적으로 무엇이었는지는 사람에 따라 달랐다. 과녁 자체가 불투명했던 사람도 많고, 과녁이 여럿이었던 사람도 많았다. 종전 같으면 가만있었을 사람들이 욕망을 표출하기 시작했다는 의의는 있지만, 그런 욕망들이 본질적으로 진보정치의 동력과 친화적이라고 보는 것은 아전인수에 지나지 않는다. 그런 욕망들을 명료하게 식별하고 정제해서 진보정치의 동력으로 조직할 과제가 진보를 자처하는 지식인 및 활동가들의 몫으로 떨어지는 것이다.

제6장

합리적 정당의 꿈

제1절 "진성당원"이라는 환상

2000년에 나는 『선거제도와 정치적 상상력』(책세상)이라는 작은 책자에서 우리나라 정당의 공천제도를 비평한 적이 있다. 의회개혁을 위해서는 국회의원 후보에 대한 정당의 공천이 보스보다 평당원 또는 인민에 의해서 이루어져야 한다는 일반원칙을 제시했다. 그러면서도 미국의 예비선거제를 당장 도입하기에는 선결요건이 갖춰지지 않아서 중장기적인 의제로 고려할 수밖에 없겠다고 전망했다. 입당원서에 찍힌 도장으로 당원자격이 결정되는 한, 당원에게만 투표권을 주는 폐쇄형 예비선거는 경선용 당원을 양산할 뿐이고, 그렇다고 당원자격을 가리지 않는 개방형은 지나치게 급진적이라고 나는 봤다.

그랬는데 2002년 대통령 후보를 정하는 과정에서 새천년민주당이 이른바 국민경선제를 들고 나와 흥행에 성공했다. 민주당에서 누가 나와도 이회창 한나라당 후보에게 상대가 안 되리라는 전망이 팽배하던 국면이 결국 노무현의 극적인 역전승으로 끝날 수 있었던 계기의 시발

점은 국민경선제라는 실험이 유권자들의 관심을 끌었기 때문이다. 당시 민주당은 폐쇄형과 개방형을 당원투표와 여론조사의 형태로 혼합했다.

2000년에 내가 "시기상조"라고 보았던 일이 불과 2년 만에 시행되어 성공을 거뒀으니, 예측으로서는 체면을 구겼다. 개인적인 자만심에는 약간이나마 손상이 갔지만, 정당개혁 – 의회개혁 – 정치개혁이라는 함수의 차원에서는 환영할 만한 일이었다. 하지만 2007년에는 국민경선제가 유권자의 기대를 모으기는커녕 정동영의 "조직표"에 대한 논란을 불러 본선 참패에 기여했다. 2002년에는 정몽준까지 매료시켰던 흥행력이 2007년에는 도무지 살아나지 않아, 문국현에게는 독자노선을 포기할 까닭이 전혀 없었다. 그리고 2009년 4·29 재보궐선거를 앞두고는, 전주 덕진구 공천문제로 민주당에서 삳바싸움이 벌어지다가 삳바가 끊어져버렸고, 울산 북구 연합공천은 민주노동당과 진보신당이 우여곡절 끝에 겨우 여론조사로 단일화하였다. 미국식 예비선거제가 뿌리를 내리기는커녕 썩은 종자를 뿌린 것은 아닌지, 아니면 씨앗과 토양이 애당초 어긋난 것은 아닌지마저 불확실한 상황이다.

이런 결과를 직시한다면, 당비납부라는 기준을 가지고 "진성"당원과 가짜당원을 구분하려 한 시도가 철저하게 실패했음을 아무도 부인할 수 없을 것이다. 철저하게 실패했으니 다 갖다 버려야 한다는 얘기가 아니니까 조급증이 나는 독자들은 잠시만 참아주시기 바란다. 뭘 버리고 뭘 지킬지, 또 뭘 빼고 뭘 더해서 좀더 나은 절차를 만들지 참고하려면 실패를 뼈저리게 자각하는 데서 출발해야 한다는 뜻이다. 그래야 왜 어떤 부분이 실패했는지를 찾기 위한 끈질긴 탐사의 동력이 생긴다. 무엇보다 처음에 그럴듯해 보였던 발상 자체에서 엉성했던 지점을 찾아낼 수 있어야 한다.

우선 당비납부라는 기준을 가지고 당원의 자격을 가름하려고 한 발상부터 살펴보자. 예비선거에서 투표권을 당원에게만 주기로 한다면 뭔가 가시적인 제한이 있어야 할 것 같기는 하다. 아무나 와서 당원이라고 주장하면 바로 투표권을 허용할 바에야 애초에 당원 여부를 따지지 않는 것이 낫다고 생각할 수 있다. 민주당 후보를 뽑는데 한나라당 지지자들이 와서 투표할 수 있다면 이상하다. 당비납부 여부로 당원자격을 감별한다는 발상은 여기서 나온 것이 틀림없다. 그런데 효과가 있을까?

당비납부가 적극적인 당성의 표지가 되려면 장기간에 걸쳐 꼬박꼬박 납부한 실적이 있어야 한다. 그런데 우리 사회에서는 유권자들이 일반적으로 당파성을 바람직하지 않게 생각하기 때문에, 공천을 따서 출마할 요량이 아니라면 당비는 고사하고 애당초 특정 정당에 대한 지지도 공표하지 않는 것이 보통이다. 더구나 법규의 조문과 적용조차 예컨대 2000년 국회의원 선거에서 낙선운동을 벌인 사람들에게 유죄 판결을 내리고, 2004년 노무현 대통령을 선거법 위반으로 판시한 데서 잘 드러나듯이, "중립성"이라는 기계적인 잣대를 마구 휘두름으로써 일반적으로 정치적 의사의 공표에 부담을 주는 효과를 자아내고 있다. 조선시대 당쟁을 비난하던 정치의식의 연장으로 당파성 자체를 일반적으로 경원하는 풍조가 여전히 대단히 두껍게 분포하는 것이다. 낙선운동 자체가 위법이 아니라 어깨띠, 현수막 등 방법이 문제였다든지, 노무현은 공무원이라서 중립의 의무가 있었지만 일반 시민은 괜찮다는 식의 이야기는 일반적인 억압의 분위기에 관해서는 변명이 될 수 없다. 이런 세부사항들을 따질 사람이라면 대단히 적극적인 의사를 가진 사람들이기 때문에 어차피 부담감을 별로 느끼지 않을 사람들이고, 이보다 소극적인 유권자들이라면 세부사항을 따지지 않고 유죄판결이니 위법이니 하는 얘기만 가지고 부담감을 느끼기 때문이다.

형편이 이렇다 보니 당비납부라는 기준이 의도한 변별력을 가질 수 있을 정도로 기간과 액수를 높여 잡으면 당원수가 너무나 줄어서 예비선거의 의미가 없어져버리게 된다. 월회비 2,000원 6개월 납부라는 기준은 그러한 현실여건의 반영인 셈인데, 그리고 나니 일인당 12,000원이라는 금액은 진짜와 가짜를 가려낼 변별력을 완전히 상실했다. 막말로 10만 명을 당원으로 만드는 데 12억 원이면 되는 셈이기 때문에, 오히려 금권정치 또는 금권정치에 대한 상호 의심과 불신을 조장하고만 것이다.

예비선거제도가 우리 사회 진보파들에게 우호적인 대접을 받는 이유는 주로 상향식 풀뿌리 민주주의라는 이미지 때문이다. 그런데 미국에서 예비선거제도가 채택되고 정착된 과정 자체가 정치 엘리트들이 참다운 민주주의를 실현하기 위해 합리적인 최선의 방책을 고안해서 시행한 덕분이 아니고, 보스들이 독점하던 공천권의 일부를 평당원 유권자들이 요구해서 쟁취한 결과이다. 다시 말해 적극적인 참여의식을 가진 유권자들이 바탕에 있었기 때문에 예비선거가 채택된 것이고, 그랬기 때문에 나름대로 괜찮은 제도라는 평가를 받을 정도로 정착된 것이다. 이를 우리는 엘리트들이 도입해서 하향식으로 이식하려는 꼴이라는 사실을 절대로 놓치지 말고 기억해야 한다. 이식이 불가능하다는 말이 아니고, 자생과 이식의 차이를 무시하면 이식이 실패하기 쉽다는 말이다.

미국의 경우 선거법은 주정부가 관장하는 사항으로, 예비선거는 정당 내부의 경선과정이지만 주법에 의해 규율된다. 보통 주의 국무장관이 선거관리의 최고책임을 맡는다. 폐쇄형인 경우 투표할 수 있는 당원의 자격도 주법에 의해 정해지므로 주마다 조금씩 다르지만, 기본적으로는 스스로 당원이라고 공표하면 당원으로 인정받는다. 예컨대 캘리포니아는 선거법 안에 민주당과 공화당의 (그리고 제3당과 제4당의) 예비선거 절차를 구분해서 세세하게 규정하면서, 유권자 등록시 스스로 당원이라고 선서한 정당의 예비선기에 투표할 수 있도록 정해놓았다. 미네소타는 당헌에 규정된 원칙에 동조하고 지난번 선거 때 지지했거나 다음번 선거 때 지지하겠다고 공표한 정당 또는 지난번 선거 때 당원이라고 공표했거나 다음번 선거 때 당원이라고 공표할 정당에 가서 투표하도록 정해놓았다. 누구라도 아무개가 당원대회에서 투표할 자격이 없다는 시비를 제기할 수 있고, 그때에는 바로 그 당원대회에서 그 사람의 자격 여부를 결정한다고 되어 있다. 이런 식으로 폐쇄형이든 개방형이든 각 주가 시시콜콜 또는 대략적으로 예비선거 방식을 정하여 시행한다. 조문과 적용이 역사적으로 결합되어 있는 것이다.

역사를 이식할 수는 없는 노릇이므로 논외로 접어두면, 한국과 미국에서 결정적인 차이는 정당지지를 우세스런 일로 여기느냐 아니면 자랑스러워하느냐는 데에 있다. 물론 미국에서도 정당지지 여부를 밝히지 않는 사람들, 즉 독자층 또는 부동층은 많다. 하지만 대개 유권자 가운데 적어도 60% 정도는 떳떳이 자기가 지지하는 정당을 공표한다. 예비선거제도가 취지대로 효과를 내려면 유권자들로 하여금 특정정당의 예비선거에 가서 투표하는 일을 자랑스럽게 여기도록 유도해야 한다. 충분히 많은 수의 유권자가 자기 의사로 예비선거에 참여한다면 인위적 동원을 의심할 필요도 없고, 따라서 당비납부 따위 쫀쫀한 꼬투리도 자연스럽게 소용이 없어질 것이다.

그런데 유시민이나 최장집 등 정당개혁 담론을 이끌었던 사람들은 자신의 주장이 옳다는 명분을 세우는 데 급급해서, 기성 정당체계 자체를 싹쓸이 매도하는 풍조를 아울러 이끌었다. 최장집 교수는 대의정치가 작동하려면 정당이 제대로 기능해야 하는데, 현재 한국 정당들은 그렇지 못하다는 주장을 줄기차게 내놓았다. 지역주의가 만악의 근원은 아니라는 입장이지만, 그러면서도 지역당 구도는 비판한다. 이런 식으로 자기들부터 솔선수범해서 기존 정당과 거리를 두는 것이다. 더러운 정치를 두고 볼 수 없어서 고상한 가르침을 내릴 뿐, 자기들을 진흙탕 안에 있는 사람과 동일시하지는 말라는 선언이다. 그런데 내가 보기에는 이런 자가당착적인 결벽증이야말로 정당의 기능을 방해하는 가장 큰 요인이다.

2007년 대통령 선거만 봐도 60% 이상의 유권자들이 투표장에 가서 이명박, 정동영, 이회창, 권영길을 찍었다. 미국의 기준으로 치면 이들이 곧 한나라당, 민주당, 선진당, 민주노동당 당원으로서 폐쇄형 예비선거에 투표권을 가진다는 뜻이다. 자기가 그렇게 투표했다는 사실을 떳떳이 공표하고, 지지정당의 예비선거에 참여하는 일을 시민의 권리이자 의무로 여기는 분위기가 조성되어 있다면 미국식 예비선거가 이루어지지 않을 까닭이 없다. 왜 그렇게 안 될까? 지금 우리 정당들을 형편없는 수준이라고 매도하는 소외된 정치담론 때문이 아닐 수 없다. 가장 심한 소외는 바로 정당개혁을 부르짖는 사람들이 유권자들로 하여금 당원이라고 하면 뭔가 더러운 오점이 묻는 듯한 느낌을 받도록 오도한다는 점이다.

정당 자체에 대한 본질적인 혐오는 사실 더욱 근본적으로 정치에 대한 혐오를 함축한다. 정치의 현장에서 정치를 혐오하고, 정당개혁을 부르짖는 사람들이 정당정치에 대한 근본적인 불신을 떨치지 못하는 현상은 유권자뿐만 아니라 진보를 자칭하는 정치인들에게서 강하게 나타난다. 이런 도착된 결벽증은 도덕적 교조주의의 소산임을 나는 제

4부에서 더욱 본격적으로 다룰 것이다. 도덕적 교조주의와 결벽증 때문에 현실정치에 참여하고 있는 사람들이 마치 단일안건정치를 추구하는 선동가와 같은 행태를 보인다는 사실은 다음 장에서 다시 논의할 것이다. 여기서는 합리성에 관한 어설픈 기대 때문에 자기가 몸담고 있는 정당을 저주하고 자기가 지지하는 정당을 매도하는 언어적 소외가 발생한다는 점을 지적하고자 한다.

이미 앞에서 여러 차례 장황하게 논의했듯이, 비판이나 냉소나 회의는 어디까지나 소모적 논란과 생산적 논란을 분별할 만한 암시가 내포된 상태에서만 사회개선과 접점을 가질 수 있다. 다시 말해서, 현재 한국의 정당체계에 문제가 있다는 비판이 생산적인 논의가 되려면 구체적으로 어떤 문제들을 어떤 식으로 고치면 어떤 개선이 이루어질지를 제시하는 데서 시작해야 한다. 그러지 않고 막연하게 "유럽형 정당제", "선진국형 정당체계", "합리적 정당제도" 등을 되뇐다는 것은, 문제를 구체화해서 해결을 모색하는 어떤 노력도 기울이지 않은 채 그저 "지역주의"라는 마녀에게 모든 책임을 뒤집어씌우는 짓과 정확하게 똑같다. "지역주의가 문제"라는 표어에서 "정당이 문제"라는 표어로 바꾼 데 불과한 것이다. 지역주의 성토가 프레임의 지역화를 조장해서 시민들 사이의 소통을 가로막는 결과를 낳을 뿐이듯이, 정당체계 성토 역시 정치의식의 소외를 불러서 정당개혁의 불씨 자체를 짓밟아버린다. 구체적인 의제를 제시하지 못하는 일반적인 매도는 기성 정당에 대한 참여와 관심을 죽이는 방향으로만 영향을 미치기 때문이다.

합리성을 증진함으로써 사회생활이 개선될 수 있는 여지가 많다는 당연한 사실을 부인하는 것이 아니다. 그런 여지를 찾아 개선을 실현하기 위해서는 구체적이고 명확한 의제의 형태로 문제가 제기되어야

지 뜬구름 잡기 식으로 그림이 그려지면 안 된다는 얘기다. 수학 중에서도 가장 기초적인 수준에 해당하는 합리성의 기준을 막연하게 다른 영역에까지 무작정 잡아늘인 다음에, 그 기준에 부합하지 않는 현실을 도매금으로 싸잡아서 소탕대상으로 삼는 것은 순전히 자기중심적인 치기에 지나지 않는다. 거기서 모든 전횡의 씨앗이 나오는 것이다.

내가 보기에 현재 한국 정당에 가장 필요한 사항은 내부 현안을 결정하는 제도적 절차의 확립이다. 확립되어야 할 결정절차에서는 항상 반대의견이 자유롭게 표명될 수 있도록 보장해주는 관인의 풍토와 함께 어느 편도 독단적으로 결과를 장담할 수 없는 불확실성을 핵심요소로 담고 있어야 한다. 이런 바탕이 마련되어 있는 상태라면 노선투쟁에서 패배하고서 결과에 승복하지 못하는 일도 줄어들 것이고, 간혹 보따리를 싸서 나가는 사람들이 있더라도 스스로 정치생명을 단축하게 될 확률이 높아질 것이다.

다시 말해, 주관적으로 포착된 제일층위의 합리성만을 고집하지 말고 제이층위의 합리성을 배워나가야 한다는 뜻이다. 제일층위, 즉 산술적 합리성이란 본디 목적이 무엇인지에 따라 완전히 다른 결론을 제시할 수밖에 없기 때문에, 정당 내부에서든 정당 사이에서든 목적의 차이라는 쟁점을 합리적으로 해소하는 데에는 전혀 도움이 되지 못한다. 오히려 서로 합리성을 고집하게 되면 충돌을 격화시킬 뿐이다.

열린우리당이 새천년민주당에서 갈라져나왔다가 불과 4년 만에 다시 합해진 결과를 보면, 어떻게 보더라도 당시의 분당은 전략적으로 미숙한 행태였음이 확인된다. 그럼에도 당시에는 서로 차이를 곧 악으로 간주한 조급함 때문에 양쪽 모두 서로를 용납하지 못해서 갈라지고 만 것이다. 지금 생각하면 당시의 격렬했던 적대감은 다분히 유치하고 말초적인 감정이었음이 드러난다. 합리주의가 평면적인 산술적 모형에 집착하면서 목적과 가치의 차이로 봐야 할 일을 선과 악의 이분법으로 이해한 결과다. 그런 어설픈 합리성은 상대를 내 마음대로 주무르기만을 원하는 전제적인 성향을 기르고, 그 때문에 조급한 성정을 잉태해서 기대가 충족되지 못하면 바로 판을 깨는 것 말고는 다른 어떤 길도 찾지 못하게 만들기 때문이다.

국회의 폭력사태, 촛불시위 도중에 분을 못 참고 쇠파이프를 휘두르는 행위, 촛불시위를 관인하지 못하고 진압해야 한다고 안달을 부리는 경찰총수, 반대의견의 존재 자체를 정부에 대한 위협으로 여기면서 공포에 떠는 건설회사 사장 출신 대통령, 광우병의 위험을 좀 과장해서 보도한 방송 프로그램의 피디들을 사법처리해야 한다고 믿는 국무총리, 미국발 금융위기에 공황에 가깝게 반응하느라 널뛰기로 춤을 추는 환율시장의 행위자들, 습관성 집착성 공황증에 빠진 한국사회 구성원들의 참을성 없고 무책임한 행태들은 끝없이 목록을 이어갈 수 있다. 이 모든 경박함이 다 나름대로는 합리성에 따른 행동일 뿐만 아니라, 합리성에만 집착하기 때문에 발생하는 행동이다. 제일층위의 평면적 합리성만을 합리성이라고 생각하고, 제이층위의 입체적인 합리성을 체득하지 못한 탓이다.

평면적 합리성을 과학적 합리성이라고 한다면 입체적 합리성은 정치적 합리성이라고 대조할 수 있다. 과학적 합리성은 주어진 문제를 객체화해서 풀어내는 데 특장이 있는 반면에, 그러한 문제가 주어지고 풀이가 수용되는 정치사회적 맥락을 이해하는 역량은 갖추지 못한 단순성이 있다. 정치적 합리성은 때로 산술적으로 간단히 풀리는 문제마저도 쓸데없이 맥락을 고려하는 우를 범함으로써 스스로 공정성을 훼손할 때가 없지는 않지만, 그렇다고 정치적 합리성을 없애야 이상사회가 도래한다고 생각하면 대단히 유치한 단견이다. 과학적 합리성이 목적의 차이 때문에 서로 부딪치는 경우, 갈등을 개명된 방식으로 평화롭게 풀어낼 수 있으려면 오로지 입체적·정치적 합리성이 필요하기 때문이다. 그런 경우에는 경합하는 대안들을 일단 평면적 합리성이라는 의미에서는 대등하다고 간주하고, 단순히 결정을 만들어내기 위한 인위적 절차를 고안해서 교착상태에서 벗어나는 것이 가장 합리적인 선택인 것이다.

　서로 다른 합리성끼리의 대립에 적용될 수 있는 정치적 합리성은 합리성과 비합리성의 대립, 그리고 비합리성과 비합리성의 대립에도 똑같이 적용될 수 있다. 비합리적이라는 형용사는 거의 모든 경우 다른 사람의 생각이나 행위를 가리켜 일컫는 말로서, 당사자에게 물어보면 나름대로 이유가 있는 경우가 많다. 물론 해당 개인이 잘못 생각하는 경우도 없지는 않지만, 만약 그 자신이 스스로 잘못을 깨닫는다면 대립이 발생할 까닭이 없다. 즉, "합리성과 비합리성"의 대립이라는 명칭으로 분류되는 경우들도 사실은 "서로 다른 생각을 가지고 각자 자기 생각이 합리적이라고 믿는 사람들" 사이의 대립인 경우가 대단히 많다. 그러므로 시간, 자원, 소통의 기반 등이 허용하는 최대한까지 상호설득의 노력이 이루어진 다음에도 대립이 계속되고, 그럼에도 정책이나 진로의 결정은 더 미룰 수 없는 상황이라면, 서로 대립하는 쌍방의 입장을 내용상으로 대등하다고 간주하고 내용의 우열과는 상관이 없는 타이브레이크의 절차를 고안해야 하는 것이다.

제2절 사회변혁의 두 모형 : 영국과 프랑스

  영국, 엄밀하게 말하면 잉글랜드는 이른바 점진적 정치발전의 모델로 알려져 있다. 이에 비하면 프랑스는 1789년의 대혁명에서부터 1871년 제3공화정이 등장할 때까지, 공화정 – 제정 – 왕정 – 입헌군주정 – 공화정 – 제정 – 공화정으로 이어지는 격변을 겪었다. 그 사이에 두 번이나 큰 전쟁에서 패했고, 제3공화정 역시 극좌와 극우에서 흔들어대는 바람에 위기를 견뎌내야만 했다. 민주당, 민주노동당, 진보신당 등이 지금 겪고 있는 진통들은 이념적 정체성과 관련되는 만큼이나 내부의 의사를 통합할 수 있는 절차적 합의를 생성하려는 산고라고 나는 본다. 영국과 프랑스의 정치발전 과정을 간략하게 비교해봄으로써 상당한 교훈을 얻을 수 있을 것이다.

  영국은 17세기 내전과 혁명, 그리고 1714년의 왕위계승을 통해 의회주권이 확립되었다. 그러나 당시에는 참정권이 재산을 기준으로 상위 10%의 계급에게만 허용되었기 때문에, 17세기 혁명의 의미는 종전에 1%가 독점하던 귀족정을 10%의 귀족정으로 확대한 데에 그친다. 물론 이 와중에도 10% 내부에서 정치적 자유주의와 헌정주의의 원칙은 자리를 잡았다. 이런 형태의 의회주의적 귀족정이 시행되던 18세기가 지나는 동안, 나머지 인민들이 정치적으로 자각하면서 자유주의의 원리에 따라서 정치적 권리를 요구하게 된다. 나폴레옹을 상대로 한 전쟁이 끝나면서 바로 민주화가 영국 정치의 최대 의제로 등장하는데, 그 결과 참정권이 확대되었다. 영국의 참정권 확대는 1832년부터 1928년까지 다섯 차례로 나뉘어 이루어졌기 때문에 "할부식 민주화"라고 불린다. 정치적 민주화와 더불어 경제적 민주화, 즉 사회주의적 의제들도 자연히 등장해서 20세기 초에는 종래 보수/자유 양당체제가 보수/노동 양당체제로 대체되었다. 이런 과정에서 유혈사태도 없지는 않았는데, 그중 최악의 경우는 1819년 맨체스터 성 피터 광장St. Peter's Field에서 시위군중을 기마경찰이 공격한 일이다. 열다섯 명이 사망하고 수백 명이 부상당한 일로, 워털루 전투에 비유해서 피털루의 학살 Peterloo Massacre이라고 부른다.

프랑스는 1789년 대혁명 이후 정치적 격변에 해당하는 것만 대충 꼽아도 1792년 국민공회, 1794년 테르미도르의 반동, 1799년 나폴레옹 쿠데타, 1802년 황제체제, 1815년 부르봉 왕조 부활, 1830년 7월혁명, 1848년 2월혁명, 1852년 루이 나폴레옹 황제등극, 1870년 제2제정 붕괴, 1871년 파리코뮌 등등 80여 년 동안 내부 정변과 대외 전쟁을 겪어야 했다. 이 와중에 자유주의, 입헌주의, 민주주의, 사회주의는 물론이고 공화주의, 왕당파 애국주의, 보나파르트 애국주의, 군국주의, 민족주의, 마르크스주의, 무정부주의 등등 온갖 색깔과 지향의 이념과 몽상들이 터져나와 뒤죽박죽으로 서로 엉켜 싸웠다. 바람직한 정치체제의 모습을 둘러싸고 서로 자기 생각이 옳다고 싸운 셈이다. 하지만 결국은 1871년 제3공화국으로 정리되었다. 영국식 이익정치의 모형, 다시 말해 의회와 선거와 법치와 같은 절차에다가 소수세력에게는 의견을 표현할 수 있는 자유를 폭넓게 허용함으로써 공평한 기회를 보장하는 체제로 정착된 셈이다. 이런 체제에서 사회주의적 요구는 폭력수단에 의존하지만 않는다면 당연히 정상적인 이익표출로 간주되고 법률적으로 보호된다. 제3공화국의 원리는 그 후 몇 차례의 시련을 겪었지만 이겨내고, 현대 프랑스 정치체제의 원형으로 존중되고 있다.

영국의 점진적 정치발전 과정을 프랑스의 방황형 과정에 대조해보면 몇 가지 후견지명을 얻을 수 있다. 여러 가지를 말할 수 있지만,[26] 여기서는 특히 변혁을 추구하는 세력이 구체적인 의제에 초점을 맞췄다는 점을 강조할 필요가 있다. 17세기의 주제는 왕이 의회 다수의 의사를 무시하고 자기 뜻을 밀어붙일 수 없다는 원칙이었고, 18세기는 그와 같은 의회주권의 원칙을 인구 10%까지로 확대된 엘리트 계급 내부의 자유주의와 법치주의로 번역하는 과정이었다. 엘리트 계급 내부에서 다듬어진 자유주의와 법치주의의 원리는 19세기에 일반 민중에게도 적용되도록 확산되었는데, 한꺼번에 그런 것이 아니라 할부금 갚듯이 점진적인 과정을 통해 이루어졌다. 일단 정치적 자유주의가 민주주의와 결합하고 나서, 사회주의의 요구는 그때까지 확립된 정치적 경쟁의 규칙에 따라서 평화적인 방식으로 흥정되고 조정된 것이다.

이에 비해 프랑스에서는 "자유, 평등, 박애"라는 추상적인 구호를 보편주의적이고 완벽주의적인 방식으로 추구하다 보니, 누구든 자기가 합리적이라고 생각하는 모형을 바로 정답이라고 여기고 일체의 흥정이나 타협을 곧 죄악시하는 경향이 나타났다. 이러한 지성적인 경향은 현실정치에 원심력을 가중시켜 사회세력들 간의 극심한 분열을 낳았다. 사회세력들이 작은 차이의 경계를 넘지 못해 다양한 갈래로 찢어져버린다면 선동가들이 쉽사리 발호할 무대가 넓어진다. 세력들 사이에 분열이 극심해서 인구 중 작은 비율에게 호응을 얻더라도 여타 어떤 세력보다 상대적으로 커질 수 있기 때문이다. 아울러 이런 사이에 건강한 공론이 형성되기 어렵기 때문에 바람몰이와 선전이 횡행하기 때문이다. 대표적으로 루이 나폴레옹이라는 선동가의 집권이 이런 사정에서 가능했다.

이런 비유는 1970년대 미국 정치학계에서 점증주의incrementalism라는

---

26) 자세한 내용은 박동천, 「영국 민주화 과정 : 한국적 경험에 대한 함의」, 『한국정치외교사 논총』 22 : 1(2000)을 참조하라. 이 논문은 약간의 수정을 거쳐, 『민주주의의 한국적 수용 : 한국의 민주화, 민주주의의 한국화』(책세상, 2002)에 재수록되었다.

용어로 정리했다. 이 말은 눈앞에 보이는 일부터 꾸준히 처리하다 보면 장기적인 성과가 나타나는 것이지, 장기적인 성과를 목표로 삼을 필요가 없다는 데에 요체가 있다. 흔히 "그럭저럭 운으로 해내다"는 뜻을 가진 영어 구어체 표현 muddling through로 일컬어질 때가 많다. 그러나 이런 발상 자체는 동서양 공히 옛날부터 있던 것이다. 인력에는 한계가 있기 때문에 미래를 다 완벽하게 설계할 수도 없거니와, 설사 설계를 아무리 완벽하게 해도 시행하는 도중에 예기치 못한 변수들이 무수히 작용한다는 사실은 현장에서 무슨 일이라도 해본 장인급 기술자라면 대개 사무치게 깨닫는 일이다. 운칠기삼運七技三, 진인사대천명盡人事待天命, 새옹지마塞翁之馬, 지장보다 덕장이 낫다, 천 리 길도 한 걸음부터라는 등의 동양 격언들이 모두 그와 같은 방향의 발상을 표시한다.

서양의 경우에도 이런 생각이 대단히 오래전부터 있었다는 것은 호메로스의 서사시나 히브리 경전을 들먹일 필요도 없이 당연한 일이다. 하지만 근대 이후 자연과학의 예측력에 관한 맹신이 과도하게 자라나면서, 그에 대해 적확한 비판을 제기하는 역할은 주로 영국 지성계에서 담당하게 되었다. 예컨대 인과관계가 기본적으로 인간의 관습에 뿌리를 둔다는 흄의 성찰, 보편적 인권을 표방하는 와중에 야만과 탐욕만을 조장해서 사회연대를 갈기갈기 찢어버린 프랑스혁명에 대한 버크의 비판 등이 그렇다. 이런 생각들은 역사에 관한 법칙이라는 것은, 법칙이 설령 있다손 치더라도 찾아내는 순간 인간이 그 법칙에 반응하기 때문에 더는 법칙일 수가 없다는 관찰로 이어졌다. "역사가라면 예언의 재능이 자기에게는 없다는 사실을 알아야 한다"고 한 콜링우드의 지적이 좋은 예다.[27]

---

27) R.G. Collingwood, *The Idea of History*, Epilegomena I : Human Nature and Human

계획을 중시하는 합리주의의 입장에서 보면 점증주의가 보수적으로 비칠 수 있다. 조금씩 조금씩 앞으로 나아간다든지 목전의 과제에 먼저 주의한다는 말만 들으면, 역사적인 거보를 뗄 수도 없고 백년대계에 입각해서 어떤 획기적인 조치를 취할 수도 없을 것처럼 들리기 쉽다. 그러나 점증주의적인 접근이 반드시 획기적인 전환이나 개혁을 배제하는 것은 아니다. 초점은 획기적인지 아닌지에 있는 것이 아니라, 성패가 인위적으로 결정되지 않는다는 데에 있기 때문이다. 어떤 일이 계획대로 될지 안 될지, 계획에 없었던 결과들이 얼마나 발생할지 등을 사전에 알아서 통제할 수는 없다는 뜻이다. 그러므로 시의에 따라서는 획기적인 조치나 전환이 시도될 수 있다. 단, 그러한 획기적인 조치나 전환의 경우에도 일단 착수한 다음에는 결과를 확실히 알 수 없는 상태에서 이리저리 더듬어가면서 되는대로 해볼 수밖에 없다는 얘기다.

프랑스혁명의 역사가 80년간 방황했다는 사실은 자기 인생의 목표를 정하지 못한 젊은이가 방황하는 것과 비슷하다. 혁명의 와중에서 수많은 사람이 희생되어야 했다는 것은 『죄와 벌』에서 라스콜리니코프가 전당포 노파를 살해하고 자신도 유형의 길을 떠나야 하는 것과 비슷하다. 제3공화국의 자유주의적 질서로 프랑스 혁명정국이 일단 안정되었다는 것은 유형의 길을 가면서 라스콜리니코프가 증오에서 벗어나 사랑하는 마음으로 심리적 평화를 찾는 것과 비슷하다. 모든 일을 사전에 계획해야 마음이 놓인다는 것은 불확실한 미래가 두렵다는 징조에 지나지 않는다. 자기가 통제할 수 있는 것들만 수용하고, 그 바깥에 있는 것들은 단순히 부인하고 배척하려는 태도인 것이다. 그러나 정치에서도 도덕에서도 중요한 일은 항상 한 사람의 구상만으로 통

History, Oxford University Press(1946) p.220.

제될 수 있는 영역 밖에서 발생한다.

한국에 "합리적 정당"이 필요하다는 말은 "자유, 평등, 박애"를 원한다는 말처럼 누구나 쉽게 할 수 있다. 그런데 그 정도 수준의 말에서 그치면 바로 방황밖에 남지 않는다. "합리적 정당"이 구체적으로 무엇인지, 그것을 위해 지금 해야 할 일이 무엇인지가 전혀 정형화되지 못하기 때문이다. "자유, 평등, 박애"를 위한다고 하면서 서로 싸웠던 프랑스혁명의 역사처럼 대한민국의 진보진영은 "합리적 정당"을 위해 세포분열을 계속하고 있다.

프랑스의 정당들은 제3공화국 이후로도 분열을 계속해서, 프랑스는 지구상에서 가장 유명한 다당제 국가로 위상을 확립했다. 하지만 정당이 이처럼 이익을 집약하는 구심력을 발휘하지 못하면, 구심력을 위한 기제가 어디엔가는 필요하게 된다. 정치세력들이 각자 자신의 합리성만을 고수하는 지평, 다시 말해 평면적·산술적·과학적 합리성으로 이루어지는 제일층위에서는 그런 기제가 생길 리 없다. 그것은 오직 입체적·성찰적·정치적 합리성으로 이루어지는 제이층위에서만 가능한 일이다.

프랑스는 원심적인 정당체제를 뜯어고칠 수는 없음을 자각한 다음, 선거제도를 통해 구심력을 확보하고자 했다. 그리하여 1789년의 혁명 이래 여러 가지 방식을 바꿔가면서 실험했다. 제3공화국부터는 주로 결선투표제와 비례대표제를 번갈아가면서 시도하다가, 1958년 드골 헌법 이후로는 1986~88년을 빼고는 결선투표제를 통해 인위적으로 다수의사를 조성해낸다. 이런 와중에 정당간 연합을 통한 연립정부의 경험, 그리고 선거 전에 연합공천으로써 독식은 포기하더라도 일부 지분을 확보하는 흥정과 타협이 정치행위의 중요한 방식으로 자리를 잡았다. 평면적인 합리주의의 시각에서는 아주 쉽게 배척되는 행태를 적극적으로 수용하게 되었다는, 다시 말하면 영국식 세속적 이익정치를 받아들이게 되었다는 뜻이다. 다른 말로 하면 한때 기회주의적이라고 매도되던 행태들이 정치에서 오히려 정상일 수밖에 없다는 사실이 수용된 것이다.

세속화라는 주제는 제4부에서도 계속 논의할 것이기 때문에, 여기서는 일단 지금까지 다룬 내용이 한국의 정당제 발전에 시사하는 요지를 정리함으로써 절을 마무리해야겠다. 한국에서 고정보수층을 30%, 무관심층을 30%로 잡으면, 40%가 남는다. 여기서 부동층을 20%로 잡으면 고정진보층은 20%라는 계산이 나온다. 무관심층은 2002년 대통령 선거 기권자 비율을 대략 기준으로 잡은 것이다. 부동층은 2002년과 2007년 선거 투표율 차이에다가, 2002년에 노무현을 지지했다가 2007년에는 보수로 이동한 약 400만 명을 합한 결과다.

이렇게 보면 투표율 70%를 전제할 때, 진보후보는 부동층 가운데 15%p, 즉 부동층 가운데 4분의 3을 끌어와야 35 대 35로 보수후보와 박빙승부를 펼친다는 말이 된다. 골수보수 30%와 골수진보 20%는 열심히 투표장에 나간다고 보면, 투표율이 60%라면 부동층 10%를 다 끌어와야 진보와 보수가 동점이 된다. 정책경쟁이나 담론정치에서 매력을 보여줘야 한다는 점은 접어두고, 단순히 외형적으로 나타나는 수치만을 가지고 주먹구구를 해봐도 진보진영의 정치적 활로는 연합이 아니면 무망하다는 결론이 가능하다. 그런데 진보진영에서 연합이 잘 안 이뤄지는 가장 큰 이유가 주관적이기 때문에 평면적일 수밖에 없는 합리성을 각자가 고집하기 때문이라는 얘기다.

진보파를 자처하는 인물들 가운데 정치, 즉 현실정치, 즉 세속적 기회주의 정치를 혐오하는 성향이 두텁게 분포한다는 사실도 이를 곧바로 보여주는 적나라한 증거다. 이른바 시민단체를 "이익단체"라고 부르면 역정을 내고, 시민운동가가 선거에 출마하면 갑자기 타락이라도 한 듯이 실망하고 매도하는 풍토도 마찬가지다. 도대체 정치에 영향을 미칠 생각이 없다면 시민운동은 왜 하며, 정치에 영향을 미칠 생각이라면 정치판 안에 뛰어들어 싸우는 이상 효과적인 방법이 어디 있는가? 물론 취향에 따라서 출마보다는 시민운동에 전념할 수 있다. 그러나 출마하면 기회주의자고 출마하지 않아야 "순수성"을 지킨다는 발상은 단지 미숙하고 어리석은 사춘기 정서를 넘지 못하고 있다는 지표에 불과하다.

정치를 적극적으로 받아들일 자세라면, 선거에서 진보의 연합이 언제나 최고의 전략적, 즉 기회주의적 목표가 되어야 한다. 정당이라는 조직의 울타리는 내부사정과 노선차이, 그리고 인간관계들이 복잡하게 얽히기 때문에 밖에서 합해라 마라 해봤자 아무 소용이 없다. 서류상으로 합했다가 이권이 걸릴 때마다 금세 찢어진다면 안 하느니만 못하다. 문제는 선거연합인데, 그렇다면 선거 때에 연합공천을 할 수 있는 표준적인 규칙을 정해서 관행으로 정착시켜놓으면 될 일이다. 프랑스의 결선투표제는 스스로 연합공천을 하지 못하는 좌파와 우파에게 후보 단일화를 제도적으로 강제하는 제도다. 결선투표제를 도입하는 문제는 선거법 개정이 필요하니까 접어둔다면, 사회의 개선을 원하는 정당이 상습적 분열증을 극복할 내부절차로 내 생각에는 다음과 같은 규칙이라면 합의가 가능하다고 본다. 이는 기본적으로 타이브레이크를 인위적으로 강제할 필요에 충실한 합리성, 즉 정치적 합리성을 반영한다.

a. 정당이든 정당 내 파벌이든, 각 정파는 우선 예비선거를 원칙으로 자기파 후보를 결정한다.
b. 연합후보 선출을 위한 방식은 해당 정파들이 시한을 두고 협상한다.

c. 시한까지 합의가 안 될 때에는, 그 시점에서 각자 제시한 최종안을 가지고 제비뽑기로 결정한다. 제비뽑기에 의해 정해진 경선 방식으로 연합후보를 선출한다.

d. 각 정파 안에서도 예비선거 방식에 관해 조정이 안 된다면 마찬가지 절차를 따른다.

이와 같은 경우 제비뽑기는 과학적·평면적 시각에서 보면 합리성과는 정반대인 맹목적인 우연으로 비치겠지만, 정치적·입체적 관점에서 보면 사실상 공정성을 확보하면서 교착을 깰 수 있는 유일하게 합리적인 방법이다. 아울러 정치행위자들 및 일반 유권자들에게도 정치라는 것은 항상 상대가 있는 게임이기 때문에, 제일층위의 평면적 합리성으로만 접근하면 독선과 전횡과 분열과 갈등이 필연적임을 깨닫도록 유도하는 효과도 기대할 수 있다. 상대의 존재를 인정하고, 자신과 상대 사이의 입장 차이를 부인만 하는 것이 아니라 정치의식의 대전제로 삼음으로써 대립적인 상황 자체를 객관화해서 바라보는 고양된 안목을 얻을 수 있다. 일차적인 욕구가 충족되지 않을 때 그 충격 때문에 절망에 빠지지는 않을 여유, 일차적인 욕구가 충족되지 않을 가능성에 대비해서 욕구 자체를 조절하는 여유, 한번에 만족을 얻지 못했을 때 다음번을 기약할 수 있는 여유 등등의 여유는 외부 사정이 극한적이지만 않다면 보통 사람들이라도 충분히 획득할 수 있는 심리적 성숙이다.

고전적인 덕목의 용어로는 이를 절제와 인내라고 부르며, 근대의 정치용어로는 타인의 인권과 인격에 대한 존중이라고 부른다. 홍세화 같은 사람들이 열심히 주장한 관용, 또는 내가 앞에서 구분한 어법에 따르면 관인이라는 것이 또한 이러한 심리적인 여유를 가리키는 용어가 된다. 기독교로 말하면 이웃을 사랑한다는 얘기고, 불교로 말하면 자비가 되는 것이며, 공자 말씀을 빌리자면 충서忠恕에 해당한다. 모든 사람을 사랑하고 자비로 대하자는 말이 아니니까 아니꼽게 받아들이지 말기 바란다. 좀더 넓고 느슨한 의미, 즉 현실정치의 순서척도에 의해 진보에 속한다고 분류될 수 있는 사람들끼리 전략적인 목적을 위해 일시적이고 기회주의적으로 연합하는 일이 사회의 개선에 기여함으로써 이웃을 사랑하고 중생에게 자비를 베푸는 결과가 될 수 있으니, 평면적이므로 편협한 합리성만 고집하지 말고 마음을 좀 풀자는 얘기일 뿐이다. 합리적인 정당을 추구하기 전에 일시적이며 기회주의적인 선거연합부터 시도하면서 나와 생각이 똑같을 수 없는 이웃들과 더불어 사는 연습을 해보자는 말이다.

제7장

민주주의의 이상

제1절 단일안건정치의 함정

민주주의가 무엇인지를 물으면 교과서적인 답은 잘 준비되어 있다. 그리스어 데모스demos(인민)와 크라토스kratos(지배)의 합성어가 어원이라는 둥, 고대 아테네에서 민주주의가 시작되었다는 둥, 링컨이 "인민의 인민에 의한 인민을 위한 정부"라고 요체를 정리했다는 따위의 답은 고등학생이라도 웬만하면 외우고 있을 것이고, 때로는 중학생 중에서도 아는 학생이 상당수 있을 것이다. 그러나 인민의 정부라는 것이 무엇인가? 인민에 의한 정부라는 것은 무엇이며, 인민을 위한 정부라는 것은 또 무엇인가?

링컨의 문구로부터 어떤 실천적인 지침을 구하려는 사람은 그 문구가 민주주의를 향한 구체적인 프로그램을 가리키기보다는 일차적으로 남북전쟁의 상처를 치유하려는 수사였음을 명심해야 한다. 링컨의 게티즈버그 연설은 민주주의가 무엇이어야 하는지를 구체적으로 해명한 정치이론이 아니라, 연방에서 탈퇴하겠다는 세력을 반란으로 간주하고 무력으로 진압해야 한다는 입장을 인민의 이름으로 정당화하는 연설이었다. 게티즈버그는 1863년 7월에 치열한 공방전 끝에 남군의 공세를 북군이 저지하는 데 성공한 곳이다. 쌍방 약 5만 명의 사상자가 발생했고 사망자는 약 9천 명이었는데, 가매장 상태였거나 아니면 그냥 버려진 시신들을 처리하기 위해 국립묘지가 건설되고 있었다. 국립묘지 건설을 추진한 주최측에서 기공식 날짜를 11월 19일로 잡고 링컨을 초대한 것인데, 링컨은 일 년 후 1864년 11월에 있을 선거에서 패배할지 모른다고 염려하던 상태였다.

따라서 "인민의 인민에 의한 인민을 위한 정부는 결코 지구상에서 사라지지 않을 것"이라고 한 링컨의 문구는 민주주의 정부가 갖춰야 할 요건을 치밀하게 따져서 밝히는 분석적인 탐구의 결과가 아니라, 자기편이 민주주의라는 선언에 해당한다. 이를 지적하는 까닭은 남군편이 민주주의일 수도 있다는 이의를 제기하기 위함이 아니라, 링컨의 문구는 애당초 민주주의에 관한 표준적 정의라기보다는 정치인이 전쟁동원을 위해 사용한 수사임을 밝히기 위함이다. 링컨의 어법은 북군이 단순히 북부만이 아니라 미합중국, 즉 탈퇴를 시도하는 남부를 포함한 "인민"을 대표한다는 전제를 바탕에 깔고 있다. 그러나 북부와 남부가 서로 싸우고 있는 현장에서 왜 남군에 동조하는 의견은 "인민의 의사"에서 배제되어 진압당하는 것이 마땅한 것일까? 인민의 일부를 배제하고, 나머지 일부의 의사만이 "인민의 의사"로 앙양되는 변환이 어떻게 가능한 것일까? 링컨의 문구를 민주주의의 정의로 받아들이려는 사람은 거기서 "인민"이 무엇을 가리키는지에 관해 링컨이 남겨둔 여백을 스스로 채워넣어야 하며, 아울러 링컨조차도 전쟁이 아니었다면 "인민"이라는 단어를 저렇게 일방적으로 사용할 수 없었으리라는 사실을 명심해야 한다.

박정희 시절에는 "일부 몰지각한" 사람들이라는 표현을 통해서 정부에 반대하는 사람들을 곧 정신병자 또는 반역자로 몰았다. 이런 방식의 어법이야말로 이치를 도외시하고 그냥 상대를 적대시하는 몰지각을 반영한다. 링컨의 시대는 누가 지각이 있는지, 어떤 노선이 "인민의" 노선인지를 둘러싸고 결판을 내기 위해 기어이 전쟁이 터져버린 후였기 때문에, 일방적인 어법이 정치적으로 불가피했다. 박정희는 어릴 때부터 줄곧 "위기"의 시대를 살았고, 또 "위기"를 세뇌하는 풍토에서 교육을 받아서 항상 "위기감"에 쪼들려서 살아야만 했다. 항상 전쟁하듯 생각하고 행동했기 때문에 반대를 용납할 수 있는 여유가 애당초 심성 안에 자리 잡을 여지가 없었던 것이다.[28]

오늘날 한국인더러 링컨과 남군 사이에서 편을 들라면 링컨 편이 대부분일 것이다. 박정희에게 반대한 사람들이 "몰지각"했는지를 물으면 의견이 갈릴 것이다. 기어이 편을 들자면, 나는 링컨은 지지하지만 박정희는 지지할 수 없다. 경제개발이야 서둘러 할 필요가 있었겠지만, 전태일을 분신으로 내몰지 않는다고 경제개발이 지장을 받아야 할 이유를 도무지 찾기 어렵기 때문이다. 어쨌든 이런 실질적인 평가들은 현재의 주제가 아니다. 현재의 주제는 누가 어느 편을 지지하든 말든, 링컨이 박정희보다 지지를 더 받든 말든, 링컨의 어법이나 박정희의 어법이나 일방적이라는 사실은 변함이 없다는 점이다. 자신이 "인민"의 편이고 따라서 자신이 "옳다"는 주장을 그런 식의 수사적인 문구에 담아서 표현한 것이다.

링컨은 동서양에서 공히 신념을 가진 정치인의 모범적인 사례로 칭

---

28) 위기에 젖은 박정희의 심성에 관해서는 박동천, 「박정희 시대의 정치와 언어」, 호남대학교 『인문사회과학연구』 19집(2008), 153~190쪽을 참조하라.

송을 받는다. 박정희도 추종자들에게는 전형적으로 신념의 정치인이다. 링컨은 반란군을 무력으로 진압했고, 박정희는 반대자를 무력으로 억압했다. 링컨은 노예해방이 절체절명의 과제였고, 박정희에게는 가난에서 벗어나는 것이 필생의 소원이었다. 그런데 우리 역사에는 이처럼 하나의 구호로 요약되는 목적을 위해 몸을 바친 인물들이 제법 많이 있다. 김구, 안중근, 윤봉길, 류관순 등은 조국의 자존과 광복이 최고의 목표였고, 이순신은 왜적 격퇴가 최고의 목표였다. 그리고 우리는 이런 사람들을 모두 위인으로 존경한다.

그런데 어떤 목적에 목숨만 바친다면, 일생 동안 또는 적어도 어른이 된 다음부터 줄곧 한 가지 목표만 추구한다면 신념의 화신이자 위인이 되는 것일까? 무슨 목표든 한 가지만 붙들고 흔들리지 않으면 곧 신념이 되어 다른 사람들에게 모범이 되는 것일까? 고집쟁이, 벽창호, 독선, 독재, 아집, 전제, 전횡과 같은 단어들과 신념이란 결국 같은 내용을 두고 마음에 들면 신념이라고 부르고 마음에 안 들면 독선이라고 부르는 것일까?

제4부에서 상세하게 논의하겠지만, 이순신이 보인 행태에서 우리가 신념을 읽어낸다는 것은 거의 모든 경우 후견지명에 의존하는 결과이다. 존 스튜어트 밀의 표현을 빌려 말하면, 신념의 소유자 이순신이라는 이미지는 우리 대부분에게 "주입된 의견received opinion"에 해당하는 것이다. 임진왜란이 일어나기 전, 그리고 임진왜란이 한창 벌어지고 있을 때 그의 편을 들어주는 사람이 조정에서 다수가 아니었던 것을 두고, 만약 내가 그때 거기 있었다면 이순신 편을 들어줬을 것처럼 생각하기 쉽지만, 그런 확신은 순전히 임진왜란의 결말을 알고 있기 때문에 가능한 것이다. 결말이 어떻게 날지 전혀 모르는 상황에서 이순신의 편을 들어줄 사람은 지금 우리가 현재의 후견지명이 없이 16세

기 조선에서 살고 있다고 하면 우리 중에도 몇 명 되지 않을 것이다.

　이순신이나 링컨에서 김구나 박정희까지 한 가지 목표를 세우고 매진했다는 공통점이 있다. 그 때문에 사람들은 초지일관이라든지 변하지 않는 마음을 덕목으로 여기고, 입장변화를 배신이나 변절 또는 신념부족으로 매도하는 경향이 있다. 그러나 목표가 처음에 잘못 설정된 경우에도 초지일관 밀고 나가야 하는가? 이에 관해서는 간디와 타고르 사이에 좋은 예화가 있다.

　타고르가 세운 샨티니케탄(평화학당)을 간디가 방문했는데, 한 여인이 간디에게 휘호를 부탁했다. 간디는 그 여인의 공책에 "절대로 성급하게 약속하지 마라. 한번 약속하면 목숨을 걸고 지켜야 하니까"라고 써줬다. 나중에 타고르가 여인의 공책에서 간디의 휘호를 보고는 그 아래에 "잘못으로 판명되면 약속일랑 내던져버려라"라고 썼다.[29] 링컨이나 김구, 또는 그 밖에 어떤 누구를 위인으로 평가하고 본받을 만하다고 여겨야 한다면, 그것은 그들이 달성했거나 추구한 가치가 덕스럽기 때문이라는 점이 우선이어야 하고, 그들이 불굴의 의지력을 발휘했다는 사실은 부수적이어야 한다. 왜냐하면 히틀러나 스탈린, 김일성, 나폴레옹, 닉슨, 전두환, 기타 등등 강한 의지력의 소유자였지만 인류에게 덕보다는 해를 끼쳤다고 봐야 할 정치인들은 무수히 많기 때문이다. 영화 〈양들의 침묵〉에 나오는 한니발 렉터야말로 불굴의 의지력 그 자체가 아닌가!

　링컨이나 김구에게 다른 선택의 여지가 있었는지 없었는지는 접어두고, 그들이 한 모든 정치적 판단과 행위가 설사 다 옳았다고 쳐주더라도, 그들의 배타적이고 독선적인 입장은 자체로 정당한 것일 수 없

---

29) Amartya Sen, *The Argumentative India*, Penguin, 2006, p. 99.

고 오로지 사정을 감안해서 어쩔 수 없었다는 차원에서만 정당해질 수 있는 것이 된다. 남부에 노예해방을 설득할 수 있는 가능성이 있었더라면 링컨의 강경책은 그만큼 불필요한 아집의 요소가 섞이는 것이고, 테러 말고 다른 수단으로 조선민족의 억울한 사정을 풀 수 있는 길이 있었더라면 김구의 테러리즘은 불필요한 증오의 표현이 되는 것이다. 현대 세계에서 일반적으로 링컨의 결단을 찬양한다는 것은 곧 당시에 설득의 가능성이 없었다는 판정이 되는 것이고, 현대 한국인 다수가 김구의 테러리즘을 정당하다고 여긴다는 것은 곧 다른 길이 없었다고 보는 것과 같다.

그런데 단일안건정치에 종사하는 사람들이 보이는 행태는 사정상의 필연성 여부에는 크게 개의치 않고, 초지일관 하나의 목표를 달성하기 위해서 불굴의 의지력에 초점을 집중하는 경향을 보인다. 생태주의 쪽으로는 새만금간척 반대, 대운하 반대, 천성산터널 반대를 위한 삼보일배라든지 단식과 같은 경우가 그렇고, 남북관계 쪽으로는 김대중-노무현 정부 10년 동안 줄기차고 끈질기게 남북화해정책을 "퍼주기"라고 낙인찍고 공격한 행태가 그렇다.

우리 사회에서 스스로 진보진영에 속하는 사람이라면 전자의 반대에는 이유가 있다고 생각하고, 후자의 반대는 냉전 사고의 산물이라고 폄하하기가 쉽겠지만, 보수진영에 속하는 사람은 정확히 정반대로 생각할 것이다. 이런 경우야말로 지금까지 살펴온 것처럼, 어떤 행동노선이 내용상으로 옳은가 그른가를 묻게 되면 바로 평면적 합리성이 서로 부딪칠 수밖에 없는 지점에 해당한다. 하지만 개별적인 행위자로서는 각자가 옳다고 믿는 바대로 자신의 의사를 표명하는 것이 당연하고 정당하다. 다시 말해 문정현 신부든 지율 스님이든 아니면 조갑제든 지만원이든, 자기가 옳다고 생각하는 목표를 향해 초지일관 또는 심지어 막무가내로 의지력을 발휘하더라도, 폭력을 사용하지 않는 한 의견의 표명 자체를 잘못이라고 말할 수는 없다.

문제는 그처럼 불굴의 의지력과 결합된 정책노선들이 서로 부딪칠 때 어떻게 해결하는 것이 바람직할 것인가이다. 무력충돌은 가장 쉽고 간단한 해결방식 중 하나지만, 정치가 기능하지 못할 때 저절로 벌어지는 일이기 때문에 특별히 신경 써서 고안하거나 추구할 원칙은 못 된다. 바람직한 정치의 방식에 관해 사람들이 뭔가 주의를 기울인다는 것은 무력충돌 말고 어떤 다른 방식이 있지 않을까 바라는 마음 때문인 것이다. 그리고 지금까지 제3부에서 줄곧 주장해왔듯이, 서로 다른 지향 사이에 설득이나 양보는 발생하지 않고, 동시에 무력충돌을 통해 교착을 깨뜨리기도 바라지 않는다면, 모종의 평화적인 절차를 통한 해결 말고는 다른 길이 없다.

만약 정치체제 안에 타이브레이크의 절차가 관습적으로 어느 정도 정착되어 있는 상태라면, 각 개인이 나름대로 자신에게 이익 또는 인민에게 이익이라고 생각되는 정책을 초지일관 불굴의 의지로 주장하고 추구하더라도 자체로 문제가 되지 않는다. 하지만 그런 절차가 확립되어 있지 않고, 절차에 의한 해결이라는 입체적·정치적 합리성이 인민의 정치의식에 충분히 배어 있지도 않은 상태라면, 초지일관이라는 태도는 사회세력 간의 무력충돌을 초래하기가 아주 쉬울 것이다.

한국의 정치사회는 아직 갈등의 평화적 해결이라는 절차주의적 원리가 충분히 자리 잡지 못한 상태이다. 그러므로 사회개선을 위한 관심은 예컨대 환경보전이나 부동산 가격안정 등등의 구체적인 정책적 의제를 추구하는 동시에 체제 차원의 기본규칙을 확립하는 문제도 소홀히 할 수 없다. 그런데 우리 사회에서 보수파는 두말할 필요도 없고, 진보파라고 자처하는 사람들 사이에서도 정치적 경쟁의 규칙이라는 입체적 합리성에 깊은 관심을 기울이는 경우를 보기가 어렵다. 자기 생각을 (사실은 생각이라고 불러줄 정도로 심화되지도 못한 피상적 구호 수준의 언표를) 한번 정한 다음에는 막무가내로 집착하는 행태가 보수에서나 진보에서나 공히 사실상 거의 모든 정치적 사고방식과 행동양식에서 드러나는 특징이다.

자칫 망각 속에 묻혀버릴지도 모르는 의제를 사람들에게 알린다는 차원에서는 단식이나 삼보일배뿐만 아니라, 분신자살이나 테러리즘이 효과적이라고 말할 수 있는 경우가 세상에는 분명히 있다. 전태일이나 윤봉길만이 아니라, 지구상 수많은 종교와 민족에서 순교자 또는 순국자로 추앙하는 사람들은 다 개인적인 차원보다는 뭔가 높은 목적을 위해 극단적인 방식으로 몸을 바친 사람들이다. 하지만 그들이 옳은 일을 했다고 한다면 그것은 오직 성과 또는 목표에 가치가 있기 때문인 것이고, 같은 성과나 목표를 위해 덜 폭력적인 방식이 가능했더라면 그처럼 극단적인 방식은 정당화될 수 없었을 것이다. 다시 말해, 세상이 좀더 개명되었거나 그들의 투쟁상대가 좀더 관용적이었다고 가정하면, 그들의 극단적인 희생은 자체로 야만이 되기 쉬웠을 것이다.

단일안건정치single interest politics는 이런 점들을 분별하지 않는다. 예컨대 그린피스 행동대원은 핵폐기물 수송을 막기 위해 자기 몸을 수송선에 묶기도 하고, 미국의 낙태반대론자들은 모든 정치인에 관한 선악평가를 오로지 낙태에 관한 입장만으로 판별한다. 이런 행태들도 분명히 정당한 정치적 의사의 표현이며, 어떤 의미에서는 이런 방식의 완강한 의사표현이 민주주의를 지탱하는 중요한 요소이기도 하다. 그러나 이와 같은 단일안건정치는 특정 의제에 사회적 관심을 환기하려는 목적, 다시 말해 기본적으로 선동적인 정치에는 어울린다고 할 수 있지만, 경합하는 의제를 선별하고 선별된 의제에 관해 사회적 합의가 최대화될 수 있는 방향으로 정책을 결정하는 등 해결의 정치에는 전혀 어울리지 않는다.

그럼에도 한국사회에서는 보수에서나 진보에서나 의견이 있다면 곧 단일안건정치의 선동가처럼 막무가내로 끝까지 고집을 부리는 바람에, 소통과 설득과 타협을 통한 해결의 정치는 싹도 트지 못하는 사정이 조선이나 일제 강점기는 물론이고 민주공화국을 표방하고 있는 대한민국 시대에도 계속되고 있다. 보수파는 본래 권력지향적·서열지향적·집단지향적·위신지향적인 성향을 가지기 때문에 이치보다 의지를 중시하는 것이 어떤 면에서는 차라리 일관적이다. 따라서 소통과 설득과 타협의 정치를 선보이고 실행할 주체는 아무래도 진보파가 되어야 하는데, 대한민국의 정치사는 진보파야말로 이치보다 의지를 중요시할 수밖에 없었던 까닭으로 가득 차 있다. 독재에 항거하기 위해서는, 부당한 권력에 대항하기 위해서는 이치보다 뚝심이 필수요건이었기 때문이다.

이러한 역사적 배경은 전면적으로 인정해야 한다. 즉, 과거에 그럴 수밖에 없었던 것은 온전히 수용되어야 한다. 그리고 나서 지금부터도 계속 그래야 하는지를 물어야 한다. 막무가내 뚝심으로 밀어붙이는 단일안건형 정치를 일부 선동가들만이 아니라 진보세력 대부분이 추구할 때, 과연 한국의 정치가 어떤 면에서 개선될 것인지 개선을 원하는 사람들이라면 심각하게 자문해봐야 하는 것이다.

제2절 절차적 민주주의

정치학 교과서에서는 절차적 민주주의를 민주주의의 최소주의라고 부르고, 실질적 민주주의를 민주주의의 최대주의라고 불러서 대조한다. 하지만 이런 대조는 얼핏 민주주의의 최소치와 최대치가 정해져서 눈앞에 펼쳐지는데, 절차적 민주주의는 그중에서 최소치를 선택하는 것처럼 잘못된 인상을 준다. 만약 50%의 민주주의와 70%의 민주주의를 놓고 선택할 수 있는 상황이라면, 적어도 "민주주의"를 말하는 사람이라면 누구나 70%의 민주주의를 택해야 하지 않겠는가!

그러나 절차적 민주주의와 실질적 민주주의의 차이는 그런 것이 아니다. 절차적 민주주의란 민주주의를 "자유, 평등, 박애"나 "인민의, 인민에 의한, 인민을 위한 정부" 따위 추상적인 구호나 이상으로 보지 말고 하나의 특정한 정치제도로 이해하자는 의도를 담은 문구다. 물론 정치제도라 함은 경쟁하는 후보들과 정책들 사이에서 선택하여 결정을 내리는 제도를 말한다. 흔히 민주주의라면 다수결을 뜻하는 것으로 연결하지만, 사실 이 주제는 앞에서 언급했던 "인민의 의사"가 무엇이냐는 문제와 관련해서 겉보기보다는 복잡한 문제이다.

앞에서(제5장 제3절) 나는 이명박 대통령에 대한 지지와 관련해서 "인민의 의사"가 무엇인지를 물은 바 있다. 2007년 12월 선거에서 그가 얻은 표는 유효투표 대비 48.7%, 유권자 대비 30.5%였다. 취임 100일을 맞아 사회여론연구소가 실시한 전문가 여론조사에서는 "국정운영 잘못하고 있다"가 96%로 나왔다. 촛불시위가 한창일 때, 이명박 정부에 대한 지지도는 20%에 미치지 못했고, 미국산 쇠고기에 대한 반대는 80%를 넘었다. 그러나 어찌됐든 결과적으로 촛불은 꺼졌고, 미국산 쇠고기는 수입되고 있으며, 이명박 정부는 용산의 농성자들을 죽이면서까지 진압했고, 그 책임조차 전혀 없다고 잡아떼고 있으며, 〈PD수첩〉 제작진을 구속하고, 촛불재판에 압력을 행사한 사람은 그 사실이 밝혀진 다음에도 대법관으로서 자리를 지킬 뿐만 아니라,

이제 4대강 사업을 밀어붙이고 세종시를 백지화할 기세다. 이런 와중에 국정운영 지지도는 한때 50%를 넘기도 했다가 30%대로 내려가기도 한다. 대한민국 인민의 의사는 도대체 무엇인가?

이러한 굴곡에서 인민은 무엇을 원했을까? 이런 반전과 곡절의 마디마디가 모두 인민의 의사에 따라서 결정되었을까? 대한민국의 인민에게 직접 물어보면 이와 같은 급박한 정치적 우여곡절에서 불안감 또는 불쾌감 또는 기타 모종의 불만을 느끼는 사람들이 대부분일 것이다. 실질적 민주주의를 염두에 두는 사람들은 인민의 뜻이 "제대로" 반영되지 못했기 때문에 이와 같은 우왕좌왕이 발생했다고 말하고 싶어할 것이다. 하지만 절차적 민주주의의 관점에서 보면 이 모든 일은 인민이 결정한 결과다. 앞에서(제4장) 내가 사사오입 개헌이 결국 인민의 묵인 아래 재가되었다고 보았던 관점을 상기하기 바란다.

대한민국의 정치학 교과서는 천편일률적으로 대의제를 간접민주주의와 동일시하면서, "직접민주주의는 현실적으로 어렵기 때문"이라는 정체불명의 핑계를 곁들이지만, 직접민주주의라고 특별히 어려울 것도 없고, 직접민주주의라고 대의제가 아닌 것도 아니다. 가령 스위스의 일부 칸톤에서처럼 주요 의제를 주민투표로 결정한다고 하더라도, 인민의 의사가 무엇인지는 언제 어떤 방식으로 주민투표에 부칠 것인지에 따라서 다른 결과가 나올 수 있다. 복잡한 예를 들 것도 없이 바로 위에 거론한 우리네 사정만 봐도 이 점은 명백하다.

우선 시간에 따라 민의가 달라진다는 점은 노무현이나 이명박에 대한 지지율을 보면 단박에 알 수 있는 일이다. 만일 다른 모든 사정이 똑같고 단지 대통령 임기가 1년이어서 2008년 12월에 선거가 다시 있었다면 이명박은 당선은커녕 한나라당 후보조차 되지 못했을 것이다. 다음, 촛불시위 국면에서 80%를 상회한 반대의사는 대개 "재협상이 필요하다고 보느냐"는 식으로 대단히 포괄적인 대안에 대한 찬성의사를 곧 "정부에 대한 반대"의사로 해석한 결과였다. 하지만 만약 질문을 "대통령이 물러나야 한다고 보느냐" 또는 "민중봉기로 정부를 몰아내야 한다고 보느냐" 따위로 물었다면 찬성비율은 현저하게 낮아졌을 것이다.

인민이란 한국의 경우 수천만 명으로 구성되는 집합적인 실체다. 한 개인의 경우에도 의사라는 것이 불확실하고 변덕스러운 경우가 많은데, 하물며 수천만 명의 집단의사가 하나로 확정되어 있기는 대단히 어렵다. 굳이 그것이 불가능하다고 고집을 피울 필요는 없겠지만, 현실에서 만약 수천만 명이 하나의 의사를 구체적으로 형성해서 가지고 있으면서 상당한 기간 동안 유지한다면 굉장히 놀라운 사례가 될 것이다. 더구나 설령 그런 경우라고 할지라도, 인민 중 누구에게 어떤 질문을 어떤 방식으로 언제 해서 나온 대답들을 어떻게 해석하여 인민의 의사로 표상할 것이냐는 문제는 항상 남게 된다. 바로 이 표상representation의 과정이 곧 대의representation의 문제와 같다. 그러므로 피상적인 관찰과는 달리, 직접민주주의를 시행하는 경우에도 대의라고 하는 과제는 해당 정치사회가 어떤 방식으로든지 나름대로 해답을 강구해서 반드시 처리해야 할 문제가 된다.

절차적 민주주의는 바로 그러한 대의의 과제, 다시 말해 무엇을 인민의 의사로 간주할 것인가에 관한 절차에 주목해서 민주주의를 이해하자는 발상이다. 절차적 민주주의에서 인민의 의사는 선거와 같이 때로는 인민의 직접투표에 의해서 확인되기도 하고, 헌법재판소라든지 기타 각종 정부기관의 조치처럼 때로는 제도적 위임을 통해서 표현되기도 한다. 따라서 이러한 관점에서 2002년 노무현 당선은 투표로 표출된 민의고, 2004년 국회의 탄핵은 위임된 민의가 되는 것이며, 2004

년 총선에서 표현된 민의는 국회가 위임된 권력을 잘못 행사했다는 질책이 되는 것이고, 헌법재판소의 탄핵기각은 총선으로 표출된 민의를 확인한 셈이 된다. 행정수도 위헌 결정이나 행정복합도시 합헌 결정은 헌법재판소가 위임된 민의를 대의한 것이고, 그러한 헌법재판소의 판결을 인민이 대체로 조용하게 묵인했다는 것은 헌법재판소의 민의 해석이 인민의 재가를 받았다는 말이 된다. 이러한 관점에서 보면 민의란 시시때때로 변할 수 있는 것이고, 한 시점에서 확인된 민의와 다른 시점에서 확인된 민의가 서로 충돌하므로 정리가 필요하다면 그 역시 위임된 제도에 의해서 판결을 내리든지 아니면 투표라고 하는 절차를 통해서 정리를 하면 되는 것이다.

그런데 이런 절차들이 공정성을 확보하기 위해서는 항의와 이견의 권리가 폭넓게 보장되지 않으면 안 된다. 전형적으로 선거에서 유효투표의 48% 또는 유권자 대비 30%라는 수치는 오로지 일등당선제라고 하는 게임의 규칙을 통해 매개된 의미에서만 인민의 의사라는 자격을 획득하게 된다. 이런 매개는 사회적으로, 즉 사람들에 의해서 이루어지는 일이다. 그렇기 때문에 이 매개가 잘못되었을지도 모르는 가능성이 언제나 남게 되며, 따라서 인민의 이름으로 매개에 대해 시비를 걸 수 있는 권리가 발생하게 되는 것이다. 따라서 선거과정이라든지 선거제도 자체에 대해 반대하거나 항의할 수 있는 권리가 인정되어야 하며, 그러한 선거로부터 위임된 것으로 간주되어 이루어지는 정부의 모든 조치가 또한 항의대상이 될 수 있다. 단적인 예로, 재판이라는 것이 단번에 끝나지 않고 항소의 권리를 인정한다는 것이 바로 인민의 위임을 받은 권력이 행사될 때 주권적 민의를 잘못 해석한 결과가 아닌지, 또는 민의 해석은 제대로 했더라도 위임의 고리를 잘못 끼운 결과가 아닌지를 가지고 다툴 권리를 인정하는 셈이다.

항의에는 우선 직접적인 것과 간접적인 것이 있을 수 있다. 예컨대 지금처럼 정부가 4대강 정비사업을 서두를 때, 가령 사업중지 가처분 신청 등으로 사법부로 하여금 권력을 발동해서 중지시키기를 구한다거나, 또는 공사현장에 가서 직접 저지를 시도한다든지 하면 직접적인 항의가 된다. 이처럼 직접적인 항의는 준법적으로 이루어질 수도 있고, 실정법에 어긋나는 방식으로 이루어질 수도 있다. 실정법에 어긋나는 항의라면 이른바 시민의 불복종도 가능하고, 또는 민중봉기나 혁명 시도도 가능하다. 반면에 간접적인 항의라면 글이나 강연 등을 통해 4대강 정비사업의 숨은 치부라든지 사업 자체의 부당성 등을 홍보함으로써 서서히 반대여론을 조성하는 방식을 가리킨다.

절차적 민주주의의 이념은 평화적인 항의, 즉 간접적인 항의 또는 준법적인 항의와 가장 잘 부합하는 것이 맞다. 하지만 시민의 불복종이나 혁명의 시도 등이 반드시 절차적 민주주의와 어긋나는 것만은 아니다. 시민의 불복종이란 예컨대 헨리 데이비드 소로가 했던 것처럼, 자기가 반대하는 전쟁을 수행하는 정부에 세금을 내지 않는 방식으로 항의하지만, 그 행동에 따르는 실정법적 처벌은 감수하는 형태의 반대를 말한다. 정부의 특정 정책에 반대하는 것이지 정부의 일반적 권위, 다시 말해 정치사회가 법을 근간으로 유지된다는 일반원리에는 반대하지 않는 것이다. 그러므로 법치의 일반원리를 인정하는 만큼 시민의 불복종도 절차적 민주주의와 양립할 수 있는 여지가 생긴다.

이와 달리 민중봉기나 혁명의 시도는 기존 법질서의 권위 자체를 인정할 수 없다는 극단적인 항의에 해당한다. 하지만 이 경우마저도 절차적 민주주의와 완전히 양립이 불가능한 것은 아니다. 왜냐하면 절차적 민주주의란 기본적으로 사회계약론적 시각에 바탕을 두고 있기 때문에, 절차에 관해 종전에 어떤 합의가 있었다고 하더라도 사회구성원

일부 또는 전부가 기존의 사회계약을 파기할 수 있는 가능성이 항상 열려 있다고 말해야 논리적으로 일관되기 때문이다. 물론 계약파기란 공짜가 아니고, 일정한 대가와 책임이 뒤따르게 된다. 하지만 민중봉기나 혁명시도의 경우 어떤 대가와 책임이 뒤따를지는 기존의 절차만으로 결정되지 않는다. 기존의 절차체계 전체를 그 절차보다 우월한 주권의 표현으로 단번에 변경해야 한다는 시도를 기존의 절차를 옹호하는 세력이 실력으로 누를 수 있을 때만 기존의 절차에 따라 도전세력에게 책임을 물을 수가 있다. 만약 도전세력이 실력으로 자기편에 주권이 있음을 증명한다면, 그들은 새로운 절차체계의 창조자가 되고, 차후 장기적으로 그 체계의 성패에 따라서만 책임을 지게 된다.

지금 나는 "절차"라는 말을 최대한 포괄적으로 사용하면서 말하고 있다. 이렇게 말하게 되면 현재 대한민국에서 벌어지고 있는 일들도 모두 절차적 민주주의의 현현이라고 볼 수 있지 않느냐는 주장이 가능하다. 미네르바를 구속해서 기소한 검찰도 나름의 절차를 따랐고, 그에게 무죄를 선고한 법원도 나름의 절차를 따랐다. 〈피디수첩〉을 명예훼손으로 고발한 정운천 전 장관도 절차에 따랐고, 제작진과 작가까지 체포한 검찰도 나름의 절차에 따랐다. 용산의 농성자들을 죽이면서까지 진압한 경찰, 화인은 특정하지 못하면서도 농성자들에게 과실치사죄를 적용한 검찰, 그런 사태에 분노해서 촛불을 들고 나선 시민들, 그런 시민을 원천봉쇄하는 경찰, 무대나 화폭 위에서 용산에 관한 분개를 표현하는 가수나 화가 등등 이 사회의 모든 구성원이 나름대로 절차에 따라 행동하며 자신의 행동에 대해 나름대로 책임을 지고 있다.

그러나 공무원이든 법관이든 사회운동가든 평범한 시민이든, 개인들의 행동을 "나름의 절차에 따른다"는 문구로써 서술할 수 있는 길을 찾는 것이 이 논의의 목적은 아니다. 절차적 민주주의에 내가 주의를 환기한 목적은 여전히 폭력의 여지를 줄이면서 사회갈등을 조정하는 절차 쪽으로 관심을 모으기 위함이다. 즉, "인민의 의사"가 무엇인지에 관해서 각 개인이 해석한 대로 즉각적인 방식으로 행동하게 되면 발가벗은 무력대결의 여지가 줄어들기는커녕, 모든 문제에 관해 발가벗은 무력대결을 거치기 전에는 잠정적인 결정이라도 내려질 수가 없게 된다.

몇 년 전 방폐장 건립을 둘러싸고 전라북도 부안에서 벌어졌던 사회적 소요, 쌀협상 국회비준 반대를 위한 농민대회에서 발생한 인명 피해 등등 자칫 불행한 사고로 이어지기 쉬운 무력충돌의 사례들은 한국정치에서 무한정 열거할 수 있다. 국회에서도 "쟁점" 법안이라면 한결같이 몸싸움에 회의장 점거, 그리고 "날치기" 논란이라는 살풀이 굿판을 거치지 않고는 통과되는 경우가 없다. 교수직에서 부당하게 해임되었다고 소송을 제기한 한 전직 대학교수는 석궁을 들고 담당 판사를 찾아가 실랑이를 벌였는데, 그런 행위에 대해서조차 지식인 사회 일각에서 동정여론이 일 정도로 사법부에 대한 신뢰가 높지 않다. 이명박 정권 들어서 강권통치를 "법치"로 호도하는 검찰의 무모하기 짝이 없는 야만이 계속 된다면, 그리고 법원마저 검찰의 압박에 굴복한다면, 사법부가 사회갈등의 조정자라기보다 사회갈등의 원인 제공자로 전락할 가능성마저 있다.

이 모든 일이 나름대로 "절차"에 따라 벌어지는 것은 맞다. 그러나 절차적 민주주의라는 말과 관련해서 우리가 할 수 있는 일이 여기서 끝나는 것은 아니다. 정치세력들이 모두 중무장을 하고 조자룡이나 칭기즈 칸이나 람보 수준의 내전을 거쳐서 결판낼 수도 있는 일을 가령 몇 명의 대표선수를 뽑아 규칙에 따라 팔씨름을 벌이는 정도로 결판낼 수 있다면 야만의 정도는 낮아지고 문명의 정도가 높아지는 것이다.

팔씨름으로 결판낼 수도 있는 일을 제비뽑기로 결정한다면 또한 문명의 정도가 높아진다. 문명이란 폭력을 쓰지 않고 일을 처리한다는 데에 모든 요체가 있다. 주먹질, 칼질, 총질을 해야 직성이 풀린다는 것은 원한과 복수심을 전가할 대상을 구한다는 심보다. 반면에 개인감정을 잠시 접고 목전의 정치사회적 과제를 해결하는 데에 초점을 맞춘다면, 토론을 할 만큼 한 다음에는 표결을 통해 다수의 의사를 따르는 것이 문명사회의 일처리방식이다.

물론 다수의견이라고 곧 반드시 필연적으로 옳은 것은 당연히 아니다. 그러나 민주주의를 원하는 사람이라면 다수의견이 시행되도록 기다리는 절제를 함양하지 않으면 앞뒤가 맞지 않는다. 다수가 설령 틀렸더라도, 내가 그런 의견을 가지고 있다는 사실만으로 그들의 틀림이 증명될 수는 없다. 일이 시행되어 실제로 잘못되기 전이라면, 결과가 어찌될지는 근본적으로 논쟁거리이지 어느 한편이 틀렸다는 확증은 있을 수 없다. 확증이 없기 때문에 논란이 벌어지는 상황에서, 자신의 의견이 옳다는 주관적인 확신을 관철하려고 고집하는 것은 독선 외에 아무것도 아니다. 소수가 진정한 확신을 가졌을수록, 다수의 잘못을 말로써 설득해보다가 통하지 않는다면 실제 시행을 통해 잘못을 깨닫도록 길을 열어주는 것이 문명의 방식이다. 혹시 만에 하나 자신의 확신이 잘못된 바탕에 근거하고 있을지도 모르는 것은 한 개인의 확신이 아무리 강해도 어쩔 수 없는 인간의 한계에 해당하기 때문이다.

제3절 정치적 자유주의와 약자에 대한 배려

한국에서 진보파라고 자처하는 사람들은 대체로 자유주의라는 말을 싫어하고 사회주의라는 말을 좋아한다. 내가 "자유주의", "사회주의"라고 말하지 않고 굳이 "자유주의라는 말", "사회주의라는 말"이라고 말한 데에는 까닭이 있다. 자유주의나 사회주의가 구체적으로 어떤 상태의 사회질서를 가리키는지 깊게 생각해보지 않고, 매우 표피적인 수준에서 문구에 반응하는 풍토를 지적하기 위함이다.

제1부 제4장 제1절에서 이미 밝혔듯이, 자유와 평등은 상호모순일 수가 없다. 제1부 제3장과 제4장 및 이 책 전반을 통해서 강조해왔듯이 진보와 보수는 상대적인 개념이며, 현실정치에서 현재 영향을 미치고 있는 사회주의 세력이란 거의 예외 없이 자유주의 정치체제 안에서 자유주의 정치의 근본원리들을 수용한 정당의 형태로 활동한다. 자유주의 정치원리란 개인들의 자발성이 자유롭게 자라날 수 있도록 환경을 조성하고, 나아가 자발성을 고무하며 북돋우는 데에 사회질서의 목적이 있다고 본다. 정부에게 어떤 적극적인 선의 실현을 향해서 인민을 지도해달라고 기대하지 않으며, 단지 자유로운 시장경쟁을 방해하는 억압이나 전횡을 찾아서 제거하라는 임무만을 부여한다.

한 개인이 다른 개인을 때리거나 협박해서 자신의 뜻을 관철하면 억압이다. 사기나 속임수로 상대를 등쳐먹고, 상대의 항의를 묵살하는 것도 억압이자 전횡이다. 계약을 이행하지 않거나, 맡은 바 임무를 배신하는 행위도 자유로운 시장경쟁을 방해하는 범죄다. 살인, 폭력, 방화, 사기, 배임, 횡령, 탈세 등, 상식적으로 그리고 직관적으로 범죄에 해당하는 행태들은 모두 일반적으로 개인들이 방해 받지 않고 자유롭게 살 수 있는 권리를 침해한다.

그러나 자기가 돈이 많다고 해서 사치스럽게 살아도 되는가? 십억 원짜리 승용차를 타고 억대의 코트를 걸치며 머리손질 한 번에 수백만 원을 지출하며 삶으로써 88만 원으로 한 달을 버텨야 하는 이웃에게 좌절감을 안겨줘도 되는가? 승용차를 위해 십억 원 이상을 지불하지 말라고 부자에게 명령한다면 자유의 침해인 것이 분명하겠지만, 개인 용으로 생산되는 승용차의 배기량을 환경에 대한 고려나 일반적인 에 너지 절약을 위해 제한하는 것은 가능하다. 부자더러 특정 재질의 의 류를 입지 말라고 금지하면 자유에 대한 부당한 침해지만, 동물을 좀 더 자비롭게 대하는 것이 곧 인간과 세계에 대한 예의로 연결하는 사 회적 결단이 있다면 모피 생산을 금지할 수 있다. 부자가 자기 돈을 가 지고 시장에서 합법적으로 유통되는 물품을 구입하는 것을 간섭하면 부당한 침해지만, 일반적인 사회복지를 위해 필요한 재원을 마련할 때 부자에게 세금을 더 많이 매기는 것만으로는 자유의 침해라고 할 수 없다.

자유주의, 특히 정치적 자유주의란 대체로 절차적 민주주의의 발상 과 같다고 봐도 무방하다. 정치적 자유주의에서는 대체로 도덕과 법을 구분한다. 그러나 이때 구분이란 도덕적 고려를 곧바로, 아무런 매개 나 여과 없이, 사법적 고려로 연결하면 곤란하다는 뜻이지, 사법이 부 도덕해도 된다든지, 도덕적 고려가 사법에서 철저하게 배제되어야 한 다는 뜻이 아니다. 살인이나 강도는 일반적인 도덕관념에 따라 악행이 기 때문에 사법적으로도 처벌대상이다. 그러나 사치는 금욕주의라고 하는 특별한 도덕의 관점에서만 악행이고 쾌락주의의 관점에서 보면 장려할 일까지는 아닐지 몰라도 금지해야 할 일은 아니다. 더구나 어 디서부터가 사치가 되는지조차 철저하게 각 개인적 취향에 따라 달라 지기 때문에, 설령 국가가 개입해서 간섭을 하려고 해도 기준을 정하 기가 난감하다.

하지만 반드시 필요하다면 자의적인 기준이라도 시의에 따른 요청 으로서 정당화될 수 있다. 선물과 뇌물의 구분이 좋은 예다. 특별히 물욕에서 해탈하기를 필생의 과업으로 삼아 추구하는 사람이 아니라면, 누구나 선물을 받으면 기분이 좋아지고 상대의 호의에 고마움을 느끼는 것이 인지상정이다. 기왕 선물이라면 진귀하고 값나가는 물건일수록 더 기분이 좋을 것이다. 그렇지만 가령 추석 선물이라는 것이 몇 천 원짜리 양말이나 한 만 오천 원짜리 소설책 한 권이라면 고마움으로 끝나겠지만, 백만 원짜리 상품권 정도만 되더라도 부담스럽게 느낄 사람들이 많아질 것이다. 특별히 값나가는 선물이 아니라도 명절이나 기념일, 기타 특별한 날들을 잊지 않고 여러 해 동안 챙겨서 정표를 보내주는 사람이라면, 마음 깊이 고마움을 새기고 있다가 나중에 어떤 이익을 되돌려 줄 작정을 하더라도 이상한 일이 아니다. 홍길동이 심학규에게 이런 식으로 한 이십년 동안 정성을 바쳤는데, 심학규가 어느 날 장관이라도 돼서 특별히 법의 테두리를 벗어나지 않는 재량의 범위 안에서 홍길동에게 호의적인 결정을 내린다고 하면 어떨까?

이와 같은 문제들에 대해서는 어떤 원칙을 정하더라도 자의적恣意的이지 않을 도리가 없다. 또 어떤 원칙을 정하더라도 그것을 개별적인 사례에 적용하려면 그 때마다 해당 사례에 독특한 판단이 필요하게 될 것이다. 그러므로 이런 종류의 판단이 요청되는 경우에 어떤 보편적인 원칙에 따를 것을 요구하거나, 모든 사람들이 승복할 객관적인 기준을 요구하게 되면 설왕설래만 한없이 이어질 뿐 어떤 결정도 불가능하게 된다. 누차 강조했듯이, 이와 같은 경우는 그야말로 어떻게든지 결판을 내고 다른 일로 넘어가는 것이 당사자들에게나 사회 전체에게나 유익한 상황에 해당한다. 따라서 일정한 기구나 위원회에 결정권을 위임하고 거기서 나오는 결정에 따르도록 하는 것이 그 문제 하나를 가지고 아웅다웅 다투면서 세월을 허비하기보다 훨씬 현명한 방법이다.

그렇지만 그렇게 위임에 의해서 권한을 수임한 기구나 위원회가 권한을 남용하거나 악용할 위험은 언제나 상존한다. 그렇기 때문에 결정에 이의가 있다면 항의할 수 있는 절차가 반드시 덧붙여져 있어야 공정성을 확보할 수가 있다. 불만, 반대, 이의, 항의 등은 제도적인 절차가 마련되어 있거나 말거나 표출되기 마련이다. 일시적으로 억압할 수는 있겠지만 영원히 억압할 길은 없다. 더구나 일시적으로라도 억압에 성공한다면, 그 자체로 그런 사회는 자유로운 사회가 아니라 억압적인 사회임이 드러난다. 지금 북한 주민들이 그렇듯이 (또는 대한민국의 서민층 가운데 대통령을 "국부"라고 생각해서 스스로 당하는 억압을 자각하지 못하는 일부가 그렇듯이), 억압당하는 일에 이골이 나서 자유를 포기한 사람들이라면 국가권력에 마냥 순종할 줄밖에 모르겠지만, 그런 상태를 본보기로 삼아 인간사회가 지향할 일은 도저히 아니다. 인간사회의 진보를 말할 때, "진보"라는 단어가 개인적인 아집의 수준을 넘어 조금이라도 상호주관적인 의미를 가지려면 억압이 없이 자유로운 상태를 지향해야 할 것이다.

그러므로 자유사회를 이상으로 추구하는 사람이라면 누구나 항의, 반대, 이견의 권리를 사회질서의 공정성을 위한 필수 요건으로 인정해야 한다. 이는 소청, 청원, 상소, 소원訴願 등등, 항의나 이의를 제기할 수 있는 제도적 절차를 마련하는 데에 그치는 것이 아니라, 그와 같은 소청이나 상소제도로도 분출될 수 없는 항의나 반대를 위해서 훨씬 포괄적인 장치가 필요하다. 바로 표현의 자유가 그것이다. 표현의 자유란 우리 헌법에 열거된 항목으로 말하면, 종교, 양심, 사상, 학문, 언론, 출판, 집회, 결사의 자유에 해당한다고 말할 수 있는데, 기술적 해석에 따라 이런 항목들에 속한다고 간주될 수 있는 영역에 국한하는 것이 아니라, 지금까지 논의한 대로 공동체가 개인에 대해서 내릴 결정에 대해 반대할 수 있는 포괄적인 권리를 뜻한다고 봐야 타당하다.

공동체가 내리는 결정이 그래야 공정하다고 말할 수 있는 모양을 갖출 수가 있기 때문이다.

표현의 자유는 사안의 성격에 따라 허용되는 정도가 달라지는 문제가 아니라 언제나 무제한으로 허용되어야 한다. 단, 앞에서도 말했듯이 표현의 방식에는 당연히 규제가 있어야 한다. 일례로 테러리즘이나 방화, 인질극, 심지어 전쟁도발 등은 모두 의사표현의 방식으로서 매우 충격적인 만큼 굉장히 효과적인 것이 틀림없다. 그러나 그런 것들을 표현의 자유라는 이름으로 정당화할 수는 없다. 애당초 반대의 권리를 포괄적으로 인정하는 이유가 평화적인 사회질서를 위해서이기 때문에, 평화 자체를 깨뜨리는 폭력이 자행된다면 반대의 권리를 인정해 줘야 할 모든 필요가 사라져버리기 때문이다.

이것이 무한한 논쟁을 위한 일이 아니라, 결정을 내려야 할 때는 결정을 내려야 한다는 대전제를 인정한 위에, 사회적 공론의 전반적인 공정성을 위한 일임을 이해하기 위해서는 집행의 차원과 공론의 차원을 구분하는 안목이 필요하다. 예컨대 김대중 대통령 시절에 북한에 대한 화해협력정책은 일부의 완강한 반대의견이 끈질기게 목소리를 냈지만 정부가 가는 길을 뒤집을 정도는 못 되었었다. 즉, 집행의 차원에서는 선거에 의해 위임된 권력이 주도권을 행사한 것이고, 공론의 차원에서는 선거에서 졌더라도 반대의 권리가 허용된 것이다. 한 번의 선거에서 소수로 밀린 세력이라도 공론의 차원에서 다수의 지지를 확보할 수 있다. 그러나 공론에서 다수를 점했다고 바로 정권을 차지하는 경우는 매우 드물고, 다음번 선거까지 기다려서 기회를 노리는 것이 절차적 민주주의다.

물론 위임된 정권이라도 구역질이 날 정도로 너무나 뻔뻔하게 다수의 공론을 묵살하거나 억압하려든다면 모든 절차를 뛰어넘어 즉각적인 주권의 표현이 필요할 수 있다. 이런 경우 인민의 봉기나 혁명은 정당성을 재가해 줄 외부 준거가 따로 필요 없다. 그 자체가 인민주권의 표현이기 때문이다. 그렇지만 이런 일은 실질적인 내용이 어떻든지, 외견상으로는 쿠데타나 찬탈과 마찬가지로 무력에 의한 정부전복이 되고 만다. 그러므로 압도적인 다수가 도저히 참을 수 없는 지경에 이르기 전에는 이런 방법은 고려하지 않는 편이 신중의 미덕에 부합한다. 저항하는 다수와 정부 편의 소수 사이에 세력 차이가 엇비슷하다면 기어이 무력으로 결판을 내야 할지도 모르는데, 바로 그처럼 아슬아슬한 상태에서 발가벗은 힘을 겨루기로 하면 지독한 유혈사태를 초래하기 쉽기 때문이다. 내전이란 육체적인 상해뿐만 아니라 그 후 오랫동안 계속될 정서적인 상처를 보더라도 사회평화를 건설하기에 결코 좋은 방법일 수가 없는 것이다.

한국 사회에서 진보진영에 속한 사람들 사이에는 내가 지금까지 말하는 바와 같은 신중의 미덕이라든지 사회평화를 위한 타협, 절차를 통한 이익추구와 같은 세속적인 발상들을 공연히 천시하는 경향이 짙다. 김구와 안중근과 류관순과 윤봉길, 박종철과 이한열과 강경대와 허세욱, 로자와 그람시와 체 게바라와 말콤 엑스, 등등, 지사와 열사를 본으로 삼아 불꽃같은 삶을 살아야 진보운동가의 격에 어울린다고 보기 때문이다. 그러나 바로 이런 식의 지사흉내와 열사숭배야말로 현재 한국정치에서 진보개혁진영의 입지를 갉아먹는 주요 원인이다. 그 이유는 지금까지 논의해 온 것처럼 가짜문제에 현혹되어 진짜문제를 보지 못하게 만들고, 황당한 망상을 쫓아다니다가 세월과 감성을 낭비하게 되기 때문이다.

절차적 민주주의는 분명히 성급한 한탕주의와는 거리가 멀고, 화려한 언어적 수사와도 거리가 멀다. 그러므로 정치와 사회에 관해서 오랫동안 깊게 숙고해 보지 않은 사람들이 절차적 민주주의의 원리를 받아들이려면 먼저 미래에는 정치가 나아지리라는 소망을 가져야 한다. 이런 소망은 이웃에 대한 막연한 신뢰가 없으면 생길 수가 없고, 이웃에 대한 신뢰는 궁극적으로 자기 안에 내재하는 선의의 절대적인 가치와 자발성의 무한한 역량을 믿지 않는다면 불가능하다. 대한민국의 정치사에서처럼 권력이 인민의 신임을 배신한 경우가 많고, 더군다나 그때마다 악을 용서하지도 응징하지도 못한 채 안으로 원한의 응어리가 쌓여온 곳에서는 이웃에 대한 신뢰나 자신에 대한 믿음이 생성되기도 어렵거니와, 설령 싹이 살짝 텄다가도 자라기 전에 짓밟히기가 쉽다.

노무현은 "흔히 말하는 '형식적 민주주의', '절차적 민주주의'라는 말이 우리 민주주의 발전과정에 불만을 가진 표현이라고 생각하여 이 말을 잘 쓰지 않지만, 어떻든 이것은 이제 완성단계에 접어들었습니다"라고 말했다.[30] 나는 이 말을 통해 그가 전하려고 한 취지에는 십분 공감한다. 그러나 "완성단계"라는 문구는, 정치인의 수사라고 치부해주더라도, 절차적 민주주의에 관해 근본적인 오해를 노정한다. 이 때문에 심상정으로부터 "민주주의의 형식과 내용을 분리하는 자"라는 비난을 들었고,[31] 심상정으로 하여금 "절차적 민주주의와 사회경제적 민주주의가 분리될 수 있다는 사고思考가 있었고 결국 그런 생각이 이명박을 선택했고, 그 선택이 일반 민주주의를 짓밟았다"는 잘못된 진단을 고집하게끔 오도했다.

---

30) 노무현, 「대한민국 진보 달라져야 합니다」, 2007. 2. 17, 「노무현은 민주주의 확장에 실패했다」, 〈오마이뉴스〉, 2007. 2. 27 (http : //www.ohmynews.com/NWS_Web/view/at_pg.aspx?CNTN_CD=A0000394502, 검색일자 2009. 7. 5)에서 재인용.
31) 「노무현은 민주주의 확장에 실패했다」, 〈오마이뉴스〉, 2007. 2. 27 (http : //www.ohmynews.com/NWS_Web/view/at_pg.aspx?CNTN_CD=A0000394502, 검색일자 2009. 7. 5).

절차적 민주주의는 완성될 수 있는 문제가 아니다. 그것은 입헌주의가 완성될 수 없는 것과 같은 이치다. "선진국" 프레임에 갇혀서 바라보면 영국이나 미국이나 프랑스나 독일의 입헌주의가 완성되었다고 생각하기 쉽지만, 그 나라들은 일상적으로 헌법의 문제에 부닥치고 그 문제를 해결하기 위해 정치적 갈등을 겪는다. "선진국"이라는 용어를 사용하는 사람이라면 아마도 첫 번째로 꼽기 쉬운 미국에서 2000년 대통령 선거 결과에 관해 다툼이 발생해서 플로리다 주 대법원의 판결과 연방대법원의 판결이 상충하는 일도 있었다. 2008년 미네소타 주 연방상원의원 선거도 10개월이 넘는 법정공방 끝에 당선자가 결정되었다. 매일 매일 진행하는 일상사에서 헌법문제가 끊임없이 발생하고, 대개는 법원에서 위임받은 권한에 따라 처결하지만, 법원의 판결에 대해 이의나 반대나 비판이 또한 공론의 영역에서 끊이지 않는다. 그런 의견 중에서 생명력이 길고 전파력이 풍성한 것들은 시간이 지나면 정치지형의 변화로 연결되어 마침내 법원의 판례를 바꾸기에 이르는 것이다. 이런 과정들을 통해 미국 사회의 민주적 절차는 날마다 생성되고 발전하는 현재 진행형이다.

사회적 약자, 특히 경제적 약자들을 배려하는 사회적 자유주의는 결코 절차적 민주주의와 대척된다든지, 절차적 민주주의를 능가하는 관념이 아니다. 가령 누진세에서부터 의료보험이나 무상교육의 확대, 또는 민주노동당이 주장하는 부유세, 등등, 어떤 정책제안을 보더라도 모두가 제도와 절차에 관한 얘기지 절차를 무시하는 이야기일 수가 없는 것이다. 단 모든 정책에는 순서가 있을 수밖에 없다. 민주당의 우선순위와 민주노동당의 우선순위가 전적으로 같을 수 없는 것은 민주노동당의 우선순위와 진보신당의 우선순위가 전적으로 같을 수 없는 것과 똑같은 이치일 뿐이다. 그럼에도 불구하고 "진보"라는 이름에 한국

현대정치사의 굴곡 때문에 슬그머니 섞여 들어가는 허망하기 짝이 없는 환상적 결벽증을 서로 차지하려는 다툼 속에서, 상당수의 자칭 진보 인사들은 절차를 어기는 데서 정치적 출세의 기반을 추구하려는 버릇이 있다. 지사흉내와 열사숭배의 풍조 안에서 단일안건정치의 선동적 행태를 보이는 것이다.

이 자체는 정치인의 출세전략으로 옆에서 가타부타 할 일이 아니다. 하지만 정치인들의 행태를 평가하여 그들 가운데 지지할 대상을 선택해야 하는 일반 시민들 사이에서는 이런 점들을 분별하는 안목이 두텁게 형성되는 편이 현실의 개선을 위해서 아주 중요하다. 그래야 시민 각자가 한 점에만 집착하고 몰두하는 편협한 의식에서 벗어나, 전체적인 균형감각을 나름대로 형성해서 갖춘 위에 각종 정책들을 우선순위로 분별할 수 있고, 시민들 가운데 그와 같은 독자적인 판단력을 가진 사람 수가 늘어날수록 공론의 지평에서 어떤 일이 급선무고 어떤 일이 나중인지에 관해 집단적인 합의가 가능해지기 때문이다.

 제8장

셋째 매듭

"합리적$_{合理的}$"이란 "이치에 맞는다"는 뜻으로서, 정치사회가 합리적으로 조직되어 작동한다면 좋을 것이다. 이런 시각에서만 세상을 바라보면 세상은 온통 불합리로 가득 차 있는 것처럼 보일 수도 있다. 북한주민들 가운데 굶어죽는 사람이 속출한다고 하는데 북한정권은 로켓이나 쏴올리고, 그런 북한을 신해철은 축하하고, 그런 신해철을 보수파는 검찰에 국가보안법 위반이라고 고발한다. 국회에서는 여전히 몸싸움이 성행하고, 민주당은 정동영 복당문제로 시끄러웠고, 한나라당은 대통령 눈치만 본다. 학교에서 발바닥을 110대나 맞은 학생이 자살하고, 대한통운 해고노동자 복직투쟁 중이던 화물연대 지회장은 "이런 식의 선택을 해야 한 발짝이라도 전진과 변화를 가져올 수 있는지 속상하고 분하다"는 유서를 남기고 목매 숨졌다. 전세계적으로 연결된 먹이사슬은 이제 조류독감, 광우병에 이어 신종플루까지 만들어내면서 사람들을 불안하게 만든다. 이 불합리한 세상을 합리적으로 고치면 얼마나 좋을까!

그런데 어떻게 되면 합리적일까? 신해철이 입을 다무는 것이 합리적일까 아니면 그 정도는 웃고 넘어가는 것이 합리적일까? 북한이 그저 남한과 미국에 무릎꿇고 구걸하는 것이 합리적일까 아니면 북한의 자존심을 배려하면서 사고는 치지 않도록 관리하는 것이 합리적일까? 광우병, 조류독감, 신종플루 따위가 자본주의의 탐욕 때문에 생긴 천형이라고 보면서 육류 수입의 문을 닫아거는 것이 합리적일까 아니면 대량생산과 국제무역으로 값싼 고기를 먹게 된 이점은 유지하면서 예기치 못한 위험요인만을 별도로 관리하는 방향이 합리적일까? 고용과 자본 사이에 합리적인 관계를 보장할 방법, 사회적 약자의 권리가 은밀한 곳에서도 침해되지 않도록 만들 방법, 한국사회 대다수의 몸과 마음에 짙게 밴 전제적이고 폭력적인 아비투스habitus(삶의 습성)를 평화적이고 창조적인 아비투스로 바꿀 합리적인 방법은 무엇일까?

이런 질문들은 두 갈래의 화두로 집약된다. 합리성이라는 것이 하나의 표준으로 수렴하는가? 만약 그렇다고 하더라도, 사람들을 그렇게 획일적인 합리성의 기준에 따라 행동하도록 강제하거나 세뇌하는 것이 바람직한가?

나는 지금까지 제3부에서 인간의 지식이 증진함에 따라 무엇을 모르는지에 관해서도 더 많이 알게 되었다는 기조에서 논의를 진행했다. 그리하여 전형적으로 초급산수와 같은 어떤 영역에서는 합리성에 관한 표준이 상당히 획일적으로 확립되어 있기도 하지만, 중요하고 복잡한 문제영역일수록 합리성 자체의 기준이 무엇인지가 부정형의 상태임을 지적했다. 즉, 목적과 가치가 결부되는 맥락에서는 합리성이라는 개념의 형식이 당사자의 목적이 무엇인지에 따라 다분히 좌우된다는 말이다. 이처럼 목적이나 가치가 서로 경합하는 상황에서 합리성이라는 말을 평면적으로만 사용한다면, 나는 내 입장을 합리라고 부르고 상대를 불합리라고 부르며, 상대는 자기를 합리라고 부르고 나를 불합리라고 부르는 교착상태를 벗어날 수 없게 된다.

상대방의 합리를 나는 불합리라고 부르고, 내 합리를 상대는 불합리라고 부르는 상태를 합리적으로 해소할 수 있는 초합리성super-reason은 존재하지 않는다. 우리 정치사에서 1954년의 사사오입 개헌이나 1960, 1961, 1972, 1979, 1987년 등에 일어났듯이, 노골적인 형태의 힘겨루기는 대개 합리성의 표준에 따라 일어나지 않는다. 그런 경우야말로 교과서적인 합리성의 기준이 실효적으로 작동하지 못하고, 현실의 흐름이라고 하는 힘에 따라 합리성의 기준이 정해지는 순간들이다. 이와 같은 상태에서 자신이 옳다고 믿는 합리성만을 고집한다는 것은 곧 상대를 힘으로 눌러버리고 싶은 권력숭배가 되는 것이다.

미국의 남북전쟁이나 우리의 6월항쟁처럼 힘겨루기가 실제로 일어날 때에는 양심이 있는 시민이라면 자신의 양심에 따라서 한쪽 편에 가담해서 싸우는 것이 구경꾼들보다 도덕적이라고 말할 수 있다. 하지만 가능하다면 그처럼 발가벗은 무력대결까지는 가지 않는 편이 건강한 공동체일 것이다. 하지만 합리성을 평면적으로만 바라보고 추구하면 서로 다른 합리성 사이의 충돌을 피할 길이 없다. 그러므로 평면적 합리성이라는 제일층위와는 별도로 평면적 합리성들 사이의 충돌을 처리하기 위한 제이층위의 입체적인 합리성이 필요하게 된다.

제이층위의 입체적 합리성은 다시 말하면 정치적 합리성이라고도 부를 수 있다. 이것은 기본적으로 경쟁하는 양쪽 입장의 내용을 파고 들어 우열을 심판하는 것이 아니라, 쌍방의 입장에서 각자가 내용상으로 우월하다는 순환론의 형식을 깨뜨리기 위한 타이브레이크에만 초점을 맞춘다. 교착상태에서는 공동체가 아무 행동도 취할 수 없다는 점에 주목해서, 어떻게든 교착을 깨뜨려 발걸음을 앞으로 떼어보는 데에 모든 목적이 있는 것이다.

이러한 시각은 기본적으로 개인의 자유와 자발성을 중시하는 가치관과 연관된다. 예컨대 새벽 일찍 일어나 냉수마찰과 달리기 또는 산보를 매일 하면 모르긴 몰라도 몸과 마음의 건강에 아주 좋을 것이다. 따라서 누가 그렇게 한다면 합리적이라고 볼 수 있다. 그러나 그렇게 하지 않는 사람은 비합리적이 되는가? 논의를 위해 한 술 더 뜨는 예를 보면, 술이나 담배는 건강에 좋지 않다. 아마 상습적인 음주자나 흡연자들 자신이 술과 담배를 끊어야 한다고 생각하고 심지어 금주나 금연을 "결심하는" 경우도 많을 것이다. 이런 경우, 습관적인 음주나 흡연이 비합리적이라는 데에는 광범위한 합의가 가능하다. 그렇다고 해서 금주나 금연을 국가가 강제할 수 있을까? 현실적으로 강제하기 어렵다는 차원만이 아니라, 현실적으로 강제가 가능하다고 하더라도 그와 같은 강제가 사회질서로서 바람직할까?

이런 질문들을 독자적인 것으로 다루면서 확정적인 답을 구하고자 한다면 물론 대단한 논란을 먼저 만나게 될 것이다. 그러나 민주주의의 취지와 관련해서 생각해보면 약간이나마 정돈된 시각을 얻을 수 있다. 민주주의란 시민 개개인이 인격적으로 평등하다는 대전제 위에서 추구되는 이념이다. 물론 "민주주의"라는 말만을 풀기로 한다면 레닌의 "민주집중"이나 김일성의 "인민민주주의"도 얼핏 민주주의에 끼워 맞출 수 있을 것처럼 보인다. 앞에서 몇 번 지적했듯이 "인민의 의사"라는 것이 워낙 잡으려고만 하면 손가락 사이로 빠져나가버리는 물이나 바람 같은 것이라서, 권력자가 자신의 의사를 곧 "인민의 의사"라고 포장하면서 반론을 무력으로 억압할 수도 있기 때문이다. 그러나 "인민"의 이름으로 인민을 억압하는 것이 "민주주의"가 될 수도 있다고 기어이 우길 여지를 논리적으로 봉쇄하기는 어렵다고 양보하더라도, 여전히 그런 체제가 대단히 수상하다는 느낌 또한 어쩔 수 없을 것이다. 박정희의 "한국적 민주주의"나 수카르노의 "교도민주주의"처럼 민주주의 앞에 이상한 한정사가 붙는 경우는 대개 수상한 냄새를 풍긴다. "인민민주주의" 역시 이미 "민주"라는 문구로써 인민주권이 함축되는데, 굳이 "인민"이라는 수사를 중복한다는 데서 수상한 의도가 탐지되는 것이다.

현실에서 나름대로 정합성을 가지면서 작동하는 민주주의는 단순한 문구가 아니라 실천적인 체제이다. 즉, 말로만 풀어내는 것이 아니라, 오직 역사를 봐야 의미를 이해할 수 있는 것이다. 우리가 오늘날 통상적으로 민주주의라고 부르는 유럽과 영미의 사회는 전형적으로 자유민주주의라 불리는 체제들이다. 자유주의/사회주의의 이분법만을 생각하면 자유민주주의가 사회민주주의와 대척된다고 착각할 수 있지만, 자유민주주의 체제는 거의 예외 없이 사회민주주의 계열의 정당들을 허용하고 있다는 사실을 유념할 필요가 있다. 정치체제로서 자유민주주의와 경제질서를 인도하는 이념으로서 사회주의는 얼마든지 서로 융통될 수 있다.

어쨌든 자유민주주의는 말이 먼저 생긴 것이 아니고, 현실의 체제가 일정한 형체를 갖춘 다음 그것을 가리키는 명칭으로서 말이 나중에 생겼다. 영국의 경우 19세기 후반 참정권이 민중에게 확산된 다음의 체제, 그리고 프랑스의 경우에도 19세기 말 영국식 대의제를 받아들인 제3공화국 이후의 체제가 전형적인 자유민주주의에 해당한다. 인민이 주권을 보유하되 주기적인 선거 또는 특별한 경우 인민투표와 같은 직접민주주의를 통해서 주권을 표현하고, 평상시에는 의회와 기타 행정부나 사법부 등등 정부제도가 위임받은 주권을 대리해서 표상하는 제도이다. 하지만 민주주의는 언제나 "다수의 전제", 다시 말해 "인민"의 이름으로 인민을 억압할 수 있는 위험이 상존하기 때문에, 소수파의 권리를 보장하지 않으면 독재로 타락할 가능성이 매우 높아진다. 그러므로 반대의 권리, 즉 표현의 자유가 자유민주주의에서는 치명적으로 중요한 시금석으로서 헌정질서의 핵심원리에 포함되고 실천되어야 한다.

표현의 자유란 다시 말하면 반대할 수 있는 권리, 이견을 가질 권리로서, 이것이 권리right라는 말은 곧 그렇게 하는 것이 옳다는 말이다. 다수가 생각하는 방식과 다르게 생각하는 사람의 경우 그로서는 그렇게 생각하는 것이 "옳고" 따라서 그가 자신의 생각을 표현하는 것이 또한 "옳다"는 말이다. 다수를 대변하는 정부가 아무리 힘이 세더라도, 그의 "옳은" 의견을 억압하면 잘못이라는 말이다. 각 개인에게는 각자 자유로운 의사에 따라서 자발적으로 옳다고 생각되는 믿음을 가질 권리가 있고, 그런 점에서 모든 개인이 동등한 인격체라는 대전제가 바탕이 되는 것이다. 즉, "옳음"이라는 것이 하나여야 할 필요가 없다는 발상, "옳음"이 하나일 때도 있겠지만 여럿일 때도 있을 수 있다는 발상이 기초를 이루는 것이다.

그러므로 평면적 합리성에만 집착해서 나와 의견이 다른 사람들을 불합리하다거나 미개하다고 보면서 무턱대고 계도의 대상으로 삼는다는 것은 이웃을 설득하겠다는 태도인 것처럼 보일지 몰라도 사실은 이웃을 내 마음대로 주무르겠다는 심보에 지나지 않는다. 오웰은 이런 취지에서 벤햄의 권력숭배를 고발한 것이고, 나는 그러한 오웰의 취지를 좀더 일반적으로 적용해서 합리주의가 권력숭배로 흐르기 쉬운 경향을 이 부에서 논의했다. 평면적·산술적 합리성에 집착하면 권력숭배가 발생할 수밖에 없으며, 권력숭배에 빠지지 않으려면 입체적·정치적 합리성의 지평으로 안목을 높여야 한다고 주장했다.

이웃을 나와 동등한 인격체로 존중하고, 내 취향이나 가치와 다른 모든 차이들을 관인할 수 있으려면 무엇보다 먼저 권력숭배와 합리주의를 뒤죽박죽으로 혼동하는 심성에서 벗어나지 않으면 안 된다. 그런 심성에서 벗어나게 되면 부수적으로 여러 가지 분별력이 함께 함양될 수 있다. 에컨대 결정의 차원과 관인의 차원이 서로 부딪치는 것이 아니라 서로 다른 차원이라는 분별력도 그중 하나다. 관인만 해서는 물론 정치사회가 제대로 작동할 수 없다. 결정이 필요할 때에는 여러 가지 가치를 동등하게 다룰 수 없고, 그중 하나를 선택해야 한다. 하지만 한 번의 선택 때문에 사회생활의 모든 국면에 획일적인 파장이 미쳐야 하는 것은 아니다. 천성산에 터널을 뚫어 경부고속철을 건설하기로 결정한다고 해서 대한민국 땅의 모든 산에 터널을 뚫게 되는 것도 아니고, 천성산 터널에 반대하는 의견은 모두 억압해야 하는 것도 아니다. 새만금간척을 안 하기로 결정한다고 해서 앞으로 영원히 모든 간척이 금지되는 것도 아니다. 어떤 정책을 결정하기 위해 내려진 선택은 그 결정에 따라 시행되는 일에 관해서만 해당되는 것으로, 그 일 바깥에 위치하는 일들에 관해서는 여전히 관인이 가능하고, 나아가 그 결정에 대한 시비가 계속되더라도 결정의 시행이 반드시 방해를 받는 것도 아니다.

요컨대 정치사회에서 정책결정은 초급산수에서 어떤 문제에 관한 정답을 찾는 과정과는 다르다. 물론 처음에는 정답을 찾기 위해 관련 당사자들이 노력하지만, 그들이 각자 찾은 답이 서로 다르고, 상호검토와 토론을 충분히 거친 다음에도 그 가운데서 논란의 여지 없는 하나의 "정답"이 떠오르지 않는다면, 그때부터는 과학적 합리성보다는 정치적 합리성이 적용되어 정답보다는 소통의 밀도를 가능한 한 높게 유지하면서 교착을 깨는 데 목표가 주어져야 한다. 물론 교착상태에서 다시 생각하니 굳이 교착을 깨지 않아도 된다는 각성, 즉 결정을 미뤄도 된다는 깨달음이 나올 수도 있다. 이런 관점에서 민주주의를 바라보면, 표현의 자유를 공정한 게임의 규칙으로서 바탕에 확실하게 깐 위에서 절차와 제도를 통한 갈등의 해결을 추구하는 것이 가장 현실적인 형태임을 알 수 있다.

하지만 절차를 통한 문제해결을 정치적 합리성으로 온전히 받아들이기 위해서는 한국인 주류의 정치의식이 극복해야 할 장애물이 하나 더 있다. 나는 그 장애물을 선험주의로 요약할 수 있다고 보는데, 이제 제4부에서 그 문제를 논의하고자 한다.

제4부

선험주의
선견지명 프레임

제1장

선견지명과 후견지명

볼프강 아마데우스 모차르트는 내가 알기로 인류 역사에서 가장 뚜렷한 신동이다. 그는 일곱 살 난 누이를 가르치는 아버지의 어깨너머로 세 살 때 건반악기를 익혔고, 다섯 살 때부터 작곡을 시작하고 왕족들 앞에서 연주했다. 불과 36년도 채우지 못한 짧은 생애 동안 (번호가 매겨진 것만 쳐서) 41편의 교향곡과 23편의 오페라를 비롯해서 길게 목록을 이어갈 수 있는 협주곡, 기악곡, 가곡, 디베르티멘토, 합창곡, 성가 등을 작곡해서 남겼다. 이런 인생을 보면서 "음악을 위해 태어난 사람"이라는 생각이 들어도 전혀 이상하지 않을 것이다.

모차르트의 경우는 "될성부른 나무 떡잎부터 알아본다"는 속담을 정당화할 수 있는 매우 강력한 사례에 해당한다. 그의 아버지 레오폴트는 실제로 그를 "떡잎부터" 알아보고 음악가가 되도록 훈련을 시켰고, 그렇게 모차르트는 역사상 가장 뛰어나고 가장 오랫동안 인기를 누리는 음악가 반열에 들었다. 그렇지만 이런 특이한 사례를 표준으로 삼아 다른 모든 사례를 바라보면 엄청난 환각이 발생한다. 왜냐하면 거의 대부분의 사람들에게는 "무슨 일을 하라고 태어났는지"가 10대,

20대는 물론이고 때로는 30대, 40대, 그리고 심지어 70이 넘거나 죽은 다음에도 미지수로 남기 때문이다.

때로는 장차 어떤 결과가 나올지를 상당히 그럴듯하게 예측할 수 있는 경우가 있다. 예컨대 20세기 초 영국 빅토리아 여왕이 죽은 1901년 또는 그의 아들 에드워드 7세가 죽은 1910년, 많은 사람들이 영국과 독일 사이에 전쟁이 임박했다고 느꼈다. 윈스턴 처칠이 영국 재무장관으로 있으면서 금본위제도 복귀를 결정한 1924년, 케인스는 경기침체를 예견해서 세계적인 경제학자로 부상하는 계기를 맞았다. 우리는 이런 경우들을 "개명된 추측"이라 부르거나, 또는 그보다 좀더 극적으로 표현하고자 할 때는 "통찰력"이나 "선견지명"이라고 부른다. 논의의 초점을 간결하게 유지하기 위해, 통찰력이나 선견지명 자체의 본질에 관해서는 따지지 않는다. 단, 일부 희귀한 경우에 나타나는 선견지명의 프레임을 보통의 모든 경우에 적용하면 곤란하다는 점만은 자세하게 따져서 음미할 필요가 있다.

어린 소년이 인생의 갈림길에서 어떤 선택을 내려야 할지, 한 사회가 결정의 기로에서 어떤 선택을 내려야 할지, 미래를 예견할 수 있다면 고민할 필요가 없을 테니 참 편리할 것이다. 더구나 계몽주의 이래 사람들은 과학의 예측력에 반한 나머지 사회정책에서도 과학적 기법을 쓰면 결과를 보장할 수 있을 것처럼 생각할 때가 많다. 그러나 역사 진행을 예측한다는 것은 근본적으로 과학이 별로 도움을 줄 수 없는 영역이다.

예를 들어보자. 조지 W. 부시의 국방장관이었다가 두 번째 임기 때는 부통령을 지낸 딕 체니는 미국이 이라크를 침공하는 등 힘을 과시했기 때문에 9·11과 같은 테러가 예방되었다고 주장한다. 물론 이 소리는 대량살상무기 때문에 쳐들어간다고 했다가 대량살상무기를 발견하지 못한 이후에 둘러대는 핑계다. 하지만 적어도 얼핏 보면 말 자체는 그럴듯한 것처럼 보이기 때문에, 그 "그럴듯함"이 어디서 나오는지를 따질 필요가 생긴다.

미국이 이라크에 쳐들어간 이후 테러가 다시 없었던 것은 맞다. 하지만 체니의 주장은 거기서 그치는 것이 아니다. 만약 이라크에 쳐들어가지 않았다면 테러가 있었을 것이 분명하다, 또는 적어도 그럴 확률이 틀림없이 높아졌으리라는 입장이 체니의 말에는 함축되어 있다. 그런 위험을 자기들이 예방했다는 것이다. 그런데 "이라크에 쳐들어가지 않았다면"이라는 조건은 실제로 실현되지 않았으므로 단지 이른바 "역사적 가정"에 불과하다. 절대로 검증될 수 있는 얘기가 못 된다는 말이다. 따라서 이라크를 침공하지 않았다면 어땠을지는 절대적으로 불투명한 공간에 속한다. 이런 절대적 불투명성을 착취하기로 하면 누구든지 하고 싶은 말을 무한정 만들어낼 수 있다.

단, 체니에 반대하는 방향의 착취는 현실정치의 수사라는 차원에서 좀 수세적인 입장을 면하기 어렵다. "이라크에 침공하지 않았다고 테러가 있었으리라는 증거는 없다"고 하면 틀림없이 맞는 말이지만, 정부의 역할은 논리적인 진실을 탐구하는 데 있지 않고 실제적 위험을 예방하는 데 있기 때문이다. 9·11테러가 끔찍했던 것은 틀림없는 사실이기 때문에, 그런 "위험"을 정부가 예방하기 위해 뭔가 조치를 취해야 한다는 것은 일반 미국인들이 대부분 공감한다. 이런 경우 "뭔가 조치"는 반드시 인과관계가 확증되어야 취해지는 것이 아니고, 그야말로 현실적인 세속정치의 맥락 안에서 빚어지는 일이다. 이라크 침공은 그러므로 만만한 상대 하나 골라서 뭔가를 보여준 셈인데, 미국인들 가운데 일부의 복수심을 충족하면서 동시에 정부가 국민들을 보호하고 있다는 생색도 되었기 때문에, 당시 논란이 있었지만 의회의 승인을 얻을 수 있었던 셈이다.

이 사례의 교훈은 정책의 선택이라는 것이 선견지명만으로 이뤄지지는 않는다는 데보다는, 애당초 선견지명이라는 것이 다분히 사후적 설명의 논리와 분리할 수 없다는 데에 있다. 모차르트가 "음악을 위해 태어났다"거나, 또는 "음악의 신동"이라는 말은 그의 생애 36년을 우리가 알고 있는 상태에서 후견지명의 힘을 받은 덕분에 누가 봐도 분명한 것처럼 보이는 것이다. 1756년 2월 말쯤 생후 한 달 된 아기 볼프강을 두고 누가 그런 소리를 했다면 단순한 덕담이나 바람 이상의 의미를 가질 수 없고, 심지어 1791년 그가 죽었을 때도 누가 그런 소리를 했다면 애도 이상의 의미를 가지기 어려웠을 것이다. 우리가 아는 볼프강 아마데우스 모차르트는 1756년에 나서 1791년에 죽은 모차르트에서 그치는 것이 아니라, 그 후로 수많은 전기와 수많은 찬사와 수많은 공연을 통해서 재구성되고 재조명된 모차르트이기 때문이다.

우리 사회에서도 철학계나 문학비평계에서는 지금 내가 한 말이 전혀 새롭지 않을 것이다. 물론 철학계나 비평계에서도 실체와 이미지에 관해 나처럼 생각하지 않는 사람은 많겠지만, 적어도 내가 방금 표명한 입장이 새로운 것은 아니다. 하지만 일반적인 정치의식에서는 그런 입장이 전혀 작용하지 못한다. 그리하여 실제로는 후견지명으로만 알 수 있는 일들을 가지고, 시간을 맘대로 거슬러올라가 앞선 시점에서 그런 선견지명을 가질 수 있었다고 전제하면서, 더군다나 그렇게 하지 못했다고 불평하다 못해 자기 맘을 갈기갈기 찢어버리는 일이 비일비재하다.

무슨 자연재해가 발생할 때마다 "인재"였다는 타령이 대표적이다. 그런 사고방식이 연장되어 사고가 날 때마다, 범죄가 있을 때마다, 뭔가 맘에 안 드는 일이 생길 때마다, 만전을 기하지 못했다는 질책이 나온다. 가능한 한 완벽을 기하자는 데 특별히 반대할 것까지는 없겠지만, 인간적으로 불가능한 완벽을 추구하다 보면 결국 만만한 놈 하나 잡아 분풀이하고 치울 뿐 제도적으로 진전되는 일이 없는 것 같아서 하는 소리다. 숭례문 화재사건을 예로 살펴보자.

숭례문에 불이 난 것은 한 사람이 상당히 계획적으로 기회를 찾아서 불을 질렀기 때문이다. 만약 경찰 일개 중대병력 정도가 매일 경비를 섰더라면 그런 일은 예방할 수 있었겠지만, 대한민국 땅에 산재하는 모든 문화재에 그런 수준의 경비는 예산도 엄청나게 많이 들 뿐만 아니라, 애당초 문화재를 경찰이 경비하는 발상 자체를 나는 반대한다. 어쨌든 숭례문은 서울시가 무슨 경비업체에 대강 맡겨두고 경찰 보초는 없었던 모양인데, 그 틈을 타서 범인은 개인적인 불만을 숭례문에다가 풀었다.

그런데 왜 유홍준 전 문화재청장이 "책임을 지고" 자리에서 물러났는지 나는 매우 궁금하다. 왜 그랬는지도 궁금하지만, 어떻게 그것이 "책임을 지는" 일이 될 수 있는지도 궁금하기 짝이 없다. 그런 식이라면 연쇄살인범이 나오면 경찰청장이 물러나는 것으로 "책임을 지는" 것이 되고, 경제가 파탄나면 경제장관 또는 대통령이 사임해서 "책임을 지게" 된다는 것이 아닌가? 나는 도무지 그런 식의 책임이라는 것이 이해가 잘 되지 않는다. 정부에 우리가 바라는 것은 임무수행이지 문제가 생겼을 때 물러나는 것은 아니지 않은가? 공직이라는 것을 단순히 나중에 비석에 새길 개인적인 감투 이상으로 여기지 않는다면 모를까, 어떻게 문제가 생기면 자리에서 물러나는 것으로 "책임"을 지게 되는가 말이다. 나중에는 "숭례문 태워먹은 유홍준"이라는 소리까지 나왔다. 방화범의 계획적인 범행을 유홍준에게 묻는다는 것은, 진주만 기습의 책임을 루스벨트에게 묻는 것과 완전히 똑같은 논리다.

물론 문화재청장으로서 숭례문이 소실되었는데 자기 책임은 없다고 발뺌만 할 일은 아닐 것이다. 적어도 그 사람 본인으로서는 민망한 마음을 가지고, 혹시나 자신을 포함한 어떤 직원의 직무유기가 없었는지, 그리고 수습을 위해 최선의 방안을 강구하기 위해 노심초사해야 한다. 또 일이 벌어진 다음에 보면 여기 또는 저기에 이런 또는 저런 일반적인 허점이나 비효율이 눈에 띄기 마련이다. 하지만 숭례문은 그런 모든 허점이나 비효율 때문에 불탄 것이 아니고 계획적인 방화로 말미암아 불에 탄 것이다. 경비업체가 직무를 제대로 수행하지 않은 것까지는 분명하지만, 해당 구청직원이나 문화재청에 숭례문 소실의 "책임"을 묻는다는 것은 분풀이용 제물 찾기에 지나지 않는다.

민주주의 체제에서 주인은 인민이고 정부는 고용된 심부름꾼이다. 고용된 심부름꾼의 책무는 정해진 한도에서 그쳐야지, 심부름꾼에게 무한책임을 요구한다는 것은 곧 그에게 무한권력을 인정하는 셈과 같다. 범죄예방에 "만전"을 기하기로 한다면, 사회를 병영식으로 조직하고, 사람들의 거주이전과 활동을 제한하더라도 할 말이 없는 것이다. 특별한 이유가 없는 한 모든 개인의 통행과 활동을 제한하지 않는 자유사회는 그만큼 잠재적인 범죄자들이 음모를 꾸미기도 쉬운 사회일 수밖에 없다. 활동을 제한하지 않는 대신, 정책적 지향과 계몽적 교육을 통해 악의를 버리도록 유도하는 한편, 범죄행위에 대한 치밀한 색출과 엄격한 재판을 통하여 범죄행위가 훨씬 손해라는 것을 알림으로써 자유사회는 유지될 수 있다.

그렇더라도 숭례문 화재 같은 사고는 언제든 일어날 수 있다. 그런 사고를 방지하기 위해 문화재를 모두 철옹성 안에 넣거나 사회를 병영식으로 조직한다는 것은 빈대 잡자고 초가삼간 태우는 격보다도 못한 어리석음이다. 따라서 숭례문 화재와 같은 사고의 위험은 자유사회를 유지하기 위해 시민들이 감수해야 할 분량이다. 어떻게 사회를 조직하고 어떻게 제도를 정비하더라도 사고가 나지 않는다는 보장은 없기 때문이다.

물론 예컨대 삼풍백화점 붕괴와 같은 사고는 명백한 인재가 맞다. 시공에서부터 자재를 빼먹었고, 그런 건물을 허위로 준공검사를 해줬고, 더구나 며칠 전부터 붕괴조짐이 있었는데도 조치를 취하지 않는 등 구체적이고 명확하게 법을 어기고 책무를 다하지 않은 항목들이 있기 때문이다. 그런 요소들을 의도적으로 위반했거나 습관적으로 간과한 책임을 추궁하는 것은 인간적으로 불가능한 완벽을 요구하는 것이 아니다. 그러나 숭례문 화재를 유홍준 책임으로 모는 것은 전형적으로 후견지명으로 구성된 완벽의 이미지를 가지고 애먼 사람을 하나 제물로 삼는 분풀이에 지나지 않는다.

자주 인용되는 유비무환이란 문자는 양약도 되지만 독약도 될 수 있다. 장차 닥쳐올지 모르는 우환에 대해 인간적으로 여건상으로 가능한 대책을 세우도록 인도하면 양약이지만, 아무도 충족할 수 없었을 완벽의 기준을 빗대어 무슨 일만 생기면 제물을 구하는 방향이라면 독약이다. 제2부에서 언급했던 마녀사냥과 가짜문제라는 암세포가 위치와 형상을 바꿔가면서 우리 사회의 의식을 좀먹는 사례에 해당하는 것이다. 제3부에서 논의했던 평면적 합리주의의 병폐와 연관되는 주제로서, 제4부에서는 선험주의를 해부하고 비판하면서 극복의 길을 찾아보고자 한다.

제2장

선험주의 사고방식의 특징과 결함

제1절 선험과 경험

『표준국어대사전』은 선험주의先驗主義를 "선험적인 것의 존재를 주장하여, 그것을 철학의 원리로 삼는 사상. 칸트의 선험적 관념론이나, 에머슨의 초월주의 따위가 속한다"고 풀어놓았다. 초월주의超越主義를 찾아보면 "현실 세계의 유한성을 부정하고 인간의 감각으로는 파악할 수 없는 초월적 세계가 실제로 존재한다고 믿는 사상. 19세기에 미국의 에머슨을 중심으로 일어난 이상주의적 관념론에 의한 사상 개혁 운동으로, 현실 세계의 무한성을 찬미하여 다분히 이상주의적이며 신비적인 범신론의 경향을 띠었다"고 풀어놓았다. 영어로는 이 두 단어가 모두 transcendentalism이라고 불린다. 『옥스퍼드 영어사전*OED Online*』을 보면 칸트와 관계되는 뜻이 1a, 에머슨과 관계되는 뜻이 1b로 나오고, "고답적高踏的인 성품, 생각, 언어 ; 철학이나 언어에서 허황하고 모호하며 몽상적인 성격이나 언어를 가리키기도 한다"는 풀이를 2번으로 덧붙여놓았다.

따라서 선험주의가 무엇인지, 어디에 도움이 되며 어디에 방해가 되는지를 체계적으로 해설하려면 "선험적인 존재", "관념론", "실재", "감각", "초월", "현실 세계의 무한성", "이상주의", "신비적인 범신론", "허황", "고답", "칸트", "에머슨" 등에 관한 체계적인 해설을 건너뛸 수 없게 된다. 그러다 보면 책 한 권으로도 부족할 것이기 때문에, 그리고 이 책의 독자들에게 대단한 관심사도 아닐 터이기 때문에 여기서는 아예 체계적인 해설은 시도하지 않는다. 대신, 이것이 경험, 선험, 초월, 세계, 현실, 실재 따위의 개념들과 관계되며, 칸트의 경우처럼 철학적인 논의의 주제일 뿐 아니라 에머슨의 경우처럼 어떤 사회적 운동과도 관계가 있었으며, 나아가 때로는 허황하고 모호하다는 비판을 받기도 한다는 정도를 기본적인 출발점으로 삼는다. 그리고 『표준국어대사전』의 뜻풀이가 철저하게 놓치고 있는 차원, 즉 "선험적인 것의 존재"라든지 "현실세계의 무한성" 따위의 존재론적 문구들이 사실은 그 "선험적인 것" 또는 "무한한 현실세계"라는 것을 어떻게 알 수 있느냐는 인식론적 질문과 불가분의 관계라는 점에 초점을 맞춰서, 경험과 선험의 구분에 관해 약간이나마 조명해보고자 한다.

겉보기와 실상이 반드시 같지는 않다는 사실을 사람들이 오래전부터 알고 있었음은 이미 겉보기와 실상이라는 단어가 있다는 사실로써 증명된다. 이미 2,500년 전에 플라톤은 겉으로 보이는 세계에 관해 이러쿵저러쿵하는 의견doxa의 영역과 실상에 관한 지식epistēmē의 영역을 구분할 필요를 강조했다. 하지만 불필요하게 이 구분을 강조해서, 감각할 수 있는 현상계와 오직 지성을 통해서만 이해할 수 있는 가지계可知界라는 세상이 따로 있는 것처럼 말을 해버린 바람에, 그 후 이해력이 부족한 사람들에게 엄청난 혼동을 자아내고 말았다. 특히 아리스토텔레스는 자기 스승이 실체와 개념을 혼동했다고 일면으로 비판하면서도, 스스로 마치 무슨 순수하고 완벽한 초월적인transcendent 세계가 따로 있다는 듯한 여지를 남겨서 혼동을 악화시켰다.

칸트가 초월적이라는 형용사 대신 선험적transcendental이란 말을 쓴 것은 세계의 실재성에 관한 한, 우리가 감각하는 이 세계 말고 다른 세계가 설사 있다손 치더라도 우리에게는 전혀 상관이 없다는 사실을 깨달은 결과였다. 피안의 세계, 피안이기 때문에 우리에게는 미지일 수밖에 없는 초월적인 세계는 논의해봤자 진전이랄 게 있을 수 없기 때문에 거부해야 한다는 것이 그의 일차적인 목적이었다. 그렇지만 그 와중에 그가 사용한 물자체物自體란 문구가 다시 많은 사람에게 혼동을 자아내고 말았다. 시간 속에서 가변적인 현상들이 어떤 식으로든 서로 연관되거나 또는 심지어 동일성을 가진다고 한다면, 현상의 배후에 어떤 초시간적인 본체 비슷한 것이 있어야 할 것처럼, 그런 본체가 시간 속에서 표상된 결과로 나타나는 현상들을 우리가 감각하는 것처럼 생각할 수 있다. 그러나 그런 본체는 실물일 수 없고 단지 관념이라는 것이 칸트의 선험적 관념론이다.

하지만 칸트처럼 본체를 실물이 아니라 관념이라고 보더라도, 계몽적 지식에 대한 과장된 기대가 생기는 경향을 방지하지는 못한다. 우리가 감각할 수 있는 현상 배후에 어떤 불변적이고 초시간적인 법칙이 있고, 그 법칙을 알면 시간 속에서 현상들이 어떻게 작동하는지 예측할 수 있다는 입장은 칸트의 관념론과 전혀 모순되지 않는다. 칸트는 단순한 경험에 근거해서는 지식을 얻을 수 없다고 보면서, 선천적인 개념과 거기에 대응하는 직관이 선험적으로 결합될 필요를 강조했다. 더군다나 칸트는 도덕이 인류에게 이른바 "정언명령定言命令, categorical imperative"이라는 것을 부과한다고 하면서, 나아가 "네가 현재 행동하는 방식이 보편적으로 준수되는 세상을 네가 의지하는 경우에만 그렇게 행동하라", "인간을 목적으로 다루어라", "모든 합리적인 존재의 이상적인 의지는 보편적인 법칙을 제정하려는 의지"라는 등을 정언명령의 실례라고 제안하기까지 했다.

요컨대 칸트의 선험적 관념론은 자연계에 관한 지식에서나 도덕에 관한 지식에서나 계몽과 무지의 구분이 적용될 수 있다는 듯한 인상을 남긴다.[32] 선험이란 경험에 앞선다는 뜻이다. 이는 transcendental의 번역어로서 나무랄 데 없다. 경험해보지 않고도 알 수 있는 일, 경험할 수는 없지만 알 수 있는 일들을 가리키기 위해 칸트가 그 단어를 사용했기 때문이다. 그런데 "경험해보지 않고도 알 수 있는 일"이 어떤 일인지 좀 찬찬히 따져보자.

일상어로 말할 때, "보지 않고도 알 수 있는" 일들은 실로 적지 않다. 이 글을 쓰고 있는 지금 오후 네 시일 뿐인데 하늘은 먹구름으로 덮여 비가 오면서 어둡지만, 저 구름 위에 태양이 있다는 사실을 나는 보지 않아도 안다(A). 나는 360자릿수의 수 360개를 곱하는 계산을 한 번도 해보지 않았고, 누가 그런 계산을 실제로 해봤다는 얘기조차 들어본 적이 없지만, 그런 곱셈 계산도 기어이 하려면 할 수 있고, 정답은 하나만이 있어야 한다는 사실도 보지 않고 안다(B). 나는 심지어 북한의 핵개발은 미국과 수교를 간청하는 북한식 접근법이므로 남한은 교류와 협력을 확대함으로써 자유세계의 선의를 북한 정권과 주민

---

32) 칸트의 인식론은 『순수이성비판』과 『미래의 형이상학을 위한 서설』, 도덕철학은 『실천이성비판』 및 『윤리형이상학의 정초』를 보라. 이 글에서 제시한 해석은 기본적으로 *The Stanford Encyclopedia of Philosophy*(Fall 2008 Edition, Edward N. Zalta ed.)의 "Kant"에 관한 기사들에 근거하고 있다. 특히 Michelle Grier, "Kant's Critique of Metaphysics"(URL=⟨http : //plato.stanford.edu/archives/fall2008/entries/kant-metaphysics/⟩; Robert Johnson, "Kant's Moral Philosophy"(URL=⟨http : //plato.stanford.edu/archives/fall2008/entries/kant-moral/⟩; Graciela de Pierris and Michael Friedman, "Kant and Hume on Causality"(URL=⟨http : //plato.stanford.edu/archives/fall2008/entries/kant-hume-causality/⟩)를 보라.

에게 감화시키는 것이 최선이라는 사실도 보지 않고 안다(C). 그리고 이와 같이 "보지 않고 알 수 있는 경우"들이 있다는 관찰에만 근거해서, 지식이라는 것이 경험만으로는 얻어질 수 없고 어떤 특별한 선험적인 권능이 필요하다는 결론을 끌어내는 생각이 상당한 간과와 착각의 소산이라는 사실도 나는 눈으로 보지 않고 안다(D).

하지만 경험주의 과학을 조금이라도 익힌 사람이라면, 방금 내가 "보지 않고도 안다"고 말한 사례들 가운데 A와 B는 내 앎을 인정하겠지만, C와 D는 개인적인 희망 또는 입장을 내가 "안다"고 착각한 결과라고 교정해줄 필요를 느낄 것이다. 나는 위에 든 사례에서 일상어로 "안다"는 표현을 사용해도 아무 문제가 없다고 보는 동시에, "안다"는 단어를 훨씬 엄격하게 사용해야 한다는 경험주의 어법도 언제든 승인할 용의가 있다. 단, A와 B는 "앎"의 사례이고, C와 D는 확률적 추측 또는 주장의 사례라고 구분해야 한다면, 바로 그 지점에서 음미할 중요한 점이 있다.

칸트가 선험적이라는 형용사를 가지고 지칭하려고 했던 속성은 이른바 선천적 종합명제의 가능성이었다. 선천적a priori이란 사태의 추이를 지켜봐야 할 필요가 없이 세계의 본질적 법칙 또는 논리적 법칙으로부터 도출되는 필연적인 결론을 가리킨다. 이는 후천적a posteriori과 대조된다. 종합명제synthetic proposition란 세계의 실상에 관한 정보를 담고 있는 명제, 다시 말해서 단어의 정의에서 논리적인 추론만으로는 얻을 수 없는 정보를 추가적으로 알려주는 명제를 가리킨다. 종합명제는 분석명제analytic proposition와 대조된다. 분석명제란 "총각은 결혼하지 않았다" 또는 "삼각형은 세 선분으로 이뤄진다"처럼, 단어의 뜻 또는 주어의 본질적인 속성으로부터 도출되는 귀결을 진술하는 명제를 가리킨다.

분석명제에서 술어는 주어의 속성으로부터 논리적으로 연역되는 결론이다. 분석명제는 따라서 주어의 속성을 제대로 파악했다면 언제나 필연적으로 참이고, 그렇지 못했다면 언제나 필연적으로 거짓이 된다. 이때 예컨대 "총각"의 속성을 알기 위해 세상의 모든 총각을 다 만나서 관찰해봐야 하는 것은 아니다. 그러므로 분석명제는 선천적인 특징을 가진다. 반면에 종합명제는 "태양이 지구의 모든 물체의 열의 원천이다"처럼 태양이라는 주어의 속성을 분석하기만 했을 때 나오는 내용보다 뭔가 추가적인 내용을 가지는 것처럼 보이는 명제를 말한다. 그런데 "미국의 초대 대통령은 조지 워싱턴이다", "경제가 일정 수준 이상으로 발전하면 민주주의가 정착되는 경향이 있다" 따위는 언급되는 사람 또는 사례들을 관찰해야 옳은지 그른지를 확인할 수 있는 종합명제다. 즉, 후천적 종합명제다. 그런데 "태양이 열의 원천이다"는 후천적이라고만은 보기가 어려운 것 같다. 왜냐하면 돌멩이에 해가 비치는 것은 감각할 수 있는 현상이지만, "열의 원천"이란 감각할 수 있는 성질이 아니기 때문이다. 따라서 "태양이 열의 원천"이라는 명제는 햇볕을 받은 돌멩이들이 따뜻해진다는 감각경험들로부터 구성되기 때문에 종합명제지만, 원인이라는 것이 무엇인지를 꿰뚫어볼 수 있는 우리의 선천적인 권능에 힘입어 필연적이고 보편타당한 참명제로 되기 때문에 선천적 종합명제라고 칸트는 생각했다. 그리고 이런 선천적 종합명제를 구성할 수 있는 방법을 선험적 변증법이라고 불렀다.

"태양이 열의 원천"이라는 문장은 잠시 미뤄두고, 다시 위의 사례 A를 보자. 칸트식으로 말하면, "먹구름 위에 태양이 있다"는 문장도 선천적 종합명제가 될 수 있을 것 같다. 저 먹구름 위에 태양이 있다는 사실은 군이 확인해볼 필요가 없이 너무나 당연하기 때문에 선천적이며, 그렇지만 이 명제는 주어와 술어 사이의 논리적 관계만을 말하는 것은 아니고 외부세계에 관해 어떤 정보를 담고 있기 때문에 종합적이라고 봐야 할 것 같다. 반면에 사례 B는 곱셈에서 승수의 크기나 수가 증가한다고 해서 정답이 오로지 하나일 수밖에 없다는 사실이 달라질 리 없기 때문에 단순한 분석명제라고 볼 수 있다. 이와 달리 C와 D는 명제라기보다는 가설 또는 주장이다. C는 종합명제의 틀을 본뜬 가설이고, D는 분석과 종합을 섞어서 만든 주장이 될 것이다.

그런데 명제의 종류를 이런 식으로 분류하는 교과서적 논리학에서는 되물어볼 필요가 없이 명확한 판단이 발생하는 실생활의 다양한 맥락을 편평하게 다림질해서 "필연적으로 옳다"는 논리학적 의미로 끼워 맞추는 오류를 저지르면서도 전혀 그런 사실을 깨닫지 못한다. 먹구름 위에 태양이 있는지 없는지 확인해야 할 상황이란 적어도 우리의 일상적인 관념 안에서는 거의 상상하기 어렵다. 하지만 앞에서(제3부 제4장) 예시한 루이스 캐럴의 우화에 나오는 거북이처럼, 기어이 지금 저 구름 위에 태양이 있음을 확인해야 "먹구름 위에 태양이 있다"는 명제가 참임을 받아들이겠다고 고집하는 사람이 있다면 어떨까? 비행기나 로켓을 동원해서 보여주는 것으로 끝나지 않는다. 올라가서 구름 위의 태양을 볼 때는 인정했다가, 구름 아래로 내려오는 순간 다시 확인되지 않는 한 받아들이지 않겠다고 할 테니까!

다시 말해, "먹구름 위에 태양이 있다"는 우리가 실생활에서 상상할 수 있는 범위 안에서는 확인할 필요가 없이 당연한 명제인 것까지는 맞다. 이런 경우 보통 당연하기 때문에 확인할 필요가 없다고 말하지만, 사실은 확인할 필요가 없기 때문에 당연하다고 여기는 것이라고 말해도 전혀 틀리지 않은 것이다. 확인할 필요가 없기 때문에 당연하다고 여기는 것이라고 보면 상당히 다른 그림이 나타난다. 확인할 필요가 생긴다면 그때부터 당연하지 않은 것이 된다는 함축이 따르기 때문이다. 동시에 이런 종류의 명제들의 형태적 성격을 파악하는 데에 선천/후천, 분석/종합 따위 구분 말고 다른 차원들을 고려하는 것도 도움이 될 수 있다는 점에까지 시선의 폭이 넓어질 수 있다.

코페르니쿠스와 뉴턴이 그려준 태양의 이미지가 너무나 강렬하기 때문에 여전히 대부분의 독자에게는 "먹구름 위에 태양이 있다"는 명제의 진위를 확인할 필요가 도대체 어떻게 생길 수가 있을지 매우 의아할 것이다. 그런 것을 확인해봐야 믿겠다고 우기는 사람은 비정상이 아니겠느냐고 생각될 것이다. 그렇다면 "86+7=93"과 같은 명제의 경우는 어떤가? 실제로 이런 수준의 초급산수를 초등학교에서 얼마나 자주 확인하고 검산하는가?! 회계사 사무실이나 슈퍼마켓 계산대에서 이런 명제를 얼마나 자주 확인하고 검산하는지를 생각해보면, 적어도 확인할 필요가 생길 수 있다는 점은 이해할 것이다.

이런 주제들에 관해서 논의할 때, 철학자 또는 일반적으로 모든 학자들이 저지르기 쉬운 착오가 하나 있다. 어떤 명제의 확실성 여부가 판단되는 지평도 자체로 다양하고, 그 진위를 확인해봐야 할 필요가 발생하는 지평도 대단히 다양하며, 명제의 확실성 여부와 진위를 확인해봐야 할 필요의 유무 사이의 관계도 무척이나 다양할 수 있다는 사실을 간과하는 착오다. "86+7=93"이 얼마나 확실한지는 사람에 따라 다르다. 그렇지만 불확실하게 느끼는 사람이라고 해서 모두 당장 계산기를 두드려 확인해보자고 나서는 것도 아니고, 확실하다고 느끼는 사람이라고 해서 확인할 필요가 없다고 버티는 것만도 아니다. 젊은 시절에 남달리 정확하던 모친이 나이 들어 간단한 산수도 틀린 경우였다면, 모친이 그런 상태인지를 모르고 논쟁을 시작했다가도, 계산기로 정답을 확인하지 않고 모친의 불확실한 정신을 그대로 두는 편을 택할 사람이 세상에는 훨씬 많을 것이다. 반면에 아홉 살 어린이를 가르치는 교사의 입장이라면, 이 정도 산수의 정답을 확인하는 일이 너무나 번거롭고 귀찮을지라도, 학생에게 알려주기 위해 계산과정의 모든 단계를 일일이 확인해야 할 필요가 당연히 있다.

확인할 필요가 없다는 것은 곧 이런지 저런지가 확립되어 있고, 기존에 확립된 사항을 굳이 재검토할 이유가 없는 상태를 가리킨다. 이런 필요나 이유에 대해서는, 문제될 수 있는 쟁점이 선천적이든 후천적이든, 분석적이든 종합적이든 상관이 없다. 단, 확립되어 있던 사항으로부터 당연히 파생되는 결론이라면 추가적인 조사가 필요 없는 것처럼 여겨지는 것이다. 즉, 태양이 구름 위에 있다는 사실은 우리가 학교에서 배우고 평소에 알고 있던 태양계의 모습으로부터 당연히 파생되는 결론이므로 선천적인 것처럼 여겨지는 것이다. 마찬가지로, 360자릿수의 수 360개를 곱하는 계산에서 정답이 반드시 하나 있고 오직 하나만 있을 수밖에 없다는 사실 역시, 우리가 배워 알고 있던 산수의 원리로부터 논리적으로 파생되는 결론이다. 따라서 그런 논리적 결론을 받아들이는 한, 이런 명제의 진위는 경험적인 검증이 필요 없는 사항, 즉 선험적인 일이 된다.

하지만 그와 같은 논리적 결론이 정말로 맞는지 한번 시험 삼아 확인해보기 위해, 또는 사람들의 행태가 논리적 결론과 얼마나 부합하는지를 한번 재보기 위해 확인을 시도하기로 하면, 그런 차원의 확인은 그야말로 경험적인 문제가 된다. 구름 위에 태양이 정말로 있는지 확인하는 일을 한번 실제로 상상해보라. 만 미터 이상을 올라가는 비행기와 그 비행기가 언제든 날 수 있도록 활주로를 확보하고 있지 못한 보통사람이라면, 사실 구름 위에 태양이 정말로 있는지를 확인하고 싶은 바로 그 시점에서 자기 눈으로 확인한다는 것이 어려운 정도를 지나 불가능에 가까울 것이다. 따라서 "구름 위의 태양"을 확인한다는 최종적인 목표와 상관없이, 실제로 확인할 수 있는 형편을 조성하기까지만 해도 한 개인으로서는 대단히 많은 것을 느끼고 배우고 성취하는 과정이 된다. 다시 말해, 명제의 진위 확인이라는 주목표가 아무리 무의미하다고 할지라도, 경험적으로 "구름 위의 태양"을 확인하는 작업은 부수적인 효과가 꽤나 많은 일이며, 그만큼 나름대로 가치는 충분한 일이 되는 것이다.

360자릿수의 수 360개를 곱하는 계산 역시 경험적인 차원의 주제로 접근한다면 충분히 가치 있는 일이 된다. 우선 360자릿수의 수 360개는 실제로 실험하기에 너무 크고 많으므로, 그 전에 파일럿 연구로 36자릿수의 수 10개만 곱하는 계산을 해볼 수 있다. 예컨대 어떤 고등학교에서 산수 잘하는 학생 열 명, 산수계산을 특별히 두려워하지는 않는 일반인 열 명, 수학교수나 주산의 귀재 등 전국에서 선별한 산수천재 열 명, 그리고 산수는 잘 못하지만 계산기 두드리는 데는 익숙한 슈퍼마켓 점원 열 명 등을 표본으로 36자릿수의 수 10개를 곱하는 실험을 해볼 수 있다(B1). 각 그룹별로 답이 일치하는 정도가 얼마인지, 그룹 사이에는 답들이 비슷한 정도가 얼마인지를 비교해볼 수 있다. 계산기라고 해봤자 유효숫자를 수백 자리 표시하지는 않기 때문에, 이런 정도의 계산만 해도 인류의 역사에서 미리 확립되어 있는 정답은 일찍이 없다! 이런 실험을 통해 "모든 곱셈에는 정답이 오직 하나 존재해야 한다"는 우리의 선념先念, precept이 실제 상황에서 당황스러운 결과와 대조되는 경험을 할 수가 있을 것이다. 그 결과, 36자릿수의 수 10개가 그럴진대, 하물며 360자릿수의 수 360개라면 어떨지를 선험적으로 상상해볼 수 있다.

제2절 "필연성이란 오로지 논리적 필연성뿐이다"

지금 오후 네 시, 해가 질 시간은 아닌데 하늘에 구름이 짙어서 태양이 안 보인다. 먹구름 위에는 태양이 있을까? 이런 질문에 "태양이 있다"고 답해야 하는가, 아니면 "태양이 있을 수밖에 없다"고 답해야 하는가? 다시 말해서, "태양은 먹구름 위에 있는데 가려서 안 보일 뿐"이라는 대답은 현재 진행중인 사실에 대한 목격자의 진술인가, 아니면 지금까지 알고 있던 전제들로부터 추론되는 논리적 결론인가?

아이가 학교에서 돌아와 자기 방으로 들어간다. "벽에 가려서 보이지는 않지만 저 방 안에는 아이가 있다"는 명제는 사실에 관한 진술이다. 얼핏 보면 "먹구름 위에 태양이 있다"는 명제도 똑같이 사실에 관한 진술인 것처럼 보인다. 그러나 "벽 뒤에 아이가 있다"는 명제는 시간 안에 있는 반면에 "먹구름 위에 태양이 있다"는 명제는 시간 밖에 있다는 점에서 크게 다르다. 방에 가보니 아이가 없다면 화장실에 갔거나 어느새 밖에 나갔거니 여기고, 급하게 찾을 일이 있다면 친구 집에 전화를 해본다든지, 집 밖의 갔을 만한 데를 찾는다든지 등으로 반응한다. 하지만 먹구름 위에 가봤더니 태양이 없는 경우는 생각할 수조차 없다. 태양은 어디 놀러 가거나 누가 집어가서 있어야 할 자리에 없을 수도 있는 물건이 아니기 때문이다.

칸트나 뉴턴은 물론이고 호메로스나 공자의 시대에도 구름 위에 태양이 있다는 사실은 알고 있었다. 하지만 호메로스는 물론이고 칸트도 구름 위의 태양을 확인한 다음 그 사실을 알게 된 것은 아니다. 그 명제는 특정 시점에서 구름 위에 태양이 있는지 없는지를 말하는 것이 아니라, 태양과 구름 사이의 초시간적인 관계를 말하고 있는 것이다. 그렇지만 이는 물론 일차적으로 물리적 세계에 관한 진술이지 논리에 관한 진술은 아니다. 하지만 물리적 세계에 관한 진술이면서도, 특정 시점에서 태양과 구름이 어떤 관계에 있는지를 말하는 것이 아니라 모름지기 태양과 구름 사이에 있어야 할 관계, 있을 수밖에 없는 관계를 말한다.

비트겐슈타인은 이렇게 말했다. "하나의 일이 일어났기 때문에 다른 일이 일어나야 할 필연성은 없다. 필연성이란 오로지 논리적 필연성뿐이다."[33] 먹구름 위에 태양이 있어야 하는 필연성도 따라서 논리적 필연성이라는 말이 된다. 여기서 논리란 태양은 날마다 변함없이 떴다가 진다, 구름은 태양보다 낮은 곳에 생긴다 따위, 물리적 세계의 기본 생김새에 관한 이치를 가리킨다. "논리는 거울에 비친 세계의 모습이다."[34] 지금 저 구름 위에 실제로 태양이 있는지, 그 태양의 모습이 어떠하며, 얼마나 높이 올라가야 구름을 뚫고 태양을 볼 수 있을지 등은 모두 실제로 해봐야 알 수 있는 일이 된다. 반면에 저 먹구름 위에 태양이 있다는 사실은 우리가 알고 있는 세계의 모습으로부터 필연적으로 도출되는 결론이다. 태양이라는 대상과 구름이라는 대상이 세계의 일부로서 각자 위치를 가지고 움직이는 관계를 전제하면, 먹구름에 가려서 안 보일 뿐 그 위에 태양이 있다는 결론은 그 전제에서 논리적으로 도출되는 필연인 것이다.

비트겐슈타인은 이런 경우에 작용하는 논리를 논리적 문법 또는 그냥 문법이라고도 불렀고, 패러다임paradigm[35]이라고도 불렀다. 앞 절에

---

33) *Tractatus Logico-Philosophicus*, 6.37.
34) *Tractatus Logico-Philosophicus*, 6.13.
35) 영어에서 paradigm이란 라틴어, 그리스어, 프랑스어, 독일어 등에서, 동사나 명사의 어미가 변화하는 패턴을 정리한 표를 가리키는 문법용어로서, 15세기부터 사용된 용례가 확인된다. 한국에서는 흔히 패러다임이라는 용어 자체로부터 토마스 쿤의 『과학혁명의 구조』를 연상하는 경향이 있는데, 쿤에게 귀속시킬 수 있는 발상은 과학혁명을 패러다임 전환(paradime shift)으로 볼 수 있다는 관점이지 패러다임이라는 용어 자체는 아니다.

서 예시한 사례들을 가지고 좀더 따져보자. "360자릿수의 수 360개를 곱하면 정답이 하나"라는 명제는 수와 곱셈의 본질적인 속성으로부터 분석적으로 도출되는 결론이다. 하지만 여기에는 외부세계의 성격에 관한 정보가 담겨 있지 않은 것 같다. 그렇지만 태양과 구름의 속성은 물리적 세계의 성격이지만 곱셈의 속성은 그렇지 않다고 치더라도, 그 차이 때문에 명제 A는 종합적이 되고 명제 B는 분석적이 되지는 않는다. 우리가 자라면서 어떤 시점에서 태양과 구름의 관계나 곱셈에 관해 듣고 배운 결과라고 보면 둘 다 후천적인 지식이다. 그리고 그 지식이 일단 내면에 하나의 패러다임으로서 확립된 다음에, 그것을 아직 잘 모르는 어린아이가 "오늘은 왜 해가 없어요?"랄지, "얼마나 큰 수까지 곱할 수 있어요?" 따위를 물어온다면, 그 패러다임에 근거해서 논리적으로 도출되는 답을 말해줄 수 있게 된다. 선천적 종합명제가 어떻게 가능한지에 관한 의문은 기본적으로 이 두 맥락의 차이를 같은 지평에 섞어버리기 때문에 발생하는 것이다.

　명제 A와 명제 B는 뭔가 선천적 필연성 같은 것을 공유한다. "오늘은 왜 해가 없어요?" 또는 "얼마나 큰 수까지 곱할 수 있어요?"라고 묻는 아이에게 세계와 곱셈의 본질에 관해 대답하는 지평이란 우리가 이미 습득한 패러다임에 곁들여, 그 패러다임을 우리가 당연한 진리로 여기고 의심하지 않는다는 심리적 자세를 함께 전수해주는 지평이다. 즉, 그런 명제에서 우리가 느끼는 선천적 필연성은 곧 우리가 그것에 대해 의심하지 않는다는 사실의 반영이며, 또 의심을 하고 말고 할 여지 자체가 없다는 논리적 필연성의 반영인 것이다.

내가 논의하는 내용에서 쿤을 읽으며 배운 점이 적지는 않지만, 논리적 문법으로서 패러다임이 우리의 사고에서 작용하는 양상에 관한 깨우침은 비트겐슈타인에게 받은 도움이 훨씬 크다.

그러나 이러한 논리적 필연성의 요소가 여기에 있다고 해서 경험을 통한 확인의 필요가 원천적으로 배제되지는 않는다. 세 살짜리 아이에게 "저 먹구름 위에는 태양이 밝게 빛나고 있단다."라고 말해줄 때, 아이가 "올라가서 한번 보고 싶어요."라고 대답할 수 있다. 대개는 "나중에 볼 수 있다"고 일축하겠지만, 실제로 아이에게 해를 보여주기 위해서는 항공편을 예약하고 공항으로 가서 비행기를 타고, 승무원의 지시를 따라야 하며 해가 보이는 쪽 창문으로 내다봐야 하는 등 수많은 우연적인 요소들이 우호적인 방향으로 작용해야 한다. 중간에 하나라도 틀어지면 경험적인 확인이 안 되는 것이다. 곱셈 계산의 경우 역시 360자릿수의 수 360개는 고사하고 36자릿수의 수 10개만 곱하더라도, 모든 자릿수를 다 계산한다는 것은 현실적으로는 불가능에 가깝다. 누가 그런 계산을 실제로 해보기 위해 인생의 한 뭉텅이를 투자한다면, 한 번만 하는 편이 좋을 것이다. 두 번 했다가는 답이 다르게 나와 좌절할 확률이 대단히 높기 때문이다. 물론 그럴 때 "계산 실수 때문"이라고 패러다임에 입각한 설명이 가능하지만, 여전히 그중에 어느 것이 "하나만 있어야 할 정답"인지가 패러다임에 의해 미리 정해지는 것은 아니다. "정답이 하나 있어야 한다"는 논리적 필연성과 별도로, 실제 정답이 무엇인지는 실제 정답을 구해봐야 알 수 있는 일이다.

정책이나 체제의 결과에 관한 선견지명이 얼마나 가능한지를 논의하려다 보니 과학철학이나 인식론의 쟁점을 약간이나마 정리할 필요가 있었다. 지금까지 논의를 토대로 일상생활에서 지식의 패러다임 덕분에 미래의 결과를 어느 정도로 예측할 수 있을지 살펴보기로 하자. 여기서는 자연계에 관한 지식이라고 일컬을 수 있는 영역과 사회생활에 관한 지식이라고 일컬을 수 있는 영역을 구분해서 생각할 필요가 있다.

일례로 "사과나무는 사과씨에서 자란다"는 명제는 식물, 즉 자연계에 관한 패러다임적인 지식이다. 그러나 내가 구해서 심은 씨에서 사과나무가 자랄지 안 자랄지는 실제로 해봐야 알 수 있는 일이다. 만약 사과나무가 자라나 사과가 열리기 시작한다면, 내가 심은 씨는 사과씨였던 것이 틀림없다. 하지만 만약 나무가 애당초 자라지 못하고 중간에 죽어버린다면 어떤가? 씨가 원래 썩었을 수도 있고, 토양이 원래 맞지 않았을 수도 있으며, 중간에 내가 충분한 섭생을 제공하지 못한 탓일 수도 있다. 그렇기 때문에, 사과씨라고 믿고 심었는데 사과나무가 자라지 않았다고 해도 여전히 "사과나무는 사과씨에서 자란다"는 명제는 항상 옳은 패러다임으로 유지되는 것이다.

그런데 만약 사과씨라고 믿고 심었는데 배나무가 자라서 배가 열린다면 어떨까? 이 경우라도 우리는 결코 "사과씨에서 배나무가 열릴 수도 있다"고는 말하지 않고 "사과씨인 줄 알았는데 배씨였던 모양"이라고 말한다. 종묘상에서 포장을 잘못했거나, 도중에 내가 섞었거나, 아니면 씨를 심은 그 자리에 우연히 배씨가 있다가 그놈이 자라나고 내가 심은 사과씨는 중간에 죽어버렸거나, 기타 등등 우연적인 변수를 통한 설명은 무한히 가능하다. 물론 여기에는 빈도가 대단히 크게 작용한다. 한두 번 있고 마는 일이라면 중간에 무슨 변수가 끼어들었겠거니 치부하고 그냥 넘어간다. 그러나 자꾸만 반복된다면 뭔가 본격적인 설명을 찾아야 할 것이다. 어쨌든 이런 모든 일들의 귀결은 "사과나무는 사과씨에서 자란다"는 패러다임과 상관이 없는 경험세계의 지평에서 발생하며, 그런 일들의 귀결은 패러다임이 아무리 명확하게 확정되어 있더라도 예측할 수 있는 일이 아니다.

이런 지적들은 근대과학의 업적을 부인하려는 것이 아니고, 과학의 업적이 선험적인 통찰력의 소산이라기보다는 실험과 실습 등 경험을 통해 발전한 결과임을 강조하려는 것이다. 다시 말해 수많은 시행과 착오를 거쳐서 주어진 문제를 해결할 길을 찾아낸 결과가 오늘날 우리가 살고 있는 문명인 것이다. "사과나무는 사과씨에서 자란다"는 패러다임은 논리적 필연성을 담고 있기 때문에, 눈앞에 있는 저 씨를 심으면 사과가 열리게 될지에 관해서는 전혀 도움을 주지 못한다. 실천의 목적에 필요한 지식은 어떤 씨앗을 어떻게 심어 어떻게 기르면 어떤 열매가 맺히느냐는 차원의 지식이다. 그리고 이 차원의 지식은 모두 오로지 실제로 시도해보고 결과를 살피는 방식으로만, 아울러 많은 예외적 변수와 불확실성을 감내해야 하는 조건이 수반되는 위에서만 얻어질 수 있다.

사회현상에 대해서는 과학적 예측이라는 것이 적용되기가 더욱 본질적으로 어렵다. "사과나무는 사과씨에서 자란다"는 패러다임을 실제 실천에 응용하려면, 사과씨를 "제대로" 골라서 "제대로" 심어 가꿔야 사과나무가 자란다는 실제적인 조건이 첨가되어야 한다. 즉, 우연적 변수들을 통제할 수 있어야 패러다임에 의해서 기대되는 결과가 나올 수 있다. 자연계의 영역에서는 그러한 우연적 변수들을 상당한 정도까지 통제할 수 있다. 종자의 분류와 검사, 토양관리, 비료나 채광 따위 재배방법 등이 다 자연계에 속하는 일들이기 때문에, 시행해보고 착오를 교정한다고 하는 기본적으로 동일한 경험과학의 절차를 통해 노하우를 찾아낼 수 있기 때문이다. 하지만 사회현상이란 대개 사람들의 가치, 의식, 소원, 원한 등으로 이루어지기 때문에, 그러한 현상들로부터 어떤 규칙성을 찾아내는 순간 바로 그 사람들이 이렇게 발견된 규칙성에 대해 반응함으로써, 결국 처음 찾아낸 규칙성이 더는 규칙일 수 없게 되는 것이다.

제3절 도덕적 선험주의

 지금까지의 논의는 제3부에서 제기한 합리성의 두 층위와 긴밀한 관계가 있다. 문명사회에서 복수의 정책대안 사이의 선택은 내용상 우열이 명확하다면 그쪽을 택하면 되겠지만, 그렇지 못할 때에는 소통의 깊이와 폭을 증진하는 편이 올바르다는 점을 함축한다. 그런데 나의 이런 주장은 얼핏 보면, 예컨대 미국 쇠고기 수입이나 경부대운하 등의 시책에 대해, "정책의 내용도 내용이지만, 추진하는 과정이 더 문제"라는 입장에서 정부를 비판하는 시각과 비슷해 보일 수 있다. 그러나 이런 식의 말을 들을 때에는 "무엇"보다 "어떻게"가 더 중요하다는 진지한 (철학적) 입장의 천명인지, 아니면 단순히 내용에 대한 반대의사를 두루뭉수리로 표현하는 편의주의거나 아니면 단지 여론에 영합하는 기회주의적인 수사인지를 분별할 필요가 있다.

 단적으로 박근혜 같은 사람이 즐겨 쓰는 화법이 후자의 전형에 해당하는데, 만약 내용보다 소통이 더 중요하다는 입장이라면 예컨대 다음과 같은 일에 대해서도 일관된 반응을 보여야 마땅할 것이다 – 용산참사의 원인은 경찰의 과잉진압 때문이다 ; 용산참사 재판에서 검찰이 수사기록 공개를 거부한다는 것은 스스로 공소의 명분을 파괴하는 짓이다 ; 신영철 대법관은 한나라당이 앞장서서 위증을 고발하고 아울러 탄핵소추를 서둘러야 한다 ; 집회와 시위의 자유를 원천적으로 부인하는 경찰의 원천봉쇄는 사회를 갈수록 분열시킬 뿐이다 ; 이종걸 의원과 이정희 의원에게 10억 원 손해배상을 청구하는 〈조선일보〉의 행태는 공론장을 난장판으로 만드는 반사회적인 범죄행위이다 ; 미디어법 개정 과정의 절차적 하자는 법의 권위를 심각하게 훼손하는 국가문란 행위이므로 마땅히 재논의를 서둘러야 한다. 이런 문제들에 일관된 입장을 보이지 못한다면, 내용보다 소통을 중시하는 신념의 표현일 수는 없고 단지 일시적인 편의나 기회를 위한 수사일 뿐이다.

그렇지만 편의나 기회를 위한 수사라고 할지라도, 일단 "과정이 중요하나"는 식으로 표현되고 있다는 사실은 적어도 과정의 중요성을 인지한 결과임에 틀림없다. 일반적인 원칙으로서 절차, 과정, 소통의 중요성을 부인할 사람은 별로 없겠지만, 그로부터 파생할 수 있는 수많은 쟁점들에 관해 충분히 숙고해보고 그 주변에서 제기될 수 있는 여러 가지 질문들에 대해 어떻게 대응해야 할지 정리할 필요는 있다. 따라서 "내용보다 소통"이라는 내 입장을 좀더 뚜렷하게 제시할 필요가 있다. 이번에는 도덕의 문제를 논의함으로써 선험주의가 왜 소통을 가로막는지, 그럼으로써 어떻게 도덕을 또한 훼방하게 되는지 보이고자 한다.

칸트 이래 선험적이라는 단어에 매력을 느낀 사람들은 다수결이라는 양적 절차에 부족함을 느끼고 "마음의 결혼marriage of the minds"과 같은 영적 교감의 여지를 추구해온 사람들이다. 칸트, 나아가 헤겔의 강력한 영향 아래 성장한 독일의 하버마스나 아펠은 물론이고, 영미의 계약론과 공리주의의 전통을 물려받은 롤스조차도 단순한 다수결만으로는 뭔가 핵심이 빠진다고 느꼈다. 이들의 관점에서 본다면 선험성이야말로 소통되는 알맹이에 해당하는 것이기 때문에, "선험주의가 소통을 가로막는다"고 말한다면 일견 부당하기 짝이 없다고 느낄 것이다.

도덕에 관해 선험적인 소통을 강조해야 할 필요를 느낀다는 것은 곧 도덕의 원칙이 어떻게든 수렴되어야 한다고 느낀다는 말과 같다. 예컨대 칸트가 "인간을 수단으로 다루지 말고 목적으로 다루어라"라는 등의 격률을 소위 정언명령의 예로 제시한 바탕에는, 선험적인 소통을 통해 모든 사람이 그것을 절대적인 도덕기준으로 받아들일 것이라는 기대 또는 예상 또는 주장이 깔려 있다. 그러나 칭기즈 칸, 연산군, 나폴레옹, 히틀러, 닉슨, 전두환 등까지는 거론할 필요도 없이, 유영철이나 강호순 따위의 연쇄살인범들이 "인간을 목적으로 다뤄야한다"는 격률에 동의할 것 같지는 않다. 말로만 동의하고 행동은 딴판이라면, 단순히 "정언명령"이라는 문구의 뜻을 모른다는 증거밖에되지 않는다.

이런 사람들은 워낙 예외적이므로 논외로 치더라도 문제는 끝나지않는다. 연쇄살인범이 신출귀몰해서 잡지 못한다면 할 수 없겠지만, 잡은 다음에 처벌하지 않을 수는 없다. 대개 사형 또는 적어도 10년이상의 중형에 처하게 될 텐데, 이런 경우 우리는 그 범죄자를 수단으로 다루는 것인가 아니면 목적으로 다루는 것인가? 영어를 배우는 학생에게 교사는 수단일까 목적일까? 목숨이 경각에 달린 환자를 수술해야 한다고 해서 밤중에 병원으로 달려가는 의사가 중간에 교통사고현장을 지나치게 되어 또 다른 응급환자를 만나서, 이 사람을 돌보면저 사람이 죽고 저 사람에게 가면 이 사람이 죽는다고 할 때, "사람을목적으로 대한다"는 격률은 어떤 지침을 주는가?

이런 경우 선험적 정답의 가능성이란 이와 같은 경험세계의 갈등과변수들을 추상할 수 있는 가능성을 지향하는 모종의 갈망을 대변한다.그런데 도덕의 경우에는 각 개인이 이와 같은 상황에서 어떤 선택을내리는지가 곧 그 사람이 어떤 사람인지를 말해주는 특성을 가지기 때문에, 해결해야 할 문제는 있지만 거기에 정답이 있다고는 말할 수가없다. 허먼 멜빌의 소설 『빌리 버드』를 소재로 이를 살펴보자.

빌리 버드는 영국 해군의 흑인 수병으로 명랑하고 유능하고 씩씩한청년이다. 도무지 악의라고는 찾아볼 수 없는 인물이라 동료와 상관들이 모두 좋아하고 사랑한다. 반면에 군기담당 하사 클래거트는 심술과 시기로 가득 찬 인물로 빌리의 선의를 시기해서 어떻게든 빌리를 악에 빠뜨리고자 한다. 그리하여 엉뚱한 얘기들을 모아 빌리가 반란을 모의하고 다닌다고 함장 비어에게 모함한다. 함장이 두 사람을 불러 대질하는데, 하도 어이없는 헛소리에 기가 막힌 빌리는 말로는 한마디도 대꾸하지 못한 채, 격분하여 상대를 밀친 것이 그만 클래거트를 바닥에 쓰러뜨려 뇌진탕으로 죽게 만든다. 비어 함장은 클래거트가 모함했으리라 짐작하고 있었지만, 물증은 없었다. 클래거트가 죽어버렸으니 이제부터 빌리의 말만 듣고 모함이었다고 판정한다면 공정한 재판이 되지 못한다. 더구나 빌리가 상관인 클래거트를 죽음에 이르게 한 것은 자기가 목격한 사실이다.

당시는 전쟁중이었고, 얼마 전 다른 함정에서 선상반란 사건이 일어나기도 했다. 비어는 선한 사람을 보호해야 한다는 양심의 명령과, 하급자가 상관을 살해하고도 무죄로 방면된다면 군대의 기강이 무너진다는 직업상의 의무 사이에서 갈등한다. 장교들로 구성된 약식 재판에서 빌리를 상관살해죄로 처형해야 한다는 결정이 내려지고, 비어는 그 집행을 허락한다. 그는 그 후 어떤 전투에서 중상을 입고 숨을 거두는데, 임종 직전 병상에서 희미하게 "빌리 버드"를 부르는 소리를 간호병은 들을 수 있었다. 멜빌은 그 소리에 "회한의 색조가 묻어 있지 않았다"고 묘사한다.

비어가 봉착한 선택 상황에서 선험적 변증법을 따른다면 어떤 정답이 나올까? 여기서도 여전히 "선험적 정답은 오직 하나뿐이고, 그 하나의 정답은 존재한다"고 말할 수 있다. 그러나 그 정답이 무엇이냐는 질문에는 선험적 변증법이 도움이 되지 못한다. 왜냐하면 길동이와 꺽정이가 각각 무죄방면과 처형을 "선험적 변증법에 따른 정답"으로 찾앞다고 주장한다면, 선험적 변증법이라는 방법은 정답에 관한 견해차이를 해소하는 데 도움을 주는 것이 아니라, 정답에 관한 논쟁을 방법론에 관한 견해차이로 전이시켜서 오히려 쟁점을 흩뜨릴 뿐이기 때문이다.

더군다나 이런 상황에서 도덕의 문제란 단순히 어떤 길을 선택하느냐에만 결부되는 것이 아니다. 어떤 고민을 거쳐서 어떤 길을 선택했느냐에 더해, 그러한 자신의 선택에 대해 그가 어떤 식으로 반응하느냐는 차원도 지극히 도덕적인 문제가 된다. 멜빌은 비어 함장이 그 선택을 자신의 몸뚱이 일부로 담고 살다가, 죽을 때에야 빌리에 대한 미안함과 화해하는 것으로 그렸다. 비어의 선택에 동의할 수 없는 사람이라도, 비어가 고뇌를 거쳤다는 사실, 그리고 죽음에 이르러서야 자신과 화해할 정도로 그 일을 부담으로 간직했다는 사실에서 도덕성의 한 요소를 발견하지 못한다면 도덕에 대한 이해가 대단히 천박한 사람이다. 다시 말해 산수문제에서 정답만 찾으면 되듯, 도덕의 문제에서도 정답만 찾으면 되는 것으로 생각하면 오히려 도덕의 핵심요소에 관한 철저한 몰이해가 되고 만다.

멜빌은 소설에서 딱 한 군데에서만 자신의 모습을 드러내 메시지를 표명한다. "전투가 끝난 지 40년이 지나 거기서 싸우지도 않았던 사람으로서 그 전투가 어떻게 진행되었어야 했는지를 따지기는 쉬운 일이다. 눈앞을 가리는 포연 속에서 날아오는 총알 아래에서 몸소 전투를 행하는 일은 그것과 완전히 별개이다."[36] 도덕의 문제에서는 일인칭 당사자의 입장에서 보이는 그림과 제삼자 논평자의 입장에서 보이는

---

36) Herman Melvill, *Billy Budd and Other Tales*, Penguin, 1979, p. 71. 이 소설을 통해 선험주의 도덕관을 비판하는 논의는 이종은, 「민주시민의 덕성 : 그 지성적 토대에 관한 성찰」, 『한국정치학회보』 34 : 1, 115~133쪽을 참조할 만하다.

그림이 반드시 같지 않음을 명심하라는 경고다. 물론 언제나 그렇듯이 도덕의 문제에서도 당사자보다는 제삼자의 눈이 더 밝을 수도 있다. 그렇지만 주어진 선택을 위해 당사자가 부담할 수밖에 없는 실존적인 무게를 제삼자가 조금이라도 느껴보려고 노력하지 않는 상태에서 이루어지는 논의라면, "도덕"이라는 단어를 아무리 자주 사용하더라도 전형적으로 구경꾼의 심심풀이 잡담으로 전락하기 십상이다.

　누구나 인생을 사는 동안 수없는 기로를 만나는데, 그중에서 도덕적으로 의미심장한 기로는 거기서 어떤 선택을 내리느냐에 따라 그 사람이 어떤 사람인지가 구성되는 경우이다. 하지만 비어가 만난 것과 같은 기로에서 선택이 단순히 "빌리 버드를 처형하느냐"와 "방면하느냐"의 사이에서만 요구되는 것이 아니라는 데에 실존적인 무게가 있다. 처형한 다음에 져야 할 양심의 상처가 있고, 방면한 다음에는 그로 말미암아 병사들의 마음에 군기에 관해 어떤 인상이 새겨질지 모른다는 부담이 있다. 만약 빌리를 방면하게 된다면, 클래거트의 심성을 가진 병사가 빌리의 심성을 가진 상관을 "사고로 가장해서" 살해하는 일이 발생했을 때, 그런 오판을 조장했다는 도덕적 책임을 또한 면하기 어려울 것이다.

　나는 이것이 도덕의 첫 번째 가장 중요한 의의라고 생각한다. 이에 비해서, 징벌이나 예방 또는 선도나 교화 등등 사회규범의 의미는 도덕으로서는 부차적인 영역이며, 도덕의 문제로 다루기보다는 사회정책의 문제로 다루는 것이 논의를 정리하는 데에 도움이 된다고 믿는다. 물론 사회적 규범이라는 항목은 현실적으로 도덕과 쉽게 뒤섞인다. 살인, 방화, 강도, 거짓말, 뇌물, 모함, 전횡, 표절 등등 사회적으로 비난의 대상이 되고 때로 실정법으로 처벌대상이 되는 행위들은 부도덕하기 때문에 비난이나 처벌의 대상이 될 때가 많다. 그렇지만 "법은 도덕의 최소한"이라는 말 따위로 마치 사법과 도덕이 서로 연결되는 것이 당연하다고 생각하는 것은 오히려 도덕이나 사법 어느 쪽에도 도움이 되지 않는다.

왜냐하면 도덕은 본질적으로 문화와 관습의 소산으로서 다양한 반면에, 사법이란 사회를 문명한 상태로 유지하기 위한 질서로서 정합성을 추구해야 하기 때문이다. 도덕에서 요구될 수 있는 정합성은 기껏 키르케고르가 강조하는 것과 같은 개인적 차원의 통일된 영혼 정도인데, 그러한 가치는 어떻게 바라보더라도 경험적인 개인들에게 보편적으로 강제될 수 있는 성격이 아니라, 키르케고르와 같은 사람의 도덕적 정체를 구성하는 요소가 되는 것이다. 꺼삐딴 리와 같은 인물도 그 가변적인 처세로 말미암아 사람이 아닌 광물질이나 하등동물이 되는 것은 아니며, 우호적으로 바라보자면 처참한 시대를 절묘하게 살아남은 생존곡예의 귀재라고 할 수 있다. 선험적 변증법을 통해서 도덕의 최종 표준을 찾을 수 있다고 고집하는 사람들은 이처럼 다양한 인간군상의 도덕적 정체를 하나의 잣대로 서열화하기를 바라는 셈인데, 뒤집어 검토해보면 그런 서열화 자체에서 애당초 뭔가 비도덕적인 비린내가 풍기기 시작하는 것이다.

전근대사회는 대체로 도덕과 사법이 서로 엉켜 있었다. 종교와 정치가 서로 엉켜 있었기 때문이기도 하지만, 그보다는 마을공동체 단위로 획일적인 권력이 형성되어 있었기 때문이다. 18세기 프랑스나 미국에서 혁명이 일어나던 시대까지도, 러시아나 아시아의 경우에는 19세기 말까지도, 중앙정부란 전국의 인민을 포괄하는 공동체를 대변하기보다는 궁정을 중심으로 한 하나의 작은 마을에 해당했다. 이처럼 좁은 면대면 사회에서는 관습과 가치가 획일화되기 쉽다. 다른 곳에 사는 사람들은 어떻게 하는지 아랑곳하지 않아도 된다는 것은 곧 과거에 행했던 행동의 궤적들 사이의 일관성에도 크게 구애받지 않는다는 말과 통하기 때문이다. 그러나 외부 사회와 접촉면적이 넓어질수록, 그리하여 나와는 다른 형태와 종류의 생활방식들을 이해하는 정도가 높아질수록, 내가 추구하던 도덕이나 가치가 일단은 나에게 국한되는 것이라는 의미를 점점 깨닫지 않을 수 없다. 대한민국처럼 5천만에 가까운 인구로 구성되는 공동체는 천 명이나 2천 명 또는 만 명이나 2만 명으로 구성되는 마을공동체에 비해 도덕적인 다양성을 더 많이 허용할 수밖에 없는 것이다. 더구나 서양 등 다른 나라들의 관습에 노출되는 빈도가 증가하는 만큼, 허용되어야 할 다양성의 정도도 더 많아지기 마련이다.

따라서 이러한 다양성 사이에 세워져야 할 질서는 철저하게 세속적이고 인위적인 방식으로 이루어질 수밖에 없다. 앞 제3부에서 제일층위의 합리성들이 서로 경합하면 제이층위의 합리성이 필요하게 된다고 했던 것처럼, 제일층위의 매개되지 않은 도덕규범들이 서로 경합할 때 질서는 제이층위의 사법규범으로만 세워질 수 있다. 이때 사법규범이란 오직 사회적 평화의 유지에 초점을 맞춰야 한다. 그러지 않으면 바로 한쪽 도덕의 이름으로 다른 쪽 도덕을 침해하는 결과를 피할 수 없기 때문이다. 다양한 종교나 다양한 정치이념 사이의 갈등 내용을 파고들어 정오를 판정하는 방식으로는 해결할 수 없기 때문에, 상호 폭력의 행사를 방지하는 데에 사법의 목표가 맞춰져야 하는 것과 같은 이치이다. 물론 평화의 유지란 폭력의 행사뿐만 아니라, 어떤 침해를 통해 누가 폭력을 도발했느냐는 것도 당연히 핵심적으로 고려되어야 한다. 즉, 침해의 경계를 일관되게 설정해서 위반한 쪽을 처벌하는 데에 사법의 모든 존재이유가 있는 것이다. 이 경계는 선험적으로 그어지는 것이 아니라 사회적으로, 즉 사회적 결과를 저울질해서 그어져야 할 문제이다.

물론 자연계에 관한 지식이나 도덕의 영역에서 선험적 변증법에 의해 정답으로 의견이 수렴될 수 있다는 기대에 관해 내가 비판한 내용을 철학자나 도덕이론가들이 단번에 받아들일 리는 없다. 하지만 그들 중 누가 내 입장을 비판해오더라도 나로서 대답이 준비되어 있다는 사실도 분명하다. 즉, 이 지점에서 학자들 사이에서도 이와 같은 논쟁이 언제나 불가피하다는 사실은 가치나 도덕에 관해 현실 정치사회에서 논쟁이 벌어질 때 최종적인 정답을 알려줄 이치란 경험세계에서 존재하지 않는다는 충분한 증거가 된다. "선험적인 정답이 있을 수 있다"는 말은 자기가 "선험적인 정답"이라고 생각하는 견해를 표명하지 못하는 한, 단지 경험세계의 논쟁을 견디지 못하는 내적 불안감의 징표에 불과한 것이고, 설사 나름대로 "선험적이라고 생각하는 정답"을 내놓더라도 그것은 바로 경험세계에서 논쟁을 구성하는 여러 주장 중 하나에 불과하게 되는 것이다.

이때 자기가 "선험적"이라고 생각하는 견해를 무력으로 관철하고자 한다면 바로 문명에서 야만으로 전락하게 된다. 세상의 모든 독선이나 교조주의, 또는 전횡은 바로 자기 나름대로 "옳다"고 생각하는 바를 곧 "모두에게 옳은 것"이라고 우기면서 다른 사람의 멱살을 잡아끌려고 하는 데서 비롯된다. 각자가 자기의 의견을 가지고 공표하며, 그 의견에 따라 일관되게 (또는 모순되게) 행동하는 것은 자유다. 다른 사람에게 자신의 의견을 설득하거나 권유할 수도 있다. 그러나 폭력이나 겁박으로써 의견을 관철하려고 하면, 자체로 그 의견이 이미 "선험적"이지는 못하다는 증거가 되는 것이다.

제 3 장

완벽주의와 정서적 미숙

"동전을 뚫는 담배"라는 마술이 있다. 오백 원짜리 동전 한가운데에 구멍이 나도록 잘라낸 다음 스프링을 달아 여닫을 수 있게 다시 붙인다. 관객 중 아무나 골라 오백 원짜리 동전 하나와 담배 한 개비를 빌린다. 관객의 시선을 다른 곳으로 유혹해서 빌린 동전과 준비한 동전을 바꿔치기하고서, 담배로 동전을 뚫는 모습을 보여준다. 담배가 다 뚫고 지나간 다음 다시 시선을 다른 곳으로 끌면서 동전을 바꿔치기한다.

제이미 이안 스위스라는 마술사는 이 마술을 시연하면서, 관객들에게 담배가 실제로 동전을 뚫고 지나가는 모습을 생생하게 보여주었다. 그랬더니 관객 한 명이 "기막히다. 그런데 구멍 뚫린 동전은 어디서 구하는 거요?"라는 반응을 보였다.[37] 마술의 비결을 알고 있어서 나온 말이 아니고, 담배가 정말로 동전을 뚫고 지나가는 장면이 "너무나 완벽했기" 때문에 눈치를 채고 만 것이다.

---

37) Jamy Ian Swiss, *Shattering Illusions*, 2002, p. 180.

정치에서도 너무나 완벽한 그림은 사기이기가 쉽다. 예컨대 임기 5년짜리 단임 대통령에 출마하는 사람이 "모든 사람이 평등하게 마음 편하게 살 수 있는 나라를 만들겠다"고 말하면, 그냥 허풍이다. 그런데 유권자가 그런 허풍을 듣기 좋아한다면 어떨까? 다시 말해 담배로 동전을 뚫는 마술사를 보고 관객들이 초능력자라고 숭배하기 시작하면 어떨까? 자기는 초능력자가 아니라고, 단지 구멍을 뚫어서 준비해둔 동전과 빠른 손놀림으로 잠깐 눈을 속였을 뿐이라고 고백한다면 정직한 사람이겠지만, 그렇게 정직한 사람이라면 마술사로 성공하기는 어려울 것 같다.

정치판에서는 과장이나 비약이나 허풍이 불가피하다. "매년 7% 경제성장, 일인당 소득 4만 달러, 세계 7대 강국"을 내세운 이명박의 구호만이 과장이 아니라, "파벌주의, 지역주의, 금권정치를 타파하고 원칙과 상식에 근거한 통합의 정치를 펼칠 것이며, 특권과 차별을 시정하고 부정부패를 척결해 공정하고 깨끗한 나라를 만들 것"이라고 한 노무현의 구호도 과장이다. 노무현이나 이명박이 좀 의욕적인 성격이라 과장의 정도가 남보다 심할지는 모르지만, 박정희의 "민족중흥"이나 전두환의 "정의로운 사회"나 김영삼의 "문민정부", 김대중의 "준비된 대통령" 따위 구호에도 모두 과장과 비약과 허풍이 섞여 있다. 요컨대 정부를 맡겠다고 나선 사람들이 가능하면 청사진을 장밋빛으로 칠해야 하는 것은 상품을 광고하면서 약점을 부각할 필요가 없는 것과 마찬가지인 것이다.

고상한 척하는 일부 지식인들이 자본주의 사회가 천박하다고 아무리 개탄하고 힐책해봤자, 선거판에서 선전이라는 요소가 싹 사라지고 "진정한 진실"만이 남을 수는 없다. 세상의 모든 윤리적 덕목이 항상 그렇듯이, 정직이라는 덕목 역시 무한정 추구하기만 하면 되는 항목이 아니라 다른 일들과 균형을 잡아야 할 사항이다. 그러므로 모두가 정직하기 위해 최대한 노력을 한다손 치더라도(물론 그렇게 될 리도 당연히 없지만), 언제 어느 정도로 어떤 가치를 희생하면서 정직해야 하는지는 각자 판단이 다를 수밖에 없다. 수천만 명의 유권자들에게 자신의 정체를 알리는 데 정책의 세세한 내용을 분석한 수천 페이지 보고서를 보여줄 수는 없다. 더구나 무엇보다 먼저 눈길을 사로잡아야 하는 것이 필수적인 급선무다. 정치판의 구호란 그러므로 과장과 허풍이 섞이지 않을 도리가 없다.

이렇게 보면, 구호에서 과장을 빼도록 하기보다는 유권자의 수용능력과 분별력이 민주주의 유지의 핵심이라는 지극히 고전적인 결론으로 돌아갈 수밖에 없다. 민주주의 체제의 역량은 정확히 유권자들의 역량 이상일 수도 없고 이하일 수도 없는 것이다. 가능한 자기 상품의 장점을 부각하기 마련인 상품광고를 보면서 건강한 소비자라면 유혹에 빠지지 않고 냉정한 분별력을 발휘해야 하듯이, 하나같이 세상을 구원하겠다고 나서는 정치광고의 홍수 속에서 유권자들이 분별력을 발휘해야 세상이 구원은 아니더라도 조금이나마 나아질 가능성이 열리는 것이다.

분별력이란 무엇보다 허풍과 과장을 걸러낼 수 있는 능력이어야 하고, 이런 능력이 생기려면 과도한 기대에 매달리지 않는 냉정한 자세가 필수적이다. 소원과 현실, 희망과 실재, 느낌과 사실을 구분하는 능력, 다시 말하면 내 마음에 비친 세계만을 보는 것이 아니라 그 세계를 보고 있는 나 자신까지를 상대화할 수 있는 자의식이다. 한국인에게도 물론 자의식은 있다. 그러나 어릴 때부터 객관식 시험을 통해서, 모든 문제에 미리 정해진 모범답안이 있다고 생각하는 완벽주의의 틀에 자신을 비춰보는 폐쇄적인 자의식 이상으로는 발전하지 못한다는 데 문제가 있다.

어릴 때 객관식 시험 보던 상황을 모델로 모든 문제에 모범답안이 있다고 간주하면, 머리 좋은 사람이 그것을 찾아낸다는 생각이 자연스럽게 스며든다. 그러니까 고용, 빈곤, 교육, 지역균형, 부동산 투기, 집단이기주의, 언론계의 공정한 질서, 대북관계, 쇠고기 수입, 기타 등등 끝없이 이어갈 수 있는 정책과제들을 다 고려하는 사람이든지, 아니면 그중에서 자기가 관심이 있는 몇 가지만을 고려하는 사람이든지, 정치인에게 자신이 중요하다고 보는 문제들의 정답을 찾아서 해결해주기를 기대하게 된다. 그러나 예컨대 고용문제나 교육문제가 "해결된 상태"란 도대체 어떤 상태일까? 고용이나 교육에 관해 불만이 없어진 상태일 수는 없다. 기껏해야 지금보다 불만이 조금 줄어든 상태일 수밖에는 없는 것이다.

흔히 완벽주의에 긍정적인 측면도 있다고들 말한다. 마이클 조든이나 김연아 등 자기 분야에서 나름대로 성과를 거둔 사람들이 완벽을 추구하며 열심히 노력해서 전인미답의 경지에 도달했다고 말한다. 그러나 마이클 조든이든 타이거 우즈든 김연아든, 통속적인 표현으로 완벽주의자라고 부를 수는 있지만 중요한 점을 간과하면 안 된다. 만일 그들이 뜬구름 잡는 식으로 형체가 불분명한 "완벽"을 좇았다면 아무것도 이루지 못했으리라는 점이다. 조든이 추구한 것은 "완벽한 농구"가 아니라 한 번의 점프와 한 번의 드리블을 좀더 잘하는 기술이고, 김연아가 추구한 것도 "완벽한 연기"가 아니라 한 번의 턴과 한 번의 자세를 개선해서 이어가는 솜씨인 것이다. "완벽을 추구했다"는 소리는 옆에서 구경꾼들이 아양 떠는 소리 또는 그들의 연습과정을 대략 서술하는 문구일 뿐이고, 순간순간에 "완벽을 추구한다는" 마음을 먹어서는 절대 땀나는 연습을 할 수 없다. 한 번의 점프, 한 번의 스텝, 한 번의 스윙에서 조금이나마 개선의 여지를 찾아 점프와 스텝과 스윙을 한 번 더 해보는 것이 연습인 것이다. 실전에서도 마찬가지로 순간순간 필요한 동작에 집중해야지, "완벽한 경기"를 보여준다는 마음을 먹었다가는 모르긴 몰라도 집중력이 흩어지기 십상일 것이다.

　최종 목표는 장기적일 수도 있고 단기적일 수도 있지만, 지금 당장 할 일은 추상적일 수가 없다. 지금 한국의 민주주의를 위해 무엇을 할 것인가를 논할 때 "완벽" 운운한다는 것은 음풍농월로 세월이나 보내자는 말과 같다. 완벽주의의 폐해에 관해서는 심리학자들이 수많은 논문과 책을 내놓았기 때문에 체계적인 해설은 접어두고, 여기서는 미루기, 남 탓하기, 은폐, 자기비하만을 간략하게 살펴보자.

　미루기 : 장기목표와 단기목표, 그리고 그 사이의 연관이 구체적으로 정립되지 못한 상태에서 막연한 완벽만을 추구하다 보면, 어떤 일도 진행하지 못하고 중간에서 하염없이 시간을 보내게 된다. 넘어가도 될 일과 꼼꼼히 챙겨야 할 일이 분별되지 않기 때문에, 매사에 완벽을 기한답시고 주저하느라 발걸음을 떼지 못하기 때문이다. 이것이 미루기다.

　남 탓하기 : 이는 전형적으로 "내 눈의 들보는 못 보고 남의 눈의 티끌을 탓한다"는 말이다. 비판이 건강하고 생산적인 담론이 되려면, 상대방이 놓친 지점들을 지적하는 형식으로 상대의 입장을 더욱 정교하게 구성할 기회를 준 다음 내 입장과 공개적으로 대조함으로써 논쟁에 참여하는 사람들 모두에게 도움이 될 수 있는 통로를 지향해야 한다. 즉, 쌍방간에 어디서 왜 차이가 나는지를 서로 명확하게 조명함으로써 상대의 진의를 이해하고, 나아가 공론으로 하여금 쌍방을 조화시킬 여지가 없는지, 그리고 만약에 조화의 여지가 없다면 그 시점에서는 어

느 쪽을 선택할 것인지, 아니면 쌍방의 차이를 제대로 알고 보니 선택을 나중으로 미뤄도 되는지 등을 결정할 수 있도록 정보를 제공해주는 것이다. 하지만 완벽주의적 심성에서는 공론의 결정을 기다릴 여유가 없이 자기 자신도 내용을 분명히 모르는 채 "완벽"이라는 문구에다 자신의 허망한 자아를 실어서 우겨대기 때문에, 비판의 목적이란 수단과 방법을 가리지 않고 오로지 상대를 깎아내리는 데에 집중된다. "털어서 먼지 안 나는 놈 있느냐"는 심보로 논쟁에 임하기 때문에, 자기에게 어떤 구린내가 나는지는 돌아볼 겨를이 없게 된다.

은폐 : 담론을 통한 공론의 선택에 자기를 맡기면서 시작하는 것이 아니라 자신의 원초적인 욕구대로 공론을 전횡하는 것이 목적이기 때문에 자신에게서 나는 구린내는 무조건 덮어야 하는 것도 완벽주의의 자연스러운 귀결이다. 서양 중세 교황청이 주장했던 무오설無誤說, infallibility은 히틀러, 스탈린, 김일성, 박정희 등 독재자들에게 그대로 계승되었다. 머리가 빈 사람일수록 가짜학위를 탐내듯이, 옳지 않은 권력을 휘두르는 자일수록 옳다는 간판을 갈망하게 되는 이치 때문이다. 이 때문에 모든 독재체제는 권력에 의한 은폐라는 곰팡이를 먹고 기생한다.

자기비하 : 그러나 이 와중에 존심存心, self-esteem──자존심自尊心, pride이 아니다──은 자라날 기회를 전혀 가지지 못하고 갈수록 처참하게 훼손된다. 거짓말, 자기기만, 억지가 갈수록 자아를 해쳐서 품질을 저하시키기 때문이다. 플라톤의 『고르기아스』에서 소크라테스가 살인자에 폭군이라면 잡혀서 벌을 받지 않을수록 더욱 비참해질 뿐이라고 한 취지가 정확히 이것이다. 자신을 존경하지 않으면 당연히 다른 사람 누구도 존경할 수가 없는데, 애당초 존경심이라는 것이 없는 자신을 스스로 존경하게 될 가능성은 갈수록 낮아지는 악순환이 여기 있다. 구

체적인 현실에서 몰입하여 추구할 대상을 구할 수 없게 만드는 황당한 완벽주의가 이런 자기비하의 유일한 원인은 아니지만 여러 원인 중 하나인 것은 분명하다.

　우리 사회의 정치담론에서 이런 증상들이 나타나는 실례는 거의 매일 무수히 발생하고 있는 만큼 예시가 필요하다고 생각하지는 않는다. 하지만 소통이 정책의 내용보다 중요하다는 내 입장과 완벽주의가 서로 대립하는 지점들을 예시한다면 내 의도가 한층 선명해질 것이다. 내 입장은 이명박 정부를 직접 비판하는 의미도 있지만, 동시에 진보/보수의 구분과는 상관없이 일반적으로 우리 사회에 팽배한 주류의 정치의식에 대한 비판임을 강조할 필요도 있다. 이명박 정권이 소통을 무시한다는 지적은 이미 바로 앞에서(제2장 제3절의 서두) 명시했기 때문에, 일반적인 주류의 정치의식에 이런 공허한 완벽주의가 작용하는 예를 하나만 들기로 한다. "뉴민주당 플랜"에 대해 민주당에서 벌어졌던 "선명성" 경쟁이다.

　민주당 지도부가 정책정당의 모습을 보여주기 위해 "뉴민주당 플랜"이라는 것을 고안하고, 거기에 성장주의가 너무 많이 들어갔다고 당 안팎에서 비판이 있는 것은 일견 흔한 일처럼 보인다. 그런데 추미애 의원은 이를 두고 "한나라당 2중대"[38]라 비난했다고 한다. "신자유주의"를 배척하지도 않고, "진보"를 표방하지도 않은 채, 어정쩡하게 "복지"와 "성장"이라는 토끼 두 마리를 다 쫓으려 한다는 비판으로 보인다. 민주당의 "뉴플랜"뿐 아니라, 누가 어떤 정책을 내놓든지 이견

---

38)「추미애 '뉴민주당 플랜' 읽어보지도 않고 비난」,〈뉴스캔〉2009. 5. 15. http : //www.newscani.com/paper/news/view.php?papercode=news.

이 없을 리 없다. 그러나 이견에 대한 부분적인 비판이든 전면적인 비판이든 적극적인 대안과 구체적인 반대이유가 제시되지 않는 차원에 머무른다면, 그것은 상대에게 허망한 완벽을 요구하는 도깨비장난에 불과하다.

자기 당에 대고 "한나라당 2중대" 따위 저주를 퍼붓는 태도는 공허한 완벽주의의 프레임에 갇혀 있는 결과다. 당의 노선에 대한 비판은 마땅히 당내 논의기구에서 절차를 요구해서 조목조목 분석적으로 이뤄져야지, 이런 식의 무절제한 언사는 아무짝에도 도움이 되지 않는 미숙한 자기현시에 불과하다. 적어도 "한나라당 2중대"라는 판단에 진지한 의미가 조금이라도 포함되어 있다면, 그 말을 하기 전에 추미애는 탈당부터 고려했어야 일관적이다. 성급한 과격파들의 정서에 기대어 자기존재를 과시하려는 언론 플레이도 물론 정치인으로서 할 수 있는 일이다. 그러나 그런 것이었다면 유머가 섞인 조롱으로 얼마든지 할 수 있으며, 마땅히 그렇게 했어야 한다. 추미애의 말에서 유머보다는 심술이 더 많아 보인다는 점에서 바로 나는 그가 허황한 "정답"의 프레임에 갇혀서 논의되는 쟁점과 자신의 존재를 분리하지 못했다고 보는 것이다.

제4장

중립성이라는 전횡

선험주의 사고방식이 초래하는 불행한 결과 중에는 중립성, 또는 객관성이라는 이름으로 자행되는 전횡과 방관도 반드시 고찰해볼 가치가 있다. 우선 간단한 질문에서부터 시작해보자. 축구경기에서 갑 팀은 정신력과 태권도 실력이 뛰어나서 주로 반칙으로 점수를 내려고 하고, 을 팀은 패스와 슈팅이 뛰어나서 주로 기술로 점수를 내려고 한다고 가정하자. 이때 심판은 어떻게 해야 중립적일까? 갑 팀의 반칙을 잡는다면 을 팀에게 유리하고, 갑 팀의 반칙을 눈감아주면 갑 팀에게 유리하다. 그래도 갑 팀의 감독과 을 팀의 감독은 공히 심판에게 "중립"을 요구할 것이다. 다만 두 사람이 뜻하는 "중립"의 내용이 다를 따름이다.

중립이라는 말은 대개 중립적이지 않은 요구를 주장할 때 사용되는 단어다. 갑과 을이 이익을 두고 서로 다툴 때, 문명사회라면 대개 쌍방은 공히 "내가 그것을 원한다"는 형태로 주장하는 것이 아니라 "내가 그것을 차지하는 것이 옳다", 즉 모종의 권리right라는 명분을 내세우게 된다. 이때 제삼자가 갑의 명분을 지지한다면 갑은 그를 "중립적인"

심판이라고 보겠지만, 을은 오히려 그를 편파적이라고 보면서 "중립을 지키라"고 요구할 것이다. 이런 경우 "중립을 지키라"는 을의 주장은 사실 "끼어들지 말라"는 발가벗은 뜻을 "중립"이라는 명분으로 포장해서 주장하는 수사가 되는 것이다. 같은 뜻이라도, 중립이라고 말하면 즉각적인 이익에 따른 배척이 아니라 뭔가 원칙에 의한 매개가 바탕이 되는 것처럼 들리기 때문이다.

그러나 이런 수준의 수사만으로는 아무런 원칙도 표상될 수 없고, 따라서 매개가 이루어지는 것처럼 보이는 것은 순전히 착시현상에 불과하다. 정해진 파이를 갑과 을이 나눠 먹는 전형적인 제로섬게임에서, 당사자끼리 결정하게 내버려둔다면 8 대 2로 분배된다고 가정해보자. 여기 병이 개입한다면, 논리적으로 세 가지 결과만이 가능하다. 갑의 몫이 늘고 을의 몫이 줄거나, 갑의 몫이 줄고 을의 몫이 늘거나, 아니면 변함이 없을 수 있다. 변함이 없는 경우는 병이 개입하지 않은 것과 마찬가지이므로, 개입한 결과로는 갑에게 유리해지거나 을에게 유리해지는 경우만을 보자.

갑에게 유리해진다면, 을은 병이 차라리 중립을 지키기를 원할 것이다. 을에게 유리해진다면, 갑은 병에게 중립을 요구할 것이다. 그런데 이런 식으로 결과적인 차이만을 가지고 "중립"이라는 말을 사용한다면, 병은 어떤 입장을 취해도 "중립"일 수만은 없게 된다. 개입하지 않는다면 곧 현상유지를 묵인하는 셈이 되기 때문이다. 다시 말해, 갑이 8을 가지고 을이 2를 가지는 상황을 방임하게 되는 것이다. 물론 8 대 2로 분배하면서, 갑과 을이 서로 만족하면서 행복하게 공존한다면 얘기는 다를 것이다. 그러나 만약 쌍방 누구든지 그 상황이 공정하지 않다고 느낀다면, 병의 중립이란 그러한 불공정의 여지를 검토해보지도 않고 무시한다는 점에서, 만약 그 불공정이 실재하는 것이라면 불공정의 편을 들고 공정을 억압하는 결과가 빚어진다.

마찬가지 이유로, 중립적이기만 한 사회질서는 있을 수 없다. 정의와 진실을 기둥으로 삼아 개인들 간의 평화로운 협동 또는 경쟁을 추구하는 문명사회는 자신의 의지를 완력으로 해결하려는 왈패들에게는 편파적으로 차별적이다. 반대로, 깡패들의 무용담을 허용하고 존중하는 사회는 남을 누르는 데서가 아니라 생산적인 연구나 과업의 성취에서 삶의 의미를 찾는 사람들에게는 대단히 불공평한 사회가 된다. 열심히 일해서 곡식을 수확해놓으면 깡패들이 뺏어갈 뿐만 아니라, 항의했다가는 죽임을 당할 수도 있기 때문이다. 본질적으로 이와 같은 약탈주의적인 깡패들이 국가의 탈을 뒤집어쓰고 있는 사회는 인민의 의욕을 죽여서 생산성이 떨어지지만, 그래도 생산성이 높은 사회보다 중립적인 의미에서 열등한 것은 아니다. 인민 대부분이 굶주리더라도 국가권력을 차지한 깡패들은 먹고사는 데 지장이 없고, 오히려 체제를 바꾸면 지위는 물론이고 목숨까지도 위험할 수 있기 때문에 온갖 수단을 써서 변화를 막으려고 기를 쓰게 된다.

사회질서를 어떻게 편성하더라도, 질서라는 것은 언제나 특정한 방향의 행동 패턴을 우대하고 그것에 어긋나는 행동습관을 제재하는 의미를 가진다. 그러므로 우대되는 행동을 더 편하게 생각하는 기질이나 성향이나 가치가 당연히 우대를 받게 되는 것이다. 기존의 질서에서 불리한 대접을 받는 사람들은 어떤 사회에나 존재할 수밖에 없고, 그들은 자신의 이익을 평등과 공정이라는 명분에 실어서 주장하게 된다. 이럴 때 중립이 아니라는 지적은 어느 쪽 편을 의도적으로 들어도 당연히 받게 되겠지만, 의도적이지 않고 단지 결과적으로 어느 쪽 편을 드는 셈이 되더라도 그런 지적은 피할 수 없다. 아예 개입하지 않고 방관만 하더라도, 도와줬더라면 싸움의 결과가 달라졌을 텐데 그렇게 하지 않은 만큼 중립일 수만은 없게 되는 것이다.

요컨대 인간의 삶에 중립 그 자체란 있을 수가 없다. "중립"이란 단어는 특정한 정치적 공방에서 각자의 입장을 변호하고 상대의 입장을 공박할 때 쓰이는 수사일 뿐이다. 모든 종류의 특정성에서 초월한 행동이나 삶은 있을 수 없기 때문에, 누구에게나 중립성에 대해 시비를 걸 수 있다. 앞 장에서 완벽주의가 그랬던 것처럼, 중립이라는 개념도 맥락을 고려하지 않고 사용한다면 아무에게나 휘두를 수 있는 칼이 되는 것이다. 하지만 세상 모든 사람의 모든 행태를 중립적이지 않다고 공격하는 것은 완전히 얼빠진 짓에 지나지 않는다. 따라서 어차피 중립적이지만은 않은 행태들 가운데 일부를 선별해서 중립적이지 않다고 비판할 수밖에 없다. 그러므로 말은 "중립성"을 시비하는 것처럼 보이지만, 실제로는 초점이 다른 곳에 있을 수밖에 없다. 중립적이지 않은 행태들 가운데 공격대상을 따로 선별했다면 이유가 있어야 하는데, 그 이유를 밝혀 말하기가 켕길 때 "중립"은 편리한 연막장치가 되는 것이다.

그렇다고 해서 이 단어가 유의미하게 쓰일 수 있는 경우가 전혀 없는 것은 아니다. 공교롭게도 이와 관련한 엄청난 오해의 기원이 되기는 했지만, 막스 베버가 "가치중립"이라는 문구를 통해서 전달하고자 했던 진의는 음미해서 수용할 가치가 많다. 베버의 논지는 어떤 주제와 관련된 실상을 탐구하려면 그 문제의 본질에 시선을 맞춰야지, 연구자가 개별적으로 가지고 있는 선입견이나 가치를 거기 섞으면 안 된다는 것이다. 예컨대 흑인과 백인 사이에 태생적인 지능의 차이가 있는지를 조사한다면, 표본 구성에서 최대한 대표성을 확보하도록 노력하고, 검사방법에서 최대한 오류나 편향성이 스며들지 않도록 한 다음, 조사한 결과를 발표해야 한다는 얘기다.

만약 백인이 흑인보다 지능이 높아야 한다는 선입견을 가지고 있는 연구자가 예상과 다른 조사결과에 마주쳤다고 해보자. 뭔가 조사가 잘못되었으리라고 추정하고, 조사과정의 오류를 찾는다. 오류가 나오면 "그러면 그렇지" 하고 무릎을 치면서 재조사의 명분으로 삼고, 오류가 딱히 나오지 않아도 다시 한번 확인한다는 이유로 재조사를 해본다. 이런 식으로 표본을 바꿔가면서 기어이 찾는다면, 언젠가는 백인이 흑인보다 지능이 체계적으로 높은 결과를 얻게 될 것이다. 그때까지 행해진 모든 조사를 "과정의 오류"가 있었다고 일축하고, 자기 예상에 부합하는 결과만을 받아들인다면, 이런 조사는 실제 세계의 진상을 발굴하는 경험적 조사로서는 하나마나한 일이라는 것이 베버의 지적이다.

　이런 식으로 조사하면 안 된다는 정도는 초등학생이라도 나름대로 생각을 할 줄 안다면 모를 리 없다. 이런 식으로 하면 안 된다는 것을 쉽게 알 수 있더라도, 어떻게 하면 이런 식이 아닌지는 답하기가 여간 까다롭지 않다. 실제로 우리 사회에서 정치적으로 쟁점이 되는 경우라면, 어떤 사업에 대한 환경영향평가를 해도 조사의 "공정성"과 "타당성"을 둘러싼 시비는 끝이 없고, 어떤 재판이나 수사도 "진상"을 시원하게 밝혔다는 평을 받지 못한다. 한쪽은 "조사를 할 만큼 했다"고 버티고 다른 쪽은 "재조사가 필요하다"고 우기면서 서로 "중립적인 결정"을 원한다고 하지만, 그 와중에 결정은 제도적 권력 또는 여론의 향배에 따라 중립과는 정반대 방향에서 이루어지고 만다.

　애당초 형체를 갖출 수 없는 선험적인 "중립"을 멍하니 쫓아다닌 결과라고밖에 볼 수 없다. 중립이란 자체로 가치인 것이 아니고, 베버가 말하듯 경험적인 사태의 진상을 밝힐 때 일체의 선입견으로부터 중립을 지켜야 한다는 맥락적인 가치만을 가진다. 물론 경험적인 사태의 진상은 정치적으로나 도덕적으로 결코 중립적이지 않다. 예컨대 1980년 광주의 발포가 사전에 짜여진 각본에 의해 치밀하게 유도된 것인지, 아니면 "우발적 사고"로 촉발된 것인지는 결코 중립적인 것이 아니다. 용산참사와 관련해서 사망자들의 시신을 경찰이 왜 서둘러 부검했는지를 집요하게 추궁해서 밝힐 것인지, 아니면 단순히 농성자들이 화염병을 던졌다는 사실만으로 화인을 추정하고 그들에게 집단적으로 "과실치사죄"를 물을지는 결코 중립적일 수가 없다. 어떤 일이든 정치적이고 도덕적인 의미를 가지며, 의미는 모두 중립일 수가 없다. 의미 중에 사소하므로 무시해도 좋은 경우가 있을 뿐이다. 베버의 가치중립은 용산의 경우 진상이 전혀 밝혀지지 않았으므로 당연히 숱하게 남은 의혹들에 대해 선입견 없는 조사가 이뤄져야 한다고 볼 것이다. 검찰이 수사기록 공개를 거부한다는 것은 재판을 통한 실체적 진실의 발굴을 원천적으로 거부하는 태도로, 베버가 판사라면 당연히 공소를 기각할 것이다.

그럼에도 한국의 사회과학계와 법학계에는 베버의 "가치중립"을 들먹이면서 엉뚱하게 마치 선험적인 중립성을 지킬 수 있다는 듯한 착각이 아직도 주류를 점하고 있다. 이는 다시 말해서 중립성의 이치가 지배하는 것이 아니라, 누가 "중립성"이라는 간판을 차지하고 전횡을 부리느냐는 무력대결일 뿐이다. 학자들과 법조인들은 권력과 보상의 편리한 먹이사슬에 편입되어 기득권을 즐기기로 스스로 선택한 사실을 호도하기 위해 "중립성"이라는 가면 뒤에 숨고, 그사이에 사회질서는 이치보다 무력에 좌우되는 습성을 줄기차게 이어간다.

"소인배들은 똑같은 놈들이 서로 싸운다"고 공자는 말했다. 허망한 선험주의적 "중립"을 교육받는 사이에 억지 쓰는 방법을 배우고, 그것을 또 후배들에게 "사회과학"이랍시고 가르치는 풍토에서는 결국 부화뇌동밖에는 남을 것이 없다. 논쟁의 주제를 파고들어 상식이 있는 사람이라면 누구나 받아들일 진상을 찾는 데에는 관심이 없을 뿐만 아니라, 애당초 그런 진상이나 그런 상식 자체의 존재를 경험해본 적이 별로 없는 심성은 모든 일이 이익에 따른 편가르기일 뿐이라는 자포자기로 채워질 수밖에 없기 때문이다. "중립"이나 "객관"이나 "과학" 따위의 표어들은 모두 이익에 봉사하는 견강부회의 무기, 또는 엉큼한 속셈을 호도하는 무별주의적 가리개일 뿐이다. 자기 나름의 판단력은 아예 없거나, 있더라도 침묵하면서 줄이나 잘 서는 것이 우선이다. 이런 현상은 〈조선일보〉로 대변되는 기득권 세력에게서 가장 현저하게 나타나지만, 자칭 진보를 표방하는 세력이라고 정도가 결코 덜하지는 않다. 진보진영이 여전히 한국사회에서 정치·경제·문화·도덕적으로 열세에 있기 때문에, 이런 현상이 기득권 세력에 비해 눈에 덜 띌 뿐이다.

인간의 삶은 가치에 관한 선택의 연속이므로 가치에 관해 중립을 지킨다는 것은 애당초 개념 자체가 성립하지 않는다. "가치중립"이란 오로지 경험적인 진상을 밝히기 위해 외부적인 요소들을 배제한다는 차원에서만 의미를 가진다. 이때 외부라 함은 직업적 영토의 구획을 가리키는 것이 아니고, 순전히 찾아내야 할 진상에 상관이 있느냐 없느냐에 따른 구분을 말한다. 노무현의 발언에 대한 선관위의 기계적인 판정에서부터, 문화방송의 〈피디수첩〉에 대한 검찰의 공격, 그리고 세종시 건설을 "정치적인 결정"이었다고 매도하는 결벽증 환자들의 발작에 이르기까지, 우리 사회에서 중립이라는 우상을 숭배하는 광신자들은 자기 패거리의 이익을 "중립"이라 부르면서, 자기와 다른 사람들에게 횡포를 맘껏 부리지 못해 안달하는 사람들이라고 평해도 좋으리라고 본다.

제5장

원칙주의와 교조주의

앞에서(제3부 제7장 제1절) 나는 간디의 원칙주의에 대한 타고르의 비판을 소개한 바 있다. 그러나 한국사회에는 "목숨을 걸고 약속을 지킨" 사례들을 대체로 미담 또는 영웅담으로 여기는 풍조가 있다. "충신불사이군, 열녀불사이부"라는 충렬忠烈의 이미지가 의식적 또는 무의식적으로 한국인의 도덕관념을 지배할 때가 많다. 임진왜란, 병자호란, 일제의 침략 등 이른바 국난의 역사가 빈번했던 탓이라고 설명할 수 있을 것이다. 하지만 내가 보기에 적어도 지금은 국난의 시기가 아닌 것 같다. 이명박 정권의 정책에 대해 나는 여러 가지 이유로 반대하는 점들이 찬성하는 점들보다 압도적으로 많다. 그래도 2009년의 대한민국을 국난이라고 본다면 국난 아닌 때가 별로 없을 것이다. 그렇지만 국난이 아닌 지금도 충렬 이미지에 많은 한국인이 바치는 충성은 경직되어 있다.

한국인들이 특별히 충렬을 동경하는 까닭은 그만큼 신의를 저버리는 행태에 신물이 났기 때문이라고 볼 수 있다. 정치적·사회적·경제적으로 숱하게 혼란을 겪는 와중에 변절과 배신을 무상하게 겪다 보니 그런 오점이 전혀 없는 깨끗한 사람을 강하게 그리워한다고 볼 수 있다. 그러나 이 문제는 거꾸로도 생각할 수 있지 않을까? 인간적으로 불가능한 그림을 제멋대로 그려놓고서, 거기에 어긋나는 행태들을 변절이라는 오명을 씌워 매도하는 것이 문제의 원인은 아닐까? 여기에는 일제의 경험에서 비롯된 민족주의적 단순비유들이 상투어로 현대 한국어에서 자주 사용된 탓이 크다고 생각한다. 민족주의에 관해서는 제5부에서 논의할 테니까 잠시 접어두더라도, 우리 사회의 의식구조에는 원칙을 위해 목숨을 바치면 곧 숭고한 것으로 간주하는 경향이 짙게 깔려 있다. 그 원칙이라는 것이 뭔지, 무엇을 위한 것인지, 어느 정도의 유연성이 허용될 수 있는지, 기타 등등 한 사람의 인생이 가치를 가지기 위해 고려되어야 할 수많은 실존적인 질문을 모조리 무시해 버리고, 막무가내로 한 가지 목표만을 향해 돌진하는 결사대가 아니면 모두 더러운 것으로 침을 뱉는 야만이 횡행하는 것이다.

황석영이 이명박과 가까워졌다는 이유로 쏟아진 비난을 예로 살펴보자. 이 사례는 모든 종류의 무분별이 총체적으로 자행된 실례로서, 대중이 우중으로 바뀔 때 어떤 짓을 하게 되는지를 보여주는 전형적인 경우다. 이런 경우 지식인을 자처하는 자들까지도 아주 쉽게 무분별의 파도에 휩쓸릴 뿐만 아니라, 대개는 "원칙"이라는 이름을 걸고 무분별에 앞장서게 된다. 무분별이란 본질적으로 형체를 갖추지 못한 카오스에 속하기 때문에, 원래 분류가 불가능하므로 목록으로 정리할 수도 없다. 따라서 내게 뚜렷한 인상을 남긴 순서로 몇 가지 양상을 열거해 본다.

첫째, 황석영이 뭘 잘못했다는 것인지 비난의 과녁이 도무지 무분별하다. 이명박을 "중도실용"으로 부르고, 중앙아시아 순방길에 동행하고, "알타이 연합론"인지 무슨 구상을 가지고, "유라시아 문화특임대사"를 맡을 것 같다는 것인데, 이 중 어떤 요소가 "전두환의 품속에 안 겼다"는 둥 "노벨상 받을 욕심에 맛이 갔다"는 둥의 비난을 자체로 정 당화할 수 있을까?

어떤 정치학자가 이명박을 "중도"라거나 "실용"으로 보면서 엉뚱한 결론을 이끌어낸다면 나는 비판도 하고 조롱도 할 것이다. 그러나 황 석영은 분석적 정확성과는 거리가 먼 허구를 전공하는 소설가이자, 일 각에서 "한국 최고의 구라"로 칭송받던 인물이 아닌가? 더구나 이명 박과 개인적으로 친분이 있었고, 무슨 이유에서든 새삼 가까워지려는 판이라면 그 정도 사교용 덕담은 상식의 범위 안에 속하지 않을까? 황 석영이 이명박을 "중도실용"으로 불러주면 사람들이 우르르 그를 "중 도실용"이라고 여길까 봐 겁이 나는 것인가?

황석영이 유라시아 문화특임대사로 기용되어 무슨 성과를 거둘지, 아니면 막말로 "기생질"에 그칠지는 결과를 두고 본 다음에 욕을 해도 절대 늦지 않다. 기용되기도 전에 누가 더 심하게 욕할 줄 아는지 서로 경쟁이라도 하듯 비난한다는 것은, 단지 발걸음을 하나 뗐을 뿐인데 상황전개의 오묘한 조화造化에 치여 만만해보이는 처지로 몰리게 된 친구에게 우르르 몰려가 욕하고 따돌리는 미개한 아동들의 사악한 취 미에 지나지 않는다. 어떻게 "광주민주화운동"을 "광주사태"라고 폄 하해 불렀다는 이유만으로 "전두환의 품속에 안겼다"는 비난이 가능 한가?

둘째, 황석영에게 뭘 기대하는지, 나아가 일반적으로 이웃과 동료에 게 기대하고 요구할 수 있는 한계에 대한 분별이 전혀 없다. 작가가 권 력 또는 "노벨상"을 탐했다고 실망하는 모양인데, 작가란 내가 아는 한 거의 모두 내면의 충일만큼이나 사회적 인정을 강렬하게 갈구하는 사람이다. 다른 사람에게 인정받을 필요 없이 자기만 잘하면 된다고 생각하는 사람이라면 애당초 글을 써서 남에게 보여줄 필요도 없고, 말을 할 필요도 없이 면벽참선을 하든지, 동네 모든 집의 앞마당을 항상 웃으면서 쓸든지, 자기 살을 도려내 굶주린 승냥이에게 보시하면 된다. 아니면 미하엘 엔데의『모모』처럼 자기는 입을 다물고 그냥 남들의 말을 듣기만 하는 것도 괜찮은 방법이다.

명성과 영예를 원하지 않는 사람이 아주 없지는 않겠지만, 적어도 내가 아는 한 문필이라는 활동은 명성과 영예를 향한 욕구와 논리적으로 연관되지 않을 수 없다. 모든 문인이 오로지 명성과 영예만을 추구한다는 뜻이 아니고, 어느 정도씩은 누구나 추구한다는 뜻이니 오해 말기 바란다. 그러므로 황석영이 노벨상 받을 욕심에 이명박에게 접근했다는 해석 따위는, 아무리 잘 봐줘도 약간 섞여 있을 수 있는 의미를 부풀린 고의적인 과장이고 질투의 표현에 지나지 않는다. 김대중이 노벨상 받을 욕심에 남북정상회담을 했다는 해석보다 질투와 과장의 정도가 더 저질이다. 예컨대 내가 지금 이 글을 노벨상 받을 욕심으로 쓰고 있다고 하면 저들은 어떻게 반응할까? 십중팔구 나더러 "언감생심 주제를 모른다"고 조롱할 것이다. 내가 지금 순전히 논의를 위해서 이런 가상을 해보는 것만으로도 나를 "과대망상증 환자"로 몰아붙이며 물어뜯고 싶어질 것이다. 그런데 황석영에 대해서 "언감생심"을 말하려면 왠지 켕긴다. 황석영의 이름이 노벨상 주위에서 희끗희끗 떠오른다는 사실 때문에, 혹시 자기가 그를 질투하는 것이 아닌지 약간 불투명한 구석이 있기 때문이다. 그래서 "어찌 감히 노벨상을 바라느냐"는 비난은 배경으로 돌리고, 대신 그의 "이익 계산"만을 전면에 부각하면, 자기 마음속의 질투 때문이 아니라 황석영의 이기심이 모든 문제의 근원이라는 듯 수사적 효과를 짜낼 수 있다. 그 틈에 물론 "네까짓 게 감히"라는 질투심 역시 발설만 안 했을 뿐 슬그머니 뭉겨서 분위기를 자아낼 수가 있는 것이다.

셋째, 황석영의 처신에 대한 논평은 어떻게 보더라도 가벼운 비아냥 정도로 넘어갈 일이지 진지한 비판적 논의의 주제가 될 수 없다. 애당초 어떤 한 사람이 "진보작가"를 대표한다는 자리매김 자체가 선험주의적 어리석음의 반영으로서, 나머지 모든 "진보작가"들에 대한 모욕이다. 나아가 설사 그가 "진보작가"를 대표한다고 치더라도, 그의 행보에 관한 진지한 논의와 비판은 그가 이명박에게 얼마나 가까이 가서 어떤 결과가 빚어지는지를 살펴보면서 그때그때 구체적인 근거를 가지고 따진다는 자세를 견지해야 말초적 감정의 노예에서 벗어날 수 있다. 한 유명작가가 대통령에게 덕담을 건네고 문화특임대사 자리를 맡는 것만으로 "작가 정체성"과 "역사의식"을 다 버렸다고 매도한다는 것은, 단지 "놀랍다"는 느낌을 아무 여과 없이 바로 "괘씸하다"로 제멋대로 연결한 미성숙의 징표일 뿐이다.

이럴 때 상투적으로 쓰이는 단어가 "변절" 또는 "훼절"이라는 것인데, 애당초 그놈의 절개가 도대체 뭘까? 우선 나는 과부가 절개를 지켜야 한다고 전혀 생각하지 않는다. 지금 그럴 필요가 없다는 정도가 아니라, 지금이나 과거에나 절개 따위는 내팽개치고 자기가 원하는 대로 행동해야 한다고 생각한다. 물론 사랑하는 남편이나 애인, 또는 아내나 연인을 위해 자신의 인생을 바치는 사람들을 조금이라도 폄하할 생각은 전혀 없다. 그것이 사랑에서 나온 것이라면, 다시 말해 행위자의 자아가 개입된 실존적 선택으로서 행해진 헌신이나 희생이라면 인간적으로 가능한 모든 경의를 받아 마땅하다. 하지만 그런 사랑을 가지지 않은 사람에게까지도 그런 행태가 강요되어야 하는가? 그렇게는 전혀 생각할 수가 없다.

절개라는 것이 당사자의 자발성과 상관없이 외부적으로 강요된다면 어떤가? 물론 자발성과 강요 사이에는 엄청나게 까다로운 경계의 문제가 있다. 그렇지만 경계의 문제란 어떤 보편적 규범을 짤막한 문장으로 형상화할 수 없다는 의미, 다시 말해 "자발적인 절개"의 집합과 "외부적으로 강요된 절개"의 집합 사이에 서로 겹치는 대목이 있다는 의미일 뿐이지, 두 집합의 원소 중에 겹치지 않는 부분이 없다는 뜻은 아니다. 그리고 "외부적으로 강요된 절개" 중에서 "자발적인 절개"의 집합과 겹치지 않는 부분은 미덕이 아니라 지독한 종류의 사악이라고 나는 본다.

왜냐하면, 백번 양보해서 "두 지아비를 섬기지 않는다"는 일이 자체로 가치가 있다고 치고 생각해보더라도, 무엇을 어떻게 하는 것이 "두 지아비를 섬기지 않는 일"에 해당하는지가 불투명하기 때문이다. 과부에게 열녀의 기준을 강요하는 사회에서는, 정분이 아니라 단순히 강간당한 사실만으로 처녀가 할 수 없이 강간범을 지아비로 섬겨야 하는 처지로 몰리기가 쉽다. 열녀의 정체성이 외부적으로 강요되는 곳에서는, 외간남자와 말만 한 번 주고받아도 옷깃만 한 번 스쳐도 "훼절"의 멍에를 씌우기가 여반장이다. 다시 말해, 절개라는 것이 설사 자체로 가치가 있는 것이라고 쳐도, 그것이 강요되는 순간 절개에 관한 모든 담론은 가치를 지향하는 것이 아니라 누가 누구에게 멍에를 씌울 수 있는지를 둘러싼 권력의 담론으로 타락하게 된다.

황석영 씨와 이명박 대통령이 나름대로 서로의 이용가치를 착취한다고 할 때, 작가가 대통령을 착취할 가능성보다는 대통령이 작가를 착취할 가능성이 높을 것이다. 그러나 뭔지는 두고 봐야 알겠지만 공통이익도 있기는 할 것이고, 어쨌든 황석영이 인력 풀에 들어가는 것은 가령 이문열이 들어가는 것보다는 한 눈금이라도 오른쪽으로 덜 가는 것이 틀림없다. 이문열은 십중팔구 주위 사람들이 듣기 좋아할 말을 하는 데 그치겠지만, 황석영은 때때로 주변 사람들에게 거북한 자기 목소리를 낼 것이 틀림없기 때문이다. 이 점은 바로 당시에 그가 시류를 거슬러 자기 목소리를 냈던 데서도 확인된다. 더구나 불사이군이란 애당초 없다. 충성의 화신으로 기려지는 관우도 조조의 신세를 갚느라 안량과 문추를 벴고, 게다가 화용도에서는 조조의 목숨을 살려준다. 처칠이나 손학규가 당을 바꿨다고 "철새"라 비아냥거리는 소리는 경박한 사람들의 입방정 이상의 의미를 가질 수 없다. 하물며 후한시대도 아닌 21세기에 누구에게 불사이군의 논리를 강요한다는 것은 시대적으로 어불성설이고 도덕적으로 인간성에 대한 예의가 아니다.

앞 장에서 상세하게 논의했듯이, 도덕에는 선악의 구분이라는 평면적인 지평만이 있는 것이 아니다. 선인지 악인지가 분명하게 판명되지 않을 때, 또는 그동안 받아온 교육에 따르면 명백히 순결의 의무에 위배되는 일이지만 다른 의무들 때문에 선뜻 결정하기가 어려울 때, 실존적으로 겪어야 하는 고뇌의 분량, 또는 일단 선택을 내린 다음에 초심을 유지하기 위해 투여하는 각고의 정도 역시 도덕과 핵심적으로 연관되는 것이 분명하다. 반면에 원칙주의라는 이름 아래, 공허하기 때문에 자의적인 해석이 무제한으로 허용되는 구호를 가지고 누구 한 사람에게 집중적으로 적용해서 괴롭히는 수준의 교조주의는 도덕의 지평을 철저하게 평면적인 상태로만 고수하려고 한다. 그리하여 언어의 내용에는 개의치 않고, 언쟁의 기세만 일단 한번 탔다 싶으면 끌어들일 수 있는 모든 도덕용어를 총동원해서 무분별한 공격을 감행하게 된다.

도덕의 문제를 선험적인 정답을 찾는 문제로 파악하면 자기 생각에 선험적이라고 여겨지는 선택이 곧 정답이라고 우기는 성향을 조장할 위험이 크다. 이는 곧 평면적인 흑백논리와 편 가르기를 도덕의 전부라고 착각하는 유치하기 짝이 없는 단견으로 끌고 간다. 그리하여 원칙은 모든 맥락을 막론하고 고수해야 할 교조로 경화되고, 경화된 교조는 이내 우상으로 바뀌어 신당神堂에 모셔진다. 그러고는 힘의 우열에 따라서 기세를 잡은 쪽은 만만해보이는 상대를 만날 때마다 신당에서 무분별한 공격의 빌미를 무한정 꺼내다가 기분 내키는 대로 휘두르게 된다.

황석영이 "광주사태"라고 불렀다고 흥분하는 행태와 "인민"이나 "동무"를 입에 올렸다고 빨갱이로 몰아붙이는 행태가 내게는 일란성 쌍둥이로만 비친다. 교조주의란 대개 이처럼 상대의 말을 꼬투리 잡아 끝없이 잡아늘여서 괴롭히는 경향을 띤다. 이런 심보의 고삐가 풀리면, 무엇을 위한 원칙인지는 철저하게 무시되고, "원칙"이라는 단어는 형해만이 남아 오로지 과녁으로 지목된 사람을 공격하는 명목으로만 악용된다.

이런 폐단은 목전의 사안을 그 자체로 분리해서 바라보지 못하고, 한 사안의 파장을 지나치게 멀리까지 연장하는 데서 비롯된다는 것이 내 진단이다. 그런 것을 선견지명인 줄 착각하는 허영심이 작용한 결과라는 말이다. 진보 쪽에서 상당한 영향력을 가진 황석영이라는 작가가 이명박이라는 보수정권에 협력하게 된다면 물론 적지 않은 파장이 있을 것이다. 그러나 그 때문에 역사진행의 큰 줄기가 바뀐다든지, 인민 다수가 상심해서 절망에 빠질 리 만무하다고 장담해도 괜찮다. 가령 문화관광부장관을 유인촌에서 황석영으로 바꾼다면 나는 이명박 대통령의 "혜안"을 기꺼이 환영할 것 같다. 가령 통일부장관을 현인택에서 황석영으로 바꾼다면 나는 황석영이 사고나 치지 않을까 걱정하겠지만, 그래도 이명박 대통령의 "파격인사"는 높이 평가할 것이다. 그러므로 문화특임대사라는 자리를 황석영이 무슨 의도를 가지고 수락하게 되든지, 진보진영이 엄청난 타격을 받을 일은 사실 전혀 없다.

그가 그 자리에 앉아서 하는 일이 정권의 나팔수 역에 그친다면 본인의 품격을 스스로 깎아먹는 짓이다. 만약 나름대로 의의 있는 일을 수행한다면, 이명박의 초빙을 받았다는 이유로 그 의의가 줄어들지는 않는다.

사회적으로 중요한 어떤 선택의 기로에서 결정이 필요할 때에는 일반적으로 장기적인 여파보다는 목전의 사안에 초점을 맞추는 것이 불필요한 기우와 공포를 불식하는 데 도움이 된다고 나는 믿는다. 물론 히틀러의 집권처럼 하나의 단추를 잘못 끼운 결과 후일 엄청난 재앙을 낳을 위험은 항상 있다. 하지만 1933년에 독일 사람들이 히틀러를 수상으로 올려준 이유는 히틀러를 몰랐기 때문이라기보다는, 자기들 마음속에 도사리고 있던 증오와 열등감과 불신을 깨닫지 못했기 때문이다. 그러므로 장기적인 여파라고 할지라도 구체적인 모습으로 사회구성원 다수가 뚜렷이 인지하는 것이라면 내가 위에 언급한 "목전의 사안"에 포함된다. 반면에 불과 한 달이나 일주일 후의 결과에 관한 예상일지라도 명확한 모습으로 떠오르질 못하고 예상치에 관해 사회적인 설왕설래가 끊이지 않는다면, 그런 사항들은 "목전의 사안"에 포함될 수 없다. 다시 말해, 지금 원칙보다 시의를 강조함으로써 내가 시의時宜에 해당한다고 보는 항목은 시간의 길이보다는 얼마나 구체적인 예상이 가능하며 그 예상에 대해 사회적으로 얼마나 합의가 이루어지느냐는 차원이다.

우리 사회에서 원칙을 강조하는 사람들은 까마득한 미래에 무슨 일이 일어날까 봐 미리 못 박아 방비를 해둬야 한다는 취지일 때가 대단히 많다. 그러나 미래에 무슨 일이 일어날지가 걱정스러울 정도로 불투명하다면, 바로 그 때문에 지금 무슨 방비를 해봤자 별로 방비가 되지 못한다는 결론이 뒤따른다. 불안이란 예상하지 못한 일이 일어날까

봐 생기기 때문이다. 그러므로 불확실한 미래란 다름 아닌 바로 그 불확실성 때문에 지금 아무리 안달을 해도 소용이 없게 된다. 미래에 대해서 지금 해둘 수 있는 방비는 미래에 관해 예측할 수 있는 확실성에 정확히 비례한다. 따라서 확실한 예측이 가능한 만큼만 방비하고, 확실하지 못한 부분은 확실해질 때까지 두고 보는 길 말고는 아예 다른 어떤 길도 있을 수가 없다. 이것은 생각하기에 따라 달라지는 일이 아니고 인간의 조건일 뿐이다.

원칙에 대한 과도한 집착, 그리고 원칙을 교조로 삼아 숭배하며 붙들어야 하는 의존성은 불확실성을 감내하지 못하는 불안감 때문이다. 그리고 불확실한 것을 마치 어떤 신비한 예지력으로 손아귀에 넣을 수 있다는 듯이 미혹하는 선험주의는 이런 불안감에서 헤어나지 못하고 있는 사람들에게 불확실성을 극복할 길이 있다는 듯이 선전하는 마취제일 뿐이다. 이렇게 마취를 통해 사람들의 무의식 밑으로 파고들어간 불안은 만만한 상대를 찾을 때마다 무분별하고 무자비한 공격성으로 드러나게 되는 것이다.

제6장

도덕의 탈을 쓴 권력

2007년 선거 때 "무능보다 부패가 낫다"는 생각이 나돌았고, 당시 노무현 대통령은 그런 상황 자체를 실망스럽다고 평했다. 나름대로 부패에 맞서 싸운 진보개혁세력의 대표 중 한 사람으로서, 자신을 "무능하다"고 매도해버리는 풍조뿐만 아니라 그것을 기화로 부패를 정당화하는 비약을 개탄한 것이다. 그런데 2009년 박연차 관련 추문에 연루되어 검찰 수사를 받으면서는 부패와 맞서 싸웠다는 말도 할 수 없게 되어버렸다.

사회의 진보를 주장하는 사람들이라면 당연히 도덕적 개선을 도외시할 수 없을 것이다. 어느 시대 어느 사회에서든 사회변혁세력이라면 기득권세력의 부패와 타락을 공박하기 마련이다. 그러나 도덕이라는 주제를 직접적으로 정치에 적용하게 되면 오히려 도덕과 권력을 뒤죽박죽으로 섞어서 사회의 개선을 지연시킬 위험이 대단히 높다. 기득권세력의 부도덕성에 대해서는 "무능보다 낫다"는 식으로 넘어가면서, 진보인사의 오점에 대해서는 "세상에 믿을 사람 없다"는 식으로 과장하는 이중기준이 쉽게 통용되기 때문이다.

김근태는 2000년 새천년민주당 최고위원 선거에서 사용한 자금 중 2억 4,500만 원이 사실상 불법 선거자금이었다고 양심고백을 했다가, 그중 권노갑에게 받은 후원금 2,000만 원에 대해서만 기소되어 1심에서 벌금 500만 원에 추징금 2,000만 원을 선고받았다.[39] 항소심 재판부는 "범의가 인정된다"고 보면서도 다른 사건들과의 형평성을 고려해서 선고를 유예했다. 잘못이 있다면 벌을 받아야 한다는 원칙을 고수한다면 1심에서와 같은 판결이 마땅하다. 그러나 항소심에서는 "같은 액수를 받은 정동영은 아무 처벌을 받지 않"았음을 형평성의 근거로 들었다. 나는 이 사건에서 항소심 재판부처럼 다른 사건들과 형평성을 고려하는 관점이 우리 사회를 주도하는 정치의식에 절실하게 필요하다고 믿는다. 그랬다면 단순히 희미한 몇 가지 의혹을 검찰이 제기하면서 중계방송한 것 때문에, 노 전 대통령이 스스로 목숨을 끊는 일은 없었을 것이다. 내가 하는 이 말이 억울하다면, 검찰은 노 전 대통령 일가에 대한 수사를 의연하게 마무리해서 기소할 사람은 기소하고 고인이더라도 무슨 범죄를 저질렀는지 밝히면 된다. 지금 우리 사회 구성원들이 범죄사실을 보여주는 명백한 증거를 단지 죽음으로 항변했다는 이유로 없다고 우길 수준은 아니다. 특히 노 전 대통령의 결백을 믿는 사람일수록 그런 수준을 넘어선 지 오래다.

이 문제는 세속화secularization라고 하는 주제와 관련된다. 서양의 역사에서 세속화란 정치와 종교의 분리를 가리킨다. 국가권력이 교회와 분리되어 세속화되었다는 뜻이다. 한국사회는 특정한 종파가 국가권력을 차지한 것 때문에 문제된 적이 없다고 흔히 간주되기 때문에 세

---

39) 「양심고백 김근태 의원 선고유예」, 검찰관련뉴스, 2003. 12. 5. http : / /www.spo.go. kr/user.tdf?a=user.board.BoardApp.

속화의 문제가 진보세력들에게도 중요한 관심사로 떠오른 적이 없다. 또는 기독교의 창조론과 같은 특정 신학을 학교에서 가르치지만 않으면 문제없다는 듯이 생각하는 것이 보통이다. 하지만 세속화의 문제는 양심의 자유, 가치 다원주의, 표현의 자유, 개인의 인권 등과 직결되는 중대한 함의를 지니며, 나아가 도덕의 영역에 정치가 어떤 역할을 할 수 있는지에 관한 발본적인 성찰을 요구한다.

서양사회에서 세속화란 사법적 범죄crime와 도덕적 죄악sin을 구분하고, 도덕적 죄악은 사법적 소추대상으로 삼지 않는다는 뜻이다. 도덕적 죄악을 정치권력으로 규제할 수 없다고 보는 데에는 주로 세 가지 이유가 있다. 첫째 논리적 이유로서, 도덕이란 가치의 영역에 속하는 사항으로, 기본적으로 문화와 관습과 기질과 인생관에 따른 다양성이 본질적 속성에 해당한다. 신의 명령이 무엇인지도 사람에 따라 해석이 다를 뿐 아니라, 신이 있는지 여부마저도 사람에 따라 생각이 다르다. 둘째 역사적 이유로서, 실제로 도덕이나 양심이나 종교에 관해 한쪽의 의지를 다른 쪽에 강요하다 보면 가장 야만적인 무력투쟁이 발생한다. 서양의 경우 종교개혁 이전부터 19세기까지 무수한 종교전쟁을 치르면서, 설사 다른 종파들이 진실로 이단이라고 할지라도 그들을 죽이기 위해 자행된 십자군의 야만이 무엇보다 더 큰 죄악이라는 각성이 일어났다. 셋째 기술적 이유로서, 도덕적 죄악이란 행위의 결과뿐만 아니라 동기나 이유 또는 정성 부족 등 내면의 상태와 관련되는 경우가 많다. 도덕의 관점에서는 실제로 사람을 죽인 행위뿐만 아니라, 살인할 마음을 먹는 것만도 죄악이 되기에 충분하다. 하지만 이런 내면의 차원에 공권력이 개입할 수 있게 되면, 공권력 자체의 정합성이 철저하게 무너지고 만다. 여기서는 이 세 번째 요소를 집중적으로 논의하고자 한다.

의도와 동기를 문제삼는 풍조는 우리 사회 도처에서 발견된다. 바로 앞 장에서 논의했듯, 황석영에 대한 자칭 진보진영의 공황에 가까운 반응도 그의 행위로부터 바로 그의 "불순한 의도"를 유추해서 매도하는 좋은 예다. 김대중이 "노벨상을 받으려는 목적"으로 남북정상회담을 했다고 하면, 정상회담의 의의가 훼손된다고 여기는 사유구조도 마찬가지다. 노무현이 "법이 허용하는 한도에서 열린우리당을 도울 수 있으면 좋겠다"고 말한 것을 가지고 탄핵까지 몰아간 정서도 마찬가지다. 미네르바의 글을 가지고 "공익을 해할 목적"이었다고 엮어서 인터넷 세상에 공포분위기를 조성한 검찰이나, 애당초 "공익을 해할 목적"을 처벌할 수 있다고 본 전기통신기본법의 입법자들이 개인의 내면세계를 통제해야 한다는 대한민국의 풍토병에 충성스럽게 감염되어 있는 상태인 것이다.

국가보안법은 모든 조항이 그와 같고, 형법의 명예훼손 조항 또한 마찬가지다. 이런 법조문들은 모두 바로 내면의 목적과 동기와 이유와 의도와 가치와 사상과 양심과 성향을 문제삼겠다는 것이기 때문에 귀에 걸면 귀걸이 코에 걸면 코걸이밖에 될 수 없다. 이것은 복잡한 논증이 전혀 필요 없는 아주 간단한 얘기다. 상대의 "의도"를 시비하기로 한다면, 눈을 한번 치켜뜨거나 아니면 내리깐 것만 가지고도 도전 또는 불복이라고 뒤집어씌우기가 여반장이다. 실제로 수양대군은 황보인과 김종서를 죽이고 거사 성공을 자축하는 파티를 열었는데, 그 자리에서 덩달아 웃지 않은 허후許詡는 눈엣가시로 찍혔다가 결국 죽임을 당했다.

한나라당의 의원들 가운데 기껏 "쇄신"을 파격적으로 주장한다는 사람들이 "강제적 당론"을 금지해달라고 청원하는 가련한 모습에서[40] 나는 자꾸만 수양대군의 행태가 연상된다. 헌법기관인 국회의원이 안 따른다면 어떻게 "강제적 당론" 따위가 있을 수 있는가! 그렇지만 한 번의 표결에서 취한 자세로부터 "역심"을 읽어내는 풍토라면 모든 "당론"은 곧 절대명령과 같게 되는 것이다. 표결에서 독자의견은 고사하고, 술 한 잔이나 밥 한 그릇조차도 동패와 같이 어울리지 않으면 찍히기 십상이다. 대통령이 국무회의에서 "자유롭게 양복 벗고" 얘기하자며 저고리를 벗는데, 자유롭게 안 따를 정도로 간 큰 장관이 대한민국 역사에서 몇이나 있었을까? 실제로 있었는지도 의문이거니와, 있었더라도 아마 오래 자리를 지키지는 못했을 것이다. 어릴 때부터 교실에 강제로 감금당하는 인질훈련을 "자율학습"이라고 부르는 세뇌를 당연시하는 민족이기 때문에, 장관이나 대법관 또는 대통령이 되어서도 눈치를 보는 것이 습성화되어 있다. 무엇이 옳고 그른지 나름대로 판단할 능력이 아예 없고, 배경의 권력에 기대어 주입된 의견을 우기는 것이 배움의 전부이기 때문이다.

내면을 통제한다는 것은 곧 분별력을 싹도 트지 못하게 짓밟아버리는 짓과 같다. 얼핏 보면 위험하거나 해로운 의도만을 걸러내면 될 것처럼 보이지만, 덩달아 웃지 않는 데서 "반역할" 의도를 읽어내는 식의 견강부회에는 전혀 아무런 분별력이 작용할 수 없기 때문이다. 말과 행동의 뒤에 숨은 의도와 동기가 위험하거나 해롭다는 이유로 처벌하기까지 가지 않고, 단순히 말과 행동의 결과가 위험하거나 해로울 수 있다고 여겨서 처벌하더라도 사회의 모든 분별력이 말라죽는다는 논증은 이미 존 스튜어트 밀이 『자유론』에서 그 이상 명확할 수 없도록 뚜렷하게 명시해놓았다.[41] 그러므로 내심의 의도가 아니라 명시적

---

40) 「'국회의원 독립선언', 가능할까?」, 〈프레시안〉 2009. 5. 20. http : //www.pressian. com/article/article.asp?article_num=10090520172517.
41) 제2부 제5장 제3절 참조.

인 발언의 결과, 그중에서도 내용이 아니라 발언의 맥락과 방법까지를 볼 때 "명백하고 현존하는 위험"을 초래하는 것만을 규제하도록 처벌 권력을 엄격하게 제한해야, 개인의 마음에 자발적인 분별력이 자랄 수 있다는 얘기다.

문명사회에서 정치적 권위의 핵심은 사법적 규제에 있다. 정부가 부과하는 공민의 의무를 이행하지 않거나, 정부의 시책을 물리력으로 저지하는 행위라고 해도, 규제와 처벌은 어디까지나 법률의 재가를 받아서 이루어져야 한다. 범죄자라고 해서 경찰관들이 지나가는 김에 군밤을 먹이거나 따귀를 때려도 괜찮다고 생각하는 발상, 중대한 범죄를 저질렀다면 피해를 복수하는 취지에서 사형이 마땅하다는 발상, 대통령의 설교 한마디로 부유층의 호화결혼을 금지할 수 있다는 발상 등은 모두 내면세계를 통제하겠다는 심보에서 나온다. 권양숙 여사나 그 자녀들이 박연차와 돈거래한 일이 구체적으로 어떤 범죄에 해당하는지는 밝힐 필요도 없이, 돈거래가 있었다는 사실만으로 노무현이 "무능"에 더해 "부패"까지 모든 오명을 뒤집어쓰게 되는 풍토가 바로 여기서 비롯된다.

우리 사회의 진보진영에 대해 이중기준이 대단히 크게 작용하는 것은 사실이라고 본다. 예컨대 몇 년 전 이필상 교수가 고려대학교 총장에 선임되었다가 구설수에 올랐던 혐의는 불찰이랄 수는 있지만 심각한 도덕적 흠결이라고는 볼 수 없다. 반면에 현인택 통일부장관의 경우는 명백한 이중게재, 즉 자기표절이라고 봐야 한다. 사실상 똑같은 논문을 두 군데 싣더라도 자기표절이 아닐 수는 있다. 독자층이 너무나 달라서 전에 실은 글을 읽을 기회가 전혀 없다고 봐야 할 독자들에게 접근하기 위해서는, 똑같은 논문을 게재하는 것이 지식의 전파라는 문명사회의 목적을 위해 필요한 일이 된다(『위키백과』 "표절"을 보라).

하지만 현인택은 청문회에서 마냥 "나는 몰랐다"는 잡아떼기로 일관했다. 적극적이고 당당한 변론이 아니라 잡아떼기라고 하는 위축적인 자기방어밖에 할 말이 없었다는 점이 바로 그 일이 부끄러운 짓이었다는 반증이 되는 것이다. 그럼에도 이필상은 총장직을 수행하지 못했고, 현인택은 장관에 취임했다. 보수파 현인택에게는 명백한 자기표절도 흠이랄 것이 못 되지만, 진보파 이필상에게는 별일 아닌 것도 누가 마이크 잡은 김에 흠결이라고 광고만 하면 치명적인 부도덕으로 둔갑한다.

예수가 "너희 중에 죄 없는 자가 먼저 돌로 쳐라"라고 하자, 아무도 간음한 여인을 때리지 못했다. 현인택의 잘못은 예수의 가르침에 기대서 넘어간 셈이다. 하지만 이필상에게는 예수가 아무 말도 해주지 않는다. 만 달란트의 빚을 탕감받은 자가 돌아서자마자 자기에게 백 데나리온을 빚진 자를 옥졸에게 넘기는 짓이 한국사회의 일상적인 규범이 되어 있는 것이다. 간음한 여인을 때리지 말라고 설교한 예수도, 만 달란트를 용서받자마자 백 데나리온을 그악스럽게 뜯어내는 악독한 종은 벌받는 것이 마땅하다고 했다(마태복음 18장 34~35절). 그런데 우리 사회는 지금 보수파에게는 예수의 논리로 현인택을 용서하는 반면에, 진보파에게는 악독한 종이 했던 짓을 하면서 잘못인 줄도 모르고 있는 것이다.

보수신문들이 악질적으로 영향력을 행사하는 면은 분명히 있다. 하지만 나는 보수신문들이 그럴 수 있는 것은 바로 우리 사회에서 진보라고 자처하는 사람들일수록 도덕과 정치를 뒤죽박죽으로 섞어버리는 무분별한 자기최면에 빠져 있기 때문이라고 본다. 미개하고 불신이 팽배한 시대의 애처로운 처세술인 "오이밭에서는 신을 고쳐 신지 말라", "아니 땐 굴뚝에 연기 나랴" 따위의 소리를 도덕의 격언인 줄 착각하는 미혹이 있는 것이다. 오이밭에서 신을 고쳐 신는 사람을 도둑으로 몰아 고발한다면 그놈이 악당이다. 의도가 아니라 행위가 악랄한 것이다. 그런 악당은 내버려두면서, 신을 고쳐 신었을 뿐인 사람을 "처신을 잘못했다"는 둥, "물의를 일으켰으니 자업자득"이라는 둥, "오십보백보"라는 둥, "군자로서 할 일이 아니"라는 따위로 매도한다면 사회가 어떤 꼴이 될까? 검찰이 수사만 개시하면 바로 "아니 땐 굴뚝에 연기 나랴"로 받아들여버린다면, 검찰을 뒷구멍으로 조종할 수 있는 진짜 악당 말고 누가 온전히 인격을 유지할 수 있겠는가? 〈조선일보〉가 자기 회사와 방상훈 사장의 실명을 국회에서 거론했다는 이유로, 헌법이 보장하는 국회의원의 면책특권까지 무시하겠다고 덤빌 수 있는 배경이 바로 여기에 있다. 도덕적 죄악과 사법적 범죄를 마구잡이로 혼동한 결과 남는 것은 이현령비현령이라고 하는 최악의 깡패논법뿐이다.

정치는 군자가 뭔지를 앞에서는 말로 흥얼거리면서 뒤에서는 별짓을 다 하는 한량들의 여흥이 아니라, 보통 사람들을 위한 생존의 규칙이다. 모두들 마구 살아남기로만 하면 험악해지기 때문에, 각자의 욕구를 인정하면서 경쟁만은 평화롭게 말로 하자는 것이 문명의 요체다. 이기심을 버리고 이타심을 추구하는 것은 개인적인 취향에 따라 하고 싶은 사람이 하는 것이지, 법으로 정해놓고 모든 사람에게 강요할 수 있는 일이 아니다. 도덕을 법으로 강요하는 사회란 예외 없이 악당이 위선의 재주까지를 익혀 군림하면서, 제 눈에 거슬리는 사람은 성인의 기준에 미치지 못한다고 괴롭히는 곳이다. 유럽 중세의 교회재판에서 조선시대의 부관참시까지, 악독한 종들은 자기가 받은 용서를 상대방에 대한 가혹한 트집잡기로 갚는다. 사회의 진보를 바란다고 하면서 도덕을 정치에 바로 적용하게 되면, 스스로 그런 악독한 종이 되든지,

아니면 적어도 악독한 종이 하는 짓을 도덕인 줄 알고 구경하는 신세로 전락하게 된다. 서양사회는 지독한 종교전쟁을 겪으면서 이런 이치를 깨달은 결과, 오히려 세속화가 사회 신뢰를 낳는다는 발상의 지평을 열 수 있었다. 관인 또는 똘레랑스란 바로 세속화의 바탕에 깔려 있는 이와 같은 깨달음과 새로운 해석이 맞물려서 생성된 결정체인 것이다. 똘레랑스의 핵심은 우리 모두의 이기심은 단죄하지 않고 관인하면서, 다만 이기심이 실제로 다른 사람을 해칠 때 그러지 못하도록 행태를 규제하는 데에 있다.

제7장

회의할 줄 모르는 한국인

한국사회에는 도처에 회의가 많다. 회의에 끌려다니느라 일할 시간도 없다는 불평이 터져나올 정도다. 한편 회의를 그렇게 많이 하는데도 사람들 사이에 소통이 증진되고 오해가 줄어드는 것 같지는 않다. 회의가 효율적이지 못해 대개 쓸데없이 시간을 잡아먹고, 그러면서도 막상 중요한 쟁점에 관해서는 기탄없는 토론이 이뤄지지 않기 때문이다. 심지어 회의를 통해 이견이 해소되기보다는 오히려 싸움이 커지는 경우도 대단히 많다.

토론이 생산적으로 이뤄지지 않는 발본적인 원인은, 한국인들이 같은 편끼리 속마음을 공유하는 데에는 익숙하지만, 차이나 반대나 비판을 곧 적대감으로 과잉해석하고 자기보호본능을 조급하게 드러내기 때문이라고 나는 본다. 그러나 이 문제는 자체로 커다란 주제라서 여기서 본격적으로 파고들어갈 수는 없다. 여기서는 지금 논의하고 있는 선험주의의 폐쇄성과 연관해서 우리 국회의 매우 잘못된 풍조 하나를 지적하고자 한다. 그것은 토론을 통해 정책을 결정하는 문제에 개인적인 위신을 결부시킨다는 점이다.

대한민국 국회가 국제적인 뉴스가 되는 일은 아주 드문데, 모처럼 2008년 12월 18일에는 그런 일이 있었다. 과반수 여당 의원들이 외교통상통일위원회 회의장을 점거하고 안에서 문을 잠그자, 출입문을 둘러싸고 중세의 요새 주변에서나 있을 법한 공성전이 벌어졌다. 야당 의원들은 소방호스에 전기톱을 가져다 문을 부수려 하고 여당 의원들은 안에서 분말소화기를 뿌렸다. 각국의 신문들이 사진과 함께 "성미 급한 한국의 민주주의가 국회에서 벌이는 소동"을 화제로 소개했고, 국내 신문들은 "난장판 국회로 세계적인 망신"을 샀다고 보도했다.

지식인들이 이를 두고 눈살만 찌푸리기에는 뭔가 무책임한 구경꾼 노릇에 만족하는 것이 아니냐는 반문이 들 정도로 우리 국회의 역사에서 이런 종류의 난장판 또는 드잡이는 하나의 관행이라고 할 수 있다. 우리 국회는 헌법개정안을 날치기로 처리한 전력도 한 번이 아니고, 유진오의 증언에 따르면 헌법제정 때조차 적어도 반대가 한 명 있었는데 분위기로 덮어서 만장일치라고 넘겨버렸다고 한다. 노무현 정부 시절에는 한나라당의 눈부신 농성과 점거작전 덕택에 열린우리당은 과반수를 차지하고도 아예 국가보안법 폐지안을 상정해볼 엄두도 내지 못했다.

한미 FTA 비준을 처리하지 않은 채 이미 일년 가까이 지났다는 사실을 생각하면 2008년 12월에 문을 때려 잠그고 날치기 통과를 시도했어야 할 필요는 전혀 없었음이 저절로 드러난다. 통상외교라는 차원에 생각하더라도 미국 의회에서 비준의 기미조차 보이지 않는 차에 한국 국회가 먼저 비준한다는 것은, 차후 미국 의회의 토론과정에서 미국 측의 이익이 최종 협정안에 반영될 여지만을 남기는 결과를 낳기가 십상이다. 미디어법 개정도 기세싸움이라는 의미말고는 그토록 무리하게 밀어붙일 필요가 전혀 없었지만, 한미 FTA 비준안을 기세싸움을 위해 밀어붙인다는 것은 국내정치에서 기세를 차기하기 위해 외교에서 챙길 수 있는 입지를 포기해버리는 셈이 된다. 그만큼 반대해야 할 이유가 많고 분명한 것까지는 사실이다.

그런데 그것을 반대하기 위해 전기톱을 동원해야 했을까? 한나라당의 회의장 점거가 불법이었다는 사실은 전기톱 동원을 정당화하는 데 하등 도움이 안 된다. 회의장 점거가 불법이냐 아니냐의 문제는 전체 과정에 비춰보면 사소한 트집거리밖에는 안 되기 때문이다. 야당의 육탄저지가 예상되지 않았다면 다수당이 회의장을 점거할 리 없다. 더군다나 이런 모든 왈가왈부가 필요없이 그 안건은 결국 4월에 외통위를 통과했다. 외통위를 통과한 다음에, 그 사실이 너무나 원통하고 그 때문에 나라가 망하리라는 절망감에 민주당이나 민노당 의원 가운데 누가 통곡했다는 말은 못 들었다. 기껏해야 넉 달을 지연시킨 데에 불과하다. 본회의 상정을 넉 달 지연시키기 위해 그런 소동을 치러야 했다는 것은, 내가 보기에 불쾌한 현실을 받아들이기 위해 감정을 삭이는 시간이 좀 필요하다는 의미 말고는 없는 것 같다. "못 먹는 감 찔러나 보자"고 심술을 일단 한번 부려본 것으로 위안을 삼고, 실제로는 못 찔러도 그만이라는 뜻으로 보인다. 만약 이에 대해 "외통위 통과를 4개월이라도 지연시킴으로써, 결국 본회의 통과를 막은 것이 아니냐"고 대꾸한다면, 마찬가지로 기세싸움을 위해 생산적인 안건들을 도외시하겠다는 배짱에 지나지 않는다. "논쟁의 종결이 공화국의 이익quod interest reipublicae ut sit finis litium"이라는 상식적인 정치격언을 전면 부정하는 셈이다.

얼핏 보면 내가 지금 양비론을 펼치는 것처럼 비칠 것이다. 누차 밝혔듯이 나는 폭력을 통해 갈등을 해소하는 야만에 반대하기 때문에, 폭력을 동원하는 한 여당이나 야당을 싸잡아서 잘못이라고 말할 수밖에 없다. 그러나 내 주장은 둘 다 잘못이라는 데서 끝나는 것이 아니다. 나는 지금 알맹이 없는 단순한 기세싸움을 정치로 착각하는 우리 사회의 전통을 깰 수 있는 역할을 자유주의 및 사회주의 정치세력에게 주문하고 있는 것이다. 왜 보수파에게는 주문하지 않느냐고? "성급하다", "어리석다", "우겨댄다", "공포에 사로잡혔다", "깡패논법" 등의 표현을 통해 보수파에게도 지금까지 숱하게 주문을 했다.

보수파에게 주문을 해도 보수파가 듣지 않을 때에는, 일단 그런 완악함을 상수로 보고 대응방안을 고려할 줄도 알아야 한다. 그러지 않으면, 김정일의 태도를 상수로 보고 효과적으로 관리할 방법을 찾아야 한다는 충고를 받아들이지 못하고, 김정일의 버릇을 고쳐야 한다는 말밖에 할 줄 모르는 두뇌결핍성 녹음재생 증상과 똑같은 꼴이 되기 때문이다. 보수파가 사사건건 정치를 기세싸움으로 전환해서 진흙탕 싸움을 벌이는 데에는 나름대로 당파적인 이익이 없지도 않다. 정치혐오증은 정치무관심과 정치공포증을 자아내기 때문에, 인민의 계몽을 방해하여 결국 보수언론을 통해 조종하기 쉬운 상태로 유지하는 데에 보탬이 되는 것이다. 그러므로 권력에 굶주린 보수파에게 기세싸움보다 개명된 토론의 방식을 권고하는 데에는 언제나 한계가 있을 수밖에 없다.

한국의 상황과 대조하기 위해 최근에 미국 의회에서 벌어진 사례를 잠깐만 살펴보자. 서브프라임 모기지에서 시작된 금융위기로 말미암아 초대형 보험회사 AIG가 1,825억 달러의 구제금융을 받게 된 후, 부시 정부는 금융기관들을 살리기 위해 7,000억 달러 공적자금을 조성하는 안을 미국 의회에 제출했다. 그런데 2008년 9월 29일 하원은 찬성 205(민주 140, 공화 65) 대 반대 228(민주 95, 공화 133)로 이를 부결시켰다. 주가와 유가가 폭락하고 국채와 금값이 폭등하는 가운데, 10

월 1일에는 약간 수정된 안이 상원에서 표결에 부쳐져 찬성 74(민주 40, 공화 34) 대 반대 25(민주 10, 공화 15)로 통과되었다. 그 결과 하원 도 10월 3일 수정된 안을 찬성 263(민주 172, 공화 91) 대 반대 171(민 주 63, 공화 108)로 통과시켰다.

또 하나의 예로, 미국 상원은 2009년 5월 19일 쿠바의 관타나모 수 용소를 폐쇄하기 위해 오바마 대통령이 요청한 8,000만 달러 예산안 을 찬성 6 대 반대 90으로 부결시켰다. 오바마는 2010년 1월 22일까 지 수용소를 폐쇄하고 수감자들을 미국령 안에 위치한 시설로 옮기겠 다고 공언했는데, 이로써 일정의 지연이나 변경이 불가피하게 되었다. 내가 이 두 가지 별로 충격이랄 것도 없는 일을 예시하는 까닭은, 이것 들이 대통령과 의회 사이에서 벌어지는 흥정의 과정을 보여주기 때문 이다. 미국에서도 물론 이런 과정에서 위신을 내세우고 기세를 중시하 는 사람들은 많다. 대통령의 제안이 의회에서 부결될 때, 누구보다 대 통령 주변의 참모들은 체면이 크게 깎이는 것이 당연하다. 구제금융안 표결이나 관타나모 수용소 폐쇄를 위한 예산에서나 공화당 의원들은 대부분 일관되게 반대입장을 지킨다. 하지만 공화당의 부시든 민주당 의 오바마든 위신에 얽매이지 않고 일이 되도록 수정해서 다시 시도한 다는 사실이 중요하다. 관타나모에 관해서는 이제 원안대로는 안 된다 고 의회가 통고했기 때문에, 공은 대통령에게 넘어갔다. 오바마는 뭔 가 의원들이 받아들일 수 있도록 좀더 구체적인 계획을 담은 수정안을 내놓아야 한다.

연세대학교 심리학과 황성민 교수는 이명박 대통령의 어법에서 반 대의견을 절대적으로 거부하고, 남들이 어떻게 볼까 전전긍긍하며, 자 부심을 가지지 못하는 심리를 읽었다.[42] 이런 심리에서는 작은 양보도 굴복이며 치욕이기 때문에 생각조차 할 수 없는 일이 된다. 한미 FTA

비준을 서두를 만한 아무런 실익이 없는데도 순전히 힘을 과시하며 기세를 올리기 위해 강행한다든지, 북한에 대해 아무런 대안도 없으면서 순전히 김대중과 노무현이 틀렸음을 우기기 위해 6·15공동선언을 인정한다는 립서비스조차 못하는 이유는 이와 같은 허망한 위신 때문이 아니라면 설명이 불가능한 일이다. 그런데 이런 차원의 위신 중시는 보수파보다는 상대적으로 빈도가 덜하지만 우리 사회의 진보진영에서도 대단히 자주 발견되는 현상이다.

나는 개인적으로 김근태 전 의원이나 천정배(민주, 안산 단원 갑) 의원에게 상당한 기대를 가지고 있다. 하지만 그들이 노무현 정부 시절에 한미 FTA에 반대하기 위해 단식한 행위는 유치한 자기현시에 지나지 않다고 본다. 적어도 스스로 보건복지부와 법무부에서 장관을 지냈던 인사들이, 바로 그 참여정부가 추진하는 일을 안에서 비판하지 않고 바깥에서, 그것도 단식이라고 하는 선동적인 방식으로 반대한다는 것은 나무만 보고 숲을 보지 못한 전형적인 경우다. 나아가 나름대로는 신념이라고 생각해서 그랬겠지만, 매개되지 못한 자아의 위신을 신념으로 혼동한 사례다. 앞에서(제3부 제7장 제1절) 비판했듯이, 단일안건정치를 추구하는 선동가처럼 하나의 의제에 자아를 묶어버리고 전체적인 균형에는 아랑곳하지 않은 결과다.

실질적인 이익이라는 점에서 전혀 별일이 아닌 것을 가지고 위신을 결부시키는 버릇이야말로 한국인들이 이견을 가진 사람과는 대화도 토론도 회의도 생산적으로 잘하지 못하는 가장 큰 이유라고 본다. 일반적으로 위신을 중시하는 사람들은 내면에 깊은 열등감을 가지고 있

---

42) 「심리학자가 분석한 'MB화법'의 심리상태는?」, 〈프레시안〉, 2009. 5. 20, http : //www.pressian.com/article/article.asp?article_num=20090520111738.

어서, 상대를 제멋대로 쥐고 흔들지 못하는 것을 곧 치욕스럽게 생각하는 경향이 있다. 남들이 자기를 우습게 볼까 봐 두렵기 때문이다. 남들이 자기를 어떻게 볼까 두려워하는 것도 분명히 자신을 상대화할 수 있는 자의식의 일종인데, 안목이 질적으로 고양되어 나름대로 숭고한 가치를 통해서 자아의 정체성을 구성하는 방향이 아니라, 단지 시선이 분열되어 자기와 다른 사람의 서열을 따지는 데까지만 자의식이 전개된 탓이다.

솔로몬의 재판에서 만약 아이의 생모가 서열이나 위신을 따지고, 눈앞의 언쟁에서 상대에게 승리를 허용하면 치욕이라는 걱정에만 사로잡혔다면 아이 몸은 두 동강이 났을 것이다. 대한민국 국회의 역사에서 진보개혁세력이 과반수를 차지한 경우는 극히 드물다. 잠시 수적인 과반수를 이룬 경우에도 구체적인 정책이나 노선에서 적극적으로 강인한 결속력을 갖추지는 못했다. 이런 사정이 60년을 지속하다 보니 결속력을 억지로 만들어내기 위해서라도 적을 하나 만들어서 결사대 흉내를 내야 할 필요까지 생겼다.

그러나 이런 식의 막무가내 진흙탕 싸움은 아무리 봐도 보수파의 전공이 아닐까? 보수라고 다 그런 것은 아니겠지만, 보수진영에는 언제나 오로지 권력과 지위만을 그악스럽게 추구하는 악착파가 있다. 솔로몬의 재판에서 자기 아이가 죽었다고 남의 아이를 가로채려는 악녀와 같은 부류다. 생모가 이런 악녀와 뒤엉켜 누가 더 악착스러운지 경쟁한다면 아이는 죽고 만다. 사회의 진보를 원한다는 사람들이 기득권세력을 마냥 미워만 하면서, 그들의 악착스러움을 따라가려다가는 진보의 희망은 물 건너간다.

대한민국의 역사에서 한민당, 민주당, 신민당, 국민회의, 새천년민주당, 그리고 지금의 민주당까지 국회에서 몸싸움은 열심히 했지만 사사오입개헌이나 삼선개헌, 국가보안법 등 악법을 막아내지는 못했다. 결사적인 정신력이 부족해서가 아니라 소수였기 때문이다. 그런데도 자꾸만 몸싸움을 계속해온 탓에, 이제는 유권자들 중에 어리석은 사람들일수록 몸싸움을 기대하기까지 한다. 그 결과 설사 보수파가 소수당이 되더라도 완벽한 비토권을 행사할 수 있게 된다. 노무현 탄핵소추 때 국회 경위들에게 들려서 쫓겨나는 광경을 보여줌으로써 과반수를 차지한 열린우리당이 다수가 된 뒤에 소수의 육탄방어를 경위의 힘으로 진압할 수는 없었던 까닭과 같다.

늘 해오던 몸싸움을 갑자기 그치면 상대방도 좀 멋쩍을 것이고 이쪽도 좀 싱거울 것이다. 나는 그래도 그 멋쩍음과 싱거움이 일종의 충격적인 전환에 도움이 되리라고 본다. 말로 할 수 있는 비판이나 반대는 의회의 절차가 허용하는 한 최대한 제기하는 것이 마땅하다. 소수의 비토권이 제도화되는 것이 바람직하다고 본다면, 의사진행발언을 통한 필리버스터링을 제도화하도록 국회법개정을 발의해야 한다. 무제한 허용하든지, 만일 제한이 필요하다고 보면 단순과반수가 아니라 재적 5분의 3이나 7분의 4 등 특별과반수로 정하면, 소수의 설움과 결정의 필요 사이에서 절충하는 길도 있다. 이런 협상에서 만약 지금 유리하자고 한나라당이 5분의 3을 버리고 7분의 4를 받아들이면 그만큼 나중에 자기들이 눈물을 흘릴 날이 있기 마련이다. 지금 생각해서 민주당이 5분의 3을 관철한다면 나중에 자기들이 성가실 날이 또 있기 마련이다. 그러므로 나중을 생각한다면 협상이란 언제나 가능한 것이다.

가정과 학교와 군대에서 사회화 과정을 통해, 말이 조금만 엉키면 곧바로 주먹이 나가는 습성을 문화적으로 주입받아온 민족에게 평화적이면서도 치열한 대화와 토론이 자리 잡으려면 물론 긴 세월이 걸린다. 그러나 몸싸움을 국회의 관행으로 정착시킨 지난 세월 동안, 가령 역으로 평화적인 토론과 절차에 의한 결정을 미래지향적인 국회의원들이 꾸준하게 선보였더라면, 60년이라는 시간은 문화가 바뀌기에도 충분했을 기간이다. 못한 것이 아니라 눈앞의 위신싸움과 분풀이에 매몰되어 안 한 것이다. 따라서 이제는 진정으로 진보를 원하는 사람들이라면 악녀의 악착을 따르지 말고 생모의 사랑으로 돌아갈 때다. 솔로몬 왕처럼 눈에 보이는 중재자는 없지만, 난장판 국회가 정치에 관한 희망의 싹을 죽여버린다는 사실이야말로 곧 동강난 아이의 시신이 아닌가?!

제8장

공교육에 대한 환상

앞에서(제2부 제3장) 나는 이기심이 민주주의의 바탕이고, 개인의사의 차원과 공공의사의 차원을 구분해야 하며, 정책의 공공성이란 경합과정의 공공성에 있다고 주장했다. 아이작 뉴턴이 미적분법을 최초로 개발했다는 영예를 위해 라이프니츠와 경쟁했다는 사실은 유명한 얘기다. 뉴턴의 명예욕이 동기로 작용했다는 이유로 미적분법의 공공성이 조금이라도 훼손되지는 않는다. 세종이든 조지 워싱턴이든 에이브러햄 링컨이든 백범 김구든 김대중이든, 권력욕 또는 지배욕이 없는 사람이라면 애당초 정치판에 뛰어들어 망신과 모욕을 무릅쓸 까닭이 없고, 그러므로 누구의 권력욕이 더 컸느냐에 따라서 그들의 업적에 대한 평가가 좌우되어서는 안 된다. 서머싯 몸이 돈벌이를 위해 글을 썼다는 이유로 그의 작품 가치가 줄어드는 것은 아니고, 마이크로소프트사의 이윤추구가 독점적인지 아닌지에 따라 윈도나 익스플로러의 효용이 달라지는 것도 아니다.

그럼에도 우리 사회에서 여전히 의도와 동기를 문제삼는 태도가 팽배하다는 점은 앞에서 여러 번 고발하고 비판했다. 예컨대 용산참사

재판에서 수사기록을 보여주지 않는 검찰에게 항의하는 시위에 정치적 의도가 있다고 한다면, 수사기록을 보여주지 않는 검찰에게도 정치적 의도가 있기는 마찬가지다. 그렇기 때문에 논쟁은 정치적 의도가 있느냐 없느냐를 둘러싸고 벌어져서는 끝이 없고, 실체적 진실의 발굴이라는 재판의 목적에 비추어 수사기록을 공개해야 하느냐 마느냐에 초점이 맞춰져야 한다. 정치적인 논쟁에 참여하는 사람들은 모두 일정한 정치적 입장을 가지고 있다. 그런 마당에 상대방의 "정략적" 의도를 걸어 문제삼는다는 것은 곧 논쟁을 진흙탕 싸움으로 바꿔서 점잖은 사람일수록 끼어들지 말라고 협박하는 짓과 같다.

다시 말하면, 유권자들이 스스로 원하는 바를 구체화해서 주장하지는 않은 채 마냥 정치인들에게 공공성만을 요구하는 수준의 미개한 정치의식에 머무른다면, 공공성이라는 말 속의 내용은 갈수록 공허해지기만 하고 껍데기뿐인 "공공성"의 간판을 서로 차지하겠다고 싸우는 아비규환만 남는다. 최근 십수 년 사이에 부쩍 자주 사용되는 "공교육"이라는 단어 역시 전형적으로 한국에서 자주 발견할 수 있는 분화되지 못한 환각의 결과다.

왜냐하면 학교는 공이고 학원은 사라는 이분법은 자체로 전혀 정합적인 의미를 가질 수도 없고 어떤 실제적인 목적에 도움이 되지도 않기 때문이다. 학교에는 국립, 공립, 사립이 있다. 사립학교라도 중등교원들은 국고에서 급료를 받지만 사립대학의 교수들은 그렇지 않다. 아울러 사립대학이든 사립학교든 사설학원이든 정부예산에서 지원금이나 보조금을 받을 수 있는 길은 다양하게 열려 있다. 그러므로 학교와 학원을 공교육과 사교육으로 구분하는 말버릇은 문제를 파고들어가는 것이 아니라 대충 덮기를 바라는 전형적인 무별주의 얼버무리기에 해당하는 것이다. 물론 정치나 교육이나 언어의미론을 전공하지 않은 일반 대중에게 언사가 분석적이지 못하다고 탓할 수는 없겠다. 하지만 교육학자나 사회운동가라는 사람들까지도 요새는 대중이 쓰는 어휘를 따라 쓴다. 그러니 대중이 상황을 주도하지 못하면 아무 문제도 해결될 수 없다는 점에서는 확실히 민주주의인 것이 맞다.

무엇이 문제인지를 찾지 못하게 방해하는 어법이 문제해결에 도움이 될 리는 당연히 없다. "공교육 붕괴" 따위 둔사는 의미가 있거나 말거나 남들처럼 덩달아 질러대면 일단 뭔가 하는 것처럼 보이니까, 표현하고 싶은 욕구를 명확하게 만들지 않아도 되는 편리함은 있다. 하지만 그사이에 뭘 어떻게 해야 할지에 관한 구체적인 관심은 저절로 무뎌져서, 출구는 없이 불만만 남게 되는 것이다. 뭘 어떻게 실제로 행동하려면, "맛있는 것"을 찾지 말고 기성품인 "짜장면"과 "짬뽕" 중에 고르든가, 아니면 자기가 원하는 음식을 구체적으로 주문해야 한다. 다시 말해, "학원에 안 보내도 되는 상황"을 원하는지, "학원에서 밤을 새워도 좋으니 학원비만 싸게 해주기"를 원하는지, 아니면 그야말로 내 아이가 "출세보다 가치 있는 인생"을 살 수 있도록 교육받기를 원하는지를 학부모들이 선택해야 하는 것이다.

세상을 험악하다고 보고, 급하면 반칙을 해서라도 악착같이 살아남는 기술을 내 자식에게 전해주고 싶다면, 현재의 한국 교육은 상당히 괜찮은 편이다. 초등학교에 들어가기 전부터 부모가 시키는 대로 여기저기 다니는 훈련을 받고, 중고등학교부터는 새벽에 일어나 밤늦게까지 맡겨진 일을 하는 척 꼼지락거리면서, 불만일랑 마음속에 깊게 갈무리하든지 아니면 남들 안 보는 곳에서 적당히 푸는 요령을 익힌다. 대학부터는 들어간 운명에 따라 신분사회의 틀에 맞춰서 살기만 하면 적어도 튄다고 왕따당할 리는 없고, 정히 불만이 솟구쳐 소리를 지르고 싶다면 자기가 책임지는 한 소리를 못 지를 것도 없다. 악착같은 부류는 그런 대로, 선한 부류는 또 그런 대로 일인당 GNP 만오천 달러답게 특별히 좌절에 빠지지 않는 한 굶어죽지 않을 정도는 되는 것이 한국사회다. 감수성을 죽여서 없는 일로 바꾸고, 이해할 수 없는 상황을 버티고 견디는 훈련만큼은 우리가 지금 제법 잘 시키고 있다고 나는 생각한다.

내 아이가 노력을 좀 덜해도 남의 집 아이보다 성적이 뛰어나기를 바라는 의미로 "공교육 붕괴"를 성토한다면 베란다에 정한수 떠놓고 하든, 무당 불러다 신내림굿을 하든, 불상이나 십자가를 장치해둔 기복신앙 점집에 찾아가든, 기도나 할밖에 다른 길은 아마도 없을 것이다. 그리고 기도할 때에는 다른 집들도 다 그렇게 기도할 텐데, 여호완지 옥황상젠지 달마도산지 시바의 여신인지 몰라도 뇌물 바친 사람들 중 뉘 집 자식을 편애해야 할지 참 골치 아프겠다는 사실을 한번 궁리해보면 마음의 안정을 찾는 데 조금이나마 도움이 될지 모른다. 그러니까 매개되지 않은 제일층위에서는 내 자식이 공부 잘해서 서울대나 연고대의 법대나 의대에 들어가 출세하기를 바라더라도, 약간만 매개를 거친 제이층위에서는 내 자식이 공부뿐 아니라 다른 어떤 분야에서도 특출나지 못하더라도 너무 실망은 하지 않도록 기도하는 편이 좀더 현명할 것으로 내 눈에는 보인다.

만약 내 아이가 남보다 뛰어나지 않아도 좋으니 나름대로 가치 있는 일거리를 찾아서 자신의 행복을 얻고 남에게도 가능한 한 도움이 되는 사람으로 교육받기를 원한다면, "공교육 붕괴"를 성토하더라도 절제와 분별이 가능할 것이다. 예컨대 학교에서 아이들의 다양한 동기와 관심과 의욕과 호기심을 찾아서 길러주기는커녕, 오히려 싹도 트지 못하도록 짓밟아버리는 경향을 고치라고 정부와 이웃에게 요구할 수 있다. 교원자격증, 교재판매, 교육부의 관료적 권력, 그리고 사학재단이라는 이권이 다차원적으로 결합하여 기형으로 왜곡된 교과과정을 상식적으로 단순화하라고 요구할 수 있다. 배우고 싶으면 대학에 가서 전공하면 되고, 전공하지 않을 거라면 몰라도 세상을 사는 데 아무 지장이 없는 것들을 강제로 배울 필요 없이, 성악, 기악, 판소리, 민요, 사물놀이, 회화, 조각, 각종 스포츠, 온갖 종류의 공예, 원예, 요리 등등 실제로 사람들이 일생 동안 훨씬 많이 접하고 음미하고 활용하는 활동영역들을 학교에서 더 많이 배우고 연습할 수 있게 하자고 제안할 수 있다.

물론 이렇게 하자고 요구하는 것만으로 세상이 쉽게 바뀌지는 않는다. 하지만 만약 학부모들이 자기 자녀가 자기 정체성이 뚜렷한 성숙한 인격으로 자라기를 바란다면, 공교육이 불만스럽다고 방과 후에 학원에 보낸다는 것은 앞뒤가 맞지 않는다. 이렇게만 생각해보더라도 오늘날 우리 사회에서 "공교육 붕괴"를 개탄하는 목소리는 내용이 상반되는 여러 갈래로 구성되어 있음을 쉽게 알 수 있다. 대한민국의 교육정책이 정부수립 후 계속해서 갈팡질팡을 거듭하는 까닭은 교육의 목적이 어디에 있는지에 관해 사회적 합의가 전혀 없기 때문이다. 부모들은 학교와 정부를 탓하고, 학교는 정부와 부모를 탓하고, 정부는 학교를 탓하는 책임전가의 악순환에 끼여 어린 학생들이 인질로 잡혀있지만, 그 학생들이 자라면 다시 부모가 되고 선생이 되고 관료가 되어 나름대로 적응하는 방식이 반복되는 형국이다.

교육에 관해서는 할 말이 적지 않지만, 이 글에서 본격적으로 다루기는 곤란하다. 내가 이 장에서 교육문제를 거론하는 까닭은 이 자체에 관해 어떤 해답을 제시하고자 하는 것이 아니고, 이런 문제에 관해서는 해답이라는 것이 공론장 안에서 구성원들 간의 소통에 의해서만 얻어질 수 있음을 강조하기 위함이다. 공론장 바깥에서 선험적으로 해답이 정해져 있는 것이 아니라, 당사자들이 어떤 교육을 원하는지, 그리고 각 개인들 사이의 차이를 어떻게 조정해낼 수 있는지에 따라서 시도해볼 만한 정책대안이 형성되든지 아니면 무산된다는 뜻이다. 정책대안이란 일단 한번 시도해볼 만하다고 구성원들에게 지지받은 의견일 뿐이고, 그렇게 한다고 기대되는 성과가 나오리라는 보장은 당연히 없다.

정책대안으로서 고려해볼 만한 것들은 무수하지만, 지금 논의하는 주제를 부각하기 위해 하나의 예를 들어본다. 학벌을 중시하는 사회풍토가 문제라는 지적들은 대단히 많다. 그런데 현재 있는 이른바 "명문대학"들을 그대로 두고서 사람들더러 학벌을 중시하지 말라는 소리는 전혀 소용이 없을 것이다. 따라서 1971년 파리에서 그랬듯이, 서울에 있는 대학들을 모두 연합대학으로 통합하는 방안을 진지하게 고려할 가치가 있다. 지금 종합대학이라는 형태로 산재하는 단위 하나에 학과 하나 또는 단과대학 하나를 모아놓는 것이다. 이를테면, 지금 고려대학교 캠퍼스에 서울 시내의 정치학과 역사학을 모두 모아 집결시키고, 지금 경희대학교와 한국외국어대학교를 합해서 외국어학과와 지역문화연구센터를 집결시키며, 서울대학교 캠퍼스는 자연과학과 공학을 집결시키는 등으로 하는 것이다. 물론 학과의 구분이라는 것이 중첩될 수밖에 없기 때문에, 같은 학과가 필요한 만큼 시의에 따라서 여러 군데 있게 될 것이다.

많은 독자들이 이런 얘기를 몽상으로 여길 것이다. 이런 기획을 성사시키려면 아주 상세한 청사진이 마련되어야 하고, 나아가 사회적으로 수긍이 이뤄져야 한다. 무엇보다도 현재의 대학체제를 유지하려는 이익에 대해 이치로 설득하고, 보상으로 위안하며, 마지막으로는 그래도 남아 있을 저항을 사회적 합의의 힘으로 넘고 넘어가야 한다. 나는 누가 저런 안을 심각하게 발전시켜서 작동가능한 구상을 발표한다면 적극 지지하겠지만, 현 단계에서는 나 스스로 그런 역할을 맡을 생각이 없다. 지금 제시한 내용은 하나의 가상으로서, 교육정책에서 공공성이라는 것이 소통 및 합의와 어떻게 연결되는지를 보이기 위함일 뿐이다.

이런 안이 공익에 이바지하는 것인지 아닌지는 오직 시행해봐야 확실히 알 수 있는 일이다. 그런데 이런 발본적인 개혁을 통해서 기대하는 변화를 교수, 학생, 시민단체, 학부모, 정당들, 그리고 당국이 충분히 음미해서 이해하고, 나아가 소기의 성과가 이루어질 수 있도록 각자 자신의 행동방식을 그런 방향에 맞도록 조금만이라도 조정한다면, 아마도 기대했던 성과가 실현되기가 쉬울 것이다. 즉, 그때가 되면 이 시책은 공익을 증진했다고 평가받게 될 것이다. 반면에 이런 시책을 전횡에 의해 밀어붙이고, 당사자들은 복심으로는 협조할 마음이 전혀 없이 단지 튀거나 찍히지 않기 위해 침묵 속에서 눈치만 보고, 자극적인 화젯거리를 찾는 언론기관이나 정치평론가들은 시행과정에서 작은 착오가 나올 때마다 "봐라, 안 될 것이 뻔하다"는 식으로 냉소만을 퍼뜨린다면, 공연히 소동만 벌여서 시간과 비용과 감정만 낭비하는 결과가 빚어지기 쉽다.

촌각을 다투는 일을 제외하면 모든 사안에서 나는 일반적으로 소통과정에서 공정했다는 느낌을 구성원들에게 자아내는 정책이 공익에 기여한다고 본다. 그중에서도 특히 교육정책은 소통과정을 통한 가치와 목표의 공감이 정책의 공공성을 구성하는 알맹이 대부분을 차지한다. 단적으로 한국 근현대사 교과서의 서술방식을 둘러싸고 벌어졌고 앞으로도 계속될 논쟁은 교육의 문제가 정치의 문제와 결코 분리될 수 없다는 사실을 잘 보여준다. 그러니까 정치적 쟁점에서 우리 사회가 제일층위의 대립에만 매몰된 상태에서 벗어나지 못한다면, 교육이 지금 상태로 억압체제를 유지해서 강인한 생존능력을 기르는 것이나마 다행이라고 여겨야 할 것이다.

교사의 직업적 이권, 자식을 통해 대리만족을 구하는 부모의 신분상 승욕구, 그리고 관료들의 권력사유화라는 삼각관계에서 서로 책임을 전가하는 악순환을 끊기 위해서는, 우리가 삶의 가치를 어디에 둘 것인지에 관한 범사회적인 운동이 일어나야 한다. 그런 운동은 당연히 어떤 세력을 지원하고 어떤 세력을 배척하는 정치적인 성격을 띨 수밖에 없다. 그러므로 교육이 개선되기를 원하는 학부모라면, 교육개혁을 위한 어떤 제안이든지 선험적으로 모든 정파를 초월한 차원에서 지상으로 하사될 수는 없다는 사실을 명심해야 한다. 정치와 상관없는 교육개혁은 있을 수 없다는 사실도 깨달아야 한다. 그러므로 좀더 많은 학부모들이 남을 눌러서 출세하는 것 말고 다른 가치들에 눈을 뜨고, 자기 자녀들이 그런 가치들 가운데 자신에게 가장 주파수가 맞는 것을 찾아 추구하는 것을 이상으로 여기며, 그런 세상을 만들기 위해 정치적인 관심을 적극적으로 기울이게 되기 전에는, 다시 말해 "정치적"이라거나 "이념적"이라는 낙인 자체를 금기로 여겨 두려워하지 않게 되기 전에는, 저 책임전가의 삼각 악순환을 발본적으로 끊을 길은 없을 것이다.

제 9 장

또 하나의 가짜문제
자본주의 또는 신자유주의

대한민국은 지구상에서 손꼽히는 반공국가였고, 지금은 거의 독보적인 지위를 자랑한다. 미소 냉전이 끝나기 전 1986년에는 국회의원이 "반공 말고 통일이 국시"라고 발언했다가 징역을 살아야 했다.[43] 미소 냉전이 끝난 지 20년이 다 되고, 한반도 냉전도 끝나가는 듯하더니 최근에는 다시 냉랭해졌다. 그런데 이런 나라임에도 도처에서 "좌빨"들이 설치는 듯하니, 과연 공산주의자를 뿌리 뽑기는 불가능한 것으로 보인다. 공산주의자들이 홍길동처럼 둔갑술을 익혀서가 아니라, 아무에게나 기분만 나빠지면 공산주의자라고 뒤집어씌우는 변덕에서 비롯되는 현상이기 때문이다.

그러면 자본주의라는 말은 어떤가? 자본주의에 여러 가지 약점과 폐해가 있다는 사실을 부인할 사람은 별로 없을 것이다. 분업과 기계

---

43) 이 사건의 주인공 유성환(12대 국회 신한민주당, 대구 중 · 서) 의원은 1986년 1심에서 징역 1년과 자격정지 1년을 선고받아 복역했고, 1991년 항소심과 1992년 상고심에서 모두 무죄판결을 받았다. 김영삼이 1990년 3당합당으로 민자당 총재가 된 뒤의 일이다. 유성환은 1992년 14대 총선에서 민자당 비례대표로 당선되었다.

문명으로 말미암은 소외, 자본주의라는 구조가 조장하는 탐욕과 착취, 그런 자본의 앞잡이가 되어 착취를 영속화하기 위해 봉사하는 언론과 정치 등이 대략 자본주의의 커다란 문제라고 볼 수 있다. 그런데 이런 문제를 뿌리 뽑을 수 있을까? 앞에서(제1부 제4장 제1절) 자유와 평등이 대립항일 필요가 없다고 말했고, 명목척도보다 순서척도를 통해 사고하는 것이 바람직하다고 제안했듯이(제1부 제3장 제2절), 자본주의와 사회주의도 순서척도라는 관점에서 바라보면 대립항일 필요가 없다. 자유와 평등이 단선적 모순이라기보다는 복합적 균형의 문제이듯이, 성장과 분배도 복합적인 균형의 문제다.

왜냐하면 우리가 흔히 자본주의라고 일컫는 체제에는 문제가 있는 것이 분명하지만, 많은 사람들에게 엄청난 축복과 자유를 갖다 준 것도 엄연한 사실이기 때문이다. 분업과 기계문명이 소외를 초래하는 것은 분명하지만, 분업과 기계문명 덕분에 인류는 풍요와 편리를 누린다. 자본주의의 탐욕과 착취란 자유와 창의성을 장려한 부작용이며, 언론과 정치가 자본에 봉사하는 경향은 바로 자유롭고 창의적인 시민들의 지성과 덕성에 의해 적어도 지금까지는 참을 수 있는 정도로 관리되고 있다. 대한민국 사회의 보통 사람들에게 자주 발견되는 부동산 투기욕심이 자본주의 때문인지 아니면 원래 인간성에 내재하는 본성에 기인하는지는 논의할 생각이 없다. 단, 이런 두 입장 사이의 이론적인 경합은 아마 내가 죽은 후에도 언제 끝날지 모를 정도로 오래 계속되리라는 전망은 자신 있게 할 수 있다.

비정규직, 도심 재개발, 지역균형발전, 언론계의 질서, 집회 및 시위의 권리에 관한 논쟁, 경부대운하 또는 4대강 정비 등등 수없이 산적한 정책과제들을 해결하기 위해서, 탐욕의 원인이 자본주의에 있는지 인간 본성에 있는지에 관한 이론적인 논쟁의 결말을 기다려야 한다고 볼 사람이 있을까? 이 점만 보더라도 체제 차원에서 자본주의를 사회주의로 대체한다는 발상은 어리석고 편협한 망상이지 책임감 있는 정치적인 구상이 될 수 없음이 분명해진다. 이는 다른 각도에서 살펴봐도 마찬가지다.

자본주의와 체제 차원에서 대척되는 사회주의란 소련, 중국, 북한, 쿠바 등지에서 20세기에 실험된 유형을 빼면 주로 푸리에나 오웬, 카베, 프루동 등의 발상을 계승한 소박한 공동체밖에는 없다. 현실 사회주의국가들이 체제에서 상대가 안 된다는 점은 굳이 언급할 필요도 없다. 그리고 소박한 자발적 공동체라는 형태는, 비록 내가 참여해본 적은 없지만 상당한 기대를 가지고 지켜보기는 한다. 미래의 바람직한 사회생활의 형태를 모색하는 데, 자발적 공동체의 실험들은 대단히 심중한 의미를 가진다고 본다. 단, 현재 어떤 형태의 생태공동체라고 할지라도 자본주의 체제의 생산능력을 배제하는 것이 아니라 기반으로 삼고 있다는 사실을 지적하고 싶다. 생태공동체의 실험들은 모두 유사시 기존 자본주의의 생산력으로부터 조력을 받을 수 있다는 실제적이고 심리적인 바탕 위에서 이루어지고 있음을 간과해서는 안 된다는 말이다.

다양한 생태공동체의 실험이 아무리 큰 성공을 거두더라도, 그 성공을 전체 사회구성원들에게 적용하게 된다면 현재의 자본주의 체제를 철폐하는 정도가 아니라 수선하는 정도에 그치지 않을 도리가 없다. 협동을 아무리 강조하더라도 경쟁의 요소가 없어질 수 없고, 없애는 것이 바람직하지도 않다. 누차 말했듯이 탐욕이나 이기심을 없애야 한다고 보는 제일층위의 발상에서 벗어나, 탐욕이든 이기심이든 일단 인격적 정체성이라는 점에서 존중하는 위에 어디서부터가 넘지 말아야 할 한계인지를 명시하고 관리하는 제이층위의 사유가 중요한 것이다.

현실 사회주의국가들이 무너진 이후, 자본주의 그 자체에 대한 공격이 현저하게 위축된 것은 사실이다. 유럽 사회주의의 경우 에두아르트 베른슈타인, 장 조레스, 레옹 블룸 등과 같은 현실감각을 갖춘 지성인 지도자들에 의해 이미 20세기 초반에 마르크스식의 "혁명"이란 가능하지도 않고 바람직하지도 않음을 깨달았다. 인식론적으로나 정치적으로나 유럽보다 훨씬 실용주의에 익숙한 영국과 미국에서는 자본주의적 생산양식을 사회주의적 생산양식으로 바꾼다는 마르크스의 발상은 애당초 진지한 정치적 대안이라는 지위조차 얻은 적이 없다. 그럼에도 한국사회에서는 1980년대까지 미개한 정부권력이 이른바 "빨간책"을 금지했던 여파로, 아직도 마르크스 아류의 변증법적 유물론에 따라 진보의 의미를 규정하는 사춘기적 향수가 여러 곳에 강고하게 남아 있다. 이른바 "신자유주의"에 대한 비판이 대개는 바로 그런 향수의 반영에 지나지 않는다.

신자유주의란 일차적으로 1980년대 영국의 대처와 미국의 레이건으로 대표되는 정책노선을 가리키는 정치적 용어다. 그렇기 때문에 이는 때로 네오콘, 즉 신보수주의라고도 불린다. 내용은 자유시장, 자유경쟁, 자유무역을 골조로 하는 고전자유주의와 다르지 않은 것처럼 보이지만, 그 용어가 현재의 한국에 대해 가지는 함의의 무게를 달아보려면 맥락적 해석이 반드시 필요하다. 따라서 고전적 자유주의에서 레이거노믹스에 이르는 정치경제이론의 흐름을 요약해서 살펴보자.

앞에서(제2부 제3장 제2절) 언급했듯이 레세페르laissez-faire라는 용어는 18세기 중엽에 프랑스 중농주의자들이 즐겨 사용하던 구호였다. 그들은 남을 찍어눌러서 자기가 올라가는 방식 말고, 각자 생산적이고 창조적인 활동을 통해 자신의 번영을 추구하는 사회를 위해 절대국가의 간섭을 배제하는 의미에서 레세페르를 외쳤다. 자기가 일한 만큼

취할 수 있도록 한다면 모두 열심히 일할 테니까 전체의 부도 증진된다는 발상은 16세기 초 마키아벨리도 역설했던 번영의 기본원리로, 18세기 스코틀랜드 계몽주의를 대표하는 데이비드 흄과 애덤 스미스에 의해서 영국에서 활짝 꽃을 피웠다. 그들의 정신을 이어 제러미 벤담, 제임스 밀. 존 브라이트, 리처드 코브덴, 존 스튜어트 밀 등이 자유주의 정치경제학을 이론과 실천 양면에서 주장하고 전파했다.

그런데 이런 이론이 19세기 영국 정치에서는 주로 누구의 자유를 지향하느냐에 따라 두 갈래의 함축을 가졌다. 지주귀족으로 대변되는 전통적 지배계층에 대한 상공인계급의 자유를 가리킬 수도 있었고, 노동자와 농민계급을 가리킬 수도 있었다. 현실정치에서 후자의 자유는 19세기 대부분 주요 의제의 지위에 오르지 못해, 전자의 자유에 부수되는 의제로 영국 자유당에 의해 대변되었다. 하지만 1884년 노동자들이 참정권을 쟁취하고 1902년 노동당이 창설되면서, 자유당 지지층 가운데 상대적 좌파들이 노동당으로 급속히 편입되었다. 그리고 1920, 30년대를 지나면서는 노동당이 보수당의 상대역으로 떠올라, 자유당은 제3당으로 전락했다. 그렇게 되자 자유당 우파마저도 다수가 보수당으로 들어가서 자유당은 존폐의 위기까지 몰린다.

이런 과정에서 19세기 중엽 이후 자유주의를 노동자들에게 우호적인 방향으로 해석하는 이론가들이 나타났다. 토머스 힐 그린(1836~1882), 레너드 홉하우스(1864~1929) 등이 그들로, 이들의 이론을 고전자유주의와 구분해서 신자유주의neo-liberalism라고 불렀다. 존 스튜어트 밀(1806~1873)은 스미스(1723~1790)와 리카도(1772~1823)의 고전적 자유주의와 신자유주의 사이의 연결고리에 해당한다. 이 의미의 신자유주의는 사회적 자유주의라고도 불리며, "곤들매기의 자유는 붕어의 죽음"이라는 상식을 받아들여, 노동자들이 정치투쟁을 통해 자본의 권력에 저항할 권리를 인정한다. 그리고 누진세와 공공교육 및 공공의료 등 일련의 사회적 입법을 통해 복지국가의 기틀을 마련했다. 물론 이것은 오늘날 한국의 진보파에서 반대하는 신자유주의와는 다르다. 그 때문에 미국에서는 이를 계승하고 있는 흐름을 neo- 말고 new를 써서 신자유주의라고 구분하는 사람도 있다.

오늘날 자주 언급되는 신자유주의란 멀리는 프랑스의 프레데리크 바스티아(1801~1850)에서 기원을 찾을 수도 있지만, 직접적으로는 오스트리아 유대인 출신으로 히틀러를 피해 영국과 미국에 정착한 미제스와 하이에크의 정치경제학을 가리킨다. 이들의 이론에 신(新, neo-)자가 붙은 사연도 역사적 우연이다. 대공황을 예견하고 뉴딜정책에 도움을 준 케인스 경제학은 제2차 세계대전 후 브레턴우즈 체제의 근간이 되었다. 이 체제는 각국 통화 사이의 환율 변동을 일정 범위 안에 고정하고, 각국 정부는 완전고용, 경제성장, 복지를 지향하면서, 필요하다면 시장에 개입할 수 있도록 했다. 그 때문에 러기는 이를 "고착된 자유주의embedded liberalism"라고 이름 붙였다.[44]

하지만 이 체제는 안에서 삐꺽거리다가 마침내 1971년 미국이 달러가치와 금의 연동을 해제함으로써 무너졌다. 그리고 다시 불붙은 "자유시장"과 "정부개입" 사이의 논쟁은 1980년 레이건이 대통령에 당선되면서 미제스 – 하이에크 – 프리드먼 – 노직 계열의 승리로 일단락되었다. 그리하여 민영화, 규제완화, 재산권 강화, 감세, 복지예산 삭감, 균형재정, 국제자본거래 자유화, 무역장벽 철폐 등을 주요 내용으로 하는 대처리즘과 레이거노믹스가 세계를 주름잡게 되었다. 이는 정치

---

44) John Gerard Ruggie, "International Regimes, Transactions, and Change : Embedded Liberalism in the Postwar Economic Order," *International Organization*, 36 : 2(1982).

적으로도 노동계의 파업이나 일반적인 항의시위를 "법과 질서"라는 이름으로 진압할 수 있다는 내용까지 포함한다. 종전의 케인스판 자유주의, 또는 "고착된" 자유주의에 비해서 이것을 신자유주의라고 부르게 된 것이다.

좀 장황하지만 신자유주의라는 말이 사용된 두 갈래의 맥락을 정리한 목적은 영국이나 미국에서 사용하는 방식에 충실하게 우리도 그 말을 사용해야 한다는 따위에 있지 않다. 영국이든 미국이든 유럽이든 현실정치의 공방에서 신자유주의라는 말은 단순히 민영화, 규제완화, 복지삭감 등등의 항목으로만 구성되는 것이 아니라, 무엇을 얼마나 민영화하고 어떤 규제를 어떻게 완화하느냐는 구체적인 정책대안들과 함께 논의된다는 사실을 강조하기 위함이다. 다시 말해, 1980년의 레이건이나 2000년의 조지 W. 부시가 "신자유주의"를 공약으로 들고 나온 것이 아니고, 1992년의 클린턴이나 2008년의 오바마도 "신자유주의 반대"를 공약으로 들고 나오지 않았다. "신자유주의"란 닉슨-레이건 이래 공화당이 시도한 일련의 정책을 뭉뚱그려 비판하기 위해 만들어진 수사적인 조어라고 보는 것이 더욱 온당하다.

물론 영국이나 미국의 경우에는 수사적인 조어라고 하더라도 위에 간략하게 제시한 이론적·정치적·경제정책적 맥락이 있기 때문에 "신자유주의"라는 말 속에 구체적이며 실질적인 내용이 없는 것은 아니다. 하지만 한국의 경우는 적어도 내가 보기에 "신자유주의 반대"라는 말이 별로 구체적인 의미를 가지지 못하는 것으로 보인다. 가장 큰 이유는 바로 이 용어가 맥락적인 차원에서 진짜문제에 관한 정책적 대안을 담고 있지 못한 채, 선험주의적인 이상형을 추구하는 방식으로 사용되기 때문이다. 한미 FTA와 이른바 "3불정책"의 예를 들어 내 의미를 부각하고자 한다.

한미 FTA를 한국에서는 진보파에서 반대하고 미국에서는 민주당이 반대한다. 그런데 매개되지 않은 시각에서 보면 반대의 이유가 비슷한 것 같지만, 실상은 많이 다르다. 그래서 반대라고 하지만 실제 대응하는 행동방식도 크게 다르다. 미국 민주당은 전통적으로 보호무역의 입장이면서 동시에 대자본의 이익보다는 소자본 또는 무자본의 이익을 옹호한다. 그러나 보호무역이란 국제적으로 자국이 비교우위를 가지지 못하는 산업분야에 대한 이야기지, 자국이 비교우위를 가지는 분야에서 보호무역을 주장하는 정치인은 혹시 지구상에 있는지는 몰라도 별로 성공한 축에 끼지는 못할 것이다. 따라서 미국 민주당도 쇠고기의 한국 수출은 강력하게 지지하면서 한국 자동차의 미국 유입에는 뭔가 제동장치가 필요하다고 보는 것이다. 반면에 한국 진보파는 이런 선별의 안목 자체를 백안시하면서 일축한다.

선별적인 선호가 분명하기 때문에 미국 민주당의 반대는 결사적으로 추구되지는 않는다. 무엇보다 미국 의회는 당론보다 의원 개인의 판단이 우선시되기 때문에, 각 의원이 자신의 맥락에서 시의적으로 균형점을 판단할 수 있을 때까지 의회에서 토론을 통한 조사와 연구가 행해지는 것이다. 개별 의원들이 나름대로 충분히 따져서 실상을 확인했다고 판단하는 시점에서 표결이 이뤄지고 결정이 내려진다. 반면에 우리 사회의 진보진영에서는 각 의원들 자신이 이런 통상문제에 관해 나름대로 판단할 만한 구체적 맥락이라는 것과 접촉되어 있지 않다. 그러므로 당론 또는 진보진영의 여론에 의해, 다시 말해 "신자유주의 반대"라고 하는 지극히 추상적이고 이념적인 차원에서 결정된 노선을 무책임하게 따라가게 된다. 그래서 성공하면 "나도 한몫 끼었다"고 생색을 내고, 실패하면 "나는 그냥 따라갔어"라고 하는 것이다. 이 점에서는 보수와 진보가 전혀 다르지 않다. 참여정부에서 장관까지 지낸 사람들이 바로 그 정부가 추진하는 일을 단식투쟁으로 반대하는 사태가 그 때문에 발생하는 것이다. 책임 있는 정치인이라면 마땅히 비교우위가 낮은 부문의 손해를 높은 부문의 이익으로 어떻게 보전할 것인지, 미국과의 협상에서 최대한 양보를 얻어낼 지점은 어디인지, 외교관료들이 비밀주의로 일관해서 어떤 비효율이나 부패가 생길 수 있는지 등등 실질적인 문제제기를 통해서 조건부 반대를 표시했어야 한다.

"본고사, 기여입학제, 고교등급제"를 허용할 수 없다는 이른바 3불 원칙 역시 신자유주의적 신분세습은 안 된다는 추상적인 교조에서 비롯되었다고 나는 생각한다. 교육이 신분제의 사슬이 된다면 물론 크게 우려할 일이다. 그러나 정책판단이란 신분제냐 아니냐는 추상적 이분법에 따라 이루어지면 안 된다. 지금 대한민국에서 교육이 신분제를 유지 강화하는 기제로 작용하고 있는 정도에 비해서, 본고사나 기여입학제나 고교등급제를 허용하면 신분제의 정도가 얼마나 심해질지를 고려해야 하는 것이다. 나아가 현재 교육을 통해 신분이 세습되는 고리를 끊을 수 있는 방법이 있는지도 고려해야 한다. 만약 현재의 세습 고리를 다른 방법으로는 끊을 수 없고, 오로지 신분세습의 일시적 악화를 통해 일반 시민들 사이에 강고한 각성과 반감이 발생해서 힘을 모아줘야 끊을 수 있다면, 오히려 신분세습을 일시적으로 허용하는 것이 확실한 길이 될 수도 있다. 물론 해봤더니 신분세습보다는 기회균등이 이뤄지거나, 아니면 신분세습이 일어나더라도 사람들이 대개 꾸역꾸역 견디고 산다면, 그것이 민주주의다.

3불정책을 당장 폐지해야 한다는 얘기가 아니라, 구체적이고 경험주의적 실태검증 절차에 따라 자유로운 논의가 이루어져야 한다는 말이다. 경험주의적 실태검증 절차에 대한 합의가 없어서 양쪽 진영에서 근거로 삼는 실태가 서로 다르다면, 그 실태를 확인할 수 있는 방법을 쌍방이 공유하는 길을 먼저 찾아야 한다. 나는 특히 이 실태확인을 위한 방법에 관한 합의가 우리 사회 모든 영역에서 가장 필요하다고 본다. 이런 방향의 구체적인 고려와 논쟁을 거쳐서 각자 내린 판단들이 집약된 공론을 찾아가지 않고, 논쟁 자체의 시작점에서부터 결과를 의심하고 원천봉쇄를 시도하는 것은 교육문제를 논의해서 개선책을 찾자는 태도가 아니다. "신자유주의"라는 선험주의의 도깨비를 가짜문제인 줄도 모른 채 두들겨 패기만 하면 교육문제가 해결될 것처럼 자신을 기만하는 행위가 되는 것이다. 요컨대 어떤 정책도 "자본주의/반자본주의", "신자유주의/반신자유주의"라는 이분법에 따라 비판하거나 옹호할 수 있다. 그러나 실제 선택이 그렇게 거칠기 짝이 없는 이념의 잣대로 이뤄진다면 교육과 같은 미묘한 영역에서 정책이 성공을 거두기는 어려울 것이다. 보편적 원칙보다는 가능한 한 개별적이고 세부적인 사정과 상황을 충분히 고려하는 사례 위주의 정책이 필요한 것이다.

제10장

넷째 매듭
위신과 공포의 함수

한미 FTA가 양국 의회에서 언제 비준되어 발효할지는 나로서 장담할 수 없다. 하지만 지금 찍어야 한다면, 내 예상은 결국은 비준이 되리라는 쪽으로 살짝 기운다. 그런데 지금 한미 FTA에 결사반대하는 우리 사회의 진보파들은 막상 그날이 오면 어떻게 반응하려는 것일까? 그렇게 되지 않도록 결사적으로 저항하다가, 다수의 지원을 못 받아 결국 그런 날이 오면 모두 옥쇄라도 할 생각일까? 절대로 그럴 리는 없다! 노무현 대통령의 자진에 관해 "좀더 뻔뻔했으면 좋았을 텐데"라며 아쉬워하는 한 기사를 보니, 1990년대 초 덕성여대 학보사 기자로 일할 때 학내집회에 참석한 노무현에게 반해서 그가 대통령이 되자 환호했지만, "이라크에 군대를 파병할 때 실망하고 한미 FTA를 추진할 때 내 마음속에서 조용히 그를 보냈다"고 한다.[45] 나는 이 기자에게 이라크 파병이나 한미 FTA가 구체적으로 어떤 이유 때문에 그토록 혐오스러웠는지는(또는 아직도 혐오스럽고 앞으로도 혐오스러울 것인지

---

45)「조금 더 뻔뻔했으면…… 바보 노무현」,〈오마이뉴스〉 2009. 5. 25. http://www.ohmynews.com/NWS_Web/View/at_pg.aspx?CNTN_CD=A0001139353.

는) 잘 모르지만, 막상 이라크에 한국군이 가서 활동하고 돌아온 사실 때문에 그 상심이 더 커지지는 않았으리라고 짐작한다. 노무현을 "마음속에서 조용히" 보낸 원인이 된 한미 FTA도 지루한 공방을 거쳐 막상 시행될 즈음이 되면 지금 결사반대하는 사람들 중 절반 이상에게 굳은살이 생겨서 심드렁한 일상사의 일부로 편입될 것이다.

시간이 지나 심드렁한 일상사로 편입될 일이라면 적어도 결사적으로 반대하지 않으면 안 될 일은 아니었다는 확실한 증거로서 부족하지 않다. 그런 일에 결사적으로 반대하는 것은 물론 자유지만, 거기에는 개인적인 취향 또는 좌절감이 작용한 것이 틀림없다. 사회구성원들이 주권적인 시민으로서 어떤 이유에서든 어떤 정책에 대해서든 나름대로 강한 의견을 가지는 것까지는 나로서 개탄하기보다는 오히려 환영할 일이다. 민주주의가 자생력을 가지고 작동하려면 어쨌거나 시민들 개개인이 뚜렷한 주관과 분별력을 갖춰야 하고, 그러려면 일단 주입된 의견이 아닌 나름의 의견을 가지는 것이 선결조건이기 때문이다. 그러나 일차적으로 각 개인의 마음속에서 일어나는 생각과 관념이라는 것은 나름대로 아무리 매개와 검토를 거쳤다고 하더라도, 다시 다른 사람들로부터 반론을 만날 때 그대로 관철되기만은 어렵다.

그런데 선험주의의 프레임은 예지력과 선견지명을 가진 개인을 동경하며 숭앙하는 방향이기 때문에, 이런 프레임에 따라 생각하는 사람들은 스스로 예언자의 역할을 해야 할 의무 또는 허영심에 빠지기가 쉽다. 하지만 허영심에서 비롯되는 예언자 흉내일수록 의식역意識閾 위에서든 아래서든 내심 자신의 오류 가능성이 켕기기 때문에, 자기가 틀렸다고 판명될 수도 있는 검증의 판 자체를 두려워하게 된다. 따라서 자기 마음속의 두려움을 증폭해서 선동하는 행태에 자신을 내던지기 쉽다. 반면에 미래에 관해서든 과거에 관해서든 남들이 보지 못하는 대목을 명료하게 감지하고 있는 사람일수록, 남들이 두려움에서 벗어나 마음을 가라앉히기를 기다리게 된다. 공황상태에서 울부짖는 사람들에게는 애당초 밝은 이치가 통할 수 없기 때문이다.

모든 두려움, 공포, 공황의 본질은 불확실성을 무서워하는 데 있다. 엄마 품에서 아늑하게만 살다가 낯선 사람들과 부대끼며 살게 된다면 겁이 나기도 할 것이다. 하지만 자기가 곧 다른 사람들에게는 낯선 사람이고, 다른 사람들이 나를 특별히 두려워할 필요가 없다고 보면 나 역시 아직 만나보지도 않은 사람들이 무서워 떨어야 할 특별한 이유는 없음을 알 수 있다. 반면에 다른 사람들을 동료가 아닌 먹잇감으로만 여기는 사람은, 당연히 다른 사람들이 자기를 먹잇감 아닌 동료로 여기리라고 기대할 능력이 없기 때문에 남을 두려워하지 않을 도리가 없을 것이다.

앞 제2부 제6장에서는 차이를 관인하지 못하는 태도가 제노포비아임을 지적했고, 제3부 제5장 제2절에서는 불확실성을 감내하지 못하는 것이 또한 제노포비아임을 지적했다. 이 와중에 "부정확하고 도움이 안 되는 추정을 믿어버리고, 자기 주변에서 벌어지는 일에 대해 자기가 미칠 수 있는 영향력을 과대평가하는 실수를 저지르며, 그 결과 제반사의 진행에 자아를 너무나 결부시켜 일이 뜻대로 안 되면 불필요하게 자신을 책망한다. 아울러 '독심술'의 덫에 빠져서, 다른 사람들의 생각이나 느낌에 관해 성급한 결론으로 비약하기 때문에 남이 악의 없이 한 행동을 자신에 대한 비판으로 읽기가 쉽다. 다른 사람들이 자신의 마음을 이해할지도 모른다는 생각을 보통 거부하며, 누구도 자신을 꺾을 수 없다는 착각에 무모한 짓을 벌인다."[46] 이 인용문은 위키피디

---

46) "Adolescence", Wikipedia, 2009. 5. 26. 검색. http : //en.wikipedia.org/wiki/

아의 "사춘기Adolescence" 기사 중 "심리적 고비psychological challenge"에 열거된 증상을 거의 그대로 번역한 것이다. 사춘기 아동들이 아직 시야가 좁아서 자아 바깥의 외부세계를 두려워하면서 적절한 대응의 수위를 터득하지 못한 데서 말미암은 증상인 것이다.

물론 부정확한 추정, 과대평가, 일에 위신을 결부시키기, 성급한 결론, 무모한 행동 등은 사춘기 때만 하는 것이 아니고 성인들도 자주 저지르는 실수다. 하지만 자기가 그런 실수를 저지를 수 있다는 사실을 깊이 인정하고, 어떤 일의 결과를 보고 자신의 실수를 깨달을 줄 안다면 나이에 상관없이 성숙한 사람이라고 일컬을 수 있다. "결과를 보고 실수를 깨닫는다"는 것도 물론 객관적으로 명확한 척도는 아니고, 다시 "어떤 결과에서 어떤 실수를 어떻게 깨달을지" 자체가 복잡한 논쟁의 주제가 될 수 있다. 하지만 예컨대 자이툰 부대가 이라크에 갔다 온 일은 조지 W. 부시의 체면을 조금이나마 세워줘서 속상해할 사람이 없지는 않겠지만, 이라크 사람들에게 준 도움뿐 아니라 거기 다녀온 장병들 대다수에게도 좋은 경험이 된 것이 분명하다고 본다. 그것 때문에 지금까지도 노무현 전 대통령을 공격하는 행태는 결과를 보고 실수를 깨달은 부류에는 속하지 않는다. 전형적으로 "진보"라는 말의 자의적인 규정에 얽매여 있으면서, 그 공허한 말장난의 쳇바퀴 밖으로 나오기를 겁내는 행태에 해당한다.

모든 두려움은 부정확한 추정, 백해무익한 교만, 상상과 현실의 혼동 등에서 비롯된다. 이라크 파병이 치명적인 잘못이었다고 지금도 고집하고 싶은 사람은 나름대로 정합적인 시나리오를 장황하게 그려낼 수 있을 것이다. 체니가 이라크 공격을 정당화하면서 써먹듯이, 역사

Adolescence.

에 대한 가정을 여러 가지 집어넣는 수법을 쓰면 어떤 시나리오도 나름대로 그럴듯한 모양으로 내놓을 수는 있다. 이명박 정권이 촛불과 대북화해정책에 대한 두려움을 여러 가지 역사적 가정을 끼워 맞춰서 그럴듯한 말을 만들어낼 수 있는 것과 같은 이치다.

　이런 식으로 말을 만들어 자기를 변명하기로 작정한 사람에게 말로 이치를 설득할 방법은 별로 없다. 여러 번 밝혔듯이, 이 글은 그런 사람들더러 읽으라는 것이 아니다. 한국정치의 현재 상황을 나름대로 진지하게 고민해보고, 어떤 개선의 가능성을 구하는 관심에 내가 나름대로 내놓을 수 있는 하나의 응답일 뿐이다. 나는 당파적인 증오나 자기 위신 세우기를 잠시 뒤로 접어두고 생각한다면, "대량살상무기" 때문에 쳐들어간 부시의 이라크 침공은 잘못이었음이 적어도 지금은 분명하게 판명이 된다고 본다. 마찬가지로 그런 부시의 요청을 마지못해 수락하면서도 평화재건활동에 임무를 국한한 노무현 대통령의 결정을 "현명한 결정"으로 보는 내 일차적인 평가에 동의하지 않을 사람이라도, 그 일이 대한민국은 물론이고 어떤 누구에게도 엄청난 피해를 준 일이 아니라는 점에는 동의해야 한다고 생각한다. 이런 결론들을 일의 결과로부터 명확하게 찾아낼 수 있다면, 촛불이나 대북화해정책에 대한 이명박의 두려움 역시 명확하게 잘못임을 지적할 수 있으리라고 나는 확신한다.

　그런데도 한국사회에서는 보수나 진보를 막론하고 대단히 많은 사람들이 선험주의의 프레임에 갇혀서 자기가 만든 말의 덫에 빠져 헤어날 줄을 모른다. 그래서 위에 내가 든 예 가운데 이명박 정부의 공포에 동의하는 사람 중에는 노무현 정부의 이라크 파병에 동의하지 못하는 사람이 많을 것이다. 그 일이 실제로 초래한 결과에 근거해서 판단을 내리는 것이 아니라, 또 실제적인 결과를 우선시하는 관점에서 그 일의 공과를 성찰하는 것이 아니라, 경험적 결과와 상관없이 선험적인 본질에서 결론을 논리적으로 도출하기 때문이다. 이때야말로 선험적인 본질은 전형적으로 패거리 구분에 의해 좌우되기 십상이다.

선험주의적 사고방식은 모든 정치적 문제에 객관적인 정답이 있다고 보면서, 통찰력이라든지 선견지명과 같은 우월한 지성이 그 정답을 찾을 수 있다고 본다. 따라서 어떤 주제를 둘러싸고 논쟁이 벌어지든지, "우월한 지성"의 소유자라는 간판을 차지하기 위한 위신싸움이 주제 자체에 대한 탐구보다 자연스럽게 더욱 중요시된다. 그러므로 아무리 소소한 문제를 둘러싼 갈등이라도, 당사자들의 위신이 결부되기 때문에 무한히 다른 문제들과 결부되어 해당 주제 자체에 관한 종지부가 찍히지 않는다.

제3부와 제4부에서 여러 차례 논증하고 예시했듯이, 어떤 정책이나 노선이 올바른 방향이었는지, 또 효율적으로 입안되어 시행되었는지를 아무 이의도 나올 수 없을 만큼 명쾌하게 판정할 도리는 없다. 시행 전에는 더욱 어렵지만, 다만 결과가 나온 다음에는 그나마 정치적 당파균열과 상관없는 지평에서 성과를 판정해볼 수 있는 여지가 좀 생긴다. 이익이 계급별로 당파별로 충돌하는 가운데, 정치사회가 그나마 하나의 공동체로서 공통분모를 가지려면 오직 정책의 성과를 결과에 근거해서 판정하고, 그 판정을 공유하는 데서 시작해야 한다. 그로부터 공통적인 논리와 검증절차가 생겨나, 사회생활의 온갖 부면에서 제일층위의 이익충돌과 가치충돌이 제이층위에서 조정되고 관리될 수 있다.

그러나 선험주의 프레임은 바로 이와 같은 결과를 통한 공통분모의 생성을 천박하다고 경멸하고 만족수준에 한참 미치지 못한다고 일축해버린다. 그리고 그 결과는 파당과 진영의 구분에 따라 서로 다른 선험적 해답들이 일차원 평면에서 서로 부딪치는 형국만이 이어진다.

나는 앞 장에서도 언급했듯이, 현재의 대한민국 정치사회를 구조적으로 한 단계 개선하기 위해서는 무엇보다도 주어진 문제의 실상에 관한 진상조사 능력이 필수적이라고 본다. 복지정책, 기업투명성, 공무원 업무의 효율성, 교수나 교사들의 연구역량과 강의능력, 비정규직의 실태, 표절, 부동산투기, 기타 등등 공정한 판정을 내리기 위해서는 무엇보다도 실상에 관한 정확한 파악이 필수적이다. 한 사건에 관한 판정과 다른 사건에 관한 판정이 형평에 부합하는지도 실상이 정확하게 파악되어야 분별될 수 있다. 공정성이든 형평성이든 진상에 관한 합의가 없는 상태에서는 생성될 수 있는 가능성이 전혀 없다.

노무현 전 대통령에 대한 수사방식 및 혐의사실을 중계방송한 작태와 삼성 비자금 사건에서 오히려 X파일 내용을 공개한 당시 국회의원을 처벌하는 작태는 오로지 검찰이 진상의 열쇠를 틀어쥐고 선별적인 문지기 노릇을 하기 때문에 가능한 일이다. 그것을 믿고 〈조선일보〉 방 사장은 이종걸 의원을 오히려 명예훼손으로 걸 수가 있는 것이다. 따라서 수사착수 시기에서부터 법원의 지휘 아래 절차적 공정성이 확보되도록 형사소송법을 개정하는 등, 공개할 정보와 공개해서는 안 될 정보의 구분을 판사가 내리도록 하고, 법원의 명령을 따르지 않으면 아무리 작은 일도 반사회적인 범죄행위로 처벌하도록, 사법절차에 관한 발본적인 변혁이 필요하다고 본다. 그러나 그 문제를 이 책에서는 본격적으로 다루기는 어렵고, 기본적인 얼개만을 제6부에서 논의할 것이다. 그 전에 제5부에서는 이 책에서 고발하고 비판하려고 한 네 가지 프레임 가운데 네 번째인 민족주의를 검토해보자.

제5부

민족주의
집단생존 프레임

제1장

민족이란 무엇인가

『표준국어대사전』에는 민족이 이렇게 정의되어 있다 : "일정한 지역에서 오랜 세월 동안 공동생활을 하면서 언어와 문화상의 공통성에 기초하여 역사적으로 형성된 사회 집단. 인종이나 국가 단위인 국민과 반드시 일치하는 것은 아니다." 민족이 지역·언어·문화적 공통성과 관련된다는 점, 그리고 역사적으로 형성된 사회집단이라는 점은 영어의 nation, 그리고 일본이나 중국어의 民族에도 해당되는 의미이다. 일본의 『広辞苑』(岩波書店, 1983)에서는 "문화의 전통을 공유한다는 데 의거해서 역사적으로 형성된 동속의식同屬意識을 가진 사람들의 집단"이라고 정의하며, 중국의 『漢語大詞典』(汉语大词典出版社, 2001)의 정의에서도 "역사, 공동체, 공동언어, 공동지역, 공동경제생활, 공동문화, 공동심리소질" 등이 주요 매개개념으로 들어간다.

영어사전 *OED Online*(Oxford University Press, 2004)은 nation을 "보통 독자적인 정치국가를 조직하고 정해진 영토를 점유하면서, 특유의 인종 또는 인민을 구성할 만큼 공통혈통, 언어, 역사 등으로 밀접하게 서로 연결된 사람들의 포괄적인 집합"이라고 하면서 "초기 용례에서는 인종적 관념이 정치적 관념보다 더 강했지만 최근의 용례에서는 정치적 단위와 독립이라는 관념이 더욱 두드러진다"고 덧붙였다. 민족이라는 것이 모종의 공동체라는 데까지는 의문이 없는데, 그때 공동체라는 것이 어떤 요소로 이루어지는지가 문제의 핵심이다.

언어나 종교가 민족을 구성하는 충분조건이나 필요조건이 될 수 없다는 사실은 여러 민족이 한 언어나 종교를 공유하는 사례와 한 민족 안에 여러 언어나 종교가 혼재되는 사례로써 간단히 증명된다. 전자의 사례로는 영어, 아랍어, 독일어, 그리고 기독교, 이슬람교, 불교 등이 있고, 후자의 사례로는 러시아, 중국, 미국, 인도, 인도네시아 등이 대표적이다. 내가 지금 다민족국가를 민족과 혼동한 것이 아닌지 의심스러운 사람은 이런 나라들 대신 영국, 독일, 프랑스, 에스파냐, 이탈리아에서도 여러 언어와 종교가 혼재한다는 사실을 주시하기 바란다. 다음으로, 혈통적 공통성을 말하려면 먼저 "혈통"이라는 말이 무엇을 가리키는지부터 명확하게 짚어볼 필요가 있다. 왜냐하면 "11세기 잉글랜드에 살던 사람들이 지금 21세기 잉글랜드인의 선조"라고 말하면 반대할 사람들이 별로 없겠지만, "민족의 핵심은 모든 구성원들이 많은 것을 공유한다는 점이며, 동시에 그 일 중 많은 부분을 그들 모두가 이미 망각했다는 점이다. 프랑크 왕국의 후예임을 입증할 수 있는 집안은 프랑스에 열도 안 될 것"[47]이라고 한 르낭의 말을 부인할 사람도 거의 없기 때문이다.

혈연, 가족, 친척 등의 관념은 우리의 일상생활에서 너무나 당연한 것이라 그 주변에 어떤 개념적인 난제가 도사리고 있는지를 보기가 쉽

---

47) Ernest Renan, "Qu'est-ce qu'une nation?", *Oeuvres Complètes*, Paris : Calmann-Lévy, Vol. 1, 892(1947~61).

지 않다. 그래서 우리는 쉽게 내 부모, 형제, 사촌, 팔촌 등으로부터 예컨대 밀양박씨와 김해김씨, 그리고 기타 280여 개 성씨로 갈라진 사람들도 공통의 선조를 딱히 집어낼 수는 없지만 수천 년을 한반도라는 구획에서 살아왔다고 보지 않을 도리가 없기 때문에 서로 통혼하면서 혈연으로 연결되어 있다고 말해서 전혀 문제가 없다. 하지만 그것을 민족의 요소라고 말하려면, 경계가 어디냐는 까다로운 질문을 만난다.

민족을 혈연, 인종적 특색, 유전자의 공유 등으로 보려고 할 때 발생하는 경계의 문제는 고대나 현대나 마찬가지다. 가령 한 한국인 남자가 반은 흑인혈통이고 4분의 1은 북미원주민계통이며 8분의 1은 일본인에 나머지 8분의 1은 보헤미아 유대인인 미국시민 여성과 결혼해서 낳은 딸은 어떤 민족에 속하는 것일까? 내가 이상한 예를 들어 궤변을 늘어놓는다고 생각하는 독자가 있다면, 러시아에 사는 세칭 고려인이나 중국에 사는 세칭 조선족 또는 재미 한인 중 3~4세대에 속하면서 한국어나 음식 등 한국문화에 속하지 않고 살아가는 사람들이 스스로 한민족이라기보다는 러시아인, 중국인, 미국인으로서 정체성을 느낀다면, 그런 사람들을 한민족으로 분류한다는 것이 무슨 의미가 있을지 한번 자문해보기를 권한다. 자문해도 "그들은 한민족"이라는 생각이 전혀 흔들리지 않는다면, 다시 한 300년쯤 후 그들의 10여 대 후손들도 단지 400년 전의 선조 일부가 한국에서 기원했다는 이유만으로 당연히 한민족에 들어가야 하는지 고찰해보기 바란다.

우리가 통상 민족이라고 부르는 집단들은 적게는 수십만에서 많게는 수억에 달하는 인구로 구성된다. 그리고 우리에게는 이런 규모의 인간집단을 가족의 비유를 통해서 이해하는 오래된 습관이 있다. 가족이 씨족이 되고 씨족이 부족이 되고 부족들이 연맹해서 고대국가가 되었다고 하는 아리스토텔레스 이전부터 전해져 내려오는 인식의 습관이 있다. 사실 사회의 기원을 아예 따지지 않는다면 모를까, 그 질문을 한다면 상상력을 아무리 쥐어짜도 달리 답할 방법이 없으니 당연한 진리로 보이기도 한다. 그것은 그렇다고 치고, 그랬을 때 민족은 이 가족 – 씨족 – 부족 – 국가 등의 단계에서 어떤 경계에 해당하는 것일까?

우리는 보통 고대 유대인에게 열두 지파가 있었다고 말하고, 고대 그리스인은 세 지파가 있었다고 말한다. 이것만을 보고 말을 만들어 답하기로 하면, 열두 지파는 각각 "부족"이고 그것을 다 합한 것이 유대 "민족"이라든지, 도리아족, 에올리아족, 이오니아족은 각각 "부족"이고 그것을 다 합하면 헬라 "민족"이 된다고 할 수는 있다. 그러나 그런 식의 말 만들기가 현재의 논제에 별 도움이 안 된다는 점은 제4장에서 논의할 것이다. 여기서는 먼저 부족의 수가 자연수로 딱 떨어진다는 사실에서 그 구분이 자연의 소산이 아니라 인위적인 결과임을 눈치 챈 막스 베버의 통찰을 음미해보고자 한다.

우선 베버는 사회학적 분석이라는 맥락에서는 행위의 주체는 집단적 인격이 아니라 개인이라는 점을 분명히 하고 시작한다. "'국가', '민족', '기업', '가족', '군부대', 또는 여타 비슷한 집합체가 사회학적 맥락에서 언급되는 경우에 그 의미는 오히려 특정한 형태로 전개되는 개인들의 실제적 또는 가능한 사회적 행동들뿐이다."[48] 다시 말해, "미국이 이라크를 침공했다"는 말은 이런저런 수의 군인들이 미국 군복을 입고 이라크에 들어가 총도 쏘고 대포도 쏘는 등 일련의 행태를 보였다는 말이다. 하지만 집합체는 "개인들의 마음속에서 일면 실제로 존재하는 것으로서, 그리고 다른 면에서는 규범적 권위를 가지는 것으로

---

48) Max Weber, *Economy and Society : An Outline of Interpretive Sociology.* Bedminster Press : New York, 1968, p. 14.

서 의미를 가진다."[49] 다시 말해서 사회집단이란 개인들이 자신의 행동 및 다른 사람의 행동에서 읽어내는 의미를 통해서 표상된다. 그러므로 사회집단이란 사회적 관계들로 구성된다. 그리하여 예컨대 국가라는 사회적 관계는 "일정한 종류의 의미 있는 지향을 가지는 사회적 행동이 발생하리라는 확률이 없다면 존재하지 않게 된다."[50]

풀어서 말하면, 국가라는 집합체의 존재양태는 두 가지 특징을 가진다는 얘기다. 첫째, 개인들의 마음속에서 "실제로 존재한다"는 것, 즉 사람들이 그것을 존재하는 것으로 믿고 인정하기 때문에 존재한다는 것이다. 이때 "존재하는 것으로 믿는다"는 말은 우리가 개인들의 행동으로 이루어지는 현상들을 아주 자연스럽게 국가의 행위로 서술한다는 데서 나타난다. 예컨대 우리는 "미국이 이라크를 침공했다"고 말하지 "조지 일병이나 마이클 중사 등 개인들이 리처드 중위와 함께 뉴햄프셔라는 이름의 배를 타고 바다를 건너 바스라에 상륙해서 이라크 사람 아무개를 죽였다"는 식으로는 말하지 않는다. 후자식으로 말하는 것이 더 자세하고 더 정확한데 단지 짧게 줄이기 위해 전자처럼 말하는 것도 아니다. 지금 내가 가리키고 있는 그 사건의 진상을 포착하기 위해서는 오히려 후자처럼 말해서는 안 되고, 반드시 미국과 이라크라는 집합체의 존재를 떠올려야 하는 것이다.

다음 둘째, 국가의 존재를 사람들이 믿는 데에 더해 거기에 규범적인 무게가 실려야 한다. 이때 규범적인 무게에는 물론 국가의 명령에 불복했을 때 제재할 수 있는 강제력이 포함되지만, 강제력보다는 자발적인 복종을 끌어낼 수 있는 권위나 가치가 더욱 중요하다. 예컨대 한

---

49) 앞의 책.
50) 앞의 책, 27쪽.

국에서 징집영장에 불응하면 모종의 처벌을 받지만, 실제로 대다수 청년들은 처벌이 두렵기 때문이라기보다는 "한국 시민의 마땅한 의무"라고 생각하면서 자발적으로 소집에 응한다. 물론 이러한 규범적인 무게가 반대의 자유를 배제하는 것은 아니다. 예컨대 2004년 행정수도건설특별법을 "경국대전"까지 동원해가면서 위헌으로 판시해놓고도, 2009년 5월 28일에는 "집회·결사에 대한 허가제는 인정되지 아니한다"고 한 헌법 제21조 2항의 명문규정에도 불구하고 옥회집회신고제를 합헌으로 판시하는 헌법재판소의 처사에 나는 강하게 반대한다. 그러나 이런 나로서도 헌법재판소라는 국가기관이 제도적으로 위임받은 권한은(물론 무조건은 아니다) 존중하는 것이 마땅하다고 생각한다.

이처럼 국가라고 하는 사회적 실체는 "국가가 행위한다"는 형태의 서술을 사람들이 당연히 말이 된다고 여기고, 아울러 그러한 국가의 행위들로부터 규범적인 무게를 느끼는 만큼 실제로 존재하는 것이 된다. 이러한 베버의 관찰은 가족, 향우회, 동창회, 회사, 시민단체 등에서 민족이나 인류에 이르기까지 모든 차원의 사회적 집단에 일반적으로 적용된다. 사람들의 행동을 서술할 때 그런 집단이라는 개념을 통한 매개가 얼마나 말이 되는지, 그리고 그러한 집단들이 사람들에게 얼마나 규범적인 무게를 가지는지가 주어진 사회적 집단이 실제로 존재한다고 말할 수 있는 주요 토대이다. 이런 점에서 사회적 실체들은 모두 상징적(물리적과 대조되는 의미에서) 실체라고 말할 수 있다.

국가, 가족, 회사 등등 사회집단들이 실재하는지에 관해 한 번도 의문을 가져보지 않고, 그런 의문이 가능하다는 사실조차 접해보지 않은 사람에게는 지금 내가 논하는 주제가 생소한 만큼 충격적일 수도 있을 것이다. 예컨대 베네딕트 앤더슨이 민족을 "상상된 공동체"라고 본 데대해서 그렇다면 민족이 허구라는 말이냐고 반문하는 반응이 그렇다.[51] 물론 앤더슨이 책제목을 좀 자극적으로 붙인 것은 분명하다. "상상"이라고 하면 영어나 한국어나 무슨 사자 얼굴에 코끼리 등줄기, 호랑이 꼬리에다가 엉덩이에는 뿔이 나는 식의 황당한 그림을 연상하는 경향이 있다. 반면에 사회적 실체란 물리적 대상이 아니라 상징적 실체인 것은 분명하지만, 어떤 개인이 마음먹은 대로 그려놓은 그림이 아니라 대단히 많은 개인들이 오랜 역사적 관습을 통해 보여주는 관념과 행동 안에 녹아 있는 상징이다. 앤더슨의 책제목이 본시 도발적으로 과장인데다가, 한국말 번역도 "상상된imagined" 대신에 "상상의"라고 함으로써 약간이나마 과장을 심화했다.

앤더슨이 불필요한 과잉반응을 방지하고자 했다면 민족만이 아니라 일반적으로 국가, 사회, 집단 등 모든 공동체라는 것이 자연적 대상처럼 물리적인 실체이기만 한 것이 아니라 행위자들의 주관적인 의식과 행동이 어떤 식으로든 상관이 되는 상징적 실체임을 보다 분명하게 밝혔어야 한다. 정치학자들 사이에 흔히 하는 말로 "대한민국과는 악수도 할 수 없고 전화도 할 수 없고 점심도 같이 먹을 수 없다"는 논점은 사실 핵가족에게까지도 그대로 해당하는 것이다. 대한민국과 그럴 수 없다는 의미에 국한하면, 남자, 여자, 아이, 세 명으로 구성된 가족과도 악수할 수 없고 전화할 수 없으며 점심도 같이 먹을 수 없다. 악수하고 전화하고 점심을 같이 먹을 수 있는 상대는 오직 개인일 뿐, 집단이 아니기 때문이다. 가족 구성원 개개인과 악수를 하는 것이지 가족이라는 집단 그 자체와 악수를 하거나 담소를 나눌 수는 없는 것이 분명하다.

---

51) 이를테면 신용하, 「'민족'의 사회학적 설명과 '상상의 공동체론' 비판」, 『한국사회학』 40 : 1, 2006, 32~58쪽.

사회집단, 공동체, 사회, 국가, 민족과 같은 사회적 실체는 물건이나 물체가 아니다. 반면에 개인은 분명히 물리적 실체인 것이 틀림없다. 사회적 실체는 개인들로 이루어지는 것까지는 분명한데, 종종 구성원들의 단순한 합과 똑같지만은 않고 뭔가 유기적인 요소가 있는 것 같다. 바로 이런 관찰로부터 과연 사회적 실체의 본질이 무엇이냐는 질문이 나오는 것이다. 그리고 이에 관해 나는 위에 제시한 대로 베버가 바라본 관점이 적어도 내가 제5부에서 논의하려는 내용의 바탕으로 삼기에 충분하다고 본다.

민족이 상징적 실체라는 말에 "그렇다면 허구라는 말이냐?"고 대드는 반응은 물화reification에 빠져 있다는 증좌다. 나는 이를 물리주의적 강박관념physicalist obsession이라고 부른다. 존재하는 것은 모두 물리적 대상이어야 하고, 물리적 대상이 아니라면 모두 존재하지 않는다는 유치하고 메마른 이분법을 두고 하는 말이다. 이런 물리주의적 강박관념에 빠지게 되면 정치와 도덕에 관한 사유는 불가능하게 된다. 왜냐하면 정의, 사랑, 아름다움, 용서, 진리, 기타 등등 인류 대다수가 아끼는 가치와 덕목들이 모두 "존재하지 않는 것"으로 분류될 위험에 처하기 때문이다. 그리하여 자기가 억울하게 느끼는 일에서는 정의와 권리, 자비와 사랑 따위 추상적인 가치를 강하게 원하면서도, 내심으로는 그런 것이 없다는 불안을 떨치지 못해 조급증에 시달린다. 그러다가 자기와 상관없는 일, 또는 자기가 우세한 처지가 되면 기다렸다는 듯, 그따위 가치는 없는 것이라고 하면서 상대의 눈에서 피눈물을 뽑아내게 되는 것이다.

한국사회에서 민족에 관한 관념들은 고상한 가치를 지향하는 의미가 바탕에 포함되어 있는 것까지는 인정할 수 있지만, 실제적으로 적용되어 발현하는 모습에서는 절제를 잃고 지나치게 감성적이며 전반적으로 미숙하게 공격적이며 불필요하게 배타적인 경우가 많다. 물론 여기에는 지난 150년 정도 고초를 겪어야 했던 역사적인 경험이 큰 원인인 것이 맞지만, 바로 그 때문에라도 인제는 민족 및 민족주의에 관해서 깊은 성찰이 필요할 때라고 생각한다. 제5부에서는 한국 민족주의에 관해 기존의 프레임을 상대화하고 비판할 것인데, 그러기 위해서는 기존의 이분법에 사로잡혀 있는 사람들에게는 용납하기 어려운 내용들이 불가피하게 나타날 것이다. 그럴 때 단순히 귀에 거슬리는 소리 또는 처음 들어보는 소리로 배척하면 그만이라고 생각하는 독자에게는 아무런 할 말이 내게는 없다. 다만 현재 우리 사회가 처한 상황을 좀더 다각적으로 바라볼 수 있도록 안목을 높이고, 따라서 주어진 상황에 대처할 수 있는 선택의 폭을 넓히기를 바란다면, 앞에서(제1부 제3장 제2절) 제시했던 것처럼 민족의 문제도 명목척도보다는 순서척도의 관점에서 접근할 수 있음을 착안해보라고 권하고 싶다. 한국민족이라는 것이 있거나 없거나 둘 중 하나여야 한다는 양자택일을 스스로에게 강요하지 말고, 민족이 "있다"고 할 때 그 의미가 어떤 것인지, 한국민족이 어떤 방식으로 어느 정도로 "실재"하는 것인지를 세밀하게 한번 살펴보자는 얘기다.

제2장

민족국가 이전의 민족

민족, 민족국가, 민족주의에 관한 논의는 출구를 찾기는 고사하고, 무엇이 주제인지에 관해 약간의 가닥을 잡기조차 어려울 정도로 대단히 심하게 잡다한 요소들이 뒤엉켜 있는 상태다. 여기에는 민족이 무엇인가, 국가가 무엇인가와 같은 사회적 개념의 의미에 관한 인식론적 질문에서부터 근대란 무엇인가, 근대국가가 언제 시작되었느냐고 하는 역사적 질문, 그리고 서유럽의 역사적 경험이 나머지 "기타" 지역에 어떤 함의를 가지며 가져야 하느냐와 같은 현실정치적인 질문들이 뒤섞여 있다. 그 와중에 물론 사실이나 이치만이 아니라, 명예욕, 지배욕, 물욕, 열등감, 위신, 원한, 소원, 혼동, 오해, 착각 등이 뒤죽박죽 엉켜 있기도 하다.

이렇게 헝클어진 실타래를 풀어나갈 능력은 내게 없다고 말해야 맞을 것이다. 따로 책을 쓴다면 모를까, 어쨌든 여기서 민족과 관련되어 엉켜 있는 실타래를 풀 수는 없다. 하지만 한국민족주의의 과잉 때문에 우리 정치의식에 어떤 피해가 발생하는지를 분별하려면, 아주 기본적인 수준의 가닥은 필요하다. 그래서 이 장에서는 예외적인 사람을 빼면 누구라도 인정해야 할 것으로 보이는 최소한의 수준에서 민족국가라는 현상이 유럽과 한국에서 어떻게 출현하게 되었는지를 살피고자 한다.

민족국가nation-state란 하나의 민족이 하나의 정치적 단위, 즉 국가를 이루고 살아가는 형태를 말한다. 그런데 국가라고 하는 정치적 단위의 경계가 어디에 있는지는 현실적으로 별로 어려운 문제가 아니다. 바스크, 북아일랜드, 쿠르드, 티베트 분리독립운동이라든지, 여타 수많은 영토분쟁지역과 같이 현재 국가의 경계에 관해 현실에서 논란은 계속되고 있지만, 적어도 쿠르드 국가나 북아일랜드 국가가 현재 존재한다고 볼 사람은 거의 없기 때문이다. 국가라고 하는 정치적 단위는 뭐니 뭐니 해도 주어진 영토와 주민에 대해 배타적인 주권, 즉 유사시 강제력을 독점할 수 있는지에 따라 경계가 정해진다. 물론 독점적인 강제력이란 국제적으로 얼마나 공인되느냐에 따라서도 크게 영향을 받을 수밖에 없다. 이라크가 1990년 쿠웨이트를 침공한 것은 미국을 비롯한 34개국의 개입으로 수포가 되었지만, 중국이 1950년에 티베트를 침공한 일은 불씨가 잠복해 있음에도 국제적으로 대충 묵인된 상태다.

국가가 무엇인지를 따지는 이론적인 논쟁은 언제나 끝없이 가능하다. 그러나 국가란 국제법과 국제정치의 현실에서 공인받는 실력에 의해서 정해진다. 반면에 민족은 국제법적인 단위가 아니다. 민족이란 역사 서술에서 사용되는 학술용어이자, 특정한 여건에 처한 개인들에게 다양한 방향의 호소력을 가지는 정치적 상징이다. 따라서 학자들 사이에, 그리고 정치인들 사이에 서로 다른 의미로 사용될 수밖에 없는 성격을 가진다.

민족국가가 언제 최초로 출현했는지는 학자들 사이에서 치열한 논란이 벌어지고 있는 주제이다. 혁명 후 프랑스 또는 영국에서 기원을 찾는 사람도 있고, 잉글랜드의 경우 그보다 훨씬 먼저 13세기까지 거슬러올라가야 한다고 보는 사람도 있다. 인구 대다수가 서로 하나의 공동체에 속한다고 여기는가(민족의식), 권위와 복종으로 구성되는 수직적 체계가 있는가(정치통합), 분명한 경계가 획정되어 있는가(영토) 등 세 가지 기준이 보통 중요시되는데, 각 기준마다 어느 정도 충족되어야 하나의 민족국가라고 일컫기에 충분한지 논쟁적일 수 있기 때문이다. 그러나 민족국가라는 개념 자체가 쓸모없다고 보지 않는 한, 유럽의 경우 적어도 10세기 이전에 민족국가가 있었다고 말하는 사람은 거의 없고, 혁명 후의 프랑스가 하나의 민족국가였음을 부정하는 사람도 거의 없다.

그 대신에 민족이 국가를 만들었는지 국가가 민족을 만들었는지에 관해서는 입장 차이가 크게 벌어진다. 원초론자primordialist들은 민족과 같은 자연적인 공동체가 원래 있다가 거기에 정치조직이 갖춰져서 민족국가가 생겼다고 본다. 반면에 근대론자modernist들은 근대 또는 중세 후기에 근대적이거나 준근대적인 정치조직이 만들어졌고, 그 관할권에 속하는 영토와 주민들이 하나의 "민족"으로 통합된 결과가 민족국가라는 입장이다. 이 쟁점을 파고들어가는 것은 이 글의 주제와 거리가 멀다. 여러 번 지적했듯이, 정치란 세속적인 현실의 사업이기 때문에 학자들 사이에서 벌어지는 논쟁에 대한 해답을 기다릴 필요가 전혀 없는 경우가 많기 때문이다. 한국민족주의가 어떤 면에서 과잉이고, 그 때문에 어떤 문제가 초래되는지를 논의하기 위해 원초론자와 근대론자 사이에서 벌어지는 이론적 논쟁에 대한 정답이 선결조건으로 필요하지는 않다.

그러나 "민족과 민족주의를 연구하는 진지한 역사가는 결코 확신에 찬 민족주의자가 될 수 없다"고 한 홉스봄Eric Hobsbawm의 말처럼, 사실

원초론은 민족주의운동가나 정치인에게서 자주 나타나는 지향이다. 연구자라고 한다면 스미스Anthony Smith처럼 매우 많은 유보와 조건을 붙이는 가운데 원초론의 논점 일부를 고수하는 정도를 넘기는 어렵다. 단, 한국의 경우에는 많은 학자들이 내심 무의식적으로 대단히 강력한 민족주의적 지향을 가지고 있기 때문에, 연구자라면 민족주의자가 되기 어렵다는 홉스봄의 말 자체를 "서구민족주의의 특징"이라고 일축하기가 쉽다.[52] 이와 관련하여 우리 지식인들이 충분히 보지 못한다고 여겨지는 두 가지 점을 지적하고자 한다.

민족주의에 관한 서양학계의 논의들이 한국과 같은 경우에 직접 적용되기 어려워 보이는 일차적인 까닭은 지리적 이동성이 유럽과는 크게 달랐을 것으로 추정되기 때문이다. 일례로 잉글랜드와 같은 경우 5~6세기에 게르만의 일파였던 앵글족과 색슨족 그리고 주트족 등이 건너가 먼저 정주해 있는 주민들을 내쫓거나 정복하거나 동화되면서 왕국을 세웠고, 또 11세기에는 노르망디 세력이 건너가 왕족을 형성했다. 이런 사정을 고려하면 현대 잉글랜드라고 하는 민족국가의 역사적 연속성이 1,066년 이전까지 거슬러올라간다고 말하기는 쉽지 않다. 반면에 한국의 경우는 7세기 신라에 의한 통일은 한반도 내부세력에 의해 이루어진 것이고, 그 후에도 어떤 외부세력이 사소하지 않은 정도로 대거 유입되어 혈통이 섞인 경우는 없다고 일반적으로 간주된다. 그러므로 유럽에서는 설사 민족국가가 근대 또는 중세 후기에 생겼다고 하더라도, 한반도에서는 적어도 7세기에 민족국가가 이뤄졌다고 봐야 할 것 같다.

---

52) 예컨대 최장집, 「한국민족주의의 특성」, 최상용 외, 『민족주의, 평화, 중용』(까치, 2007), 28쪽.

유럽과 한반도의 사정을 비교할 때 이런 차이가 두드러지는 것은 분명하다. 그러나 이 차이는 두 지역 사이에 역사적 사정이 다름을 말해줄 뿐이지, 정치적 통합 이전에 자연적 공동체로서 민족이라는 것이 있었음을 보여주는 증거는 되지 못한다. 백제인과 신라인이 민족이라는 테두리로 묶여서 하나의 공동체에 속한다는 관념은 사실 일차적으로 삼국통일의 의미를 민족사적 관점에서 찾은 후대 지식인들의 것이다. 당대 계백이나 연개소문과 김춘추가 "같은 민족"의 일원으로 여기면서도 서로 싸웠던 것인지, 아니면 단순히 적과 동지의 구분에 따라서 서로 싸웠는지는 확인이 필요한 문제지만, 불행히도 우리로서 확인할 길은 거의 막혀 있다. 나아가 통일신라가 얼마나 민족국가의 이념형에 부합하는지를 측정하려면, 이런 장군들 휘하에서 창칼을 들고 싸우다 죽거나 다친 병졸들, 그들의 가족으로 구성되는 일반 민중이 그 전쟁을 "민족국가 건설"이라는 대의명분을 위한 역사적 고비로 이해하고 있었는지, 아니면 단순히 적군을 물리친다는 마음이었는지도 확인이 필요하지만, 이런 확인은 불가능에 가깝다.

무엇보다도 "민족"이라는 단어가 당시에 없었기 때문이다. 다음 장에서 상세하게 논의하겠지만, 한국어에서 "민족"이라는 단어가 사용되었다고 확인된 사례는 1897년이 최초이고, 그 의미는 단순히 "인민"에 가까운 느슨한 것이었다.[53] 물론 이런 사정은 "사회", "권리", "자유" 등등 수많은 쌍음절 한자어에 공통된다. 그리고 가령 14세기 조선 말 어휘에 "사회", "권리", "자유" 따위 단어가 없었다고 해서 실제로 사회, 권리, 자유가 없었다는 결론은 성급한 것이 틀림없다. 딱히 그런

---

53) 당시에는 "인민"이라는 단어도 공산주의와 전혀 상관이 없었고, 단지 일군의 사람들을 막연하게 지칭하는 의미였다.

용어는 없었다고 할지라도 행태와 제도와 습속에 이른바 "기능적 등가물"이라는 것이 있을 수 있기 때문이다. 그런데 7세기 이전 삼국의 지식인이나 민중이 서로를 "하나의 민족"으로 인식했는지 여부를 "기능적 등가물"이라는 관점에서 확인하려면, 두 고비를 넘어야 한다. 먼저 자신과 상대에 대한 당대인들의 인식이 어떤 용어로 매개되고 있었는지를 알아야 하고, 다음으로 그런 용어들이 "민족"이라는 근대한국어 단어와 기능적으로 등가물이 될 수 있는지를 확인해야 한다. 이런 확인은 지금은 물론이고 장차 충분한 시간을 두고 생각하더라도 불가능에 가깝다고 나는 예상한다.

　사실은 유럽에서도 포르투갈처럼 인구구성이나 영토에서 상대적으로 큰 변동을 겪지 않고 오랜 기간 동안 정체성을 유지한 사례가 없지 않다. 포르투갈은 13세기 중엽에 구획된 국경이 거의 변하지 않고 지금까지 유지되고 있다. 그래도 13세기의 포르투갈이 하나의 민족국가였는지는 역사적 증거에 입각해서 확인이 필요한 문제이다. 위에 제시한 세 기준 가운데, 영토구획이 분명하다고 할지라도, 정치통합과 민족의식은 어느 정도였는지 확인이 필요하기 때문이다. 정치통합이란 단순히 하나의 정부가 있다는 데서 지나, 중앙의 시책과 규범이 방방곡곡에서 얼마나 충실하게 준수되는지를 봐야 한다. 그리고 민족의식이 수백 킬로미터 떨어져 사는 사람들 사이에서 생기려면 니체의 문구로 "가까운 자에 대한 사랑"이 "멀리 있는 자에 대한 사랑"으로 연결되는 매개장치가 반드시 필요하다. 근대론자들이 문맹률의 감소라든지 인쇄매체의 확산과 같은 근대기술의 바탕을 중요시하는 까닭이 여기에 있다. 지리적으로 수백, 또는 경우에 따라 수천 킬로미터 떨어져 사는 사람들이 서로 "하나의 민족"이라는 관념을 가지고 공통되는 정치규범에 준수할 의무를 느끼려면 소통을 담보해줄 물리적 · 기술적 기반이 필요한데, 그런 기반이 엉성하게나마 갖춰진 것은 중세 말기 또는 근대 초기 이후의 일이라는 말이다.

더구나 13세기 포르투갈이나 7세기 통일신라가 각각 하나의 정치적 공동체였다는 사실로부터 동시에 각각 하나의 민족공동체이기도 했음을 유추하고자 한다면, 그러한 유추의 함의가 원초론을 지지할지 근대론을 지지할지도 한번 음미해볼 필요가 있다. 근대론의 피상적인 주장은 민족국가라는 현상이 근대에 시작되었다는 것이지만, 좀더 깊은 곳에는 사실 혈연을 기반으로 하는 자연적 공동체라는 것이 모두 일정한 규모 이상이 되면 정치적 공동체가 형성되면서 다분히 그 공동체의 유대를 강화하기 위한 목적에서 덧입혀지는 상징일 때가 많다는 주장을 담고 있기 때문이다. 이 시각에서 보면 고구려, 백제, 신라가 원래 하나의 민족이었기 때문에 삼국통일이 이뤄진 것이 아니라, 삼국통일이 있었기 때문에 "하나의 민족"이라는 상징이 강조될 필요가 있었다는 말이 된다. 물론 이런 경우 상징이 결코 "날조"는 아니다. 가족, 씨족, 부족의 경계란 족내혼과 족외혼의 경계, 또는 땅 위나 바다 위에 긋는 국경과 마찬가지로 언제나 무지개 색깔처럼 연속적인 것이지, 자연계에 선명한 경계선이 존재하지는 않기 때문이다. 이 문제는 다음 장에서 용어를 검토하면서 다시 한번 다룰 것이다.

둘째로 지적할 점은 한국민족주의의 경우 "민족국가"라는 말에 대단한 위신을 결부시키는 경향이 짙다는 사실이다. 이는 물론 식민주의에 저항하는 과정에서 자연스럽게 생겨난 심성이다. 그러나 민족국가를 민족의 위신과 결부시키는 민족자결주의란 나폴레옹에게 점령당한 독일인들의 복수심에서 비롯된 것으로, 어디까지를 하나의 민족국가로 묶느냐에 따라 위신이 높아지거나 낮아져야 할 선천적인 까닭은 전혀 없다. 당사자들이 위신을 결부시키면 위신문제가 되는 것이고, 결부시키지 않으면 위신문제가 아닐 뿐이다. 나는 지금 한국사회에서 위신문제라고 흔히 간주되는 사안들 가운데 상당한 수가 위신과 상관이 없다고 생각한다. 그리고 "당연히 위신문제"라고 보는 사람들 가운데, 더 많은 수가 위신을 걷어내고 실제 이익의 관점에서 한국민족주의를 비판적으로 검토할 수 있기를 바란다.

하나의 민족이 하나의 국가를 가지고 주권을 행사해야 한다는 이상은 나폴레옹 전쟁을 치르면서 영국과 프랑스 사람들에게 슬슬 내면화되기 시작했다. 전쟁기에는 항상 위신문제가 결부될 수밖에 없는데, 이미 혁명을 거침으로써 한 나라의 국민 또는 민족의 일원이라는 의식을 가진 영국인들과 프랑스인들은 전쟁을 왕실이나 귀족간이 아니라 민족간의 충돌이라는 관점에서 바라보기 시작한 것이다. 그런 와중에 피히테는 1806년과 1807년에 걸쳐 나폴레옹에게 점령당한 베를린에서 "독일 민족에게 고함"을 강연했다. 그로써 게르만 민족의 위신을 고취하고 프랑스에 대한 적개심을 북돋웠다. 그때 피히테는 언어와 민족을 결부시킨 헤르더(1744~1803)에게서 전거를 구했지만, 영국학계에서는 피히테가 헤르더를 자의적으로 인용했다는 것이 통설이다. 위신을 위해 민족간 서열을 매기는 성향은 헤르더와 상관없는 피히테의 창안이라는 것이다.

한국민족주의에서는 일제침략의 부당성을 알리려고 노력하는 와중에 조선이 하나의 자주적인 정치체였음을 강조할 필요가 있었다. 그런 와중에 조선이 하나의 민족국가로서 통일왕조를 이루고 있었음을, 누가 시작했는지는 몰라도 인도나 인도네시아 또는 기타 아프리카 여러 지역의 사정과 대비하는 경향이 나타났다. 민족국가를 이루지 못한 상태였던 인도나 인도네시아에 비해 우리는 역사적으로 보다 선진한 단계였다는 둥, 그러므로 먼저 국제적인 눈길을 받아야 옳다는 식의 수상한 서열매기기가 은근히 퍼지게 된 원인이 여기에 있다고 나는 생각한다.

그러나 식민주의를 배격하려고 하면서, 한편으로는 서양이 만들어 놓은 단선적 역사관에 편승한다는 것은 그다지 자랑스러운 일이 못 되는 것 같다. 인도나 인도네시아의 현재 정치적 단위는 물론 제국주의의 침탈이 있기 전에 비해서 다르지만, 민족국가 이전에 자연적 공동체로서 민족이 있었다고 주장하는 관점에서 바라보면, 종전에 있었던 다수의 지방적 정치단위들이 곧 민족적 단위였다고 보지 않아야 할 까닭도 없다. 나는 그런 정치체들을 민족이라고 부를 필요가 전혀 없다고 본다. 민족의식, 정치통합, 영토구획 등 위에 제시한 근대국가의 기준에 맞지 않기 때문이다. 반면에 민족국가를 그처럼 근대적 요소에 비춰서 바라보지 않으려는 원초론자라면, 오히려 인도나 아프리카에 식민세력이 찾아가기 전에 존재했던 형태들에 비교해서 한국의 조선이나 통일신라가 특별히 민족국가로서 발전된 형태라고 봐야 할 까닭도 없다고 말해야 일관적일 것이다.

요컨대 "민족국가"나 "민족"이라는 말을 나름대로 사용하기로 하면, 통일신라를 민족국가로 부르고 고구려, 백제, 신라를 합해서 하나의 민족으로 불러도 안 될 것은 없다. 하지만 지금 우리가 그렇게 부른다는 사실로부터 당대인들이 그렇게 생각했었다는 결론이 나올 수는 없다. 나아가 우리가 한반도에서 민족국가와 민족의 역사를 까마득한 고대까지 거슬러올라가서 잡을 수는 있겠지만, 바로 그러는 순간 그것들이 근대적인 현상으로서 가지는 모든 의미는 사라진다. 단적으로 지배계급과 피지배계급이 법 앞에 평등이라는 이념을 통해 하나의 민족으로 통합된다는 그림이 단순히 통일신라나 고려를 우리가 민족국가라고 불러주기만 하면 그 위로 겹쳐질 수는 없는 것이다.

제3장

용어의 문제

민족民族은 영어로 치면 nation에 해당하는 서양 개념을 번역한 한자어다. 동양의 고전은 대부분 한문으로 되어 있었고, 한문에서는 특별히 단어(물론 이것도 영어로 치면 word를 번역한 말이다)라고 하는 관념자체가 없이 한 음절이 한 단어처럼 사용되었다. 일본어 『위키피디아(ウィキペディア)』 「民族」 항목을 보면, 民자와 族자가 겹쳐서 사용된 최초의 용례는 6세기 중국 남조 제나라의 역사를 기록한 『南齊書』 「列傳第35 高逸傳」에 있다고 한다. 하지만 여기 사용된 민족은 현대식으로 말하면 씨족, 종족, 부족 등 어떤 단어로 바꿔도 괜찮은 느슨한 의미일 뿐이다. 지금 보통 사용되는 것처럼 nation의 번역어일 수 있는 용례는 1837년 중국에서 서양 개신교 선교사들이 편집했던 『東西洋考每月統記傳』 9월호에 "以色列民族", 즉 "이스라엘민족"이라는 문구가 있다고 한다.[54] 하지만 중국과 일본에서 이 번역어가 어떻게 만들어져 사용되었는지는 아직 정확히 알아내지 못했다.

---

54) 이를 찾아서 내게 가르쳐준 용인대학교 장현근 교수께 감사드린다.

표 9 『독립신문』(전체 기사)에 나오는 민족 관련 용어(출전 : 권보드래, 198쪽)

	1896년	1897년	1898년	1899년
국민	29	44	67	31
민족	0	0	0	0
인민	499	865	947	598
신민	38	75	102	58
백성	730	1,288	1,456	1,252
동포	24	44	247	31

반면에 한국어에서는 권보드래의 연구[55] 덕택으로 상당히 세밀한 사연을 알 수 있다. 우선 〈표 9〉에서 보이듯, 『독립신문』에서는 "민족"이라는 단어가 한 번도 사용되지 않았고, "백성"이 가장 많이, 그리고 "인민"이 그 다음으로 자주 쓰였다. "민족"이라는 단어가 인쇄된, 한국어에서 최초로 사용된 용례는 1897년 『대조선유학생친목회회보』라고 한다.[56] 거기 "邦境을 限하여 民族이 集했다", "優高安樂의 地에 入함은 民族의 固有한 本心" 등의 문구가 나타난다고 하는데, 명백히 뜻은 단순히 불확정적인 사람들을 가리키고 있음을 알 수 있다.

한편 1904년부터 1910년까지 간행된 『대한매일신보』의 경우는 확연하게 다르다. 〈표 10〉이 보여주듯이, "백성"의 사용은 현저하게 쇠퇴하고 "인민"의 용례는 어느 정도 남아 있지만 대신 "국민"이 점차 가장 자주 쓰이게 된 것을 보여준다. 동시에 "민족"도 이 시기에 서서

---

55) 권보드래, 「근대 초기 '민족' 개념의 변화 : 1905-1910 『대한매일신보』를 중심으로」, 『민족문학사연구』 33(2007), 188~212쪽.

56) 장호익, 「사회경쟁적」, 『대조선유학생친목회회보』 6호, 1897년 12월, 56면. 권보드래의 논문 190~191쪽에서 재인용.

표 10 『대한매일신보』(국한문판, 논설란)에 나오는 민족 관련 용어(출전 : 권보드래, 198쪽)

	1905년	1906년	1907년	1908년	1909년	1910년
국민	76	169	243	324	418	319
민족	0	26	47	139	126	79
인민	198	384	368	322	221	268
신민	12	20	20	20	11	5
백성	3	5	3	7	5	1
동포	44	63	241	233	481	379

히 주요 용어로 자리를 잡은 것이 보인다. 물론 "민족"이 가리킨 의미도 다양하다. 한 집안의 구성원, 사농공상 각 계급, "호남 민족" 등 지방의 주민 등을 가리키는 경우도 있고, "숙신 민족", "예맥 민족", "거란 민족"처럼 사용되기도 했으며, "튜턴 민족", "지나 민족", "일본 민족"을 일컫기도 했다. 그래서 권보드래는 이 시기 민족이라는 단어가 사용된 의미를 ① 막연히 사람들을 가리키는 의미, ② 부족, ③ 일정한 국가에 소속하는 구성원, ④ 국가가 없는 상태에서도 존재할 수 있는 국가의 원형적 집단 등 넷으로 정리했다. 한국어에서 "민족"은 1897년에 쓰이기 시작해서 1910년까지 ①의 의미에서 ④의 의미로 변천했다는 것이다.[57]

현대 한국어에서 "민족"이라고 하면 국가보다 선행하는 자연적·문화적 공동체라는 뉘앙스가 상당히 짙게 깔린다. 그런데 지금까지 살펴본 바와 같이 권보드래 교수의 조사에 따르면 그런 뉘앙스는 1908년 즈음에 나타나기 시작했고, 상고사까지 연결되는 추상적인 의미로 발전했다. 이 시기는 신채호가 『대한매일신보』 주필로 있으면서 논설을

---

57) 권보드래, 앞의 논문, 206쪽.

집필하는 한편, 『讀史新論』(1908. 8. 27.~12. 13.)을 연재한 시기와 겹친다. 한국어에서 "민족"이라는 용어의 의미가 정착되는 데에 신채호의 시각이 녹아들어간 농도를 짐작할 수 있는 사연이다. 더구나 국권 상실 이후에는 국가의 근거를 이루는 원형집단이라는 ④의 의미가 국가의 구성원이라는 ③의 의미보다도 전면으로 부각되기에 이른다.

오늘날 국가의 구성원을 통칭하는 용어를 대표하는 "국민"이라는 말이 이 시기에 정착하고 있음을 주목할 필요가 있다. 아울러 그 뒤를 이어 "민족"도 국가의 구성원을 가리키는 용어로 등장한 후, 이내 국가에 선행하는 자연적 공동체라는 의미가 덧붙여졌음을 음미할 가치가 있다. 이런 과정은 사실 고대 서양어에서도 마찬가지다.

일례로, 민족주의 연구자 중 원초론의 입장으로 국제적으로 유명한 스미스는 근대 민족국가의 원형에 해당하는 집단을 지칭하기 위해 에스니ethnie라는 프랑스어 단어를 사용한다. 이는 문화, 언어, 교양을 공유하는 인간집단을 가리키니 영어로 치면 에스니시티ethnicity이고 한국어로 치면 종족 정도가 된다. 그런데 그 어원인 그리스어 에스노스eth-nos는 고대어로는 인종, 부족, 종류 등을 느슨하게 가리켰지만, 현대어로는 민족nation에 해당한다. 더구나 고대 그리스어 문헌에서 가족, 혈족, 씨족, 부족 따위를 지칭하던 단어로는 에스노스 외에도 게노스genos, 오이코스oikos, 프라테르phrater, 필레phylē 등이 더 있지만, 각각 구체적으로 어떤 종류의 집단을 가리켰는지에 관해서는 학자들 사이에 의견이 분분하다. 오이코스가 혈통보다는 경제적인 의미, 즉 재산과 노예를 포함하는 의미의 가정을 가리켰고, 프라테르가 어의상으로는 형제를 가리켰지만 이내 의형제라든지 단순한 동지관계를 포함하는 의미로 발전했으며, 필레가 게노스보다는 보통 더 큰 단위를 가리키는 만큼 게노스에 비해 혈통적 연관의 중요성이 약화되는 것까지는 합의가 가능하다. 그러나 그렇다면 게노스는 혈통이 얼마나 중요시되는 것인지 물으면 분명한 대답은 쉽지가 않다.

스미스는 현대(에스노스=민족) 그리스어와 고대(에스노스=종족) 그리스어 사이의 뉘앙스 차이를 프랑스어 단어 에스니에 살짝 실어서, 마치 민족국가 이전에 그 원형으로서 민족단위의 자연적 공동체가 있었던 것 같은 인상을 풍겼다. 그러면서 에스니는 반드시 혈통과 직접 연관될 필요는 없는 신화와 상징의 소산임을 강조한다. 하지만 게노스도 마찬가지로 신화와 상징의 소산이라는 사실에는 전혀 눈길을 주지 않는다. 게노스라는 단어는 "아이를 낳다", "생성하다" 등의 뜻을 가진 동사 게나오gennaō에서 파생해서 부족, 인종, 종족 등의 뜻으로 사용되었다. 어원만 보면 마치 혈연으로 모인 집단임이 분명해 보인다. 그러나 이는 어디까지나 극히 작은 규모일 때까지만 해당하는 일이다. 수천 명, 수만 명으로 부족인구의 규모가 늘어나게 되면 다른 게노스와 교류가 확대되면서 당연히 혈통의 혼입도 이루어졌으리라는 점은 증거가 필요 없는 일이다. 이런 지점에 도달하면 오히려 주어진 게노스의 구성원들끼리 혈통이 어떻게 연관되는지보다는 혈연관계가 아닌 사람들이 어떻게 게노스의 일원으로 편입되고 인정되는지를 찾는 것이 훨씬 흥미롭기도 하고 생산적이기도 한 연구주제일 것이다.[58]

고고학에서 부족의 존재를 확인하는 절차를 보면 이 점은 더욱 분명해진다. 유적이나 유물을 통해 고대 종족을 연구할 때, 유골들을 수집해서 DNA의 유사성을 찾은 다음에 부족의 존재를 확인하는 경우는 거의 없다. 무덤, 그릇, 복식 등 인공적·관습적 요소들의 유사성으로

---

58) John V. A. Fine, *The Ancient Greeks : A Critical History*, Harvard University Press (1983), p. 56.

부터 혈연적 공통성을 유추하는 것이 상식적인 순서다. 나아가, 씨족들을 확인하고 씨족간 공통성을 찾은 다음에 부족을 말한다든지, 부족들을 확인하고 부족간 공통성을 찾은 다음에 고대국가를 말하는 것이 아니다. 여기서도 고대국가를 확인한 다음 그 준거 위에서 여러 부족 사이의 차이를 말하고, 부족의 존재를 확인한 다음 그 준거 위에서 여러 씨족 사이의 차이를 말하게 되는 것이다.[59]

적어도 형태적으로만 보면, 정치적 유대를 근거로 모종의 혈연 관련 비유를 사용한다는 점에서 마틴 루터 킹이나 오바마가 불러들인 상징과 마찬가지다. 킹은 "언젠가는 바로 저기 앨라배마에서 흑인 소년 소녀들이 백인 소년 소녀들과 **형제자매**로서 손을 잡을 것입니다. ……이런 신념을 지킨다면 우리 **민족**nation의 시끄러운 불협화음을 **형제애**의 아름다운 교향악으로 바꿀 수 있을 것"이라고 말했다. 오바마 역시, "내 형제와 자매와 조카들은 온갖 인종과 온갖 모습으로 세 대륙에 흩어져 삽니다. 하지만 이 때문에 내 유전적인 구조 안에는 이 **민족** 〔즉 미국〕은 모든 부분의 합보다 크고, 많은 사람들로 이루어졌지만 우리는 진정으로 **하나**라는 생각이 각인되어 있"다고 했다.[60] 미국이라는 정치적 공동체를 준거로 삼아 그 안에 속한 사람들이 정치적으로 하나인데 더해, 진정으로 하나, 다시 말해 한 가족으로서 형제자매라는 상징적 탈바꿈이 일어나는 대목을 볼 수 있다.

영어 nation에 해당하는 서양 각국어 단어 역시 현재와 같이 "민족"

---

59) 일례로 박순발, 「한국 고대사에서 종족성의 인식」, 『한국고대사연구』 44(2006), 5~19쪽을 보라.

60) Martin Luther King, "I have a Dream", *I Have a Dream : Writings and Speeches that Changed the World*, ed. by James M. Washington, HarperSanFrancisco(1992〔1963〕), p. 105 ; Barrack Obama, "Obama Speaks on Race", http://edition.cnn.com/2008/POLITICS/03/18/obama.transcript/index.html, 검색일자 2009. 6. 9. 강조는 내가 덧붙였다.

이라는 뜻으로 사용된 것은 근대 이후의 일이다. 이 단어의 어원은 "출생하다"의 뜻을 가진 라틴어 nascor이지만, 고대 로마에서는 natio 의 형태로 다양한 외국인을 가리켰다. 중세에는 파리 대학이나 라이프 치히 대학 등에서 학생들을 출신 나라의 언어별로 네 개의 natio로 분류해 불렀는데, 이는 대학마다 달랐다. 예컨대 파리 대학은 프랑스어 (현재 프랑스, 이탈리아, 에스파냐 등을 모두 합한 지역), 노르망디어, 피카르디어(현재 벨기에 왈로니아, 프랑스 피카르디 등의 지역), 알레마니아어 (현재 영국과 독일을 포함한 북유럽 지역) 등 네 개의 natio로 분류하고, 라이프치히 대학에서는 마이센, 작센, 바이에른, 폴란드 등으로 나누는 식이었다. 그렇기 때문에 현대처럼 민족국가의 근거를 이루는 자연적·문화적 유대의 상징으로 nation이라는 단어가 사용된 계기는 근대와 연관을 짓지 않고는 찾기가 어렵다. 프랑스 혁명이나 영국 혁명을 그 계기로 보는 것은 따라서 상식적일 수밖에 없는 접근인 것이고, 단지 정치적 통합의 수준이 얼마나 높아지고 내부적으로 공동체의식이 얼마나 두터워졌는지와 같은 세밀한 사항에서는 나라에 따라 다소 이를 수도 있고 늦을 수도 있을 따름이다. 영어 단어 nation-state 역시 확인된 최초의 용례는 1895년이며, 고대 그리스나 이탈리아 반도의 도시국가city-state와 대비하는 느슨한 의미로서, 튜턴족이 nation-state 의 뛰어난 건축가라고 지칭하는 정도였다.[61]

지금까지의 논의를 배경에 깔고 생각하면, 국민만이 정치적 공동체를 가리키는 것이 아니라 민족 역시 일차적으로 정치적 공동체를 가리

---

61) Charles Malcom Platt, "A Triad of Political Conceptions : State, Sovereign, Government", *Political Science Quarterly* 10 : 2(June, 1895), p. 294. 튜턴족(Teutons) 이란 켈트족에 대비해서 게르만족을 가리키면서도 게르만이라는 명칭을 피하고자 할 때 사용되는 아주 느슨한 용어다. 따라서 때로는 색슨족을 가리키기도 한다.

킴을 알 수 있다. "대한민국 국민"이라고 하면 "한민족"에 비해서 더욱 명시적으로 정치적인 구획을 가리키는 것은 틀림없다. "대한민국 국민"보다 "한민족"이라고 하면, 대한민국 이전에도 있었고 대한민국 바깥에도 있는 모종의 인간집단을 가리키는 것은 분명하다. 그러나 이 차이가 정치적 공동체와 자연적 공동체의 차이로 연결될 수는 없다. 왜냐하면 한민족이라고 하더라도 결국 일차적으로는 조선왕조라고 하는 정치적 단위를 준거로 해서 구획이 정해지는 개념이기 때문이다. 혹시 이에 대해 조선이라는 정치적 공동체보다 선행하는 민족이 있었다고 말하고 싶다면, 그런 관념 역시 고려라고 하는 정치적 공동체의 존재에 의존한다는 사실을 주시하기 바란다. 또 고려 이전의 민족을 말하고 싶다면 당연히 통일신라라고 하는 정치적 공동체를 준거로 삼은 결과다. 계속해서 삼국도 하나의 민족이었고, 삼한과 고조선도 하나의 민족이었다고 말하고 싶다면, 장을 바꿔서 단일민족에 관해서 한 번 따져보자.

제4장

대한민국은 단일민족인가

43. 대한민국은 종족적으로 균질적인 국가라서 전통적으로 소수종족의 문제를 겪지 않았다. 그러나 나라들 사이에 인력교환이 역동적으로 일어나고 인종간 결혼이 증가하면서 소수종족에 관한 염려가 늘어나고 있다.

44. 민족의 종족적 균질성에 대한 긍지에서 비롯된 "순수혈통"의 원칙은 이른바 "혼혈"이라 불리는 이들에게 갖가지 형태의 차별을 불러왔다. 이런 차별들은 대체로 눈에 띄지 않고 불법도 아닌 것으로, 고용, 주거, 교육, 대인관계 등 모든 영역에서 발생해왔다. 이 같은 관행들은 세대를 건너 전승된다는 점에서 특히 심각하다.

유엔인종차별철폐위원회Committee on the Elimination of Racial Discrimination, CERD가 2007년 8월 9일 71차 세션에서 한국상황을 검토하고 발표한 보고서의 내용 일부이다. "종족적으로 균질적인ethnically homogeneous", "민족의 종족적 균질성에 대한 긍지pride in the nation's ethnic homogeneity" 같은 표현은 "단일민족", "단일민족성에 대한 긍지"로 번역하는 것이 현대 한국어에 익숙하겠지만, 일부러 다소 어색할지 몰라도 영어식 표현에 스며들어 있는 시각이 암시적으로나마 표현될 수 있도록 번역했다. "단일민족"이라는 표현과 "종족적으로 균질하다"는 표현의 차이가 사실은 굉장히 많은 의미를 담고 있기 때문이다.

위 보고서에서는 짧게 말하느라 "종족적으로 균질적"이라고만 했지만, 영어 구문의 행간에서 이런 경우 균질성이란 명목척도가 아니라 당연히 순서척도로 이해된다. 다시 말해 한국이 "종족적으로 균질적"이라는 지칭은 다른 나라들에 비해서 그렇다는 뜻이지, 실제로 한국종족이라는 것이 있고 그 구성원들이 실제로 서로서로 균질적이라는 뜻은 아니다. 프랑스처럼 아예 인구조사에서 인종구분을 묻지 않는 나라도 있기는 하지만, 세계 대부분의 나라가 인구조사를 주기적으로 시행하고, 그때 인종을 묻는다. 우리는 어떻게 하는지 확인하지 못했는데, 통계청 홈페이지를 뒤져보니 외국인 수는 잡혀 있지만, "한국인" 중에 인종별 분류는 보이지 않는다. 물을 필요도 없이 한국인은 모두 한민족이라고 보기 때문일 것이다. 어쨌든 유엔에서 한국을 종족적으로 균질적이라고 간주하는 까닭은 그들에게 무슨 "종족적 균질성"을 객관적으로 측정할 기준이 있어서가 아니라, 단지 한국인 대부분이 스스로 한민족을 "종족적으로 균질하다"고 생각하기 때문이다. 그런데 이와는 대조적으로, 우리 한국인이 자신을 "단일민족"이라고 여길 때는 스스로 그렇게 생각하기 때문에 단일민족이라고 보기보다는, 우리의 프레임과 별도로 어떤 자연적이고 객관적인 원인이 있으리라고 막연히 추정하는 사람이 많을 것이다.

그러나 지금까지 앞의 세 장에서 논의했듯이, "우리"의 경계란 일차적으로 우리가 그은 것이다. 제3부 제3장에서 언급했던 구분을 상기해서 적용해보면, "우리"의 경계란 얼음과 물의 구분과 같은 것이 아니라 대머리와 대머리 아닌 사람의 구분과 같다. 우선 경계선 자체가 희미해서 회색지대가 대단히 넓다. 나아가 이런 경우는, 대머리/회색지대/비非대머리처럼 간단히 정리될 수도 없다. 대머리와 회색지대 사이의 경계, 회색지대와 비대머리 사이의 경계 또한 불투명하기 때문이다. 이런 경계들이 불투명하다는 것은 일반적인 원칙에 따라 사전에 명료한 기준을 세울 수 없고, 세운다고 해봐야 소용이 없다는 뜻이다. 실제 삶에서 문제로 등장하지 않으면 넘어가고, 어떤 이유가 있어서 문제로 등장하게 되면 당사자들을 중심으로 논쟁이나 투쟁을 통해서 해소하기도 하고, 어느 정도 다투다가 대충 덮고 넘어가기도 하며, 때로는 전쟁과 같은 엄청난 재앙의 불씨가 되기도 한다. 이때 당사자란 따로 정해져 있는 것이 아니고, 관객과 당사자의 구분 자체 역시 다분히 실존적인 관심과 참여 여부에 따라서 좌우된다는 특징이 있다.

종족적 균질성 또는 단일성이라는 것이 우리가 정하기만 하면 그만이라고 할 수는 없다. "우리/저들"의 구분이란 많은 경우 저들의 입장에서 긋는 "우리/저들"의 구분과 상호작용한 결과이고, 아울러 이런 경우에는 "정한다"는 것이 결코 한 시점에서 무슨 입법과 같은 의도적 정책을 정하는 것과 같을 수는 없다. 따라서 예컨대 중국인과 한국인이 서로 다른 민족이라는 구분에는 단순히 주관적이지만은 않은 어떤 객관적인 원인이 있는 것처럼 생각하기가 쉽다. 우리만 그런 것이 아니라 저들도 그렇게 구분하며, 가령 우리 국회에서 어느 날 마오쩌둥이나 아베 신타로를 한국민족의 일원으로 집어넣자고 정한다고 해서 실제로 그렇게 되리라고 본다는 것은 말이 안 되기 때문이다. 그런데 내가 보기에 이 지점에서는 인위/자연이라는 개념틀이 너무나 거칠어서 이해하는 데 도움이 되기보다는 방해가 되는 것 같다.

역사적으로 형성된 관습이란 자연인지 인위인지를 물으면 인위라고 봐야 하지만, 시간을 정해놓고 계획을 세워서 해치울 수 있는 일은 절대로 아니다. 즉, 개인의 입장에서 보면 관습에 속하는 요소들은 모두 의지만 있으면 바꿀 수 있는 일이라기보다는 소여所與, 즉 주어진 것으로 비치더라도 전혀 무리가 아니다. 한국어를 20여 년 동안 혀와 입술로 익힌 사람에게 영어 배우기가 차라리 백두대간을 종주하는 일보다도 어쩌면 어려울 수 있는 까닭이 여기에 있다. 앞 장에서 밝혔듯이 현재 우리에게 관습적으로 전승된 "단일민족"이라는 상징은 적어도 100년 동안 일억 명도 넘는 사람들이(현재 남북한 인구에 지난 100년간 사망자를 합하면 일억이 훨씬 넘는다) 거의 의심 없이 받아들인 것인 만큼, 이런 관습의 틀 안에서는 거의 "자연"에 가까운 지위를 얻었다고 할 수 있을 정도로 고착되어 있는 것이 사실이다. 그러나 그렇더라도 이런 종류의 소여는 불가항력인 것이 아니다. 시간이 오래 걸릴 수는 있겠지만, 여전히 충분한 숫자의 사람들이 자신의 생각을 담아내는 프레임을 하나의 대상으로 관찰해볼 수 있는 안목을 가진다면 얼마든지 수정이 가능하고, 어쩌면 의외로 짧은 기간에 큰 변화가 생길 수도 있다.

대조를 위해 몇 가지 예를 들어보자. 이 예시의 목적은 "단일성"에 관한 우리의 관념이 어떤지를 반성해보기 위함이다. 우선 남한과 인구가 얼추 비슷하다고 할 수 있는 잉글랜드를 보자. 영국 국립통계국이 발표한 2005년 실험통계에 따르면,[62] 잉글랜드 인구 5,109만 명의 인종별 분포는 〈표 11〉과 같다. 왼쪽(I)처럼 분류하면 종족집단의 수는 16개가 되고, 오른쪽(II)처럼 분류하면 5개 종족, 아시아계와 중국계를 합하면 4개 종족이 된다. 어쨌든 오른쪽처럼 분류할 때 백인(88.2%) 또는 왼쪽처럼 분류할 때 브리티시 백인(83.6%)이 잉글랜드의

---

62) Population Estimates by Ethnic Group Mid-2007, Office of National Statistics, 2009. 4. 29. (http : //www.statistics.gov.uk/statbase/product.asp?vlnk=14238, 검색일자, 2009. 6. 10.)

표 11

I		II	
백인(브리티시)	83.6%	백인	88.2%
백인(아이리시)	1.1%		
백인(기타)	3.5%		
혼혈(백인과 카리브 해 흑인)	0.6%	혼혈	1.7%
혼혈(백인과 아프리카 흑인)	0.2%		
혼혈(백인과 아시아계)	0.5%		
혼혈(기타)	0.4%		
아시아계(인도)	2.6%	아시아계	5.8%
아시아계(파키스탄)	1.8%		
아시아계(방글라데시)	0.7%		
아시아계(기타)	0.7%		
흑인(카리브 해)	1.2%	흑인	2.8%
흑인(아프리카)	1.4%		
흑인(기타)	0.2%		
중국계(중국)	0.8%	중국계	1.5%
중국계(기타)	0.7%		

종족 구성에서 주류임을 알 수 있다. 즉, 잉글랜드를 하나의 민족국가라고 부르고, 그때 민족이라는 것이 정치적 공동체에 선행하는 자연적·역사적·문화적 공동체라고 본다면, 오른쪽처럼 넓은 의미의 백인 또는 왼쪽에 브리티시 백인이라고 분류된 좁은 의미의 백인이 잉글랜드를 하나의 민족국가로 만드는 핵심요소임이 분명하다. 그런데 만약 왼쪽의 분류에서 나머지 15개 종족을 제외하고 브리티시 백인만을 본다면, 그 4,273만여 명의 브리티시 백인은 단일민족일까 아닐까?

법무부는 2007년 국내 체류 외국인이 처음으로 100만 명을 넘었다고 발표했다.[63] 당시 주민등록 인구가 4,913만이어서, 대한민국 안에도 외국인의 비율이 2%를 넘는다는 사실이 새삼 부각되어 잠시 단일민족 프레임에서 벗어날 필요가 있다는 말들이 있었다.[64] 하지만 내가 지금 따지고 싶은 주제는 외국인 100만 명이 아니라, 그들을 뺀 98% 4,800만 명의 한국인을 "단일민족"이라고 보는 데에 어떤 의미가 있는지를 짚어보자는 것이다.

잉글랜드에서는 브리티시 백인으로 분류되는 4,273만여 명만을 따로 떼서 보더라도 다양한 혈통으로 구성되었다고 보지 단일성이라는 틀로 묶지 않는다. 왜냐하면 브리튼 섬에서 살고 있는 사람들은 2,000년이라는 오랜 역사를 통해 여러 갈래로 그 섬에 들어간 이주민들의 융합으로 이루어졌기 때문이다. 노르망디족, 북방 게르만족, 앵글로색슨족, 로마인, 켈트족, 그리고 아마도 켈트 이전에 살았으리라고 추정되는 선주민들이 저 인구통계에서 브리티시 백인으로 분류되는 사람들의 혈통을 구성한다. 복잡한 혼혈인 것처럼 보이지만, 노르망디의 윌리엄이 섬으로 건너가 왕위를 차지한 1,066년 이후로만 보면, 그 후 지금까지 이 브리티시 백인 종족집단에 대규모의 혈통혼입이 발생하지는 않았다. 잉글랜드가 17세기에 민족국가를 이뤘든 13세기 또는 그 전에 민족국가를 이뤘든, 그때 민족적 균질성을 담보하는 혈통적·문화적 공통성이 있었다면 그것은 무엇보다 현대의 통계에서 브리티시 백인이라고 범주화하는 묶음 내부의 공통성과 족보상으로 크게 겹치지 않을 수 없을 것이다. 그런데도 잉글랜드를 단일민족이라고 부르는 표현을 나는 한 번도 들어보지 못했다.

켈트 이전의 선주민, 켈트족, 로마인, 앵글로색슨족, 북방 게르만족,

---

63) 「법무부, 국내 체류 외국인 첫 100만 명 돌파」, 〈로이슈〉 2007. 8. 24. (http://www.lawissue.co.kr/news/articleView.html?idxno=4224, 검색일자 2009. 6. 10.)

64) 일례로 「'조정래칼럼' 단일민족·순혈주의를 넘어서」, 〈한겨레〉 2009. 8. 21. (http://www.hani.co.kr/arti/opinion/column/230394.html, 검색일자 2009. 6. 10.)

노르망디족 등 잉글랜드 민족의 선조들은 갈래가 다양한 반면에 대한 민국은 그렇지 않다고 말하고 싶은 사람이 있을까? 고대의 부여, 읍루, 숙신, 예맥 등까지는 접어두더라도, 당장 삼한과 고조선, 그리고 고구려, 백제, 신라, 발해와 말갈 등의 갈래들은 왜 다양하지 않고 여전히 "단일"민족을 구성하는 것일까? 잉글랜드의 고대사에 비해 한반도의 고대사가 어떤 점에서 현저하게 "단일한" 민족사가 되는 것일까?

앞 제2장에서 명시했듯이, 나는 삼국이나 삼한을 합해서 하나의 민족으로 부르고 현재 대한민국이라는 민족국가와 혈통적 · 문화적 · 자연적으로 연결하는 데에 특별한 잘못이 있다고는 보지 않는다. 통일신라를 하나의 민족국가였다고 주장하고 싶으면 해도 되고, 삼한과 고조선, 고구려, 백제, 신라 등이 모두 하나의 민족이었기 때문에 7세기에 신라로 통일되었다고까지 누가 말하더라도 특별히 시비를 걸고 싶은 생각이 없다.[65] 단, 그것들이 민족국가였기 때문에 한민족이 역사적 선진민족으로서 위신이 올라간다고 내심으로라도 느끼는 사람이 있다면 위신이 아니라 열등감이 아닐지 자문해보라고 권하고 싶다. 민족을 앞에서 제시한 세 가지 근대적 기준으로 규정하면 한국민족은 제3장에서 밝혔듯이 20세기 초에서 1948년 사이에 형성되었다고 봐야 한다. 근대론자들이 지적하듯이 일반 민중이 일상생활의 영역을 한참 벗어나서, 수천만 명에 달하는 "멀리 있는 자들"에 대해 민족을 준거로 일체감을 느끼기 위해서는 무엇보다도 문맹에서 벗어나고 인쇄매체를 통한 공론장에 참여하는 지성적 · 물리적 기반이 필수전제조건이기 때

---

65) 실제로 삼국의 주민들이 서로를 "우리"라는 틀 안에서 인지했다고 보기 어려운 이유는 박노자가 간략하게 정리한 바 있다. 「통일신라시대 '우리'란」, 『한겨레 21』 734호, 2008. 11. 5. (http : //mail.daum.net/hanmail/Index.daum?, 검색일자, 2009. 6. 13.)

문이다. 고조선과 삼한은 접어두고 통일신라나 고려를 민족국가로 부를 수는 있지만, 그런 민족은 근대적인 의의를 모두 상실하고 엘리트 지배계급의 의식 속에 투영된 관할권의 의미에서 벗어날 수 없다.

단일민족에서 "단일"이라는 표현은 이미 민족이라는 하나의 범주로 사람들을 묶은 위에 다시 그것이 하나라는 사실을 중복해서 표현하는 군더더기에 지나지 않는다. 어떤 사회집단의 경우에도 그것을 하나의 범주로 묶을 수 있다는 사실 곁에는 내부에 다양성이 존재한다는 사실이 항상 수반된다. 일례로 이스라엘을 전체로 보면 소문난 유대교 국가지만, 실제 유대교도의 비율은 75.5%이고 다른 종교들이 존재한다. 더구나 이스라엘 유대교 역시 내부를 보면 전통파(55%), 세속파(22%), 정통파(17%), 하레디파(8%) 등 여러 분파로 구성된다.[66] 대한민국 인구 4,800만여 명도 내부를 보면 280여 개의 성씨와 같이 다양한 요소로 구성되어 있다. 성씨의 다양성에도 **불구하고** 4,800만 한국인이 하나의 민족이라고 말하는 것은 당연히 아무런 문제가 없다. 모든 사회집단이 그 점에서는 마찬가지고, 차이와 균질성이라는 것이 본질적으로 그런 관계이기 때문이다. 하지만 그 하나의 민족을 새삼스럽게 "단일민족"이라고 부른다는 것은 이스라엘 인구 75.5%를 유대교로 묶는 데에 더해 그들을 "단일유대교"라고 부르는 꼴이 된다.

구성원 개개인이 스스로 인식하는 종족 정체성만을 생각한다면, 대한민국의 인구구성이 (일본과 더불어) 세계적으로 보기 드물게 균질적이라는 것은 사실이다. 영토 내에서 생활하고 있는 인구의 98%가 한 가지 종족집단에 속한다고 의식한다는 것은 위에 든 것처럼 16%가 다른 종족 정체성을 가진 잉글랜드 및 24%가 다른 종교 정체성을 가

---

66) Wikipedia, "Israel" (http : //en.wikipedia.org/wiki/Israel#Religion, 검색일자 2009.
6. 11.)

지는 이스라엘에 비해 워낙 현저한 특징이기 때문에, 2% 정도의 예외는 무시하고 민족적 정체성과 종족적 정체성이 같다는 의미에서 "단일민족"이라고 할 수 있을 것 같다. 단, 그렇다고 할지라도 그것이 자랑스러운 일인지 수치스러운 일인지, 또는 별 상관이 없는 일인지를 따져봐야 한다. 이것이 다음 장의 주제이다.

제 5 장

국민과 민족

일본어에서는 민족국가라는 용어보다 국민국가라는 용어를 더 많이 쓴다. 민족이라는 단어에 인종적인 뉘앙스가 불필요하게 섞이기 때문에 아예 nation이라는 서양어를 "국민"으로 옮겨버리자는 얘기다. "국민"이란 이미 단어 안에 국가의 존재를 전제하기 때문에 자연적·인종적·혈통적 원형집단을 떠올릴 필요가 없게 된다는 뜻이다. 그리하여 한국어에서도 일본식으로 네이션nation은 "국민"으로 옮기고, "민족"이란 종족집단ethnic group을 가리킬 때로만 사용을 국한하자는 주장이 꽤 있다.[67] 중국의 소수"민족", 미국이나 러시아에 사는 한국"민족", 오스트레일리아의 애버리진이나 뉴질랜드의 마오리 "민족"을 생각하면, 그리고 미국, 중국, 러시아, 인도, 인도네시아 등을 "다민족국가"라고 부르는 용례를 생각하면 상당히 설득력이 있어 보인다.

하지만 어차피 "민족"이라고 하더라도 인종적 함의는 상징적인 수

---

[67] 예컨대 한건수, 「아프리카에 대한 한국인의 상상과 재현」, 이옥순 외, 『세계사 교과서 바로잡기』, 삼인(2007), 260～262쪽.

준을 넘을 수 없으며, 서양어 네이션도 혈연적 공통성을 표상하는 의미가 있으므로 "민족"으로 옮겨야 맞다는 입장도 있다.[68] 나는 이 입장을 지지한다. "국민"이라는 말은 국적을 가진 시민을 가리키는 말로서, 누가 어떤 나라의 국민인지 아닌지를 기어이 가리고자 한다면 법률적인 판단에 의뢰해서 그 결정을 집행하는 방향으로 일이 진행된다. 즉, 누가 어떤 나라의 국민인지 기어이 분별해야 할 필요가 생긴다면 국가의 강제력으로 결정이 내려지는 문제인 것이다. 이처럼 "국민"이라는 말은 단순히 현실에서 실효적으로 하나의 정치적 공동체를 이룩하고 있는 단위를 지칭하는 데 그친다.

네이션을 "국민"으로 옮기고, "민족"이라는 단어는 지금 "종족집단"이라 불리는 대상들에게만 국한해서 쓴다면, 예컨대 지금 대한민국에 사는 사람들은 "한국국민"이 되고 한국계로서 미국에 이주해서 살고 있는 사람들은 "한민족"이라고 부르면 될 것 같다. 그렇지만, 중국의 조선족이나 러시아의 고려인들은 그런 경우 "한민족"에 속한다고 봐야 하나 속하지 않는다고 봐야 하나? 한반도에 존재했던 정치공동체 가운데 한韓이라는 이름으로 불린 것은 고대의 마한, 진한, 변한, 그리고 1897년의 대한제국, 1919년의 대한민국, 1948년의 대한민국뿐이다. 네이션을 "국민"으로 옮겨야 한다는 입장을 적용하면, 1897년 이전에 조선의 국민 가운데 만주로 이주한 사람들은 국적이 바뀐 순간부터 중국이나 러시아의 "국민"이 된다. 하지만 "민족"으로서는 대한민국의 국민들과 연관이 있는 것이 틀림없다. 그런데 그들을 "한민족"이라고 부르기는 매우 곤란하다. 그들은 단 한 번도 대한민국의 국민이었던 적이 없기 때문이다. 그들을 고대의 삼한에 근거해서 "한

---

68) 예컨대 장문석, 『민족주의 길들이기』, 지식의 풍경(2007).

민족"에 넣기도 쉽지 않다. 그들은 대부분 함경도나 평안도에서 살던 조선 국민의 후예들인 반면에, 삼한은 확정적으로 말하기는 어렵지만 대체로 북한강 이남에 있었던 것으로 여겨지기 때문이다.

한민족의 형성이나 구성을 둘러싸고 논쟁이 벌어지는 세부적인 사항에 관해 여기서 결론을 추구할 의도는 전혀 없다. 단지 네이션을 "국민"으로 옮겨야 한다는 발상이 얼마나 얕은 생각에서 나온 것인지를 지적하기 위해서, 그런 발상이 간과하는 무수한 사항 중 하나를 드러내봤을 따름이다. 그 발상에도 일리는 없지 않다. 네이션이라고 하면 종종 인종적·혈연적·문화적 공동체가 정치적 공동체에 앞서서 있어야 할 것 같은 인상을 주는데, 그런 자연적 공동체를 찾아내기가 불가능에 가깝기 때문이다. 따라서 그런 자연적 공동체의 존재를 상정할 필요가 없다는 이유에서 "국민국가"라는 용어를 선호하는 취지를 이해는 할 수 있다.

그렇지만 이 발상은 "민족"이나 "종족"이라고 해도 다시 정치적 공동체의 존재에 의존해서 정체가 규정된다는 사실을 충분히 음미하지 못하고 있다. 다시 말해 "민족국가"라고 하더라도, 애당초 "민족"이라는 것이 국가의 존재라고 하는 바탕 위에서 형성되는 상징임을 명확하게 이해한다면 아무 문제가 없는 것이다. 현대 한국인, 그리고 한국인을 바라보는 외부자들의 감각에서 "한민족"이라는 집단의 정체는 대한민국이라는 정치공동체뿐만 아니라 "한"이라는 글자를 국호에 사용하지 않는 북조선인민민주주의공화국이라는 정치공동체의 존재에 의존하는 만큼이나, 과거 한반도에 조선이라는 국가가 존재했다는 사실에도 의존해서 규정된다. 그리고 조선이라는 강역에 속했던 인민(즉, 현재 논의의 주제인 어법에 따르면 "국민")들을 하나의 민족으로 이해하는 프레임이 조선의 일부 지식인들에게 있었다면, 그 프레임은 또한 조선이라는 국가의 존재뿐만 아니라 고려, 발해, 삼국, 삼한, 고구려 등등 역사적으로 존재했던 과거의 정치적 경험에도 크게 의존해서 축조된 결과이다. 대한민국을 하나의 "민족국가"로 지칭하는 말투에는 이처럼 현재의 정치공동체가 과거의 정치적 경험과 (상당히 느슨하고 모호하게) 정서적으로 연관되는 상징의 끈이 포함된다. 반면에 대한민국을 하나의 "국민국가"라고 부르게 되면 그런 끈이 모두 언어의 표면에서 추방되고, "국민"과 "국가" 사이의 앙상한 동어반복만이 남는 것이다.

민족이라는 것이(물론 국민도 역시) 상징적인 실체임을 다시 한번 음미해볼 필요가 있다. 대한민국 현재 인구 4,800만 명, 그리고 고조선부터 지금까지 한반도에 거주한 사람들을 한데 묶어 한민족이라고 부를 수 있다는 사실만으로 그들 사이에 어떤 인종적·혈통적 공통성이 대내적으로 정합적이며 대외적으로 배타적인 형태로 존재한다고 전제하면 물화物化, 즉 우상숭배가 발생한다. 하지만 역으로 그런 증거가 없다는 이유로 "민족"이라는 상징이 모든 의미를 상실하고 퇴장해야 하는 것도 아니다. 중국이나 일본, 러시아같이 강대국들이 주위를 둘러싸고 있고, 그런 나라들이 개인의 가치보다는 국가적(즉, 민족적) 위신을 중시하는 현실이 대한민국의 여건인 만큼, 이 나라의 민족주의는 남과 북이 통일되기 전까지는 물론이고 통일된 다음에도 오랫동안 인민의 정치의식에서 아주 중요한 요소로 작용할 것이다. 한민족이라는 상징이 결코 영원불변은 아니지만, 단기간 내에 몇 사람의 의식적인 노력만으로 퇴색할 리는 만무하다. 하지만 그것이 상징인 만큼 그것은 가변적이며, 현재 한국민족주의 주변에서 나타나고 있는 물화 및 거기서 다른 영역들로 전이되는 사유 프레임의 폐색현상은 고쳐야 하고 고칠 수 있다. 이것은 충분한 수의 상식인들이 스스로 그 폐색의 문제점을 깨닫기만 한다면 의외로 단기간에 고칠 수 있는 문제다.

　앞 장에서 미뤄뒀던 논제, 한 사회의 인구 98%가 동일한 종족 정체성을 고백한다는 사실이 자랑스러운 일인지가 방금 언급한 깨달음을 위해 주요한 통로가 될 수 있다. 우선 보통 한국인들이 느끼듯이 "단일민족"이 순수혈통이고 따라서 잡혼의 결과인 "혼혈"보다 깨끗한 것인지 생각해보자. 아주 안목이 좁고 편협한 사람을 제외하면 "혼혈"을 더럽다고 공언할 사람은 거의 없을 것이다. 버락 후세인 오바마 미국 대통령은 잉글랜드계 미국인 모친과 케냐인 유학생 부친 사이에서 태어났고, 부모가 이혼한 후에는 모친이 재혼한 계부를 따라 인도네시아에 가서 초등학교를 다닌 인물이다. 미국에서 이 사람의 혈통을 "더럽다"는 식으로 말하는 사람은 보통 "인종주의자"라고 불리며 사회적으로 골칫덩이 취급을 받는다.

　문명사회에서는 순종이니 잡종이니 하는 표현을 사람에게는 쓰지 않고 동물이나 식물에 대해서만 쓴다. 물론 까만 머리에 검은 눈동자, 납작한 코를 가진 사람이 금발에 푸른 눈동자, 오똑한 코를 가진 사람과 만나 연애를 하거나 결혼한다는 것은 익숙한 일이 아니다. 뭔가 넘을 수 없도록 다르다는 느낌을 받아도 무리가 아니고, "종자"가 서로 다르다고 생각하는 것까지도 비난받을 일은 아니다. 하지만 별로 자랑스러운 일도 아닐 것이다. 하물며 한 사회의 인구 전체에 관해서 "순종"이기 때문에 "잡종"보다 깨끗하다는 수준으로 생각한다는 것은 미개한 탓으로 배배 꼬인 무지와 편협하기 짝이 없는 옹고집일 수는 있겠지만, 자랑스러운 일과는 전혀 반대일 것이다. 앞 장에서 인용했듯이, 유엔인종차별위원회의 보고서에서 "순수혈통"과 "혼혈"을 구분하는 습관을 가장 우려한 까닭이 바로 여기에 있다.

　더구나 이 문제는 단순한 혈통의 차원에 머무르는 것이 아니다. 지금까지 여러 차례 강조했듯이 가계혈통에 관해 "같다"와 "다르다"의 경계는 결코 자연에 있는 것이 아니라, 우리가 관습적으로 어떻게 정하는지에 달려 있기 때문이다. 대한민국에 성씨가 280여 개가 있지만 우리는 모두 같은 혈통이라고 믿는다. 단군의 자손이라고 확인할 수 있는 증거를 가지고 있는 사람은 아마 아무도 없을 텐데, 우리는 "단군이 민족의 조상"이라는 문구를 자연스럽게 받아들이고 실제로 그렇게 믿는 사람도 많다. 이 주변에서 굉장히 강력한 획일주의의 사유형식이 작용하며, 아울러 차이와 이견을 억압하는 사회적 압력의 존재를 읽을 수 있다고 나는 생각한다.

예컨대 기독교도들에 대해 "처녀가 어떻게 아이를 낳느냐"는 의문을 제기하는 비기독교도들은 한국에 적지 않다. 대통령이 말실수는 물론이고 "10년 내 세계 7대 우주강국" 따위 화려해 보이는 소리를 해도 코웃음으로 넘기는 사람들도 많다. 그러나 김씨 성 가진 사람이 다섯 명 중 한 명꼴을 넘어 천만 명에 육박한다고 할 때, 그들이 어떻게 모두 한 명 또는 두 명의 조상으로부터 유래했겠느냐는 의문을 제기하는 사람은 별로 없다. 천만 명이 같은 성씨를 가지고 산다고 할 때, 나는 모든 집안에서 족보를 챙기기 시작한 최근 200~300년 사이에 얼마나 많은 사람들이 김씨 족보로 끼어들어갔겠느냐는 의문이 가장 먼저 떠오른다. 인구 4,800만 명 가운데 김, 이, 박, 최, 4대 성씨가 거의 절반을 차지하고, 정鄭, 강姜, 조趙, 윤尹, 장張, 임林씨까지 10대 성씨를 합하면 64%에 이른다는 사실은 한국인이 혈통적으로 균질하다는 사실을 말해주는 것이 아니라, 극단적인 수준으로 집단적 획일성에 순응하며, 인습적인 사고에 도전하기가 보통 사람에게는 불가능할 정도로 사회적으로 부담스러움을 보여준다.

왜냐하면 본관이나 파가 갈라진 것을 보면, 김씨 천만 명이든 이씨

680만 명이든 박씨 390만 명이든 전혀 균질한 혈통과는 거리가 멀기 때문이다. 가령 박길수에게 부모가 있을 것이고, 그럼 조부모는 4명이 있을 것이며, 증조부모는 8명일 거라는 식으로 생각하면, 그의 10대 조상은 2의 열제곱, 즉 1,024명이 된다. 그 1,024명 가운데 박씨가 최소한 한 명은 있어야 하겠지만, 나머지는 전부 박씨가 아닌 경우도 이론상으로는 가능하다. 실제로 우리가 지금 파라는 이름으로 분류하는 만큼 모두 성씨를 다르게 쓰고 있다면 수만 개의 성씨가 있을 것이고, 그렇다면 10대 조상 1,024명의 성이 모두 다른 경우도 상상할 수 있다. 그 가운데 만주나 중국계가 500명쯤 되고, 일본계가 300명쯤 되고, 나머지 200명이 한반도의 토착 혈통이라고 해서 혈통의 균질성이 특별히 손상될 까닭은 내가 보기에 없을 것 같다.

이는 중국의 한족漢族과 비교해보면 쉽게 알 수 있는 일이다. 위키피디아를 보니 한족은 현재 인구가 약 13억으로 세계 인구의 20%에 육박한다고 한다.[69] 중국정부가 56개로 분류한 "族群" 중 최대로, 중국 본토에만 약 12억 명으로 중국 인구의 91.9%를 차지한다. 우리는 보통 중국의 "족군"을 "소수민족"이라고 번역해 부르지만, 한족을 소수라고 볼 수는 도저히 없어서 어떤 사람은 중국에 "한족과 55개 소수민족이 있다"고 말하기도 한다. 대략적으로 중국 내 한족의 인구와 그들이 영유하는 땅의 면적(967만km²)은 유럽의 인구(약 7억 3천만 명)와 면적(1,018만km²)에 비견할 만하다. 역사 역시 엇비슷하게 오래되고 복잡다단하다. 그런데 한족은 하나의 민족 또는 종족이라고 말할 수 있지만, 유럽 전체의 인구를 그렇게 부르는 경우는 거의 없다. 다시 말

---

69) Wikipedia, "Han Chinese"(http : //en.wikipedia.org/wiki/Han_Chinese, 검색일자 2009. 6. 12.)

해, 유럽의 경우는 약 7억 명의 인구 가운데 흑인이나 아시아계는 다 빼고 순전히 백인들만이 남더라도 하나의 민족이라고 부르는 일을 상상하기 어렵다. 반면에 중국이라는 나라가 나머지 55개 "족군"이 없이 순전히 한족으로만 구성된다면, 한국에서 "단일민족"을 강하게 신봉하는 사람 중에는 중국도 "단일민족"이라고 부르고 싶을지 궁금하다.

민족이란 하나의 개념적인 범주로서 수천만 명이나 수억 명의 사람들이 모여서 이루어지는 집단이라면 당연히 내부에 인종, 종교, 혈통, 문화, 습속, 사상, 가치 등에서 대단히 다양한 요소들을 포함할 수밖에 없다. 그런 다양성이 없기 때문에 하나로 묶는 것이 아니라, 바로 그런 다양성이 있기 때문에 굳이 정치적인 구획을 통해 하나로 묶어야 할 필요가 생기는 것이다. 정치적인 구획은 바로 단일성을 의미한다. 따라서 이런 의미에서 보면 모든 민족은 단일민족이기 때문에 굳이 "단일"이라는 수식어를 붙일 필요가 없다.

한편 모든 사회는 종족을 분류하는 통계적 습관을 가진다. 이때 분류는 대개 각 개인이 스스로 어떤 종족에 속하는지를 물어서 이뤄진다. 대개는 한 종족집단이 80~90% 이상의 주류를 차지하고, 기타 소수종족들로 구성된다. 이런 각도에서 보면 한국은 주관적 정체성에서 주류로 나타나는 집단의 비중이 98%에 달한다는 점에서 예외적으로 특이하다. 대한민국을 단일민족이라고 바라보는 시각은 이 차원을 중시한 결과일 수도 있다. 그러나 이런 경우 "단일성"이란 2%에 달하든 아니면 정말로 수십 명에 불과하든, 소수의 존재 자체를 묵살하고 뭉개버리는 효과를 은연중 자아내기가 쉽다. 사실은 대한민국의 경우 2% 외국인 체류자뿐만 아니라, 종족적 주류에 해당하는 98% "한국인" 내부에도 무수한 갈래의 종족적 다양성이 없을 리 없건만, 순수혈통을 숭배하는 획일적이고 억압적인 풍조 때문에 고개를 들지 못하고 묻혀버렸다고 봐야 한다. 이렇게 보면 한국사회는 종족적으로 균질한 사회이기에 앞서, 종족적 차이를 드러내지 못하게 억압하는 사회인 것이다. 이제 바로 이 획일성에서부터 한국민족주의의 과잉이 정치의식에 미치는 악영향을 비판하고자 한다.

제6장

한국 민족주의의 과잉

제1절 **획일성과 전횡**

현대 한국정치사에서 민족주의 정치인을 대표하는 인물로는 백범 김구를 뺄 수 없다. 그는 국운이 날로 기울어가던 청년기에 조선인 행세를 하는 한 일본인을 일본군 중위가 위장한 것으로 믿고 때려죽였고, 국권상실 후 중국으로 가서는 고질적인 분열 때문에 형해밖에 남지 않은 임시정부를 부둥켜안고 지켰으며, 한인애국단을 조직해서 이봉창과 윤봉길의 거사를 지휘했고, 광복군을 통해서 해방 후 한민족의 국제적 발언권을 확보하고자 노력했고, 해방 후에는 조국분단을 몸으로 막으려다 안두희의 흉탄에 희생되었다. 가히 일제와의 전쟁 및 조국재건 과정에서 민족적 의기와 헌신성이 무엇인지를 보여준 상징 그 자체라고 봐도 무방하다.

그렇지만 현실정치에서는 성공하지 못했다. 그가 정권을 차지하지 못했다는 사실을 겨냥하는 것이 아니라, 신탁통치에 반대하는 입장을 완강하게 고수한 결과 남북한에 각자 단독정부가 수립되는 경로에 부

지불식간에 협조하고 만 것을 두고 하는 말이다. 이미 여운형이나 김규식 같은 중간파들은 유엔이 한국을 즉각 독립시키지 않으리라는 예상 아래 신탁통치 자체는 받아들이되 기간을 짧게 하도록 노력하고, 나아가 신탁통치 기간 중에 통일정부의 기반을 조성하는 방향을 내다보고 있었다. 후견지명의 관점에서 보면, 이것이 해방정국에서 분단을 막을 수 있는 유일한 실낱같은 가능성이었다. 여운형이나 김규식이 상황을 주도했더라면 분단이 없었으리라는 말이 아니다. 현실정치에서 그런 보장은 그때도 없었고 지금도 없다. 중간파의 노선을 따랐더라면 어떻게 되었을지 모른다는 얘기일 뿐이다.

하지만 실제 역사는 정반대로 흘러갔다. 오천 년 문화민족이 뭐가 모자라서 남에게 신탁통치를 받아야 하느냐는 원색적인 감정에 휩싸여 김구의 임정세력은 반탁의 기치를 높이 올렸다. 그리고 이는 "소련이 주장하고 미국이 반대하는 신탁통치안", "박헌영이 소련의 지령으로 신탁통치에 찬성한다"는 식으로 상황을 조작한 〈동아일보〉의 도발적인 보도에 말려서 우익의 반탁과 좌익의 찬탁이라는 단순유치한 이분법으로 연결되었다.[70] 이런 대립구조는 단독정부를 원했던 남쪽의 이승만과 북쪽의 김일성에게 가장 유리하게 작용했고, 따라서 남북분단은 피할 수 없게 되었다.

60년도 더 지난 옛날 일을 새삼스럽게 끄집어내서, "그때 김구가 다

---

70) 박태균, 「반탁은 있었지만 찬탁은 없었다」, 『역사비평』 73호(2005. 11.). 소련의 지령 때문이었다는 증거는 없다. 단, 그랬을 수도 있다는 추정은 예컨대, 金南植·櫻井浩, 『南北朝鮮勞動黨の統一政府樹立鬪爭』(東京, アジア經濟研究所, 1988), p. 11을 보라. 좌익의 노선변경을 전후해 사태의 진행을 요약한 심지연, 「反託에서 贊託으로: 남한 좌익진영의 탁치관 변화에 관한 연구」, 『한국정치학회보』 22 : 2(1988)는 소련지령설은 단정할 수 없다고 하면서, 삼상회의 결정문을 자체적으로 자세히 검토한 결과일 수도 있음을 지적한다. 아울러 임정이 반탁을 빌미로 휘어잡은 정국주도권을 좌익세력과 공유하기를 원치 않았다는 배경도 있다.

른 길을 선택했더라면……" 따위로 감상에 젖어 탄식을 늘어놓자는 얘기가 아니다. "민족적 위신"이라는 얼핏 보면 장엄해 보이는 명분이 라는 것이 실제로는 얼마나 표피적이고 미숙한 감정에 치우쳐서 사태를 악화시키는지를 봐야 한다는 뜻이다. "좌익은 찬탁"이라는 바람몰이가 횡행하는 순간 적어도 "민족"을 중시하는 척이라도 하는 사람이라면 신탁통치에 반대하지 않기가 어려워졌다. 그뿐이 아니고, "찬탁세력은 소련의 지령을 받았다"든지, "미국은 신탁통치에 반대했다"는 따위 얼토당토않은 조작에 대해서조차 캐묻거나 따질 수가 없을 정도로 획일화된 집단무의식이 세상을 주도하고 만다.

앞에서 여러 번 비판했듯이 한미 FTA 반대나 이라크 파병 반대 역시 기본적으로 반탁운동에서 나타난 획일적 집단무의식의 흔적을 강하게 드러낸다. 고 노무현의 대통령 재직 때에도 그랬고 퇴임 후에도 그랬듯이, 만만한 사람 하나 잡아서 누가 더 저질로 씹어대는지 시합하는 언론사들의 집단 따돌림과 선동에 맞장구치며 우르르 몰려다닌 여론의 행태는 결코 이런 획일성과 무관할 수 없다고 나는 생각한다. 예컨대 일찍이 그레고리 헨더슨이 "소용돌이의 한국정치"라고 불렀고, 나중에는 주한미군사령관 존 위컴이 "들쥐 떼 같다"고 일컬은 것이 바로 내가 지금 문제삼고 있는 획일적인 집단무의식인 것이다.

헨더슨과 위컴이 지적한 내용은 내가 보기에 똑같다. 다만 비유한 표현이 달랐을 뿐인데, 헨더슨의 말에 울컥해서 덤벼드는 사람은 별로 없는 반면에 위컴의 발언에 대해서는 당시는 물론이고 지금도 기분 나쁘게 여기는 사람이 많다. 일차적으로는, 위컴이 입에 올린 레밍leming을 한국어 "들쥐"로 번역한 탓이다. 위컴의 비유는 결코 경의나 칭찬이 아니라 비판과 불평을 담은 것이었지만, 적어도 그에게는 우르르 몰려다니는 풍조를 꼬집고 그런 상황에서 민주주의가 가당치 않다는 분명한 견해가 있었다. 그는 자신의 견해를 표명한 것이지 한국인을 "들쥐 떼"로 모욕하는 데 목적이 있었던 것은 아니었다. 그럼에도 "들쥐 떼"라는 번역어에만 표피적으로 반응한 것이야말로 위컴의 지적이 적확하다는 증거가 되고 만다.

집단무의식적 획일성이 전적으로 민족주의의 과잉 때문이라고는 할 수 없다. 제2부 제4장과 제5장에서 논의했던 무별주의와 마녀사냥도 이런 집단무의식과 획일성에 크게 기여하는 것이 맞다. 이 밖에도, 한국사회에서 획일주의란 문화적·역사적 원인들과 연관되는 것은 분명하기 때문에 무수한 갈래의 설명이 가능하다. 따라서 민족주의가 유일한 원인이라고는 절대로 말할 수 없겠지만, 그것이 커다란 원인 중 하나라고는 단언해도 괜찮다고 나는 생각한다. 친일파 "다카기 마사오"라고 비난을 받는 와중에서도, 박정희가 "민족적 민주주의"라든지 "민족중흥" 등과 같은 구호를 활용해서 통할 수 있었던 것이 이를 잘 보여준다.

박정희가 입신의 기회를 쫓아다닌 행적을 보면 그를 친일파라고 비난할 근거로는 충분하다. 하지만 얘기가 그 수준에만 머무른다면, 그의 시대에 "민족중흥"이라는 표어가 먹혔고, 그 후로도 역대 대통령을 평가하는 여론조사에서 그가 부동의 1위를 지킨다는 사실에 어떻게 대응해야 할지 난감하기 짝이 없게 된다. 친일파 박정희가 민족을 중흥시켰다고 다수의 국민, 즉 한민족 가운데 다수가 믿고 있다면, "민족"이라는 것은 도대체 무엇인지 굉장히 의아해지는 것이다. 민족 다수가 자신의 민족적 정체성에 관해 "잘못" 생각하고 있다든지, 박정희가 말한 민족중흥은 "진정한" 민족주의가 아니라는 식으로 대꾸할 수는 있다. 그러나 이 문제가 그처럼 언표적 수준의 말대꾸만으로 해결되리라고 생각한다는 것은 개인적 아집에 빠져서 현실을 부인하겠다는 태도에 지나지 않는다.

한국사회의 도처에서 시도 때도 없이 나타나는 무분별한 "소용돌이" 또는 "들쥐 떼" 현상의 원인에는 말초적 감정표현에 불과한 언어적 낙인찍기가 있다. 〈동아일보〉 여기자를 성추행했다는 혐의로 곤경에 빠졌던 국회의원(한나라당, 동해·삼척) 최연희가 "3·1절에 골프 친 국무총리" 덕택으로 여론의 예봉을 피한 2006년의 사건이 우리 공론의 말초적인 수준을 잘 보여준다. 최연희는 1심에서 성추행 혐의로 징역 6개월 집행유예 1년을 선고받았지만, 2심에서는 "벌금 500만 원의 선고를 유예"하는 선처를 받았다. 그리고 2008년 국회의원 선거에서 당선되어 4선 의원이 되었다. 우익 신문들이 "민족의 성스러운 기념일에 골프라니" 따위의 싸구려 이미지를 동원해서 의제변환을 시도할 때, 진보를 자처하는 인사들 대부분은 묵시적으로 동조하면서 부화뇌동했다. 하지만 나는 지금도 이해찬이 최연희보다 뭘 잘못했는지만이 아니라, 애당초 이해찬의 행동이 왜 잘못이라는 것인지 알지 못한다. 골프가 원래 반민족적인 부도덕이라는 것인지, 아니면 3·1절에는 숨도 크게 쉬지 말고 근신해야 마땅하다는 것인지를 도무지 모르겠다. "성추행당"으로 몰리던 한나라당을 구원하기 위해 이해찬을 표적삼아 공격한 우익의 배짱은 이해가 되는데, 진보를 자처하면서 거기 덩달아 거들었던 사람들은 무슨 생각을 하고 사는지 알 수가 없다.

이는 앞에서 논의했던 무별주의, 마녀사냥, 교조주의, 도덕주의, 선험주의 등의 폐해가 종합적으로 나타난 사례이다. 이런 일이 이토록 쉽게 벌어지고, 그러면서도 획일적인 집단무의식에 대한 반성의 불길이 좀처럼 일어나지 못하는 까닭은 우리 사회의 공론에 참여하는 사람들이 분석적이지 못한 정서적 어휘를 더 편하게 생각하는 탓이 크다. 그리고 나는 민족주의와 관련된 "친일파", "사대주의", "매판자본",

"대미종속", "식민세력", "제국주의" 등등의 단어들이 정치담론에서 분석을 배척하고 감정을 앞세우는 경향을 부추긴다고 본다. 신탁통치와 관련된 논쟁에서 "민족적 위신"이라는 가짜명분 아래 당시 유일하게 생산적인 출구를 모색했던 중간파의 모든 노력이 묻혀버렸듯이, "식민주의"나 "사대주의"에 저항한다는 정서적인 분풀이를 지향하기만 하면 나머지 모든 세부적인 차이들은 다 떠내려가버리는 것이다.

대를 위해서 소의 희생이 정당화된다고 본 박정희의 전횡은 그러므로 결코 그 사람 개인에게만 책임을 물을 일이 아니다. 대세의 흐름이 일단 시작되면 그것이 옳든 그르든, 얼마나 경박하고 어리석은 짓이든, 추세에 대해 까탈을 부리며 버티는 것은 한국에서 썩 지혜로운 태도가 아니다. 이와 같은 획일성은 다수를 항상 무지한 상태로 방치하고, 진실은 오직 극소수 용기 있는 사람들의 어깨 위에 무거운 부담으로만 남겨두며, 그런 용기 있는 사람들조차 대개는 "소나기는 일단 피하고 본다"는 보신의 처세술을 자주 발휘하도록 강요한다.

어느 다른 나라나 마찬가지로 대한민국에는 다양한 방향의 정치적 지향이 서로 교차하면서 때로는 공존하고 때로는 충돌한다. 이런 지향들은 거의 모두 당사자의 생존과 번영과 위신이라는 목표를 추구하는 것이 보통이다. 그리고 개인들이 각자의 생존과 번영과 위신을 추구하다 보면 서로 갈등과 충돌이 발생할 때도 있다. 정치의 첫 번째 임무는 바로 그런 갈등과 충돌을, 가능하면 사전에, 그렇게 하지 못했다면 사후에라도 조정해서 사회의 평화를 이룩하는 데 있다. "민족"을 중요시하는 사람들은 이때 준거를 민족에 두면 마치 개인들의 지향이 하나로 수렴되어 협동이 이뤄질 것처럼 착각하는 경향이 있는데, "공익"이나 "공통선"이라는 표어가 이익의 수렴을 보장하지 못하듯이 "민족"이라는 단어만으로 사람들의 가치지향이 통일될 수는 없다.

일제강점기에도 "민족"이라는 단어로써 생성될 수 있었던 통일은 일제에 대한 반감에 그쳤다. 그 반감을 구체적으로 어떻게 표현해서 어떤 목표를 추구할 것인지에 관해서는 중구난방이었다. 이런 사정은 해방 후 어떤 국가를 세워야 할지, 또 박정희 시대에 어떤 방식으로 경제성장을 추구할 것인지, 현재 어떻게 북한을 상대할지 등 구체적인 정책에 관한 논쟁이 치열하게 발생하는 것과 마찬가지다. 정치의 세계에서 목적의 다양성, 현실인식의 다양성, 그리고 바람직하다고 여기는 행동경로의 다양성은, "민족" 아니라 "공익", "국가", "선", "정의", "평등", "자유", "형제애", "평화" 등 어떤 다른 구호를 내걸더라도, 하나의 문구만으로 통합될 수 있는 사안이 아니다. "민족"이라는 구호를 내걸면 이내 "민족"이 무엇이며 무엇을 원하는지를 둘러싸고 이견들이 발생하게 되며, 그러한 이견의 다양성이란 곧 정치적 지향의 다양성과 같은 것이다.

　한국에서 이른바 "민족주의 계열"은 친일파, 이승만, 박정희 등을 반민족으로 배척하기 위해 노력하는 와중에서 적극적인 민족적 가치를 파고들어 구체화하는 데에는 상대적으로 소홀했다. 그 때문에 소위 "뉴라이트" 계열에서 이승만이 국가(즉 민족국가)를 건설했고 박정희가 "민족을 중흥"했다고 주장할 수 있는 틈새가 넓게 열려버렸다. 정치적 통합, 즉 단일성을 표상하는 용어로 등장한 "민족"이지만, 그 해석과 적용을 둘러싸고 두 개의 진영으로 갈라지는 결과가 빚어진 것이다. 이는 동시에 정치언어의 분열도 수반했다. "민족"이라는 말이 진영에 따라서 서로 다른 의미로 사용되는 것이다. 그리고 진영 간에 그렇게 분열된 언어는 진영 내부에서 획일성을 조장한다. 언어가 진영 간 벽을 부수면서 소통과 매개를 위해 봉사하는 것이 아니라, 진영 내부의 배타적 결속력을 다지는 신분증으로 기능하는 탓이다.

 키 작은 사람보고 땅딸보라고 부르면, 키 큰 사람보고 꺽다리라고 부르면 어떻게 반응할까? 어떤 사람은 모욕감을 느끼겠지만 어떤 사람은 가볍게 넘길 것이다. "땅딸보"나 "꺽다리"는 둘 다 경의보다는 가볍게나마 놀리는 뜻이 들어간 단어다. 그렇다면 영리한 친구에게 천재라고 부르고 둔한 친구에게 백치라고 부르거나, 돈 많은 자에게 부자라고 부르고 돈 없는 자에게 거지라고 부르거나, 얼굴이 반반한 동무에게 미녀라고 부르고 잘 안 가꾼 동무에게 못난이라고 부르면 어떨까? "백치", "거지", "못난이" 등의 표현이라고 해서 언제나 누구에게나 모욕적인 것은 아니다. 그리고 사람에 따라서는 "천재", "부자", "미녀" 따위 지칭으로도 모욕감이나 상처를 받을 경우가 있다.

 한 개인의 정체는 나이, 성별, 키, 몸무게, 체형, 생김새, 성격, 고향, 종교, 출신학교, 직장, 기타 등등 누구나 무수한 속성들로 이루어진다. 그리고 둘 이상의 개인들에게서 모든 속성이 일치하는 경우를 찾기는 어렵지만, 어떤 하나의 속성만을 보면 많은 사람에 의해서 공유된다. 키 170cm의 남성이라고 범주를 잡으면 그 안에 들어갈 사람이 아마 수백만 명은 될 것이고, 경상도 예천에서 태어나 자란 무신론 40대 여성쯤으로 특화해도 아마 수백 또는 수천 명을 헤아릴 것이다. 이처럼 특정한 개인적 속성을 중심으로 결합된 집단이 정치적 요구를 내놓는 것을 정체성의 정치라고 한다. 오래된 것으로는 노동운동이나 여성운동이 있고, 최근의 것으로는 동성애자라든지 장애인의 권익을 주장하는 형태가 있다. 어떤 사회에서나 존재할 수밖에 없는 다양한 소수종족집단이 차별을 받지 않기 위해 기울이는 정치적인 노력도 이에 속한다.

전세계를 묶어서 하나의 사회라고 생각하고, 민족 또는 종족을 경계로 사람들을 구분하면서, 그중에 지배자 민족을 굳이 추려내기로 한다면 한민족이 지배자에 속한다고 볼 사람은 한국인 중에 별로 없을 것 같다. 하지만 그렇다면 어떤 집단이 지배집단인지 말하라고 하면 엄청나게 엇갈린 대답들이 나올 것으로 보인다. 혹자는 영미를 합해 앵글로색슨, 혹자는 단순히 국가를 가리켜 미국민족, 혹자는 백인종을 말할지도 모르고, 혹자는 가까운 장래에 중국의 한족이 지배자로 등장하리라 예상할 수도 있을 것이며, 마르크스주의에 충실한 유물론자라면 어떤 인종보다도 눈먼 자본이 지배한다고 말할 것이다. 구체적으로 지배집단 또는 지배계급을 어떻게 지목하든지, 세상을 특정한 지배자들이 주도한다고 보면 한민족이 그런 지배자라고 볼 사람은 별로 없을 것 같다. 이처럼 전세계를 하나의 사회로 보면 한국민족은 한쪽 구석에 좁은 자리를 차지했을 뿐, 핵심에서는 상당히 비껴나 자주 차별과 소외의 설움을 겪어야 하는 불쌍한 처지인 것처럼 보이기 쉽다.

월드컵이나 올림픽 같은 가시적인 경쟁에서 기대했던 만큼 경기 결과가 신통치 못할 때 판정이 불공정했다는 불평이 쉽게 나온다든지, 유학생들이 걸핏하면 인종차별을 들먹이는 데에, 근거가 있을 때도 없지는 않지만 많은 경우 단순한 소외감의 표현에 불과한 것도 사실이다. 이런 태도들은 기본적으로 국내에서도 경기에서 이기면 자기가 실력이 뛰어났다고 생각하고, 지면 판정이 불공평했다고 핑계를 대는 태도와 같다. 재판에서도 마찬가지로 이기면 사필귀정을 외치고, 지면 무전유죄라는 둥 정치적인 판결이라는 둥 불평을 늘어놓는 사람들의 정서와 통한다.

물론 경기장이나 재판정에서 오심이나 불공정한 판정이 드물지만은 않을 것이다. 판관들의 주의소홀이나 착각으로 인한 실수도 있고, 개인적인 편향성이 판결에 반영될 수도 있다. 개중에는 아예 청탁이나 뇌물을 받고 판정을 왜곡하는 자도 있을 수 있다. 하지만 이런 문제들은 모두 개별적인 차원으로서, 아예 뿌리를 뽑아서 미연에 방지할 길은 없고, 단지 발생하게 되면 그때그때 정황에 따라 적절한 사후조치를 취할 수밖에 없는 일이다. 사회개선을 위해 고려할 수 있고 고려해야 할 문제는 제도적·체계적·구조적 차별이나 불공정이 있느냐는 차원에 국한되어야 한다. 그런데 현재 국제사회에서 한국인 또는 한민족이 단지 한국인이라는 이유 때문에 무슨 제도적·체계적·구조적 차별을 받는지 나로서는 아는 바가 없다. 개별적인 사례에서 드물게나마 한국인이라는 이유로 부당한 대접을 받는 경우가 실제로 없지는 않겠지만, 일반적으로 한국인이 현재의 지구촌에서 체계적으로 소외당하는 종족집단이라고 봐야 할 증거는 상상할 수도 없다. 개별적인 사례로 보면 영국인, 미국인, 일본인, 기타 어떤 다른 민족에 속한 사람이라도 자기가 그런 민족에 속한다는 이유만으로 부당한 대우를 받는 경우는 있을 수 있다. 개별적인 사례로 봐야 할 문제를 민족적인 문제로 과장하는 버릇이 있다면, 그것은 분명히 외부세계 때문이 아니라 당사자의 피해의식 때문이다.

두 가지 사례를 들어본다. 2009년 3월 3일 뉴질랜드에서 한 한국인 유학생(17세)이 수업 중에 교사를 공격한 일이 있었다. 교사가 뒤돌아 화이트보드에 뭘 쓰고 있는 사이에 준비해간 칼로 찌른 것이다. 다행히 큰 부상은 입지 않았고, 그 학생은 나중에 유죄를 인정하고 선처를 탄원했지만 9월(2009년)에 열린 선거공판에서 18개월 형을 받았다. 항소할 계획이라는 보도 이후 어떻게 되었는지는 추적하지 못했다. 이 일 자체는 불행한 일이지만 서로 벌받을 일은 벌받고 용서할 일은 용서하며 반성할 일은 반성하는 가운데 처리될 수밖에 없다. 내가 거론하고 싶은 대목은 사건 직후 일부 한인들이 보인 반응이다.

이 학생이 왜 그런 행동을 했는지는 정확하게 알려지지 않았다. 그 교사는 남아프리카 출신 백인으로 일본어를 가르치는 49세 남성이었다. 학생의 친구들이 전한 바에 따르면, 평소에 그 교사가 한국전쟁에 관해 "한국판 남북전쟁"이라고 표현하고, 한번은 그 학생이 수업 중에 졸자, 그런 식으로 졸고만 있으면 "북한사람들이 너를 총으로 쏴서 죽일지도 모른다"는 말도 했다고 한다. 듣기에 따라서는 모욕이 될 수도 있지만 듣기에 따라서는 실없는 농담일 수도 있다. 교사로서 주의가 산만한 학생에게 약간 강한 표현으로 꾸짖은 것으로 볼 수도 있고, 교사로서 어린 학생의 여린 마음을 헤아리지 않은 경솔한 행동으로 볼 수도 있다. 좌우지간 그 정도의 증거만으로 교사의 "인종차별"을 들먹일 수는 없는 것이 분명하다. 그가 인종차별적이었고, 그 때문에 학생의 공격을 도발했다고 말하려면 그 정도를 훨씬 능가하는 확실한 증거가 있어야 한다. 그가 남아프리카 출신 백인이라는 이유 때문에 그를 인종차별주의자로 몰아간다면, 바로 그것이 인종차별이고 전횡이다.

그럼에도 일부 한인들은 처음부터 "인종차별"을 당연시하면서 한인 차원의 집단적인 대응을 시도했다. 몇 달이 지난 지금도 그렇게 생각하는 사람이 있는지는 모르겠지만, 어쨌든 지금까지 그런 주장을 공언하는 사람은 없는 것 같다. 나는 당시에 내 블로그에, 성급하게 흥분해서 "인종차별"부터 들먹이지 말고 구체적인 증거들을 수집하라는 취지의 글을 올렸다.[71] 내가 너무 "차갑다"는 둥 "그들의 신발을 확실히 신었다"는 둥, 나를 비판하고 공격하는 댓글이 여럿 달렸고, 내가 답변을

---

71) 「뉴질랜드 법정에 선 한국 소년」(http://blog.hani.co.kr/dongcpark/26646), 「전횡이 습성화된 우리 정서」(http://blog.hani.co.kr/dongcpark/26685), 「한겨레 블로그: 상상력을 위하여」.

하자 자연스럽게 논쟁이 이어졌다. 하지만 그런 사람들은 한결같이 구체적인 증거가 없이 "인종차별"을 성급하게 단정하면서, 그런 속단에 편을 들어주지 않는 내 태도를 성토하는 수준을 벗어나지 못했다.

두 번째 예는 "동해"와 "일본해"라는 명칭을 둘러싼 한일 간의 논쟁이다. 다른 나라가 발행하는 지도에 그 바다 이름이 "일본해"로만 되어 있을 때, 우리는 "동해"라고 부른다는 사실을 알리는 것이 어느 정도까지는 반드시 필요한 일이라고 생각한다. 하지만 여기 감정이 개입되는 것은 아주 곤란하고, 자칫하면 민족적 위신은 고사하고 민족적 망신을 자초하기 쉽다고 생각한다. 상황을 좀 객관적으로 바라보기 위해, 아주 비슷한 사례들을 우선 살펴보자.

프랑스와 영국 사이에도 바다가 있다. 영어로는 잉글리시 채널English Channel(즉 영국해협)이라고 부르고, 프랑스어로는 라망슈La Manche("소매" 모양이라는 뜻)라고 부른다. 그래서 영어로 표기된 지도에는 보통 영어 이름만 쓰고 프랑스어로 표기된 지도에는 보통 프랑스 이름만 쓴다. 한국어로는 이 바다를 영불해협이라고 할 때도 있고 영국해협이라고 할 때도 있으며, 드물게는 라망슈 해협이라고도 쓴다. 어쨌든 이 바다를 한국어로 영국해협이라고 표기한 지도를 보고 프랑스에서 라망슈를 병기해달라고 항의했다거나 제안했다는 말은 들어보지 못했다. 이 바다는 에스파냐어Mancha, 포르투갈어Mancha, 이탈리아어Manica, 그리스어Manches 등 지중해 국가들은 프랑스어 명칭과 비슷한 발음으로 부른다 (뜻이 반드시 같지는 않다). 물론 이 때문에 영국 정부나 어떤 영국인이 영어 명칭을 병기하라고 요구했다는 말도 나는 들어보지 못했다.

한국어로 된 지도에서 "동해" 옆에 "일본해"라는 표기를 병기하지는 않는다. 일본사람들이 그 바다를 "일본해"라고 부를 때 "동해"라고 병기하라고 요구할 수도 없는 노릇이다. 문제는 영어, 프랑스어, 독일어 등 제3국이 그 바다를 "일본해"인 줄만 알면 한국인의 입장에서 곤란할 것 같다는 점일 텐데, 구체적으로 어떤 점이 곤란할지를 좀 따져보자. 이번에는 "대한해협"의 경우와 대조해보자.

일본은 이 해협의 국제적 명칭이 Korea Strait로 되어 있는 데 대해서 특별히 시비를 걸지 않는다. 한국은 일본이 이에 관해 시비 걸지 않는다는 사실을 당연시한다. 한국은 일본이 "일본해Sea of Japan"라는 명칭을 고집하면서, 심지어 양국간에 합의가 되지 않으니 "동해East Sea"와 "일본해Sea of Japan"를 병기하도록 하자는 제안마저 거부하는 것을 보면, 그 바다를 "일본해"로 부르는 관행을 국제적으로 확립함으로써 독도 영유권 문제에서 이용하려는 속셈이 있다고 의심한다. 일본은 바다의 명칭과 영유권은 상관이 없고, 단지 Sea of Japan이라는 명칭이 관행상으로 확립되어 있기 때문에 바꿔야 할 이유가 없다는 입장이다.

이 문제 자체를 풀자면 청해青海, Blue Sea 따위 어느 한쪽의 주관적 시선이 들어가지 않은 명칭으로 타협을 보든지, 아니면 쌍방 중 한쪽이 일방적으로 양보하는 길밖에 없을 것이다. 그렇지 않으면 지금처럼 국제수로기구IHO나 유엔지명표준화회의UNCSGN가 열릴 때마다 한국과 북한은 의제를 상정하려고 노력하고 일본은 그것을 막기 위해 노력하는 겨룸이 계속될 것이다. 이 문제를 거론한 까닭은 이 자체에 관해 내가 뾰족한 해답을 가졌기 때문은 아니고, 이런 문제의 본질이 어떤지를 우리 시민들이 좀더 깊게 음미하기를 바라는 마음에서다.

본질이란 방금 말한 대로다. 쌍방 중 한쪽이 양보하거나 제3의 대안으로 합의가 없다면 현재와 같은 줄다리기가 계속된다는 얘기다. 이 점을 음미해보면 몇 가지 생각할 점이 따라나온다.

첫째, 이 명칭이 어떻게 결판이 나든지 안 나든지 보통 사람들 대다수의 일상생활에 큰 차이는 없을 것이다. 따라서 이 문제를 정부 담당

표 12 대한해협의 명칭

	부산-규슈 전체 해역	부산-쓰시마 해역	쓰시마-규슈 해역
한국어	대한해협	부산해협	쓰시마 해협
일본어(공식명칭)	対馬海峡	対馬海峡西水道	対馬海峡東水道
일본어(관용어)	対馬海峡	朝鮮海峡	対馬海峡
북한어	조선해협	부산해협	쓰시마 해협
국제어(영어)	Korea Strait	Korea Strait Western Channel	Korea Strait Eastern Channe(Tsushima Strait)

부서나 관련 시민단체에서는 지속적으로 추구하고 홍보하되, 일반국민들이 일희일비하면서 감정적으로 격앙할 일은 아닌 것이 틀림없다.

둘째, 이 문제는 두 가지 차원을 구분할 필요가 있다. 하나는 국제수로기구나 유엔지명표준화회의에서 명칭을 "결정"하는 차원이고, 다른하나는 각국이 나름대로 관용어로 정착된 명칭으로 부르는 차원이다. 국제회의에서 표준을 정하는 차원에서는 우리 정부의 입장을 표명하고 요구할 필요가 있다. 그 경우 국제수로기구나 유엔지명표준화회의는 일본이 양보하지 않는 한, Sea of Japan을 버리고 East Sea(북한은 East Sea of Korea를 선호)를 채택할 리는 없다. 한국이 현실적으로 얻을수 있는 최대한은 두 명칭을 병기하는 정도에 그친다고 봐야 온당하다. 그랬을 때 Sea of Japan(East Sea)로 쓸지, East Sea(Sea of Japan)으로 쓸지를 가지고 또 논쟁이 벌어질 수 있는데, 나는 그런 정도는 세계 각국의 지도 만드는 사람들더러 알아서 하라고 내버려두는 것이 우리자신의 마음의 평화에 도움이 된다고 생각한다.

셋째, 이 바다의 이름은 러시아어 Япóнское мóре, 프랑스어 Mer du Japon, 독일어 Japanisches Meer, 에스파냐어 Mar del Japón, 덴마크어 Japanske Hav, 중국어 日本海 등 대부분의 나라에

서 "일본해"라는 방식으로 관용화되어 있다. 위키피디아의 각국어 버전을 통해 살펴본 바로는 대부분 한국 명칭으로는 "동해", 북한 명칭으로는 "조선동해"임을 적어놓았고, 덴마크어 위키피디아는 한국식 명칭 "동해"를 자기네 말로 바꾸면 Østsøen이 된다고 표시도 해놓았다. 중국어 위키피디아는 물론 한자로 표기가 용이하므로 한국은 "東海", 북한은 "朝鮮東海"라고 부른다고 하면서, 기사에 첨부한 지도에도 병기 했다. 이처럼 각국어의 관용적 용례 차원에서 어떤 나라가 "일본해"에 해당하는 명칭만을 고수하든, 아니면 "동해"에 해당하는 명칭을 새로 쓰거나 적어도 지도에 병기하든, 나는 그 때문에 그 나라에 대해 특별히 섭섭하거나 고마움을 느낄 필요는 없다고 주장하고 싶다. 또 각국 정부나 지도 제작자에게 우리는 동해로 부른다는 사실을 직접 알려서 곤란한 부담을 주기보다는, 우리 정부가 영어 또는 각국어로 된 지도를 제작해서 책자나 인터넷 문서로 유포하는 것이 우리의 품위를 지키면서 실효도 거둘 수 있는 방법이라고 생각한다.

넷째, 아주 이상적으로만 말한다면, 나는 이런 명칭 때문에 인접 민족들이 다투면서 제3국들을 서로 자기편으로 끌어들이고자 애를 쓰는 일이 없는 세상에 살 수 있다면 더 행복할 것이다.

뉴질랜드에 유학 갔다가 어려움을 당하고 있는 학생과 동해바다 명칭을 둘러싼 논쟁, 두 사례를 통해 내가 주로 말하고 싶은 것은 어떤 일에 대해 감정을 앞세우다가는 도리어 손해를 보기가 쉽고, 위신도 깎이게 된다는 점이다. 민족주의는 대부분 민족의 위신을 다른 가치보다 중요시하는 경향이 있는데, 이는 한국 민족주의에서 두드러지는 특성이다. 민족주의가 지나치게 되면 별일 아닌 것을 가지고도 위신을 따져서 의미를 크게 비약시키기 쉽고, 그럴 때는 으레 사안의 본질과 범위를 냉정하게 구획해서 불필요한 확산을 차단하기보다는, 오히려 주변에 산재한 온갖 쟁점을 뒤죽박죽으로 섞어서 결국 개인적인 자존심까지 결부시키고 만다. 이런 태도는 국제적으로 다른 민족들과 더불어 사는 데 대단한 불편을 초래할 뿐만 아니라, 국내에서도 대화나 토론을 통해서 유익한 공존의 길을 생산하는 데 커다란 장해요인이 된다.

제3절 엄숙한 이분법

막스 베버는 민족이라는 상징이 중시되는 이유에는 위신이 있다고 하면서, 영광스럽거나 고통스러웠던 역사적 경험의 공유가 위신의 핵심요소라고 꿰뚫어보았다. 전쟁사 연구로 유명한 찰스 틸리는 민족국가, 즉 민족의 발생을 전쟁역량의 향상이라는 목적을 통해서 설명했다.[72] 한국에서 민족이라는 단어가 정치적 자주권을 함축하는 의미로 사용되기 시작한 것이 20세기 초 국운이 쇠퇴하던 시기였다는 사실은 베버와 틸리의 관찰과 부합한다. 원나라의 압박을 받았던 고려 후기에 단군신화라든지 동명왕 전설 등을 기록한 문서가 나타나며, 병자호란 이후 청나라의 압박을 받던 시기에 실학자들 사이에 "우리" 역사의 의미가 새삼 부각되었던 사실도 동일한 조명 아래서 식별이 가능하다.

한국어의 많은 단어가 "아 다르고 어 다르다"고 칭찬과 폄훼의 뉘앙스를 수반하지만, 그중에서도 "자주"와 "사대"만큼 선악의 의미가 자동적으로 섞이는 경우는 많지 않다. 일제에게 침략당한 경험이 끝난지 60년이 훨씬 넘었지만, 민족적 위신을 향한 갈망이 교육과 문화를

---

72) Charles Tilly, *Coercion, Capital, and European States, AD 990~1990*, Basil Blackwell : Cambridge, Mass. U. S. A., 1990.

통해 전승 내지 강화되고 있기 때문이다. 대조영, 왕건, 세종 등에 관한 TV 드라마들은 "사극"이라는 이름 아래 황당한 허구를 자유롭게 끼워넣는데, 거의 예외 없이 우리 민족이 과거에는 천하를 호령했다든지, 적어도 남의 눈치는 보지 않고 살았다면서 기염을 토하는 정치적 메시지를 담는다. 평양 천도를 기획한 묘청과 반대한 김부식의 경합을 낭가郎家와 불가佛家가 연합한 독립당과 유가儒家의 사대당이 벌인 쟁투로 이해하면서, 그 싸움에서 독립당이 패배한 것을 "조선 일천 년래 제일 대사건"이었다고 한탄한 신채호의 영향을 읽을 수 있다.

내가 여기서 비판하려는 민족주의는 김구(1876~1949)나 신채호(1880~1936)의 민족주의가 아니다. 물론 김구나 신채호의 민족주의에 대해서도 나는 동의하지 않는 대목들이 없지 않지만, 적어도 그들이 자신들의 시대를 치열하게 살았다는 점에서는 누구나 깊은 존경을 바쳐야 한다고 믿는다. 그러나 지금 우리가 그들처럼 생각하고 그들처럼 행동해야 하는지에 관해서는 누구든 단호하게 고개를 가로저어야 한다고 확신한다. 그들은 전쟁이 다가오던 시대에 태어나 자랐고, 전쟁의 와중에 사망했다. 그들이 싸워준 덕분에 우리는 전쟁이 끝난 뒤에 태어나 자랐고, 따라서 전쟁을 예방해야 할 의무가 있다. 매순간 목숨이 왔다 갔다 할 수 있는 처절한 상황에서라면 적과 동지, 선의 편과 악의 편을 엄격하게 가르고 숙연하게 그 구분을 지켜야 하겠지만, 평화의 시기에는 선악의 이분법 자체를 위험하게 여길 줄 아는 감수성이 필요하다. 사안에 따라서 필요하다면 편을 가르고 한쪽에 가담할 수 있겠지만, 그 일이 지나면 편을 떠났다가 다른 일에는 다른 편에도 들 수 있는 무상한 이합집산이 사회평화에 도움이 될 수도 있다. 적어도 사회가 두 패로 갈라져서 어떤 문제든지 끝낼 줄을 모르고 마냥 서로를 향해 짖어대는 상황은 피할 수 있기 때문이다.

앞에서(제2장) 지적했듯이, 한국 민족주의처럼 침략해오는 외부세력의 자극에 의해서 촉발된 형태의 원형은 피히테에서 기원하는 독일 민족주의이다. 이것은 실제 독일에서 히틀러의 인종주의로 연결되었고, 우리 사회에서도 "단일민족"이라는 정체불명의 용어 뒤에 "순혈주의"를 갈무리하고 있듯이, 배타적 인종주의를 함축하기 쉽다. 그런데 독일의 경우에는 유대인이라고 하는 눈에 띄는 공격대상이 있어서 인종주의가 직선적인 과녁을 찾을 수 있었다. 한국에서도 외국인 노동자나 결혼으로 이주해온 여성들에 대한 학대와 차별을 보면 인종주의의 과녁이 어디를 향해 있는지 엿볼 수 있다.

그렇지만 이런 사례들은 원인이라기보다는 겉으로 나타나는 증상일 뿐이다. 앞 제4장과 제5장에서 논했듯이, "순혈주의"라는 것은 순수혈통이라는 것이 실제로 있어서 그것을 아끼는 심성이라기보다는 차이를 용납하지 못하기 때문에 다른 것을 굳이 "같다"고 견강부회해서 뭉개버리는 전횡을 함축한다. 김구가 간절히 "민족"의 이름으로 독립운동세력을 통합하려 했지만 실패했고, 그런 김구를 추종했던 장준하의 눈에 전형적인 민족반역자로 비쳤던 박정희가 "민족중흥"을 기치로 내걸어 대중동원에 성공한 사례들에서 나타나듯이, "민족"이란 결코 그 자체로 사람들의 내면적인 가치를 유기적으로 통합할 수 있는 것이 못 된다. "민족"이라는 것은 사실 정치적 구심점으로서 프랑스 혁명의 "자유, 평등, 형제애"보다도 더욱 추상적이며 이현령비현령일 수밖에 없는 괴물이다. 게오르규의 『25시』는 인종주의라는 것이 왜 이현령비현령이며, 곧 사악한 정치의 제물밖에 안 되는지를 형상화했다.

그러므로 외부세력에 대한 경계심에서 나타나는 민족주의는 제3부 제5장 제3절에서 논의했듯이 저항적 연대의 한계를 벗어나지 못한다. 오직 대적할 가시적인 상대가 있을 때, 그 적군에 맞서 싸운다는 점에서만 일치가 있을 뿐이고, 적이 사라지고 나면 어떻게 할 것인지는 물론이고 심지어 전투가 벌어지는 와중에서조차 조금만 여유가 생기면 어떻게 싸워야 할지에 관해 공론이 갈기갈기 찢어진다. 각자가 적극적인 의견을 가지기보다는 막연한 원수 또는 악마에 대한 공포와 증오에 밀려다니는 셈이라서, 상대의 의견을 이해한 위에 자기 의견과 융합하거나 조정할 수 있는 역량도 별로 없다. 선과 악의 이분법에 의존하는 사유에서는 순서척도가 깃들지 못하고, 오직 편협하게 설정된 어떤 원수의 이미지를 거부하는 심성이 지배하기 때문이다. 다시 말해, 이와 같은 심리는 가장 원초적이고 가장 미개한 수준의 우리/저들 이분법에 불과하다. 우리는 곧 선이고 저들은 곧 악이라는 것인데, 더 큰 문제는 이때 경계가 지극히 자의적인 변덕에 따라서 그어진다는 사실이다. 그래놓고는 그처럼 미개한 경계가 "민족"의 이름 아래 신성한 것으로 격상되는 것이다.

이는 문자 그대로 완고하고 무지한 옹고집의 전형에 해당한다. 민족주의가 우리 사회의 완고함, 무지함, 고집불통에 모든 책임을 져야 하는 것은 당연히 아니다. 그러나 일정한 책임은 분명히 민족주의에 있으며, 더욱 중요하게 지적하고 싶은 점은 우리 사회의 주류 정치의식이 민족주의 프레임을 상대화할 수 있다면 완고하고 무지한 옹고집 증상 역시 스스로 자각할 수 있게 되리라는 사실이다. 지금 이명박 정부가 2009년 초까지 북한과 시민사회에 대해 보였던 완강한 벽창호의 증상은 이런 옹고집의 좋은 예라고 할 수 있다. 북한에 대해 아무 정책도 없이 다만 미국이 혼내주기만을 기다리고 있으면서도 그것을 정책이라고 착각하게 되는 이유는 김대중−노무현 정부의 업적을 부인한다는 목적이 분명하게 의식되고 있기 때문이다. 그러한 의식적 목적이 있다는 사실을 곧 정책이 있는 것으로, 자기들이 뭔가 하고 있다고 착각하는 것이다.

우리/저들의 단순 이분법에 따라 증오할 상대를 자의적으로 설정한 다음, 증오를 기반으로 삼아 "우리" 내부의 결속을 다지는 심성은 전형적으로 보수파의 특성에 속한다. 그런 심성을 이용해서 대중심리를 조작함으로써 정권을 탈취하는 수법은 전형적으로 파시스트의 전공이다. 만약 히틀러의 "민족사회주의"는 마르크스 계열이든 비마르크스 계열이든 사회주의를 탄압했고, 소련, 중국, 북한, 쿠바 등은 바로 히틀러와는 반대편의 "사회주의"를 표방했기 때문에 파시즘과 다르다고 생각하는 사람이 있다면, 나는 파시즘이든 현실사회주의 국가들이든 박정희 체제든 모두 전체주의라는 점에서 마찬가지라고 대답할 것이다. 그러므로 우리 사회의 진보진영은 마르크스에 대한 미련과 향수를 아직 못 버리고 있다는 점, 그리고 역사적으로 민족주의가 깊은 영향력을 행사해왔다는 점에서 원초적인 우리/저들 이분법에 의존하는 옹고집 증상에 빠져 있을 확률이 매우 높다. 제3부와 제4부에서 예시한 제노포비아의 사례들이 바로 그와 같은 이분법적 옹고집의 현현들이다.

위키피디아를 보면, 대한민국은 인구로 세계 223개국 중 26위, 연간 GDP에서 세계 180개국 중 13위, 일인당 GDP로는 세계 180개국 중 32위이며, 인간개발지수HDI에서는 179개국 중 25위이다.[73] 면적으로는 233개국 중 108위로 작다면 작다고 할 수 있지만, 남북한을 합해서 생각하면 22만km²로 잉글랜드, 스코틀랜드, 웨일스, 북아일랜드를 합한 영국의 24만km²에 버금가고, 인구는 2008년 추계로 7,200여만 명이 되어 17위가 된다. 대한민국을 약소국이라고 생각하는 관념은 주

---

73) http : //en.wikipedia.org/wiki/South_korea, 검색일자 2009. 6. 16.

로 두 가지 이유, 과거에 일본에 맥없이 점령당했고 그후로도 한참 동안 빈곤을 겪었다는 사실과 주변이 중국, 일본, 러시아 등 세계에서 손꼽히는 강대국에 둘러싸여 있다는 사실 때문이다.

그러나 과거는 그야말로 과거일 뿐이고, 중국, 일본, 러시아와 비교해서 작아 보인다고 약소국으로 간주한다는 것은 마치 프로농구 선수만큼 키가 크지 않다고 열등감을 가지는 것과 같다. 이는 공연히 민족적 긍지를 고취하기 위해 하는 소리가 아니고, 사실과 이치가 그렇다는 얘기일 뿐이다. 이 약소국 콤플렉스는 쓸데없는 피해의식을 낳고, 그 때문에 부질없는 위신을 쫓아다니느라 걸핏하면 세계 최대, 최초, 최고 따위 애처로운 서열 매기기에 매달리는 증상이 나온다고 나는 생각한다.

"한글은 세계에서 가장 과학적인 문자"라는 소리가 이런 애처로운 자랑거리 만들기를 보여주는 좋은 예다. 문자란 모국어를 효과적으로 표기하면 그만인 것이지 과학적이니 마니를 따질 여지가 애당초 전혀 없다. 세종과 집현전 학사들이 단기간에 자모를 개발했다는 것은 대단한 업적이지만, 그렇다고 한글 문자가 과학적이 되는 것은 아니다. 목구멍과 혀 모양을 따다가 ㄱ, ㄴ, ㄷ 등을 형상화한 것이 과학적이라고 한다면, 입술 모양을 그대로 그린 로마자 O야말로 한글 ㅗ에 비해 과학적이라고 해야 하지 않겠는가?

자랑할 것이 전혀 없을 때라면 그런 것이라도 자랑해서 존재의 의의를 억지로나마 과시할 필요가 있을지 모르지만, 세계 10위권을 넘보는 무역대국이 자기 조상에 관한 자랑을 그처럼 억지로 과장한다는 것은 품위에 어울리지 않는다고 나는 생각한다. 세종과 집현전 학사들이 어떤 노력을 통해 문자를 개발했는지 있는 대로 서술하는 것만으로도 조상 자랑으로는 충분하고 남는다. 거기에 쓸데없이 "세계에서 가장 과학적"이라는 장식을 얹어야 직성이 풀린다는 것은 "장동건은 미남이다"보다 "장동건은 세계 최고의 미남이다"가 더 자랑스럽다고 생각하는 미숙한 치기에 불과하다. 보들레르와 셰익스피어와 두보와 정철 중에 서열을 매기거나 바흐와 밥 딜런과 안숙선과 조용필 중에 기어이 서열을 정하겠다는 발상은 서열이라는 것이 뭔지 이제 처음 배우고 나서 감격한 상태에 젖어 있는 사춘기 초반의 아이들에게나 알맞은 정서이기 때문이다. 그런데 우리 사회는 이토록 유치하고 미개한 선악 이분법과 서열주의를 민족주의라고 하는 불투명하고 광범위한 그림자 밑에서 엄숙하게 추종하는 버릇을 대물림하고 있다.

제7장

원한의 부메랑

제1절 **영웅숭배의 문제**

제1부 제2장에서 나는 세종을 숭상하는 마음이 지나쳐서 현대에 "어진 군주"를 그리워하게 되면 곤란하다는 취지로 말한 적이 있다. 이제 그 점을 좀더 일반화함으로써 이 장의 논의를 시작하려 한다.

한국사회 어린이들은 대부분 위인전을 읽으면서 자란다. 그런데 한국의 위인으로는 을지문덕, 연개소문, 김유신, 김춘추, 계백, 왕건, 강감찬, 이성계, 이순신, 류관순, 안중근, 윤봉길 등 장군 또는 순국선열이 단골로 들어가고, 세계 위인으로도 알렉산드로스, 칭기즈 칸, 나폴레옹 같은 정복자들이 빠지지 않는다. 이 외에도 정몽주, 이방원, 세종대왕, 이승만, 김구, 링컨, 처칠, 루스벨트 등 정치인들도 자주 등장한다. 이들이 인류와 한국의 역사에서 대단한 영향을 미쳤다는 점은 틀림없는 사실이므로, 어린이용 위인전집을 기획하면서 그들을 빼기는 어려우리라 충분히 이해할 수 있다. 내 얘기는 이 사람들이 위인이 아니라는 것이 아니고, 이런 형태의 위인전을 읽고 자라는 아이들의 마음속에 정치에 관해 어떤 프레임이 형성되기 쉬울지 생각해보자는 것이다.

　이런 사람들이 활동한 환경은 주로 전쟁이고, 이들은 주로 적군을 죽여서 물리쳤거나 아니면 자기가 죽임을 당함으로써 업적을 세웠다. 이런 영웅들은 그저 숭배만 해야지 조금의 티끌도 묻히면 불경이라고 생각하는 사람은 지금 내가 한 이 정도의 말투에서도 뭔가 불온한 기미를 느끼며 불안해질지 모른다. 그러나 나는 지금 이 사람들의 업적을 폄하할 의도가 아니고, 대부분의 사람들이 이렇게 살지 않는다는 말을 하고 싶을 뿐이다. 기어이 전쟁이 난다면 누구나 이기는 편에 서기를 선호할 것이고, 강한 의지와 결단력을 갖춘 영웅들이 지휘하는 편이 아무래도 이길 확률이 높을 것이다. 그러므로 이런 영웅들이 자기 선조의 편이었던 것을 다행스럽게 여기는 것도 인지상정이고, 설사 선조와 아무 상관이 없더라도 선망의 대상으로 삼는 것 또한 충분히 가능하다. 그렇지만 그것은 전쟁이 불가피할 때의 일이고, 대부분의 사람들은 전쟁 자체를 별로 원하지 않는 것도 틀림없는 사실이다.

　그런데 우리 사회와 같은 역사적 환경에서 민족주의는 사람들로 하여금 방금 내가 지적한 사실을 종종 잊어버리도록 유도한다. 전쟁을 원하지 않는 사람들이라도 원하지 않는다는 본심을 드러내지 못하게 가로막고, 전쟁이란 불가피한 것이며 그때에는 민족을 위해 전사로 나서야 한다는 의무감을 강조한다. 전쟁이 불가피한데 맞서 싸우지 않으면 노예로 전락한다. 그러나 전쟁이 언제 무엇 때문에 불가피한 것인지는 언제나 불확실성 가운데 각자가 판단해야 할 문제다. 그런데 "전쟁이 불가피하다면 싸워야 한다"는 생각이 지배하는 사회에서는, 전쟁이 불가피한지 아닌지에 관해 호전주의자들의 선동에 따라 공론이 춤을 추기 쉬워지는 것이다. 평화의 가능성을 찾아보려는 노력 자체를 전쟁을 겁내는 나약함으로 몰아붙이는 마초이즘이 성행하기 때문이다.

　일반적으로 역사진행에서 개인의 역할을 중시한다면 보수이기가 쉽다는 점은 앞에서(제1부 제3장) 지적했다. 그만큼 어릴 때부터 위인전을 통해 영웅의 이미지를 무비판적으로 받아들이게 되면 보수적인 프레임이 무의식적으로 심중에 자리잡기가 쉬워진다. 좋은 일이든 나쁜 일이든 특정 개인의 성취 또는 잘못으로 간주하는 버릇이 사회적으로 만연한다면, 제도적·구조적 차원에 관한 관심 자체가 자라기 어렵기 때문이다. 앞에서(제4부 제1장) 논의했듯이 숭례문에 불이 났을 때 유홍준이 옷을 벗는 것으로 정리되는 사태에는 이와 같은 영웅주의에서 파생하는 프레임이 크게 작용하는 것이 틀림없다.

　이명박 정부가 북한에 관해서 그저 김정일 탓으로만 일관하는 데에도 마찬가지 원인이 작용한다. 북한정권의 체질이 바뀐다면 북한의 핵무장과 관련된 문제는 해결될 것이다. 그런데 북한정권의 체질은 어떻게 해야 바뀔까? 우리가 마냥 북한 탓만 하면 체질이 바뀔 리는 만무하다. 따라서 책임 있는 정부라면 북한정권의 체질이 당장 바뀌지 않더라도 문제가 커지지 않을 방법, 나아가 북한정권의 체질을 서서히 변화시킬 수 있는 방법들을 모색해야 하는 것이 당연하다. 그러나 무슨 일이 생겼을 때, 한 놈 지목해서 "네 죄를 알렷다"는 식으로 접근하는 미개한 사유구조 때문에, 북한정권을 비난만 하는 고정관념에서 도무지 빠져나오지를 못한다. 더구나 누차 지적했듯이, 이런 심보에는 항상 위신이 결부되기 때문에 다른 사람이 적절한 지적을 할수록 받아들이지 못한다. 그 충고를 받아들여서 일이 성사될수록 자신이 처음에 얼마나 어리석었는지가 적나라하게 드러나기 때문이다. 나중에라도 이치에 귀를 기울여서 다행이라고 사람들이 선의로 해석해주리라는 쪽으로 생각할 능력 자체가 없는 것이다. 승자 아니면 패자라는 두 개의 좁은 점 말고는 다른 어떤 입지도 감지하지 못하기 때문이다.

우리 사회에서 집단따돌림(그리고 일본의 이지메)은 여기에 근본적인 원인이 있다. 영웅을 숭배하는 심성 속에 자연스럽게 정치사회의 사업들을 개인 차원 이상으로는 파악하지 못하게 가로막는 장애물이 생긴다. 여기에 우리/저들의 구분을 곧 선악 구분으로 연결하는 버릇이 겹치면서 집단따돌림이라는 비겁한 가학증상이 나온다. 사회적 관계들이 평소에 어떤 경계로 구분되어 있었더라도, 일단 누구나 만만하게 지탄할 만한 대상이 나오기만 하면 종전의 구분에 상관없이 모두 "우리"가 되어 지탄받을 "저들"을 공격하도록 사유구조가 짜여 있기 때문이다. 이럴 때는 으레 자비, 이치, 균형, 정의 등은 도외시된다. 그런 것들은 모두 "우리"에게만 적용되는 것이고, "저들"에게는 무자비할수록 영웅에 가까워지기 때문이다. 신정아와 황우석과 황석영에 대해, 그리고 두말할 필요도 없이 노무현에 대해 우리 여론이 어느 정도로 냉탕과 열탕을 속절없이 오갔는지를 보면서 적어도 이런 점들이라도 깨달을 수 있다면, 아직 희망은 남은 셈이다.

이는 제2부에서 고발한 내용과도 밀접한 연관이 있다. 나는 거기서 (제2부 제2장 제1절) 흔히 "지역주의"라고 뭉뚱그려 지칭되는 현상 중에 진짜문제를 한번 찾아보자면 선거 시 투표 성향의 지역간 편차, 패거리 사이의 관직독점 현상, 그리고 향리주의를 후보로 거론할 수 있다고 말했다. 그리고 "지역주의"를 성토하면서 서로에게 손가락질을 멈추지 않는다면, 이 세 가지 문제 모두 해결은커녕 갈수록 악화되리라는 취지로 주장했다. 아울러 투표 성향의 편차는 자체로는 문제될 것이 없고, 다만 70% 이상의 몰표는 광주학살에서 비롯된 결과이기 때문에 시간이 지나면 해결된다고 보았다. 관직독점 현상이나 향리주의 역시 자체로 큰 문제라고 볼 필요는 없으며, 설령 문제라고 할지라도 직접 타박한다는 것은 정치판 주변에서 노니는 사람들에게 버릇을 고치라고 설교하는 격이므로 효과가 있을 수 없다고 지적했다. 이제 여기 덧붙여 관직독점이나 향리주의의 원인에는 민족주의의 근저에 위치하는 것과 동일한 형태의 우리/저들 구분이 있음을 고발하고 싶다.

향리주의란 경계가 무상하게 변한다는 특징이 있는데, 이는 민족주의에서도 똑같이 나타나는 특성이다. 김해 사람 노무현이 경상도에서 표를 못 받으며, 그러면서도 소위 동교동계로부터도 찬밥 신세였던 사정, 그랬지만 다시 전라도 지역에서 나온 강력한 지지에 힘입어 대통령이 되었다가 열린우리당 창당 이후로는 "영남 민주화세력의 한풀이" 쯤으로 격하된 격심한 굴곡은 결코 "지역주의"로는 설명이 되지 않는다. 물론 "지역주의"라는 문구에다가 모든 문제를 몰아서 분풀이를 하겠다는 사람이라면 그 모든 일이 "지역주의 때문"이라고 우겨대겠지만, 그런 식의 말투는 기본적으로 "모든 게 노무현 때문", 또는 "모든 게 이명박 때문", 또는 "모든 게 김정일 때문", 또는 "모든 게 사탄 때문"이라고 침을 튀기는 바람몰이와 동일한 유형이다. 바로 위에서 내가 지적한 대로 한 놈 지목해서 "네 죄를 알렷다"고 으름장을 놓는 태도, 또는 제2부에서 지적한 대로 마녀사냥의 증상에 해당하는 것이다.

2002년 대통령 선거에서 노무현은 출신지역인 경상남도에서 108만 표 대 43만 표 정도로 뒤졌을 뿐만 아니라, 고향인 김해시에서도 10대 7의 비율로 이회창에게 밀렸다. 다른 지역에서 나온 표 덕분에 대통령으로 당선되었지만, 경상도에서는 대통령은 고사하고 국회의원에 당선될 수 있는 곳이 하나도 없었던 것이다. 아주 단편적이고 피상적인 눈으로 보면 이것이 지역주의인 것처럼 보이겠지만, 사실은 정당에 대한 무비판적인 동일시에 해당한다. 이때 동일시의 경계는 이치나 이익보다는 말초적인 감정에 따라 그어지는데, 바로 이런 것을 향리주의라고 한다. 향리주의parochialism란 일차적인 의미는 좁은 지역에 국한된 편협한 자세를 가리키는 말이지만, 반드시 좁은 지역적 경계에 대해서만 적용될 필요는 없다. 예컨대 우리 사회의 학연처럼 출신지역과는 별 상관 없는 연고로 묶이는 이해관계라든지, 2007년 미국 버지니아 공대에서 총기를 난사한 조승희 사건의 여파로 한국인들이 괜스레 미국인들에게 해코지라도 당하지 않을까 두려워했던 일들도 향리주의적 사유구조의 연장선 위에 있다.

지금까지 논의한 바로부터 충분히 함의가 도출될 수 있겠지만, 혹시 불분명하게 느낄 독자를 위해 "민족"과 "향리"라는 것이 고정된 경계가 아님을 다시 한번 설명한다. 민족주의는 얼핏 한국과 일본, 한국과 중국처럼 민족 사이에서 문제가 되는 일인 반면에 향리주의는 동해와 삼척, 완주와 임실처럼 좁은 지역 사이에서 문제가 되므로 서로 다르다고 생각하는 사람도 있을지 모른다. 어느 정도까지는 이런 차이도 틀린 말은 아니다. 그러나 지금 내가 비판하는 과녁은 민족주의 그 자체가 아니라, 비판과 매개를 거치지 못해서 무분별하고 무절제한 민족주의이다. "민족"이 과연 무엇인가, "민족"의 이름으로 어떤 가치를 추구할 것인가에 관해 민족 내부에서 진지한 공론을 기다리기는커녕 오히려 시작도 못하게 아수라장을 만들어버리고, 서로 자기가 "진정한" 민족을 대표한다고 설쳐대는 싸구려 감정을 나는 지금 겨냥하는 것이다. 향리주의나 민족주의나 이처럼 싸구려 감정이 뒤섞이게 되면, 자의적인 우리/저들의 구분에 따라 저급하고 단기적이고 편파적인 이익만을 위해 나머지 모든 가치를 내팽개치는 성향을 낳는다.

감정과 울분과 원한은 정치적 관심을 구성하는 원초적인 요소임에는 틀림이 없지만, 그것만으로 구성되는 정치는 곧 적나라한 무력투쟁을 벗어나지 못한다. 문명사회의 정치는 반드시 감정과 울분과 원한의 충동을 매개해서 평화적으로 조정할 수 있는 통로를 보유하고 있어야 한다. 하지만 우리의 최근세사에서는 민족주의라는 구호가 무비판적으로 신성시되어버린 풍조가 오래되어, 정치적 현안에 관한 논의들이 안건의 본질을 파고들어가기 전에 개인적인 숭배나 매도의 차원에서 멈춰버리는 경향이 팽배하다. 이런 경향은 다시 말초적이며 원색적인 수준의 우리/저들 구분을 정치의식 안에 내면화할 뿐 아니라, 거기에 "민족"이라는 감정언어로부터 전이된 전투적 광기를 덧붙임으로써, 지독할 정도로 무지하면서 야만적인 패거리 다툼을 양산한다. 이런 패싸움에서는 항상 영웅이 되고자 하는 인종들이 설쳐댈 무대가 제공되기 때문에, 대책이라고는 없이 극악한 저주를 전공으로 삼는 강경파들이 패거리 내부 및 대중의 주목을 받고자 날뛴다. 그 때문에 조직폭력단에서나 나타날 수 있는 야만적인 행태들이 정당이나 정치단체는 물론이고 국회, 신문사, 그리고 경찰이나 검찰을 비롯한 각종 단계의 정부권력에서 자주 드러날 수밖에 없는 까닭이 여기에 있다고 나는 생각한다.

제2절 친일파에 얽매인 정서

노회찬(당시 민주노동당 국회의원, 서울 노원을)은 2007년 2월 20일에 자신의 홈페이지에 올린 글, 「노무현 대통령에게 보내는 편지」에서 이렇게 썼다.

진보도 유연해야 하는 건 필요하지만 노동시장의 유연성이나 주한미군의 전략적 유연성을 받아들이는 것이 진보의 유연성은 아닙니다. 오히려 노동시장의 유연성과 전략적 유연성은 오늘날 한국에서 보수와 진보를 나누는 주요 척도 중의 하나입니다. 이들을 받아들이면서 유연한 진보를 자처한다면 김구 선생이나 안중근 열사에 비해 최남선이나 이광수가 유연한 민족주의자라 말하는 것과 마찬가지일 것입니다.[74]

노동시장의 유연성, 미군의 유연성에 관해서는 많은 논란이 가능하고, 노회찬의 입장이 설득력이 있는 부분도 없지 않을 것이다. 그의 글을 여기 인용한 이유는 마치 최남선이나 이광수를 김구나 안중근에 "비해서" 유연한 민족주의자라고 말해서는 안 된다는 듯이 말했기 때문이다. 최남선이나 이광수는 절대 "민족주의자"가 될 수 없고 오직 "민족배신자"이기만 하다는 말인데, 그들을 한마디로 민족배신자라고 낙인찍는 사고방식이 과연 건강한 것인가를 따져보기 위함이다. 최남선, 이광수가 친일파로 비난받는 이유는 무엇보다도 1930년대 후반에 "내선일체"라든지 "황국문화 선양" 따위 구호를 외치는 한편, 일제로부터 직위나 금전적인 혜택을 받아 누렸기 때문이다. 그들이 초년부터 불순한 인종이었다는 주장도 없지는 않으나, 여기서는 세세한 내역을 가릴 계제가 아닌데, 어차피 이런 크고 현저한 행적이 없었다면 "대표적인 친일반민족행위의 지식인"[75]이라는 비난을 받지는 않았을 것이다. 그런데 장준하는 최남선이 죽은 1957년, 『사상계』 12월호를 "육당 기념호"로 발간하면서 권두언에 이렇게 썼다.

---

74) http : //nanjoong.net/g4/bbs/tb.php/nanjoong/933, 검색일자 2009. 6. 18.
75) 김삼웅, 「친일 지식인 '최남선 기념호' 발행」, 『장준하평전』(http : //blog.ohmynews.
   com/kimsamwoong/tag/최남선%20전집, 검색일자, 2009. 6. 18.).

한때 선생의 지조에 대한 세간의 오해도 없지 않았다. 그러나 선생의 본의가 어디까지나 이 민족의 운명과 이 나라 문화의 소장에 있었음은 오늘날 이미 사실로서 밝혀진 바요, 항간에 떠도는 요동부녀妖童浮女들의 억설과는 전면 그 궤를 달리하는 것이다. 사람을 사赦하는 법이 없고 인재를 자기 눈동자같이 아낄 줄 모르고 사물을 널리 생각하지 못하는 옳지 못한 풍조 때문에 우리는 해방된 후에도 선생에게 영광을 돌린 일이 없고 그 노고를 치하한 일도 없었을 뿐만 아니라 도리어 욕된 일이 적지 아니하였다. 이것은 실로 온 민족의 이름으로 부끄러워해야 할 일이다.

이 사연을 전하면서 김삼웅은 "이 글의 필자가 장준하일까 의문이 간다", "뒷날 박정희와 싸우면서 '…일군출신 박정희만은 대통령이 되어선 안 된다'라고 사자후를 토했던 정신과는 크게 상치된다"고 불평했다. 하지만 내 눈에는 상치보다는 아량이 더 많이 보인다. 나는 오히려 최남선의 학문적 공적에 대해서는 장준하만큼 높은 평가를 바칠 수 없다. 하지만 그 점과는 별도로 그에게 강요된 "민족배신자"라는 낙인은 분명히 지나친 것이라고 확신한다. "요동부녀들의 억설", 즉 요망한 애들과 수다쟁이 여인네의 헛소리라는 장준하의 지적은 바로 그러한 과잉을 경계하는 말이다. 일제에 대해 떳떳한 입장을 지켰던 자기가 아니면 최남선에 대한 우중의 과잉공격을 짚어낼 사람이 없으리라는 생각에 일부러 "육당 기념호"를 낸 것이 분명하다. 이는 육당에 대한 변호이기만 한 것이 아니라, 정의와 공정 그리고 균형감각을 위한 호소이기도 했다.

김삼웅 역시 장준하쯤 되니까 최남선을 위해 변명할 수 있었다는 사실을 인정한다. 장준하와 같이 일본군대를 탈출해서 임시정부를 찾아갔던 김준엽은 이렇게 회고했다. "그 당시에 춘원과 육당을 얘기할 수 있었던 건, 장준하 형하고 나하고, 그것도 임시정부에 가 있었으니까 할 수 있었지, 만약에 우리가 그런 배경이 없었더라면, 저 사람들 친일한 사람들 비호한다고 욕했을 거예요."[76] 이를 인용하면서도 김삼웅은 여전히 최남선에 대한 장준하의 인식이 왜곡되었다고 꾸짖는다. 김삼웅이 "친일"로 치부하는 최남선의 행적을 장준하가 몰랐던 것이 아니고, 다만 그로서는 그런 행적들만 가지고 한 사람을 마구 배신자라는 식으로 몰아붙이면 안 된다는 입장일 뿐이다. 반면에 김삼웅은 이런 정도인 장준하의 입장마저도 잘못이라고 보고 있다. 앞에서(제1부 제3장 제2절) 말했던 명목척도의 문제점을 고스란히 드러내는 셈이다.

〈그림 4〉를 통해 명목척도와 순서척도의 차이를 다시 한번 짚어보자. 최남선은 기미년 독립선언서를 기초했는데, 감옥에 갔다 풀려난 후 조선사편수회에 참여하고, 중추원 참의직을 받아들이고, 만주건국대학 교수를 지냈다. 이에 관해 명목척도를 써서 "민족영웅"인지 "친일악질"인지를 선택하라고 하면, 아마 김삼웅이나 노회찬은 후자를 택할 것이다. 그럼 장준하는 어떨까? 최남선을 "친일악질"로는 보지 않는 것이 분명하다. 그렇다고 그를 "민족영웅"으로 찬양하면서, 조선 청년들더러 일군에 입대하라고 강연하고 다닌 행적들까지 모두 "민족을 위한 위업"으로 미화하는 것도 당연히 아니다. 장준하는 최남선의 변모를 천사(0)에서 악마(10)로 바뀐 것으로 보지 말고, 위 그림의 "가"에서 "나"로 바뀐 것으로 보자는 말이다. 아울러 그 정도의 일은 최남선을 위해서보다 우리 사회의 도덕적 건강을 위해 관인하자고 호소한 것이다.

---

76) 「좌담 : 사상계는 자유민권운동이었다」, 장준하선생 20주기 추모문집 간행위원회, 『광복 50년과 장준하』(1995). 위 김삼웅의 글에서 재인용.

그림 4 명목척도와 순서척도

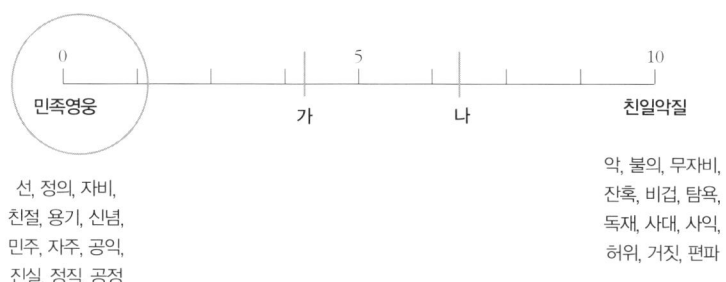

노무현이 "유연한 진보"를 말했을 때, 최남선을 들먹이면서 공박한 노회찬의 수사는 현재 한국의 정치의식을 감안할 때 말다툼의 기술로는 상당히 효과적임을 인정해야 한다. 보도를 탔고, 또 많은 사람에게 호응을 얻었다. 최남선을 관인하자는 장준하의 호소에 대한 김삼웅의 불평도 민족주의적 결벽증을 선명과 순수로 착각하는 사람들 사이에서는 공감을 얻을지 모른다. 수사학 연습이든 결벽증이든 개인적인 취향이나 홍보에 그치는 한, 나는 전혀 시비할 생각이 없다. 내가 노회찬이나 김삼웅의 예를 거론하는 까닭은 그들과 같은 사유의 프레임이 우리 사회 다수에게 표준적인 정치의식으로 고착될 때 진보를 기대하기가 매우 어려워질 것 같기 때문이다.

우선 경직성이 문제다. 이는 김삼웅의 경우에 뚜렷이 나타난다. 김삼웅이 개인적으로 최남선에 대한 비난을 멈출 수 없는 것까지는 그렇다 치더라도, 관인을 말하는 장준하에게조차 불만을 느낀다는 것은 자신과는 다른 관점을 일절 용납할 수 없다는 아집이라고 보지 않을 수 없다. 이분법적인 명목척도에 사로잡힌 나머지, 같은 사태라도 순서척도라는 창틀을 통해서 바라보면 어떻게 보일지에 전혀 관심을 기울이지 않을 뿐만 아니라, 애당초 다른 관점의 가능성 자체를 악마의 장난으로 단정하고 거부하는 것이다. 이는 제4부에서 논의했듯이, 도덕적 선험주의가 교조주의로 흐르기 쉬운 까닭과 밀접하게 연관된다. 〈그림 4〉에서 동그라미로 표시했듯이, 어떤 표준을 교조dogma로 섬기면서 신당神堂에 모시게 되면, 나머지 모든 덕목이 덩달아 그 안에 집약되어버린다. 민족은 곧 선, 용기, 정의, 공정, 자비 등등 모든 바람직한 항목을 표상하는 것으로 우상화되는데, 그때 그 항목들이 내부적으로 충돌한다는 사실마저도 직시하기가 불가능해지는 것이다.

둘째, 경직성은 으레 편협성을 동반한다. 사회의 진보를 꿈꾼다는 것은 질적으로 나은 세상이 가능함을 믿는 것이고, 그렇다고 한다면 종래 몰랐던 새로운 앎의 세계를 또한 인정해야 일관적이다. 모든 일이 "제 눈에 안경"일 뿐이라면, "진보"를 논할 여지도 없고 "민족정기"를 논할 여지도 없다. 그런데 세상을 보는 눈이 더욱 밝아지려면, 사유구조가 점에서 선으로, 선에서 면으로, 면에서 입체, 입체에서 다차원으로 발전해야 한다. 〈그림 4〉에 나타나듯이 명목척도에 따른 이분법적 사고는 세상이 두 개의 점으로 이루어져 있다고 보는 셈이며, 순서척도는 적어도 연속이라는 관념을 수용하는 태도가 된다.

물론 순서척도만으로 만족하면, 서열주의로 이어지기 십상이다. 그리고 순서척도에 서열주의적 지향이 결합하면 다시 점의 세계관으로 환원되기 쉽다. 〈그림 4〉에서 동그라미가 보여주듯, 자신의 사유 프레임 자체를 대상화해서 비판하는 안목이 수반되지 못하면, 바람직한 가치의 총체로 막연히 상정되는 대상을 교조적 우상으로 앙망하는 경향을 조장하기 때문이다. 따라서 순서척도가 단선적 기준의 교조화로 이어지지 않으려면, 주어진 척도는 무수한 양상 중 하나를 추상한 결과임을 잊지 않아야 한다. 하나의 척도 이외에 다른 척도들이 무수히 많고, 복수의 단선적 척도들을 연결하면 2차원 이상 다차원 척도가 가능

그림 5 이차원 척도의 예

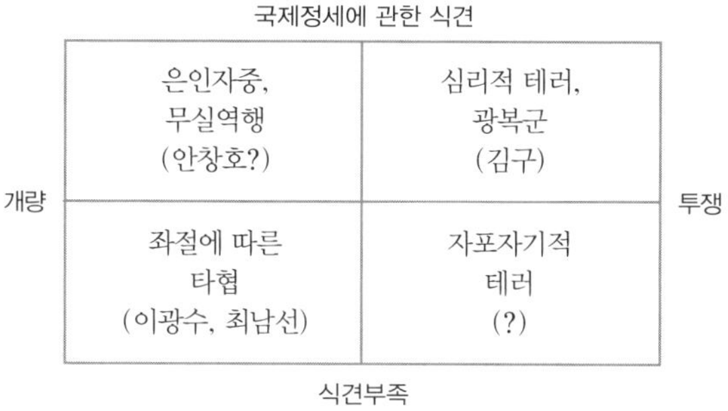

국제정세에 관한 식견

은인자중, 무실역행 (안창호?)	심리적 테러, 광복군 (김구)
좌절에 따른 타협 (이광수, 최남선)	자포자기적 테러 (?)

개량　　　　　　　　　　　　　　　　　　투쟁

식견부족

하다는 사실이 기본 바탕으로 주지되어야 한다.

〈그림 5〉는 1930년대 후반부터 1945년까지 조선의 지식인들이 대거 친일에 가담한 사실을 "민족"이냐 "반민족"이냐는 단선적 척도로 보지 않으면 어떨지를 생각해보기 위한 하나의 예시이다. 이 예시를 나는 두 가지 기준, 즉 개량이냐 투쟁이냐 그리고 국제정세에 관한 식견이 얼마나 있느냐는 기준으로써 구성해봤다. 이렇게 보면 김구는 이광수나 최남선 같은 문인학자에 비해 투쟁적인 인물이며, 나아가 국제정세 특히 미국이나 유럽의 상황에 비춰 일본의 운명을 헤아려볼 수 있었다. 반면에 이광수와 최남선은 기질적으로 유화적이며 온건한 지식인이며, 시야가 주로 일본과 중국을 벗어나지 못했기 때문에 일본군대에게 중국이 쩔쩔매는 모습을 보면서 불가항력이라는 좌절감을 느꼈으리라 이해할 수 있다.

다석 류영모는 동네의 일상적인 모임을 주도하다가 엉뚱하게 "독립운동"이라는 혐의를 쓰고 잡혀갔는데, 순사가 괴롭힐 핑곗거리를 구하느라 "조선 독립에 대해 어떻게 생각하느냐"고 물어오자 "조선의 공중변소가 일본만큼 깨끗해지는 날 저절로 독립될 것으로 생각한다"

고 답하는 기지를 발휘해서 풀려났다고 한다.[77] 일본을 쫓아내는 일만이 아니라, 강건한 공동체를 왜 형성하지 못해서 무력하게 침략을 당했는지, 그리고 일본을 쫓아낸 다음 우리끼리는 또 어떻게 살 것인지를 생각한다면 안창호와 같은 개량주의 노선은 필연적인 귀결이다. 정신적인 지주였던 안창호마저 감옥에서 얻은 병으로 죽고, 일본군이 중국을 유린하던 시절에 이광수가 쉽사리 상황이 호전될 수 없으리라고 보고 굴신을 통해서라도 우선 생존을 추구한 것은 적어도 일관성은 갖춘 행동이다.

〈그림 5〉와 같은 구도를 통해 바라보더라도 여전히 이광수에 대해, 나아가 당시 친일로 선회한 대다수 지식인들에 대해, "오판"이나 "나약함"을 비판할 수 있다. 그러나 민족 대 친일이라는 단순한 이분법에서는 보이지 않던 국면들이 이차원적 구도를 통해서는 포착될 수 있고, 따라서 상대를 비난하더라도 상대를 더욱 세심하게 이해한 위에서 비난이 이루어지게 된다. 물론 이광수나 최남선의 행적에 대한 올바른 이해는 이보다도 훨씬 복잡하고 다양한 기준이 적용되어야 가능할 것이다. 〈그림 5〉의 도식은 단지 점이나 직선을 지나 2차원적인 이해만 해도 어떨지를 보여주기 위한 예시일 뿐이다. 그리고 노회찬이나 김삼웅식의 접근은 3차원 또는 그 이상의 복합적인 차원은 고사하고, 이정도 2차원적인 이해마저 원천적으로 차단해버리는 편협성을 고무하는 것이다.

셋째, 지금 내가 하는 말들은 이미 죽은 지 50년도 더 지난 이광수나 최남선의 명예를 위한 것이라기보다는, 우리 자신의 사고방식을 반성하기 위함이다. 예컨대 우리는 지금 미네르바 구속 및 기소, 촛불재

---

77) 박영호, 『진리의 사람 다석 류영모』, 두레(2001).

판에 대한 신영철 씨의 개입, 박연차 스캔들, MBC 〈피디수첩〉의 광우병 보도, 한국예술종합학교에 대한 감사, 한상률 전 청장을 비판한 국세청 직원 파면 및 고발 등등 작은 꼬투리를 잡아 권력이 개인을 괴롭히는 무자비한 시대를 살고 있다. 이것은 물론 지난 10년간 청와대를 빼앗긴 원한을 설욕하려는 보수정권의 복수극에 해당한다. 그런데 만약 진보정권이 들어선다면 어떻게 할까? 다시 똑같은 복수극을 벌이면 그만인 것일까?

진보세력에게는 이 지점에서 고충이 삼중으로 겹쳐진다. ① 그동안 국가기구 안에 편입됐던 진보의 싹들이 지금과 같은 숙청바람에 짓밟히고 약화된다. ② 노무현 시절 검찰이나 헌법재판소가 그랬듯이, 국가관료체제는 선거로 집권한 진보세력에게 완강하게 저항할 수 있을 만큼은 충분히 보수적이다. ③ 그럼에도 부동층에 속하는 300만~400만 이상의 유권자들은 진보가 정권을 잡으면 또다시 숙청바람이 불까봐 불안해서 선뜻 진보를 지지하지 못한다.

이 책을 통해서 누차 강조했듯이, 정치판에서 당파성이 사라질 수는 없다. 기득권을 나눠 가지자고 하는 진보파와 기득권을 수호하려는 보수파 사이에 수학문제에 해당하는 객관적 정답은 없다. 하지만 싸움이 단지 이런 차원에만 머무른다면 기득권을 나눠 가지자는 쪽이 특별히 "진보"일 까닭도 없게 되고 만다. 모두가 자기 이익을 챙기려는 생존본능에 불과하기 때문이다. 그러므로 단순한 평면적 이익투쟁, 다시 말해 평면적인 우리/저들의 구분에서 탈피할 필요가 보수보다는 진보에 더욱 무겁게 요구된다. 친일행적들 사이에 섬세한 차이들을 식별하지 않고 단지 내가 일방적으로 만들어 덧씌운 기대치에 상대가 모자란다는 이유만으로, 상대를 배신자나 반역자로 몰아붙이는 행태를 60년 동안 하고 있다는 것은 우리/저들의 구분 중에서도 지극히 조잡하고 동물적인 본능에 가깝다.

제3절 뉴라이트의 역사관을 어떻게 할까

지금까지 민족주의에 관해 내가 펼친 비판을 아주 세심하게 이해할 수 있는 독자가 아니라면 여러 면에서 자칭 "뉴라이트"라는 인종들이 강변하는 소리와 비슷하게 들릴 것이다. 나는 개인적으로 이런 인종들에게 별로 관심이 없지만, 혼란을 느낄 독자들을 위해 내가 이들과 어떻게 다른지를 좀 해명해야겠다.

나는 우선 민족문제연구소에서 발간한 『친일인명사전』을 크게 환영한다. 그리고 자기 조상이 "친일파가 아닌데 친일파로 몰려서 억울하다"는 이유로 이 사전의 발간을 막아보려고 은밀하게 획책한 사람들이 있다면 바로 그 사실로 말미암아 자기 조상의 "친일행각"이 부끄러운 일이었음을 고백한 셈이라고 본다. 그 일이 당시 상황에서 보통 사람에게 어쩔 수 없는 일이었다면 공개적으로 변호하거나 용서를 구하는 것이 차라리 소모적인 논란이 일어나지 않도록 말끔하게 정리하는 지름길이기 때문이다. 나는 친일문제 말고도 광주학살이라든지 검찰에 대한 삼성재벌의 떡값 돌리기, 장자연 리스트에 조선일보 사장 이름이 거론되었다고 하는 의혹 등등 정치사회에 불신풍조를 조장하는 데 기여하는 주요 의혹일수록 오직 사실에만 초점을 맞춰서 파고들어 갈 수 있는 제도적 역량을 확보하는 데 진보정치의 초점이 모여야 한다고 본다.

그런데 때로는 사실이라는 것이 요물로 변신한다. 어떤 의도를 가지고 있으면서, 그 의도에 배치되는 사실은 생략하거나 외면해버리고 그

의도에 부합하는 사실만을 집중 부각할 때 그렇게 된다. 이것은 우리 사회에서 우익을 자처하는 쓰레기 신문들이 늘 써먹는 수법인데, 그것을 요즘은 검찰에서도 답습하는 경향이 눈에 띈다. 예컨대 용산 참사에 관한 수사기록 중 일부를 피고 측에게 보여주지 않으면서 공정한 재판이 가능하다고 우긴다든지, 고 노무현 대통령이나 MBC 〈피디수첩〉 김은희 작가에 대한 먼지털기식 수사가 그렇다.[78] 검찰이 중립적인 기관이 아니라 형사재판에서 서로 다투는 한쪽 당사자라는 견지에서 재판의 공정성을 바라봐야만 이런 문제는 핵심이 바로 보이리라고 나는 믿으며, 이에 관해서는 제6부에서 간략하게나마 다시 논의할 것이다. 여기서는 이른바 일본군의 "종군위안부"에 관해 뉴라이트의 이영훈이 딴죽 거는 방식을 평가해본다.

2004년 9월 2일 MBC 〈100분토론〉에서 이영훈이 펼친 주장은, 일본군이나 정부가 종군위안부를 강제로 납치하거나 위협해서 끌고 갔다는 증거는 없고, 한국인 포주들이 모집한 증거는 있다는 것으로 집약된다. 비난이 빗발치자 그는 이런 말을 한 이유를 다음과 같이 해명했다.

구 일본군이 위안소를 설치하여 여성을 강제 동원하고 감금하여 병사들에게 성적 위안을 강제한 행위는 국제사회가 협약으로 금지하고 있는 성노예범죄를 저지른 것으로 이해하고 있……다.

그러나 …… 일본군의 성노예제 범죄와 관리의 전쟁범죄가 그들만의 유일한 책임이 아니라 강제 동원 과정에서 협조하고 위안소를 위탁 경영

---

78) 「검찰 〈피디수첩〉 작가 이메일 공개 … "'막걸리보안법' 공안사건인가"」, 〈프레시안〉 2009. 6. 18.(http : //www.pressian.com/article/article.asp?article_num= 40090618134921)

한 한국인 출신 민간업주, 위안소를 찾은 일반 병사들에게도 도덕적 책임이 있다……. 이들을 포함한 사회 전체의 자발적이고 성찰적인 고백이 있어야만 진상이 규명될뿐더러 진정한 역사의 청산도 가능하다…….

그것은 일본제국주의의 역사적 책임을 면제하자는 것이 아니라, 그들의 책임을 엄중히 물으면서도 해방 이후 대한민국의 틀 내에서 자행된 여성에 대한 남성 중심의 가부장적 억압에 대한 자기성찰이 필요하다는 문제를 제기한 것입니다.

역사의 청산은 결코 과거 소수 범죄자들을 들추어 모든 역사적 책임을 덮어씌우는 방식이 아니라, 그것을 자기성찰의 반면 거울로 삼아 사회 전체가 미래지향적으로 그 도덕성을 고양하는 방향으로 나아가야 한다고 생각합니다.[79]

이영훈이 해명서에서 말하는 내용은 모두 자신의 TV 발언에 부합하고, 자체로도 중요한 점을 지적하고 있다. 그러나 나는 "가부장적 억압에 대한 자기성찰이 필요하다는 문제를 제기"했다는 이영훈의 해명이 본심이라고 믿을 수가 없다. 다시 말해 "자기성찰"이라는 일반적으로 중요한 문제제기를 통해서 이른바 "정신대 할머니"들의 아픔과 일제의 만행을 고발하는 흐름에 딴죽을 걸려고 했다고 나는 의심한다. 이유는 주로 두 가지다.

우선, 그는 나름대로 실증주의에 입각해서 증거를 제법 수집해놓고 있는 것으로 보이며, 대체로 증거에 충실한 발언을 하는 것처럼 보인다. 그리하여 예컨대 일제가 농산물을 광범위하게 강제로 수탈했다는

---

79) 이영훈, 「MBC 100분 토론에 대한 본인의 해명서」, 〈한겨레〉 2004. 9. 5. (http : // www.hani.co.kr/section-003000000/2004/09/003000000200409051453326. html, 검색일자 2009. 6. 18.)

증거는 없고, 일제 때 근대화가 이뤄졌다는 증거는 많다는 식으로 주장한다. 증거에 대해 굉장히 엄격한 원칙을 지키는 것인데, 그렇다면 가령 용산참사에서 농성자들의 화염병 때문에 발화했다는 증거가 없고, 이승만, 박정희, 전두환 시대에 자행된 숱한 간첩조작 사건에서 피고들이 간첩이라는 증거가 없다는 말은 왜 하지 않는 것일까?

자기 전공은 조선 후기에서 일제강점기까지의 경제사라서, 전공이 아니기 때문이라고 둘러댈지도 모른다. 그러나 우선 스스로 해명서에서 밝혔듯이 "가부장적 억압에 대한 자기성찰"이 우리 사회에 필요하다고 절실하게 느끼고 있다면, 딱히 전공이 아니더라도 용산참사와 같은 첨예한 사회적 현안에 관해 서울대학교 교수라는 사람이 입장을 밝혀도 전혀 무리는 아니다. 특히 〈100분토론〉처럼 주시를 받는 프로그램에 출연해서 "일본군 성노예가 상업적 성매매였다는 인상"을 일반 시청자들에게 전달할 위험을 감지하지 못할 정도로 용감하고 대범한 소신을 가졌다면, "사회 전체가 미래지향적으로 그 도덕성을 고양"하기 위해 "대한민국의 틀 내에서" 국가권력이 바로 지금 자행하고 있는 가부장적 억압들에 대해 한마디 정도는 발언하는 것이 자연스러울 것이다. 다른 곳에서 국가권력의 "자기성찰"을 현재형으로 지적할 수 있는 경우가 숱하게 많은데 그것은 다 접어두고, 살날이 얼마 남지 않은 고령의 할머니들이 마지막으로 역사의 기억을 되살리려는 노력에 대해 학자들 사이의 음풍농월 비슷한 수준의 트집을 잡는 짓은, 전형적으로 자기 눈에 들보가 있는지는 애써(물론 일부러 그런 것은 아니라고 항상 강변한다) 감추면서 남의 눈의 티를 찾아내는 것과 똑같다.

다음으로, "소수 범죄자들을 들추어 모든 역사적 책임을 덮어씌우는 방식이 아니라, 그것을 자기성찰의 반면 거울로 삼아 사회 전체가 미래지향적으로 그 도덕성을 고양하는 방향"을 원한다는 그의 말은 전형적으로 조선일보식 고무줄에 해당한다. 그는 박정희에 관해 한홍구와 대담하면서, "이 길을 가야 한다고 생각하지만 여기에 대해 자발적인 동의가 안 나올 때, 그 상황에서 박정희라는 사람은 자기가 무엇을 해야 할 것인지를 알고 강인하게 실행했다. 민주주의를 지체시켜놓은 것은 사실이지만 산업화의 결과로 민주주의의 실질적인 토대인 중산층을 만들어냈다"[80]고 평가했다. 이 발언은 국가권력의 "가부장적 억압"에 대한 자기성찰과는 정반대로서, 산업화를 위해서라면 가부장적 억압도 어쩔 수 없이 필요하고 정당하다는 뜻이 된다.

위에 인용한 해명서에서 그는 "고백과 반성의 범위를 …… 국가적·사회적 차원에서 사실상 방조된 미군기지의 성착취로까지 확대해야 한다"고 주장했다. 그런데 증거에 입각해서 말하자면, 미군기지의 성착취에 관해 대한민국 정부가 체계적으로 개입한 것은 박정희 시대인 1970년대 초의 일이다.[81] 그런데 이런 문제들을 몽땅 무시해버리고, 그는 "산업화의 결과로 민주주의의 실질적 토대인 중산층을 만들"었다 따위 상투적인 문구로 박정희 시대 평가를 마무리하는 것이다. 자기가 공격하고 싶은 상대에 대해서는 거머리처럼 그악스럽게 달라붙어서 "증거"를 내놓으라고 다그치지만, 자기가 보호할 상대에 대해서는 덮어주고 묻어주는 전형적인 편파논법이다. 앞에서(제4부 제4장) 논의한 대로 가치중립이라는 문구가 전횡으로 이어지는 경우 그 자체에 해당한다.

사실이라는 것은 결코 홀로는 아무 의미를 가지지 못한다. 하나이든 여럿이든 사실의 조각이란 특정한 배경 위에 비춰볼 때에만 의미를 가

80) 「대한민국 건국 60년 대담」, 〈한겨레〉 2008. 8. 15.(http://news.hankooki.com/lpage culture/200808/h2008081502594884330.htm, 검색일자 2009. 6. 19.)
81) Katharine H. S. Moon, 이정주 역, 『동맹 속의 섹스』, 삼인(2002).

진다. 이영훈과 같은 부류는 사실이라는 명목을 들고 나올 때 사람들의 시선을 거기에만 집중시키면서, 자기가 그것을 어떤 배경에 비추고 있는지는 눈속임으로 가리는 언어적 마술사에 속한다. 이로써 "사실"이란 공동체 내에 다양하게 존재할 수밖에 없는 가치와 이익의 갈래들을 관통하는 공통기반이 되지 못하고, 오히려 전횡과 압제와 원한과 증오를 양산하는 사악한 칼로 전락한다. "사실"이나 "증거"라는 용어가 이처럼 철저하게 편파적인 의도에 따라 악용되면, 서로 경쟁하는 이익 사이에서 남은 길은 오로지 무력투쟁밖에는 없고, 사람들이 진실이라든지 정의라든지 공정성에 관해 아예 그 존재 자체를 믿지 못하게 되기 때문이다.

"좌파 민족주의"의 입장이 감정적이고 자기폐쇄적이며 복수심에 휘둘린다는 점은 우리 사회의 정치적·도덕적 진보를 위해서 반드시 짚고 넘어가야 할 주제인 것이 틀림없다. 그런데 그렇다면 "우파 사대주의"의 입장은 감정적이고 자기폐쇄적이며 복수심에 휘둘릴 뿐만 아니라, 공포와 비겁과 절망과 물욕에 휩싸여 있다고 "좌파 민족주의"에서 응수하면 이영훈은 어떻게 대답할 생각일까? 일제가 강제로 수탈하지 않고 거래와 무역을 통해 수탈했다는 말을 "적개심"보다 "사실"을 존중하느라 고집하는 사람이라면, 산업화라는 명분으로 박정희 시대의 살인과 억압이 정당화될 "증거"도 전혀 없음을 지적해야 일관적이다. 그 숱한 간첩조작 사건들과 의문사와 고문과 감시가 없었다면 산업화가 불가능했다는 증거가 도대체 어디에 있는가? 전태일은 청계천변 업주들에게 맥주 몇 명만 덜 마시고 선풍기 몇 대라도 놔달라고 하는 애원마저 묵살당하는 현실 때문에 분신했다. 미싱사들과 시다들에게 선풍기를 사줬다면 경제성장이 안 되었으리라는 증거가 도대체 이 세상 어디에 있다는 말인가?

박정희 치하에서라면 겁이 나서 그렇겠거니 봐줄 수도 있겠지만, 지금은 그가 죽은 지 30년이다. 이영훈이 싫어하는 "좌파 민족주의"의 강력한 저항 덕택으로 얼치기 지식인들에게 "권위주의뿐만 아니라 권위까지 무너뜨렸다"고 비아냥을 들은 대통령까지 나올 수 있었고, 노무현이 정치적 손해를 무릅쓰면서 대통령의 권위를 지워버린 덕분에 한국 민주주의에 생긴 버팀목으로 우리는 지금 권위주의로 돌아가려는 반동세력이 장악한 국가권력에 맞설 수 있다. 이영훈 따위 실증주의 변사는 이런 말도 "사실"이 아니라 "판단"이라고 시비를 걸고 싶을지 모르겠다. 그런 식으로 시비를 걸기로 한다면, 모니카 르윈스키의 드레스에 묻은 정액이 빌 클린턴 것이라는 증거도 없었다고 주장할 수가 있다. 그렇지 않을 확률이 "2조분의 1"이라는 어림에 대해, 해당 사례가 바로 그 2조분의 1이 아니라는 증거는 또 어디 있느냐고 대들 수도 있고, 아니면 그 어림에서 2조라는 수치가 어떤 사실적 증거에 근거해서 나왔느냐고 따질 수도 있다. 하지만 빌 클린턴이 그렇게 따졌다면 아마도 탄핵을 받았을 것이다.

사실이란 언제나 사회 통념과 불가분의 관계가 있다. 물적 증거를 어디까지 요구할 것인지, 주어진 증거의 조각에 근거한 주장에 대해 상대방은 어떤 식으로 답변하는지, 이런 논쟁에 관해 일반적 공론이 어떤 판정을 내리는지 등이 무엇을 "사실"로 봐야 하는지뿐만 아니라 무엇을 "중요한 사실"로 봐야 하는지에 크게 영향을 미친다. 물론 통념이 사실을 결정하는 것만은 아니고, 때로는 사실이 통념을 바꾸기도 한다. 하지만 "사실이 통념을 바꾼다"고 일컬을 수 있는 경우 가운데 두 가지를 구분할 수 있다면, 이영훈판 수사와 같은 피상적인 말장난에 넘어가지 않을 수 있을 것이다.

하나는 형사재판에서 종전에 몰랐던 새로운 증거가 발견되어 유죄로 간주되던 사람이 무죄로 바뀌거나, 무죄로 간주되던 사람이 유죄로 바뀌는 경우이다. 이런 경우는 처음이나 다음이나 "사실"이라는 개념 자체의 형태 및 재판에서 그것이 가지는 중요성은 변함없이 유지된다. 사실의 개념은 그대로인 상태에서 종전에 몰랐던 사실의 조각 하나가 더 발견됨으로써 누구에게 책임이 있느냐에 관한 판결이 바뀌는 경우이다. 코뿔소가 있는지 없는지를 가지고 벌어지는 논쟁은 코뿔소 한 마리를 데려다 보여주면 끝난다는 이치다.

다른 하나는 지동설이나 진화론처럼 "사실"이라는 개념의 형태 자체가 바뀌는 경우다. 내가 지금 "형태"라고 일컬은 의미가 불분명하다면, 프레임, 패러다임, 사고방식 등의 용어로 바꿔서 읽어보면 도움이 될 것이다. 천동설의 패러다임에서는 "땅은 굳건히 서서 요동치 않는 것"이 사실이었다. 그러므로 지구가 자전하고 공전한다는 "사실"이 인정되려면 먼저 사실이라는 개념의 형태가 바뀌어야만 했다. 우리의 일상적인 느낌이 사실이 아니라, 천체의 위치에 대한 관찰기록들, 그리고 그 기록으로부터 계산된 운동공식이 사실일 수도 있다고 발상의 전환이 일어나야 했다. 갈릴레오가 재판을 받은 것은 바로 그런 발상의 전환이 얼마나 어려운지를 보여주는 일화다.

"사실"에 치밀하게 주목함으로써 한국사회에 대해 자기성찰을 촉구한다는 취지에는 누구보다도 먼저 공감하고 동조할 의향이 내게는 있다. 그러나 한국사회에서 사실에 입각한 공통분모가 마련되려면 사실의 조각들을 수집하기에 앞서, 사실의 개념적 형태에 관해서부터 관습적인 합의가 이뤄져야 한다. 무엇을 사실로 볼 것인가뿐만 아니라 주어진 쟁점에 관해 어떤 사실이 상관이 있는지, 나아가 사실로 대두되는 각 조각들이 최종 판정에 얼마나 중요한지 등에 관한 사유의 형식이 사회적으로 틀을 갖춰야 하는 것이다. 이영훈이 "사실"을 들이대는 방식은 이런 과제의 껍데기만 핥으면서 마치 이 과제 전체를 자기가 추구하고 있다는 듯 가식하는 데에 불과하다. 어떤 것이 사실인지, 그리고 사실의 각 조각이 주어진 문제의 해결에 얼마나 중요하며 상관이 있는지에 관해서부터 사회적 공론이 필요하다는 점을 철저하게 도외시하면서, 자기에게 유리한 사실의 조각들을 가지고 상대를 핍박하는 도구로 쓰기 때문이다. "사실"이라는 용어를 무기로 쓰는 방식은 "자기성찰"을 다른 사람을 못살게 하는 무기로 사용하는 방식과 정확하게 동일한 유형이다.

이영훈이 언어의 표면 수준에서 주장하고 있는 "미래지향적인 자기성찰"이 사실을 중시하는 실증주의적인 자세를 통해서 이루어지려면, 사실을 중시하는 영역이 자신의 정치적 의도에 따라서 선별되지 않아야 한다. 특히 자기가 보호하고 싶은 영역일수록 더욱 엄격한 사실의 잣대로 통념과 상투적 문구들을 파헤치고 부수지 않으면 위선밖에 남지 않는다. 나는 이영훈의 정치적 잣대로 보면 우리 사회에서 좌파에 속할 것이다. 자칭 좌파들로부터는 좌파로 인정받고 싶은 생각이 별로 없을 뿐만 아니라, 그들이 나를 무엇으로 치부하든 개의치 않는다. 더 쉽게 말하면, 나는 이명박 정권 및 그 배후에 있는 부류가 한국사회에 미치는 영향력이 축소되어야 한다고 보며, 그렇기 때문에 이명박을 반대하는 사람들부터 민족주의의 과잉에서 벗어나라고 촉구하고 있다. 만약 이영훈이 진정으로 "사실"을 존중하는 마음에서 좌파 민족주의의 과장을 비판하려는 것이라면, 좌파 민족주의를 타박하기 전에 우파 사대주의의 억지와 탐욕부터 공격해야 위선이라는 혐의를 벗을 수 있을 것이다. 공격할 과녁을 몰라서 가만히 있는 것이라면, 일례로 전시작전통제권을 돌려받으면 한미동맹이 무너진다고 노무현을 공격했던 우파의 무지만 해도 이영훈의 실증주의가 "미래지향적 자기성찰"을 통해서 세상에 도움을 줄 수 있는 아주 좋은 주제다.

제4절 과거에 대한 집착

　민족주의는 상징적 기억을 공유하는 것인 만큼 역사를 중요시한다. 그중에서 전쟁의 승리와 패배는 민족적 영광과 치욕이라는 강렬한 공감대를 자아내는 데 크게 기여한다. 그리고 승리나 영광의 기억보다는 패배나 치욕의 기억이 연대의 끈으로서 더 질기게 오래 버틴다. 영광의 역사는 본인이 내팽개치면 그만일 수 있지만, 치욕의 역사는 동료에 대한 배신으로 여겨지기가 아주 쉽기 때문이다. 한국인들은 일반적으로 최근세사를 민족적 치욕과 고통의 역사였다고 가르치며 배운다. 민족주의라는 우산 아래 감정적으로 격앙될 태세를 어린 시절부터 자연스럽게 내면화하는 것이다. 전쟁의 모형을 중심으로 사고하는 습성이 생긴 바람에 쓸데없는 엄숙주의와 배타적인 이분법이 한국 정치의식에 똬리를 틀고 있다는 지적은 앞에서 했다(제6장 제3절). 여기서는 더욱 일반적으로 과거에 대한 미련에 집착할 때 무슨 폐해로 연결되는지를 고발하려 한다.

　법률용어로 시효prescription라는 것이 있다. 보통법이나 국제법에서는 시효취득이라는 것이 있고, 형사소송법에서는 공소시효라는 것이 있는데 기본적인 취지는 마찬가지다. 부동산의 경우 원래 소유권자가 있었다고 하더라도 일정한 기간 동안 그 땅에 누군가 들어가서 사는데 스스로 뭔가 조치를 취하거나 법정에 호소해서 소유권을 주장하지 않았다면, 들어간 사람에게 권리가 인정된다는 내용이 시효취득의 원리다. 이 원리를 적용해서 국제법에서도 원래 주인이 있는 영토라 할지라도 다른 나라가 영유하기 시작하는데 구경만 하고 조치를 취하지 않은 채로 일정 기간이 지나면, 원래 소유권을 가진 나라가 아니라 영유권을 실제로 행사해온 나라가 권리를 가지게 된다. 독도에 관해 일본이 한국의 "실효적 지배"를 인정하지 않는다고 기회만 있으면 주장하는 이유도 가만히 있으면 저절로 한국의 영토로 굳어지기 때문이다. 반면에 한국 정부는 조선 말이나 해방 직후에나 1965년 한일국교정상화 때나 이와 같은 국제법적 관습을 잘 알지 못해서 명확하게 대응을 하지 못했다.

얼핏 보면 강도의 소유권을 인정하는 것처럼 보일 수 있는데, 실제로 이것은 설사 강도짓을 했더라도 별 탈 없이 충분한 기간이 지났다면 권리가 발생한다는 지극히 세속적이고 현실적인 원리이다. 여기서 말하는 일정한 기간 또는 충분한 기간이란 그야말로 상당한 기간을 뜻하니까 곧바로 강도가 소유권을 가진다고 오해는 말기 바란다. 강도짓 중에 가장 큰 강도라면 찬탈, 즉 주권을 강탈하는 행위일 것이다. 우리 역사에서 일제의 강도짓을 빼면, 수양대군의 강도짓이 유명하다. 수양대군은 엄연히 정당한 권리와 만인의 축복을 받아 즉위한 단종을 무력으로 쫓아내고 왕이 되었다. 이 사건은 단순히 왕 자리 하나가 바뀐 것이 아니라, 악행은 모두 자기가 도맡고 세종을 성군으로 만들고자 했던 태종의 염원, 그리고 그런 부왕의 뜻을 따라 실제로 갓 태어난 왕조의 문화적 기반을 탄탄하게 다졌던 세종의 모든 위업을 헛고생으로 돌려버린 만행이었다. 수양대군의 찬탈, 살육, 그리고 거기 앞장선 깡패들이 "훈구"라는 명목으로 행세하게 된 불의가 없었더라면, 그리하여 세종이 설계해놓은 문화국가의 구상이 적어도 한 세대만 더 자라나볼 기회가 있었더라면, 조선의 역사는 달라졌을 것이다. 물론 한국의 최근세사도 달라졌을 것이다.

그런데 이처럼 수양대군이 찬탈한 것이 틀림없고, 사육신과 생육신에게 도덕적인 정당성이 온전하게 수여되어야 하는 것도 분명하다고 할 때, 1453년 이후 1910년까지 조선의 왕들은 지위가 어떻게 되는가? 조선 8대 임금 예종부터 27대 순종까지가 모두 세조의 자손들이다. 세조가 찬탈자이므로 예종부터 순종까지도 다 찬탈자인 것일까? 단순히 말로 우겨대는 것으로 만족할 사람이 아니라면 그렇게 말할 수는 없다. 앞에서(제3부 제4장) 논했듯이 1954년의 사사오입 개헌이 엉터리였다고 해서 그 후의 모든 헌법이 무효라고 할 수 없는 것과 같은 이치다. 영국의 보통법에서 시효취득의 원리는 바로 이런 고려 때문에 발전한 것이다.

시효제도는 도덕의 원리라기보다는 사법의 원리로서, 세속적이고 현실적인 발상에서 비롯한다. 첫째, 만약 시효제도가 없다면 현재의 소유자에 대해 누군가 까마득한 고대의 권리를 가지고 와서 나가라고 할 수 있다. 그 권리가 진짜이든 가짜이든, 그런 일이 허용된다면 재산권을 비롯한 사회의 안정적 질서는 크게 흔들릴 것이다. 둘째, 설사 최초의 취득은 강탈이나 사기 등 불의였다고 할지라도, 그 불의 때문에 발생한 피해보다 원상복구한다고 할 때 더 큰 피해가 초래될 수도 있다. 위에 든 세조의 찬탈이나 사사오입 개헌이 좋은 예다. 일반적으로 말해서, 정복이나 찬탈이나 쿠데타라도 상당한 기간이 지나면 정당성을 획득한다는 사실을 인정하지 못한다면 혁명을 비롯한 어떤 정치변동에 의해서 수립된 권력은 모두 정당할 수 없다는 함축을 가지는데, 이는 단지 현실을 도외시한 탁상공론밖에 될 수 없다.

범죄에 대한 공소시효도 기본 취지는 마찬가지다. 과거에 범죄를 저질렀다고 할지라도 오랜 시간이 지나는 사이에 나름대로 선량한 시민으로 살았다면, 그런 사람을 새삼스럽게 처벌한다는 것은 지나친 복수심의 발로라고 볼 수 있기 때문이다. 처벌의 목적을 복수에 둔다면 공소시효에 반대할 수 있겠지만, 처벌의 목표를 교화에 둔다면 공소시효 제도는 당연하다. 예컨대 살인범이라도 그 후 15년 동안 다른 죄를 짓지 않고 살았다면, 설사 그 기간만큼 교도소에 갇혔더라도 가석방이 허용될 기간이다. 그런 사람을 새삼 잡아다가 교도소에 가두고 교화할 필요는 없다. 의도적으로 공소시효를 악용해서 그동안만 도망 다니겠다는 심보를 가지고 범죄를 저질렀더라도, 복수심만 빼고 생각하면 오랜 기간 도망 다녀야 했다는 것으로 충분히 처벌받은 것으로 간주할 수도 있다.

캐나다는 5,000달러 이하 절도범은 6개월에 공소시효가 만료된다. 반면에 그 이상의 범죄에는 공소시효가 없다.[82] 그렇다고 캐나다 사회가 복수심으로 충만한 것은 아니고, 공소시효제도의 취지는 실제 재판 과정에서 반영할 수 있기 때문이다. 한편, 인간성에 반하는 범죄crime against humanity에는 공소시효가 인정되지 않는 것이 국제적인 관례다. 나는 개인적으로 국가, 재벌 또는 폭력단과 같은 조직에 의한 범죄는 공소시효를 배제하는 것이 온당하다고 본다. 10년이나 15년이 개인에게는 충분히 긴 세월일 수 있지만, 만약 권력이나 자본이나 조직의 비호를 받게 된다면 30년이나 50년도 오히려 짧을 수 있기 때문이다. 하지만 이런 구체적인 고려사항과는 상관없이, 일반적인 원칙으로서 나는 시효제도는 문명사회의 사법원리로 가당하다고 본다. 무엇보다 여기에는 용서라는 덕성이 포함되고, 나아가 사법의 목적을 분풀이가 아니라 사회평화에 두는 세속적 관점이 들어 있기 때문이다.

---

82) "Statute of limitations", Wikipedia(http : //en.wikipedia.org/wiki/Statute_of_limi-tations, 검색일자 2009. 6. 20.).

사회평화는 언제나 오로지 과거보다 현재 및 미래를 중시하는 관점에서만 가능하다. 이스라엘과 팔레스타인의 갈등이 좋은 예다. 과거의 억울함과 원한을 풀기로 하면 끝이 있을 수 없다. 영국이나 미국에 책임을 아무리 물어봤자, 문제의 해결책은 나올 수 없다. 오로지 현재의 사정을 인정하고 쌍방이 적당한 선에서 금을 그어 땅을 나누는 길이 유일한 방법이다. 물론 이 말은 구경꾼의 입장이니까 쉽게 할 수 있는 것이지만, 그만큼 그 길밖에는 평화로운 해결이 불가능하다는 점도 분명하다.

옛날에 내가 초등학교 다닐 적에는 짝꿍과 책상을 같이 썼는데, 사이가 틀어지면 중간에 금을 긋고 서로 네가 넘어왔다는 둥 금이 불공평하게 그어졌다는 둥 하며 싸웠다. 민족 사이에 영토를 가지고 하는 싸움이라고 해서 이런 아동들의 싸움에 비해 본질이 크게 고상해 보이지는 않는다. 이런 싸움은 서로 더 많이 차지하려 들기 때문에 벌어진다. 그리고 "더 많이"가 단순한 양적 차이가 아니라 모종의 우월성을 표상하게 되면 어김없이 사태는 악화된다. 여기에 선조들의 위신, 역사에 대한 충성심이 덧붙여지면 한쪽이 망할 때까지 싸움은 끝나지 않는다. 역사는 잊지 않아야 하겠지만 적어도 원한은 잊는 것이 평화의 지름길이자 유일한 길이다. 이 점에서 용서는 도덕적인 덕성이 아니라 현실을 살아가는 세속적인 지혜인 것이다. 원수를 사랑하기에 앞서, 누구보다 바로 자기 자신의 현재 삶을 사랑하고 아끼는 사람만이 원한 모드에서 용서 모드로 바뀔 수 있기 때문이다.

우리 사회의 진보진영은 특히 민족주의라는 이름 아래 과거에 집착하는 프레임이 전략적으로도 크게 불리한 결과를 낳을 수밖에 없다. 우선 조선, 일제, 전쟁, 독재 등등 과거 이야기는 젊은 세대에게 별로 흥미 있는 주제가 못 된다. 물론 젊은 세대에서도 상당한 수는 민족사에 관심을 가질 것이고, 과거의 학생운동 세대와 같은 "역사의식"을 어느 정도까지 공유할 것이다. 내가 얘기하는 것은 그런 적극적인 정치의식을 가진 젊은이 말고 정치에 별로 관심이 없는 젊은이들이다. 현실정치에서 유권자 다수의 마음을 끌어모으는 차원, 특히 300만 이상의 부동층으로 하여금 진보 쪽으로 투표하게 유도하는 데에는 적극적인 사람들이 아니라 정치적으로 소극적인 사람들이 관건이기 때문이다.

김구, 안중근, 류관순, 윤봉길 등 순국선열들은 학교에서 그렇다고 하니 훌륭한 사람이 틀림없으리라 겉으로 치부는 하겠지만, 지금 20대 30대에서 그들의 삶을 따라서 나라를 위해 인생을 바쳐야겠다고 마음먹는 젊은이는 과반수는커녕 극소수에 지나지 않을 것이다. 이는 사실 50~60대에서도 마찬가지다. 임시정부의 주석이 곤궁한 생활을 견뎌야 한다든지, 18세 소녀가 옥중에서 고문받다가 숨진다든지, 행사장에 도시락폭탄을 숨겨가서 투척한다는 이야기들은 비장미가 있는 만큼, 21세기 OECD 회원국인 한국에서 개인이 따라 할 행동으로는 낯설기만 한 이야기다. 고난이나 희생이 곧 미덕이라는 얘기는 잘난 척하는 언표의 수준에서나 떠도는 소리지, 실제 사람들의 행동에서는 이미 예외적인 경우에나 해당하는 일이 되고 있다. 표를 얻기 위해서 유권자들에게 고난과 희생을 강요할 사람이 없다는 사실만 봐도 드러난다.

다음으로, 과거에 속박되어 있으면 정치적 상상력이 크게 제약받는다. 독도 문제에 관해 진보진영일수록 아무 대책이 없는 것이 아주 좋은 예다. 일본의 각료 하나가 독도를 자기네 영토라고 주장하는 발언은 앞으로도 계속해서 심심하면 한 번씩 나올 것이다. 정상회담에서 어떤 덕담이 오가든, 독도에 대한 영유권 주장은 일본 정부의 공식적인 입장으로 언제 그것을 철회하게 될지 전혀 기약할 수 없다. 위에서도 언급했다시피, 당장 일본이 그 바위섬을 차지하겠다는 것이 아니라, 틈나는 대로 주장했다는 기록을 남겨두지 않으면 바로 한국의 시효취득을 인정하는 셈이 되기 때문이다. 그런데 이에 대해 한국정부가 뭘 할 수 있을까?

민족주의로 아무리 중무장을 해도 일본이 독도에 대해 한마디 할 때 우리 정부가 할 수 있는 일은 기껏 주일대사 소환하는 정도를 넘기 어렵다. 한국의 무역은 전체 수출액 중 7.1%, 전체 수입액 중 16%가 일본을 상대로 하는 반면에, 일본은 총수출액의 7.6%, 총수입액의 4.4%가 한국을 상대로 한다. 기어이 따지자면 한국경제가 일본에 의존하는 정도가 일본경제가 한국에 의존하는 정도보다 분명히 높다. 대일 수입액의 대부분은 달리 방법이 없어서 일본에 의존하고 있는 성격을 가지기 때문이다. 약 오른다고 판을 걷어차면 당장 한국의 기업과 소비자들에게 손해가 더 클 뿐만 아니라, 애당초 성난다고 판을 걷어찬다는 미숙하고 폭력적인 발상 자체가 더 큰 문제다. 일본의 소행이 아무리 괘씸하더라도, 독도 문제는 짧게는 해방 직후 일본의 공작과 미국의 착오와 한국의 무신경에서 비롯된 사연이 있고, 길게는 한말에 국력이 약했던 탓이 있다. 짧게는 60년, 길게는 100년이 넘는 오래된 다툼인 것이다. 앞으로도 그보다 길게 인내심을 겨뤄야 할 문제라고 보면, 적어도 이런 소모적인 다툼 때문에 "망언"이 있을 때마다 일희일비하면서 감정을 낭비할 필요는 없을 것이다.

일본의 정치인이 대개는 국내용으로 한마디 할 때마다 화르르 들끓었다가 가라앉기를 반복하면서 일본에 대한 반감을 축적하는 대신에, 나는 오히려 일본 우익의 망언은 무시하고 가능한 한 일본인 개개인과 일상적인 교류와 소통을 확대하는 편이 장기적으로나 단기적으로나 도움이 되리라고 믿는다. 민족적 위신의 문제, 다시 말해 한국 쪽에서 일본을 괘씸하게 여기는 마음만 결부되지 않는다면, 사실 독도 문제는 어떻게 처리되더라도 남북의 한국인 7천만여 명과 일본인 1억 2천만여 명이 반목해야 할 만큼 치명적인 일은 아니다. 임진왜란이나 일제강점에 비하면 확실히 작은 일이고, 임진왜란이나 일제강점에도 불구하고 지금 한국과 일본은 적어도 외교나 경제에서는 서로 친밀한 이웃이다. 독도 영유권 주장은 일본에서 주로 우익의 입장이며, 따라서 일본에서 민족주의가 쇠퇴해서 그 문제 자체의 정치적 비중이 줄어들어야 정치인들도 그런 소리를 하지 않게 되는 것이다.

그러므로 한국에서도 진보진영일수록 일본 전체에 대한 반감을 민족주의로 응결시킬 일이 아니라, 일본에서 진보정치가 힘을 얻도록 협조하고 상호이해를 넓혀야 한다. 양국에서 민족주의가 원색적 감정의 거품을 걷어내고 실질적인 이익이라는 알맹이만 남게 된다면, 독도 문제는 별로 중요하지 않게 간주되는 순간 자연히 한국으로 귀속될 수밖에 없다. 한국 쪽의 주장이 훨씬 이치에 맞고, 고대부터의 자료들도 훨씬 풍부하기 때문이다. 단, 일본의 주장이 괘씸하니까 응징한다는 발상으로는 상황이 악화될 수밖에 없다. 한국이 그런 반응을 보일수록 일본에서는 별 생각이 없던 사람들까지 일본민족주의에 동조하게 되어, 극우세력이 집권을 연장할 여지가 넓어지기 때문이다. 과거의 역사로부터 비롯된 문제는 현재에 대한 중요성의 정도를 낮춰야 해결의 실마리가 보일 수 있다. 그래야 감정이나 위신을 결부시키지 않을 수 있고, 그래야 꽁한 마음에는 깃들 수 없는 다양한 상상력이 날개를 달 수 있기 때문이다.

제8장

다섯째 매듭
집단생존의 우상

　동양 특히 한국의 문화에서 개인의 인권이란 지배계급의 구성원들에 대해서도 매우 협소한 영역에서만 인정되었다. 그래서 개인적인 이익은 나쁜 것이고 공동의 명분을 위해 자신을 바치는 행위가 미덕으로 여겨지는 기풍이 현대에도 대단히 강하게 남아 있다. 여기에 민족주의가 무비판적으로 섞이면서, 사람들의 사유 프레임은 일방적인 집단주의 성향을 보인다. 이때 집단은 여러 단계의 매개를 거친 넓고 높은 차원의 공공성이 아니라, 아주 좁고 즉각적으로 감각되는 조직에 불과하다. 낯선 사람에게 (적어도 겉으로는) 친절하다든지, 다른 사람의 권리를 존중한다든지, 기부나 자선 등 남을 돕는 일에서 보람을 느끼는 사람들이 많다는 것 등을 보면 서양사람들보다 한국사람들이 훨씬 이기적인 의미도 적지 않다. 따라서 서양은 개인주의고 동양은 집단주의라고 흔히 말하는 이분법을 잠시 검토할 필요가 있다.

　동양이 어떤 나라를 가리키는지도 사실은 따져봐야 할 문제지만, 그것은 넘어가고 일단 한국이나 일본에서 전형적으로 나타나는 조직우선의 풍토가 동양적이라고 치자. 흔히 거론되는 사례로 회사 일로 밤을 새운다든지, 직장 상사가 부하직원에게 사적인 심부름까지 시켜도 항의하지 못한다든지, 기타 등등 집단주의적 특성으로 거론되는 사항들은 대단히 많다. 하지만 한국인들의 패거리문화를 단순히 서양의 개인주의와 대비되는 것으로만 이해해서는 여러 가지 중요한 점들을 놓치게 된다. 이에 관해서 본격적으로 파고들 계제는 아니기 때문에, 현재의 논의에 필요한 만큼 두 가지만 지적한다.

첫째, 한국문화에서는 사람의 정체성을 개인적 속성보다는 귀속적 속성에 따라 규정하는 경향이 있는데, 이는 동서양의 차이로 볼 수도 있지만, 전근대와 근대의 차이로 볼 수도 있다. 한 사람이 가문, 학교, 지역, 인종, 민족, 종교, 정치적 신조 등등에서 어떤 집단에 속하는지를 귀속적歸屬的, ascriptive 속성이라고 하는데, 이런 속성들은 물론 그 사람의 행동패턴을 기어이 예측해야만 하는 상황이라면 참고사항에 포함될 요소이기는 하다. 그러나 경상도 출신이라고 모두가 전라도 사람들을 증오할 리 없고, 무슨 일에서든 서울대 졸업생이 다른 대학 또는 고등학교 졸업생에 비해 능력이 반드시 뛰어날 리도 없다. 귀속적 속성으로 한 사람의 미래 행동을 예측한다는 것은 기본적으로 한 개인이 과거에 속했던 집단에 따라서 앞으로 그가 보일 행동을 미루어 짐작한다는 태도인데, 신분사회에서나 가당한 일이지 평등한 인격체로 구성된 자유사회와는 어울리지 않는다. 한국인들이 사람을 대할 때 무심코 드러내는 귀속주의적 반응들은 한국문화에 신분사회적인 요소가 얼마나 짙게 남아 있는지를 보여준다.

둘째, 〈조선일보〉와 같은 신문이 최근 30년 동안 보여주는 행태는 집단주의일까 개인주의일까? 그 신문사가 내부적으로 강력한 조직력을 보여준다는 점에서, 그리고 기자들이 회사의 편집방침에 저항하지 못할 뿐만 아니라 거의 자발적으로 순응한다는 점을 주목하면 확실히 동양적 집단주의라고 볼 수 있다. 하지만 사실을 자의적으로 편집해서 자기들의 목적에 부합하는 것만 집중적으로 부각한다든지, 편집의 와중에 과장이나 왜곡까지도 서슴지 않는다는 점은 이기적인 작태의 전형이다. 즉, 집단이기주의의 극단적인 행태인 것이다. 오늘날 서양사회라고 이런 정도로 극우적 정치지향을 가지는 신문사가 없지는 않지만, 대개 사회 전체의 스펙트럼에서는 별종 취급을 받는 것이 보통이다. 혼자만의 편협한 생각을 다른 사람들에게 강요하는 태도는 사회평화를 저해한다고 보는 사람들이 진보나 보수라는 진영의 차이를 막론하고 넓은 주류를 형성하고 있기 때문이다.

요컨대 서양사회가 겉으로 보면 한국에 비해 개인주의가 성행하는 것 같지만, 한 꺼풀만 벗기고 들어가면 사회구성원들이 전체적으로 다른 사람의 권리를 존중한다는 사실을 볼 수 있다. 이때 다른 사람의 권리에 대한 존중은 결코 목전의 이익만을 추구하는 이기심일 수는 없고, 사회 전체를 생각하는 고려에서만 가능하다. 사회평화가 궁극적으로 개인에게도 이익이라고 보면 이것도 이기심의 일종이라고 하겠지만, 이와 같은 "개명된 이익"이란 곧 공동선과 통하는 항목이지 전통적인 도덕관에서 매도하는 이기심과 같을 수 없다. 섣불리 집단주의와 개인주의를 동양과 서양의 문화적 차이인 것처럼 단정하게 되면, 이런 의미들을 전혀 상감할 수 없게 된다.

민족주의에서 민족을 내가 지금까지 역설해온 대로 정치공동체에서 공동의 관심사를 해결한다는 차원으로 바라보면, 불필요한 감정이나 위신을 결부시키지 않고 개명된 이익을 추구하는 공동의 노력이 가능하다. 하지만 지금까지 한국 민족주의에서는 개인의 정체를 귀속적인 속성으로 규정하면서 다른 민족을 현재적이거나 잠재적인 적으로 바라보는 경향이 훨씬 강하게 나타나왔다. 상대에 대해 무방비상태로 자신을 노출하거나, 상대의 선의를 무작정 믿고 자신의 모든 운명을 거기에 거는 짓은 개인으로서든 민족으로서든 어리석은 것이 틀림없다. 그러나 그렇다고 해서 상대를 무조건 두려워하면서 어떤 새로운 관계에 대해서도 모종의 보장을 요구한다는 것은 매우 불행한 폐쇄성이다.

한미 FTA를 원천적으로 두려워하는 정서에는 미국이라는 불가항력의 강대국과 자유롭게 무역하다가는 우리가 통째로 잡아먹히리라는 걱정이 있다. 나는 농민들이 반대하는 데에는 충분히 이유가 있다고 보며, 그 문제는 국내의 가치배분이라는 관점에서 설득할 수밖에 없다고 본다. 하지만 그 이외의 제조업이나 서비스업 분야는 세부적인 교역조건에 관해 끈질기게 줄다리기를 할 수 있는 문제이지 "나라 망하는 길"은 절대 될 수 없다. 어차피 미국 의회의 비준도 몇 년 걸릴 일로 기약이 없기 때문에, 서두를 필요는 전혀 없다. 따라서 한국 국내의 반대여론을 무마하거나 설득하는 과정은 충분히 길게 잡는 것이 바람직하다. 그러나 정부가 아무리 소통의 노력을 기울이더라도 반대의견을 굽히지 않을 사람들이 상당수 남을 것이고, 그 가운데에는 미국을 괴물로 보기 때문에 그럴 수밖에 없는 사람들도 틀림없이 많을 것이다. 이런 심사는 북한을 무조건 증오하는 극우의 심보에 비해 전혀 나을 것이 없다. 근거도 이치도 없이 누군가를 증오하는 데서 자신의 존재이유를 찾는 의존적인 심리이기 때문에, 실제로 증오대상을 언제든 바꿀 수도 있다.

대한민국은 연간 무역액이 2008년도 추계로 8,500억 달러가 넘는 장사꾼의 나라다. 이 수치는 구매력평가PPP 기준 국내총생산(1조 2천억 달러)의 67%이고, 공식환율OER 기준 국내총생산(8,575억 달러)으로 치면 99.6%에 달한다.[83] 우리가 외국에 물건을 팔아서 이익을 볼 때, 한국 물건을 사서 쓰는 사람들이 그만큼 손해를 보는 것은 아닐 것이다. 따라서 마찬가지로 우리에게 물건을 파는 외국이 우리를 잡아먹는 괴물일 수는 없다. 거래의 세계에는 당연히 사기꾼도 있고, 서로 몰라서 해로운 물건을 사고팔 수도 있다. 그러나 그런 불확실성은 국제무역에서뿐만 아니라 국내거래에도 있는 일이고, 그 때문에 상거래가 제로섬 게임이 아니라 상호이익이 가능한 게임이라는 사실이 변할 수는 없다. 상거래 자체를 두려워한다는 것은 현재 대한민국의 위상에 전혀 어울리지 않는 제노포비아인데, 우리 사회에서는 식자층부터가 민족주의를 비판할 엄두를 못 내는 탓에 이런 정서들이 보수층보다 오히려 진보를 자처하는 시민들 쪽에서 더 강하게 나타난다.

무사들, 다시 말해 깡패들이 세상을 지배하던 시대에는 낯선 사람이 나타나면 먼저 굴복시켜서 휘하에 넣으려고 시도하게 된다. 그리고 만약 일합을 겨뤄본 후에 상대가 더 강하다는 사실이 판명되면, 상대에게 굴복해서 부하가 되겠으니 받아달라고 간청할 수밖에 없다. 현재와 같은 세상에서 대한민국이 세계를 향해 "우리끼리 살 테니 내버려두라"는 의미의 자주권을 주장하면서 자본의 이동이나 무역장벽의 철폐를 원천적인 악으로 간주한다는 것은, 무사시대의 세계관을 가진 데더해서 상대가 강하다고 싸워보기도 전에 기가 죽은 다음 겨루기 자체를 회피하겠다는 태도밖에 안 된다. 이런 패배주의의 바탕을 이루는 전제들은 다 틀렸지만 그중에서도 특히 무사시대의 세계관이 가장 큰 문제다.

대한민국이 국력을 모두 동원해서 일본이나 중국이나 미국을 상대로 전쟁을 벌이고, 일본이나 중국이나 미국이 국력을 총동원해서 맞선

---

83) 미국 CIA, World Factbook(https : //www.cia.gov/library/publications/the-world-factbook/geos/KS.html, 검색일자 2009. 6. 23.).

다면, 아마 질 것이다. 그러나 상거래는 호들갑떠는 사람들이 "전쟁"에 곧잘 비유를 하든 말든 결코 그런 종류의 전쟁은 아니다. 기업과 기업 사이의 거래고, 궁극적으로는 개인과 개인 사이의 거래다. 경제적 거래라는 관계가 깡패들 사이의 쌈박질과 같은 종류라면 어떻게 대한민국이 오늘날과 같은 경제적 성취를 이룰 수 있었겠는가? 또, 외국과의 거래를 한국이 회피하려 든다고 해서 회피할 수 있는 일도 아니다. 정부가 전지전능할 수도 없고, 국내시장의 규모가 이미 커졌기 때문에 정부가 일일이 통제할 만한 능력도 없다. 더구나 그런 종류의 정부규제는 언제든지 악용되어 전체주의의 망령이 부활할 수 있다. 근본적으로 현대세계는 칭기즈 칸이나 나폴레옹 같은 무인들의 무대가 아니고, 서부 활극처럼 총잡이들이 설칠 장소도 아니다. 스포츠나 연예계에 여전히 영웅이 있고, 때로는 정치인이나 장군, 법조인 등이 영웅으로 각광을 받기는 하지만, 그렇다고 보통 사람들이 그들에게 강제로 머리를 조아려야 할 필요는 없는 것이 현대세계의 가장 큰 특징이자 장점이다. 민족들 사이의 관계를 깡패세계의 질서로 치환해서 생각하는 사고방식으로는 바로 현대의 이런 모습을 자꾸만 망각하게 된다.

현대세계라 할지라도 기어이 신분사회와 같다고 우겨대려면 스스로 영웅들을 숭배하고 그들의 힘과 영향력에 뼛속까지 굴종하면 된다. 앞에서(제3부 제2장) 번햄에 대한 오웰의 비판을 소개했듯이, 체질적으로 권력을 숭배하는 사람은 세상이 어떻게 짜여 있더라도 권력을 숭배해야 할 이유를 기어이 찾아서 그렇게 할 것이다. 반면에 권력을 숭배할 필요가 없는 사람이라면, 세상에서 권력이 주제를 모르고 일반 시민의 일상생활을 간섭하려고 할 때 당연히 비판하고 항의해야 맞을 것이다. 말로는 권력을 숭배하기 싫다고 하면서 행동으로는 권력을 숭배하고, 세상이 그러니 어쩔 수 없다고 핑계를 대는 짓은 정확히 번햄과 같은 성향의 인물들이 보이는 작태다.

한국사회에서 국내정치의 차원에서는 권력에 엄격한 한계를 부여할 만큼 시민의식이 깨어나 있고, 권력이 한계를 넘을 때 자유를 위해서 기꺼이 저항할 의지를 가진 영혼이 충분하다고 나는 믿는다. 시민들 중 상당수가 자유로웠던 기억만 유지하면 부자유한 사회로 전락하기 어렵다고 했던 마키아벨리의 임계점을 우리 사회는 국내적으로는 넘었다고 본다. 하지만 국제정치를 바라볼 때에는 아직도 자유시민들 가운데에서조차 국가 단위의 권력, 궁극적으로는 군사력을 중심으로 사고하는 사람들이 너무나 많다. 그리고 그 원인이 민족주의 프레임에 있다고 나는 생각한다.

하지만 일례로 미국이라는 나라는 3억 인구가 한마음으로 움직이는 나라가 아니고, 대통령이 한마디 해서 느닷없이 다른 나라를 침공할 수 있는 것이 아니다. 내게 반대할 사람은 이라크 침공의 경우를 들겠지만, 그 일은 9·11테러라는 지극히 예외적인 배경이 있었고, 그랬음에도 미국 내 인구의 절반 이상은 처음부터 반신반의하면서 자국 정부에 대한 감시의 눈초리를 번득였다. 북한이 어떤 도발을 감행해서 빌미를 제공하지 않는 한, 실제로 미국이 북한을 군사적으로 공격한다는 것은 현실은 고사하고 상상으로도 불가능에 가깝다. 하물며 대한민국이 미국을 상대로 그런 식으로 사생결단을 벌인다는 것은 도저히 있을 수 없는 경우가 되는 것이다. 미국의 자본이 한국을 제물로 삼는다는 우려는 자본의 움직임이라는 것이 군사적 공격과는 다른 패턴임을 전혀 이해하지 못한 데서 비롯하는 기우에 불과하다. 이건 정밀하게 비판할 가치도 없는 헛소리인 것이 간단한 귀류법으로 밝혀진다. 미국의 자본이 한국 내에 들어오면 우리 모두의 내장을 다 뽑아 삼켜버릴 정도로 불가항력이라면, 한국 정부 또는 민족이 아무리 문을 잠그고 빗장을 걸어봤자 소용없을 것 아닌가? 지난 60년 동안 미국이 우리를 키워서 잡아먹으려고 놔뒀다면, 마찬가지로 앞으로도 더 키워서 잡아먹으려고 놔둘 것이라고 봐야 맞지 않겠는가?

　미국이 우리를 지금 잡아먹을지 나중에 잡아먹을지를 걱정하기 전에, 미국이라는 나라가 한국이라는 나라를 잡아먹고 자시고 할 여지가 없다는 점을 이해해야 한다. 이라크가 당한 정도의 처지를 우리가 겪을 일도 없지만, 그런 이라크조차 사담 후세인이 죽었을 뿐 민족이 망한 것은 아니다. 앞에서(제7장 제4절의 말미) 일본에 대해 말했듯이, 미국에 대해서도 우리 사회에서 진보를 원하는 사람들이 가져야 할 태도는 미국을 하나의 민족으로 대하지 말고 미국 내의 진보세력과 동맹을 맺어서 한국과 미국의 보수세력에게 대항하는 것이다.

　마지막으로, 민족주의 프레임에 담겨 있는 생존지상주의를 빠뜨릴 수 없다. 이미 지금까지 논의에서 간접적으로는 충분히 함축되었지만, 한국 민족주의는 지난 150여 년의 역사와 결부되어 있기 때문에 항상 "빈곤하고 비참했던 과거"의 이미지를 떠오르게 만든다. 그리하여 비참해본 경험이 없는 세대에게까지 허리띠를 졸라매라고 강요하는 것이다. 한국에서도 굴지의 부자인 이명박 씨가 칠십 세를 바라보는 나이에도 틈만 나면 가난했던 옛날을 떠올리는 것을 보면, 그의 심성이 그렇게 각박하고 잔인한 까닭이 시야에 잡힌다. 이건희가 삼성그룹의 회장으로 있으면서 사장들을 자극하기 위해 "10년 후에 뭘 먹고살지 궁리해야 한다"고 했던 소리도 마찬가지다. 맨주먹으로 출세하기 위해 링에서 상대를 때려눕혀야 하는 사람에게는 상대를 배려할 마음이란 사치일 뿐이다. 하지만 OECD 회원국의 대통령이나 그런 나라의 신문사들을 광고 주문 여부로 조종할 수 있는 재벌의 총수가 "헝그리 정신" 수준의 심보에 머무른다는 것은 도덕적인 수치를 지나서 기본적으로 경제적이지도 못하다.

장사꾼이라면 사회갈등보다는 사회평화를 원해야 경제적이기 때문이다. 전쟁이 나면 장사꾼들은 주인공이 될 수 없고, 깡패들에게 뇌물을 바쳐야 살아남을 수 있게 된다. 그렇기 때문에 개명된 이익을 추구하는 장사꾼이라면 사회에 평화가 유지되도록 투자해야 한다. 기업의 사회적 책임이라든지, 영미와 유럽사회의 기부문화는 인도주의의 발현이라고 볼 수 있는 만큼이나, 개명된 이익을 추구하는 행동이라고 자리매김할 수도 있다. 이 지점에서는 결코 도덕과 이익이 충돌하지 않는 것이다.

그런데 우리 사회는 이명박이나 이건희를 위시해서 대다수 중산층조차 아직도 생존의 위협이라는 공포증에서 벗어나지 못했다. 위신을 중시하는 사람들은 남보다 앞서지 못하면 곧 생존의 위협을 받는다고 생각한다. 서울대 못 들어가서 자살한다든지, 1등 못해서 자살하는 아이들의 경우가 위신을 곧 생존과 동일시한 사례에 해당한다. 물론 이런 심성은 병리적인 경우로서, 보통 사람들에게는 해당하지 않는다. 대부분의 한국시민들이 일상생활에서 실제로 보이는 행동패턴은 쓸데없는 위신보다는 실질적인 이익을 중시하는 경향이 과거에 비해서 훨씬 높다. 그러나 불특정다수를 잠재적인 동지로 보기보다는 잠재적인 적으로 여기며 두려워하는 데서는 생존의 위협에 찌들린 모습이 드러난다. 자식들의 "성공"을 위해 학교에서 학원으로 하루 열서너 시간씩 고문의 행렬로 내모는 현실을 보라. "성공"하지 못하면 곧 굶어죽기라도 한다는 위기의식이 아니라면 도저히 이해하기 어려운 일이 아닌가!

김대중–노무현 정부 때, 개혁의제가 나올 때마다 "민생"이라는 구호로 어깃장을 놓을 수 있었던 배경이 여기에 있는 것이다. "경제"라는 지극히 추상적인 단어를 가지고 이명박이 그토록 쉽게 당선될 수 있었던 배경도 여기에 있다. 이런 식으로 사용되는 "민생"이나 "경제"는 사실 "신자유주의 반대"라든지 "공교육 정상화"라는 구호만큼이나 추상적이면서 이념적으로 편향되어 있다. 그럼에도 보통 한국인들은 "민생"이나 "경제"는 골치 아픈 이념과는 상관없이 "실용"이라고 쉽게 생각한다. 물론 이렇게 사용되는 "실용" 역시 실용적인 구호가 아니라 이념적인 구호, 다시 말해 일방적으로 보수적인 구호임을 간파하는 시민은 별로 없다. 이런 선입견을 깨뜨리지 못하면 한국정치에서 진보는 설 자리가 없다. 그리고 이런 선입견을 깨뜨리기 위한 작업은 과도한 민족주의가 생존의 이데올로기를 강화하고 있다는 사실을 깨닫는 데서 시작해야 한다.

"민족의 생존"이라는 것이 곧 보수 이데올로기라는 점을 밝혀내지 못하는 한, "민생", "경제", "실용" 등의 구호 역시 보수 이데올로기임을 일반 민중에게 일상적으로 알릴 길이 없다. 그런 단어들이 이념적으로 악용되는 구도를 밝히지 못한다면, "민생"과 "경제"와 "실용"을 들먹이는 주장에 반대했다가는 현실정치에서 제대로 도전도 못해보고 패배할 수밖에 없다. 하지만 그렇게 되는 순간, "민생"이라는 이름 아래 재개발지역에서 세입자들이 죽어나가는 광경, "실용"이라는 이름 아래 반대의 권리가 일축당하는 장면, "경제"라는 이름 아래 정부가 방송을 장악하는 연극 같은 참상이 자행되더라도, 보통 시민은 대부분 뭐가 잘못인 줄도 느끼지 못하는 마비증상에 걸리는 것이다.

제6부

절차적 민주주의와
사회적 자유주의

제1장

아량 있는 사회

 이제 상당히 길었던 이 책의 종결을 준비하기 시작할 때가 되었다. 나로 하여금 이 책의 논의를 시작하게 만든 동기는 우리 사회에 정치 담론은 무성하지만 그것이 실제 변화를 이끌어내는 데에 별 도움이 안 되는 것처럼 보였기 때문이다. 해방 직후 아름답고 건강한 나라를 건설해보려는 열망이 있었지만, 결과는 전쟁과 독재와 부패였다. 4·19 혁명이 일어나 다시 희망과 기대가 불타올랐지만 결과는 군부독재였다. 6월 항쟁의 귀결은 노태우의 집권과 3당 합당이었다. 그리고 마침내 김대중과 노무현의 간판을 빌려서 민주세력이 집권했지만, 이명박에게 "사상 최다표차 당선"이라는 선물을 안겨주었다.

 나는 이명박의 당선이 완강한 반동정치의 시발일 위험이 높다고 생각한다. 무엇보다 먼저 일본정치와 같은 모델이 한국에도 정착되지 않을까 우려가 떠올랐다. 민족주의를 바탕에 깔고 정치적으로 별로 역동적이지 않은 다수 대중의 보수성 위에 지배 엘리트가 순환하면서 집권하는 체제가 내가 보는 일본정치다. 비판적 지식인이 없지는 않은데 정치적으로 별 영향력은 없다. 최소한의 법치와 기술개발 능력으로 이

끌어가는 국민경제에 대다수가 만족하면서, 세상이라는 것이 기를 써봤자 크게 나아질 것도 없다는 체념 아래 살아가는 데 익숙하기 때문이다. 나는 이런 유형의 정치체제가 한국으로도 전염되기 쉽다고 본다.

다시 한번 노무현 시기를 되돌아보자. 그가 정치적으로 교활하지 못했다는 사실은 이미 앞에서(제1부 제6장) 지적했으므로, 여기서는 그 대목은 제쳐놓는다. 그가 집권한 다음 시도했던 개혁정책들은 골수우익 언론의 노회한 간접공격을 견디지 못하고 좌초했는데, 선거 때 그를 지지했던 진보진영은 무엇을 먼저 해야 할 것인지를 합의하지 못하는 고질적인 폐습 때문에 지리멸렬한 상태가 되고 말았다. 결과만 두고 볼 때, 노무현의 집권은 보수와의 담론투쟁에서 패배한 동시에 진보개혁세력의 악성 분열을 초래한 것이 분명하다. 이명박의 막무가내 공안통치로 말미암아 반MB정서가 형성되고 있고, 게다가 노무현의 안타까운 투신 때문에 뭔가 해야 한다는 정서적 공감까지 있지만, 여전히 무엇을 해야 할지에 관한 진보개혁세력의 지리멸렬 상태는 2007년 이전에 비해 별로 나아진 것이 없다. 이명박에 대한 혐오 때문에 침묵 속의 박근혜가 대안으로 부각되는 현실이 한국정치의 특징적인 현주소다.

나는 한국정치의 미래에 대한 희망은 오직 개인들이 보다 분명하게 자신에게 무엇이 이익인지를 인식하고 자신의 이익을 정치적 선택으로 연결하는 데에만 있다고 본다. 물론 이때 이익이란 눈앞의 생존을 위한 이익도 들어가지만, 자기가 살고 싶은 세상을 만들어가는 이익, 평화와 아량이 행복에 도움이 된다는 이익 등 계명된 부류의 이익도 포함한다. 그리고 나는 한국정치의 미래에 대한 희망은 진보개혁세력에게 있다고 당연히 믿는다. 진보진영이 항상 한마음으로 뭉치지 못하고 안에서 와글와글 시끄럽다는 사실이 바로 상대적으로 볼 때 패거리

현상이 덜하고 개인적인 의견과 소신들이 있다는 증거이기 때문이다. 그러나 이것은 오직 냉전적 공포와 물신숭배에 빠져 있는 보수우익에 비해 상대적으로 그렇다는 것이지, 절대적인 평가를 한다면 진보개혁 진영의 패거리 현상도 내가 한국에서 실현되기를 바라는 민주주의에 한참 미달한다.

나는 이런 패거리 현상의 뿌리에 언어적 구호에만 반응하고 내용을 파고들지 못하는 피상성이 있다고 진단한다. 그래서 지금까지 지역주의 담론, 합리주의의 우상, 선험주의적 교조, 그리고 민족주의라고 하는 피해의식 등을 그 피상성의 원인으로 고발하고 비판했다. 이런 증상들을 종합해보면 새로운 대상이나 관념에 대한 두려움, 즉 제노포비아라는 성격과 아울러 무슨 일에든 자신의 위신을 결부시키는 미숙한 심리로 요약된다. 만만치 않은 상대를 만났을 때 거부하거나 회피만 하려는 것이 아니라, 거부나 회피만으로 될 일이 아님을 깨닫고 적극적인 대처방법을 탐색하는 제이층위의 사고가 대단히 부족한 것이다. 제이층위의 사고, 다시 말해 정면돌파만이 아닌 우회나 절충 및 타협과 같은 방식들을 모종의 비겁이나 나약이나 배신으로 간주하는 경직성이 우리 사회의 정치의식에는 매우 두텁게 분포한다.

그런데 제노포비아나 위신을 중시하는 태도는 공히 보수적인 성향에서 전형적으로 나타나는 특성이다. 그런데 내가 보기에는 한국의 진보진영에서도 생소함에 대한 무조건적 거부반응이나 위신에 목말라하는 성향이 매우 자주 강하게 나타난다. 이런 나의 관찰이 사실에 부합한다면, 김대중/노무현 이후 한국에서 진보정치의 성공 가능성은 무척 비관적이라는 결론이 필연적이다. 왜냐하면 새로운 것을 두려워하고 위신을 중요시하는 사람들을 한데 묶을 수 있는 접착제란 권력과 돈이라고 하는 이권밖에는 없고, 그것도 카리스마를 갖춘 두목형 인물

그림 6 보수–진보의 일차원 스펙트럼

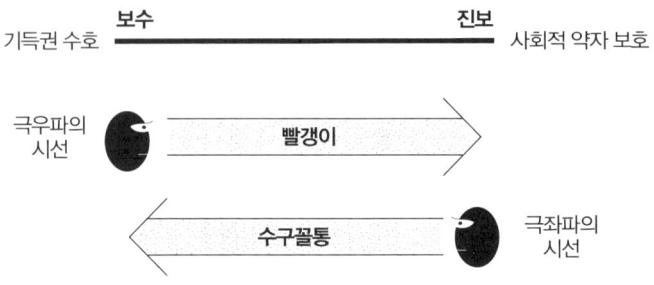

이 있을 때나 가능한 얘기이기 때문이다. 적어도 정치구조의 진보를 지향한다는 명색을 달고서 오직 권력이나 돈을 맹목적으로 추구할 수도 없고, 카리스마적인 보스 밑에 조아리는 졸개의 모습을 보일 수는 없는 노릇이다. 그것은 곧 진보의 정치적 생명이 다했음을 의미한다.

그러므로 한국에서 진보정치의 희망을 모색하려면 뭔가 발본적인 발상의 전환이 필요하다. 현재처럼 뒤죽박죽으로 사용되고 있는 진보–보수의 언설을 넘어 보다 한국의 정치현실을 적확하게 이해하고 미래를 향한 출구를 탐색하는 데 도움이 되는 시야가 필요하다. 〈그림 6〉은 흔히 생각하는 일차원적인 수준의 진보–보수 스펙트럼을 표시한다. 진보니 보수니 좌니 우니 하는 소리들이 모두 단지 상대적인 위상을 나타낼 뿐임을 강조하기 위해 일부러 진보(좌파)를 그림의 오른쪽에, 보수(우파)를 왼쪽에 배치했다. 그런데 이와 같은 일차원 스펙트럼은 언제든 명목척도로 변질될 수 있다. 그리하여 극우파는 극소수 자기 주변 사람들만을 "진정한" 보수로 여기고 나머지는 모두 빨갱이로 치부한다. 그리고 극좌파는 자기 주변 사람들만을 "진정한" 진보로 여기면서 나머지는 모두 수구꼴통으로 치부한다.

그런데 정치적 성향으로서 보수와 진보를 나눌 때에는 기득권을 수호하느냐 아니면 사회적 약자의 보호를 추구하느냐는 차이가 핵심적이지만, 지성적·심리적·문화적인 차원에서 보수적인 태도와 진보적인 태도를 나눈다면 폐쇄적인지 아니면 개방적인지가 매우 중요한 기준이 된다. 지성적·문화적인 관점에서 바라보면, 경직적으로 전투적인 태도는 보수적이고, 유연하고 타협적인 태도는 진보라고 말할 수 있다. 이때 유연하고 타협적인 태도란 익숙하지 않은 상대나 발상을 만났을 때 적대시하기 전에 일단 제대로 알아나보자는 자세를 가리킨다. 이를 "진보"라고 부를 수 있다는 말은 일례로 영어 단어 리버럴lib-eral의 의미에서 하나의 전거를 구할 수도 있지만, 영어 단어의 의미에 기대려는 것은 아니다. 나는 전쟁보다는 평화가 분명히 진보라고 생각하기 때문에 하는 말이다. 전쟁이든 뭐든 필요하다면 해야 할 것이다. 그러나 가능하면 전쟁이 필요하지 않은 세상이 걸핏하면 전쟁이 벌어지는 세상보다는 분명히 진보한 세상이라고 나는 생각하지 않을 도리가 없다. 그러므로 경직적인 패거리 추종으로써 전쟁을 불사하는 태도보다는 개인과 개인의 관계를 중시하면서 여러 갈래의 문제들을 섞이지 않게 분별하는 태도를 대부분의 개인들이 내면화해서 생활한다면 전쟁은 불필요해질 확률이 높다.

이런 두 개의 축으로 진보와 보수를 생각하면 〈그림 6〉에서 직선으로 나타난 스펙트럼이 〈그림 7〉에서는 동그랗게 휘어져서 나타나게 된다. 극우나 극좌나 사실은 기득권이나 사회적 약자를 보호하려는 목적에 충실하기보다는 자신들의 내면에 숨어 있는 불신과 증오를 표현한다는 점에서 서로 상당히 가깝게 접근하게 된다. 극우와 극좌는 나름대로 사회를 전체적으로 바라본 위에 판단을 내리는 사람들이 아니라, 이념적 구호의 노예가 되어 구호 위에 자아를 내팽개쳐버리는 소

그림 7 보수–진보의 이차원 스펙트럼

외된 영혼의 전형에 해당한다. 그러므로 정치의 진보를 원하는 사람이라면 기득권 수호에서 사회적 약자 보호 쪽으로 이동하는 진행만이 아니라, 배타성에서 개방성으로 이동하는 진행도 진보의 중요한 의미에 포함해서 추구해야 한다. 그리하여 만약 〈그림 7〉에서 수평으로 표시된 두꺼운 선 위에 해당하는 사람들이 좌파든 우파든 사회의 스펙트럼에서 예외적 소수가 된다면, 그것은 분명히 지금과 같은 상태보다 정치가 진보한 상태일 것이다.

그러므로 한국의 진보개혁진영은 사회적 약자에 대한 보호를 추구하면서 동시에 진보정치 이념이 답답한 폐쇄성을 벗어나 개방적인 안목에서 넓은 지평을 바라볼 수 있는 방향으로 좌표를 설정해야 한다. 그래야 할 필요는 너무나 많다. 당장 현실의 정치공학으로서 노무현에서 이명박으로 이동한 최소 300만 명의 부동층이 대부분 중도성향의 유권자들이다. 또 중도좌파의 시각에서만, 만약 집권했을 때 불과 몇 년이라는 짧은 기간에 실제로 뭔가 성과를 보여줄 수 있는 정책의 개발이 가능하다. 진보정치세력에게는 정책을 통해 뭔가를 보여줘야 할 필요가 너무나 절실하다. 기득권을 해체하기 위한 급진적인 개혁은 저항에 맞서 싸우는 것만으로도 정권의 임기를 다 소모하기 십상이기 때문에 바로 선거 패배로 직결되더라도 놀랍지 않다. 임기 내내 싸운 것 말고 뭘 했느냐는 비판에 대꾸할 말이 없을 테니까 말이다. 나아가 개방적이고 유연한 사고방식은 진보 내부의 고질적인 분열증상을 극복하는 데도 필수적이다. 제일층위의 노선에서 차이가 있을 때, 즉각적으로 돌진해서 장렬히 산화하는 것이 아니라 한 걸음 물러나 차이 속의 공존 가능성을 찾아내야 모든 종류의 연합이 가능해지기 때문이다. 이런 습성은 진보진영 내부에서만이 아니라 보수세력을 상대하거나 나아가 다른 민족들을 상대할 때에도 훌륭한 소통의 능력으로 연결될 것이 틀림없다.

사회적 약자의 지위를 향상시키고 그들에게 더 나은 기회를 부여하는 일은 기득권층이 누리던 특권 중 일부를 덜어내지 않으면 불가능하다. 그러므로 그러한 방향의 변화가 평화적으로 이루어지려면 기득권층이 아량을 보이는 것이 가장 빠른 지름길이다. 다시 말해 기득권층 가운데 온화한 성품을 가진 부류가 보수세력을 주도하도록 환경이 조성되어야 하는 것이다. 그런데 이를 위해서는 당연히 진보 쪽에서도 보수세력에 대해 아량을 가진 사람들이 상황을 주도해야 한다. 그래야 진보진영에 대한 불신과 공포와 증오 때문에 보수가 경직된 태도를 보이게 되는 악순환을 피할 길이 아주 조금이라도 열릴 수 있다. 제2부에서 제5부까지의 논의를 통해서 비판한 지역주의 망국론, 환상적 합리주의, 교조적 선험주의, 감정적 민족주의 등은 모두 현실을 직시하면서 진짜문제를 찾아 접근하면 풀릴 수도 있는 일들을 관념의 덫에 빠져서 가짜문제를 만들어낸 탓으로 문제가 얽혀버리는 증상이라고 할 수 있다. 전체적으로 우리 사회의 구성원 개개인이 불필요한 피해의식이나 과장된 염려에서 벗어나 구체적인 현실감각을 회복한다면 충분히 극복할 수 있는 증상들이다.

제2장

절차에 의한 해결

축구경기에서 90분간 겨루고도 승부가 나지 않는다면 어떻게 하는가? 결판을 낼 필요가 없다면 무승부라고 한다. 승부를 기어이 내야 하는 경우에는 연장전을 하기도 하고, 재경기를 할 때도 있고, 승부차기에 맡기기도 하며, 제비뽑기도 한다. "진정한" 실력을 가리기를 고집하는 사람의 눈에는 제비뽑기보다는 승부차기, 승부차기보다는 연장전, 연장전보다는 재경기가 축구시합이라는 사안의 본령에 충실하다고 볼지 모른다. 그러나 그런 식으로 "진정한 본질"을 따지기로 한다면, 한 번의 시합으로 어떻게 판가름이 나겠느냐며 질 때마다 다시 한번 붙자고 대들 수 있는 빌미가 생긴다. "진정한 실력"이라는 발상은 항상 자체 내에 무한논쟁의 여지를 함축하기 때문에 논쟁의 종결을 위해서는 규칙이 필요하게 된다. 축구시합에서 무승부가 났을 때 승부를 결정하는 규칙은 축구시합의 규칙이기만 한 것이 아니라 논쟁을 종결하기 위한 규칙이기도 하다. 논쟁을 종결하기 위한 결정이라고 보면 제비뽑기도 재경기와 마찬가지로 사안의 본령에 충실한 방식이다.

정치사회가 어떤 행로를 선택할지를 결정하는 일은 대개 매우 다양한 요인이 중층적으로 서로 얽혀 있는 여러 가지 대안 중에서 하나를 고르는 작업이다. 이 와중에 무엇이 옳은 일인지, 무엇이 공동체 전체에게 이익인지, "공동체 전체"라는 관념이 어떤 의미인지, 권력이 개인을 어떻게 취급해야 하는지, 다른 사람의 불행에 대해 이웃들이 어떻게 반응해야 하는지, 기타 등등 도덕적으로나 정치적으로 의미심장한 질문들이 무수히 파생할 수 있다. 이 모든 질문을 모든 사람에게 만족스럽도록 결정을 내려야만 한다면, 공동체 차원에서 어떤 결정도 불가능할 것이다. 그렇기 때문에 정책대안들 중 어떤 것이 옳거나 나은지를 떠나 논쟁의 종결을 위한 규칙이 반드시 필요하다. 앞에서(제3부 제1장) 나는 제일층위의 논쟁이 교착상태에서 더는 출구를 찾지 못할 때, 그런 상황 자체에 어떻게 대응할 것인지를 생각하는 제이층위의 합리성이 필요하다는 점을 지적했다.

논쟁의 종결을 위한 규칙, 또는 제이층위의 합리성이 없다면 어떻게 될지 한번 상상해보자. 물론 여러 가지 시나리오가 가능하다. 축구경기 90분이 무승부로 끝났을 때 주최 측이 상의해서 승자를 판정할 수도 있고, 재경기든 제비뽑기든 결정을 위한 규칙을 그 자리에서 정할 수도 있다. 그랬을 때 쌍방이 결과를 받아들이는 경우도 많을 것이다. 단, 한쪽이 그런 결정을 받아들이지 않고 이의를 제기한다면, 그리고 그 이후 어느 쪽도 양보하지 않는다면 결국 주먹다짐으로 결판이 날 것이다. 축구경기뿐만 아니라 정치적 논쟁이나 과학적 논쟁에서도 주먹다짐, 국가기구와 같은 조직된 패거리의 권력, 무지한 군중의 무력이 결국 열쇠를 쥐게 될 것이다.

자연계의 질서가 그렇듯이, 인간사회도 말하자면 결국은 힘에 의해서 움직인다고 말해야 맞을 것이다. 힘보다는 옳음이 주도해야 마땅한 과학적 논쟁에서도 "옳음"이란 그 자체로 힘을 가지는 것이 아니고,

충분히 많은 다수에게 그것이 옳다고 알려진 다음에야만 세상을 주도할 수 있는 힘을 가지게 된다. 갈릴레오나 아인슈타인, 기타 수많은 사례에서 이 점은 쉽게 확인할 수 있다. 그러므로 논쟁의 종결을 위한 규칙이라고 하든 제이층위의 합리성이라고 하든 결국 주어진 시점에서 상황을 주도하는 측은 힘을 가진 쪽일 수밖에 없다. 그런데 이때 힘이라는 것이 결코 단순한 사항이 아니다.

주먹이나 완력도 힘이지만 다수도 힘이고, 총칼이나 무기도 힘이며 조직력도 힘이다. 또 의지력이나 용기나 신념도 힘이고, 소원이나 가치 또는 희망도 힘이며, 때로는 진실이나 아름다움 그 자체가 강한 힘을 발휘하기도 한다. 그런데 진실이나 아름다움은 힘을 발휘하기 위해 상당한 시간이 필요하다. 사회를 주도할 수 있을 만큼 많은 사람이 그 진실과 아름다움을 알아보는 데에 시간이 오래 걸리기 때문이다. 따라서 그사이에 진실이나 아름다움을 시기하거나 두려워하는 세력들이 발호할 수 있는 여지가 항상 존재한다. 문명사회가 야만사회와 구분되는 질적인 차이란, 이런 여지를 가능한 한 방지해서, 진실의 싹이 자라나 사람들의 눈을 밝게 틔워주고 나아가 세상을 주도할 수 있도록 온전한 기회를 허용하는 데에 있다.

그런데 진실이란 그 자체만으로 필연적으로 드러나는 것이 아니라 사태의 진전에 따라서 발견되거나 발견되지 않거나 하는 것이다. 그렇기 때문에 동어반복에 해당하는 논리적인 명제들을 제외하면, 어떤 명제도 확실한 진리라고 최종적인 판정을 받을 수는 없다. 특히나 정치세계에서 정책과 노선을 선택하는 일이란 결과를 보면서 잘잘못을 가릴 수밖에 없고, 그런 평가에 따라서 지속적으로 수정이 이뤄져야만 하는 일이다. 이런 점들을 감안하면 정책을 선택하는 과정도 정답을 찾은 다음에 그 정답을 집행하기만 하면 되는 것처럼 생각하지 않고 완전히 다른 각도에서 바라볼 수 있게 된다. 즉, 주어진 정책을 입안해서 선택하는 일뿐만 아니라 그렇게 채택된 정책을 시행하고 나서 다시 수정하는 과정들을 다 합쳐서, 한 사회가 어떤 길을 어떻게 가고자 하는지를 찾기 위한 탐색과정으로 이해할 수 있다.

이는 개인의 인생에서도 똑같이 적용될 수 있다. 어떤 대학교에 가서 무엇을 전공할까, 어떤 직장에 들어가 어떤 일을 할까, 누구와 결혼할까 등등, 인생의 중요한 기로에서 일정한 선택을 내린 다음 그때 선택한 길을 그냥 따라만 가는 것이 인생이라고 보기보다는, 한 번의 선택으로써 물론 다른 많은 가능성이 차단되는 것은 사실이지만 그렇게 선택된 길에 다시 무수한 선택지가 열린다고 보는 것이 사실과 훨씬 잘 부합한다. 즉, 한 사람이 어떤 인생을 사는지는 살아보기 전에 전략적 선택을 통해 계획을 세운 다음 그대로 집행하는 일이 아니라, 태어나 죽을 때까지 매순간의 선택들이 모여서 그 사람의 인생을 구성하는 것이다. 이렇게 본다면 인생의 목표라는 것은 곧 먼저 설정한 다음 일로매진하며 추구하는 사항이라기보다는 "목표"라는 상징의 의미내용을 알아내기 위해 쫓아다니는 탐사행로의 궤적이 되는 것이다. 이와 같은 두 개의 시각은 충돌하는 것이 아니다. 단지 똑같은 일을 서술하는 두 가지 방식, 다시 말하면 똑같은 일을 바라보는 두 가지 관점일 뿐이다.

하지만 관점의 차이라는 것이 단순히 "제 눈에 안경" 정도의 취향 문제로 끝나지만은 않는다. 인생을 목표수립 – 집행이라는 관점에서 바라보면 한 번의 선택을 혹시나 잘못하게 될까 봐 조바심과 안달이 나서 오히려 판단력을 그르칠 수 있다. 예컨대 대학입시로 인생이 결판난다는 조바심 때문에 초등학생 때부터 대학입시라는 목표에 삶을 조준한 결과, 막상 대학교에 들어가서는 자기가 뭘 원하는지를 몰라서 방황하는 이 나라의 수많은 젊은이들과 그들의 부모가 좋은 반면교사다. 반면에 언제 어디에 처하게 되든지 그때 가서 많은 선택지가 있으리라는 관점에서 인생을 바라보면, 유소년기에 가능한 한 많은 일을 직접 선택하면서 경험하도록 인도함으로써 대학에 가서 공부할 분야에 관한 내면적인 동기를 축적할 수 있다. 대학 수준의 공부에서 성취는 당연히 내면적인 동기를 가진 학생만이 이룩할 수 있다.

정책을 결정하는 과정에서도 한 번의 선택으로 어떤 문제를 완전히 해결한다는 발상은 아주 위험하다. 물론 입안하는 사람들은 가능한 한 해당 정책이 가져올 장기적인 효과도 고려하고 직접 연관되지 않는 영역에까지 미치게 될 사회적인 파장도 헤아려봐야 하는 것까지는 틀림없다. 그렇지만 아무리 계획을 세우려고 해도 알 수 없는 대목들이 있을 수밖에 없고, 그런 대목들은 차후에 결과를 보면서 수정하고 보완한다는 방향으로 마음을 열지 않는다면, 교만을 지나 전제자의 심성에 빠지기 쉽다. 주어진 사회문제를 자기가 완벽하게 해결하겠다는 발상은 거의 예외 없이 정치사회적 맥락을 무시하고 밀어붙이는 전횡으로 이어질 수밖에 없는 것이다. 왜냐하면 자기 계획이 완벽하다는 주관적 확신으로 말미암아 자연스럽게 반대의견을 곧 "어리석은" 의견으로 치부하도록 유도되기 때문이다.

앞에서 여러 번 강조한 바와 같이 정책의 성패는 내용보다 소통에 달려 있다는 의미가 이로부터 도출된다. 내용이 형편없어도 소통만 되면 성공한다는 식으로 곡해하지 말기 바란다. 그 대신 애당초 내용이 형편없는 정책이라면 공론의 소통이라는 그물을 통과하기 어렵다는 사실에 주목하기 바란다. 공론장에서 찬반양론이 팽팽하게 맞서는 정책이라면 일단 해보고 결과를 지켜볼 정도의 가치는 있다고 봐줄 수 있다. 그러나 반대의견이 아무리 소수라도 목숨을 걸 정도로 완강하고 강경하다면 그처럼 격앙된 감정이 누그러질 때까지 기다리면서, 왜 그토록 심한 반대가 나오는지를 배려해야 한다.

고속철, 방사성폐기물 처리장, 새만금 간척사업, 쇠고기 수입, 자유무역협정, 경부대운하, 행정도시 백지화 등과 같은 사업이나 정책은 결코 누구의 목숨이 단기간에 왔다 갔다 하는 문제가 아니다. 나름대로 이익이 기대되는 면이 있다면 변화 자체에 수반되는 부작용이나 피해도 불가피하게 발생할 수밖에 없는 일이다. 바로 그렇기 때문에 각 개인들의 여건에 따라 돌아갈 이익과 피해를 조정하고 분배하는 사회적 해법이 반드시 필요하게 된다. 한국사회에서는 여태까지 정책을 단선적인 관점에서만 바라보고 밀어붙이는 방식이었기 때문에, 어떤 시책에 대해서든 직접적 또는 간접적 이해당사자들이 일단 소외감부터 느끼고 당국을 불신하고 들어가는 심리구조가 짜여 있다. 그러므로 소통과 합의를 중시하면서, 충분한 시간을 들여서 감정을 진정시키고 상호 신뢰를 조성하는 방식이 반드시 필요한 것이다.

1986년부터 쳐서 19년 만인 2005년에 경주에 짓기로 결정된 방사성 폐기물 처리장의 경우가 후견지명으로나마 몇 가지 교훈을 얻을 수 있는 좋은 사례다. 첫째, 처음에 당국이 허둥대면서 허풍을 쳤던 바와는 달리 19년이나 걸려서 결정되었지만 그사이에 폐기물을 처리하지 못해서 큰 문제가 발생하지는 않았다. 그러므로 처음부터 충분한 시간을 두고 일에 착수했다면 오히려 결정하는 데 소모된 시간과 경제적 · 사회적 비용을 줄일 수 있었다. 둘째, 부안을 위시해서 후보지로 선정된 곳마다 벌어진 주민들의 완강한 반대는 기본적으로 당국에 대한 불신 때문이었는데, 결과적으로 보면 당국이 처음부터 모든 사정을 있는 그대로 알리지 않은 탓이 대단히 크다. 뒷구멍으로 슬그머니 졸속으로 해치우려다가 일이 자꾸만 꼬이고 커지는 악순환이 계속된 것이다. 셋째, 후견지명의 관점에서 볼 때 어차피 어디엔가는 들어서야 할 시설이라면, 그 입지를 선정하기 위해서 관련 당사자들이 몸과 마음에 19년간 입어야 했던 상처는 불가피한 정도를 크게 넘는다. 이 대목에서는 당국이 앞으로 정책추진 방식을 뿌리에서부터 바꿔야 하는 것이 먼저지만, 아울러 우리 사회에서 전반적으로 갈등소지를 품고 있는 쟁점에 관해 일반 시민들과 이해당사자들도 접근하는 태도가 달라져야 한다고 나는 생각한다.

한국사회의 정치가 개선될 수 있는 여지 가운데 내 눈에는 가장 두드러지는 부분이 갈등을 조정하고 해결하는 영역이다. 사회적 갈등은 내버려두면 어차피 스스로 곪아터져서 불거지고, 말로 싸우다가 주먹으로 싸우다가 마침내는 총과 칼로 싸워서 해결되도록 되어 있다. 자연상태에서 사자와 토끼와 사슴과 하이에나 사이에 이익이 상충하지만 각각 힘이 미치는 대로 잡아먹고 잡아먹히면서 살아간다. 자연계에 대해서 우리는 그것을 대충 건강한 질서라고 부른다. 그러나 인간사회의 경우 그런 상태를 우리는 야만이라고 부른다. 문명사회란 폭력으로 해결할 일을 말로 해결한다는 의미이기 때문이다.

이익이 상충해서 생기는 분쟁을 어떻게 말로 해결하는가? 오직 절차를 통해서만 사회적 갈등을 말로 해소할 길이 열린다. 축구시합에서 무승부가 나면 어떻게 할지 일이 닥친 다음에 절차를 정하려고 하면 말로 해결할 수 있으리라는 보장이 없다. 그러나 시합이 실제로 벌어지기 전에, 경기장의 사정이나 선수들의 컨디션 등 구체적인 사정들을 서로 알지 못하는 상태에서 무승부 때 타이브레이크의 절차를 정하기로 한다면 말로써 합의를 도출하기가 비교적 용이해진다. 타이브레이크를 위한 절차는 공정성이 생명인데, 이런 경우 공정성의 원형은 제비뽑기, 즉 운수다. 실제로 운수는 공평하지 않다. 그렇지만 그 대목은 사람의 손으로 어쩔 수 없다고 간주해서, 결과가 운수에 따라 정해지기만 한다면 공평한 것으로 통상 여겨진다.

　그런데 이렇게 말하면, 절차 자체가 애당초 편향성을 피할 수 없지 않느냐는 반문이 당연히 나올 것이다. 예컨대 우리 사회에서 선거제도는 대체로 최소한 몇억 정도의 재산을 가진 사람이나 공직에 출마해볼 엄두라도 낼 수 있게 되어 있고, 사법제도는 변호사를 고용할 만한 재력을 가진 사람에게 일방적으로 유리하다. 예컨대 〈조선일보〉는 걸핏하면 회사의 명예를 지킨답시고 다른 언론사를 고소하기도 하고 국회의원을 고소하기도 하지만, 고 노무현 대통령의 경우가 잘 보여주듯이, 한 개인으로서는 참으로 악의적인 모욕을 당하고도 이런 재벌 신문사를 상대로 명예훼손으로 고소하기가 쉽지 않다. 〈조선일보〉가 개인을 고소한 사건에서 승소할 확률이 개인이 〈조선일보〉를 고소해서 승소할 확률보다 체계적으로 높지는 않을 것이다. 그러나 이런 경우는 승소할 확률이 중요한 것이 아니고, 소송에 들어가는 거래비용이 당사자의 삶에서 차지하는 비중이 문제다. 소송이란 개인에게는 항상 지겹고 짜증나는 일인데, 조선일보사와 같은 기업체에게는 그런 일을 전담하도록 돈 주고 고용한 변호사들이 있는 것이다.

　이처럼 실제적인 여건에서 각 개인이 처한 입장을 보면, 어떤 사회에서 현존하는 어떤 절차도 공평한 것만은 아니다. 어떤 절차를 통해서 어떤 결과가 나오든 패소한 쪽 또는 경우에 따라서는 승소한 쪽에서조차 억울하게 느낄 수 있다. 그런데 절차라는 것은 하나로 이루어지는 것이 아니고, 어떤 절차가 주어진다면 바로 그 절차에 대해 항의할 길이 또 있다. 재판의 경우 삼심제가 있고, 대법원의 판결이 난 다음에도 요건을 갖추면 재심이나 헌법소원 등이 가능하다. 더욱 심각하게 생각을 연장한다면, 국회를 통해 해당 법률을 개정하려는 운동을 할 수도 있고, 직접적인 정치활동이나 항의시위를 통해 자신의 뜻을 알릴 수도 있다. 물론 이 중 어떤 일도 쉬운 일은 없다. 그러나 불공평한 세상을 고치기 위해서라면 이런 방법 말고 달리 뾰족한 길이 없다.

왜냐하면 진리나 아름다움만이 아니라, 공정 또는 공평이라는 것도 원래 확고한 모습으로 존재하는 것이 아니라 사람들의 생각이 모이는 곳에서만 생성될 수 있는 상징이기 때문이다. 내 눈에 불공평하게 보인다는 것만으로 세상을 움직일 수는 없다. 충분한 다수에게 불공정으로 보이고, 나아가 용납할 수 없는 불공정으로 보여야 세상을 움직일 수 있다. 각 개인이 당한 불공정을 공표하여 알림으로써 공정과 불공정의 경계에 대한 공감대가 형성되고, 그런 공감대가 제도로 반영되는 일이 누적되는 사이에 사회에는 공정성에 관한 하나의 표준이 관습으로 자리를 잡게 된다. 그 관습은 물론 한번 생겼다고 불변인 것은 아니고, 사람들이 추구하는 가치에 따라서 변화할 수 있다. 그러나 안정적으로 확립되어 있는 관습일수록 서서히 변하겠지만, 그렇다면 그만큼 공정에 관한 기존의 관념이 다수 구성원에 의해서 지지받고 있다는 증거가 된다.

모든 사회에서 정부의 각 기능들은 소관사항에 관한 결정권을 인민으로부터 위임받은 제도에 해당한다. 이런 제도들은 나름대로 공정성을 추구하는 방향에서 설치되어 있지만, 방금 지적했듯이 당사자들의 처지와 여건이라는 관점에서 바라보면 언제나 불공정하게 비칠 수 있는 소지가 있다. 그러므로 자유사회라면 최종적인 공정성의 원칙으로서 기성의 제도와 관습 자체에 대한 도전과 반대의 권리를 허용해야 한다. 앞에서도 강조했듯이(제2부 제3장 제3절 외 여러 곳), 표현의 자유가 중요한 핵심적인 이유가 바로 여기에 있다. 장을 바꿔서 공정한 정치의 절차를 좀더 파고들어가보자.

정치적 경쟁을 위한 공정한 절차

인간사회에 불만이 없을 수 없다. 좋은 정책에는 불만이 있을 리 없다고 보는 사회는 불만이 없는 사회가 아니라 불만을 표출하지 못하게 억압하는 사회다. 주어진 정책에 만족하는 사람들이 "좋다"고 보는 판단을 나머지 다른 사람들에게 무력과 협박으로 강요하는 사회인 것이다. 이런 체제들은 인류의 역사에서 오랜 기간 동안 굉장히 많이 나타났지만, 결국은 불만을 억압하는 데 성공하지 못했다. 억압은 항상 더 큰 불만을 낳기 때문에 압력이 커지다가는 결국 체제가 버틸 수 있는 임계점을 지나 폭발하기 때문이다.

누차 말하지만 불만이 폭발하게 되어 있다고 하더라도 시차가 있기 때문에, 폭발하기 직전까지 버티면서 남들의 눈에서 피눈물을 뽑을 수 있는 여지는 항상 존재한다. 동료에게 10만 원이나 100만 원이나 1,000만 원 정도를 빌렸다가 안 갚아도 법에 호소하는 경우는 거의 없다는 점을 악용해서 그런 짓을 계속하는 사람이 세상에는 종종 있다. 한곳에서 그러다 평판이 나빠져서 더는 빌릴 상대가 없어지면 다른 곳으로 이주해서 또 그 같은 짓을 시작할 수 있는 것이다. 이 정도 좀도

둑 같은 짓이 설사 통하더라도 당사자의 인간성을 추락시킬 뿐이고, 주변 사람들에게 치명적인 피해를 주지는 않는다. 그러나 그런 짓이라도 액수가 수천만 원에서 억대 이상으로 넘어가기 시작하면 상대에게 큰 피해를 주게 되는데, 하물며 인민에게서 위임받은 정치권력을 악용해서 인민을 상대로 그런 짓을 하게 되면 피해 당사자뿐만 아니라 공동체 전체의 기반을 무너뜨리는 결과를 가져올 수 있다.

권력이 이런 짓을 할 수 있는 위험은 언제나 상존한다. 주권의 주체인 인민은 추상적인 집단이라서 개별적인 개인의 행동이 주권의 보호를 받을 권리가 있는지 여부가 항상 논란이 될 수 있는데, 그때 그에 관한 판단의 일차적인 주체는 역할을 위임받은 정부권력이기 때문이다. 다수 인민은 대체로 일단 정부에 권력을 위임한 다음에 어지간하면 관습적인 신뢰를 거둬들이기를 원치 않기 때문에, 그사이에 해당 당국이 악의적으로 권력을 사유화해서 착취할 여지는 언제나 폭넓게 존재할 수밖에 없다. 그렇기 때문에 개별적인 개인들이 특정한 정부 담당자들 또는 체제 자체에 반대하고 항의하는 것은 오히려 해당 정부나 체제의 건강을 위해 반드시 필요한 경보장치에 해당한다. 폭력에 의존하는 방식만 아니라면, 평화적인 집회나 시위나 출판이나 결사의 자유를 문명사회에서 모두 한결같이 신성하게 보장하는 이유가 여기 있다. 이와 같은 표현의 자유가 보장되어야 현재 유지되는 질서가 내용에서 혹시 특정 세력에게 유리하게 짜여 있더라도, 불리한 입장에 처한 사람들이 평화적인 방법, 즉 공론에 의한 호소를 통해서 변화를 추구할 수 있는 공정한 기회가 주어지기 때문이다.

그런데 표현의 자유를 보장한다고 하더라도 다시 어디가 평화적인 호소고 어디부터가 폭력적인 호소인지가 불분명하다. 일례로 우리 대법원은 2009년 5월 29일에 내린 판결에서, 경찰관의 불법한 직무집행일지라도 거기 대항해서 몸싸움을 하고 때리는 것은 유죄라고 선고했다.[84] 서울에서 개최 예정이었던 한미 FTA 반대 집회에 참석하기 위해 2007년 11월에 광주에서 버스로 출발하려던 800여 명을 경찰이 원천봉쇄한 것은 적법한 직무집행으로 보지 않으면서도, 경찰의 처사 때문에 집회의 자유는 물론이고 신체의 자유와 이동의 자유를 침해당한 사람들이 항의하느라 PVC 파이프와 돌멩이를 던지고 경찰차 유리창을 깨뜨린 것은 폭력이라고 본 것이다.

만약 경찰의 그 같은 불법한 직무집행이 사후에 조사를 받아 책임추궁이 이뤄져서 경찰관들에게 적법한 직무집행의 한계가 깊게 새겨질 수 있는 상황이라면, 시위대의 행동은 지나치다고 볼 수 있다. 하지만 한국사회는 전혀 그런 근처에도 가 있지 않다. 그렇기 때문에 시위대로서는 차후에 적법한 절차를 밟아서 경찰관들의 부당한 행위를 응징하고 교정할 수 있는 수단이 없다고 생각하리라는 것이 사회적 통념에 해당하며, 바로 그렇기 때문에 이와 같은 경우 경찰관들의 불법한 방해 때문에 시위대의 폭행이 도발되었다고 봐야 맞다. 항소심을 담당한 광주지법 제1형사부에서는 그래서 시위대의 행동을 "정당방위"로 판시한 것이다.

하지만 이것은 내 의견이고 대법원은 다르게 생각한다. 대법원에는 광주지법 제1형사부의 판단도 뒤집을 권한이 있고, 나와 같은 개인의 의견도 무시할 권한이 있다. 그러나 나는 대법원의 이 같은 판결이 잘못이라고 생각하는데, 이 특정한 판결보다도 위에 내가 적시한 사정을 애써 외면하는 대법관들의 사고방식이 더 큰 문제라고 생각한다. 다시

---

84) 「불법 직무집행 대항도 경찰관 폭행 심하면 처벌」, 〈로이슈〉, 2009. 6. 22. (http : //www.lawnb.com/lawinfo/contents…view.asp, 검색일자 2009. 6. 26.).

말해 이렇게 판결한 대법관들은 반대와 항의의 자유가 기존 사법질서의 공정성을 담보하기 위해 결정적으로 중요하다는 사실을 외면하고 있다. 그만큼 그들과 나 사이에는 공정성에 관해서 대단히 큰 견해 차이가 있는 것이다.

그런데 이 차이는 다른 문제들과 연관된다. 용산참사에 관한 재판에서 법원의 명령을 거부하고 변호인들에게 수사기록 일부의 열람을 허용하지 않는 검찰, 검찰이 법원의 명령을 거부해도 재판의 진행이 가능하다고 보는 판사들, 그런 판사들에게 핑곗거리를 제공하도록 정해져 있는 형사소송법, 삼성의 편법증여사건에 대한 법원의 무책임한 판결, 〈피디수첩〉의 광우병 보도를 기소하면서 작가의 개인적 이메일에서 "반정부 성향"을 찾아내 증거랍시고 제출하면서도 김용철 변호사가 직접 증언을 통해 폭로한 검찰과 삼성그룹의 조직적인 유착관계는 유야무야 덮는 등, 현재 대한민국의 사법제도가 거의 매일 보여주고 있는 황당한 작태들이 모두 내가 생각할 때에는 우리 사회의 법조계가 공정성에 관해 얼마나 왜곡된 관념을 가지고 있는지를 잘 보여준다고 본다.

그런데 이것은 사법제도나 법조계의 풍토에만 책임을 돌릴 일이 아니고, 주권자인 인민이 적어도 반쯤은 책임감을 느껴야 한다. 인민이 고칠 수 있는 일인데도 고칠 필요를 못 느끼고 있든지, 아니면 생각은 있어도 어떻게 고칠지를 몰라서 못하는 셈이기 때문이다. 사법제도를 구체적으로 어떻게 고칠 것인지는 수많은 법령을 개정해야 하는 아주 복잡한 작업으로서 대단히 치밀하면서도 끈질긴 노력이 필요하다. 한국 정치의식의 낡은 프레임을 고발하고 비판하는 책을 마무리하는 자리에서 그런 내용을 서술할 공간은 없다. 하지만 개혁을 위한 구체적인 항목들을 열거하고 설명할 수는 없지만, 정치의식의 차원에서 어떤 방향을 어떤 관점에서 바라봐야 할지를 대략적으로 제시할 수는 있다.

다음 장에서 내가 바람직하다고 보는 사법제도의 개혁 방향을 제시할 것이다. 그에 앞서서 여기서는 어떤 쟁점과 관련해서든지 무엇이 사실인지에 관해 공동체가 공유하는 방식으로 조각들을 재구성해서 확립하는 절차가 민주주의 정치의 개선을 위해 얼마나 중요한 것인지, 그리고 그런 목적을 위한 절차로서 사법부가 얼마나 중요한 본보기가 되어야 하는지를 논하고자 한다.

용산에서 2009년 벽두 1월 20일에 일어난 참사를 예로 들어서 살펴보자. 경찰은 ①도심 화염병 시위는 방치할 수 없는 현존하는 위험이었기 때문에 경찰의 무력진압에는 잘못이 없고, ②구체적인 화인은 못 찾았지만 농성자들이 가지고 있던 시너가 농성자들이 던진 화염병으로 말미암아 폭발한 것이고, ③농성은 생존권 때문이 아니라 전국철거민연합회의 조직적인 개입에 의한 반사회적 범죄라는 취지의 결과를 발표했다. 이에 대해 민주사회를 위한 변호사모임의 진상조사단은 ①진압 직전인 19일에 특별히 위험하다고 할 정황이 없었고, ②구체적인 화인을 특정하지 못했다면서 다섯 명을 골라서 "과실치사죄"를 묻는다는 것은 어불성설이며, ③전국철거민연합회는 개입이 아니라 연대라는 입장에서 검찰의 수사 결과를 반박했다. 1심재판부는 경찰과 검찰의 기소의견을 받아들여 농성자들에게 중형을 선고했다.

이 모든 쟁점에서 "위험", "과실치사", "개입" 등의 단어는 사실을 가리키는 단어가 아니고 주어진 사실을 평가하는 단어들이다. 같은 상황을 두고도 사람에 따라서는 "위험하다"고 볼 수 있고 그렇게 보지 않을 수도 있으며, 농성자들의 화염병에서 시너통으로 불이 붙게 된 경위에 대해서도 사람에 따라서는 그럴 수밖에 없다고 볼 수도 있겠지만 다른 가능성들에 주목할 수도 있으며, 전국철거민연합회의 활동이

"배후개입"이었는지 생존권 수호 차원의 "연대"였는지 역시 보기에 따라서 달라질 수밖에 없는 문제다. 전형적으로 두 갈래 서로 다른 가치가 충돌하는 지점으로 보이며, 따라서 이치에 의한 해결이 불가능하고 오직 힘으로만 결판이 날 것처럼 보일 수 있다.

우리 사회에서 대부분의 시민들이 이런 종류의 쟁점에서 어떤 객관적인 사실이 밝혀져서 그에 따라 공정한 재판이 내려질 수 있으리라고 기대하지 않을 것이다. 지식인들조차 이런 문제에 관해서는 이치가 작동할 수 없다고 지레 자포자기에 빠지는 경향이 짙다. 그사이에 검찰과 법원이 "법"이라는 잣대를 이용해서 전횡을 저지를 수 있는 영역이 갈수록 늘어난다. 그런데 가령 이 사건에 관한 재판이 국회에서 청문회의 형식으로 열리고, 국회에서 벌어지는 청문회가 TV를 통해서 빠짐없이 방송되며, 중요한 쟁점들에 관한 사실관계가 확인될 때까지 청문회의 시한이 정해지지 않았다고 해도 우리 사회가 이 정도 사건을 이치와 사실에 입각해서 공정하게 재판할 수 있는 능력이 없을까?

워터게이트 사건은 미국 정치사에서 오점인 것이 틀림없지만, 적어도 미국 사회가 진실을 파헤쳐서 정의를 실현할 수 있는 용기와 역량을 완전히 상실하지는 않았다는 증거로 충분하다. 바로 그 사건에서 진실을 발굴하는 과정은 TV와 신문을 통해 샅샅이 중계된 의회의 청문회에 의해서 가능할 수 있었다. 나는 2009년 용산참사의 진상이 한국 사회의 건강한 사법적 분별력을 위해서 차지하는 비중이 1974년 워터게이트 사건의 진상이 미국 사회의 건강한 사법적 분별력을 위해서 차지했던 비중에 비해 결코 덜하지 않다고 본다. 조세희의 『난장이가 쏘아올린 작은 공』을 들먹이지 않더라도, 지난 수십 년 동안 재개발 철거 과정에서 자행되었다고 이야기되는 용역의 폭력이라는 것이 실제로 있는 것인지 아니면 세입자들이 거짓말하는 것인지까지를 포함해서 국회가 시한을 정하지 않고 TV로 생중계되는 청문회를 벌여서 진상을 명백하게 찾아낸다고 가정하면, 한국 사회의 미래에 대해 가질 의의는 워터게이트의 경우가 미국 사회의 미래에 대해 가진 의의보다 훨씬 클 것이다. 한국 사회에서는 이런 종류의 사회적 쟁점이 되는 사건에 관해서 단 한 번도 명쾌한 진상을 파헤친 다음에 판정을 내린 적이 없고, 대충 파고드는 척하다가는 중도에 덮고 흐지부지 끝내버렸기 때문이다.

이명박 대통령과 한나라당이 마음속에 아무런 예단을 가지지 않고 이 청문회의 추이에 관해 이 나라의 상식인들이 판단하는 바에 따라 판결을 받아들여서 조치를 취하도록 한다면, 대한민국의 의회제도와 사법제도와 민주주의가 몇 단계 더 고양되는 획기적인 계기가 될 것이다. 물론 청문회의 진행을 통해 어떤 사실의 조각을 어떤 명제에 대한 증거로 받아들일지, 회의 진행에서 어떤 행위들이 진실을 발굴하는 데 방해가 되므로 제거되어야 할지, 더는 조사할 필요가 없거나 가능성이 없어서 그때까지 발굴된 사실에 기초해서 판결을 내려야 할 시점은 언제인지, 주어진 사실들을 기초로 판결을 내릴 때 그 절차는 어때야 할지 등등에 관한 절차적 질문들이 당연히 대두할 것이다. 따라서 그와 같은 절차적 질문들에 관해서도 사회적 공론을 통해 합의한 하나의 선례를 빚어낼 수 있게 될 것이다.

서양이나 동양이나 중세까지는 공히 중요한 재판이 궁정회의에서 이뤄졌다. 일반적인 범죄자들을 다루는 재판소들은 있었지만, 정치적으로 중요한 재판은 궁정에서 왕과 대신이 직접 처결했다. 누구를 벌 줄 것인지 말지를 다루든, 세금을 어떻게 거둘 것인지를 다루든, 외국과 전쟁할지 화평할지를 다루든, 모두 일정한 사실을 바탕으로 내리는 판단과 선택의 문제였기 때문에 정책결정이라는 점에서 동일했던 것

그림 8 2008년도 수능시험 정치 9번 문제

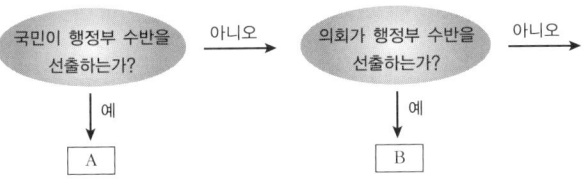

9. 그림은 전형적인 두 가지 정부 형태를 탐구하기 위한 질문이다.

　A, B 정부 형태의 특징에 대한 설명으로 옳은 것은?

　① A의 행정부 수반은 의회를 해산할 수 있다.
　② A의 의회는 각료 임명에 대한 동의를 할 수 있다.
　③ B의 의회는 행정부 수반을 탄핵할 수 있다.
　④ B의 행정부 수반은 법률안을 거부할 수 있다.
　⑤ B는 A에 비해 행정부의 독립성을 유지할 수 있다.

이다. 이 기능이 서양에서는 근대 이후에 의회로 이양되었는데, 동양에서는 그런 발전이 자생적으로는 이뤄지지 못했다. 그리고 삼권분립이라는 피상적인 문구만이 전해져서 마치 모든 재판은 반드시 재판소에서만 해야 하는 것처럼 깊은 오해에 빠져서, 1649년 영국 왕 찰스 1세에 대한 재판도, 1793년 프랑스 왕 루이 16세에 대한 재판도 의회에서 이뤄졌다는 사실의 의미를 음미하지 못한다.

　고위 공직자에 대한 의회의 탄핵이라는 제도를 헌법에 채택하고 있으면서도 그것이 의회가 인민주권의 수임기관으로서 고유하게 지니는 재판권임을 이해하지 못한 탓에, 이를테면 2008년 수능시험 정치 ⑨번 문제처럼 어처구니없을 정도로 잘못된 문제가 출제되기도 하는 실정이다. 이에 관해서는 〈프레시안〉 기고를[85] 통해 한번 언급했지만, 여기서 다시 한번 요지를 설명한다. 〈그림 8〉을 보자. 출제자의 의도는

A는 대통령제고 B는 의원내각제라는 것이다. 그리고 각료 임명에 대한 의회의 동의는 대통령제의 일이므로 ②가 정답이고, 내각제의 의회는 수상을 탄핵할 수 없으므로 ③은 정답이 될 수 없다고 봤다.

그러나 이 문제는 질문에서부터 보기에 이르기까지 영국 의회에 관해 여러 가지 오해에 기초해 있다. 둘만 간략하게 언급한다. 우선 영국 수상이 의회에서 "선출된다"고 말하려면 "선출"의 의미를 넓게 잡아야 한다. 선거일 밤 개표결과가 나오면 다수당의 당수를 국왕이 불러서 조각組閣을 의뢰하는 형식을 빌려서 임명하는 것이 사실이다. 이를 두고 "사실상" 의회가 선출한다고 말하는 것은 완전히 무방하다. 하지만 "사실상"으로 말하자면 의원내각제의 수상은 인민이 선출한다고 해도 완전히 무방하다. 의회 다수당이라는 것이 인민의 선거에 의해서 결정되기 때문이다. 이 문제가 전제로 삼고 있는 식으로 억지 구분을 고수하기로 하면, 미국 대통령도 국민이 아니라 선거인단이 선출한다고 말해야 맞는 것이다. 여기서 동원되고 있는 "국민이 선출한다"와 "의회가 선출한다"의 구분은 조잡한 정도를 한참 지나서 잘못이라고 말해야 할 지경으로 깊게 들어가 있다.

다음으로 영국 의회는 수상을 탄핵할 수 있을 뿐만 아니라 국왕을 재판해서 처형할 수도 있다. 이것이 19세기 초나 17세기에 마지막으로 실행되었다고 해서 지금은 불신임권으로 대체되었다고 본다는 것은 단지 무지한 자의 변명에 불과하다. 그런 식으로 말한다면 불신임 투표vote of no confidence도 실제로는 거의 실행되지 않기 때문이다. 내각이 중점을 두고 추진하는 법안이 의회에서 부결되면 그것을 불신임으

---

85) 이에 관해서는 「고등학생들은 대충 가르쳐도 되는가」, 〈프레시안〉, 2008. 11. 27. (http : //www.pressian.com/article/article.asp?article_num=60081127093315)을 보라.

로 간주하는 것이지, 실제로 야당이 불신임안을 내서 통과되는 경우는 거의 없다. 내각이 추진하는 정책이 마땅히 의회를 통과해야 하는데, 부결된다는 것은 곧 지난번 선거로 확인된 다수파 동맹이 사실상 무너졌다는 뜻이기 때문에 선거를 다시 해서 다수파 동맹의 소재를 다시 찾게 되는 것이다. 마찬가지로 수상이 탄핵받을 짓을 저질렀다면 실제 탄핵까지 가기 전에 물러나게 되며, 그렇기 때문에 애당초 공직자들이 탄핵받을 만한 짓을 스스로 알아서 조심할 뿐이다. 이것을 가지고 탄핵권이 없다고 말한다는 것은 근본적으로 의회가 주권을 수임한 기관임을 전혀 간파하지 못한 데서 비롯된 착오인 것이다. 더구나 실례를 가지고 말해야 한다면, 미국의 경우 하원에서 탄핵소추를 당한 사례는 몇 번 있지만 상원에서 탄핵결정을 받은 대통령은 한 명도 없다. 닉슨도 탄핵결정이 날 것으로 보이자 그 전에 미리 사임했던 것이다.

대한민국은 미국식 대통령제를 깊은 숙고도 없이 이승만의 고집에 밀려서 하루아침에 채택해버린 제헌의회의 허망한 실수 때문에, 의회라는 기관이 처음부터 지금까지 그다지 존재의 이유를 드러내지 못하고 있다. 그리하여 국회의원들은 인민주권의 대표라는 의식이 희미하고, 단지 해당 지역의 로비스트이거나 아니면 소속정당 보스의 똘마니, 그리고 물론 죽어서 비석에 새길 만한 개인적인 관직을 차지했다는 의식이 두드러져 보인다. 그러다 보니 의회가 정치사회적으로 중요한 사건에 관해 재판정의 역할을 해야 한다는 의식도 없고, 재판이 공정하게 이뤄지려면 무엇보다도 해당 사건의 진상에 관해 철저한 조사가 선행돼야 한다는 자각도 별로 뚜렷해 보이지 않는다. 관직을 둘러싼 당파싸움에만 흠뻑 젖어 있는 사고방식에 따라, 애당초 당파의 관념을 초월한 진상이라는 것이 존재한다고 믿을 능력도 없고, 의회의 진상조사 능력이야말로 정치적 이익 때문에 갈라질 수밖에 없는 사회 구성원들을 하나의 공동체로 묶을 수 있는 유일한 접착제라는 점에 시선을 집중하지도 못하는 것이다.

그러므로 한국정치의 질적 개선을 위해서 가장 먼저 논해야 할 주제는 정치적 쟁점 사항에 관해 서로 경쟁하는 세력들 사이의 경계를 관통해서 공유될 수 있는 사실, 진실, 진상 등을 찾아내는 메커니즘이다. 그리고 그런 메커니즘으로는 의회와 법원이 대표적이므로, 의회와 법원이 진실에 기초한 판단의 모범을 보여야 인민의 마음속에 체제의 공정성에 관한 신뢰가 형성될 수 있다.

제4장

사법제도 개혁의 방향

제1절 재판제도의 두 형태

현대 지구상에서 문명국가라면 사실상 모두 유럽에서 비롯된 사법제도를 도입해서 시행하고 있다. 변호사, 검사, 판사로 구성되는 재판방식, 항소제, 적법절차의 강조, 죄형법정주의, 미란다 원칙, 영장제도, 기타 등등 사법을 구성하는 수많은 원리가 서양에서 개발된 것을 도입한 결과이다. 그런데 서양의 사법제도는 영미식 보통법common law 체계와 유럽대륙식 대륙법civil law 체계로 크게 나뉜다. 우리 사법제도는 일제강점기를 통해서 성문법 체계가 근간을 이룬 후 기나긴 독재시대를 지나는 동안 사법이 권력의 하수인으로 봉사했던 관행이 법과 관련된 직업을 가진 사람들 사이에서 주도적인 문화로 자리잡은 탓에, 보통법 체계에는 별로 관심도 기울이지 않았을 뿐만 아니라 관심을 기울이더라도 그 차이가 얼마나 발본적인지를 이해하는 사람이 드물다.

보통법이라는 문구는 영국의 사법체계와 법관념을 가리키므로 영미법이라고 번역되기도 하고, 대륙법은 대륙의 사법체계와 법관념을 가리키는데, 둘 다 맥락적인 용어이기 때문에 한국어로는 어떻게 번역해도 번역어만으로 의미가 전달될 수는 없다. 중세 영국에서는 지방의 영주들이 사법권을 행사했는데, 이 때문에 지방 사이에 원칙과 적용이 크게 다르게 되었다. 이처럼 지방 사이의 차이가 소송의 주제로 등장하는 경우를 해결하기 위해서 상급심으로서 순회재판이 이뤄졌는데, 이 재판들은 지방 간에 공통되는 원칙common law을 지향했다. 그리고 더 넓은 지역에 공통되는 원칙일수록 더 높은 원칙으로 간주되었다. 당연히 이런 차원의 원칙은 기존의 법전에 문서로 적힌 것이기보다는 목전의 사례를 가능한 한 공정하게 해결하려고 노력하는 과정에서 발견되고 생성되었다. 물론 시간이 지나면서 이런 판례들 사이에서도 차이와 충돌이 나타나면서 다시 과거 판례들 중에서 공통되는 원칙을 찾아야 할 필요도 생겼다. 이것은 개별 사례에서 언제나 필요한 일일 수밖에 없기 때문에, 모든 공통적인 원칙을 문서로 정리한다는 발상 자체가 무용한 것으로 간주된다.

보통법이란 영국법의 이런 전통을 가리키는 용어로서, 미국으로 건너간 앵글로색슨 이주민들에게도 자연스럽게 이 전통이 이어졌다. 그리고 유럽대륙의 성문법 체계와 대조해서 영미법을 가리키는 대표 명칭으로 굳어졌다. 한국어로 통상 대륙법이라고 옮기는 용어는 영어로 civil law로서 문자로만 보면 시민법 정도가 되겠지만, 가장 중요한 차이는 문서로 된 법전에 사회생활의 주요 규칙을 망라해서 정한다는 발상에 있다. 바로 1804년 나폴레옹 법전이 이런 발상의 결정체結晶體로 나타났다. 앙시앵 레짐에서 교육받은 판사들을 믿을 수 없었던 계몽주의자 몽테스키외의 표어 "판사는 법의 입에 불과하다"는 관념이 구현된 결과였다.

나폴레옹은 동로마 황제 유스티니아누스의 법전편찬을 흉내 내면서, "프랑스인의 시민법전Code civil des Français"이라고 이름 붙였다. 그래서 이 법전의 내용만이 아니라 바탕을 이루는 발상의 형태까지 물려받게 되는 대륙법 체계가 civil law라고 일컬어지는 기원을 제공했다. 고대 로마인들은 자기네 법을 개명된 도시의 시민이라는 취지에서 시민법civil law이라고 불렀다. 로마법의 내용은 대륙법에 전해진 만큼이나 영미법에도 전해졌다. 단, 법전에 기본원칙을 정하고 판사들은 그대로 따르면 된다는 발상은 로마법과 상관없이 근대 계몽주의의 야심과 오만섞인 자부심을 반영하는 것으로, 대륙법적 사고의 특징이라고 할 수 있다.

보통법과 대륙법의 차이는 여기서 본격적으로 다룰 수 있는 주제가 아니다. 단, 재판제도의 차이를 논의하기 위해 필요한 배경만을 제시한 것이다. 보통법 체계의 재판은 당사자주의(adversarial system, 또는 accusatorial system)라고 하고, 대륙법 체계의 재판은 직권주의inquisitorial system라고 한다. 한국에서 법률을 전공한 사람들 가운데 대륙법 체계의 법관념에 깊이 빠진 이들은 흔히 당사자주의를 민사재판의 원리로 보고 직권주의를 형사재판의 원리로 보는 정도로 구분하는데, 사법의 한국적인 관행을 이렇게 구분할 수는 있겠지만, 한국 민사재판의 당사자주의가 보통법의 당사자주의와 같은 것은 아니다. 이에 관해서는 다음 절에서 논의하기로 하고, 여기서는 일단 차이가 더욱 현저하게 나타나는 형사재판의 방식만을 살펴본다.

모든 재판은 두 가지 판단, 사실에 관한 판단과 법률에 관한 판단으로 이뤄진다. 보통법에서는 사실에 관한 판단을 "공동체의 동료 구성원들peers"인 배심원단에게 맡기고 판사는 법률적인 판단만을 담당한다. 사실에 관한 판단이란 어떤 일이 구체적으로 어떻게 일어났는지에 관한 확인만이 아니라, 그 일이 "살인"인지 "과실치사"인지 "절도"인

표 13 당사자주의(보통법) 재판과 직권주의(대륙법) 재판의 차이

	직권주의	당사자주의
사실이란?	중립적이고 객관적인 전문가가 찾아내야 한다.	이해당사자들이 자신을 방어하기 위해 다투는 과정에서 사실이 드러난다.
판결	판사가 유무죄와 형량을 함께 결정	배심원단이 법정공방을 보고 유무죄를 평결, 판사는 형량을 결정
재판의 기점	검사의 기소	수사 시작과 동시에 재판과정 시작
변호인의 조력	주로 기소 이후 법정공방에 국한	수사에서부터 판결 때까지
판사의 역할	실체적 진실의 발견자	진실 발굴 과정의 절차적 심판자
경찰과 검찰	중립적·우월적 국가의 대변자	실체적 진실에 관해 피고와 다투는 한쪽 당사자
증거	수사기관의 신문조서만으로 증거인정	공판정에서 직접 행하는 증언과 직접 제출하는 물증만이 증거

지 "권리침해"인지 "정당방위"인지 "도발행위"인지 등을 판단하는 것이다. 모든 형사사건에서 이것은 유죄와 무죄를 가르는 결정적인 판단인데, 이것을 곧 공동체 구성원들의 상식에 따라 가늠하겠다는 얘기다. 전통적으로 배심원단은 통상 12명으로 구성되고 평결은 만장일치로만 가능하다. 충분한 시간을 두고 토론한 후에도 유죄 또는 무죄로 만장일치가 끝내 이뤄지지 않는다면 재판은 무효가 되고 원고 측은 다시 소송을 시작할 수 있다. 오스트레일리아에서는 부분적으로 10 대 2 정도의 다수 평결을 허용하기도 하지만, 그러기 위해서는 최소 여섯 시간 이상의 토론을 거치도록 하는 엄격한 요건이 있다.

보통법에서 형사재판은 경찰과 검찰이 어떤 피고에게 건 혐의가 사실인지를 법정에서 다투는 방식으로 이뤄진다. 검사가 기소한 내용을 피고가 인정한다면 재판은 배심원이 필요 없이 단순히 판사가 형을 선

고하는 것으로 끝난다. 피고가 기소 내용을 인정하지 않는다면 배심 공판이 열리고, 공판정에서는 검사의 주장에 맞서서 피고가 자신을 변호하는 방식의 논쟁이 벌어진다. 그 논쟁을 배심원들이 지켜본 다음 어느 편이 상식에 더 부합한지를 결정해서 평결評決, verdict이 내려진다. 이 과정에서 판사는 실체적 진실을 밝혀낸다는 목적에 비춰서 공정한 심판의 역할을 수행한다. 다시 말해 진실의 내용을 구성할 요소들은 양쪽 당사자들이 서로 자기에게 유리한 부분을 제시하면서 동시에 상대의 허점을 공박하는 와중에 드러나도록 하고, 이런 잡다한 요소들을 절차적 공정성을 통해서 여과함으로써 인간적으로 상식의 한도 안에서 가능한 끝까지 진실을 찾아내는 데에 초점이 맞춰지는 것이다.

절차적 공정성이란 공판정의 공방에만 적용되는 것이 아니라 수사 과정에도 똑같이 적용된다. 그러므로 영장 없는 체포, 수색, 압류는 모두 절차적 공정성을 위배했기 때문에 인정될 수 없을 뿐만 아니라, 그렇게 수집된 자료들은 애당초 증거로서 인정되지 않는다. "해서는 안 된다"는 훈시에 그치는 것이 아니라, 증거능력을 아예 배제함으로써 수사관들로 하여금 절차적 공정성을 무시할 유혹에 빠지지 않도록 여건을 조성하는 것이다. 용산참사와 관련해서 우리 경찰 및 검찰뿐만 아니라 법원이 보여주는 행태를 보면 아주 좋은 대조가 나타난다.

용산참사에 관한 쟁점의 핵심은 사람들이 왜 죽었는지, 불이 왜 났는지, 경찰이 그런 방식으로밖에는 진압할 방법이 없었는지 등이다. 그런데 검찰은 화인을 특정하지도 못한 상태에서 농성자 가운데 몇 명을 대충 지목해 과실치사 혐의로 기소했다. 일단 정황상으로 농성자들이 가지고 있던 화염병에서 불이 시너로 옮겨붙었을 개연성이 없지는 않기 때문에, 검찰로서 그렇게 주장할 수는 있을 것이다. 또 2009년 1월 20일 새벽에 현장에서 무슨 일이 있었는지 직접 보지 못한 검사나 판사, 그리고 공동체의 이웃들로서는 증언과 물증을 수집하고 여과한다고 하는 간접적인 방식으로 실체적 진실을 재구성할 도리밖에 없다. 따라서 어떤 경우 불확실성이 남더라도 그럴듯한 다른 시나리오가 없다면 엉성한 상태에서나마 사실을 확정할 수밖에 없다. 그래야 판결이 가능하기 때문이다.

그런데 이때 언제가 그때인지, 다시 말해 개인들을 범죄자로 판정할 때 어느 정도로 엉성한 불확실성을 용인하고 넘어갈 것인지를 누가 결정할 것인가? 직권주의에서는 그것을 판사가 일방적으로 결정하는 데 반해, 당사자주의에서는 피고에게 "합당한 의혹"을 제기할 여지가 남지 않을 때까지 반론의 기회를 준다는 점이 핵심적인 차이다. 우리나라의 법률전문가들 가운데는 "일방적으로"라는 말에 기분이 나빠질 사람이 없지 않을 것이지만, 예컨대 석궁 교수 사건에서 피해자가 증거로 제시한 옷에 묻은 피가 피해자의 것이 맞는지 검증하자는 변호인의 요구도 판사가 받아들이지 않으면 그만인 것이 한국의 현실이다.[86]

잠깐 보통법 체계에서 대단히 중요한 절차적 원리를 담고 있는 용어 몇 가지를 살펴볼 필요가 있다. 우선 고발, 고소, 공소 등 혐의를 거는 데에는 "합당한 의혹reasonable doubt"이 있는 수준이면 족하다. 용산참사에서 농성자들의 화염병 때문에 불이 났을지도 모른다고 생각하는 것은 상식의 범위 안에서 합당한 의혹으로서 전혀 잘못이 아니다. 그러나 의혹으로서 합당하다는 말은 그것이 그대로 사실이라는 뜻은 아니다. 상대의 범죄를 확정하기 위해서는 의혹만으로 부족하고, 상대의 입장에서 보더라도 "합당한 의혹의 여지가 없는beyond reasonable doubt"

---

86) 이에 관해서는 「대한민국 사법부를 향해 석궁을 쏘다」, 〈오마이뉴스〉, 2009. 6. 27. (http : //www.ohmynews.com/nws_web/view/at_pg.aspx?CNTN_CD=A0001165620#none, 검색일자 2009. 7. 1.)을 보라.

수준까지 기소한 측에서 자신의 입장을 증명해야 한다. 범죄사실에 관한 "입증책임burden of proof"이 검사에게 돌아가는 것이다. 이때 변호인 측에서는 실제로 일어난 일에 관해 검사가 제시한 설명과 다른 설명을 나름대로 증거를 갖춰서 제시해도 되지만, 그래야 할 필요는 없다. 변호인 측에서는 검사가 주장하는 내용에 대해 합당한 의혹을 제기하는 것만으로 무죄평결을 받기에 충분한 것이 보통이다.

용산참사의 예에서 나는 경찰이 왜 시신을 서둘러 부검했는지에 관한 의문을 떨칠 수 없다. 보도를 보니 대답이라는 것이 고작 "신원확인을 위해서"였다는데, 그 대답은 나를 더욱더 큰 의심으로 이끌 뿐이다. 내가 아는 한, 신원확인을 위해서는 지문, 치아, 혈액형, 또는 DNA 등이 필요할 뿐이지 사체를 해부할 필요도 없고, 해부한다고 신원이 더 잘 확인될 까닭도 없기 때문이다. 그렇기 때문에 "신원확인을 위해서 부검이 서둘러 이뤄졌다"는 해명이 불러일으키는 의혹은 합당한 정도를 넘어서 필연적인 의혹에 가깝다고 할 수 있다. 의심할 수도 있다는 정도가 아니라 의심하지 않으면 이상한 정도라는 뜻이다. 이 의혹을 제기하기 위해서 내가 부검이 왜 이뤄졌는지에 관한 정답을 가지고 있어야 하는 것은 아니다. 이 의혹은 단지 실체적 진실을 파헤치려면 어디를 파고들어야 할지를 보여주는 한 가지 실마리일 뿐이다.

용산참사에 관한 재판이 영국이나 미국에서 벌어진다면 어떻게 될지 역시 단정할 수는 없다. 배심원단이 어떻게 생각할지는 배심원단을 실제로 구성해서 물어보기 전에는 알 수 없는 일이기 때문이다. 그러나 내가 이해하는 한도에서라면, 화인을 특정하지 못하면서 농성자 가운데 몇 사람에게 발화책임을 묻는다는 것은 자체로 어불성설이므로 공소유지가 어려울 것이다. 더구나 경찰의 진압이 무리였는지를 가리기 위해서는 당시 출동한 경찰관들과 경찰조직 내부사정에 대한 조사가 필수적이며, 이것은 변호인 측에 유리할 수 있는 요소들이기 때문에, 이에 관한 수사기록은 당연히 변호인 측에 공개하는 것이 공정성을 위해 필수적이다. 사망자들이 숨진 다음에 화재지점으로 옮겨졌을지도 모른다는 의혹 역시 현 단계에서는 합당한 의혹이기 때문이다. 담당 판사도 처음에는 그래서 수사기록 열람을 허용하라고 검찰에게 명령했다. 그런데 검찰은 법원의 명령을 거부했다. 보통법 체계에서라면 절차적 공정성을 정면으로 무시하는 행위이므로 공소가 즉시 기각될 일일 뿐만 아니라, 법원의 명령을 거부한다는 것은 바로 사법절차방해obstruction of justice에 해당하는 범죄행위다. 실체적 진실의 발견을 방해하는 짓이야말로 사법질서의 뿌리를 갉아먹는 행위이기 때문이다.

검찰은 문제의 그 수사기록들을 은폐하는 까닭이 피고인들에게 유리할 수 있기 때문이 아니라 재판과 상관없기 때문이라고 하지만, 보통법 체계에서라면 피고인들에게 유리한지 여부 및 재판과 상관있는지 여부는 검찰이 판단하는 것이 아니라 법정에서 배심원단이 최종적으로 판단할 사안이다. 따라서 그것을 은폐한다는 것은 결정권을 가진 배심원단에게 검사가 원하는 정보만을 편파적으로 보여주겠다는 사악한 심보가 되는 것이며, 나아가 법정에서 실체적 진실을 밝힘으로써 사회적 갈등을 치유한다는 정의의 원리를 배신하는 셈이 되는 것이다. 닉슨에 대한 탄핵소추에서 첫 번째 혐의가 사법절차방해였을 정도로, 이것은 본안사건의 경중과 전혀 상관없이 공무원들에게는 중대하기 짝이 없는 배임행위가 된다. 사법을 통해 정의를 실현하라는 임무에 따라서 권력을 위임받은 자들이 그 권력을 악용해서 도리어 정의의 실현을 방해한다는 것은 그 이상 악질적일 수 없을 정도로 악질적인 범죄로 간주되기 때문이다.

대한민국에서도 소위 국민참여재판이라는 이름으로 배심재판제도의 그림자가 조금은 도입되었다. 나름대로 뜻있는 사람들 중에 이 제도를 확대하고 나아가 배심원단의 권고를 재판부가 받아들이는 비율을 높여야 한다고 역설하는 데에 나는 공감한다. 그러나 동시에 단순한 배심재판의 겉모습만이 아니라, 재판을 통해 실체적 진실을 확인하는 작업에서 진실이라는 것을 보통법에서 어떻게 보는지, 그리고 그 사고방식이 현재 우리와 같은 직권주의 방식과 얼마나 발본적으로 다른지를 강조할 필요가 있다. 다시 말해, 최근 이명박 치하에서 검찰이 권력의 사냥개 노릇으로 돌아가는 조짐 때문에 "검찰 중립성"에 관한 문제의식이 높아지고 있지만, 나는 이 문제를 중립성 따위 엉성하고 무표정한 구호를 부르짖어서 해결할 수 있다고 보지 않는다.

국가의 권력작용은 언제나 일부의 편을 들고 일부를 배제할 수밖에 없다. 특히 형벌권이란 처벌을 받는 사람에게 절대로 중립적일 수 없다. 이 주제는 제3절에서 이 장의 논의를 정리하면서 다시 논할 것이다. 다만 실체적 진실을 발견하는 과정만은, 이 역시 중립적일 수는 없지만 공정을 기할 수는 있다. 여기서도 공정성의 보편타당한 기준을 추상적으로 찾아내어 표준화하고자 하면 다시 이야기가 뱅뱅 돌다가 허공으로 증발해버린다. 실체적 진실을 둘러싼 다툼에서 공정성을 실현할 수 있는 간단하고 핵심적인 요건은 혐의를 씌우는 편에 대해 피고더러 반박하도록 기회를 충분히 허용하는 데에 있다. 이를 위해서는 사법제도 전반에 관해서, 그리고 특히 증거의 논리학에 관해서 시민들이 관심을 기울여야 한다. 절을 바꿔서 증거의 논리학을 살펴보자.

제2절 증거의 논리학

모든 재판은 과거에 일어난 일에 관해서 그 일의 진상에 직접 접하지 못한 사람들이 물증과 증언을 종합해서 사실을 재구성하는 방식으로 진행한다. 직업이 판사, 검사, 변호사인 사람이 우연히 사건현장에 있었을 수는 있겠지만, 보통법 체계에서 그런 개인적인 경험이 법정의 판결에 어떤 영향을 미치려면 우선 증언대에 올라 증언을 해야 하고, 그렇다고 하더라도 어디까지나 증언의 한 조각으로 취급받을 뿐이다. 물론 내용상으로 호소력이 있다면 그만큼 영향력을 행사하는 것은 모든 증언이 다 마찬가지다.

다음으로 주목할 점은, 보통법 체계에서는 특별한 전문가가 아닌 보통사람들이 실체적 진실에 관한 판정을 내린다는 사실이다. 배심원은 유권자 명단이나 운전면허소지자 명단과 같은 정상적인 시민의 집합에서 무작위로 추출되는 것이 보통인데, 정치인, 경찰, 사법부, 소방관, 의사 등과 같은 직업에 속한 사람들은 직업영역이 재판내용과 직접 관련되기 때문에 배제된다. 또 검사 측과 변호인 측에서 특정 배심원 후보를 기피할 수도 있다. 어쨌든 배심원 선임과정에는 일정한 여과장치가 있지만, 보통사람들이 배심원을 맡는다는 사실은 전혀 변하지 않는다.

제3자의 입장인 보통사람들이 재판에서 실체적 진실에 관해 판정을 내리는 관행이 영국, 미국, 캐나다, 오스트레일리아, 뉴질랜드 등등 보통법 체계의 나라에 정착되어 있다는 사실은 한국사회의 사법현실에 대단히 심중한 의미를 가진다. 우리 사회에서는 사법의 영역은 법률전문가들이 독점하는 분야로 치부해서 일반 시민들은 마치 발언할 자격이 없다는 듯한 분위기가, 과거에 비해서는 옅어졌다고 하겠지만, 아직도 몹시 무겁고 두껍게 덮고 있기 때문이다. 한국문단에서 2008년에 있었던 표절 논란 하나를 예로 들어서 논의를 진행해보자.

조경란이 장편 『혀』를 2007년 출간하자, 〈동아일보〉 신춘문예 소설부문에 응모했다 낙방한 주이란이 조경란을 표절혐의로 저작권위원회에 고소했다. 자기가 2006년 말에 완성해서 동아일보사에 보낸 단편 『혀』와 모티브가 너무나 비슷한데, 조경란이 신춘문예 예심 심사위원이었다는 정황을 보면, 심사위원으로서 그 작품을 읽고 나서 장편으로 확대재생산한 것 같다는 의혹을 제기한 것이다. 저작권분쟁조정위원회에서는 조정을 시도하느라 조경란을 불렀지만 조경란이 응하지 않자, 아무 일도 하지 않고 석 달 동안 세월만 보내다가 "조정결렬"을 판정했다. 이 일에 관해서는 저작권분쟁조정위원회만이 아니라 한국의 지식인사회, 문단, 출판계 등에서도 소극적인 대응으로 일관했다. 나아가 지식인들 중에서 이 문제에 관해 공개적으로 입장을 밝힌 사람은 홍세화를 비롯해서 손꼽을 정도에 불과하다. 주이란의 남편 김태환이 2008년 11월 7일 세계출판인 포럼 – 동아시아 출판인회의 서울대회가 열리고 있던 세종호텔에서 1인시위를 벌이자, 현장에 있던 강맑실 한국출판인회의 부회장은 "조만간 실행위원회를 소집해 이 문제에 관한 입장을 발표하겠다"고 말했다는데,[87] 그 후 어떤 입장이 발표되었는지는 들어보지 못했다.

주이란이 제기한 의혹을 말이 아예 되지 않는다고 볼 사람은 거의 없을 것이다. 주이란의 『혀』와 조경란의 『혀』는 문장이 송두리째 겹치는 대목은 없지만, 맛보고 사랑하고 거짓말하다가 잘려서 요리되는 혀

---

87) 「한국출판인회의, "'혀' 표절 공방 입장 발표하겠다"」, 〈프레시안〉 2009. 11. 7. (http://www.pressian.com/article/article.asp?article_num=60081107164443, 검색일자 2009. 7. 2.).

라고 하는 모티브가 완벽하게 일치한다. 물론 이런 문제는 언제나 우연의 일치에 불과할 수 있다. 즉, 주이란의 작품과 아무 상관 없이 조경란이 독자적으로 똑같은 모티브를 구상했을 가능성도 없지는 않다. 문장이 겹친다면 표절 여부를 가늠하기가 비교적 쉽지만, 아이디어가 비슷한 경우는 훨씬 까다롭다. 우리 사회의 지식인들과 일반 시민들이 이 문제에 대해 소극적인 태도를 보인 까닭은 일단 이런 문제는 잠시 불거졌다가 흐지부지 끝난다는 문화적 전통에 너무나 익숙하게 길들여져 있다는 사실이 가장 큰 것이 분명하다. 그러나 그 뿌리에는 문외한인 자기가 끼어들어봤자 도움 될 일이 없다는 무력감이 작용하는 것도 분명하다. 이 때문에 뭔가 문제가 있는 것 같다고 보면서도, 끼어들었다가 망신이나 당할까 봐 신중한 구경꾼의 역할로 만족하는 것이다.

그러나 이런 종류의 논쟁을 줄기차게 덮기만 하는 사회는 진실이나 정의에 대해 지독하게 무감각한 사회다. 이 문제가 사소해서 덮어도 좋다고 보는 사람이라면, 과연 우리 사회에서 중대한 문제에 관해서는 진실이 밝혀져서 여한 없는 정의가 실현된 적이 한 번이라도 있었는지 자문해보기 바란다. 진실이란 언제나 잘못한 편, 거짓말한 편에게 대단히 성가신 사항이므로, 그들은 가능하기만 하다면 잘못과 거짓말을 은폐하기 위해 악착같이 버티는 게 인지상정이다. 우리 사회처럼 이런 관행이 아주 뿌리를 깊게 내린 곳에서는 폭력적인 저항까지도 예상하고 대비할 필요가 있다. 그러므로 신중한 구경꾼들에게는 더더욱 진상을 캐내는 일이 부담스러운 일이 된다. 악인들에게 표적이 되어 보복을 당할지 모르기 때문이다. 그렇지만 다수 시민이 진상에 대해서 신중한 구경꾼 노릇에 만족하는 한 이런 관행은 절대로 고쳐지지 않고, 따라서 권력은 사악한 자들의 사유물로 전락하고 그런 권력을 등에 업은 악인들이 설치는 세상은 바뀔 수 없다. 삼성의 검찰에 대한 떡값의혹을 밝히는 일에 비하면, 조경란의 표절 의혹을 밝히는 일은 공동체에 부담이 훨씬 가벼운 일이다. 그러므로 이런 사소한 일일수록 양식 있는 시민이라면 구경꾼 노릇에 만족하지 말고 적극적인 의견을 개진해야 하는 것이다.

제3자가 전문가도 아니면서 이런 일에 무슨 의견을 개진할 수 있을까? 이것은 정확히 보통법 체계에서 제3자이며 전문가가 아닌 사람들이 배심원으로 실체적 진실에 관한 판관 노릇을 할 수 있는 이치와 똑같다. 배심원이란 번역어에서부터 오해로 말미암아 보좌할 배陪 자가 들어가서 마치 들러리 정도의 인상을 풍기기 쉽게 되어 있지만, 앞 절에서 밝힌 바와 같이 보통법 체계에서 사실심리에 관한 재판관이 곧 배심원단임을 다시 한번 강조한다. 어떻게 전문가도 아닌 제3자가 사실심리를 재판할 수 있을까? 증거의 논리학은 상식에 입각한 것으로서 일반인 누구든지 평소에 가지고 있는 공정성의 감각만을 상기한다면 쉽게 익힐 수 있기 때문이다.

일반적으로 B가 아이디어 면에서 A의 영향을 받았다고 말할 수 있으려면 네 가지 요건이 필요하다. ①두 사람의 아이디어가 비슷해야 한다. ②A가 B보다 먼저 문제의 아이디어를 형상화했어야 한다. ③B가 A의 아이디어에 접했을 개연성이 있어야 한다. ④이 아이디어가 워낙 독특해서 B가 홀로 창안해냈거나 A 이외의 원천으로부터 영감을 받았을 가능성이 현실적으로 충분히 낮아야 한다. 이 네 가지 요건은 모두가 문학이나 법률에 관한 전문지식이 전혀 필요 없이 판단이 가능한 사항들이다. 주이란(A) 대 조경란(B) 사건에서 ①과 ②는 의문의 여지 없이 명백하다. ③은 객관적인 개연성은 충분하지만, 조경란 자신은 그 작품을 읽은 기억이 없다는 주장을 장외에서 흘렸다. ④에 관해서는 전세계 소설의 역사에서 이런 모티브를 사용한 작품이 전에 있었는지 나는 모르지만(나도 문학사 전문가는 아니다), 전례가 있는지 전공자들에게 문의해서 확인할 수 있다.

나는 2008년 말에 〈프레시안〉에 기고한 글에서 이 문제에 관한 진상을 파고들어갈 수 있는 유일하고도 대단히 효율적인 길을 알린 바 있다.[88] 표절한 것이 아니라면, 즉 맛보고 사랑하고 거짓말하다가 잘려서 요리되는 혀라는 모티브가 10년 전부터 구상한 자신의 창안이라면, 왜 지난 10년 사이에 집필을 못하고 있던 작품을 공교롭게도 주이란의 단편을 읽어볼 수도 있었던 기회를 가진 다음인 2007년의 몇 달 동안에 그렇게 신속하게 써내려갈 수 있었는지를 일인칭 경험자의 생생한 육성으로 증언하면 된다는 제안이었다. 그 증언을 듣고 주이란 측에서 본인 또는 대리인이 반문을 제기하면 조경란이 답하는 식으로 몇 회만 주고받는다면, 누가 억지를 쓰고 있는지, 또는 누가 거짓말을 하고 있는지가 상당한 정도까지 밝혀질 것이라는 얘기였다. 나는 지금도 이 점에 관해서는 전혀 흔들림 없는 확신을 가지고 있다.

제3자인 비전문가들이 이런 종류의 일에서 누구의 말이 더 사실에 부합할지를 판단하기 위해서는 증거의 논리학에 관해 아주 기본적인 소양만 갖추면 충분하고도 남는다. 그것은 누구에게 불확실성의 혜택 benefit of the doubt을 부여하고 누구에게 입증책임 burden of proof을 부과할 것이냐는 갈림의 판단이다. 불확실성의 혜택이란 그럴지도 모르고 안 그럴지도 모르는 일에 관해서 상대에게 유리한 방향으로 생각해주는 것을 가리킨다. 반대로 상대에게 불확실성의 혜택을 허용하지 않는다면, 곧 그에게 나름대로 근거를 제시하라고 입증책임을 요구하는 셈이

---

88) 「조경란이 저작권위원회에 출석해야 하는 이유」, 〈프레시안〉 2008. 11. 24.(http : // www.pressian.com/article/article.asp?article_num=60081124120020).

된다. 물론 입증책임이란 단번에 모든 의문의 여지를 다 없애야 한다는 것이 아니고, 서로 주장과 반박을 주고받는 과정에서 상대의 주장을 부인하려면 부인할 수 있는 근거를 제시해야 한다는 뜻이 된다.

주이란은 단순히 표절 의혹만을 주장한 것이 아니라, 모티브의 유사성, 조경란의 심사위원 경력, 그리고 조경란의 『혀』가 출판된 시점의 공교로움 등이라고 하는 근거를 제시했다. 이것은 의혹을 합당한 것으로 만들기에는 충분하지만, 표절을 확정하기에는 충분하지 않다. 그런데 이 일에 관해 주이란의 입장에서는 더 내놓을 만한 증거가 있기 어렵다. 왜냐하면 조경란이 표절하지 않고 어떻게 유사한 모티브를 구상할 수 있었는지를 주이란이 알아내기는 사실상 불가능하기 때문이다. 반면에 조경란은 표절을 했다면 그 점을 분명하게 밝힐 수 있는 입장이고, 표절을 안 했더라도 자신이 어떻게 그 작품을 구상해서 집필하게 되었는지, 그 과정에 어떤 기쁨을 느꼈고 어떤 심리적인 카타르시스를 경험했는지 등을 생생하게 말할 수 있는 사연이 거의 무한정으로 있을 것이다. 이런 사연이 없이 그냥 구상이 떠올라 아무런 내적 감흥이나 굴곡이 없이 기계적으로 원고를 써내려갔을 뿐이라고 한다면 글쓰기의 상식에서 아주 멀리 벗어나는 예외가 될 것이다.

물론 아무 감흥이 없이 기계적으로 작품을 쓴다는 것이 불가능하다는 과학적인 증거는 없다. 상식적인 차원에서 글쓰는 사람들의 심리상태를 감안할 때 대단히 예외적인 것은 틀림없다. 따라서 만약 조경란이 이런 식으로 집필과정을 말했다면, 판단해야 하는 입장에서는 불확실성의 혜택을 줄지 말지를 가늠하면 된다. 즉, 그런 식으로 소설 한 편이 나올 수도 있겠다는 편으로 혜택을 준다면 표절이 아니라는 쪽에 한 표를 주는 것이고, 그런 예외는 현실적이기 어렵다고 본다면 그 증언이 거짓이므로 표절이라는 쪽에 한 표를 주면 되는 것이다.

민사재판이든 형사재판이든 직권주의를 채택하더라도 결국은 어느 정도의 불확실성을 감수하고 어느 편에 혜택을 줄지를 가늠하는 형태로 판결이 내려진다. 삼성에버랜드가 발행한 신주인수권부 전환사채를 주주들이 대거 권리를 포기하는 바람에 이재용이 챙겨갈 수 있었다고 할 때에도, 그런 일이 사전 내통이나 묵계나 압력이 없이도 있을 수 있다고 보면 비리가 아닌 것이고 그럴 수 없다고 보면 비리가 되는 것이다. 위에서 지적했듯이 모든 재판에서 사실심리는 사건 현장에 없었던 사람들이 물증과 증언만으로 사건의 실체적 진상을 재구성하는 과정이다. 당연히 불확실성이 게재할 수밖에 없다. 그러므로 직권주의를 택하든 당사자주의를 택하든, 불확실성을 어떤 식으로 배분할 것이냐는 문제가 결정적인 관건이 되는 것이며, 이때 어느 편에게 불확실성의 혜택을 허용하고 어느 편에게 입증책임을 요구할 것이냐는 판단은 법률에 정해진 일이 아니고 주어진 맥락에서 어떤 선택이 더 공정한지를 분별하는 상식에 의해 가늠될 일이다.

상식이라는 것은 사실 사람마다 다를 수 있다. 그렇기 때문에 이런 분별은 권력에 일임하기보다는 공론의 영역에서 다뤄져야 사법제도와 공동체 구성원들의 실생활이 일치할 수 있게 된다. 불확실성의 배분을 권력에 일임하게 되면 결국 권력이 이현령비현령으로 전횡을 부릴 여지를 활짝 열어주게 된다. 노무현이 합법적인 범위 안에서 열린우리당을 돕고 싶다고 한 말을 "공무원의 선거중립의무 위반"이라고 본 선거관리위원회가, 지방선거 1년 전부터 자치단체가 법령이나 조례에 의해서 금품을 수여할 수 있는 경우라고 할지라도 단체장이 직접 그 자리에 참여해서는 안 된다는 조항을 명시적으로 위반한 오세훈 서울시장에 대해서는 너무나 너그럽게 지나가는 일이 그래서 가능해지는 것이다. 박연차의 일방적인 진술을 증거로 먼지털기식 수사에 나선 경우는 박연차의 진술에 불확실성의 혜택을 전면적으로 부여하면서 고 노무현 대통령에게는 스스로 무죄를 입증하라고 요구한 셈이다. 반면에 김용철 변호사의 폭로를 무시해버리고, 노회찬 전 의원에 대해서는 오히려 명예훼손으로 기소해서 유죄를 선고[89]한 삼성 떡값의혹 사건의 경우는 삼성과 검찰 측에게 불확실성의 혜택을 전면적으로 부여하면서, 의혹을 제기한 측에게 입증책임을 강요한 꼴이 된다.

서울광장이나 청계광장의 집회를 "위험하다"는 이유로 금지하는 것도 똑같다. 아무도 거기 모이지 않는 것에 비하면 집회로 말미암아 모종의 위험이 초래될지도 모르는 것까지는 틀림없이 맞는 말이다. 하지만 그렇다고 한다면 마찬가지로 평화시위로 끝날지도 모르는 것 역시 틀림없이 맞는 말이다. 그러므로 이런 일을 금지하는 경찰의 처사가 가당한지는 단순히 "위험할 수 있다"는 판단에만 의존할 일이 아니라, "위험할 수 있는" 정도와 "위험하지 않을 수 있는" 정도 사이에서 저울질을 거친 다음에 내려져야 마땅하다. 이 저울질은 경찰이 제멋대로 할 수 있는 일이 아니고, 오로지 공동체를 구성하는 보통사람들만이 할 수 있는 일이다. 왜냐하면 공동체의 시민들이야말로 유사시 위험을 감당해야 할 주체들이며, 동시에 자기들이 어느 정도의 위험까지 기꺼이 감수할 수 있는지를 판단하는 주체이기 때문이다.

보통법 체계에서 당사자주의 재판이란 법원이 아무 일도 하지 않고 당사자들끼리 알아서 끝내라는 방식이 아니다. 민사사건이든 형사사건이든 분쟁이 발생했을 때 재판소는 분쟁의 주제를 구성하는 사항에 관해 실체적 진실을 찾아내는 역할(finder of the fact, 또는 trier of the

---

89) 항소심 재판부는 노회찬 전 의원에게 무죄를 선고했다. 본문 내용은 1심 재판을 두고 하는 말이다.

fact)을 맡게 된다. 그런데 판사가 실제 탐정의 직무를 수행하는 것이 아니라, 증거의 논리학에 따라서 어느 쪽이 말해야 할 순서고, 어떤 말을 해야 자신의 입장을 지탱하게 되는지를 정리해서 배심원들에게 알려주는 심판의 역을 담당한다. 그리고 최종적으로 누구에게 불확실성의 혜택을 줄 것인지는 배심원단이 결정하게 된다.

반면에 위에서 논의한 조경란 표절의혹 사건에서 저작권위원회는 실체적 진실을 찾아내는 임무 자체를 포기함으로써, 조경란이 주이란의 문제제기를 일방적으로 묵살할 수 있도록 길을 열어줬다. 나는 주이란이 조정결렬 이후 정식재판을 청구해서 법정투쟁을 계속하기를 바랐지만, 그가 그렇게 하지 않은 것 역시 충분히 이해가 된다. 저작권위원회는 자기들이 법정과 같은 소환권이 없다는 핑계로 직무를 포기했는데, 그것은 사실 법정으로 가봤자 별수없다는 강력한 메시지를 주이란에게 보낸 것과 같기 때문이다. 한국의 민사사건에서 당사자주의란 담당판사가 실체적 진실을 찾아내는 역할을 적극적으로 챙겨서 수행하려고 하지 않는 한, 결국 시간과의 싸움이 되고 만다. 이 세상 누구도 시간과 싸워서는 승산이 전혀 없다. 한국의 법원은 당사자 중 한쪽에게 시간과 싸우기를 강요하면서 시치미를 떼는 경우가 너무 많다. 유전무죄, 무전유죄라는 불평의 근원이 바로 여기에 있는 것이다.

그러므로 이런 악순환을 끊기 위해서는 보통법 체계의 재판제도를 껍데기만이 아니라 가장 핵심적인 발상의 프레임에서부터 도입해야 할 필요가 있다. 토크빌은 『미국의 민주주의』(제1권 제16장)에서 배심재판이 인민주권을 위한 중요한 장치 가운데 하나라고 하면서, 인민을 교육하는 효과가 있다고 보았다. 위에서 논의했듯이 보통법의 재판과정은 법의 본질이라는 것이 결국 불확실성의 배분에 관해 공동체 구성원 개개인이 가진 분별력에서 나올 수밖에 없다는 사실을 명백하게 드러냄으로써, 사회평화는 시민 각자가 건강한 판단과 그에 따른 행동으로써 조성하고 지킬 일임을 주지시킨다. 이래야 법이라는 것이 전횡의 도구가 아니고 개인들의 삶을 지켜주는 보호막이 될 수 있는 것이다.

제3절 **법치주의와 민주주의**

사회생활에는 도처에서 결정과 판단이 필요하고 행해진다. 개인 차원, 조직이나 단체 차원, 그리고 민족공동체의 차원, 나아가 인류공동체의 차원에서도 결정과 판단이 이뤄진다. 이 모든 차원의 결정과 판단은 곧 일종의 재판과 같다. 일정한 사실을 토대로 무엇을 어떻게 해야 할 것인지를 결단하는 일이라는 점에서 닮은꼴이다.

그런데 민족공동체, 즉 국가가 내리는 결정은 개인이나 단체나 국제사회 차원의 결정과는 뭔가 질적으로 다른 점이 있는 것같이 보인다. 흔히 강제력이 있다는 점에서 그렇다고들 말한다. 국가의 명령에 불복하면 경찰이나 군대처럼 조직된 폭력수단에 의해서 합법적으로 제재를 받게 된다는 뜻이다. 국가의 명령이란 전형적으로 법령을 가리킨다. 강도나 방화와 같은 범죄는 당연히 처벌대상이지만, 세금을 안 낸다든지 병역을 기피한다든지 국가가 부과하는 의무를 이행하지 않아도 처벌을 받는다. 이런 강제력은 민간단체에도 없고, 유엔이나 국제사법재판소 같은 국제기구에도 없기 때문에 확실히 국가가 독특한 성격을 가지는 것까지는 맞는 말이다.

그런데 국가의 명령을 어기면 다 처벌을 받는가? 국가의 명령을 어기면 다 처벌을 받아야 하는가? 마틴 루터 킹은 "양심의 소리에 따라 불의한 법을 어기고, 그 불의함에 관해 공동체의 양심을 일깨우기 위해 투옥되는 형벌을 기꺼이 받아들이는 개인은 진실로 법에 관해 가장 높은 존경을 표시하는 셈"이라고 말했다.[90] 국가라는 권력이 "법"이라는 이름으로 강제하는 시책이 정의롭지 못한 경우에는 그 법을 어기는 것이 법에 대한 최고의 존경이라는 역설이 성립한다. 가짜 법 또는 악법이라면 지키지 않아야 한다는 것인데, 이 문구는 상당히 조심스럽게 접근하지 않으면 매우 위험해진다.

왜냐하면 무엇이 악법인가를 개개인이 나름의 변덕이나 느낌, 또는 가치나 이념에 따라 판정하고서 지키지 않기로 한다면 사회가 소란스러워질 수 있기 때문이다. 그래서 때로는 한 개인이 아무리 나름의 가치에 따라 행동한다고 주장하더라도 사회의 이름으로, 법의 이름으로 제재하지 않으면 안 되는 경우가 있다. 제재를 당하는 사람의 입장에서 그 법이 아무리 악법인 것처럼 보이더라도, 순전히 그 때문에 제재가 부당해지는 것은 아니다. 이 책에서 누차 강조해왔듯이, 사회적 결정의 당/부당은 특정 개인의 소원이나 느낌에 따라서 결정되는 것이 아니라 사회적 차원, 즉 공론의 차원에서 정해지는 것이기 때문이다. 개인들의 의견은 공론을 구성하는 개별적인 요소로서, 그 요소들이 모여서 어떤 결정으로 이어질지는 그때그때 해봐야 알 일이지 사전에 답이 정해져 있지 않다.

이처럼 공공결정이 뭔가 특별한 지위를 가진다는 점을 일컫기 위해서 개발된 용어로 주권이라든지 정치적 권위 등이 있다. 개인의 의견이란 주권에 대해 이처럼 항상 형태적으로 한풀 꺾이고 들어갈 수밖에 없는데, 그렇다고 해서 공동체의 이름만 내걸면 아무나에게 무슨 짓이

---

90) Martin Luther King Jr., "Letter from a Birmingham Jail", 1963. 4. 16. (http://www.africa.upenn.edu/Articles_Gen/Letter_Birmingham.html, 검색일자 2009. 7. 1.).

든 해도 좋다고 말할 수는 없을 것이다. 예컨대 다섯 명이 살던 공동체에서 네 명이 나머지 한 명을 죽이고 그 소유물을 나눠 가지는 방식으로 진행하는 사회는 누가 봐도 야만이다. 문명사회에서도 사형제라든지, 또는 무력으로 저항하는 범죄자나 반란군을 사살하는 등 다수 공동체를 위해 소수 반대자를 죽임으로 처단하는 경우가 없지 않다. 이렇게까지는 아니더라도 일례로 최근에 금융사기로 전세계 경제위기를 초래한 메이도프에게 미국 법원이 150년 징역형을 선고하였듯이, 특정 범죄자의 인생을 사실상 박탈하는 경우도 많다. 이런 무거운 형벌이 야만이 아니라고 정당화하기 위해서는, 단순히 다수세력의 변덕이나 불편 때문만이 아니라 뭔가 더욱 고상한 차원에서 불가피했다는 정당화가 필요하다. 나아가 무거운 형벌이 아니라 아무리 가벼운 형벌이라고 할지라도, 개인의 자유로운 삶에 지장을 초래하는 만큼 모든 형벌에는 다수파의 변덕 이상으로 합당한 이유가 필요하다. 그래야 문명사회라는 자격을 얻을 수 있다.

그런데 문명사회의 유지를 위해 어떤 행위, 어떤 사람을 처벌해야 할 것인지를 미리 정해서 법전에 담아둘 수가 없다. 일례로 살인은 처벌이 마땅하다고 정하는 데에는 이견이 있을 수 없겠지만, 어떤 사람의 어떤 행위가 살인에 해당하는지를 따져서 결정하는 일은 결국 구체적이고 개별적인 사건이 재판의 주제로 등장했을 때 세부사항들을 살펴서 가늠해야 할 일이기 때문이다. 일반적으로 모든 규칙은 자동적으로 시행되는 것이 아니고 반드시 적용하는 과정에서 선택과 판단과 분별을 다시 거치지 않으면 안 된다. 이 말은 규칙을 정할 필요가 없다는 뜻이 아니고, 성문법전과 같은 형태로 규칙을 정할 필요가 있다면 정하더라도 여전히 실제 상황이 닥쳤을 때 판단하고 선택해야 할 부담이 성문법전의 존재만으로 특별히 줄어들지는 않는다는 사실을 강조하려는 것뿐이다. 성문법 조항을 해석하고 적용하는 일 자체가 판단과 선택으로 구성되기 때문이다.

그러므로 공동체가 어떤 행위를 어떤 정도로 처벌할지는 궁극적으로 개별적인 사안이 등장한 이후의 공방이 어떻게 전개되느냐에 달려 있다. 이 점은 당사자주의 사법체계에서만 그런 것이 아니고 직권주의에서도 마찬가지다. 송사에 따라서는 어떤 사람의 눈에 나름대로 결과가 뻔하게 내다보일 수는 있겠지만, 여전히 판결이 그의 예상을 벗어나는 경우도 많을 수밖에 없기 때문이다. 예측이란 선례나 관행을 기초로 이뤄지는 것인데, 선례나 관행은 언제든 바뀔 수 있는 것이다.

이런 고려들은 결국 정치공동체의 건강은 구성원들 자신이 지키지 않으면 안 된다는 결론을 다시 확인해준다. 교과서에 수없이 반복되는 진부하기 짝이 없는 말이지만, 그토록 진부한 말이 계속 되뇌어진다는 사실은 곧 그 말이 맞기는 하다는 뜻일 것이다. 보일러나 자동차나 컴퓨터, 기타 어떤 문명의 이기도 사용자가 관리를 게을리하면 도움은커녕 해를 끼치기 마련이다. 사람을 고용해서 관리를 맡기더라도 다시 그 관리인을 관리해야 하는 책임은 주인의 몫일 수밖에 없다. 정부란 개인들의 사생활을 범죄로부터 보호해주고, 교육이나 기간시설 또는 경제정책, 기타 등등 공공정책으로 추진되는 것이 바람직하다고 여겨지는 사업을 수행하기 위해 주권적 인민으로부터 권력을 위임받는다. 따라서 사법제도가 어떻게 적용되는지, 그리고 공공사업들이 어떻게 입안되어 추진되는지를 주인의 눈으로 감시하고 감독할 의무가 시민들에게 돌아간다.

군부독재가 종식된 이후 한국인들은 공공정책에 대해서는 종전에 비해 현저한 정도로 관심을 가지고 의견을 표명한다. 기득권층은 이를테면 종합부동산세에 대해 끈질기게 반대하고, 농민이나 노동자는 한미 자유무역협정이나 비정규직법안에 격렬한 불만을 표시하는 식이다. 나는 개인적으로 이런 의사표현들이 좀더 개명된 방식으로 전략적인 순서를 가지고 이뤄지기를 바라며, 따라서 지금까지 우리 정치의식의 낡은 프레임 네 가지를 비판함으로써 경직되고 폐쇄적이며 교조적인 감정싸움에서 벗어나야 한다고 역설했다. 그러나 사람들의 생각은 언제나 제도적인 여건에 대해 상대적이다. 시민들이 이익을 표출하는 방식이 거칠다면 자기가 추구하는 명분에 대한 자신감이 부족하기 때문이고, 자신감이 부족한 데에는 항상 정부와 이웃의 양식을 믿지 못하는 까닭이 내재한다. 그러므로 정치의 진보를 추구하는 사람이라면 마땅히 제도적인 개선의 여지들을 샅샅이 찾아다녀야 한다.

내가 보기에 한국정치의 구조적인 개선을 위해서 사법제도 개혁이 가지는 중요성은 다른 어떤 의제보다도 우선한다. 그럼에도 사법개혁이라는 주제는 지금까지 진보적 의제에서 우선순위가 별로 높은 적이 없었다. 과거 독재정권이 법을 멋대로 주무르던 시절에 "사법이 정치에서 독립되어야 한다"는 아주 피상적인 관념이 생겨난 이후 여태까지 제대로 비판을 받아본 적이 없기 때문이다. 정치를 단순한 권력투쟁으로 이해하고, 권력이란 항상 전제적일 수밖에 없다고 보면, 사법만이라도 전제적인 권력을 둘러싼 투쟁에 휘말리지 않기를 바라는 것까지는 이해할 수 있다. 그러나 이런 생각은 한 꺼풀만 벗기고 들어가면 천진하고 유치하다는 점이 금방 드러난다. 전제적인 권력이 왜 사법을 가만 놔두겠는가? 전제적인 권력이 사법을 주구로 활용하지 않으면 어떻게 전제적인 지위를 유지할 수 있겠는가? 전제적인 권력을 가만 내버려둔 채 사법의 중립을 꿈꾼다는 것은 네모난 동그라미를 찾아 헤매는 짓이나 매한가지다.

정치가 전제적인 권력을 둘러싼 이전투구의 상태라고 해서 정치를 없애는 것이 해법일 수는 없다. 해법은 오로지 야만적인 정치를 불식하고 개명된 정치로 바꾸는 데에만 있다. 개명된 정치란 권력과 지위를 둘러싼 경쟁이 규칙에 의해서 이뤄지는 상태, 즉 법치주의다. 이때 법이란 결코 법을 직업으로 삼는 사람들이 독점하는 생업의 영역이 아니라, 일반적인 시민들이 지지하는 생활의 질서여야 한다. 따라서 법치주의란 곧 인민이 원하는 법에 따라서 정치적 경쟁이 이뤄져야 한다는 원리, 즉 민주주의의 다른 양상에 해당한다.

그럼에도 우리 사회에서는 지식인에 속하는 일부 인사들이 앞장서서 법치와 민주가 마치 대립되는 것인 양 말하는 어법을 퍼뜨리고 있다. 일례로 헌법재판소가 행정수도특별법을 위헌으로 판시했을 때, 마치 법치주의와 민주주의 중에 양자택일을 해야 한다는 식으로 말한 것이 그렇다. 전형적으로 법치라고 할 때 "법"을 마치 사법시험 합격자들의 전유물로 치부해버리는 발상이다. 실제로 법을 단지 하나의 직업적인 전문영역으로 치부해버리는 이런 발상은 우리 국회에서도 횡행하고 있다. 단적인 예가 국회에서 법사위원회를 으레 율사 출신으로 충원하는 관행이 그렇다.[91] 국회는 이미 입법권을 수임한 기관으로서 적어도 국회의원이라면 모두가 입법자, 즉 법률의 전문가이기에 앞서는 법률의 창조자들이다. 그런 사람들 사이에서도 "법제"와 "사법"을 논의하려면 사법시험 합격이라는 경력이 우대받을 가치가 있다고 간주되는 현실은 분명히 크게 잘못된 것이다.

그러므로 나는 우리 진보진영에서 사법개혁이라는 의제를 최우선 순위로 추구하면서, 개혁의 내용 역시 대륙법 체계를 버리고 보통법 체계로 환골탈태하는 목표를 세워야 한다고 주장한다. 이것은 단순히

---

91) 2009년 7월 13일 현재 법사위원 16명 중 법대 출신이 14명, 사법시험 합격자가 12명이다.

법에 관한 관념을 바꾸는 것이 아니라 정치가 무엇인지, 정부가 무엇인지, 공공성이 무엇인지, 개인과 사회의 관계가 무엇인지, 도덕과 법률의 관계는 무엇인지, 인권은 왜 존중해야 하고 어떤 것들이 기본권에 속하는지, 내가 원하는 요구는 어떻게 추구하고 다른 사람의 이익은 어디까지 존중해야 하는지, 기타 등등 사회생활의 본질적 의미에 관해서 끊임없이 이어갈 수 있는 질문들에 답하는 관점 자체를 바꾸는 일이다.

다시 예를 하나 들자면, 고 노무현 대통령에 대한 검찰과 언론의 처사에 대해 많은 사람이 분개하는 이유는 검찰이 먼지털기식으로 수사를 진행했고, 그러면서도 기소는 하지 않은 채 세월을 보내면서, 일방적인 이야기들을 언론에 흘려서 전직 대통령의 인격을 황색저널리즘의 먹잇감으로 던져줬다는 데 있다. 만약 우리 재판제도가 직권주의가 아니라 당사자주의였다면, 수사가 시작될 때부터 수사기관과 피의자 사이의 공방이 판사의 심판 아래 진행되었을 것이다. 다시 말해, 여론재판을 하더라도 처음부터 변호인 측의 변론권이 공평하게 인정되었을 것이고, 어떤 사실까지 공표가 가능하고 어떤 의혹부터는 공표해서 안 되는지도 법원에 의해서 통제되었을 것이다. 무엇보다도 노 전 대통령이 적극적으로 실체적 진실의 규명에 협조할 자세였던 만큼, 추문상태로 시일만을 끌면서 온갖 악성 추측과 저질 왜곡이 자라나도록 방치하는 대신에, 실체적 진실을 향해 적실성 있는 쟁점에 초점을 맞추는 방향으로 사회적 관심이 인도를 받았을 것이다.

당사자주의 재판에도 당연히 나름대로 결점이 없지 않다. 예컨대 많은 경우 재판이 원래 쟁점에 대한 규명까지 가지 않고 중간에 이른바 플리바겐(유죄 인정 흥정, plea bargain)으로 끝난다든지, 배심원단에 의한 재판은 오히려 사회적 주류들이 가진 편견을 영속시킨다는 결점이 대표적이다.

이 재판방식은 피고 측이 혐의에 관해 다투지 않고 죄를 인정하면 끝나기 때문에, 중범을 저지른 범죄자로서는 작은 잘못을 인정하는 대신 큰 죄를 덮어버릴 수 있다면 이익이 된다. 검찰 측에서도 피고인의 악착같은 반론을 "합당한 의혹의 여지 없이" 물리칠 수 있는 증거를 확보하기가 쉽지 않기 때문에, 플리바겐에 응하는 것이 편리하다. 살인혐의를 입증해서 20년형을 물리려다가 증거불충분으로 방면하는 결과보다는, 과실치사 정도를 자인하게 만들어서 5년형이라도 확실하게 물리는 편이 사회에는 더 안전하다고 볼 수 있기 때문이다. 이것이 플리바겐이다.

다음으로 배심원단의 편향성이란 하퍼 리가 쓴 『앵무새 죽이기』에 생생하게 묘사되어 있다. 흑인이 백인 처자를 폭행했다는 혐의로 재판을 받는데, 법정공방을 통해 변호인은 피해자의 아버지가 자기 딸을 때려놓고는 만만한 흑인에게 뒤집어씌웠음을 밝힌다. 피해자는 오른쪽 눈 주위를 집중적으로 맞았는데, 피고는 왼팔이 어깻죽지부터 없는 반면에 피해자의 부친은 왼손잡이다. 상대를 때려서 제압한 다음 겁탈하려는 급박한 상황에서, 오른손밖에 없는 사람이 도대체 무슨 이유로 자연스럽게 주먹이 도달하는 상대의 얼굴 왼쪽을 때리지 않고 굳이 불편하게 오른쪽을 때릴까? 이와 같은 경우에, 폭행이 왼손잡이에 의해 이뤄졌다는 것은 "합당한 의혹"의 여지가 없는 일이다. 그럼에도 백인만으로 구성된 배심원단은 피고에게 유죄를 평결하고, 따라서 이 괘씸한 흑인에게는 사형이 선고된다.

이 소설은 1960년대 미국의 상황을 그렸는데, 그 후로 사정이 월등히 개선되었다고는 하지만 여전히 흑인을 비롯한 소수자들은 법정에서 불공평한 대접을 받는다고 생각한다. 로드니 킹을 폭행한 경관들이 받은 처벌이 너무나 경미하다는 이유 때문에 발생한 1992년의 로스앤젤레스 폭동이 좋은 예다. 이런 배경 아래서, 1994년 백인 아내를 살해한 혐의로 기소된 미식축구 선수 출신 O. J. 심슨은 1995년 10월에 증거불충분으로 풀려났다. 검찰 측이 "합당한 의혹의 여지 없이" 증명하지 못했기 때문이다. 배심원단이 주로 백인으로 구성되었다가 유죄평결이 나면 폭동이 재발할까 봐, 백인 인구가 상대적으로 적은 지역의 법정에 재판을 맡겼는데, 배심원 중 여성이 열 명, 흑인이 아홉 명이나 포함되었다. 배심원단의 구성이 판정에 영향을 미친다고 볼 수 있는 사례이다.

한국에서도 배심재판을 당장 전면적으로 시행한다면 배심원단의 구성에 따라 많은 편차가 발생하게 될 것이다. 플리바겐도 현재와 같은 정치의식으로는 받아들이기 어려운 시민들이 더 많을 것이다. 그러나 현재 직권주의 체계 때문에 빈발하고 있는 불공정과 불의, 그리고 더 중요하게는 사법에 대한 일반적인 불신에 비하면 두 가지 문제점 모두 충분히 감수할 가치가 있다고 본다. 너무 급격한 전환에 따른 마찰을 줄이기 위해 점진적인 단계를 밟아야 하겠지만, 큰 맥의 전환은 가능한 한 서두르는 것이 바람직하다고 본다. 실제 우리 법조계의 추세도 과거에 비해 영미법적인 사고와 판례가 점점 중요시되는 경향이 있다. 대륙법과 영미법 사이에서 어영부영 누더기식으로 뒤죽박죽을 만들기보다는 원칙에 관한 분명한 목표를 가지고 추진해야 마땅한 일이다.

당사자주의 재판과정은 그 자체가 시민들에 대한 민주주의의 교육장이다. 공동체가 추구해야 할 기본적인 가치에 대해 자신은 선택을 미루고 마냥 회피만 하면서 다른 사람들이 선택해서 가는 길이 맘에 들지 않으면 무조건 딴죽을 거는 무책임한 자세로는 배심원의 역할을 수행할 수 없다. 그러므로 배심원에 참여하는 경험, 자기가 언젠가 배심원으로 참여할 수도 있다는 가능성 등은 시민들에게 자연스럽게 도덕적·정치적·사법적 판단에서 한 가지 기준만을 고수해서는 안 되고, 여러 가지 사항을 종합해서 판단하는 균형감각이 필요함을 알려준다. 나아가 법정이나 국회 등 공론의 장에서 이뤄지는 결정들은 자기가 법관이나 의원이 아니더라도 언제든 의견을 개진하면서 논의에 참여할 수 있고, 설사 자기가 참여하지 않았다고 해서 자신이 책임질 일은 아니라고 생각하는 것은 무책임한 짓임을 깨닫도록 유도할 수 있다. 이로써 민주주의에 기반을 둔 법치주의가 실현될 수 있는 것이다.

이런 종류의 개혁은 단순히 제도의 부속품 몇 개를 바꿔 끼우는 일이 아니라, 정치생활의 근간을 뿌리부터 변혁하는 일이다. 아울러 사람들이 마음속에 품고 있는 의식과 가치와 이상과 표준을 바꾸지 않으면 소기의 성과를 거두기 어려운 일이기도 하다. 따라서 전면적인 개편이 정착되기까지는 오랜 시일이 걸린다고 보고, 최종적인 목표까지 가는 도중에 거쳐야 할 중간 지점들을 정교하게 배치한 로드맵이 필요하다. 그러나 최종 목표 자체가 무엇인지는 명백하게 공표하고 그것이 왜 우리 사회에 필요하며, 그것이 실현되면 실생활에서 어떤 점들이 바뀌게 될지를 끈기 있게 알리는 작업은 이르면 이를수록, 상세하면 상세할수록 좋을 것이다.

제 5 장

큰 매듭

한국인에게는 "한恨"이라는 고유한 정서가 있다는 주장이 있다. 그래서 "한의 문화"라는 문구까지 만들어져서 종종 사용된다. 『브리태니커』 백과사전 한글판에서는 이렇게 풀어놨다. "한은 가장 한국적인 슬픔의 정서이다. 다른 민족에는 원怨의 정서는 있어도 한과 부합하는 정서는 없다는 것이 일반적인 통설이다. 한국의 한과 다른 민족의 원의 차이는 그것을 어떻게 푸느냐는 방법에 있다. 즉 원은 그 가해자에게 같거나 비슷한 복수를 함으로써 풀어지는 데 반해 한은 여러 가지 이유로 복수를 하지 못하거나 하지 않으며, 다른 방법으로 가슴속에 맺힌 응어리를 푼다. 한의 피해자가 복수를 하지 못하는 것은 그가 정치적·사회적 약자이기 때문이며, 복수를 하지 않는 것은 그가 속한 문화가 잔인한 복수의 정서를 비교적 적게 가지고 있기 때문이다."[92]

한이라는 정서에도 존재의 이유가 있다고 보는 이런 발상이 어디선가는 유용하게 쓰일 수 있다고 나는 믿는다. 이것이 백해무익한 것은

---

92) 『브리태니커 온라인』(http://premium.britannica.co.kr/bol/topic.asp?article_id=b24h2546a), 검색일자 2009. 7. 8.

아니라는 뜻이다. 그러나 정치의식에서는 하루빨리 불식해야 할 발상이다. 한이라는 정서에서 "한국적"인 정체성을 찾을 일이 아니라 애당초 한이라는 것 자체를 털어버리고 극복해야 한다고 생각하는 사람들이 많아져야 한국정치가 질적으로 개선될 수 있는 길이 열린다고 나는 확신한다. 무엇보다 불의나 피해를 당했을 때 원한은 오직 잔인한 복수로만 풀 수 있다는 발상이 유치하고 편협하다는 점을 깨달아야 한다.

정의와 불의의 구분이 도덕에 기반을 둔다고 말할 수는 있지만, 제4부에서 길게 논의했듯이 도덕적 진리라는 것이 무엇인지를 따지게 되면 결국 끝없는 논쟁에 빠지게 된다. 그렇기 때문에 문명사회에서는 도덕과 사법을 엄밀하게 구분하고, 의도보다 행태에 처벌의 과녁을 맞추며, 복수보다는 사회평화에 목적을 둔다. 정의란 개인적인 영역에 속한 사항이 아니라 오직 공동체의 자산이므로, 어떤 행위를 불의로 보느냐 그리고 불의를 저지른 주체를 어떻게 처벌하느냐는 등의 판단을 내릴 권한은 오직 공동체에게만 속한다. 위에 인용한 『브리태니커』의 해설은 정치적 공동체와 정의 사이의 내면적인 연관에 관한 이와 같은 이해와 전혀 접촉하지 못하고 있다. 정치적 공동체라는 것이 이웃과 더불어 공유하는 가치를 추구하기 위한 인공적 수단이라는 능동적인 발상이 깃들지 못하고, 정치권력과 깡패권력을 동일시하는 수동적인 자세에 묻혀서 정치를 원천적으로 신뢰하지 못하는 것이다.

최소한 2천 년 가까이 정치의 역사라는 것이 그런 식이었다고 보면 인민의 마음 깊은 곳에 공적 자산으로서 정의의 존재를 믿지 못하는 것까지는 충분히 이해할 수 있다. 하지만 앞으로도 계속 그 모양으로, 무슨 일을 당했을 때마다 풀지도 못하고 용서도 못한 채, 정의의 실현에 관해서는 포기하면서 동시에 한은 한대로 품고 살아야 할 필요는 전혀 없다. 이웃과의 협력이나 연대를 통해서 공동체 차원의 정의를 확립할 수 있는 길이 우리에게 활짝 열려 있는 것이다. 문제는 분풀이라는 것이 얼마나 미숙하고 유치한지를 깨닫고, 그 대신에 정의와 사회평화를 추구해야 한다는 데에 있다. 내가 지금까지 작게는 명목척도와 순서척도의 차이를 강조하고, 크게는 사회현상을 이해하는 데 다차원적 시각의 중요성을 역설한 까닭이 여기에 있다. 개인적인 위신충족이나 복수심에서 벗어나 사회 전체의 평화와 발전을 지향하는 안목이 생기려면 주어진 주제에 관해 여러 각도에서 바라볼 수 있는 시야가 반드시 필요하기 때문이다. 그래야 나 자신의 감정과 원한 자체를 상대화할 수 있는 것이다.

죽음에 직면한 사람들은 정서적으로 부인 – 분노 – 타협 – 침울 – 수용이라는 다섯 단계를 거친다고 퀴블러 로스는 정리한 바 있다. 이는 죽음에 맞닥뜨린 사람들만이 아니라 일반적으로 원한의 다섯 단계라고 일컬어진다.[93] 정치·사회·경제적으로 마음에 안 드는 일을 맞닥뜨렸을 때도 사람들은 대개 가장 먼저 부인과 분노의 반응을 보인다. 즉, "그럴 리 없다" 또는 "그까짓 거 무시해도 돼" 등이 부인이고, "어떻게 그런 일이", "왜 나만 이런 일을 당하는 거야" 따위가 분노다. 죽음의 경우에는 타협해보려고 해도 안 되니까 침울의 단계를 거친 다음에나 수용이 되지만, 정치·사회·경제적인 문제들은 거의 모든 경우에 타협이 가능하다. 괘씸한 상대를 속시원하게 응징하겠다는 생각에만 집착하지 않고, 응징하지 못하면 남들에게 우습게 보이리라는 불안감에도 휘둘리지 않고, 실제로 나에게 무엇이 이익인지에만 초점을 맞

---

93) "Kübler-Ross Model", Wikipedia(http://en.wikipedia.org/wiki/Kübler-Ross_model, 검색일자 2009. 7. 20.).

쳐서 생각한다면 대부분의 정치적 쟁점은 흥정에 의해서 해결이 가능하다. 무엇보다 갈등을 그때그때 정리하고 넘어감으로써 원한의 응어리와 앙금이 누적되는 폐해를 피할 수 있다는 점만 하더라도 이루 형언할 수 없는 사회적 덕성임이 분명하다.

보기 싫은 일을 자기 마음대로 거부하거나 무시할 수 있기를 바란다는 것은 전능한 초월자가 아니라면 무자비한 폭군을 부러워하는 셈이다. 문명사회의 시민은 보통 상대의 존재를 자기 마음대로 부인하거나 무시하기보다는 뭔가를 서로 주고받는 상호작용 속에서 살아간다. 상대가 어이없는 요구를 한다면 거절하는 것이지만, 그것만으로 차후 모든 협상의 여지를 닫아버리지는 않는다. 즉, 특정한 요구를 거부하거나 무시할 수는 있지만 상대방의 존재 자체에 대해 그렇게 하지는 않는 것이다. "죄는 미워하되 사람은 미워하지 않는다"는 말이 그런 뜻이다. 지금까지 어떤 악행을 저질렀더라도, 그 악행만큼 공동체의 평화를 위해 정해진 처벌은 가해져야 하지만, 장차 개과천선해서 사회질서에 협조할 가능성은 열어두는 것이다.

반면에 우리 문화에서는 어떤 문제가 인식되었을 때 하나의 결정적인 원인을 찾아 제거하면 끝난다는 발상이 통념을 깊게 지배한다. 제2부에서 논의한 바와 같이 "지역주의"에다가 한국정치의 문제를 몽땅 뒤집어씌우거나, 한국 경제체제의 문제가 "신자유주의"로 요약된다고 보는 태도 등이 두드러진 사례다. 이런 태도는 숭례문 화재의 책임을 유홍준에게 묻고, 군대에서 사고가 나면 사단장에게 책임을 물으며, 태풍과 같은 천재지변 때마다 "인재人災"를 탓하는 고질적인 습관으로 쉽게 연결된다. 어떤 경우에 한 개인에게 잘못이 귀책되는 경우는 분명히 있다. 그렇지만 제4부에서 논의했듯이, 현재 한국 정치체제가 시스템의 차원에서 드러내고 있는 문제들은 사회의 전반적인 사유형식과 생활방식이 달라져야 해결될 수 있는 것이지 단순히 몇 사람을 지목해서 혼쭐내는 마녀사냥으로 풀릴 수 있는 일이 아니다.

나는 지금까지 이 책에서 한국정치의 진보를 위해 우리 사회의 지배적인 사유형식이 바뀌어야 할 대목들을 제시했다. 내가 주로 비판한 요지는 언어의 표피 수준에 머무르는 가짜문제와 마녀사냥, 합리성을 지나치게 단순한 도식으로 파악하는 바람에 구체성이 결여된 채 말만 무성한 각종 구호들, 개인적 · 감성적 느낌을 사회적 매개 없이 곧바로 도덕적 기준으로 연결하는 탓에 빚어지는 교조주의 성향들, 그리고 민족주의를 신비화한 데서 연유하는 말초적이고 경직적인 우리/저들의 구분 등이다.

어떤 사회에서나 이런 식으로 사유하는 사람들이 무시할 수 없을 정도의 비율로 존재하는 것이 현실이라는 데까지는 현재 인류가 도달한 지성, 감성, 덕성의 수준에서 누구나 인정해야 하리라고 본다. 그런 사람들의 비율이 무시해도 좋을 정도까지 내려간다면 아마 나는 좋아하겠지만, 이는 내가 선호한다고 될 일이 아니다. 나와 다른 사람들이 어떻게 생각하는지는 내 생각이 아니라 그들의 생각에 따라 정해지는 일이기 때문이다. 그런 식으로 생각하는 사람들이 온전하게 보수층으로 분류되고, 그런 폐쇄적인 정신상태에서 대체로 벗어난 사람들이 진보세력을 구성하기만 하더라도 한국정치의 미래는 지금보다 훨씬 밝아질 것이다. 진보의 리더십이 열린 마음에 의해서 인도되어야 풍성한 상상력과 엄밀한 현실감각이 조화를 이루어 미래를 열어나갈 실제적 추동력이 가능하다고 보기 때문이다.

그런데 현재 한국사회에 관해서 말하자면, 보수세력은 두말할 나위가 없고 진보세력에 속하는 사람들 다수마저도 폐쇄적이고 경직적이며 가식적인 사고의 덫에서 헤어나지 못하고 있다고 여겨진다. 마음에 들지 않는 정치적 현실에 한이 맺힌 경험들이 줄곧 누적되다 보니, 배신감과 좌절감에 진보적 영혼이 너무나 큰 상처를 입어서 미지의 세계를 적극적으로 조망하면서 기회를 탐색하지 못하고 일단 두려움과 거부감으로 움츠러들면서 과잉방어 태세를 취하는 데서 출발하기 때문이다. 사회구조를 질적으로 개선하기 위해서는 언제나 제도의 변화와 공론의 변화라는 두 차원이 정교하게 맞물려 돌아가야 하는데, 한국에서 진보를 자임하는 정치의식은 대부분 경직적이고 폐쇄적인 과잉방어 태세에서 시작하는 바람에 제도와 공론이라는 차원을 자주 혼동해서 현실에 대해서 충분히 적응력을 갖춘 비전을 제시하지 못한다.

민주주의란 하나의 제도로 이해한다면 단순히 인민의 선거로 공직자를 선출하는 최소주의적 의미에 그친다. 이 의미의 민주주의는 법령의 정비를 통해서 달성할 수 있다. 반면에 흔히 "실질적 민주주의"라는 용어를 통해서 표상되는 이상, 다시 말해 최대주의적으로 해석되는 민주주의는 특정 제도의 이름이 아니라 주어진 제도가 "바람직하게" 작동하는 상태를 가리킨다. 그런데 어떤 제도이든지 법령의 문구를 통해 "바람직한" 작동을 보장할 수 있는 길은 없다. 이것은 어떤 기계장치에 관해서든 제작자가 바람직한 작동을 보장하지 못하는 것과 똑같은 이치이다. 정치적 장치이든 기계적 장치이든 바람직한 작동은 오직 실제 작동과정을 통해서 실현되든지 아니면 그렇지 못하든지로 갈리는 일이다. 기계의 바람직한 작동은 누가 어떻게 조종하고 관리하느냐에 달려 있는 일이고, 정치제도의 바람직한 작동은 공론이 어떻게 형성되어 어떤 방향으로 흘러가느냐에 따라 좌우되는 일일 수밖에 없다.

나는 사회구성원들이 모두 최소한의 생계가 보장되고, 몸을 움직여 일을 하는 사람이라면 누구나 약간의 우아한 생활까지도 가능한 수준의 사회가 바람직하며, 현재 한국의 경제적 역량에 비춰서 실제로 가능하다고 본다. 국가예산으로 급료를 받는 공직은 상하를 막론하고 지금보다 훨씬 더 기능과 성과 중심으로 개편되어야 마땅하고, 불필요한 번문욕례와 꼬투리잡기용 관료제는 눈에 띄는 대로 즉각 철폐해야 한다고 본다. 보다 창조적인 활동에 종사하는 사람들에게는 활동과 성취 자체에서 나오는 보람이 유인과 동기로 작용하므로, 시장에서 획득할 수 있는 보상 중 최고 층위에 대해서는 가령 70 내지 80%에 이르는 소득세를 거둬도 사회 전체의 창조적인 역량이 감소할 리는 전혀 없다고 생각한다. 하는 일은 없이 놀다가 가끔 앵무새 노릇이나 몸싸움에 가담하는 공로로 직위를 차지하고 앉아 있는 사람, 남의 성취에 기생해서 뜯어먹는 사람, 공적 자금 근처에서 편법 또는 탈법을 통해 떡고물을 훔쳐먹는 사람 등등, 비생산적인 정도를 지나 사회생활의 생산성을 해치는 방식으로 생계를 꾸리는 인종들을 생산적인 노동에 종사하도록 체계적으로 유도한다면, 사회 전체가 대단히 건강한 기풍으로 충만해질 것으로 확신한다.

그러나 이런 차원의 이상은 명시적인 법제를 통해서 달성할 일이 아니라 오직 공론의 질서가 그런 종류의 가치를 지향하는 방향으로 확립된 다음에나 바랄 수 있는 사항이다. 물론 개별적인 작업장이나 직책과 관련해서 부패나 무능이나 놀고먹기라는 현상이 두드러진다면 법령을 통해 어느 정도까지 개선이 충분히 가능하다. 하지만 사회 전체의 기풍이 위선보다는 정직, 야만보다는 개명, 전쟁보다는 평화, 파괴보다는 건설, 증오보다는 아량을 선호하는 방향으로 바뀌는 일은 법령만으로 절대 이뤄질 수 없다.

로베스피에르, 마르크스, 레닌, 체 게바라 등이 추구한 방향의 혁명을 원하는 시각에서 보면 내가 제안하는 방식의 변화는 매우 성에 차지 않고 무척이나 보수적이라고 비칠 것이다. 그러나 나는 사회구조를 질적으로 개선하는 방법으로는 내가 제안하는 방법이 현실이 허용하는 가능성 안에서 가장 실질적이고 진보적이라고 믿는다. 개별적인 정책대안들을 기존의 절차에 따라서 제시하는 가운데, 공론장에서 토론을 통해서 서서히 그러나 꾸준히 희망에 대한 개명된 확신의 씨앗을 뿌리는 방식이 그것이다.

진보된 세상의 모습에 관해서 말해보라면 입 있는 자는 모두 한마디씩 거들어서 중구난방을 면할 수 없겠지만, 그 사회가 평화롭고 아름답고 서로 아량과 배려를 주고받는 가운데 자신의 활동과 성취를 통해 보람과 자아정체성을 추구하는 방향이어야 한다는 데에는 이견이 있을 수 없을 것이다. 그런 사회는 십중팔구 낯선 대상이나 관념에 대해 무작정 낯을 가리면서 방어용 적대감을 드러내기보다는 자신감을 갖춘 선의의 인도를 받으며 호기심으로 접근하고, 이웃이 실패했을 때 저주하며 짓밟기보다 용감한 도전정신에 찬사를 보내는 종류의 사회일 것이다. 그런데 한국사회의 진보정치의식은 자신감, 선의, 호기심, 도전정신, 찬사, 아량, 배려, 성취, 보람, 평화, 아름다움 등을 남에게 요구할 때는 쉽게 말하면서도, 자신에 대해 누가 적용하면 일단 고깝고 아니꼽게 반응하는 경향이 대단히 짙다. 진보를 추구한다는 사람들이 "이상은 그럴듯하지만 현실이 그렇지 않다"는 가장 보수적인 핑계에 너무나 편리하게 안주해 있는 것이다.

현재의 민주당을 "보수세력"으로 몰아 배척하는 사람들, 노무현을 "신자유주의자"라고 배격했던 사람들은, 자기들이 정권을 획득하면 한국사회의 계급불평등을 발본적으로 타파할 수 있을 것처럼 생각한다. 이런 사람들은 공론의 변화가 사회구조 변화에 선행해야 한다는 주장을 관념론이라고 볼 것이다. 그러나 이는 착각일 뿐이다. 오히려 정권의 획득을 통해, 5년 내지 10년 정도의 임기를 통해, 현재의 부익

부 빈익빈 현상을 근본적으로 타파해서 한국사회를 계급적으로나 신분적으로 평등한 사회로 개편할 수 있다는 발상이야말로 관념에 빠져서 현실을 보지 못하는 공리공담이다. 부분적으로 지금보다 좀더 평등한 사회로는 만들 수 있겠지만, 예컨대 고위공무원, 법률가, 의사 등의 신분을 선망하는 사회의식은 내가 제안하는 방향의 변화에 현재의 진보세력이 완전히 동감해서 매진하더라도 최소한 두어 세대 이상의 세월이 지나야 기세가 꺾이기 시작할 것이다. 현실을 직시할줄 아는 사람이라면 이것이 의식과 문화의 변화의 문제이므로 시간이 오래 걸린다는 사실을 회피하면 안 된다. 그래서 이런 차원의 목표는 단기적으로는 개별적인 제도들의 수선에 집중하는 가운데, 장기적으로 공론의 변화 가능성에 대한 탐색을 병행해야 하는 것이다. 장기적인 공론의 변화 가능성은 개별적으로 개선된 정책의 성과에 따라서 상당한 추동력을 지원받을 수도 있을 것이다.

그러나 그보다 더욱 중요한 사항은 진보를 자처하는 정치세력이 정치적 경쟁에 임해서 취하는 행동을 통해서 선의와 평화와 아량이 인류사회 개선의 유일한 열쇠라는 강력한 신념을 보여줘야 한다는 점이다. 사회의 진보란 결국 이웃을 신뢰할 수 있는 세상을 향한 프로젝트이며, 이웃에게서 받는 신뢰의 가치를 높게 평가하는 사람만이 이웃을 신뢰하는 선의의 가치를 음미할 수 있는 도덕적 · 지성적 역량은 물론이고, 정서적 역량을 가질 수 있기 때문이다. 사회의 진보를 추구한다는 사업이 위선에 그치지 않고 조금이나마 실질적인 성과로 이어질 수 있으려면, 이러한 역량을 몸소 실천해 보임으로써 세상에 씨를 퍼뜨리는 데서부터 시작하지 않으면 안 된다. 이러한 시작은 진보운동을 자임하는 사람들의 생각이 메마르기보다 풍성해지고, 안목이 편협하기보다 너그러워져야 가능한 일이다. 그래야 위신에 집착하지 않고 장기적이고 개명된 공동이익이 어디에 있는지, 나아가 그런 공동이익을 어떻게 나눠 가지는 것이 온당한지를 차분하게 찾아낼 수 있는 균형감각이 가능하다. 요컨대 절차적 민주주의와 사회적 자유주의의 결합이야말로 현실적으로 책임감 있는 한도 안에서 추구할 수 있는 진보적 이상의 최대치다.

찾아보기

인명

깨어 있는 시민을 위한
정치학 특강

초판 2쇄 발행일 · 2010년 4월 19일

지은이 · 박동천
펴낸이 · 양미자

본문 디자인 · 이춘희

펴낸곳 · 도서출판 **모티브북**
등록번호 · 제 313-2004-00084호
주소 · 서울시 마포구 서교동 393-5 화승빌딩 1201호
전화 · 02-3141-6921 / 팩스 · 02-3141-5822
e-mail · motivebook@naver.com

ISBN 978-89-91195-38-7 93340